Droit constitutionnel

et institutions politiques

21e édition

En France, la collection « Paradigme » accompagne l'étudiant en droit du début de ses études jusqu'à l'accès à sa profession.

Paradigme – Manuels

Rédigés dans un langage accessible, les « Manuels Paradigme » couvrent les différents concepts juridiques enseignés de la Licence 1 au Master 1 en France. Ils sont systématiquement mis à jour chaque année.

Conformes aux programmes de licence et de master, ils fournissent également une excellente préparation aux concours administratifs (catégories A et B) et aux examens professionnels (ENM, CRFPA, ENSP, EOGN, PJJ, SPIP...).

Sous la direction de François Fourment, *professeur de droit privé à l'Université de Tours* et Gilles Dumont, *professeur de droit public à l'Université de Nantes, directeur de l'Université numérique juridique francophone.*

Déjà parus :

Christophe Albiges, *Introduction au droit*, 2e éd., 2015

Christian Beaudet, *Introduction générale et historique à l'étude du Droit*, 2000

Christian Beaudet, *Institutions, vie politique et faits sociaux de 1789 à 1958*, 2000

Vincent Bonnet, *Droit de la famille*, 4e éd., 2013

Anne-Sophie Brun-Wauthier, *Régimes matrimoniaux et régimes patrimoniaux des couples non mariés*, 5e éd., 2015

Marjorie Brusorio-Aillaud, *Droit des obligations*, 6e éd., 2015

Marjorie Brusorio-Aillaud, *Droit des personnes et de la famille*, 6e éd., 2015

Olivier Cachard, *Droit international privé*, 4e éd., 2015

Michel Drain, *Relations internationales*, 19e éd., 2015

François Duquesne, *Droit des sociétés commerciales*, 2e éd., 2015

Philippe Foillard, *Finances publiques*, 14e éd., 2014

Philippe Foillard, *Droit administratif*, 4e éd., 2015

Thierry Fossier, *Droit pénal spécial – Affaires, entreprises et institutions publiques*, 3e éd., 2015

François Fourment, *Procédure pénale*, 14e éd., 2013

Thierry Garé, *Droit pénal spécial – Personnes et biens*, 4e éd., 2015

Franck Héas, *Droit du travail*, 4e éd., 2015

Philippe Hoonakker, *Procédures civiles d'exécution. Voies d'exécution, procédures de distribution*, 4e éd., 2015

Dimitri Houtcieff, *Droit des contrats*, 2015

Olivier Le Bot, *Contentieux administratif*, 2e éd., 2015

Christophe Lescot, *Organisations européennes : Union européenne, Conseil de l'Europe et autres organisations*, 16e éd., 2015

Gérard Mémeteau, *Droit des biens*, 8e éd., 2015

Harold Renout, *Droit pénal général*, 18e éd., 2013

Florent Roemer, *Contentieux fiscal*, 2e éd., 2014

Marie-Christine Rouault, *Droit administratif et institutions administratives*, 3e éd., 2015

Philippe Strickler, *Procédure civile*, 6e éd., 2015

Béatrice Thomas-Tual, *Droit de la fonction publique*, 2015

Droit constitutionnel
et institutions politiques

Philippe Foillard

21e édition

larcier

Collection
Paradigme

Pour toute information sur nos fonds et nos nouveautés dans votre domaine de spécialisation, consultez nos sites web via www.larciergroup.com.

21e édition

Éditions Larcier
Espace Jacqmotte
Rue Haute, 139 - Loft 6 - 1000 Bruxelles

Imprimé en Belgique

Dépôt légal :
Bibliothèque nationale, Paris : août 2015
Bibliothèque royale de Belgique, Bruxelles : 2015/0031/391

ISSN 2294-3323
ISBN : 978-2-39013-026-0

LISTE DES PRINCIPALES ABRÉVIATIONS

AJDA	*Actualité juridique, droit administratif*
C	Constitution de 1958 (exemple : art. 15 C : article 15 de la Constitution de 1958)
CC	(décision du) Conseil constitutionnel
CE Ass.	(arrêt rendu par l') Assemblée du contentieux du Conseil d'État
CE Sect.	(arrêt de la) section du contentieux du Conseil d'État
CE	(arrêt du) Conseil d'État
D.	*Recueil Dalloz (Dalloz-Sirey depuis 1965)*
DDHC	Déclaration des droits de l'homme et du citoyen
Gaz. Pal.	*Gazette du Palais*
GDCC	*Les grandes décisions du Conseil constitutionnel*
infra	en-dessous
JO	*Journal officiel de la République française*
LO	Loi organique
LOLF	Loi organique relative à la loi de finances
LPA	*Les Petites Affiches*
MRP	Mouvement républicain populaire
n°	numéro de paragraphe
PFRLR	Principes fondamentaux reconnus par les lois de la République
PGD	Principes généraux du droit
RA	*Revue administrative*
RDP	*Revue de droit public et de la science politique en France et à l'étranger*
Rec.	*Recueil Lebon (Recueil des arrêts du Conseil d'État) ou Recueil des décisions du Conseil constitutionnel*
RFDA	*Revue française du droit administratif*
RFDC	*Revue française de droit constitutionnel*
RGDI	*Revue générale de droit international public*
RIDC	*Revue internationale de droit comparé*
s.	et suivants
supra	au-dessus
voy.	voyez

SOMMAIRE

Liste des principales abréviations 5

Introduction 9

PARTIE 1

Les bases du droit constitutionnel

Chapitre I L'État 15
Chapitre II La Constitution 35
Chapitre III La démocratie 51
Chapitre IV Séparation des pouvoirs et régimes politiques 81

PARTIE 2

Les régimes étrangers contemporains

Chapitre I Le régime présidentiel américain 99
Chapitre II Le régime parlementaire britannique 121
Chapitre III Le régime parlementaire allemand 135

PARTIE 3

Les institutions françaises de 1789 à 1958

Chapitre I Les institutions françaises de 1789 à 1870 155
Chapitre II La Troisième République (1870-1940) 167
Chapitre III La Quatrième République (1946-1958) 181

PARTIE 4

La Cinquième République

Chapitre I Les caractères généraux de la Cinquième République 197
Chapitre II Le Président de la République clé de voûte des institutions 213
Chapitre III L'organisation et le fonctionnement du Gouvernement 261
Chapitre IV Le Parlement 287
Chapitre V Les relations Gouvernement-Parlement : collaboration et subordination 327
Chapitre VI Le Conseil constitutionnel 381

Annexes 413
Annexe 1 Constitution du 4 octobre 1958 – après la loi constitutionnelle du 23 juillet 2008 415
Annexe 2 Déclaration des droits de l'homme et du citoyen du 26 août 1789 431
Annexe 3 Préambule de la Constitution du 27 octobre 1946 433
Annexe 4 La Charte de l'environnement 435

Index 437

Table des encadrés 445

Table des tableaux 447

INTRODUCTION

1 Progressivement, les sociétés humaines se sont dotées d'un ensemble de règles relatives à la dévolution et à l'exercice du pouvoir politique. D'abord coutumières et rudimentaires, ces règles ont rapidement nécessité la mise en place de structures chargées de les mettre en œuvre (mouvement d'institutionnalisation). Elles ont ensuite été « sacralisées » dans des Constitutions. **L'encadrement juridique des règles d'acquisition et d'exercice du pouvoir, des rapports entre les institutions ainsi que des droits et libertés des citoyens, a donné naissance au droit constitutionnel.**

Mais la simple étude des règles juridiques et des mécanismes constitutionnels s'est avérée insuffisante pour comprendre une réalité politique et institutionnelle parfois éloignée des principes. Ainsi, pour préserver le citoyen de l'arbitraire, le droit constitutionnel comprend des règles et des mécanismes destinés à limiter, encadrer et contrôler le pouvoir. Mais leur mise en œuvre reste largement incontrôlée, donc susceptible de favoriser certaines dérives. Cependant, le rôle de plus en plus important joué par les juridictions constitutionnelles dans les démocraties occidentales permet de nuancer ce point de vue. L'approfondissement du contrôle de constitutionnalité des lois a permis de mieux imposer le respect des règles constitutionnelles aux pouvoirs publics.

Le droit constitutionnel *stricto sensu* ne permet qu'une approche de surface : il décrit le fonctionnement d'un mécanisme constitutionnel et ses conséquences juridiques sans permettre d'en appréhender l'esprit et la pratique. Par exemple, la décision du Président de la République de dissoudre l'Assemblée nationale entraîne l'organisation d'élections générales anticipées. *Quid* de la motivation présidentielle et des conséquences politiques de la nouvelle élection ?

Sous l'impulsion de la science politique, **l'analyse du contexte, de l'environnement politique et social, est venue compléter et se combiner à l'analyse purement juridique.** Ainsi, pour reprendre l'exemple de la dissolution de l'Assemblée, celle-ci peut être notamment motivée par l'existence d'une crise entre le Président et la majorité parlementaire que le chef de l'État souhaite faire arbitrer par le peuple. Le Président engage alors implicitement sa responsabilité devant les électeurs.

La démarche que nous venons de décrire, d'une étude combinée du droit constitutionnel et des institutions politiques, nous a inspirés tout au long de la rédaction de cet ouvrage.

PARTIE 1

Les bases du droit constitutionnel

Chapitre I	L'État	15
Chapitre II	La Constitution	35
Chapitre III	La démocratie	51
Chapitre IV	Séparation des pouvoirs et régimes politiques	81

2 Là où existe une société organisée se rencontre le phénomène du pouvoir politique. En effet, celui-ci n'est rien d'autre que la capacité dont se dote cette société à dégager des décisions nécessaires à sa survie puis à son organisation et à son bon fonctionnement. De ce phénomène quasi naturel procèdent tous les autres phénomènes politiques et juridiques.

Pour assurer sa continuité, le pouvoir politique s'inscrit et se pérennise dans et par l'État. On dit que l'État est le résultat de l'institutionnalisation du pouvoir.

Le pouvoir est dévolu à quelques-uns par la collectivité (ou accaparé par une minorité). De là découle la distinction des gouvernants et des gouvernés et la problématique de leurs rapports. C'est la Constitution qui définit et encadre ces rapports en posant les règles relatives à l'organisation de l'État et des institutions qui le composent, à la désignation des gouvernants, aux droits et devoirs de gouvernés. La façon dont est organisée la relation gouvernants-gouvernés détermine la nature du régime en place.

La nature autoritaire ou démocratique d'un régime découle largement de l'organisation et de l'indépendance des pouvoirs les uns par rapport aux autres. Qu'il y ait une confusion entre les pouvoirs et le régime a toutes les chances d'être autoritaire. Qu'il y ait une séparation entre eux et le régime est en principe démocratique (le degré de séparation des pouvoirs commande en effet la forme des régimes démocratiques).

CHAPITRE I

L'État

3 L'État est la forme institutionnalisée du pouvoir politique. Il a été, pour les sociétés qui s'en sont dotées à partir du **XVe siècle, l'instrument d'affirmation de leur souveraineté** aussi bien au plan intérieur (il dispose de la capacité légale d'imposer ses décisions, est chargé d'assurer l'ordre et, de façon plus générale, la cohérence de la société) qu'au plan extérieur (il assure les relations internationales et l'indépendance du pays vis-à-vis des autres États).

Nous examinerons dans un premier temps la notion d'État avant de décrire et d'analyser les différentes formes qu'il revêt.

SECTION I

La notion d'État

4 **L'État est une réalité** : il est présent dans la vie quotidienne des citoyens et encadre de nombreux domaines d'activité de la société. **Mais il est aussi une abstraction** : il est le support du pouvoir et permet d'établir la distinction des gouvernants et des gouvernés.

§ 1. Origine et définition de l'État

5 On ne peut pas comprendre le fonctionnement et la nature de l'État sans en rechercher au préalable l'origine et la formation historique. Par ailleurs, il n'y a pas un mais plusieurs États comme en témoigne la pluralité des définitions et des conceptions.

A) L'origine de l'État

6 L'État est-il le résultat d'un processus naturel ou une construction consciente, voulue par l'homme, comme le présente la théorie rousseauiste du contrat social ?

1. Les théories de l'origine naturelle

7 L'idée selon laquelle **l'État est le résultat d'un processus naturel** trouve son origine dans des analyses sociologiques de l'évolution des sociétés humaines.

La naissance de l'État ne repose pas sur la volonté des hommes mais sur **un événement ou une succession d'événements ou de transformations**.

Le processus de création peut être rapide ou lent, souvent violent (par la conquête, la dislocation d'un Empire...) ou pacifique (les circonstances veulent que des structures, même primitives, se mettent en place pour gérer un ou plusieurs groupes – par exemple des tribus vivant sur un même territoire – ou une société). Les cités grecques de l'Antiquité sont les premiers exemples dans l'histoire d'organisations étatiques à l'état embryonnaire.

L'analyse marxiste a repris à son compte cette théorie de l'origine naturelle de l'État. Ce dernier apparaît naturellement pour mettre fin aux conflits économiques et sociaux inhérents aux sociétés capitalistes.

2. La théorie du contrat social

8 **La formation de l'État est le fruit de la volonté des hommes.** L'État est une construction consciente.

Cette idée a pris corps avec les théories du contrat social développées aux XVIIe et XVIIIe siècles par de grands auteurs tels **Thomas Hobbes** (*Le Léviathan*, 1651), **John Locke** (*Essai sur le gouvernement civil*, 1690) et surtout **Jean-Jacques Rousseau** (*Du contrat social*, 1762).

Selon cette idée, les hommes se sont associés de façon délibérée par une sorte de contrat. Pour Rousseau, **l'état initial de l'homme est l'état de nature.** Dans cet état de nature, aucun lien social n'existe entre les hommes, aucune entrave n'existe à leur liberté. Autrement dit, **les hommes sont libres et égaux.**

Mais progressivement, à cette situation de bonheur, **se substitue une situation pervertie.** Dans l'esprit de Rousseau, cette situation pervertie est celle de la société qu'il décrit en 1756 (dans le *Discours sur l'inégalité*, il fait la constatation des inégalités entre les hommes : entre le maître et l'esclave, les gouvernants et les gouvernés...).

Une société véritablement juste ne peut naître que d'un contrat social, c'est-à-dire d'un **accord de volonté des individus.** Les hommes sentent l'utilité qu'il y a pour eux à se regrouper pour être plus forts. Pour cela, ils doivent accepter de vivre en commun, d'unir leurs droits (selon John Locke), leurs possessions matérielles. La communauté (la société) ainsi créée est placée **sous l'autorité de la volonté générale. Cette volonté qui est la base du pacte social est le fondement de l'État et de la souveraineté.** Au sein de cette entité, l'individu retrouve liberté et égalité (il a tout abandonné à la collectivité).

La théorie du contrat social n'a jamais connu d'application dans l'histoire. Pourtant, elle met en évidence le fait que les hommes, à un moment de leur histoire, sont amenés à s'unir pour survivre. De plus, seule cette théorie permet de donner une explication juridique à la formation des États (puisque l'autre mode de fondation de l'État, la violence, exclut toute explication juridique).

B) Les définitions et les conceptions de l'État

9 L'État est une notion éminemment difficile à cerner, d'où l'existence d'une pluralité de définitions et de conceptions.

1. Les définitions de l'État

10 On distingue une définition géographique et une définition juridique.

Dans la définition géographique, l'État correspond à un espace, **un territoire où se trouve une population déterminée**. C'est la définition la plus « naturelle » dans la mesure où évoquer un État, c'est en premier lieu le situer dans un espace géographique.

Il arrive que ce qui définit certains États ne soit pas un critère géographique mais un critère politique ou religieux. C'est le cas **lorsque l'État se confond avec une idéologie**, comme l'ex-URSS, **ou avec une religion**, comme l'Iran ou Israël.

Selon la définition juridique, l'État est un être de droit, donc une personne morale. Sans insister sur ce point qui sera développé ultérieurement, il faut rappeler que :

- l'État s'analyse comme étant à la source et à l'aboutissement de l'ordre juridique qui régit la collectivité humaine dont il a la charge. Pour maintenir la cohésion du système et faire respecter ses décisions, il détient la puissance publique ;
- en tant que personne morale, l'État, qui assure la continuité de la collectivité nationale, se distingue des gouvernants qui exercent le pouvoir en son nom.

2. Les conceptions de l'État

11 L'intention n'est pas de dégager ici une définition objective de l'État (ce qui sera fait dans les développements suivants), mais de présenter les conceptions existantes qui, au demeurant, sont d'un intérêt actuel inégal.

La conception socialiste de l'État, inspirée de la doctrine marxiste-léniniste, a fait l'objet d'un intérêt particulier en France depuis les années cinquante, sous l'influence des intellectuels marxistes. Elle est aujourd'hui tombée en désuétude, en particulier depuis l'effondrement de l'ex-URSS et la moindre pertinence des clivages idéologiques qui en a résulté. Schématiquement, la conception socialiste était la suivante :

- dans le cadre de **la lutte des classes**, l'État est un instrument d'oppression et de conservation du pouvoir au service de la classe dominante (la bourgeoisie) ;
- la révolution prolétarienne doit permettre au peuple de s'emparer de l'État. Cette révolution sera suivie d'une période de **dictature du prolétariat** nécessaire à l'élimination de la classe dominante ;
- enfin, l'établissement du communisme marquant la fin de la lutte des classes doit entraîner le **dépérissement de l'État.**

La conception pluraliste de l'État met en évidence **la cohésion du groupe social, la « communauté d'intérêts »** qui l'anime et, pour tout dire, **l'intérêt général**. L'État est au service de tous. Contrairement à la conception socialiste selon laquelle l'État est un lieu d'affrontement, dans la conception pluraliste, **l'État est un lieu de consensus et crée du consensus.** Cette conception est celle que l'on retrouve dans les démocraties pluralistes.

§ 2. Les éléments constitutifs de l'État et leur signification

12 L'État est constitué par la réunion de trois éléments :

- un élément matériel sous la forme d'un territoire ;
- un élément personnel sous la forme d'une population ;
- un élément formel sous la forme de l'autorité étatique.

A) Le territoire

13 La création de frontières (terrestres, mais aussi maritimes et aériennes) marque la création du territoire et **permet de délimiter l'espace dans lequel s'exerce l'autorité de l'État.**

Le territoire constitue donc **le support, l'assise de la puissance étatique**. La maîtrise du territoire permet d'**assurer la cohésion et la protection de la population qui y réside**, aussi bien sur un plan intérieur avec le maintien de l'ordre que sur un plan extérieur avec la protection contre les agressions étrangères.

Ce dernier point est déterminant car il met en jeu **l'intégrité du territoire et l'attachement au sol qui sont des ferments de la cohésion et de l'identité nationale et des éléments de mobilisation patriotique**.

Compte tenu de ces différents facteurs, il apparaît qu'**un État sans territoire ne peut survivre**. En revanche, l'État peut survivre à des bouleversements affectant son territoire. Du moment que ces bouleversements n'entraînent pas le passage sous l'entière domination de puissances étrangères, le territoire continue à être le support de l'État. Il peut ainsi survivre à :

- une amputation de son territoire (annexion de l'Alsace-Lorraine par l'Allemagne après la défaite de 1870, vente de l'Alaska aux États-Unis par la Russie en mars 1867) ;
- une division de son territoire (la division du territoire allemand en deux parties séparées par le couloir de Dantzig, de 1919 à 1939) ;
- une limitation de son territoire (concession à une puissance étrangère : par exemple, Hong Kong qui était concédé par la Chine au Royaume-Uni jusqu'en 1997).

B) La population

14 Le deuxième élément constitutif de l'existence de l'État est celui de la **formation d'une nation par la population qui réside sur le territoire**. On dit parfois qu'une population forme une nation lorsque ce qui la rapproche et l'unit est plus fort que ce qui la sépare. Ces caractères communs, nécessaires mais pas suffisants pour former une nation, peuvent être raciaux, linguistiques ou religieux. Les éléments les plus déterminants sont certainement **le partage d'un même mode de vie**, de mêmes traditions, d'un passé commun qui constituent le fondement d'**une volonté de vivre ensemble**.

Cette population qui forme une nation partage donc la même nationalité. La nationalité est un lien spécial entre des individus, résidant ou non sur le territoire national, et un État.

Force est de constater que la définition de la population que nous avons donnée est aujourd'hui dépassée. Les nationaux, qu'ils vivent ou non sur le territoire, sont la composante la plus importante de la population, mais pas la seule. En effet, des étrangers, issus de mouvements d'immigration, résident sur le territoire national. L'autorité de l'État ne s'applique pas de la même façon aux nationaux et aux étrangers (auxquels le droit international garantit un certain nombre de protections mais qui, symétriquement, n'ont pas les mêmes droits que les nationaux, en particulier en ce qui concerne le droit de vote). Elle n'en est pas pour autant affectée.

Quelle est donc la signification réelle et profonde de la nation ?

1. La définition de la nation

15 On oppose la conception allemande qui repose sur des critères objectifs à la conception, essentiellement française, qui repose sur des critères subjectifs.

La conception allemande, développée au XIXe siècle, **met en avant les éléments objectifs qui fondent la nation : la langue, la religion, la culture, la géographie, mais aussi et surtout la race**.

Cette conception peut entraîner des dérives extrêmement dangereuses, dont le régime nazi constitue la plus grave illustration : l'affirmation de la supériorité de la race aryenne et la volonté de fonder la nation sur ce seul critère ont conduit au génocide juif. De même, la purification ethnique, pratiquée dans l'ex-Yougoslavie et particulièrement en Bosnie jusqu'en 1996 et au Kosovo (1998-1999), s'est inspirée de cette conception.

La conception allemande trouve-t-elle une confirmation dans les faits ?

Certains exemples le laissent croire. Ainsi, les difficultés rencontrées par certains États multilingues, comme le Canada ou la Belgique, à maintenir leur cohésion, attesteraient de l'importance du critère linguistique. L'exemple déjà cité de l'ex-Yougoslavie tendrait aussi à prouver que la cohésion nationale ne peut être assurée si la nation est composée de communautés ethniques ou religieuses trop différentes.

En réalité, les contre-exemples selon lesquels les critères objectifs ne suffisent pas à fonder une nation sont plus significatifs. Ainsi, malgré la présence de tous ces critères, la « nation arabe » n'existe pas.

A contrario, l'absence de ces critères n'est pas un obstacle à la formation d'une nation. Ainsi, la Suisse, qui ne possède ni unité géographique, ni unité linguistique, ni unité religieuse, est un modèle de nation équilibrée.

La conception française tend à démontrer que la formation d'une nation est un phénomène plus complexe que la simple addition d'éléments objectifs. **La formation d'une nation est une alchimie qui repose avant tout sur le volontarisme, c'est-à-dire sur la volonté d'une population de vivre ensemble.**

Cette volonté est le résultat d'une histoire commune, d'événements (guerres, progrès économiques...) qui ont forgé un sentiment d'appartenance à une collectivité nationale et, pour tout dire, une identité nationale.

L'illustration en est donnée par les nombreux exemples de territoires rattachés artificiellement à une nouvelle nation, suite à des annexions ou à des redécoupages de frontières, dans lesquels le sentiment d'appartenance à la nation d'origine est demeuré très fort (cas de l'Alsace-Lorraine après son annexion par l'Allemagne suite à la défaite de 1870).

La formation d'une nation est donc une combinaison d'éléments objectifs (langue, culture, géographie...) **et subjectifs** (histoire...).

2. État et nation

16 **Le schéma classique de l'État-nation est celui d'une population homogène qui forme une nation sous l'autorité d'un État.** Mais la réalité est terriblement plus complexe et rares sont les nations véritablement homogènes.

Quelle est l'origine de l'affirmation de l'identification de la nation et de l'État ?

Elle se trouve dans le **principe des nationalités**, consacré par la Révolution française. De ce principe a été déduit celui de la **souveraineté nationale** : le pouvoir réside dans la nation.

Le droit qui en découle, celui de toute nation à devenir un État, est à l'origine de la création, au XIXe siècle, des États européens accédant à l'indépendance. **Dans la plupart des pays européens, la création d'un État est venue donner à la nation la concrétisation juridique et politique d'une histoire souvent déjà riche.** Il est intéressant de noter que ces créations suivent souvent des guerres : unité allemande après la guerre de 1870, « démantèlement » de l'Empire austro-hongrois à l'issue de la guerre de 1914-1918.

Le principe des nationalités trouve un prolongement dans le **droit des peuples à disposer d'eux-mêmes.** Ce droit, consacré dans l'après-Seconde Guerre mondiale par la **Charte des Nations Unies**, est lié au **mouvement de décolonisation.** Réaffirmé avec vigueur par l'ONU en 1960 (Déclaration sur l'octroi de l'indépendance aux pays et aux peuples colonisés), ce principe a permis de **mener à bien un certain nombre de décolonisations et de conduire les nouveaux États à l'indépendance** (on dénombre aujourd'hui 194 États dans le monde, contre 51 en 1945, dont 192 sont membres de l'ONU).

Pourtant, sa mise en œuvre suscite quelques ambiguïtés et difficultés :

- au moment de la décolonisation, les nouveaux États ont accédé à l'indépendance **dans le cadre des frontières établies par le colonisateur.** Or, ces frontières étant souvent artificielles, **les populations de ces États ne présentaient pas un caractère homogène.** Ceci explique les heurts fréquents qui ont lieu entre ces pays et au sein de ces pays ;
- la seconde difficulté est liée à **l'absence de moyens dont disposent les Nations Unies pour faire appliquer leurs résolutions en matière de droit des peuples** à disposer d'eux-mêmes. Certains peuples se sont vus reconnaître ce droit, sans pouvoir le mettre en pratique par l'obtention d'un territoire et/ou la création d'un État. Le peuple palestinien n'a obtenu que récemment, après des décennies de lutte et de résolutions non appliquées, un territoire et un embryon d'État, avec la création d'une autorité palestinienne ;
- de façon générale, le droit des peuples à disposer d'eux-mêmes **se heurte souvent à un autre principe du droit international, celui de la souveraineté des États** (voy. *infra*, n° 19).

Le schéma de l'État-nation n'est pas toujours respecté. En effet, il arrive que **plusieurs groupes à forte identité partagent un territoire et se trouvent sous l'autorité d'un même État** (par les aléas de l'histoire ou de la géographie). Ils ont donc accepté ou ont été contraints d'accepter une **coexistence plus ou moins harmonieuse.** Dans ce cas de figure, on considère qu'il y a une **dissociation entre la nation et l'État, ou du moins une distorsion.**

Celle-ci est certainement **plus prononcée dans les pays en voie de développement.** En effet, dans ces pays, l'État a précédé la nation. Il a en quelque sorte été imposé par le colonisateur et correspond souvent mal à la diversité ethnique, religieuse, culturelle, de ces pays.

En revanche, les États occidentaux qui se sont dotés d'une forme fédérale ont pu canaliser les rivalités ou les tensions entre communautés. C'est le cas pour le Canada, la Confédération helvétique ou plus récemment pour la Belgique (même si, dans ce dernier cas, les tensions entre les communautés flamande et wallonne menacent de plus en plus le pays d'éclatement). Il est vrai qu'il s'agit de **pays économiquement développés et aux institutions démocratiques.**

À l'inverse, dans un État comme la Yougoslavie, la disparition du fédéralisme a coïncidé avec le réveil des nationalismes et a entraîné la guerre. **L'imbrication des communautés a rendu la situation inextricable.**

Les exemples de conflits entre communautés ne manquent pas : en Inde, au Sri Lanka, à Chypre, au Rwanda et dans les anciens pays du bloc soviétique… À la source de ces conflits, on trouve toujours les mêmes causes : volonté d'indépendance, antagonisme ethnique, religieux, luttes de pouvoir…

Bien souvent, le conflit se ramène à une persécution ou à une répression de ces communautés (qui sont en général des minorités) par l'État, lui-même étant entre les mains de l'ethnie dominante (au Rwanda, par exemple) ou de la confession dominante (Inde)…

Pour protéger ces communautés (faute de pouvoir les doter de structures étatiques), le droit international public a développé un **statut des minorités nationales** (ethniques, religieuses, linguistiques). Avec l'effondrement du bloc de l'Est et la résurgence d'États multinationaux, la question de la protection des minorités a pris une nouvelle ampleur.

C) L'autorité étatique

17 La troisième condition à l'existence de l'État est la détention d'une autorité qui lui permette d'exercer le pouvoir. Cette autorité est servie par une organisation politique et juridique et se caractérise par la possession de la personnalité morale et la détention de la souveraineté.

1. La personnalité morale de l'État

18 **L'État est une organisation, une institution** : selon l'expression de Georges Burdeau, il est **le pouvoir institutionnalisé**. Comme indiqué précédemment, il se définit juridiquement comme **une personne morale**. La personnalité morale de l'État a une double signification.

D'une part, elle traduit la capacité de l'État (comme de toute autre institution dotée de la personnalité morale) d'agir sur le plan juridique.

D'autre part, **elle permet d'inscrire l'État et le pouvoir politique, dont il est le détenteur, dans la continuité**. En cela, **elle permet d'établir la distinction entre l'État et les gouvernants, qui ne tiennent leur pouvoir que de l'exercice** (par définition éphémère) **d'une fonction étatique**.

Cette continuité de l'État implique que les gouvernements doivent assumer les actes et les décisions des gouvernements précédents. Ainsi, lorsqu'un gouvernement négocie un traité international qui engage l'État et la parole de la France, le gouvernement suivant ne peut reprendre cette parole au prétexte, par exemple, qu'il n'approuvait pas le traité.

2. La souveraineté et son exercice

19 Sur le plan interne, l'idée de souveraineté signifie que **l'État n'est soumis à aucune autorité supérieure, en vertu de quoi il définit lui-même ses compétences et ses règles d'organisation.** Selon l'expression de Jellinek, il dispose de la compétence de ses compétences.

L'État dispose d'attributs propres ou exclusifs en matière : d'émission de monnaie (on dit battre monnaie), de législation, de réglementation, de justice, de police…

Les individus et les groupements se trouvant sur le territoire national sont soumis à son autorité. Pour faire respecter cette autorité, il dispose de **la contrainte juridique et de la contrainte armée** (l'emploi de la force publique pour le maintien de l'ordre public) **mais dans le respect des libertés** (ce qui distingue les démocraties des États totalitaires). On dit qu'il dispose du **monopole de la contrainte légale.**

Ainsi, l'État est à la source et à l'aboutissement de l'ordre juridique. Il le fonde et le met en œuvre.

Il faut cependant préciser que, du moins en théorie, les attributs de la souveraineté qui lui permettent de se faire respecter par les autres collectivités sont **au service de la collectivité nationale. L'État a pour première mission de veiller à la cohésion et au bon fonctionnement de celle-ci.**

Sur le plan externe, **l'idée de souveraineté implique que l'État n'est subordonné à aucune autorité qui lui est extérieure.** En effet, en théorie, son pouvoir est suprême (il n'existe aucune norme supérieure) et indépendant (il ne procède d'aucune norme extérieure).

Pourtant, **ce principe d'indépendance absolue cadre mal avec la réalité** (l'idée d'une équivalence entre souveraineté et indépendance absolue a été dégagée par Jean Bodin, dès 1576, dans son ouvrage *Les six livres de la République*).

En premier lieu, **l'État est chargé de conduire les relations internationales de la collectivité.** À cet effet, il entre en contact avec des États étrangers. La politique étrangère et la politique de défense ont pour objet d'assurer l'indépendance de la collectivité et le respect de la souveraineté. Les relations internationales sont le théâtre d'**une confrontation et d'une recherche d'équilibre entre les souverainetés** des différents États.

De façon générale, la souveraineté d'un État est limitée par l'obligation de **respecter la souveraineté des autres États.**

L'adhésion de l'État aux règles du droit international et sa participation aux différentes organisations internationales, notamment à l'Organisation des Nations Unies, lui imposent le respect d'un certain nombre de principes et de règles qu'il n'a pas édictés lui-même (bien qu'il ait participé à leur rédaction).

E1 **La « souveraineté partagée » accordée à la Nouvelle-Calédonie**

Pour faire de la Nouvelle-Calédonie un pays à « souveraineté partagée », donc pour contourner l'obstacle juridique de la souveraineté nationale, la France a dû réintroduire dans sa Constitution un Titre XIII (révision constitutionnelle du 20 juillet 1998) officialisant l'« Accord de Nouméa » : « souveraineté partagée » pendant 15 à 20 ans avec transfert progressif de compétences (sauf régaliennes), vote de « lois » locales par le Congrès et soumises au Conseil constitutionnel, apparition d'une « citoyenneté » qui se transformera en une pleine nationalité au moment de la consultation d'autodétermination (dans 15 à 20 ans). « Les populations de Nouvelle-Calédonie » ont approuvé cet accord par référendum le 8 novembre 1998.

Plus encore, la souveraineté cadre mal avec certaines formes d'organisation de l'État, comme le **fédéralisme**, ou avec l'appartenance à une **organisation supranationale.** Dans le premier cas, **les États fédérés perdent l'essentiel de leur souveraineté au profit de l'État fédéral** et, dans le second cas, on assiste à une **érosion de la souveraineté des États par transfert de compétences à l'organisation.**

Par ailleurs, on peut également s'interroger sur la réalité de la souveraineté de nombreux États qui paraissent être sous tutelle politique ou économique d'autres États ou d'organisations internationales (comme le Fonds monétaire international à l'égard de certains pays en voie de développement auxquels il impose de véritables plans de rigueur en matière économique). Force est donc de constater que **la réalité de la souveraineté d'un État se mesure à la réalité de son indépendance dans la conduite de sa politique intérieure et extérieure.**

SECTION II

Les diverses formes d'État

20 Il existe deux formes essentielles d'État : l'État unitaire et l'État fédéral. Dans la théorie, l'État fédéral est parfois placé sur le même plan que la confédération d'États au sein de la catégorie des États composés. Mais, en pratique, il est clair que la confédération n'a pas la qualité étatique.

§ 1. L'État unitaire

21 Comme son nom l'indique, l'État unitaire est organisé autour du principe d'unité et de centralisation. C'est la forme étatique la plus répandue (en Europe, citons la France, le Portugal, l'Italie, le Royaume-Uni, la Pologne...). Pourtant, pour permettre une respiration du système, les modalités d'exercice peuvent prévoir un certain assouplissement du principe d'unité.

A) Le principe de l'unité

22 L'État unitaire est **un État centralisé.** Ceci signifie que l'autorité sur le pays est exercée par **un seul pouvoir politique**, par **un seul centre de décision.** Il y a un souci de cohérence dans la **diffusion et la transmission de la volonté politique du centre vers la périphérie.**

Ce système implique l'unicité des autorités politiques :
- un seul gouvernement (donc un seul exécutif) ;
- un seul Parlement ;
- une seule organisation juridictionnelle (système judiciaire).

La France est l'exemple type de l'État unitaire. Elle pousse même le principe unitaire à l'excès. L'unité de l'État et la centralisation réalisées par la Monarchie ont été confortées par la Révolution et l'Empire. La République en a repris le principe avec une grande rigueur. Ainsi, l'article 1er de l'actuelle Constitution (du 4 octobre 1958) pose la règle fondamentale selon laquelle la France est une République indivisible. Pendant cette évolution, la France s'est dotée d'un **système institutionnel et politique hypercentralisé qui est à l'origine d'un déséquilibre entre le centre et la périphérie** (« Paris et le désert français »). En réaction à ces déséquilibres, la France s'est lancée depuis 1982 dans une vaste décentralisation (voy. *infra*). Elle vient même de connaître une petite révolution avec l'inscription dans la Constitution, **à côté du principe d'unité de la République**, d'une disposition selon laquelle l'**organisation de la France est décentralisée** (révision constitutionnelle du 28 mars 2003, voy. *infra*, n° 24).

Lorsqu'un pays dépasse une certaine superficie et/ou lorsqu'il atteint un certain degré de développement et de complexité, il devient illusoire de vouloir continuer à l'administrer uniquement par le centre. **Les pays à forte centralisation qui ont refusé de faire évoluer leur organisation administrative et étatique, se sont retrouvés dans une situation d'engorgement et d'étouffement du centre, de sous-activité et parfois de sous-administration de la périphérie.**

L'éloignement des administrés et des entreprises du centre de décision ne contribue pas à la qualité de l'information et de la décision tant de l'État (qui est sous-informé sur leurs besoins réels et prend des décisions qui ne peuvent être qu'imparfaites) que de ceux-ci (une entreprise dans cette situation n'a pas les mêmes possibilités d'intervention qu'une entreprise placée près du centre de décision).

Pour lutter contre ces déséquilibres, **des aménagements de l'État unitaire sont prévus.** Ces modalités d'organisation sont la déconcentration et la décentralisation. Ces deux modèles qui coexistent sur le territoire national ont pour objet de **rapprocher l'administration et l'État des citoyens.**

B) La déconcentration

23 La déconcentration est typiquement un aménagement de la centralisation. Il s'agit de créer **un relais territorial à la centralisation**.

La déconcentration consiste en **une délégation de certaines compétences du pouvoir central à un agent de l'État qui les exerce dans un cadre territorial déterminé** (département, région, académie...). Cet agent reste hiérarchiquement soumis à l'autorité centrale. Ces délégations de compétences portent sur des domaines importants puisqu'elles concernent aussi bien **l'organisation des services publics que le maintien de l'ordre public**. Cet aménagement inspire deux réflexions :

- **la déconcentration n'est qu'une délégation du pouvoir administratif et en aucun cas du pouvoir politique** (qui reste l'exclusivité de l'État). Elle correspond au principe selon lequel si on ne gouverne bien que de loin, on n'administre bien que de près ;

- **elle ne modifie pas la nature des relations entre l'État et les administrés**. Odilon Barrot, célèbre homme politique républicain du XIXe siècle, a parfaitement illustré cet état de fait : « c'est toujours le même marteau qui frappe, mais on en a raccourci le manche. »

Le préfet, de département et de région, est l'exemple même de la déconcentration à la française. Il exerce l'autorité de l'État dans sa circonscription et il y est le chef des services déconcentrés (équipement, agriculture...).

C) La décentralisation

24 La décentralisation n'est pas un aménagement de même nature que la déconcentration. Comme la déconcentration, elle donne lieu à un **transfert de compétences du pouvoir central au profit d'autorités locales**. Mais, à la différence de la première, ces compétences ne sont pas déléguées à des agents de l'État mais à **des autorités locales, distinctes de l'État et autonomes : les collectivités territoriales.**

L'objet de la décentralisation est d'associer les administrés de façon plus étroite aux décisions qui les concernent dans leur vie de tous les jours. La décentralisation implique la reconnaissance :

- **de la personnalité morale des collectivités** (c'est-à-dire d'une existence propre et de la capacité juridique à prendre des décisions, à agir en justice...) ;
- **d'un pouvoir autonome** pour la gestion des « affaires locales ».

Dans la mesure où les autorités locales sont élues par les citoyens, **la décentralisation permet l'établissement d'une démocratie locale**.

Mais cette démocratie a ses limites :

- souvent, l'existence des collectivités territoriales est garantie par la Constitution mais la détermination de leurs règles de fonctionnement et de leurs attributions relève du législateur qui peut donc les modifier par une simple loi ;
- les collectivités territoriales décentralisées restent soumises à **contrôle de la part du représentant de l'État**. Ce contrôle se justifie dans la mesure où **la décentralisation est synonyme d'autonomie et non d'indépendance**.

Enfin, il faut établir une distinction entre la décentralisation territoriale (les collectivités territoriales) et la **décentralisation fonctionnelle**. Cette dernière consiste à confier des attributions propres à des **organismes autonomes dotés de la personnalité morale** (les établissements publics, comme les universités en France).

Selon les pays, la décentralisation est plus ou moins poussée. À titre d'exemple, dans les trois pays cités ci-après, l'État accorde à des autorités décentralisées une autonomie significative accompagnée d'attributions substantielles : la notion de *local government* (littéralement, gouvernement local) illustre l'importance de la décentralisation en Grande-Bretagne ; en Italie, les régions détiennent une compétence législative ; en Espagne, la Constitution de 1978 met en place des communautés autonomes.

En France, l'existence des collectivités décentralisées (territoriales) est garantie par la Constitution, laquelle énonce que dans les conditions prévues par la loi, ces collectivités « s'administrent librement par des conseils élus ». La véritable naissance de la décentralisation date de la loi du 2 mars 1982 : reconnaissance de la région comme collectivité décentralisée à côté du département et de la commune ; importants transferts de compétences de l'État vers ces collectivités. Cependant, les progrès de la décentralisation issue de la loi de 1982 se sont accompagnés d'abus en raison de la faiblesse des contrôles sur un certain nombre d'actes des collectivités (en matière d'urbanisme, d'endettement des collectivités...). **Une nouvelle étape a été franchie avec la révision constitutionnelle du 28 mars 2003.** La Constitution comporte désormais un ensemble de dispositions destiné à renforcer la décentralisation. Ces dispositions portent sur :

- une nouvelle architecture des collectivités : « Les collectivités territoriales de la République sont les communes, les départements, les régions, les collectivités à statut particulier [comme la Corse] et les collectivités d'outre-mer... » (art. 72, al. 1er C ; auparavant, la Constitution ne mentionnait que les communes, les départements et les territoires d'outre-mer) ;
- l'organisation décentralisée de la République (l'article 1er de la Constitution est complété par une phrase : « Son organisation [de la République] est décentralisée », l'existence des régions est consacrée, il est reconnu un pouvoir réglementaire aux collectivités territoriales ainsi qu'un droit à l'expérimentation) ;
- la démocratie locale directe (création de trois outils de démocratie directe : un droit de pétition ouvert aux électeurs pour saisir une assemblée territoriale, le référendum local et la consultation des électeurs sur une question relative à l'organisation institutionnelle de la collectivité) ;
- l'autonomie financière des collectivités territoriales.

E2 **Un exemple d'approfondissement de la décentralisation en France : le référendum local décisionnel**

Le nouvel article 72-1 de la Constitution prévoit que « les projets de délibération ou d'acte relevant de la compétence d'une collectivité territoriale peuvent, à son initiative, être soumis, par la voie du référendum, à la décision des électeurs de cette collectivité ». L'introduction du référendum local constitue une petite révolution dans un pays marqué par la centralisation et par la crainte des élus locaux d'être entravés dans leur action par la participation des citoyens à la vie locale. La grande innovation tient à ce que le référendum local est décisionnel et non plus seulement consultatif. Autrement dit, la consultation doit aboutir à une véritable décision qui s'impose aux autorités locales.

La loi organique du 1er août 2003 précise les modalités d'exercice du référendum local :

- il ne peut porter que sur des matières de la compétence de la collectivité territoriale organisatrice ;
- la décision de recourir à un référendum local n'appartient qu'à l'assemblée délibérante de la collectivité territoriale ;
- le référendum peut porter soit sur une délibération de l'assemblée soit sur un acte de son exécutif pris en vertu de ses pouvoirs propres ou par délégation ;
- une même délibération de l'assemblée délibérante détermine les modalités d'organisation du référendum local, fixe le jour du scrutin, convoque les électeurs, précise le projet d'acte ou de délibération soumis à l'approbation des électeurs et définit la question qui leur est posée de façon à ce qu'ils puissent répondre par oui ou par non ;
- deux mois au moins avant le référendum, la délibération est transmise au représentant de l'État qui dispose de 10 jours pour la contester devant le tribunal administratif ;
- pour éviter des interférences avec d'autres scrutins, le référendum local ne peut avoir lieu pendant certaines périodes et notamment moins de six mois avant la date de renouvellement des membres de son assemblée délibérante ;

- les participants au référendum local sont toutes les personnes inscrites sur les listes électorales de la collectivité territoriale ayant décidé d'organiser le référendum et, pour un référendum local décidé par une commune, les ressortissants d'un État membre de l'Union européenne inscrits sur les listes électorales complémentaires établies pour les élections municipales ;
- le projet soumis à référendum est adopté si deux conditions cumulatives sont réunies : la majorité des suffrages exprimés et une participation au vote d'au moins 50 % des électeurs inscrits (si ce seuil n'est pas atteint, le référendum n'a plus qu'une valeur consultative) ;
- les opérations électorales peuvent être contestées devant le juge électoral ; la légalité de la décision définitive prise sur le fondement du référendum local peut être contestée devant le juge administratif.

§ 2. Les États composés

25 Les États composés sont des groupements d'États. Nous retiendrons ici la confédération (tombée en désuétude) et l'État fédéral. **La distinction entre ces deux formes d'État réside dans le degré d'intégration dans la collectivité.** Il n'y a pas de véritable intégration au sein de la confédération alors que l'intégration des États membres est une composante du fédéralisme.

A) La confédération d'États

26 La confédération est une association d'États qui choisissent de **créer des organes communs pour mettre en œuvre certaines compétences** (des États en situation d'insécurité ou de faiblesse politique ou économique peuvent avoir intérêt à se regrouper). Ce rapprochement peut aller jusqu'à mettre en commun la définition et l'application de certaines politiques. **Mais en aucun cas cette co-opération égalitaire entre États** (ils sont tous engagés de la même façon avec les mêmes droits et obligations) **ne remet en cause leur souveraineté**. La préservation de leurs attributs les plus fondamentaux constitue bien la limite de leur engagement. **L'acte constitutif de la confédération est un traité.** Toute modification de son organisation ou de ses compétences suppose une révision du traité.

Les représentants des États se réunissent dans des structures intergouvernementales légères (Diète ou Conférence) pour y prendre les **décisions importantes à l'unanimité** (il n'y a pas d'organe de représentation des peuples membres). Ces décisions ne sont pas d'application directe sur les territoires des États membres de la confédération : ils doivent au préalable manifester leur accord pour cette application.

Les États ne sont pas liés à la confédération par une volonté étatique commune. Il en résulte qu'un État membre peut s'en retirer (alors que ce n'est pas le cas pour l'État fédéré).

Cette forme d'État est aujourd'hui tombée en désuétude. Les grandes confédérations, comme la Confédération germanique née lors du Congrès de Vienne (en 1815, elle associait une quarantaine d'États), n'existent plus. Par ailleurs, la Confédération helvétique (Suisse) est en réalité, depuis 1848, un État fédéral.

Historiquement, la confédération semble avoir servi de point de passage vers le fédéralisme (comme pour les États-Unis en 1787). N'est-elle alors qu'une phase transitoire vers une forme d'État ou de groupement d'États plus intégré ? La situation de l'Union européenne qui n'est plus seulement une confédération d'États mais pas encore une fédération, peut le laisser croire.

B) L'État fédéral

27 L'État fédéral est aujourd'hui la forme étatique la plus répandue parmi les grands États où il a fait la preuve de son efficacité et de sa souplesse : États-Unis, Canada, Mexique, Brésil, Allemagne, Suisse, Belgique, Inde, Australie, Afrique du Sud…

La formation de l'État fédéral peut procéder de deux motivations opposées. Classiquement, cette formation résulte de la volonté d'États indépendants de **s'associer afin de mettre en commun leurs moyens en préservant une part de leur indépendance**. C'est le fédéralisme par association. Ainsi, à l'origine, les États américains se sont associés pour résister aux Anglais et conquérir leur indépendance. La création d'un État fédéral peut aussi trouver son origine dans la dissociation d'un État unitaire, découlant de la volonté de donner à ses composantes une certaine indépendance juridique et politique, en reconnaissance de leur spécificité (l'exemple de la Belgique, qui a choisi en 1993 la forme fédérale, illustre ce cas de figure).

On assimile parfois l'État fédéral à une synthèse de l'État unitaire (et à sa tendance centripète, c'est-à-dire centralisatrice) **et de la confédération** (et à sa tendance centrifuge, c'est-à-dire à l'éloignement des entités du centre). Autrement dit, la diversité et la personnalité des États s'expriment dans l'unité incarnée par la fédération.

1. La notion de fédéralisme

28 L'État fédéral se distingue de la confédération par le degré d'intégration des entités fédérées. C'est une Constitution (et non un traité) qui constitue la base de son existence.

Il est constitué par un ensemble d'États, les États fédérés, qui ont transféré une partie de leur souveraineté originaire à l'entité formée par leur regroupement, l'État fédéral. Celui-ci est donc investi des attributs de la souveraineté.

Ce transfert partiel de souveraineté se traduit par un transfert de compétences au profit de l'État fédéral. Les États fédérés conservent toutefois des compétences non négligeables.

La répartition des compétences entre l'État fédéral et les entités fédérées est définie par la Constitution en distinguant **compétence de droit commun et compétence d'exception** (la compétence de droit commun est de portée générale alors que la compétence d'exception est, par définition, limitée sous la forme d'une liste énumérant des compétences). Dans certains États fédéraux (États-Unis, Suisse), la compétence de droit commun relève (de par la Constitution) des entités fédérées et dans d'autres (Canada, Afrique du Sud), elle relève de l'État fédéral.

Le principe de répartition inhérent au fédéralisme est celui de la **subsidiarité**. Ce principe correspond à l'idée selon laquelle les compétences fédérales sont celles qu'il est plus rationnel ou plus efficace d'exercer à ce niveau (ce qui a justifié la formation de l'État fédéral). Les États fédérés conservent la primauté dans l'exercice des autres compétences.

À titre d'illustration, sur le plan extérieur, l'État fédéral détient l'exclusivité de la souveraineté extérieure et assure les relations avec l'étranger. Il assume la représentation de l'ensemble des entités fédérées sur la scène internationale : il conduit la diplomatie, négocie les traités. Il est compétent en matière militaire (y compris pour déclarer la guerre), économique et monétaire, de nationalité (par exemple, pour définir la politique d'immigration).

Les exceptions à la compétence de l'État fédéral sont rarissimes et toujours particulières. On peut par exemple citer le cas de l'URSS qui, en 1944, avait attribué une compétence en matière internationale à l'Ukraine et à la Biélorussie. En réalité, cette compétence était purement fictive car il s'agissait d'obtenir par ce biais deux sièges supplémentaires à l'ONU.

Le respect de la répartition des compétences (ainsi que la primauté de la loi fédérale) **est assuré, selon un mode judiciaire, par un organe régulateur et protecteur du fédéralisme : une Cour suprême aux États-Unis ou une Cour constitutionnelle en Allemagne.**

2. Les principes du fédéralisme

29 L'État fédéral repose sur la combinaison des principes de superposition, d'autonomie et de participation.

a) Le principe de superposition

30 Le fédéralisme implique **la superposition de deux niveaux d'organisation politique et juridique : l'ordre juridique fédéral se superpose à l'ordre juridique des entités fédérées** qui conservent une vie propre à côté de celui de la fédération.

Dans la limite de la répartition des compétences organisée par la Constitution fédérale, **le droit fédéral s'impose au droit fédéré – c'est la règle de la primauté – et il est directement applicable à tous les citoyens** sans intervention des entités fédérées (à la différence de la confédération) : **c'est la règle de l'application directe.**

Si la Constitution fédérale fait perdre aux États fédérés leur souveraineté originaire, elle leur garantit en même temps une réelle autonomie.

b) Le principe d'autonomie

31 **Le principe d'autonomie se traduit d'abord par la liberté des États fédérés en matière d'organisation institutionnelle**, sous certaines réserves : par exemple, aux États-Unis, la Constitution impose explicitement aux États fédérés le respect du caractère républicain de l'État. **Chaque entité élabore sa propre Constitution, dispose d'un pouvoir exécutif** (le gouverneur aux États-Unis), **législatif et de sa propre organisation judiciaire.**

En conséquence, dans son champ de compétences, **chaque entité est autonome et dispose donc de législations spécifiques**. Ainsi, aux États-Unis, d'un État à l'autre, les différences dans certains domaines sensibles sont spectaculaires. Par exemple, en matière de peine de mort, d'avortement, de législation sociale…

c) Le principe de participation

32 L'État fédéral étant l'œuvre volontaire des entités fédérées, il est logique que ces dernières **participent à la vie des institutions fédérales**.

Ceci justifie que les États fédéraux disposent d'un Parlement bicaméral, c'est-à-dire composé de deux chambres, l'une représentant la population dans son ensemble (la Chambre des représentants aux États-Unis, le *Bundestag* en Allemagne), **l'autre les entités fédérées** (le Sénat américain, le *Bundesrat* allemand). En vertu d'un principe d'égalité des États fédérés, leur mode de représentation dans la chambre haute (le Sénat aux États-Unis, par exemple) est souvent égalitaire en dépit de leurs différences de population comme c'est le cas aux États-Unis. Mais, à l'exemple de l'Allemagne, la composition de la chambre peut aussi tenir compte de l'importance respective en population de chaque État fédéré.

Par le biais de cette chambre, les entités fédérées participent à l'élaboration des lois (il se peut même, comme dans l'exemple du Sénat des États-Unis, que cette chambre exerce une prééminence au sein du Parlement).

Les entités fédérées sont également intéressées aux **questions d'organisation de l'État fédéral**. Aucune révision constitutionnelle ne peut se réaliser sans leur adhésion massive, ce qui est pour elles une garantie que leur autonomie ne peut être remise en cause sans leur consentement.

À l'heure actuelle, on assiste dans les États fédéraux à un mouvement de centralisation alors que les États unitaires subissent plutôt un effet d'« émiettement ». Dans le premier cas, il s'agit de donner davantage de cohérence à la politique extérieure ainsi qu'aux politiques économiques et monétaires alors que, dans le second cas, les États unitaires doivent faire face à des revendications, par exemple de type régionaliste ou, plus souvent et plus simplement, de démocratie locale.

En conclusion, l'État moderne inspire deux réflexions.

Après avoir été omniprésent, l'État connaît un reflux depuis quelques années. Certes, il exerce de façon classique les attributs de la souveraineté (police, justice, diplomatie…) mais **est de moins en moins un « État-providence »** encadrant et intervenant dans de nombreux domaines d'activité de la société.

À l'instar de ce qui se passe dans les pays anglo-saxons, en avance dans cette évolution, **l'État moderne ne veut plus** (par choix idéologique, celui du libéralisme et de la concurrence), **ne peut plus** (les règles internationales lui imposent des contraintes, ce que l'on appelle la mondialisation ; pour les États de l'Union européenne, de plus en plus de politiques sont communautarisées, comme la politique monétaire avec l'avènement de l'euro) **et/ou n'a plus les moyens** (le coût de certaines activités excède les capacités financières et logistiques des États) **d'agir seul et de façon autonome dans certains domaines ou d'assurer lui-même certaines activités là où les entreprises privées, voire les associations, s'avèrent plus efficaces**.

Ainsi, de plus en plus d'activités dites d'intérêt général ou de service public (l'expression est surtout employée en France) sont déléguées à des entreprises privées (gestion et exploitation de l'eau, des transports en commun, des autoroutes, des ordures ménagères…), ouvertes à la concurrence (transport aérien, télécommunications, énergie et même biens culturels…) ou tout simplement prises en charge par le secteur associatif (par exemple, l'action sociale est prise en charge par des associations de plus en plus nombreuses). Même le financement des retraites est appelé à se privatiser peu à peu avec le développement des fonds de pension (en France, où la question est particulièrement sensible, le principe de la capitalisation comme complément au système de retraite traditionnel par répartition est désormais accepté).

On devrait certainement assister dans les années à venir à **un repli de l'État sur ses fonctions régaliennes** (c'est-à-dire de souveraineté). **Le recul de la sphère publique au bénéfice de la sphère privée devrait davantage confiner l'État dans un rôle de régulateur de la société**.

Ensuite, en démocratie, les attributs de la puissance étatique doivent s'exercer dans un cadre légal qui assure **la protection effective des libertés : c'est l'État de droit** dont sont dotées aujourd'hui les grandes démocraties et **dont la Constitution est le garant** (voy. *infra*, chapitre suivant).

E3 **Union européenne : la marche vers le fédéralisme est-elle durablement compromise ?**

Malgré les eurosceptiques et les partisans d'une Europe des nations, l'évolution de la construction européenne depuis cinquante ans semblait indiquer un lent mais sûr cheminement vers le fédéralisme (ou du moins vers une formule de type fédéral). Mais le rejet de la « Constitution » européenne par les Français (référendum du 29 mai 2005) constitue un coup d'arrêt brutal à cette évolution. L'Union européenne saura-t-elle s'en relever ?

L'Union est d'ores et déjà dotée d'institutions de type fédéral :

- le Parlement européen, élu au suffrage universel direct depuis 1979 ;
- la Commission européenne. Elle a le pouvoir d'initiative (c'est-à-dire qu'elle soumet des projets de textes au Conseil des ministres et au Parlement européen) et est également l'exécutif de l'Union, chargé de mettre en œuvre les dispositions adoptées et de veiller à leur respect par les États membres ;
- la Cour de justice des Communautés européennes qui assure la supériorité du droit communautaire sur les droits nationaux en sanctionnant les manquements (la France est l'un des États les plus sanctionnés en raison de son inertie à se conformer à ces règles) ;
- la Banque centrale européenne en charge de la politique monétaire européenne.

À côté de ces institutions, des organes de type confédéral (Conseil européen des chefs d'État et de gouvernement, Conseil des ministres) représentent les États. À ce titre, ils prennent les décisions préparées par la Commission.

De plus en plus, le droit européen assure son emprise sur les droits nationaux. Il est composé :

- du droit originaire, c'est-à-dire les traités ;
- du droit dérivé, c'est-à-dire les règlements qui s'appliquent directement dans l'ordre juridique des États membres et les directives qui s'appliquent indirectement mais sont de plus en plus… directives pour les États.

Mais surtout, les transferts de compétence et de souveraineté des États membres vers l'Union européenne en matière économique, monétaire, commerciale, fiscale et même sociale, voire culturelle, sont appelés à se poursuivre.

De plus en plus de domaines sont « communautarisés » (le traité d'Amsterdam donne compétence à l'Union européenne en matière de politique d'immigration, de visas et de droit d'asile) ou en voie de « communautarisation » (comme la politique étrangère et de sécurité commune). On assiste même à une ébauche de droit social européen (de grands principes figurent dans un protocole intégré au traité d'Amsterdam).

Enfin, même en ce qui concerne la prise de décision, les choses évoluent. L'accroissement des pouvoirs du Parlement européen, qui se traduit par un développement important du système de la codécision (Parlement-Conseil), devrait réduire progressivement le poids des États au bénéfice de l'Union. Par ailleurs, le choix du Président de la Commission européenne (dont on peut estimer, à juste titre, qu'elle est le véritable centre d'impulsion des décisions) doit désormais être approuvé par le Parlement européen (seule institution véritablement démocratique puisqu'élue au suffrage universel direct).

L'Union européenne se présente donc aujourd'hui comme une entité politique, institutionnelle et économique dotée de deux niveaux :

européen et national. Progressivement, le niveau européen prend le pas sur le niveau national.

Avec le projet de « Constitution » européenne, l'Union s'apprêtait à franchir une nouvelle étape vers le fédéralisme. Mais le rejet du texte par les Français (référendum du 29 mai 2005) puis par les Néerlandais, ainsi que l'arrêt du processus de ratification dans d'autres pays (comme l'Angleterre), ont condamné l'Union politique. Des décennies de démagogie (« c'est la faute à l'Europe ») et d'absence de pédagogie sur l'Europe, mais aussi le parasitage par des considérations de politique intérieure, ont eu raison d'un traité qui répondait pourtant à un certain nombre d'aspirations des citoyens et à la nécessité d'améliorer le fonctionnement de l'Union.

LE TRAITÉ DE LISBONNE

La sortie de crise est intervenue avec la signature, le 13 décembre 2007, d'un nouveau traité dit de Lisbonne. Les Vingt-sept ont abandonné l'idée d'une Constitution abrogeant les traités antérieurs. Le nouveau traité reprend la méthode traditionnelle de modification d'un traité et amende à la fois le traité CE et le traité UE. Une fois ratifié, il disparaît, toutes ses dispositions s'intégrant dans ces deux textes. Les symboles de l'UE, tels que le drapeau, l'hymne et la devise, ne figurent plus dans le nouveau texte, mais celui-ci prévoit plusieurs réformes institutionnelles essentielles.

L'attribution de la personnalité juridique

L'UE sera désormais dotée de la personnalité juridique. Elle pourra ainsi conclure un accord international dans tous ses domaines de compétence. Le traité permet également à l'Union d'adhérer à la Convention européenne de sauvegarde des droits de l'homme et des libertés fondamentales.

La simplification du processus décisionnel au Conseil de l'UE

À partir du 1er novembre 2014, la majorité qualifiée se définit comme étant égale à au moins 55 % des membres du Conseil, comprenant au moins 15 d'entre eux et représentant des États membres réunissant au moins 65 % de la population de l'Union. Une minorité de blocage doit inclure au moins quatre membres du Conseil.

Une présidence permanente au Conseil européen

Un président sera désormais élu à la majorité qualifiée pour une durée de deux ans et demie, renouvelable une fois.

Un Haut représentant de la politique étrangère européenne

Membre du Conseil de l'UE et de la Commission européenne, il sera chargé de conduire la politique étrangère et de sécurité commune de l'Union et présidera le Conseil des affaires étrangères. Il est en plus l'un des vice-présidents de la Commission, chargé de l'action extérieure.

Un nombre réduit de commissaires européens

À partir du 1er novembre 2014, la Commission européenne sera composée d'un nombre de commissaires correspondant aux deux tiers du nombre d'États membres. L'UE comptera donc 18 commissaires pour 27 États membres. Ces derniers seront choisis selon un système de rotation égale entre États membres, fondé sur le principe de stricte égalité de traitement entre pays.

Le renforcement du rôle des Parlements nationaux

Le nouveau traité prévoit un mécanisme de contrôle renforcé du respect du principe de subsidiarité (principe selon lequel une action est entreprise au niveau communautaire uniquement parce qu'elle le serait de façon moins efficace et utile à l'échelon national, régional ou local). Ce mécanisme permet aux Parlements nationaux de faire échouer des propositions de la Commission qui ne respecteraient pas ce principe (voy. *infra*, n° 561).

La clarification de la répartition des compétences entre l'Union et les États membres

Le nouveau texte énumère la liste des domaines relevant des compétences exclusives, des compétences partagées et des compétences d'appui de l'Union.

Un droit d'initiative citoyenne

Les citoyens européens acquièrent le droit d'inviter la Commission européenne, dans le cadre de ses attributions, à soumettre une proposition appropriée au Parlement européen et au Conseil de l'Union européenne. Il faut pour cela recueillir l'approbation d'un million de citoyens de l'Union, ressortissants d'un nombre significatif d'États membres. Il faut également que l'acte juridique demandé soit « nécessaire aux fins de l'application des traités ».

La Charte des droits fondamentaux acquiert une force juridique contraignante pour 25 États membres. Le Royaume-Uni et la Pologne bénéficient d'une dérogation quant à son application.

La Banque centrale européenne devient une véritable institution de l'UE (au même titre que la Commission européenne, le Conseil, le Parlement européen, la Cour de justice et la Cour des comptes européenne).

En matière de **coopération judiciaire et policière**, la plupart des décisions seront désormais prises à la majorité qualifiée, et non plus à l'unanimité.

La lutte contre le changement climatique acquiert un statut prioritaire.

Pour la première fois, le traité prévoit une **clause de sortie** qui confère aux États membres le droit de se retirer de l'Union européenne.

Enfin, un nouvel élément est intégré au traité. Il s'agit d'un **protocole sur les services publics**, qui souligne l'importance des services d'intérêt général, met l'accent sur les « valeurs communes » de l'Union, mentionne « le rôle essentiel et la grande marge de manœuvre des autorités nationales, régionales et locales ».

Le traité de Lisbonne est entré en vigueur le **1er décembre 2009.**

Bibliographie et lectures pour approfondir

BERGERON G., *Petit traité de l'État* ; BOUTET D., *Vers l'État de droit, La théorie de l'État et du droit* ; BUGUET B., « Union européenne, projet de traité constitutionnel : éléments d'analyses », *RDP*, mars-avril 2005, n° 2, pp. 463-474 ; BURDEAU G., *L'État* ; COLLIARD C.A., « État et Nation », in *Itinéraires, Études offertes à L. Hamon*, p. 117 ; FABERON J.-Y., « La Nouvelle-Calédonie, pays à souveraineté partagée », *RDP*, 1998, n° 3, pp. 645-648 ; FLEINER-GERSTER Th., *Théorie générale de l'État* ; HALPERIN J.-L., « L'Union européenne, un État en voie de constitution ? », *D.*, 29 janvier 2004, n° 4/7145, pp. 219-221 ; LECLERC C., *L'État fédéral*, coll. Connaissance du droit, Paris, Dalloz ; MICHALON Th., « À la recherche de la légitimité de l'État », *RFDC*, 1998, n° 34, p. 289 ; PELLOUX R., « Brèves réflexions sur la notion de fédéralisme », in *Mélanges J.-J. Chevallier ; Rev. Pouvoirs*, 1993, n° 67, *La souveraineté* ; ROSANVALLON P., *L'État en France de 1789 à nos jours*.

CHAPITRE II

La Constitution

33 La Constitution est l'ensemble des règles qui définissent le statut des gouvernants (désignation et compétences) et les rapports des gouvernants et des gouvernés.

La portée de la Constitution est d'abord juridique : en définissant **les règles d'organisation et de fonctionnement des institutions** (notamment leurs compétences et leurs rapports), elle constitue le cadre de l'État de droit. Ensuite, la Constitution apparaît comme **une source de légitimité** (elle fonde notamment l'autorité des gouvernants). Sa portée est également politique dans le sens où **elle exprime un projet politique global** (notamment par le biais des Déclarations des droits et des préambules ; ceux des Constitutions de 1946 et de 1958 laissent apparaître un régime libéral et social).

Après avoir approfondi la notion de Constitution, nous examinerons successivement l'élaboration et la révision des Constitutions, puis le contrôle de la constitutionnalité de la loi.

SECTION I

La notion de constitution

34 En étudiant les grandes approches de la Constitution, on peut relever une confrontation et une complémentarité entre d'une part, Constitution matérielle et Constitution formelle et d'autre part, Constitution écrite et Constitution coutumière.

§ 1. Constitution matérielle et Constitution formelle

35 **La définition matérielle de la Constitution prend en compte son contenu,** c'est-à-dire toutes les règles, écrites ou non, qui touchent à l'acquisition et à l'exercice du pouvoir. Ce sont les règles fondamentales de l'État. Elles concernent : la définition de la nature de l'État, l'aménagement des rapports entre les institutions... Dans la mesure où il existe toujours un minimum de règles ou d'indications (y compris coutumières) relatives à la dévolution et à l'exercice du pouvoir, on peut avancer que **tout État possède nécessairement une Constitution**.

La définition formelle ou organique prend en compte la procédure juridique de la Constitution. Ce n'est plus le contenu qui détermine le caractère constitutionnel des dispositions mais **leur mode d'adoption**. La Constitution est formée de l'ensemble des règles juridiques adoptées par un organe spécifique (par exemple, une Assemblée constituante) ou selon une procédure spécifique. Cette procédure marque ainsi sa supériorité sur la procédure législative ordinaire et, par là même, **la supériorité de la Constitution sur la loi**. Cependant, **seule l'existence d'un contrôle de constitutionnalité de la loi** permet de vérifier la réalité de cette supériorité.

§ 2. Constitution écrite et Constitution coutumière

36 Mis en œuvre en 1787 par les pères de la Constitution américaine (mais déjà sous l'antiquité grecque), le système de la Constitution écrite est aujourd'hui généralisé. Il est vrai qu'il offre de nombreux avantages.

La Constitution écrite permet « d'inscrire dans la pierre » le contrat social (qui n'est après tout qu'une manifestation de volonté). Par ailleurs, elle **offre aux libertés et aux règles constitutionnelles en général, une cohérence et une sûreté inégalées**. La Déclaration des droits ou le préambule qui, fréquemment, précèdent la Constitution, bénéficient du procédé.

Pourtant, malgré les avantages que présente l'écrit, ce caractère est ici secondaire. Encore faut-il, pour que les avantages de l'écrit soient réels, que la Constitution prévoie **l'existence d'un organe et d'une procédure de révision spécifiques**.

La Constitution coutumière d'un pays est formée de l'ensemble des règles non écrites relatives à l'organisation et au fonctionnement des institutions, ayant acquis une valeur coutumière. La valeur coutumière d'une règle non écrite est le produit de son application continue qui lui confère une force obligatoire. Les pays dotés d'une telle Constitution sont excessivement rares. Parmi les grands pays démocratiques, on ne relève guère que le Royaume-Uni.

Par ailleurs, **le rôle de la coutume dans les États à Constitution écrite n'est pas négligeable**. Les règles coutumières, **nées de la pratique du régime**, viennent, en général, **combler les lacunes dues à l'ambiguïté ou à l'imprécision du texte constitutionnel sur tel ou tel point.**

La coutume peut donc venir compléter ou interpréter le texte constitutionnel, sans pour autant le modifier. En effet, cela reviendrait à réviser la Constitution sans passer par la procédure instituée à cet effet.

SECTION II

L'élaboration et la révision des constitutions

37 Une Constitution est vivante : nous étudierons comment elle naît et évolue.

§ 1. L'élaboration des Constitutions

38 **Elle est l'œuvre du pouvoir constituant** (que l'on peut définir comme l'ensemble des organes chargés d'élaborer ou de réviser la Constitution). S'agissant de la naissance d'une Constitution, le pouvoir constituant est dit **originaire**.

A) Le pouvoir constituant originaire

39 L'établissement d'une nouvelle Constitution répond à la **nécessité de remplir un vide juridique**, celui laissé par la défunte Constitution ou résultant de l'absence de Constitution. Cette situation peut se produire :

- **au moment de la création d'un État nouveau** (comme pour les États-Unis en 1787) ;

plus généralement, **en cas de changement de régime politique et en particulier dans le cas d'une révolution.**

Les dirigeants provisoires, forts de la légitimité politique acquise grâce au succès de la révolution ou à l'occasion de certaines circonstances historiques (on pense par exemple au Gouvernement provisoire de la République française en 1944), vont avoir comme objectif de procéder à la rédaction d'une nouvelle Constitution.

Il n'existe alors aucun texte indiquant à qui appartient la compétence pour élaborer une Constitution. En réalité, le pouvoir constituant originaire est un pouvoir de fait, inconditionné, c'est-à-dire qu'il n'a pas de texte à respecter ou de limites qui lui soient imposées. Autrement dit, il peut « inventer » un nouvel ordre juridique (même si l'histoire nous démontre que les nouvelles Constitutions sont souvent prises en réaction aux précédentes, comme ce fut le cas pour la Constitution française de 1958 par rapport à celle de 1946).

B) Les modes d'élaboration de la Constitution

40 Les modes d'élaboration se distinguent **selon que les citoyens sont intéressés ou non à l'opération constituante**. On distingue les modes autoritaires et les modes démocratiques qui permettent d'ailleurs de caractériser la nature du régime qui se met en place.

1. Les modes autoritaires

41 Dans ce cas de figure, **la Constitution est plus ou moins imposée à la nation** par un homme, détenteur exclusif du pouvoir constituant. Elle peut aussi **résulter d'un compromis** entre les forces en présence.

a) La Charte octroyée

42 Le détenteur exclusif du pouvoir constituant, qu'il s'agisse d'un monarque ou d'un dictateur, peut élaborer une Charte, sans contrainte et surtout sans participation populaire. En effet, le plus souvent, il la rédige lui-même et organise la limitation de ses pouvoirs. Puis il l'octroie à ses sujets, d'où le nom de Charte octroyée. La procédure d'élaboration de la Charte contraste de façon saisissante avec celle de la « Constitution » qui suppose l'adhésion des représentants de la nation.

La Charte octroyée est le procédé employé en France à l'occasion de la Restauration monarchique de 1814. En acceptant de limiter ses pouvoirs au profit de nouvelles institutions, Louis XVIII institue **une monarchie limitée**.

b) La Charte négociée

43 Au même titre que le monarque, le peuple (ou du moins ses représentants) est investi du pouvoir constituant. Ce cas de figure rare se présente généralement à l'occasion de ruptures ou de changements au niveau du pouvoir. Par exemple, il peut en être ainsi lors de l'avènement d'un nouveau monarque.

La Charte résulte donc d'une négociation, d'un compromis entre le monarque et les représentants du peuple. Comme tout compromis, elle repose sur **un certain équilibre**. Que cet équilibre disparaisse et la Charte est appelée à évoluer et à se transformer.

La Charte de 1830 est un bon exemple de Charte négociée. Après avoir été adoptée par les chambres, **elle est « acceptée »** par Louis-Philippe qui pense ainsi répondre à un appel du peuple.

2. Les modes démocratiques

44 **Le peuple étant souverain, le pouvoir constituant originaire lui appartient.** Il l'exerce par l'intermédiaire de ses représentants et, de façon plus exceptionnelle, en étant consulté par référendum.

a) L'assemblée constituante

45 L'assemblée constituante est **l'assemblée élue dont la mission est d'élaborer une nouvelle Constitution**. Les constituants ayant été désignés par le peuple, celui-ci est donc **associé implicitement à son élaboration** (du moins dans le cadre du régime représentatif dans lequel les représentants sont assimilés aux citoyens). Il conserve en quelque sorte la maîtrise de son destin.

L'assemblée peut être constituante, c'est-à-dire avoir été désignée avec comme **tâche exclusive la rédaction d'une nouvelle Constitution** (la Constitution fédérale des États-Unis a été élaborée en 1787 par la convention de Philadelphie, spécialement réunie à cet effet) ou alors elle **peut être constituante et législative**, c'est-à-dire **non seulement exercer la mission constituante, mais être également chargée de l'adoption des lois ordinaires et de la préparation du futur gouvernement** (solution retenue en France avec, par exemple, l'Assemblée nationale constituante en 1789).

Dans le premier cas, l'accent est mis sur **l'acte fondateur** alors que, dans le second, une véritable **concentration des pouvoirs** s'opère au profit de l'assemblée.

b) Le peuple constituant

46 L'autre mode démocratique d'élaboration de la Constitution est le recours au peuple par la voie du référendum. Le texte élaboré par la convention ou par le pouvoir exécutif **est soumis au peuple à fin de ratification**. Ce dernier exerce alors lui-même le pouvoir constituant.

Parmi les Constitutions élaborées par une assemblée constituante et soumises au référendum, citons les Constitutions de 1793 ou de 1946.

En ce qui concerne l'élaboration par l'exécutif, les empereurs Napoléon Ier et Napoléon III ont recouru à plusieurs reprises au référendum pour faire valider des textes constitutionnels. Le général de Gaulle a fait usage de cette procédure pour faire ratifier la Constitution de 1958.

Néanmoins, lorsque l'objet du référendum n'est plus la simple approbation d'un texte constitutionnel mais une question de confiance posée au peuple par le chef de l'exécutif, on ne parle plus de référendum mais de **plébiscite. Le référendum devient alors un instrument de pouvoir.**

§ 2. La révision des Constitutions

47 Bien qu'elle soit une œuvre destinée à durer, la Constitution s'use au regard de l'évolution de la société. Elle doit donc pouvoir faire l'objet de retouches ou d'un toilettage plus important. Les constituants doivent donc inscrire dans la Constitution les procédures de révision qui permettront de la moderniser.

A) Le pouvoir constituant dérivé

48 Il prend en quelque sorte le relais du pouvoir constituant originaire. **Il est institué par la Constitution qui lui assigne la mission d'assurer les révisions constitutionnelles.** Contrairement au pouvoir constituant originaire, il est conditionné par l'obligation de se plier aux exigences posées par le texte constitutionnel.

Sa mission s'inscrit dans le cadre de **la clause constitutionnelle de révision** (qui organise les conditions et la procédure de révision). Malgré ces restrictions, il est considéré, au même titre que le pouvoir constituant originaire, comme une expression de la souveraineté.

B) La mise en œuvre de la révision

49 La mise en œuvre de la révision est plus ou moins aisée selon la nature souple ou rigide de la Constitution et selon les modalités définies par celle-ci.

1. La distinction entre les Constitutions souples et rigides

50 Une Constitution est **considérée comme souple lorsqu'elle peut être révisée de la même façon qu'est adoptée ou modifiée une loi ordinaire** (par les mêmes organes et selon la même procédure). Autrement dit, aucune condition particulière n'est posée à la révision. **La procédure utilisée ramène la Constitution au niveau de la loi** (et rend donc impossible le contrôle de conformité de la loi à la Constitution).

Ces Constitutions, relativement rares, **peuvent être écrites**, comme les Chartes de 1814 et 1830 en France ou la Constitution chinoise de 1978, **ou coutumières, comme la Constitution britannique** (elle est composée d'un ensemble de coutumes et de lois ordinaires auxquelles les Britanniques sont très attachés et n'est, en fin de compte, pas aisément modifiable).

À l'inverse, une Constitution est **considérée comme rigide lorsque sa révision nécessite l'intervention d'un organe et d'une procédure spécifiques**. Il suffit simplement que les conditions posées soient plus contraignantes que celles qui sont requises pour l'adoption d'une loi ordinaire. Les Constitutions rigides ont donc pour effet d'**assurer la suprématie de la**

Constitution sur la loi ordinaire et de favoriser ainsi l'instauration d'un contrôle de constitutionnalité de la loi.

Ces Constitutions, plus nombreuses que les précédentes, sont apparues à la fin du XVIIIe siècle avec les Constitutions des États américains et sont aujourd'hui largement répandues (France, Allemagne...).

Quelles sont les motivations qui président à l'instauration des Constitutions rigides ?

La motivation majeure des constituants est d'**ancrer leur œuvre dans la durée. Il faut donc la mettre hors de portée du législateur.** Par ailleurs, **il est logique qu'afin de réviser le pacte fondamental** qu'est la Constitution et auquel adhèrent les citoyens, **une procédure formelle, pour ne pas dire solennelle, soit prévue**.

En fin de compte, **le degré de rigidité est déterminant pour l'équilibre constitutionnel**. La Constitution doit être suffisamment rigide pour permettre d'éviter des révisions hâtives, préjudiciables à la stabilité constitutionnelle. Mais, d'un autre côté, elle ne doit pas l'être excessivement, de façon à ne pas paralyser la procédure de révision et, par là même, de nécessaires évolutions institutionnelles.

2. Les modalités de la révision

51 Si les procédures de révision sont diverses, elles peuvent toutes être limitées par certaines conditions posées par la Constitution.

a) Les limitations et interdictions au pouvoir de révision

52 Généralement, les deux grandes limites posées à la liberté d'exercice du pouvoir de révision portent sur le moment et l'objet de la révision.

En ce qui concerne le **moment de la révision**, les constituants peuvent vouloir instaurer un « délai de sûreté » en faveur des institutions, délai pendant lequel aucune révision de la Constitution n'est possible. Il s'agit de **permettre à ces institutions de s'installer et de se consolider sans être sous la menace d'une révision**. Ainsi, la Constitution de l'An III avait prévu une période de « sûreté » de neuf ans pendant laquelle aucune révision n'était possible. Cette limitation du pouvoir de révision n'a pas été respectée.

Après l'utilisation antidémocratique (dans toute l'acception du terme) du pouvoir de révision pendant la période d'occupation allemande de 1940-1944, les Constitutions de 1946 puis de 1958 ont posé le principe de l'interdiction du recours à la révision constitutionnelle **en cas d'occupation du territoire national**.

Enfin, il ne peut être procédé à une révision **pendant l'intérim de la Présidence de la République** (art. 7 de la Constitution de 1958).

En ce qui concerne **l'objet de la révision**, une Constitution peut contenir des dispositions prévoyant certaines interdictions. Ainsi, l'article 89 alinéa 5 de la Constitution de 1958, reprenant un principe posé par la loi constitutionnelle du 14 août 1884, prévoit qu'**une révision ne peut porter atteinte à la forme républicaine du gouvernement**. Le gouvernement de Vichy est allé à l'encontre de ce principe (loi du 10 juillet 1940 attribuant les pleins pouvoirs au maréchal Pétain).

Chaque régime est tenté de protéger ses fondements. Ainsi, en Allemagne, la nature fédérale de l'État ne peut faire l'objet d'un référendum.

b) La procédure de révision

53 En se plaçant dans l'hypothèse des Constitutions rigides, la première phase est celle de **l'initiative** du projet ou de la proposition de révision. Autrement dit, quelles sont les autorités ou les personnes habilitées à proposer une révision ?

L'initiative appartient de façon logique au gouvernement qui est le mieux placé pour percevoir les changements nécessaires. L'idée selon laquelle l'initiative puisse lui appartenir exclusivement a toujours été mal perçue. En effet, cette situation peut représenter un certain danger pour la démocratie dans la mesure où il peut ainsi bloquer des modifications souhaitées par les parlementaires ou l'opinion, mais qui pourraient le gêner et/ ou amoindrir son pouvoir.

C'est pour cette raison que l'initiative est généralement exercée de façon concurrente par plusieurs autorités.

Ainsi, elle appartient également aux parlementaires. Il est logique que les représentants du peuple puissent proposer des modifications touchant les institutions. L'initiative peut être prise par l'une des chambres (exemple de la France) ou par les deux concurremment (exemple des États-Unis).

Enfin, il arrive que l'initiative **appartienne aussi au peuple** ou du moins à un échantillon significatif de citoyens. La procédure de révision est ouverte par une pétition revêtue d'un nombre minimum de signatures (ce nombre, fixé par la Constitution, est par exemple de 100 000 en Suisse).

La deuxième phase est celle de **la discussion et de l'adoption** de la révision. Ces deux étapes peuvent être conduites :

- **par les assemblées parlementaires : par l'une d'elles ou, le plus souvent, par les deux réunies** pour l'occasion (comme en France où elles forment le Congrès). Lorsqu'elles sont réunies, le cérémonial et la procédure sont empreints de solennité pour marquer l'importance du moment et de l'acte de révision ;
- **par une assemblée spécialement élue** pour l'occasion (solution parfois retenue aux États-Unis sous la forme d'une Convention) ;
- enfin, il arrive que le projet de révision soit **soumis au peuple pour adoption par le biais d'un référendum**.

Une révision constitutionnelle est un acte fondamental qui a des conséquences parfois considérables sur le fonctionnement des institutions et donc du régime. C'est pourquoi un projet ou une proposition doit à la fois ne pas être imposé par une chambre à une autre et faire l'objet d'une large adhésion de la part de l'ensemble des parlementaires : dans le premier temps de la procédure de révision, une assemblée peut faire échouer une révision en ne votant pas le texte déjà adopté par l'autre assemblée (l'adoption passe souvent par un vote en termes identiques) et, dans un second temps, les assemblées réunies ou l'assemblée *ad hoc* **doivent se prononcer à une majorité qualifiée** (qui peut être des deux tiers ou des trois cinquièmes de leurs membres).

SECTION III

Le contrôle de la constitutionnalité des lois

54 Après avoir posé le principe du contrôle de constitutionnalité, il convient d'en examiner les aménagements. Ceux-ci imposent des choix concernant l'organe de contrôle, le moment du contrôle et la procédure à suivre.

§ 1. Le principe du contrôle

55 La Constitution est placée au sommet de la hiérarchie des normes juridiques. Elle possède donc une valeur supérieure à la loi ordinaire. **La loi**, acte voté par le Parlement, **doit être conforme à la Constitution**, c'est-à-dire ne pas aller à l'encontre des principes et des règles qui y sont posés. Le contrôle de la constitutionnalité des lois permet de s'assurer de cette conformité.

Bien que le principe paraisse clair, il suscite pourtant des réserves :

- si on considère, comme sous les Troisième et Quatrième Républiques, que **la loi est l'expression de la volonté générale**, c'est-à-dire de la volonté du peuple exprimée par ses représentants, on ne peut être que choqué par l'instauration d'un contrôle de constitutionnalité. En effet, le peuple étant souverain, rien ne peut aller à l'encontre de sa volonté, rien ne peut le contraindre : **c'est l'idée de la souveraineté de la loi et de la souveraineté parlementaire**. Au nom de cette idée, la France a été privée d'un véritable contrôle de constitutionnalité jusqu'en 1958. En réalité, à partir du moment où une nation s'est dotée d'une Constitution, acte durable également issu de la volonté générale, le Parlement doit s'y soumettre ;
- les normes de référence du contrôle de constitutionnalité (c'est-à-dire au moins la Constitution) ne sont pas toutes claires. Pour exercer le contrôle, l'organe qui en est chargé doit **se livrer à une interprétation de ces normes**. Cette subjectivité ne contribue pas à sécuriser le contrôle, *a fortiori* lorsque des libertés fondamentales sont en jeu. De plus, si une interprétation donnée va à l'encontre de la volonté des représentants du peuple exprimée dans une loi, le risque d'affrontement est important.

Enfin, il faut noter que les dernières décennies ont été l'occasion pour nombre de pays de se constituer **un bloc de constitutionnalité** (en partie grâce au travail d'interprétation effectué par des Cours constitutionnelles), c'est-à-dire un ensemble de normes de référence de valeur constitutionnelle (qui sert de base à leur contrôle de constitutionnalité) qui va bien au-delà de la Constitution écrite dont sont dotés ces pays. Dans tous ces pays, l'élargissement des normes de référence a permis **un renforcement de l'État de droit**.

§ 2. Les organes du contrôle

56 Par nature, le contrôle de constitutionnalité comporte un aspect politique. L'organe de contrôle est amené à contrôler et à censurer des décisions dont certaines sont hautement politiques. La dérive vers un contrôle politique est aisée. Le choix de l'organe de contrôle repose donc sur une donnée simple : veut-on

un contrôle politique exercé par un organe politique ou un contrôle juridictionnel, le moins politisé possible, confié à un organe juridictionnel ?

A) Le contrôle exercé par un organe politique

57 Dans un tel système, **les nominations des membres de l'organe de contrôle sont politiques**. En effet, généralement, le Parlement (donc les partis politiques) participe à la procédure de désignation. De plus, l'organe de contrôle tient nécessairement ses pouvoirs des autorités politiques. **Son indépendance n'est donc pas assurée.**

Ce n'est d'ailleurs pas l'objet d'un tel système que de garantir l'indépendance de l'organe de contrôle. Au contraire, **le pouvoir politique en fait plutôt un allié ou s'assure de sa neutralité** vis-à-vis de sa production législative.

Le contrôle par un organe politique implique deux choses :

- **sa neutralité, voire sa passivité**, face à des lois dont l'initiative revient au pouvoir ou à sa majorité parlementaire, **peut être dangereuse pour les libertés**. Aura-t-il le courage ou tout simplement la capacité de s'opposer à la majorité parlementaire si celle-ci, par une loi, met en danger des libertés démocratiques ?
- en outre, il est évident que l'organe politique ne se contente pas d'exercer un contrôle de constitutionnalité au sens strict, c'est-à-dire reposant sur le droit. **Il glisse lentement vers un contrôle subjectif à l'occasion duquel il apprécie le bien-fondé, l'utilité, l'opportunité du texte qui lui est soumis.** Autrement dit, il contrôle non pas en fonction du droit mais de **ses propres convictions**. Il arrive donc que l'organe politique, tout en estimant qu'une loi est constitutionnelle, la censure. Il s'oppose ainsi à la volonté du législateur dont il dépend par ailleurs.

Les incertitudes liées à un tel système expliquent sa rareté. On peut citer l'exemple, en France, des Sénats impériaux qui ont joué ce rôle.

B) Le contrôle exercé par un organe juridictionnel

58 **Le contrôle est ici confié à des juges** (qui agissent donc en principe de façon indépendante et selon une procédure juridictionnelle) **qui se prononcent sur la base du droit** et non de l'opportunité. Ils doivent simplement répondre à la question de savoir si la loi qui leur est déférée est ou non conforme à la Constitution.

La décision qu'ils rendent s'impose aux pouvoirs publics et aux autres juridictions (c'est l'autorité de la chose jugée).

L'organe de contrôle peut être un juge ordinaire, sous réserve de la possibilité de faire appel à une juridiction supérieure. C'est le système de **l'exception d'inconstitutionnalité** soulevée par un citoyen au cours d'un procès devant un juge ordinaire et qui remonte jusqu'à la juridiction chargée de trancher la question constitutionnelle. La juridiction en cause est en général **une Cour suprême, chargée d'unifier la jurisprudence** (système des États-Unis) et parfois une Cour constitutionnelle (système français depuis l'instauration de la question prioritaire de constitutionnalité par la révision constitutionnelle du

23 juillet 2008 et la loi organique du 10 décembre 2009, voy. *infra*, nos 585 et s.).

L'organe de contrôle peut aussi être une Cour constitutionnelle dont l'une des tâches est de contrôler, en premier et dernier ressort, la constitutionnalité des lois (système français du contrôle *a priori*).

Le contrôle exercé ne sera véritablement effectif et efficace que **si l'indépendance du juge vis-à-vis des autorités politiques est garantie**. Cette indépendance passe largement par la question du recrutement des membres de la juridiction et du statut qui leur est attribué.

Le problème ne se pose pas tellement pour les Cours suprêmes, traditionnellement insérées dans une hiérarchie juridictionnelle dont elles sont le sommet et dont elles assurent la cohérence par leur jurisprudence. Par ailleurs, leurs membres sont des magistrats. En revanche, il se pose pour les Cours constitutionnelles qui n'appartiennent pas à cette hiérarchie et dont les membres ne sont pas des magistrats.

Les membres des Cours constitutionnelles sont nommés par des autorités, souvent politiques, habilitées à cet effet. En France, ces autorités sont le Président de la République, le Président de l'Assemblée nationale et le Président du Sénat. Malgré la tentation de nominations politiques, un certain équilibre a toujours été respecté. Ce n'est pas le cas dans tous les pays. Pourtant, cet équilibre est fondamental pour éviter que le juge constitutionnel ne soit un allié objectif de la majorité politique.

Si le système des nominations est important pour assurer l'indépendance des membres des Cours, **leur statut** (durée du mandat, reconduction ou non...) ne l'est pas moins.

Le Conseil constitutionnel français offre un exemple des étapes et des mutations qu'ont subies les Cours constitutionnelles. Après avoir été taxé de **« gouvernement des juges »** pour des annulations prononcées à l'encontre de lois d'origine gouvernementale, mais aussi d'institution au service du pouvoir, le Conseil a finalement fait la preuve de son indépendance vis-à-vis des pouvoirs qui se sont succédé. Mieux, par le biais du contrôle de constitutionnalité des lois, il a acquis une nouvelle dimension, celle de gardien des libertés fondamentales (voy. *infra*, n° 579).

§ 3. Le moment du contrôle

59 Suivant qu'il intervient **avant ou après la promulgation de la loi**, le contrôle est *a priori* ou *a posteriori*.

A) Le contrôle *a priori*

60 L'intérêt du contrôle *a priori*, c'est-à-dire avant la promulgation de la loi donc avant son entrée en vigueur, est d'**assurer la sécurité juridique des citoyens et des pouvoirs publics**.

L'organe chargé du contrôle peut détecter et censurer d'éventuelles inconstitutionnalités contenues dans la loi. La loi déclarée contraire à la Constitution ne pouvant être promulguée, les dispositions en cause ne peuvent donc pas produire d'effets.

Ce contrôle que l'on pourrait qualifier de **préventif** (il s'agit de prévenir la mise en œuvre de dispositions inconstitutionnelles) connaît toutefois une faiblesse.

En effet, dans certains pays, comme la France (jusqu'à la révision constitutionnelle du 23 juillet 2008), l'organe de contrôle n'intervient que s'il est saisi à cet effet par les autorités compétentes. Cela signifie que si une loi contenant une ou plusieurs dispositions inconstitutionnelles n'est pas déférée à l'organe, elle est promulguée (dans les délais prévus à cet effet) et les dispositions en question entrent en vigueur. D'où l'intérêt d'avoir un système de contrôle de la constitutionnalité des lois qui combine contrôle *a priori* et *a posteriori*.

B) Le contrôle *a posteriori*

61 Ce contrôle intervient après la promulgation de la loi, c'est-à-dire alors qu'elle est déjà en vigueur. Avant l'intervention de l'organe de contrôle, elle **produit des effets sans que l'on ait de certitudes sur sa constitutionnalité**.

Si le contrôle aboutit à l'annulation de la loi, cette dernière disparaît de l'ordre juridique (elle est alors censée ne pas avoir existé) et **les effets produits depuis sa mise en vigueur sont annulés**. Autrement dit, **la disparition de la loi entraîne le rétablissement de la situation antérieure à son entrée en vigueur**.

Ce type de contrôle peut s'avérer **délicat pour la sécurité juridique** des administrés. En effet, l'annulation de la loi entraîne **la remise en cause des situations acquises**. C'est pourquoi il est généralement décidé que la disparition des effets produits par la loi ne concerne pas **les droits acquis** (du moins lorsqu'ils sont substantiels) **qui sont maintenus**.

Le contrôle *a posteriori* est donc plus facilement applicable par voie d'exception, c'est-à-dire lorsque l'inconstitutionnalité d'une loi est évoquée devant le juge ordinaire à l'occasion d'un litige entre deux parties.

§ 4. La procédure de contrôle

62 Deux grandes questions se posent : qui peut saisir l'organe de contrôle ? Et pour lui demander quoi ?

A) La saisine

63 Le droit de saisir l'organe de contrôle peut être ouvert à des autorités politiques, aux juridictions et aux citoyens. D'un pays à l'autre, différentes combinaisons sont possibles : saisine par les seules autorités politiques, saisine par les autorités politiques et les citoyens, saisine par les autorités, les citoyens et les juridictions…

1. La saisine par les citoyens

64 C'est bien évidemment **la forme la plus démocratique de saisine**. Son objet est de permettre à tout citoyen de contester la constitutionnalité d'une loi

lorsque celle-ci porte atteinte ou est susceptible de porter atteinte à l'un de ses intérêts ou l'un de ses droits.

La saisine ouverte aux citoyens est d'autant plus efficace que ceux-ci peuvent s'appuyer sur une Constitution qui contient des dispositions relatives aux droits et libertés ou qui renvoie à des Déclarations ou préambules. Il leur est alors plus aisé d'invoquer d'éventuelles violations de leurs libertés constitutionnelles par la loi.

Malgré tout l'intérêt qu'il présente, un contrôle ouvert à la saisine des citoyens présente **un risque majeur** : celui de voir **une multiplication des recours** et un engorgement de la justice constitutionnelle.

Ceci explique que dans les pays où existe une telle saisine, **un système de filtre** ait été mis en place pour canaliser les recours et examiner leur recevabilité avec rigueur (par exemple, en Allemagne, la saisine directe n'est possible qu'après l'épuisement des autres voies de recours devant les tribunaux). Ce système s'applique même lorsque le contrôle s'exerce par voie d'exception, c'est-à-dire indirectement.

2. La saisine par les juridictions ordinaires

65 Lorsqu'il existe une juridiction constitutionnelle chargée de veiller à la constitutionnalité des lois, sa saisine peut être ouverte aux juridictions ordinaires.

La procédure est la suivante : lorsque l'inconstitutionnalité d'une loi est évoquée devant le juge ordinaire à l'occasion d'un litige entre deux parties (portant sur l'application de la loi au requérant), celui-ci doit apprécier le caractère sérieux ou non du moyen soulevé. Si le moyen est jugé sérieux, le juge peut suspendre le cours du procès et/ou son jugement (on dit qu'il sursoit à statuer) et poser directement la question de la constitutionnalité à la juridiction constitutionnelle (à titre préjudiciel). Il doit attendre la réponse du juge constitutionnel pour trancher le litige au fond. Parfois, un filtre supplémentaire est institué. Ainsi, en France, les juridictions ordinaires doivent saisir le Conseil d'État ou la Cour de cassation qui, à son tour, décide de saisir ou non le Conseil constitutionnel.

Cette procédure, dite de **l'exception d'inconstitutionnalité** (voy. *infra*, n° 58), répond au souci d'**offrir aux citoyens une possibilité de saisine indirecte de la juridiction constitutionnelle qui soulage cette dernière de la surcharge inhérente à une procédure de recours direct**.

De plus, la saisine de l'organe de contrôle par les juridictions ordinaires **permet d'évacuer toute considération politique** et constitue une garantie d'efficacité pour les recours des citoyens.

Ce type de saisine est largement répandu en Europe (Allemagne, Espagne, Italie, et, depuis la révision constitutionnelle du 23 juillet 2008, en France ; voy. *infra*, n°s 585 et s.).

Mais il existe une autre hypothèse de saisine (en cas de contrôle par voie d'action, voy. *infra*, n° 68) : lorsqu'au cours d'un procès les juridictions rencontrent une difficulté qui pose le problème de la conformité de la loi ordinaire à la Constitution, elles sont habilitées à saisir l'organe de contrôle et à lui demander de trancher.

3. La saisine par des autorités politiques

66 Lorsqu'elles estiment qu'une loi est contraire à la Constitution, certaines autorités politiques sont habilitées à saisir le juge constitutionnel.

La nature des autorités en question n'est évidemment pas indifférente à la nature des saisines exercées. Autrement dit, il est clair que **ces saisines**, pour nombre d'entre elles, **ont un caractère politique**. Il est rare de voir l'une de ces autorités saisir le juge constitutionnel d'une loi dont l'initiative revient à son camp politique. À l'inverse, **la saisine peut être une arme pour gêner les initiatives du camp opposé**.

La saisine par des autorités politiques appartenant à l'exécutif ou au législatif s'avère être une **solution efficace pour résoudre les conflits** (avant tout de nature politique) **entre les institutions**. En revanche, **il subsiste beaucoup plus d'incertitudes quant à la protection des droits des citoyens, *a fortiori* si le contrôle n'est ouvert qu'à la seule initiative de ces autorités. En effet, il leur suffit de se mettre d'accord pour ne pas saisir le juge constitutionnel afin que des lois dont certaines dispositions seraient inconstitutionnelles entrent en vigueur.**

C'est pour cela que du point de vue de son efficacité mais aussi d'un point de vue démocratique, cette saisine par des autorités politiques n'est viable qu'à certaines conditions :

- il faut tout d'abord que l'organe de contrôle (en général une Cour constitutionnelle) soit **en situation d'indépendance vis-à-vis des autorités politiques**. Cette situation dépend de la composition de la Cour mais se vérifie par son inscription dans la durée. Autrement dit, **seule une pratique durable atteste d'une réelle indépendance**. Le maintien par la Cour de sa politique jurisprudentielle **après une alternance au pouvoir**, en est la meilleure illustration ;
- il faut ensuite que **la saisine soit ouverte à l'opposition politique**. Cette dernière étant, par définition, minoritaire, **il faut que la Constitution** (c'est encore la meilleure garantie) **prévoie qu'un nombre limité de parlementaires puisse saisir le juge constitutionnel**. On évite ainsi, lorsque le cas se présente, d'avoir un système de saisine entièrement entre les mains de la majorité (par l'intermédiaire des autorités politiques) et donc le risque d'une absence de contrôle sur les lois dont l'initiative revient à cette majorité.

En France, l'opposition a accès au Conseil constitutionnel depuis la révision constitutionnelle du 29 octobre 1974 qui a élargi sa saisine, auparavant limitée au Président de la République, au Premier ministre, au Président de l'Assemblée nationale et au Président du Sénat, à soixante députés ou soixante sénateurs (voy. *infra*, n° 585).

B) Les modes de contrôle

67 Dans le contrôle par voie d'action, le requérant peut demander l'annulation de la loi (système en vigueur en Europe) alors que dans le contrôle par voie d'exception, il demande plutôt sa non-application à l'affaire en cause (système en vigueur aux États-Unis).

1. Le contrôle par voie d'action

68 Il ouvre au requérant **la possibilité de saisir directement un juge afin que ce dernier contrôle la constitutionnalité d'une loi.** L'objet de la requête est évidemment d'obtenir l'annulation de la loi et équivaut de ce fait à faire **« un procès objectif »** à cette loi. Le contrôle exercé est abstrait dans la mesure où il ne porte sur aucun litige précis.

La conséquence de l'annulation est que la loi est privée de tout effet et disparaît de l'ordre juridique. Dans le contrôle *a priori* (avant la promulgation de la loi), l'annulation empêche la promulgation de la loi alors que dans le contrôle *a posteriori* (après la promulgation), elle est supposée n'avoir jamais existé. Dans ce deuxième cas, se pose le problème déjà évoqué de la remise en cause des situations acquises.

Pour éviter un afflux de recours et limiter des annulations aux conséquences importantes, le contrôle par voie d'action est soumis à deux conditions :

- un droit de saisine restreint (fréquemment fermé aux citoyens) ;
- sa mise en œuvre par un organe *ad hoc* (spécialement conçu pour cette tâche : une juridiction constitutionnelle).

2. Le contrôle par voie d'exception

69 À la différence du contrôle par voie d'action, dans le contrôle par voie d'exception, la question de la constitutionnalité n'est abordée que de façon indirecte. **À l'occasion d'un procès devant le juge ordinaire, l'une des parties peut invoquer l'inconstitutionnalité de la loi qu'on veut lui appliquer.**

Cette partie demande alors **non pas l'annulation de la loi mais sa non-application au litige.**

Selon les systèmes, le juge ordinaire saisi du litige peut statuer lui-même sur la question de la constitutionnalité ou la renvoyer à l'organe en charge du contrôle.

Si l'inconstitutionnalité est retenue, l'application de la loi est écartée mais seulement pour le litige en question. Ceci implique qu'**elle peut continuer à s'appliquer**. Les personnes touchées par l'application de la disposition inconstitutionnelle peuvent, à leur tour, soulever une **exception d'inconstitutionnalité** en invoquant, s'ils l'estiment utile, le « précédent » de la première décision (mais le nouveau juge n'est pas tenu de suivre la solution rendue précédemment). Mais en toute logique, afin d'éviter que la prolifération des recours ne vienne bloquer l'application de la loi, il est fréquent que les pouvoirs publics la modifient afin d'éliminer l'inconstitutionnalité.

Il arrive que les contrôles par voie d'action et par voie d'exception se combinent dans des systèmes mixtes (Allemagne, Italie, France…).

Bibliographie et lectures pour approfondir

« L'accès des personnes à la justice constitutionnelle », dossier, *Cahiers du Conseil constitutionnel*, 2001, n° 10 ; AMSELEK P., « Le rôle de la pratique dans la formation du droit : aperçus à propos de l'exemple du droit public français », *RDP*, 1983, p. 1421 ; ARDANT Ph., « Les Constitutions et les libertés », *Rev. Pouvoirs*, n° 84, p. 61 ; BASTID P., *L'idée de Constitution* ; CAPITANT R., « La coutume constitutionnelle », *RDP*, 1979, p. 959 ; FAVOREU L., *Les Cours constitutionnelles*, 1996 ; GARLICKI L., « La légitimité du contrôle de constitutionnalité : problèmes anciens c/ développements récents », *RFDC*, 2009, n° 78 ; HAMON L., *Les juges de la loi* ; ROUSSEAU D., *La justice constitutionnelle en Europe* ; HAMON F. et WIENER C., *Le contrôle de constitutionnalité*, document d'études, Paris, La Documentation française, 1987 ; MIRANDA J., « Le contrôle et les limites de la révision de la Constitution », *Annuaire international de justice constitutionnelle*, 2004 (20), pp. 441-457 ; MIRANDA J. et MODERNE F., « La notion de révision de la Constitution », *Annuaire international de justice constitutionnelle*, 2004 (20), pp. 423-440.

CHAPITRE III

La démocratie

70 **La démocratie, du moins la démocratie pluraliste, telle qu'héritée de la philosophie des Lumières, c'est la victoire du droit sur l'arbitraire.** Mais une victoire lente à se dessiner, souvent dans la douleur des peuples.

La démocratie **a besoin de temps pour s'affirmer, s'enraciner dans les esprits, dans les mœurs des gouvernants comme des gouvernés**. D'ailleurs, en matière de libertés et de droits, rien n'est jamais définitivement acquis : **la défense de la démocratie est un combat quotidien contre l'indifférence des citoyens et/ou les tentations du pouvoir de « grignoter » la souveraineté du peuple** (la véritable démocratie est aujourd'hui un « luxe » que seules les nations industrielles et économiquement développées peuvent s'autoriser).

Le mouvement de démocratisation, entamé dans la deuxième moitié du XIXe siècle en occident, est toujours en marche un peu partout dans le monde, avec plus ou moins de succès. Du moins, la forme pluraliste et libérale s'est-elle imposée au détriment de la démocratie dite populaire pratiquée par les régimes marxistes-léninistes pendant un demi-siècle. En effet, l'idéologie en vigueur dans ces régimes n'a été qu'un prétexte pour asservir les peuples.

La valeur de base de la démocratie pluraliste est **la liberté**. C'est d'elle que découle toute l'organisation sociale, institutionnelle et politique de la société. La liberté est **d'abord celle de l'individu qui est au cœur de la société démocratique et doit pouvoir agir, se déplacer et s'exprimer librement (ce sont les libertés individuelles)**.

L'ensemble des individus forme **le peuple qui est le détenteur initial de la souveraineté** (on dit classiquement de la démocratie qu'elle est le **gouvernement du peuple, par le peuple et pour le peuple**). Cette souveraineté, il l'exerce par l'intermédiaire de représentants élus au suffrage universel. **La liberté de l'individu est donc également la liberté d'élire ses représentants.**

Mais **la liberté** (en général) **ne peut être effective et s'épanouir que dans le cadre du pluralisme**. Ce dernier suppose **une liberté de choix** des citoyens. Contrairement aux régimes autoritaires qui imposent l'uniformité et sont dogmatiques par nature, **la démocratie reconnaît, protège et se nourrit de la diversité** : diversité des opinions (politiques, religieuses...), des modes de vie...

Le pluralisme implique donc la reconnaissance de libertés qui offrent aux citoyens un choix permanent dans tous les 3 domaines : liberté de formation des partis politiques et d'exercice de leur activité (qui permet le multipartisme), liberté syndicale, liberté de la presse écrite et audiovisuelle, liberté associative...

Si le pluralisme est vital à une société démocratique, celle-ci **ne peut néanmoins perdurer que s'il existe un certain consensus, même réduit, sur ses règles de fonctionnement**. La question est alors de savoir comment se dégage ce consensus. La réponse des démocraties est **la règle majoritaire**.

Cette règle suppose que, par le biais de l'élection (au suffrage universel), **une majorité de citoyens exprime un choix qui s'impose à la minorité** (du moins, celle-ci consent à s'y soumettre). Ce choix s'effectue entre divers candidats et divers partis politiques porteurs de projets politiques (d'ailleurs relativement proches les uns des autres). Choisir un candidat ou un parti, c'est aussi choisir un projet.

Le principe majoritaire implique donc, outre **des élections libres** (liberté de candidature, transparence de la campagne électorale, liberté de vote) **et régulières, l'existence d'une opposition politique** qui œuvre pour devenir la future majorité. En effet, **il n'y a pas de démocratie sans que les conditions d'une future alternance soient réunies**.

C'est pour cela que l'opposition doit pouvoir s'exprimer librement (liberté d'accès aux moyens de communication, en particulier audiovisuels) et être à même de contester toute décision émanant de la majorité gouvernementale. Mais elle doit surtout être **porteuse d'un projet de gouvernement crédible, susceptible de séduire une majorité d'électeurs**.

Nous verrons dans un premier temps qu'en démocratie, les citoyens sont associés à l'exercice du pouvoir mais selon des modalités assez variables. Puis nous nous arrêterons plus longuement sur l'une de ces modalités qui est celle de la désignation des gouvernants par le biais de l'élection.

SECTION I
La participation du citoyen au pouvoir

71 **Pendant longtemps, on a considéré que la source du pouvoir était divine.** Tantôt Dieu choisissait le gouvernant (cette idée a fondé le principe dynastique et la **monarchie de droit divin**), tantôt la volonté de Dieu fondait un pouvoir choisi par les hommes (doctrine du droit divin providentiel).

La philosophie des Lumières (XVIIIe siècle) a introduit l'idée que **la source du pouvoir se situe dans les hommes** (les citoyens). Cette idée a inspiré deux théories, souvent opposées, la souveraineté populaire et la souveraineté nationale. Aujourd'hui, ce clivage a en partie perdu sa pertinence.

§ 1. Souveraineté nationale et souveraineté populaire

72 Les théories de la souveraineté populaire et de la souveraineté nationale attribuent respectivement la souveraineté aux citoyens et à la nation tout entière.

A) La souveraineté nationale

73 Selon cette théorie, la souveraineté, qui est la détention de l'autorité suprême, celle de commander notamment, appartient à **la nation** (au détriment de l'individu), **collectivité globale et indivisible, incarnée par l'État.**

Cette conception très ancienne (Renaissance) est consacrée par l'article 3 de la Déclaration des droits de l'homme et du citoyen de 1789 : « **Le principe de toute souveraineté réside essentiellement dans la nation.** Nul corps, nul individu ne peut exercer d'autorité qui n'en émane expressément. »

Confirmée par la Constitution de 1791 (« La souveraineté est une, indivisible, inaliénable et imprescriptible. Elle appartient à la Nation… »), cette théorie a eu pour objet, dans un premier temps, de **« transférer » la souveraineté de la personne du roi à la nation** (le monarque n'est plus qu'un représentant du peuple). **En réalité, derrière la « nation », on trouve ses représentants qui s'approprient la souveraineté.** Le peuple n'en aura été détenteur que le temps de la rédaction d'une Constitution.

Comment s'analyse la souveraineté nationale en termes de participation et de représentation des citoyens ? Il faut partir d'un constat simple : la nation, collectivité indivisible, ne peut avoir qu'une volonté. Il en résulte que la souveraineté ne se partage pas, ne se divise pas.

La nation ne peut être dépossédée de sa souveraineté (on dit qu'elle est **inaliénable**). Cependant, cette dernière peut être déléguée temporairement (à un monarque ou à des représentants) tout en sachant que la nation peut s'en ressaisir à n'importe quel moment (on dit que la souveraineté est **imprescriptible**). Ce postulat emporte une série de conséquences :

- **la nation étant une entité abstraite, sa souveraineté ne peut s'exercer que par l'intermédiaire de représentants élus** (qui siègent au sein d'assemblées parlementaires). La souveraineté nationale **impose donc un régime représentatif** ;
- **les élus représentent la nation tout entière** (et non leurs électeurs). Ils n'ont donc **pas de mandat impératif**. Non seulement ils sont libres de leur vote au sein des assemblées, mais encore ils disposent d'une certaine liberté dans l'appréciation de la volonté de la nation ;
- dans ces conditions, **le vote des citoyens est une véritable fonction** (le suffrage restreint est donc admis : la Constitution de 1791 instaure le suffrage censitaire).

B) La souveraineté populaire

74 Cette théorie a été développée par Jean-Jacques Rousseau dans *Du contrat social*. Partant du constat que les hommes naissent libres et égaux, il en déduit que **la souveraineté appartient aux citoyens, à tous les citoyens**. La réunion de ces citoyens, de ces souverainetés, forme le peuple.

Pourtant, **l'idée d'une égalité absolue entre citoyens porte en elle-même ses limites**. Comment prendre et imposer les décisions nécessaires au bon fonctionnement de la société alors que **tous les citoyens ont un pouvoir de décision égal ?** Rousseau répond que **la minorité doit se ranger à la volonté majoritaire et permettre ainsi de dégager l'unanimité**. En se rangeant à ce qui devient l'unanimité, le citoyen accomplit un acte de volonté et préserve de ce fait sa liberté et sa souveraineté.

La pensée quelque peu contradictoire de Rousseau donne naissance à une théorie potentiellement dangereuse pour le citoyen. La recherche de l'unanimité peut conduire à une négation du « droit à la différence » et à une oppression des minorités.

La théorie de la souveraineté populaire a inspiré la Constitution de 1793 (« la souveraineté réside dans le peuple ») et celle de l'An III (« l'universalité des citoyens »).

Comment s'analyse la souveraineté populaire en termes de participation et de représentation des citoyens ? Elle implique :

- que **le citoyen ne peut pas être dépossédé de sa souveraineté** (elle est inaliénable) ;
- que **chaque citoyen** détenant une parcelle de souveraineté doit pouvoir l'exercer lui-même et être **consulté sur toutes les décisions à prendre**. La mise en pratique de cette idée correspond au développement des procédures de **démocratie directe et semi-directe** (comme le référendum) ;
- que **le vote des citoyens** (pour désigner des délégués) **est un droit** (en tant que détenteur d'une part de souveraineté). Puisqu'il s'agit d'un droit pour tous, le vote s'exerce dans le cadre du **suffrage universel** ;
- **la possibilité du mandat impératif** (puisqu'il représente ses électeurs, l'élu doit respecter leur volonté et leurs instructions).

Dans la pratique des régimes, bien qu'étroitement mêlée à la souveraineté populaire, **la souveraineté nationale semble l'emporter. Les démocraties pluralistes s'en inspirent largement.**

En France, le débat souveraineté nationale-souveraineté populaire est quelque peu dépassé. En effet, on trouve aussi bien l'influence de l'une (l'interdiction du mandat impératif est bien issue de la souveraineté nationale) que de l'autre (l'établissement du suffrage universel et le développement des procédures de démocratie semi-directe sont des conséquences de la souveraineté populaire). Cette difficulté à trancher entre deux théories pourtant opposées se vérifie dans la rédaction de l'article 3 de la Constitution de 1958 : « La souveraineté nationale appartient au peuple… ».

Ces deux théories emportent des conséquences différentes sur la participation des citoyens au pouvoir.

§ 2. Les systèmes de participation

75 Les systèmes de participation des citoyens au pouvoir sont inspirés de la distinction entre souveraineté populaire et nationale. **La souveraineté populaire implique en quelque sorte la démocratie directe et la souveraineté nationale, la démocratie représentative. Mais il existe également un système mixte de démocratie semi-directe.**

A) La démocratie directe

76 Comme son nom l'indique, dans la démocratie directe, **le principe de participation est poussé à son plus haut degré dans la mesure où les citoyens exercent directement le pouvoir**.

L'exercice du pouvoir par le peuple lui confère le droit d'édicter les lois, de rendre la justice, de désigner les fonctionnaires, de conclure les contrats, les traités…

Ce mode de participation remonte à l'antiquité grecque (pratiqué par des cités comme Athènes). Il est aujourd'hui davantage une curiosité qu'une réalité, même si **quelques cantons suisses continuent à le pratiquer de façon plus ou moins formelle**.

Il repose sur quelques principes simples mais inapplicables dès que la taille de la collectivité dépasse un certain seuil. Ainsi, la réunion du peuple dans un même lieu et sa bonne information ne sont possibles qu'avec un nombre limité de citoyens. Les cantons suisses qui pratiquent la démocratie directe sont peu peuplés (quelques dizaines de milliers d'habitants) mais déjà **la démocratie directe n'y est qu'une apparence, le vrai pouvoir appartenant à ceux qui préparent les décisions**.

B) La démocratie représentative

77 Elle repose sur les principes découlant de la théorie de la souveraineté nationale. Après une étude des modalités de mise en œuvre de la démocratie représentative, il faudra examiner certaines dérives inhérentes à la nature du régime représentatif.

1. Les modalités de la démocratie représentative

78 **Dans la démocratie représentative, l'exercice du pouvoir est confié à des représentants élus** (au suffrage universel ou censitaire).

Ce système trouve son origine dans l'idée simple selon laquelle la démocratie directe n'étant matériellement pas possible dans les États excédant une certaine taille, **il faut confier la parole et le pouvoir à quelques-uns au nom de tous**.

Cette crainte de la démocratie directe est également **une crainte du peuple et de ses emportements**. Si les citoyens sont amenés à prendre les décisions directement, à la majorité, ne va-t-on pas assister à une dictature de cette majorité sur la minorité ?

D'autres théories (défendues notamment par Montesquieu) avancent l'idée selon laquelle le peuple n'étant pas apte à se gouverner seul, il faut qu'il désigne des « professionnels » du pouvoir.

La désignation des représentants peut s'opérer selon deux types de dispositifs :

- dans le premier, les citoyens élisent au suffrage universel (direct ou indirect) les parlementaires et eux seuls. Il revient à ces derniers de choisir les autorités exécutives. Celles-ci, procédant du législatif, en sont donc dépendantes. **La légitimité démocratique donne aux parlementaires un statut privilégié qui déséquilibre les rapports institutionnels** ;
- dans le second, les citoyens élisent au suffrage universel les parlementaires mais aussi le chef de l'exécutif, c'est-à-dire le Président (comme en France depuis 1962 ou aux États-Unis). **Les pouvoirs, la légitimité et le prestige sont donc mieux répartis** dans ce type de dispositif.

2. Les dérives du régime représentatif

79 On peut relever une série de critiques convergentes à l'encontre du régime représentatif.

En premier lieu, **en assimilant abusivement la souveraineté du peuple avec celle de ses représentants, la démocratie représentative a créé un régime de souveraineté parlementaire dans lequel les gouvernés sont dépossédés abusivement de leur souveraineté**.

La rupture entre gouvernants et gouvernés se manifeste de diverses façons. D'une part, les parlementaires, dont le mandat n'est pas impératif, peuvent être tentés, une fois leur élection acquise, de ne pas respecter leurs engagements (cela est particulièrement vrai dans les situations de multipartisme dans lesquelles le message délivré par les électeurs n'est pas clair). Le risque d'une souveraineté parlementaire est encore plus important lorsque l'exécutif procède du législatif. Dans ce cas, le premier ne peut faire contrepoids au second (situation des Troisième et Quatrième Républiques).

D'autre part, et surtout, **la souveraineté parlementaire s'accompagne d'une souveraineté de la loi**. La volonté des élus du peuple doit pouvoir s'appliquer dans tous les domaines, sans restriction et sans limite. Concrètement, cette souveraineté signifie que **la loi est la norme suprême et ne peut faire l'objet d'aucun contrôle**. On aboutit donc à cette situation étonnante dans laquelle les représentants sont tout-puissants par et au nom de la souveraineté du peuple sans que celui-ci n'ait de prise sur les décisions adoptées. **Les gouvernés se retrouvent en situation de dominés.**

En réalité, **la souveraineté des parlementaires est celle des partis politiques**. Les candidats aux élections sont choisis par les partis. Les élus sont donc dépendants de leur parti et suivent la discipline qui leur est imposée jusque dans les votes du Parlement. On est bien loin de la souveraineté nationale qu'implique la démocratie représentative.

L'évolution du système représentatif et les progrès de la démocratie ont généralement permis de mettre fin à la souveraineté parlementaire en même temps qu'à la souveraineté de la loi. La Cinquième République en est une bonne illustration : l'instauration d'un véritable contrôle de constitutionnalité a privé le pouvoir législatif de sa toute-puissance et l'élection du chef de l'exécutif au suffrage universel a permis de rééquilibrer puis d'inverser le sens de la domination politique. **On est passé de la souveraineté parlementaire à celle de l'exécutif.**

En second lieu (mais cette critique ne fait que prolonger la première), **la démocratie représentative conduit à une appropriation du pouvoir et de l'influence par une élite politique.** En faisant du principe représentatif, et donc des élus, le cœur du système politique, ce type de démocratie suscite **la création d'une classe politique qui fournit les représentants et qui apparaît comme coupée des citoyens**.

Aujourd'hui, cette élite n'est plus seulement politique mais « politico-médiatico-technocratique ». Le recul du politique au profit de la technocratie, la puissance des médias ou la « dictature » des sondages, contribuent à une dilution du pouvoir et de l'influence. On aboutit donc à cette situation peu démocratique dans laquelle **des médias s'arrogent le droit** (au nom de la légitimité cathodique ou des sondages) **de parler au nom des citoyens, et la technocratie de décider au nom de l'intérêt général, sans pourtant faire l'objet d'un contrôle réel et sans détenir aucun mandat d'aucune sorte de la part des citoyens**.

Enfin, l'un des dogmes de la démocratie représentative, celui selon lequel le peuple n'est pas apte à avoir une opinion sur les affaires de la nation, semble bien dépassé. L'élévation spectaculaire du niveau culturel et éducatif, les progrès de la communication (le rôle prépondérant joué par les médias), donnent aux citoyens les moyens de comprendre leur environnement. Désormais, ils exigent d'être entendus sur les grands problèmes du pays.

En conclusion, **on peut avancer l'idée que le modèle initial de la démocratie représentative n'est pas tant perverti que dépassé. La relation gouvernants-gouvernés est certainement à réinventer, ou du moins à redéfinir, afin que les citoyens se sentent enfin concernés par leur démocratie.**

C) La démocratie semi-directe

80 **On estime que la démocratie semi-directe permet de faire bénéficier le régime représentatif des procédures de démocratie directe.** Le peuple, ou du moins un échantillon représentatif de la population, peut ainsi intervenir dans la marche des affaires et la prise de décision.

Longtemps pratiquée de façon marginale (Confédération helvétique, certains États fédérés des États-Unis), la démocratie semi-directe connaît un succès croissant avec la prise en compte **des procédures d'intervention populaire directe par les Constitutions d'un grand nombre d'États** (France, Allemagne, Suède...).

La plus importante de ces procédures est le référendum. Mais il faut également évoquer plusieurs procédures plus exceptionnelles.

1. Le veto populaire

81 Par cette procédure, le peuple se voit reconnaître le **droit de s'opposer à la mise en vigueur d'une loi votée par le Parlement**. Pour pouvoir prendre connaissance des textes, les examiner et éventuellement s'y opposer, les Constitutions prévoient l'écoulement d'un certain laps de temps entre l'adoption et la mise en vigueur des lois (90 jours en Suisse).

La procédure est ensuite simple. Un nombre déterminé de citoyens (le nombre de signatures requises est fixé par la loi) **dépose une pétition qui est suivie d'une consultation référendaire ouverte à tous**. Un tel système permet à chaque citoyen de donner son avis sur la loi en question et, éventuellement, de la sanctionner. Ce veto populaire équivaut à **une faculté d'empêcher** accordée au peuple. Ce système fonctionne en Suisse, en Italie...

Si, à l'expiration du délai de « réflexion » accordé par les Constitutions, aucune procédure référendaire n'est engagée, la loi ne peut plus être contestée.

2. L'initiative populaire

82 **Le peuple peut proposer l'adoption d'une disposition législative ou même constitutionnelle.** Après le dépôt d'une pétition en ce sens, deux cas de figure se présentent.

Le premier, assez rare, prévoit que le projet peut être **soumis directement au référendum**. Cela signifie que les parlementaires sont laissés à l'écart de l'élaboration de la loi.

La deuxième option est plus classique. Après le dépôt de la pétition, **le principe de la modification législative ou constitutionnelle est discuté par le Parlement**. La tâche de ce dernier varie en fonction du degré de précision du contenu de la pétition. Lorsque la pétition se contente de donner l'objet de la révision, le Parlement doit élaborer le texte qu'il va ensuite discuter. Lorsque le projet est annexé à la pétition, le Parlement doit discuter de ce texte. **Si le Parlement désapprouve le projet, un référendum est organisé.**

Le principe représentatif est quelque peu battu en brèche, dans la mesure où les parlementaires sont d'une façon ou d'une autre contraints et peuvent même être exclus de la procédure législative.

3. La révocation populaire

83 Les électeurs d'une circonscription peuvent **mettre fin à un mandat électif avant son terme**. Selon le même principe que pour le veto populaire, il faut déposer une pétition en ce sens pour qu'elle soit ensuite suivie d'un référendum.

Dans la plupart des démocraties pluralistes, l'élu est le représentant de la nation et non de ses électeurs (pas de mandat impératif). Ceux-ci ne peuvent donc lui demander directement des comptes (si ce n'est, d'une certaine façon, au moment des élections). C'est pour cette raison que cette procédure est très peu répandue dans ces démocraties.

4. Le référendum

84 Par le référendum, **le peuple est appelé à se prononcer sur un texte ou une question. C'est une façon de l'associer à l'exercice du pouvoir législatif ou de le consulter sur les grands sujets intéressants la nation.** Les électeurs doivent répondre par oui ou par non, ce qui peut paraître quelque peu réducteur.

Citons les types de référendum les plus importants :

- **le référendum de ratification.** Il est le plus fréquemment utilisé. Le peuple est appelé à approuver ou non un texte déjà voté par le Parlement. Sur des sujets importants, il est normal que les électeurs soient consultés avant que le texte n'entre en vigueur ;
- **le référendum constituant et le référendum législatif.** Dans le premier cas, la question posée est de nature constitutionnelle et, dans le second, de nature législative ;
- **le référendum obligatoire et le référendum facultatif.** Lorsque la réforme envisagée porte sur certains sujets, le référendum est obligatoire. Lorsque cette même réforme aurait pu être discutée par le Parlement, le référendum n'est que facultatif.

Les autorités qui peuvent prendre l'initiative d'un référendum sont :

- les organes exécutifs (chef de l'État ou gouvernement) ;
- les organes législatifs (ce qui est rare car le référendum va précisément à l'encontre du pouvoir législatif) ;
- les citoyens (sur la base d'une pétition signée par un minimum de citoyens, par exemple 500 000 en Italie).

Enfin, il convient d'opérer une distinction entre le référendum et le plébiscite. La procédure utilisée est la même. Simplement, **un référendum peut dévier en plébiscite**.

En principe, le référendum se caractérise par une réponse à une question ou à un texte. **Lorsqu'il s'agit de répondre à une question de confiance posée par un homme, il s'agit d'un plébiscite.** Mais comme il est difficile de séparer la question de son auteur, l'identification du caractère plébiscitaire peut s'avérer délicate. Il faut alors rechercher d'autres indices : la formulation de la question (en particulier sa complexité), le déroulement de la campagne référendaire (en particulier la liberté d'expression)...

Si le référendum est utilisé comme **un instrument de pouvoir personnel**, il y a plébiscite (Napoléon Bonaparte et Napoléon III ont fait un usage répété du plébiscite).

SECTION II

La désignation des gouvernants par l'élection

85 **L'élection est le mode de désignation démocratique des gouvernants.** Nous nous attacherons à en décrire les conditions à travers l'étude du droit de suffrage, des partis politiques, de l'organisation de la compétition électorale et des modes de scrutin.

§ 1. Le droit de suffrage

86 Le droit de suffrage ou droit de vote est le droit pour tous les citoyens de participer au choix des gouvernants. Il n'a pas la même portée selon les époques, les pays, les individus. Une fois défini le principe, reste à en établir les implications pratiques et matérielles pour l'électeur et sur l'élection.

A) Suffrage restreint et suffrage universel

87 **Le suffrage est restreint lorsque le droit de vote est réservé aux individus qui remplissent certaines conditions.** Indépendamment de la question du vote des femmes, les deux restrictions les plus courantes sont liées à des conditions :

- **de fortune : c'est le suffrage censitaire** en vertu duquel le droit de vote est conditionné à l'acquittement d'un impôt (le cens). La France a connu un régime de suffrage censitaire jusqu'en 1848 ;
- **de capacité** : le droit de vote n'est accordé qu'en reconnaissance d'un certain niveau d'instruction, vérifié par l'exigence de diplômes appropriés ou par un examen de connaissances (procédure qui fut notamment utilisée aux États-Unis pour limiter le vote des noirs dans certains États).

Le suffrage est universel lorsqu'il est ouvert à tous les citoyens. Cependant, des conditions minimales tenant à la nationalité, l'âge et à la jouissance des droits civiques et civils doivent être remplies (voy. ci-après).

La marche vers le suffrage universel a emprunté des chemins assez différents d'un pays à l'autre. Il est d'usage de considérer que des pays ont accédé au suffrage universel dès lors que le suffrage universel masculin y a été instauré. La question du vote des femmes relèverait d'une logique différente de celle des restrictions par l'argent ou le niveau d'instruction. Sans commenter cette façon de présenter les choses, voici quelques dates clés de l'instauration du suffrage universel, masculin et féminin :

- en France, adoption du suffrage universel masculin en 1848 et du suffrage universel féminin en 1944 ;
- en Grande-Bretagne, adoption du suffrage universel masculin et féminin en 1918 ;
- aux États-Unis où la compétence en matière électorale appartient aux États fédérés, le suffrage est devenu véritablement universel en 1965 après la suppression définitive des taxes électorales et des tests sur le niveau d'instruction, alors que le droit de vote des femmes était généralisé en 1920.

B) Suffrage égal et suffrage inégal

88 **« Un homme, un vote »**, ce principe démocratique d'égalité des citoyens face au scrutin n'est pas toujours respecté, soit qu'un système de vote inégal est organisé, soit que le principe est battu en brèche dans les faits : c'est la question du découpage des circonscriptions électorales.

1. Les systèmes de vote inégaux

89 Le principal est celui **du vote plural dans lequel plusieurs voix sont attribuées à quelqu'un en fonction de critères particuliers** qui peuvent être la possession de certains diplômes, d'un certain niveau de fortune ou du statut de chef de famille nombreuse (ce dernier disposant alors d'autant de voix qu'il y a d'individus dans son foyer). Ce système profondément inégalitaire a disparu avec la démocratisation du suffrage (il n'a d'ailleurs jamais été appliqué en France, bien que l'instauration du vote familial fasse partie des propositions de certaines forces politiques attachées aux valeurs familiales !).

Un autre système de vote inégal peut se rencontrer, celui selon lequel un individu peut voter dans plusieurs circonscriptions (celle de son domicile, de son travail…). Cette modalité est exclue en France et dans la plupart des systèmes électoraux.

2. Le découpage inégal des circonscriptions électorales

90 La plupart des pays ont adopté un système de découpage de leur territoire en circonscriptions pour les différentes élections. En théorie, **les circonscriptions doivent comprendre un nombre approximativement égal d'habitants**. Sinon, d'une circonscription à l'autre, les élus représentent un nombre différent d'habitants, ce qui revient à créer une inégalité entre les citoyens qui n'ont pas, de ce fait, le même poids électoral. **Or, en pratique, l'égalité de représentation est rarement atteinte**, du moins dans la durée.

En effet, **le simple effet des mouvements de population** suffit à créer ou à aggraver des inégalités. Ainsi, **l'exode rural** vers les villes a progressivement conduit à une sur-représentation des électeurs des campagnes (exemple des anciens « bourgs pourris » en Grande-Bretagne). Des révisions du découpage électoral sont donc périodiquement nécessaires pour l'adapter à ces évolutions.

De façon générale, **le découpage électoral peut être un moyen de détourner l'égalité des citoyens devant le suffrage.** En effet, l'autorité chargée du découpage (gouvernement ou Parlement) peut l'utiliser pour **obtenir une carte électorale qui lui soit favorable** (plus précisément, favorable au parti ou à la coalition dont elle est l'émanation).

La technique la plus classique est celle dite du ***« gerrymandering »*** (du nom d'un ancien gouverneur du Massachusetts, Elbridge Gerry). Elle consiste schématiquement à détacher d'une circonscription un bastion électoral de l'opposition et à le rattacher à une circonscription voisine favorable aux partis ou à la coalition soutenant le pouvoir. La modification, même légère, provoquée par le découpage, peut suffire à faire basculer la circonscription d'un camp à l'autre ou à la maintenir dans la majorité lorsqu'elle est menacée de passer à l'opposition.

C) Les conditions au droit de suffrage

91 Pour bénéficier du droit de suffrage, le citoyen doit remplir certaines conditions liées à la nationalité, l'âge et les droits civiques et civils. Pour exercer son droit de vote, il lui reste une condition à remplir : l'inscription sur les listes électorales.

1. Les conditions de capacité : nationalité, âge, droits civiques et civils

92 D'abord, la première condition est celle de **la nationalité**. Seuls les nationaux d'un pays peuvent y exercer le droit de vote. Outre que cette règle s'applique principalement aux élections politiques (ainsi, en France, elle ne s'applique pas pour les élections professionnelles), elle connaît un certain assouplissement.

Le vote des étrangers aux élections locales est en effet admis par certains pays. En France, la question fait l'objet de débats. Il pourrait en effet paraître normal que les étrangers vivant régulièrement sur le territoire français puissent participer à la gestion de la vie locale et de la société à laquelle ils apportent leur contribution. Le président Mitterrand qui s'était déclaré partisan d'une telle évolution avait toutefois reconnu que les Français n'étaient pas mûrs pour l'accepter.

Néanmoins, **le traité sur l'Union européenne de 1992 (traité de Maastricht) accorde le droit de vote aux élections municipales à tous les citoyens de l'Union résidant dans un État membre dont ils ne sont pas des nationaux**.

En application de ce traité, l'article 88-3 de la Constitution (résultant de la loi constitutionnelle du 25 juin 1992) prévoit que « le droit de vote et d'éligibilité aux élections municipales peut être accordé aux seuls citoyens de l'Union résidant en France ». Néanmoins, ces citoyens sont **exclus des fonctions de maire ou d'adjoint**. En effet, les titulaires de ces fonctions participent à l'élection du Sénat au suffrage indirect, ce qui relève d'un acte de souveraineté (le Sénat étant lui-même un organe d'expression de la souveraineté nationale) réservé aux seuls nationaux. Les modalités d'application de l'ensemble de ces dispositions devaient être transposées en droit interne avant le 1er janvier 1996. Elles ne l'ont été qu'avec la loi du 25 mai 1998.

Par ailleurs, le Conseil constitutionnel a admis la **possibilité du vote des citoyens de l'Union** résidant en France **pour l'élection du Parlement européen.** En effet, ce dernier ne relevant pas de l'ordre juridique français, ce vote ne constitue pas une atteinte à la souveraineté nationale. La loi du 5 février 1994 a transposé en droit interne les modalités pratiques de cette élection avec une première application pour le scrutin du 12 juin 1994.

Ensuite, pour disposer du droit de vote, il faut remplir une condition d'**âge**. L'âge ainsi requis (de façon subjective) détermine, en général, à la fois la majorité civile et politique. En France, il a été abaissé à 18 ans (au lieu de 21 auparavant) depuis 1974. On a constaté ces dernières décennies, dans de nombreux pays, **un mouvement d'abaissement de l'âge de la majorité civile**. Ce mouvement a contribué à un **élargissement et à un rajeunissement du corps électoral dans ces pays**.

Enfin, pour disposer du droit de vote, le citoyen doit jouir de ses **droits civiques et civils**. Deux catégories de personnes peuvent en être privées et, dans les deux cas, uniquement par une décision de justice :

- **ceux qui ont un passé judiciaire.** Dans cette hypothèse, ne pas jouir de ses droits signifie être **indigne de la qualité d'électeur**. Il peut s'agir des **faillis non réhabilités ou des personnes condamnées pour crime ou délit grave** (énumérés dans le Code électoral). Le temps de privation des droits peut être temporaire (cinq ans en France) ou définitif, selon la nature et la gravité du crime ou du délit et le degré de la peine infligée. La privation prend fin avec la réhabilitation du condamné ou avec une loi d'amnistie ;
- **les majeurs en tutelle.** La raison de la mise en tutelle de certains citoyens tient au fait qu'ils ne jouissent pas de tout ou partie de leurs facultés mentales. Ils sont donc incapables de discernement politique.

2. Une condition pratique : l'inscription sur les listes électorales

93 Pour traduire le droit de vote dans la pratique, c'est-à-dire pour pouvoir l'exercer, le citoyen doit remplir une condition pratique : **être inscrit sur les listes électorales. La liste électorale recense l'ensemble des électeurs d'une commune.** Elle sert de référence pour l'ensemble des élections et fait l'objet d'une révision annuelle (inscriptions, radiations).

Dans la plupart des systèmes électoraux (ceux dans lesquels le vote n'est pas obligatoire), s'inscrire sur les listes électorales est un acte de volonté et non une obligation. Tous les citoyens aptes à voter mais qui ne sont pas inscrits, ne peuvent user de leur droit.

En France, la loi du 10 novembre 1997 a rendu obligatoire l'inscription sur une liste électorale : **inscription d'office des personnes de nationalité française lorsqu'elles atteignent l'âge de 18 ans**. Par ailleurs, un électeur ne peut être inscrit que sur une seule liste électorale dans la commune où se trouve son **domicile réel**. Il peut néanmoins demander à être rattaché à la commune où il réside depuis six mois au moins ou dans celle où il paie des impôts locaux depuis cinq ans au moins.

§ 2. Les partis politiques

94 **Le développement des partis politiques est le corollaire du développement du droit de suffrage.** Au XIXe siècle, l'importance croissante du nombre d'électeurs et du poids des campagnes électorales (notamment au niveau national) a rendu nécessaire **la constitution d'organisations réunissant des personnes qui partagent la même idéologie, capables d'encadrer les électeurs et de fournir une logistique et une assistance financière aux candidats**.

L'objectif ultime des formations politiques, à travers l'encadrement de l'opinion, le soutien à leurs candidats et la diffusion de leurs idéologies, est **la conquête et l'exercice du pouvoir** (c'est ce qui distingue les partis des groupes de pression qui cherchent seulement à influencer le pouvoir).

A) L'organisation, le fonctionnement et l'idéologie des partis

95 On distingue différents types de partis selon leurs structures mais aussi selon leur idéologie.

1. Les distinctions structurelles

96 Proposée par Maurice Duverger en 1951, la distinction s'opère traditionnellement entre les partis de cadres et les partis de masse.

Les partis de cadres sont *grosso modo* le prolongement des partis du XIXe siècle qui s'appuyaient sur des notables bourgeois ou aristocratiques. Leurs héritiers se situent à droite ou, à la limite, au centre de l'échiquier politique. L'exemple type est celui du Parti radical sous la Troisième République (devenu par la suite une composante de l'UDF).

Les partis de masse sont nés au XXe siècle, portés par l'idéologie socialiste puis communiste. Leur objectif révolutionnaire dans un premier temps, puis de transformation de la société dans un second (dans le cadre des institutions existantes), s'appuie sur une organisation structurée, hiérarchisée, « cadenassée ».

L'opposition avec le système en place oblige les partis de masse à s'organiser de façon autonome. Ils comprennent un nombre important d'adhérents afin d'assurer leur autonomie financière et un nombre élevé de militants dont la tâche est d'assurer un encadrement rapproché des électeurs. Cette structuration pyramidale en électeurs, militants, adhérents, élus, organismes dirigeants, repose sur une **discipline sans faille** (en particulier avec le **centralisme démocratique** des partis communistes).

Mais ce clivage entre parti de cadres et parti de masse a perdu de sa pertinence dans nombre de pays occidentaux depuis quelques dizaines d'années avec l'apparition d'**une nouvelle génération de partis politiques, dont la vocation est de rassembler le plus largement possible les électeurs et que l'on désigne sous le nom de « partis attrape-tout »**. Cette volonté de rassemblement passe par un **discours mobilisateur sur des valeurs communes à l'ensemble des citoyens** (la défense de l'emploi, des acquis sociaux, des libertés individuelles et collectives…) **et par une atténuation des conflits idéologiques**. Autrement dit, **le discours politique se fait moins polémique et plus pragmatique** (les analyses socio-économiques se fondent sur les réalités).

La France offre en quelque sorte un modèle de développement de ce type de partis. L'UMP (Union pour un mouvement populaire, comprenant notamment l'ex-RPR ainsi que des centristes ; l'UMP est devenu *Les Républicains* en mai 2015) et le PS (Parti socialiste) en sont des illustrations. Le développement de ces partis de rassemblement a eu pour effet de provoquer **un recentrage de la vie politique du pays** sans que celui-ci ne profite pour autant aux partis centristes proprement dits (et notamment à l'UDF, Union pour la démocratie française, éclatée en plusieurs nouveaux partis après l'élection de N. Sarkozy à la présidence de la République en 2007).

La démocratie n'a pas forcément à gagner à un débat politique édulcoré et à un « consensus mou ». Fort heureusement, les élections permettent de dynamiser la vie politique en obligeant les différents partis à affirmer au minimum leurs caractéristiques et à développer un programme de gouvernement (même si on ne distingue plus de différences fondamentales entre les différents programmes).

Depuis quelques années, les partis de rassemblement doivent faire face à l'**émergence politique de nouveaux partis, plus revendicatifs, plus radicaux, portés par des aspirations citoyennes, une contestation de l'ordre établi, voire la défense de revendications catégorielles**. Il en est ainsi, en France, des écologistes (dont le pôle dominant est le parti « Vert »), des « antilibéralisme » et « antimondialisation » (regroupés, politiquement, au sein des partis d'extrême gauche comme Lutte ouvrière ou le Nouveau Parti Anticapitaliste), des souverainistes (avec le Mouvement pour la France de Philippe de Villiers ou le Front national), des chasseurs (avec « Chasse, pêche, nature et tradition »)... Bien que leur poids électoral soit relativement faible, la « pression » qu'ils exercent oblige parfois les partis dominants à infléchir leurs positions (mesures antilicenciements, loi sur la chasse...).

2. Les distinctions idéologiques

97 D'un point de vue idéologique, on distingue de façon traditionnelle les partis de gauche (partis socialistes et communistes) qui développent une idéologie réformatrice (remettre en cause l'ordre social existant) et les partis de droite et du centre qui ont pour projet politique le maintien du système capitaliste et du système social existant. **L'évolution des systèmes politiques et économiques a abouti à créer un consensus, dans les pays occidentaux, sur la forme du régime et des institutions** (il ne faut toutefois pas négliger le mouvement de contestation du libéralisme et de la mondialisation). **Aujourd'hui, l'affrontement politique se situe essentiellement dans la manière d'exercer le pouvoir.**

B) Les systèmes de partis

98 Les systèmes de partis se caractérisent par le nombre des partis et les relations qu'ils entretiennent. Ils ont une influence déterminante sur le fonctionnement et la nature des régimes politiques.

1. Le système du parti unique

99 **Il caractérise les régimes extrémistes qui veulent instaurer un ordre nouveau.** Pour instaurer cet ordre, il faut une volonté et une discipline sans faille. Seul un parti unique peut donner cette impulsion. Il implique une organisation très structurée, hiérarchisée, qui a pour mission d'**encadrer la population** (par exemple, en embrigadant la jeunesse), y compris par l'utilisation de la contrainte. **Le parti unique se confond souvent avec l'État et, de façon générale, avec l'organisation sociale.**

Le système du parti unique **correspond à une forme de rejet de la démocratie**, soit qu'il naisse de l'échec d'un système démocratique (échec politique et souvent économique), c'est le cas du fascisme italien et du régime nazi, soit que, comme dans les pays en voie de développement, on considère le pluralisme politique comme une entrave au développement. Dans les régimes marxistes (ex-URSS notamment), le parti unique **est censé consacrer la disparition des classes sociales, et donc de la nécessité du pluralisme politique**.

2. Le multipartisme

100 **Le multipartisme est le système de partis caractéristique des démocraties.** Les relations entre les partis dans les systèmes de multipartisme sont très dépendantes des modes de scrutin qui peuvent favoriser ou, au contraire, rendre difficile la constitution d'alliances entre les partis pour la conquête et l'exercice du pouvoir.

L'avantage du multipartisme réside dans **le choix important qu'il offre aux électeurs**. Cet avantage est aussi un inconvénient dans la mesure où les alliances gouvernementales entre les partis ne traduisent pas forcément les volontés des électeurs. Ainsi, souvent, le multipartisme ne permet pas de dégager de majorité claire de gouvernement, l'accession au pouvoir nécessitant le recours à des coalitions de partis hétérogènes et instables.

Comme déjà indiqué, le multipartisme peut recouvrir des formes variées en fonction des systèmes électoraux mais aussi du contexte institutionnel et politique. Deux formes particulières du multipartisme doivent être étudiées spécifiquement, le parti dominant et le bipartisme, dans la mesure où elles constituent, en elles-mêmes, des systèmes de partis :

- **le système du parti dominant** ne doit pas être confondu avec les systèmes de parti unique masqués (par exemple, dans les démocraties populaires où il était fréquent de trouver des partis, des organisations parallèles au parti communiste).
- Dans un contexte de multipartisme, **le parti dominant est celui qui domine la vie politique d'un pays à un moment donné parce que son projet correspond aux aspirations profondes des citoyens** (le parti social-démocrate en Suède de 1932 à 1976, la démocratie chrétienne en Italie depuis 1947 jusque dans les années 1980, le mouvement gaulliste sous la Cinquième République de 1958 à 1974, le parti libéral-démocrate au Japon de 1946 à 1993). Il est souvent assimilé à une période de l'histoire d'un pays.

  Cette domination se traduit par une majorité importante et surtout continue au Parlement et par une maîtrise des institutions. Le danger d'un système de parti dominant est celui de **l'immobilisme, voire d'une certaine dérive des institutions** (outre la confiscation du pouvoir politique, une des manifestations de cette dérive peut être la collusion entre le pouvoir politique et le pouvoir économique qui peut déboucher sur des pratiques de corruption). Il reste donc à l'opposition à s'organiser pour la conquête du pouvoir et à faire preuve de vigilance ;

- **le bipartisme signifie l'alternance au pouvoir de deux formations politiques dominantes.** On le rencontre plutôt dans les régimes politiques anglo-saxons, au Royaume-Uni (parti conservateur et parti travailliste) et aux États-Unis (bien qu'il y recouvre en réalité un multipartisme, le parti démocrate et le parti républicain étant parcourus de courants conservateurs et libéraux). **Les deux grands partis se partagent le pouvoir sans qu'un tiers parti puisse espérer y accéder à son tour.**
- **Le bipartisme offre aux électeurs un choix entre des programmes gouvernementaux bien différenciés** (souvent entre un certain conservatisme et un certain progressisme, même si la frontière entre les deux est parfois floue) **et permet surtout de dégager une majorité franche de gouvernement. Il est donc favorable à la stabilité gouvernementale.**
  Les caractères du bipartisme et ses avantages se retrouvent également quand l'alternance au pouvoir est le fait de deux coalitions, comme en France où la Cinquième République est marquée par une bipolarisation de la vie politique, ou en Allemagne où les sociaux-démocrates et les démocrates-chrétiens se succèdent au pouvoir, alliés au parti libéral.

C) Le financement des partis

101 La question du financement des partis ne se pose que dans les régimes pluralistes. **Pour remédier aux inconvénients du mode de financement naturel que constitue le financement privé, un financement public est parfois institué.** Les deux modes se combinent habituellement.

E4 **Le statut des partis politiques en France**

La Constitution de 1958 (art. 4) consacre l'existence constitutionnelle des partis politiques. En premier lieu, elle limite leur fonction au domaine électoral : « Les partis et groupements politiques concourent à l'expression du suffrage. » Cependant, elle prévoit qu'ils contribuent à la mise en œuvre du principe de parité (égal accès des femmes et des hommes aux mandats électoraux et fonctions électives, ainsi qu'aux responsabilités professionnelles et sociales). En second lieu, tout en disposant que les partis « se forment et exercent leur activité librement », la Constitution leur impose de « respecter les principes de la souveraineté nationale et de la démocratie », disposition qui vise à empêcher la création de partis extrémistes. Enfin, la Constitution protège le pluralisme politique en disposant que la loi garantit les expressions pluralistes des opinions et la participation équitable des partis politiques à la vie démocratique de la nation.

Dans le prolongement de la Constitution, la loi du 11 mars 1988 sur la transparence financière de la vie politique accorde aux partis politiques certaines prérogatives : « Ils jouissent de la personnalité morale. (...) Ils ont le droit d'ester en justice. Ils ont le droit d'acquérir à titre gratuit ou à titre onéreux des biens meubles ou immeubles. (...) Ils peuvent effectuer tous les actes conformes à leur mission et notamment créer et administrer des journaux et des instituts de formation... »

Les partis disposent d'une source de financement propre constituée des **cotisations de leurs adhérents**. Cependant, il est bien évident que celles-ci ne peuvent couvrir qu'une part relativement modeste des dépenses auxquelles un parti doit faire face. En l'absence de financement public (ou en complément), les partis sont donc amenés à rechercher des sources de financement dans le secteur privé, notamment **auprès des entreprises**. Les effets pervers de ce mode de financement sont le développement de **systèmes de financement occulte** et de la **corruption** (fausses factures...).

Pour empêcher ou tout au moins limiter ces pratiques, **des systèmes de financement public peuvent être mis en place, la plupart du temps couplés avec une limitation des dépenses autorisées pour les campagnes électorales. Les avantages du financement public résident dans la transparence et l'équité** qu'il permet d'instaurer. Les exemples de financement public des partis politiques montrent cependant que ce système ne garantit pas l'absence de pratiques de financement occulte (sur le financement de la vie politique, voy. *infra*, n°s 105, 355 et 451).

§ 3. L'organisation de la compétition électorale

102 Nous nous intéresserons successivement aux candidats et aux conditions d'éligibilité, aux règles de la campagne électorale dans ses aspects les plus délicats, au déroulement du scrutin et enfin au contentieux électoral.

A) Éligibilités et candidatures

103 En démocratie, le principe qui prévaut est celui de la liberté des candidatures. Disons simplement qu'il existe quelques conditions. Pendant longtemps, l'âge requis pour être candidat était souvent plus élevé que pour être électeur et variait en fonction des élections. Cependant, dans de nombreux pays, on assiste à un abaissement et à une uniformisation progressifs de l'âge d'éligibilité destinés à **favoriser le rajeunissement et la féminisation de la vie politique**. Ainsi en France, l'âge d'éligibilité est désormais fixé à 18 ans pour la plupart des élections : municipales, cantonales et régionales (loi du 6 avril 2000), législatives, européennes et présidentielles (contre 23 ans auparavant pour ces trois dernières élections ; loi organique du 14 avril 2011). Les autres conditions d'éligibilité tiennent aux conditions d'honorabilité (absence de condamnations judiciaires).

À ces inéligibilités absolues, on peut ajouter des inéligibilités relatives (temporaires) qui frappent certains hauts fonctionnaires (préfets, recteurs...).

(Sur les candidatures, les inéligibilités et incompatibilités dans le système électoral français, voy. la Cinquième République, chapitres 2, 3 et 4).

Enfin, il faut noter qu'**un candidat n'a de chances réelles d'être élu que s'il est soutenu par un parti politique** et qu'il bénéficie de son infrastructure et de ses moyens financiers.

B) La campagne électorale

104 Nous nous limiterons aux deux aspects primordiaux des campagnes modernes : leur financement et l'accès des candidats aux moyens de propagande. Dans les

deux cas, **la réglementation tend à assurer au mieux l'égalité entre les candidats et la transparence des campagnes**.

1. Le financement de la campagne

105 Tous les candidats ne disposent pas des mêmes moyens pour mener à bien leur campagne électorale et financer leur propagande. **Le danger pour la démocratie est de voir une élection se jouer sur l'argent**, les candidats disposant des moyens financiers les plus importants ayant un avantage certain. C'est pourquoi la plupart des pays occidentaux (par exemple, l'Allemagne, l'Italie, les États-Unis, la France...) se sont dotés de législations reposant sur les mêmes principes en ce qui concerne le financement des campagnes électorales et de la vie politique :

- **un financement public des campagnes et des partis politiques (avec remboursement des frais électoraux en fonction des résultats obtenus, en voix ou en sièges)** ;
- **un plafonnement des dépenses électorales** (le plafond ayant tendance à s'abaisser) ;
- **une limitation, voire une interdiction, du financement privé (le financement par les entreprises est particulièrement visé). En effet, un candidat dont la campagne est financée par une ou plusieurs entreprises** (*a fortiori* si elles financent régulièrement les campagnes d'un même candidat) **se retrouve plus ou moins en situation de dépendance vis-à-vis de ces entreprises** et peut être tenté (fortement), une fois élu, de les avantager par rapport à leurs concurrentes.

En France, les lois des 11 mars 1988 et 15 janvier 1990 ont introduit les éléments d'une moralisation du financement des campagnes électorales et de la vie politique. Mais ce sont **les lois de janvier 1995** qui ont poussé au bout la logique de transparence (même si celle-ci n'est pas absolue).

Nous ne nous attarderons pas sur le financement des campagnes électorales en France, ce point faisant l'objet de développements dans la partie consacrée à la Cinquième République (voy. *infra*, n°s 355, le financement de la campagne présidentielle et 451, le financement de la campagne législative ainsi que les principes du financement de la vie politique).

2. L'accès des candidats aux moyens audiovisuels (radio et télévision)

106 Les moyens traditionnels de **propagande** (tracts, affiches, réunions publiques, porte à porte...), bien qu'incontournables pour mener une campagne efficace de terrain et au niveau local, sont relayés par des moyens plus modernes qui permettent une diffusion à la fois plus large, plus rapide et somme toute plus performante du message des candidats. Ces moyens utilisés essentiellement dans les campagnes à l'échelon national sont la radio et la télévision.

Ces redoutables instruments de communication doivent être accessibles à tous les candidats pour garantir la loyauté de la campagne et de l'élection, et ce quelle que soit l'opinion que l'on puisse avoir sur le caractère superficiel du message et de l'image qu'ils transmettent. Or, que ce soit dans les systèmes où la radiotélévision est privée ou dans ceux où elle est en partie publique, cette égalité est bien difficile à obtenir.

Lorsque la radiotélévision est commerciale (en particulier aux États-Unis) et que les candidats peuvent acheter des heures d'antenne, **la disparité des moyens financiers des candidats peut créer des inégalités dans l'accès aux médias**. Ainsi, aux États-Unis où les candidats sont autorisés à critiquer le programme de leurs adversaires (critique qui tourne aisément au dénigrement, voire à la calomnie), la campagne prend parfois des allures de matraquage publicitaire. Ceci dit, à l'occasion de l'élection présidentielle, les grands médias ont pris pour habitude d'accorder un égal accès aux radios et télévisions aux deux candidats restants en lice.

Lorsque la radiotélévision est entre les mains de l'État, le déséquilibre peut venir de pressions exercées par le pouvoir qui cherche à favoriser les candidats qui lui sont proches. Ce fut longtemps le cas en France où les médias audiovisuels étaient considérés comme une « chasse gardée » du pouvoir. Les différents ministres de l'information, de la communication... ont toujours veillé à la « loyauté » de ces derniers. Les Présidents de la République successifs ont pris l'habitude d'intervenir à l'occasion des campagnes législatives pour prôner le « bon choix » aux Français (selon un mot du président Valéry Giscard d'Estaing intervenant à la télévision avant les élections législatives de 1978 alors que la campagne officielle était close).

C'est pour lutter contre ces tentations du pouvoir que les pays possédant un système de radiotélévision public se sont dotés d'une législation et d'une réglementation assurant l'égalité d'accès des candidats. C'est le cas en Allemagne ou au Royaume-Uni.

En France, le respect du pluralisme et de l'égalité d'accès des candidats à la radio et à la télévision est assuré par le Conseil supérieur de l'audiovisuel, autorité administrative indépendante, qui fixe les règles applicables en la matière par les chaînes de radio et de télévision puis contrôle leur application.

C) Le déroulement du scrutin

107 Le déroulement du scrutin doit être marqué par **la transparence**. Il repose avant tout sur la liberté de vote des électeurs, garantie notamment par le secret. De façon plus générale, la sincérité du scrutin est garantie par une série de règles et de dispositions pratiques dont l'objet est d'empêcher la fraude et les pressions.

1. La liberté de vote

108 C'est un des principes de base des démocraties pluralistes. **Cette liberté de vote équivaut à une liberté de choix entre plusieurs candidats** (le pluralisme implique une pluralité de candidats). C'est aussi la liberté de **ne pas voter** (bien que cette attitude soit assez souvent considérée comme anticivique) **ou de voter blanc** (ce qui peut signifier une difficulté à faire un choix ou un refus des candidats en lice ou une protestation face à la signification du scrutin ; une enveloppe ne contenant aucun bulletin est assimilée à un bulletin blanc). Dans des pays comme la Belgique ou la Suède, les votes blancs sont reconnus et comptabilisés, ce qui peut permettre d'éviter des votes de pure contestation en faveur de partis extrémistes. **En France, il a fallu attendre la loi du 21 février 2014 pour que le vote blanc soit reconnu aux élections** et encore,

partiellement, puisque si les votes blancs sont désormais décomptés, ils n'entrent pas pour autant dans le compte des suffrages exprimés (ils sont décomptés séparément).

Certains pays ont rendu le **vote obligatoire** pour lutter contre un absentéisme jugé anticivique, voire nuisible au bon fonctionnement de la démocratie. Il en est ainsi de la Belgique ou de la Grèce. En France, le vote est facultatif, à l'exception du vote pour les élections sénatoriales.

2. Le secret du vote

109 Le principe du secret du vote est inscrit dans la Constitution française (art. 3). Cette constitutionnalisation traduit l'importance accordée au **secret comme condition de la liberté de vote**. De façon générale, les démocraties pluralistes lui reconnaissent cette importance. Le passage dans l'isoloir symbolise le respect de l'opinion exprimée et la protection contre des pressions extérieures. C'est donc logiquement que le non-respect du secret entraîne l'annulation des élections (CC, 9 novembre 1988, annulation du scrutin dans une commune où le bureau de vote n'avait pas d'isoloir).

3. La sincérité du scrutin

110 Pour garantir la sincérité du scrutin, un certain nombre de règles ont été édictées afin de combattre les fraudes.

Comme nous venons de le mentionner, les premières de ces mesures sont celles qui visent à **préserver le secret du vote et éviter ainsi les pressions** sur l'électeur.

Quant à la lutte contre les fraudes (vote des morts, substitution d'urnes, urnes à double fond, bourrage des urnes, bulletins volontairement détériorés...), elle consiste à surveiller trois éléments du déroulement des opérations de vote :

- les votants : interdiction du vote par correspondance, remplacé par les procurations, celles-ci étant délivrées dans des conditions restrictives ; contrôle des listes électorales et émargement (c'est-à-dire qu'après avoir voté, l'électeur signe lui-même la liste d'émargement)...
- les urnes : utilisation d'urnes transparentes et de machines à voter...
- le dépouillement : présence de représentants des différents candidats.

D) Le contentieux électoral

111 **Tout citoyen ou candidat doit pouvoir contester une élection en cas de fraude, irrégularité ou erreur**. Les litiges donnent lieu au contentieux électoral. Si la fraude ou l'erreur est avérée, **l'élection est annulée**.

Pour les élections politiques, il semble préférable de confier le contentieux à un organe spécifique plutôt qu'aux juges ordinaires dont la mission et la nature sont peu compatibles avec un tel contrôle. C'est le cas en France sous la Cinquième République où le contrôle relève du Conseil constitutionnel (pour ce qui est des élections nationales).

Enfin, il arrive de façon assez antidémocratique que le contrôle soit confié à l'assemblée issue des élections. Ainsi, en France, sous les Troisième et

Quatrième Républiques, l'Assemblée nationale et le Sénat procédaient eux-mêmes à la validation de leurs membres. Le danger est évidemment de voir la majorité invalider l'élection de membres de l'opposition.

§ 4. Les modes de scrutin

112 Les modes de scrutin sont souvent déterminants sur le résultat d'une élection et donc sur la désignation des représentants. Mais, bien au-delà, ils ont des effets sur le système des partis et, de façon plus générale, sur la stabilité gouvernementale.

A) Les choix de base

113 Hormis le choix entre scrutin majoritaire et représentation proportionnelle qui fait l'objet des développements à suivre, le législateur d'un pays doit faire des choix en ce qui concerne le scrutin direct ou indirect, uninominal ou de liste, à un tour ou à deux tours.

1. Scrutin direct et scrutin indirect

114 Le scrutin direct est celui dans lequel les électeurs désignent leurs élus sans passer par un intermédiaire.

Le scrutin indirect est celui dans lequel la désignation des représentants est le fait d'intermédiaires qui ont eux-mêmes été élus pour procéder à cette élection. Ces intermédiaires forment un collège électoral. L'élection est donc à deux ou plusieurs degrés selon qu'il y a une ou plusieurs étapes intermédiaires.

Les effets de ces deux types de scrutin ne sont pas les mêmes. **Le scrutin indirect**, qui favorise les notables, **est moins démocratique** que le scrutin direct qui prend directement en compte la volonté des électeurs. L'exemple type est celui des élections sénatoriales en France dont le collège électoral est formé d'élus locaux.

2. Scrutin uninominal ou scrutin de liste

115 **Le scrutin est uninominal lorsque les électeurs désignent un représentant par circonscription**. Il y a donc un siège à pourvoir par circonscription. Le scrutin uninominal a pour effet de personnaliser l'élection et d'attacher l'élu à sa « circonscription » (les élus sont souvent attachés à défendre les intérêts de leur circonscription autant, sinon plus, que les intérêts de leur parti).

Le scrutin est dit de liste lorsque les électeurs désignent plusieurs candidats regroupés sur une liste.

À l'exception du cas où il y a une circonscription unique (élection présidentielle, par exemple), le scrutin de liste est adapté à des circonscriptions plus grandes que le scrutin uninominal.

Il a pour effet une **moindre personnalisation du scrutin** (même si la personnalité en tête de la liste est souvent importante et mise en avant). **Le vote est davantage l'expression d'une adhésion à un projet ou un parti.**

La critique généralement adressée au scrutin de liste est qu'il limite la possibilité de choix de l'électeur : la composition des listes est établie sous la responsabilité des partis et l'électeur n'a pas la possibilité d'intervenir sur la composition de la liste dans laquelle il ne connaît souvent que quelques candidats (il arrive d'ailleurs que, dans ce type d'élection, les têtes de liste n'aient pas l'intention d'exercer leur mandat et démissionnent à la suite de l'élection).

Des techniques offrant plus de souplesse à l'électeur sont parfois retenues : **le panachage** (possibilité pour l'électeur de rayer des noms d'une liste pour les remplacer par des candidats d'autres listes) et **le vote préférentiel** (possibilité de modifier l'ordre des candidats sur la liste).

Si le système majoritaire s'accommode aussi bien du scrutin uninominal que du scrutin de liste, seul ce dernier peut être associé à la représentation proportionnelle.

3. Scrutin à un tour ou scrutin à deux tours

116 Comme, par définition, il n'y a pas de second tour avec la représentation proportionnelle, ce choix n'intéresse que le scrutin majoritaire.

Dans le scrutin à un tour, le candidat (ou la liste) élu est celui (ou celle) qui a obtenu **la majorité relative des suffrages exprimés** (ou majorité simple), c'est-à-dire le candidat ou la liste arrivés en tête.

Dans le scrutin à deux tours, le candidat (ou la liste) élu est celui (ou celle) qui obtient **la majorité absolue au premier tour**, c'est-à-dire la moitié des suffrages exprimés plus un, ou **la majorité relative au second**.

Sans détailler les effets des scrutins à un ou deux tours qui seront étudiés plus loin, indiquons simplement que le choix du scrutin à deux tours correspond à la volonté de privilégier l'élection de candidats réunissant une majorité absolue de suffrages (dans la mesure où, dans le scrutin à un tour, les candidats élus sont certes arrivés en tête mais ils ne sont les élus que d'une minorité de suffrages).

B) Les systèmes majoritaires

117 Dans le système majoritaire, le siège est attribué au candidat ou à la liste ayant obtenu **la majorité des suffrages exprimés**. Il faut distinguer le système majoritaire à un tour de celui à deux tours. Nous ne nous placerons que dans l'hypothèse du scrutin uninominal, largement plus pratiqué que le scrutin de liste.

1. Le scrutin uninominal à un tour

118 L'avantage de ce système est **sa grande simplicité : le candidat élu, à l'issue du tour unique, est celui qui a obtenu le plus grand nombre de voix**. Ce système est utilisé au Royaume-Uni, aux États-Unis et, de façon générale, dans les pays anglo-saxons.

Le tour unique oblige les électeurs à voter utile, c'est-à-dire que parmi les candidats proches de ses idées, l'électeur a naturellement tendance à voter pour celui qui a des chances réelles d'être élu. Il opère un choix par défaut dans la mesure où le vote pour un candidat qui n'a aucune chance d'être élu serait un vote perdu (à la différence du scrutin à deux tours).

Ce vote utile rend très difficile l'émergence de nouveaux partis et favorise le développement du bipartisme qu'il protège en éliminant les petits partis.

Ainsi, au Royaume-Uni, alors qu'au début du siècle le parti libéral dominait la vie politique avec le parti conservateur, il n'a pas résisté aux progrès du parti travailliste qui l'a finalement supplanté. Le mode de scrutin n'a pas permis la coexistence de trois forces politiques équivalentes et, si le parti libéral a survécu, avec parfois même de bons résultats aux élections générales (23 % des suffrages en 2005), il reste une force politique secondaire qui ne peut prétendre accéder au pouvoir.

Ce mode de scrutin présente l'avantage d'assurer la stabilité du système politique. Il permet de dégager des majorités parlementaires stables et donc d'assurer une grande stabilité gouvernementale. C'est en effet le parti qui a remporté les élections et détient la majorité parlementaire qui forme le gouvernement (même s'il est parfois obligé de s'allier avec un parti plus petit).

Ce mode de scrutin favorise également l'alternance au pouvoir.

Mais il présente en même temps **l'inconvénient de simplifier et de déformer la réalité électorale**. D'une part, le choix des électeurs est limité par le bipartisme et le vote utile. D'autre part, le scrutin a un effet amplificateur de la victoire, et donc déformateur : le résultat des élections en sièges est disproportionné par rapport aux résultats en voix (il peut même arriver que, par le jeu du vote par circonscriptions, le parti vainqueur des élections soit minoritaire en voix sur l'ensemble du territoire).

2. Le scrutin uninominal à deux tours

119 **Au premier tour**, le candidat élu est celui qui a obtenu **la majorité absolue des suffrages exprimés**.

Si cette majorité n'est pas atteinte, il y a lieu à un **second tour.** Le candidat élu est celui qui arrive en tête.

C'est ce système qui a été pratiqué en France pour l'élection des députés sous la Troisième République et, de façon presque ininterrompue, sous la Cinquième (sauf l'épisode de la représentation proportionnelle de juillet 1985 à juillet 1986).

Généralement, pour pouvoir participer au second tour, les candidats doivent avoir obtenu, lors du premier, un certain pourcentage de suffrages ou d'électeurs (en France, pour les élections législatives, le seuil est de 12,5 % des électeurs inscrits).

Ce seuil élevé à franchir a pour conséquence d'éliminer les petits partis et les candidats indépendants. Il oblige en même temps les partis à des alliances électorales et à des désistements d'un tour à l'autre.

On pourrait résumer la signification de chacun des deux tours par la formule bien connue : « **au premier tour, on choisit et au second tour, on élimine** ».

Au premier tour, l'électeur peut exprimer ses préférences sans prendre en considération les chances de son candidat d'être élu. Généralement, **le premier tour est le seul moment où apparaît le vrai visage politique du pays**.

Il faut néanmoins nuancer cette appréciation. En effet, pour ne prendre que les élections françaises de ces dernières années, il faut constater que les premiers tours ont été l'occasion de votes protestataires d'une ampleur significative. Certes, les électeurs ont voté pour les candidats de leur choix, mais il n'est pas sûr que ces votes reflètent la réalité politique de la France.

L'entre-deux tours est généralement un moment d'intenses négociations. En effet, il est clair qu'un candidat ou un parti ne peut espérer l'emporter seul au second tour.

Les conditions d'accès au second tour ayant écarté les petits candidats, des soutiens se négocient. De même, entre candidats accédant au second tour et faisant partie d'une même coalition ou du moins d'une même mouvance politique, les négociations (bien que souvent tout soit décidé avant les élections) peuvent déboucher sur **des désistements ou des retraits** (ou, à l'inverse, des maintiens lorsque les candidats ne se sont pas entendus ou l'ont tout simplement décidé).

Ce système d'alliances et de désistements a pour effet de ne laisser en lice au second tour que deux ou trois candidats, représentant généralement des grands partis : on parle **de duels ou de triangulaires**.

Après le vote libre du premier tour, **l'électeur vote utile**. Si son candidat favori a disparu de la compétition électorale, il est tenté de voter pour celui qui s'éloigne le moins de ses convictions ou contre celui auquel il veut faire barrage.

Les conséquences politiques du scrutin uninominal à deux tours, sans être éloignées de celles du scrutin uninominal à un tour, sont moins marquées.

À la différence du scrutin à un tour, ce mode de scrutin s'accommode du **multipartisme**, le premier tour restant ouvert à toutes les formations politiques.

Par contre, dans la mesure où il a également **un effet amplificateur des victoires électorales**, les grands partis sont avantagés.

Cet avantage est renforcé par les conditions de seuil à remplir pour accéder au second tour et par le système des alliances et des désistements qui ne laisse généralement en lice que deux candidats pour le second tour. Le système est en quelque sorte « cadenassé ». L'exemple en est donné par la quasi-impossibilité des petits partis de remporter des sièges lors des élections au scrutin uninominal alors qu'ils obtiennent de bons résultats et remportent des sièges dans les élections à la proportionnelle (cas du Front national en France qui, malgré sa progression électorale, n'a obtenu qu'un seul siège lors des élections législatives de mai 1997 et aucun aux élections de 2002).

Combiné avec une bipolarisation de la vie politique, le scrutin à deux tours **permet de dégager une majorité parlementaire stable de soutien au gouvernement. Ainsi, c'est la stabilité gouvernementale qui est assurée.**

Cette majorité reposant généralement sur plusieurs partis, la stabilité n'est assurée que si les systèmes d'alliances sont eux-mêmes stables (ce qui n'était pas le cas sous la Troisième République).

C) La représentation proportionnelle

120 Par définition, la représentation proportionnelle impose un scrutin de liste à un seul tour. En effet, dans ce système, les sièges à pourvoir sont répartis entre les listes en proportion des voix obtenues par chacune d'elles. D'une nature radicalement différente de celle du scrutin majoritaire, la représentation proportionnelle **privilégie la justice ou l'équité électorale à l'efficacité politique**

dans la mesure où elle tend à assurer la représentation la plus fidèle possible des différents courants d'opinion.

Avant d'en examiner les effets, nous nous attacherons à en décrire les mécanismes, parfois complexes, de mise en œuvre.

1. Les mécanismes de la représentation proportionnelle

121 La complexité du calcul des résultats oblige à procéder à une répartition des sièges en deux temps : selon le quotient puis selon les restes.

a) La répartition des sièges selon le quotient électoral

122 Ce mode de scrutin visant à répartir les sièges entre les listes en proportion des suffrages obtenus, le calcul des résultats passe d'abord par la détermination d'un quotient par circonscription électorale. Cette première étape qui consiste à **répartir les sièges à pourvoir en fonction du nombre de voix obtenues, s'effectue à partir du calcul du quotient électoral.**

Le quotient électoral s'obtient en divisant le nombre de suffrages exprimés par le nombre de sièges à pourvoir. Il se calcule généralement par circonscription (mais on peut aussi choisir de calculer le quotient sur une base nationale ou de fixer par avance un quotient qui constituera la base de répartition des sièges dans toutes les circonscriptions).

Prenons comme exemple une circonscription où 5 sièges doivent être attribués. Si le jour de l'élection, le total des suffrages exprimés est de 200 000, le quotient sera alors de 200 000 (suffrages exprimés) divisé par 5 (le nombre de sièges à pourvoir), soit 40 000.

Pour répartir les sièges entre les listes, il ne reste plus alors qu'à diviser le nombre de suffrages obtenus par chaque liste, par le quotient électoral.

Gardons l'exemple de notre circonscription dans laquelle 5 sièges doivent être attribués sur la base de 200 000 suffrages exprimés et d'un quotient électoral de 40 000. Les résultats de l'élection sont les suivants : la liste A obtient 90 000 voix, la liste B 45 000, la liste C 25 000 et la liste D 40 000.

La liste A obtient par conséquent 90 000 (voix) divisé par 40 000 (le quotient électoral), soit 2 sièges (il lui reste 10 000 voix) ; la liste B 45 000 divisé par 40 000, soit 1 siège (il lui reste 5 000 voix) ; la liste C aucun siège (car elle n'atteint pas le quotient électoral) ; la liste D 40 000 divisés par 40 000, soit 1 siège (il ne lui reste pas de voix).

Les rapports « ne tombant pas juste », la répartition sur la base du quotient laisse subsister des « restes ». Dans notre exemple, tous les sièges n'ont pas été pourvus (1 sur 5 n'est pas pourvu) et il faut les répartir sur la base des voix restant à utiliser (restes : liste A 10 000, liste B 5 000 et liste C 25 000). C'est la deuxième étape du calcul des résultats.

b) La répartition des restes

123 On distingue selon que cette répartition s'effectue au niveau national ou local.

1) *Au niveau national : la représentation proportionnelle intégrale*

124 Dans la méthode de répartition des restes sur le plan national, les voix non utilisées de chaque liste dans l'ensemble des circonscriptions sont additionnées et

attribuées à des listes nationales des partis. Le nombre de voix ainsi obtenu par chacune de ces listes est divisé par un quotient national (obtenu, par exemple, en divisant le nombre des électeurs par celui des sièges à pourvoir) pour déterminer la répartition des sièges.

Ce système présente un double inconvénient :

- **il encourage la multiplication des partis politiques.** En effet, un petit parti, qui n'a guère de chances de remporter des sièges au niveau local, peut toujours espérer en obtenir par l'addition des voix dans les différentes circonscriptions où ses candidats étaient en lice ;
- **il fait élire des candidats qui ne sont pas rattachés à une circonscription déterminée. Mieux encore, il crée des sièges « réservés » aux notables des partis** qui, présents uniquement sur les listes nationales, n'ont pas eu à se présenter devant les électeurs pour être élus.

En raison de ces défauts, la représentation proportionnelle intégrale est rarement utilisée.

2) *Au niveau local : la représentation proportionnelle approchée*

125 Au niveau local, la répartition des restes peut s'effectuer selon deux méthodes.

La première est **la répartition selon la technique des plus forts restes. Cette méthode attribue les sièges restant à pourvoir aux listes qui ont le plus grand nombre de voix inutilisées.** De façon générale, **elle favorise les petits partis politiques**.

Dans l'exemple cité ci-aval, les restes sont les suivants : liste A 10 000, liste B 5 000 et liste C 25 000, pour un siège à pourvoir. Celui-ci revient donc à la liste C qui n'avait obtenu aucun siège après la première répartition.

La seconde méthode est celle de **la répartition selon la technique de la plus forte moyenne**.

Pour chaque siège restant à pourvoir, elle consiste à calculer **la moyenne des voix qu'obtiendrait chaque liste si on lui attribuait l'un des sièges à pourvoir** (en divisant le nombre total de voix obtenues par chaque liste, par le nombre total de sièges obtenus auquel on ajoute le siège supplémentaire à pourvoir). Le siège est attribué à la liste dont la moyenne calculée est la plus forte, ce qui **favorise les grands partis, qui détiennent déjà le plus grand nombre de voix.**

Dans le même exemple, la moyenne de la liste A serait donc de 90 000 (voix) divisé par 3 (2 + 1), soit 30 000, celle de la liste B 45 000 divisés par 2 (1 + 1), soit 22 500, celle de la liste C 25 000 divisés par 1 (0 + 1), soit 25 000 et celle de la liste D 40 000 divisés par 2 (1 + 1), soit 20 000.

On constate que la liste C, qui obtenait le dernier siège à pourvoir par la technique des plus forts restes, le perd ici au profit de la liste A, qui était déjà en tête des sièges pourvus.

2. Les effets et la signification de la représentation proportionnelle

126 L'effet le plus positif de la représentation proportionnelle est d'**assurer la représentation qui correspond le mieux à l'état de l'opinion**. Ainsi, en France, entre 1986 et 1988, grâce à la proportionnelle, le Front national et les écologistes ont eu une représentation parlementaire.

En revanche, elle présente un certain nombre **d'inconvénients du point de vue de l'efficacité politique**.

Elle favorise le multipartisme. En effet, tous les partis, même les plus petits, ont l'espoir d'être représentés au Parlement. Il n'est donc pas nécessaire pour ces partis de s'allier pour obtenir des sièges.

Le morcellement des groupes politiques qui en résulte au sein de la représentation nationale **ne permet pas de dégager spontanément une majorité parlementaire** (contrairement au scrutin majoritaire), ***a fortiori* une majorité de soutien au gouvernement.**

Pour accéder au pouvoir, il est donc nécessaire de former des coalitions de partis, parfois très hétérogènes (ces mêmes partis qui se sont combattus lors des élections pour le même électorat). Pour « boucler » son gouvernement, un Premier ministre ou un Président du Conseil peut faire appel à un petit parti qui, avec ses quelques sièges, donne la majorité au gouvernement. Il existe ainsi des partis clés qui, par leur position stratégique, acquièrent une influence disproportionnée à leur poids électoral.

De façon générale, l'expérience montre que la représentation proportionnelle conduit les gouvernements à **s'appuyer sur le centre pour former une majorité**, les partis centristes devenant une sorte de pivot incontournable. En conséquence, **les alternances sont limitées**. C'est la situation qu'a connue la France sous la Quatrième République ou l'Italie ces dernières années.

Ces gouvernements de coalition se caractérisent par une certaine instabilité (même si souvent, la coalition remaniée se succède à elle-même). Les partis qui les composent privilégient souvent leurs intérêts électoraux à court et moyen terme au détriment de la mission du gouvernement. Par ailleurs, la représentation proportionnelle **assure la prééminence des partis politiques**. Du fait qu'ils constituent les listes de candidats et placent leurs dirigeants en tête de liste, ils tiennent les candidats sous leur dépendance et créent des situations de « rente électorale ».

E5 **Les effets de la représentation proportionnelle sur les élections régionales et européennes en France**

À l'occasion des élections régionales de mars 1998, le scrutin proportionnel dans le cadre départemental a montré toutes ses faiblesses. La multiplicité des listes n'a que très rarement permis de dégager de véritables majorités dans les conseils régionaux, favorisant ainsi des alliances de « gouvernement » porteuses de blocages ou de dissensions futures. Faute de majorité, certains conseils régionaux ne s'étaient toujours pas dotés d'un exécutif complet (désignation des adjoints du président) plus d'un mois après les élections et n'étaient donc pas en état de marche. Par ailleurs, pourquoi l'élection du président de région échappe-t-elle aux citoyens, ce dernier étant désigné par les conseillers régionaux, parfois sur la base d'alliances éloignées du choix des électeurs ?

Avec la loi du 19 janvier 1999, le Parlement a réformé le mode de scrutin : le nouveau mode d'élection combine scrutin majoritaire et représentation proportionnelle, ce qui devrait permettre à l'avenir de dégager plus aisément des majorités au sein des conseils régionaux, tout en favorisant la représentation des différentes sensibilités politiques. Cependant, en relevant le seuil de 5 à 10 % des suffrages exprimés pour qu'une liste puisse se maintenir au second tour, la loi du 11 avril 2003 a porté un coup aux petites formations politiques.

De façon générale, le scrutin proportionnel appliqué aux élections régionales et européennes a eu pour effet d'accentuer le vote protestataire et de favoriser l'émergence de nouvelles forces politiques (le Front national aux régionales de 1992, le Front national et l'extrême gauche aux régionales de 1998 ; le Front national aux élections européennes de 1984, les écologistes à celles de 1989 et Bernard Tapie à celles de 1994). Le faible enjeu de ces élections (donc le taux d'abstention élevé) a bien évidemment renforcé ces tendances.

D'autre part, dans la mesure où son vote se « dilue » dans les alliances électorales (lorsqu'il y en a) et n'a pas d'effet sur la formation des gouvernements, **l'électeur a le sentiment d'être exclu de la désignation des majorités** (d'où une certaine hostilité à l'égard du système politique, voire des hommes politiques).

Enfin, du point de vue des relations entre les institutions, l'application de la représentation proportionnelle **fait perdre de sa pertinence au droit de dissolution**. En effet, avec la représentation proportionnelle, la nouvelle assemblée élue après une dissolution sera peu différente de l'assemblée dissoute car, contrairement à ce qui se produit dans le cadre du scrutin majoritaire, le déplacement d'un faible pourcentage de voix ne suffit pas à bouleverser l'équilibre politique en vigueur. L'exécutif n'a donc plus l'utilité de la dissolution.

Le système proportionnel est malgré tout le plus répandu en Europe. Des pays comme l'Italie, mais aussi comme la Belgique, en ont fortement subi les effets négatifs. Il est vrai que **l'environnement politique dans lequel il s'applique est déterminant.** Ainsi, en Allemagne, non seulement l'efficacité gouvernementale n'a jamais été remise en cause mais encore, en moins d'un demi-siècle, le nombre de partis représentés au *Bundestag* a été divisé par deux.

D) Les systèmes mixtes

127 La création de systèmes mixtes résulte toujours de la volonté de **combiner les avantages de la représentation proportionnelle et du scrutin majoritaire**, autrement dit, **d'allier la justice électorale à l'efficacité politique et gouvernementale**.

Le mode de scrutin adopté en 1982 en France pour les élections municipales (dans les communes de plus de 3 500 habitants) constitue un exemple réussi de système mixte combinant l'efficacité du scrutin majoritaire, pour donner à la majorité municipale les moyens d'imposer sa politique, avec les avantages de la représentation proportionnelle, pour assurer la représentation de l'opposition dans les conseils municipaux.

Nous retiendrons cependant deux autres exemples de systèmes mixtes : celui du système allemand du double vote et le système français des apparentements. Mais les systèmes mixtes existent-ils réellement ? On peut s'interroger lorsque l'on constate que le système allemand du double vote est un faux système mixte et que le système français des apparentements ressemble davantage à un montage qu'à un système électoral. Quant au régime électoral des élections municipales en France que nous venons d'évoquer, il s'agit surtout d'un aménagement du scrutin majoritaire.

1. Le système allemand du double vote

128 Ce système combine représentation proportionnelle et scrutin majoritaire, mais **de façon inégale**. Depuis la réunification allemande de 1990, l'Allemagne fédérale est divisée en 328 circonscriptions avec un *Bundestag* comportant (en principe) 656 députés. Dans chaque *Land*, le nombre de députés à élire est donc le double de celui des circonscriptions.

Chaque électeur vote deux fois. Une première fois pour désigner, au scrutin uninominal majoritaire à un tour, l'élu direct de sa circonscription. Il vote une seconde fois en faveur de l'une des listes présentées dans le cadre du ***Land***. Le résultat de ce second vote permet de calculer, à la proportionnelle, le total des sièges attribués dans le *Land* aux différents partis. Les sièges déjà obtenus par un parti au scrutin direct sont donc complétés par des élus de sa liste, à concurrence du nombre total de sièges qui lui est attribué.

Au cas où le nombre d'élus d'un parti au scrutin uninominal dépasse le nombre total de sièges auquel le résultat du scrutin proportionnel lui donne droit, il conserve ces députés « excédentaires », ce qui aboutit à augmenter d'autant le nombre de députés au *Bundestag*.

Prenons l'exemple d'un Land de 30 circonscriptions dans lequel 60 sièges sont à pourvoir (30 au scrutin uninominal majoritaire à un tour, 30 à la proportionnelle) le total des suffrages exprimés étant de 2 000 000.

Au scrutin uninominal majoritaire à un tour, le résultat des élections est le suivant pour les candidats des différents partis : parti A, 16 sièges ; parti B, 9 sièges ; parti C, 4 sièges ; parti D, 1 siège.

Les pourcentages de voix obtenus lors du scrutin proportionnel, se répartissent comme suit : parti A, 35 % ; parti B, 30 % ; parti C, 19 % ; parti D, 15 %. Ces résultats à la proportionnelle (calculés sur 60 sièges) permettent donc aux différents partis d'obtenir, au niveau du *Land*, le nombre total de députés suivant : parti A, 22 ; parti B, 18 ; parti C, 11 ; parti D, 9.

Seront donc élus :

- pour le parti A, les 16 députés élus au scrutin uninominal et les 6 premiers de la liste proportionnelle ;
- pour le parti B, les 9 députés élus au scrutin uninominal et les 9 premiers de la liste proportionnelle ;
- pour le parti C, les 4 députés élus au scrutin uninominal et les 7 premiers de la liste proportionnelle ;
- pour le parti D, le député élu au scrutin uninominal et les 8 premiers de la liste proportionnelle.

Nous avons donc affaire à **un faux système mixte** dans la mesure où l'élection se joue à la proportionnelle. L'intérêt du système est de permettre une certaine personnalisation du scrutin.

2. Le système français des apparentements

129 La loi du 9 mai 1951 avait instauré, sur la base d'un scrutin de liste dans le cadre du département, un système mixte avec un objectif précis : éliminer ou du moins **réduire au minimum la représentation parlementaire des partis dits d'opposition au régime, à savoir le Parti communiste et le RPF** (gaullistes du Rassemblement du peuple français).

Ce système prévoyait la possibilité pour les différentes listes de conclure entre elles des accords préélectoraux (donc de s'apparenter). Le système prévoyait ensuite que :

- si aucun apparentement n'intervenait, la répartition des sièges avait lieu à la représentation proportionnelle ;
- si des apparentements se produisaient mais sans permettre aux listes apparentées d'atteindre la majorité absolue, la répartition avait encore lieu à la représentation proportionnelle ;

– enfin, **si des listes apparentées obtenaient la majorité absolue des suffrages exprimés, elles emportaient la totalité des sièges à pourvoir**.

Le système des apparentements est certes mixte. Mais son aspect de montage électoral en fait une expérience ponctuelle. Il n'a été utilisé qu'en 1951 et 1956.

Bibliographie et lectures pour approfondir

Sur la démocratie :

DE BAECQUE A. (dir.), *Une histoire de la démocratie en Europe*, 1991 ; BARAK A., « L'exercice de la fonction juridictionnelle vu par un juge : le rôle de la Cour suprême dans une démocratie », *RFDC*, 2006, n° 66, pp. 227-302 ; BENETON Ph., *Introduction à la politique moderne : démocratie libérale ou totalitarisme*, 1987 ; BURDEAU G., *La démocratie*, 1956 ; CARRÉ DE MALBERG R., *La loi, expression de la volonté générale*, 1931 ; FABRE P., *La décision majoritaire*, 1976 ; GAXIE D., *La démocratie représentative*, 1993 ; GIULJ S., *Le statut de l'opposition en France*, Paris, La Documentation française, 1980 ; LAUVAUX Ph., *Les grandes démocraties contemporaines*, Paris, PUF, 1999 ; LECA J. et PAPINI R. (dir.), *Les démocraties sont-elles gouvernables ?*, 1985 ; *Rev. Pouvoirs*, 1990, n° 52, *La démocratie ; Rev. Pouvoirs*, 1996, n° 77, *Le référendum* ; LE POURHIET A.-M., « Définir la démocratie », *RFDC*, 2011/3, n° 87, p. 453 ;

SADOUN M., « Opposition et démocratie », *Rev. Pouvoirs*, 2004, n° 108, p. 5 ; TIMSIT G., *Gouverner ou juger*, 1995.

Sur les élections, les partis politiques et le financement de la vie politique :

BRÉCHON P., *Les partis politiques*, 1999 ; CADART J. (dir.), *Les modes de scrutin de 18 pays libres de l'Europe occidentale*, 1983 ; CAMBY J.-P., *Le financement de la vie politique en France*, 1995 ; CASTOR C., « L'égalité devant le suffrage », *RFDC*, 2012/2, n° 90, p. 1 ; ÉMERI C., « Élections et référendums », in GRAWITZ M. et LECA J., *Traité de science politique*, t. 2, 1985, p. 315 ; DUVERGER M., *Les partis politiques*, 1976 ; MARTIN P., *Les systèmes électoraux et les modes de scrutin*, 1997 ; OFFERLÉ M., *Les partis politiques*, 3e éd., coll. Que sais-je ?, Paris, PUF, 1997 ; PASSELECQ O., *Modes de scrutin et systèmes électoraux*, Paris, La Documentation française, 1995 ; *Rev. Pouvoirs*, 1985, n° 32, *La représentation proportionnelle*.

CHAPITRE IV
Séparation des pouvoirs et régimes politiques

130 *En* partant du constat que « tout homme qui a du pouvoir est porté à en abuser », Montesquieu dégage **la théorie de la séparation des pouvoirs.** Celle-ci suppose que **les grandes fonctions de l'État ne doivent pas être concentrées entre les mains d'un même homme ou d'une même institution**.

Élaborée en réaction contre l'absolutisme monarchique, cette théorie a inspiré l'organisation des grands régimes politiques démocratiques. *A contrario*, les régimes de confusion des pouvoirs se sont révélé être autoritaires.

SECTION I
La séparation des pouvoirs

131 Montesquieu a élaboré et exposé sa théorie dans *De l'Esprit des lois* (1748), après avoir étudié la Constitution anglaise, mais aussi en s'inspirant des travaux de John Locke (*Essai sur le gouvernement civil*, 1690). Il ne s'est pas contenté de formuler une théorie abstraite sur la nécessité d'éviter la concentration des pouvoirs. Il a aussi analysé et décrit avec une étonnante modernité ce que sont et comment fonctionnent ces pouvoirs.

§ 1. La théorie de la séparation des pouvoirs

132 Le cheminement de la pensée de Montesquieu est simple et lumineux. Lorsqu'il y a une concentration des pouvoirs de l'État entre les mains d'un même homme ou d'une même institution, **la liberté des individus est menacée**.

La première question qui se pose est la suivante : quels sont ces pouvoirs évoqués par Montesquieu (mais aussi par Locke et même pressentis par Aristote) ?

Il s'agit essentiellement :

- **du pouvoir législatif qui est le pouvoir de faire les lois**, de les modifier et de les abroger ;
- **du pouvoir exécutif qui est le pouvoir chargé de mettre en œuvre les lois** (mais aussi par extension d'assurer la sûreté intérieure du pays, sa diplomatie et sa défense) ;

- **de l'autorité judiciaire qui a pour mission de juger les crimes et de trancher les différends entre particuliers.**

La deuxième question est celle de savoir quel est le système préconisé par Montesquieu pour préserver la liberté. **Pour combattre l'arbitraire naturel du pouvoir, il faut lui fixer des limites.** C'est précisément dans le pouvoir lui-même que Montesquieu trouve cette limite : « il faut que, par la disposition des choses, **le pouvoir arrête le pouvoir**. »

Cette phrase quelque peu sibylline signifie que **l'organisation du pouvoir doit reposer sur sa répartition entre différents organes indépendants les uns des autres**. Autrement dit, les trois pouvoirs ne peuvent se donner ou recevoir d'ordre les uns des autres.

Pour autant, ils ne sont pas complètement isolés. En effet, **le gouvernement d'un pays ne peut fonctionner qu'en combinant pouvoir législatif, pouvoir exécutif et autorité judiciaire** (au nom de la nécessaire unité de l'État). Ainsi, la loi adoptée par le législatif ne peut être appliquée que sous l'impulsion de l'exécutif. De même, l'autorité judiciaire a besoin du concours du pouvoir exécutif pour faire exécuter ses décisions.

Cette nécessaire collaboration doit s'accompagner d'un nécessaire contrôle des pouvoirs les uns sur les autres. Pour ce faire, ils doivent être dotés des moyens institutionnels et juridiques de se neutraliser. Autrement dit, ils doivent disposer d'une **faculté d'empêcher, c'est-à-dire de la possibilité de s'opposer aux mesures prises par les autres pouvoirs**, du moins en ce qui concerne le législatif et l'exécutif.

En effet, même si son raisonnement semble placer les pouvoirs sur un pied d'égalité, Montesquieu établit une **« hiérarchie »** entre eux. **Le pouvoir législatif, qui tient sa légitimité directement du peuple souverain, est naturellement le premier d'entre eux** (d'ailleurs, son importance est telle que Montesquieu préconise sa répartition entre deux assemblées ; c'est le principe du bicaméralisme). Le pouvoir exécutif n'est en quelque sorte qu'un pouvoir dérivé. Quant à l'autorité judiciaire, Montesquieu la considère en quelque sorte comme « nulle ».

Il ressort de tout ce qui précède que la séparation souple des pouvoirs ainsi réalisée permet d'aboutir au **« gouvernement modéré »** seul capable de préserver les libertés.

Dans le contexte de l'époque, la théorie de la séparation des pouvoirs a eu pour objet de mettre fin à l'absolutisme monarchique tout en permettant de faire une place au monarque parmi les nouvelles institutions. Ce dernier a pu ainsi participer au pouvoir législatif, notamment par l'usage d'un droit de veto.

Rapidement, le principe de la séparation des pouvoirs est devenu une sorte de dogme au point d'être inscrit dans certaines Constitutions et surtout dans la Déclaration des droits de l'homme de 1789 dans laquelle il est consacré au même titre que les droits fondamentaux : « Toute société dans laquelle la garantie des droits n'est pas assurée, ni la séparation des pouvoirs déterminée, n'a point de Constitution ».

§ 2. L'évolution des trois pouvoirs

133 Comme indiqué plus haut, le pouvoir législatif, le pouvoir exécutif et le « pouvoir » judiciaire ont des fonctions spécifiques. Ils se complètent et se contrôlent mutuellement. Leur évolution respective et croisée est le reflet de l'évolution de l'État. **Le pouvoir exécutif est devenu progressivement (avec l'accroissement du rôle de l'État) le centre du pouvoir de décision au détriment du pouvoir législatif.** Le « pouvoir » judiciaire s'est révélé être une simple autorité, comme le pressentait Montesquieu.

A) Le pouvoir législatif

134 Il s'incarne dans les assemblées représentatives et **consiste en l'édiction de lois, c'est-à-dire de normes de portée générale** (qui s'appliquent à l'ensemble des citoyens) **qui ont pour objet d'organiser la société dans ses grandes lignes**.

Dans la hiérarchie des normes, la loi vient juste après la Constitution (il faudrait plutôt parler de bloc de constitutionnalité puisqu'en dehors de la Constitution elle-même, un certain nombre de textes et de principes ont reçu valeur constitutionnelle ; ces textes et ces principes ont permis de consacrer les libertés fondamentales).

Pendant longtemps, la légitimité démocratique des organes législatifs (du moins de la chambre basse du Parlement) leur a conféré une suprématie sur les organes exécutifs. Puis, à partir de la fin du XIXe siècle, le centre de gravité du pouvoir s'est progressivement déplacé des organes législatifs vers les organes exécutifs (voy. *infra*, n° 135).

En réalité, **la fonction des organes législatifs s'est transformée**. **La capacité de faire la loi** (qui fait partie de la fonction délibérante) **étant largement passée entre les mains des organes exécutifs** (initiative, maîtrise de la procédure), **du moins en régime parlementaire, le rôle du Parlement dans la procédure législative est devenu un rôle de réflexion et de proposition** (par le biais des commissions, au cours de la discussion, par l'usage du droit d'amendement...).

L'autre aspect de la fonction délibérante, à savoir le pouvoir budgétaire et financier des assemblées, n'a pas échappé à ce mouvement de dessaisissement. La perte de l'initiative en matière de dépenses ou encore l'instauration d'une procédure qui réduit au minimum la marge de manœuvre du Parlement, y ont contribué.

Les assemblées parlementaires sont devenues avant tout des organes de contrôle de l'activité et de la politique gouvernementale (dans les régimes parlementaires).

Ce contrôle peut s'exercer par le biais de la responsabilité politique du gouvernement, des questions au gouvernement ou encore des commissions d'enquête.

De plus, le mouvement de dessaisissement des organes législatifs a pris de nouvelles formes avec la décentralisation (par transferts de compétences vers les collectivités territoriales) et l'intégration des États dans des ensembles supranationaux (l'Union européenne, par exemple ; ainsi, la plupart des lois votées par le Parlement français ont pour objet la transposition en droit interne des actes de l'Union, notamment des directives).

B) Le pouvoir exécutif

135 Au roi se sont substituées des structures exécutives contemporaines : chef de l'État, Premier ministre, ministres (qui formaient déjà le cabinet du monarque), secrétaires d'État.

À l'origine de la mise en œuvre de la séparation des pouvoirs, le pouvoir exécutif avait précisément pour mission l'application des lois votées par le Parlement. Il n'était en quelque sorte qu'**un pouvoir dérivé**. Le développement industriel au cours du XIXe siècle a été à l'origine d'**un interventionnisme accru de l'État et d'une montée en puissance du pouvoir exécutif**. En effet, lui seul détenait les moyens matériels et juridiques pour mettre en œuvre les nouvelles missions dévolues à l'État.

La principale conséquence des transformations qui ont affecté l'État a été de provoquer un **déplacement du centre de décision du pouvoir législatif vers le pouvoir exécutif**. Il est apparu que **la définition de la politique de la nation et sa mise en œuvre quotidienne relevaient des organes exécutifs**.

Quels sont les moyens et les attributions dont dispose l'exécutif (hormis la maîtrise du pouvoir législatif en régime parlementaire) ?

Il dispose en premier lieu de la **force armée**. D'abord utilisée pour se défendre contre les agressions extérieures, elle s'est prolongée en contrainte légale à l'intérieur du pays (notamment pour le maintien de l'ordre public).

Il dispose également du **pouvoir réglementaire**. En effet, la mission originelle de l'exécutif était de prendre les règlements d'application des lois. Par la suite, le champ d'application de ce pouvoir s'est largement étendu et s'est peu à peu détaché de la simple mise en œuvre de la loi pour devenir, dans certains cas, un pouvoir autonome. En France, l'existence de ce pouvoir réglementaire autonome a été rendue possible par la distinction constitutionnelle (art. 34 et 37 de la Constitution de 1958) entre le domaine de la loi et celui du règlement (avec des matières qui lui sont réservées).

Enfin, le pouvoir exécutif peut s'appuyer sur un **appareil administratif sur lequel il a autorité** (cette autorité des organes politiques tient à leur légitimité démocratique) et qui s'est révélé être un outil déterminant dans la mise en œuvre de la politique définie.

L'administration regroupe, outre la haute fonction publique (souvent proche des milieux politiques), un ensemble d'agents en principe au service de l'intérêt général. Elle est indispensable au pouvoir politique, tant en ce qui concerne la préparation des décisions (la technicité et la complexité des problèmes sont traitées par des organismes et des agents spécialisés) que leur application (elle est présente sur tout le territoire et constitue donc un relais indispensable entre le pouvoir et les citoyens).

Mais l'administration peut aussi se transformer en **instrument de résistance aux changements voulus par le pouvoir politique**. Il lui suffit de rester passive (elle a une tendance naturelle d'une part à l'inertie qui va en s'accroissant avec sa taille, d'autre part à défendre ses propres intérêts).

Cette prééminence de l'exécutif a encore été renforcée dans **les pays où le chef de l'exécutif est élu par le peuple**. C'est le cas en France sous la

Cinquième République avec le Président de la République, c'est le cas aux États-Unis avec le Président mais également au Royaume-Uni (et dans les régimes parlementaires en général) où le Premier ministre est choisi par le monarque en fonction du résultat des élections législatives (il désigne le leader du parti victorieux). La chambre basse du Parlement n'est plus alors le seul organe à pouvoir se prévaloir de la légitimité populaire.

C) L'autorité judiciaire

136 Le judiciaire n'est pas à proprement parler un pouvoir mais plutôt une autorité en raison de l'absence d'indépendance réelle vis-à-vis du pouvoir politique qui l'a caractérisée pendant longtemps et la caractérise encore dans certains pays.

Fort heureusement aujourd'hui, **la plupart des démocraties ont réussi à couper les liens entre le politique et le judiciaire**. Ce dernier est alors **le meilleur rempart contre l'arbitraire du pouvoir**. Ce n'est pas encore le cas en France où, régulièrement, des pressions sont exercées sur des magistrats.

Par ailleurs, dans les pays qui comme la France sont dotés de deux ordres de juridictions (une juridiction judiciaire et une juridiction administrative), la juridiction administrative est organiquement et « intellectuellement » proche de l'administration, même si elle n'hésite plus à censurer ses actes.

L'autorité judiciaire a pour mission de juger les crimes et de trancher les litiges entre particuliers, mais aussi entre les particuliers et l'administration.

En conclusion, on peut noter qu'aujourd'hui **l'équilibre et la séparation des pouvoirs sont rarement respectés ou atteints**. Dans les régimes où le gouvernement est responsable devant l'Assemblée et est soutenu par une majorité parlementaire (régime parlementaire), ce même gouvernement détient à la fois les pouvoirs exécutif et législatif. Seul le régime présidentiel dans lequel la séparation est rigide (législatif et exécutif n'ont pas de moyens de pression réciproques, du moins en théorie) permet de maintenir un certain équilibre.

Mais, au-delà de la séparation des pouvoirs et quel qu'en soit le degré, **c'est leur collaboration qui prédomine dans les régimes pluralistes**.

SECTION II
La classification des régimes

137 **Le degré de séparation des pouvoirs détermine la nature des régimes.** On distingue ceux qui refusent le principe de la séparation, et au contraire organisent **la confusion des pouvoirs**, de ceux qui le mettent en œuvre. Dans cette dernière catégorie, il faut distinguer ceux qui fonctionnent sur la base d'une **séparation souple (régime parlementaire)** de ceux qui fonctionnent sur la base d'une **séparation rigide (régime présidentiel)**.

§ 1. Les régimes de confusion des pouvoirs

138 On assimile souvent les régimes de confusion des pouvoirs aux **régimes autoritaires**. Schématiquement, ces derniers se caractérisent par **l'existence d'un**

parti unique et l'absence d'opposition. Il en existe une grande diversité. Ainsi distingue-t-on : des dictatures civiles ou militaires (majoritairement dans les pays en voie de développement), des régimes socialistes…

Cependant, parmi les régimes découlant de la confusion des pouvoirs, tous ne sont pas des régimes autoritaires. C'est le cas du régime d'assemblée. Nous étudierons ci-après le régime d'assemblée et le régime marxiste.

En apparence, le régime marxiste est un prolongement du régime d'assemblée. En réalité, **un élément fondamental les sépare, qui en fait des régimes d'une nature différente : le respect de la liberté**.

A) Le régime d'assemblée

1. La théorie

139 En théorie, le régime d'assemblée est un régime de confusion des pouvoirs qui préserve néanmoins la liberté et le pluralisme.

La confusion des pouvoirs s'opère au profit de l'Assemblée (il peut y avoir deux assemblées, mais une seule est déterminante). Les membres de l'Assemblée sont délégués par le peuple qui est le véritable détenteur de la souveraineté et du pouvoir.

L'exécutif apparaît comme un pouvoir dérivé du législatif. Désigné par l'Assemblée, devant se conformer à ses exigences, l'exécutif est dans une situation de totale dépendance (ses actes peuvent être annulés par l'Assemblée). Il n'a aucun moyen de s'opposer ou de faire pression sur l'Assemblée : il ne peut pas engager sa responsabilité, ne peut pas démissionner et ne peut évidemment pas la dissoudre.

Une telle confusion des pouvoirs a les plus grandes chances de déboucher sur un pouvoir autoritaire, celui de l'Assemblée dans un premier temps, suivi de celui de l'exécutif qui ne tarde pas à reprendre les choses en main. Le régime d'assemblée ne semble pas être en mesure, par nature, de s'inscrire dans la durée.

2. La pratique

140 Mis en œuvre par la Convention (1792-1795), le régime d'assemblée (dit aussi régime conventionnel) a été **le prétexte à l'instauration d'une dictature de l'exécutif**. En effet, la Convention avait confié la charge de l'exécutif à un conseil qu'elle avait elle-même élu. Se dégageant progressivement des ordres et des directives de l'Assemblée, l'un des organes de l'exécutif, le Comité de salut public, exerça une dictature sanglante sous l'autorité de Robespierre jusqu'à ce que la Convention y mette fin de façon violente.

Il arrive que le régime d'assemblée soit **le résultat d'une déviation, d'un dérèglement du régime parlementaire**. Sous les Troisième et Quatrième Républiques, la légitimité démocratique de l'Assemblée et le jeu des partis, ainsi que le mauvais fonctionnement des mécanismes destinés à assurer l'équilibre et la stabilité des pouvoirs (usage excessif de la mise en jeu de la responsabilité du gouvernement, paralysie du droit de dissolution…), ont contribué à provoquer une concentration de l'essentiel des pouvoirs entre les mains de l'Assemblée.

A contrario, l'exécutif s'est trouvé dans une situation d'étroite dépendance (les gouvernements étaient formés par les partis et la politique mise en œuvre était définie à l'Assemblée). Il en est résulté une **instabilité gouvernementale chronique qui a été fatale à ces régimes**.

Parmi les régimes contemporains, on estime que **la Suisse est proche du régime d'assemblée. L'Assemblée fédérale**, composée du Conseil national (qui représente la population avec des députés élus à la représentation proportionnelle) et du Conseil des États (qui représente les cantons avec des délégués élus au scrutin majoritaire) **élit le Conseil fédéral qui constitue l'exécutif. Ce dernier se contente d'exécuter la politique voulue par l'Assemblée.** Il n'a d'ailleurs pas les moyens de s'y opposer : en cas de désaccord, le dernier mot reste à l'Assemblée (celle-ci peut, le cas échéant, modifier ou annuler les décisions du Conseil) ; le Conseil ne peut engager sa responsabilité devant l'Assemblée, ce qui est un gage de stabilité et il ne peut pas non plus dissoudre l'Assemblée. Somme toute, il est passif.

Pour autant, **il n'y a pas de toute-puissance des chambres**. D'une part, le Conseil, par sa stabilité et la longévité de ses membres, incarne la continuité de l'action politique.

D'autre part, il existe dans le régime suisse une collaboration entre le législatif et l'exécutif que l'on ne retrouve pas en régime d'assemblée. Ainsi, il apparaît que le Conseil est associé au processus législatif tant au niveau de l'initiative que des débats.

Enfin, **le recours traditionnel au référendum**, qui permet de donner la parole au peuple, confirme l'idée que **la Suisse n'a que les apparences du régime d'assemblée et a développé une forme de gouvernement originale et spécifique**.

B) Les régimes marxistes

141 Le régime marxiste (en général) est un **régime autoritaire qui repose sur la confusion des pouvoirs au profit d'un parti politique unique, le parti communiste**.

La faillite économique des régimes marxistes et l'effondrement de l'ex-URSS ont porté un coup fatal à la doctrine marxiste-léniniste.

1. L'idéologie marxiste-léniniste

142 Elle fonde l'existence des régimes communistes. Schématiquement, on peut dire que **le marxisme-léninisme a été élaboré en réaction et par rapport au capitalisme**. Il offre une vision de l'histoire et de l'évolution des sociétés qui prétend reposer sur des lois objectives. Celles-ci mettent en évidence les faiblesses du capitalisme, son effondrement prévisible et son remplacement par le communisme.

Le marxisme-léninisme part du constat que le capitalisme permet l'exploitation d'une classe dominée (le prolétariat) par une classe dominante (la bourgeoisie). **L'État est l'instrument** (répressif) **de cette domination.**

En théorie, l'évolution vers le communisme se fait en plusieurs étapes :

- le prolétariat mène une **lutte des classes** qui le conduit à conquérir le pouvoir et à **s'emparer de l'État** ;

- l'État est utilisé pour soumettre la bourgeoisie et **la dictature du prolétariat** est ainsi instaurée ;
- cette dictature ouvre une **période de transformation violente de la société** (l'ancienne classe dominante « s'accroche » à ses privilèges). Celle-ci se manifeste par **la disparition progressive des conflits sociaux qui doit déboucher sur la disparition des classes sociales**. D'un point de vue économique, on assiste à une **socialisation de l'économie par la mise en commun des moyens de production** (sous la forme d'entreprises étatiques ou autogérées) ;
- la disparition des classes sociales doit s'accompagner à terme du **dépérissement et de la disparition de l'État** qui n'a plus de raison d'être (il n'y a plus personne à contraindre). C'est l'avènement du communisme.

Mais la pratique des régimes communistes n'a jamais correspondu à la théorie. En particulier, loin de disparaître, **l'État, instrument du pouvoir du parti communiste, n'a jamais été aussi puissant**.

2. La confusion des pouvoirs au profit du parti communiste

143 Dans la théorie marxiste-léniniste, il s'opère une confusion des pouvoirs au profit de l'État. Pour pouvoir mener à bien la phase de transformation de la société, la dictature du prolétariat doit pouvoir s'appuyer sur un État fort qui monopolise les différents pouvoirs. Une fois l'avènement d'une société sans classe acquis, l'État est au service d'une collectivité homogène et le pouvoir n'a donc pas à être divisé.

En réalité, **l'État s'est avéré être lui-même entre les mains du parti unique**, le parti communiste. La question est évidemment de savoir quelle est la justification du parti unique ?

Le parti unique, regroupant « l'avant-garde de la classe ouvrière », a pour mission d'exercer la dictature du prolétariat afin de conduire la transformation de la société. Lorsque la société sans classe est réalisée, le pluralisme n'a pas de raison d'être.

Toute son organisation repose sur le principe du **centralisme démocratique**. Ce principe implique en premier lieu que les organes dirigeants du parti soient élus. En second lieu, lorsqu'une décision est adoptée (après une discussion en réalité formelle), la minorité doit s'y plier. Enfin, le parti étant un organe hiérarchisé, les organes inférieurs doivent se soumettre aux décisions des organes qui leur sont supérieurs.

Le centralisme démocratique ne peut fonctionner que s'il règne au sein du parti **une discipline sans faille**. C'est à cette condition que la ligne doctrinale définie par le parti s'imposera à tous sans contestation possible.

Le centralisme démocratique est d'ailleurs le modèle de fonctionnement de l'ensemble des organes et institutions du régime, notamment des organes du pouvoir d'État et de l'administration d'État.

Le parti unique est le véritable détenteur du pouvoir. C'est lui (du moins ses organes dirigeants et, en particulier, **le comité central et en son sein, le Secrétaire général du parti**) qui prend les décisions qui sont ensuite appliquées par l'appareil d'État. Plus précisément, **chaque échelon de l'appareil d'État coexiste avec une instance du parti qui lui adresse ses directives et ses instructions**.

Le parti unique et le centralisme démocratique engendrent nécessairement **un pouvoir totalitaire**. L'absence de débat réel, l'organisation monolithique des institutions et de la société, la prise de décision confisquée, l'absence d'élections offrant un véritable choix (les candidats sont ceux du parti ou d'organisations parallèles), le contrôle de l'information par le pouvoir... en témoignent.

Il résulte de tout ce qui précède que, dans les régimes marxistes, **l'individu est démuni face à l'État** (donc au parti).

En effet, ce dernier concentrant tous les pouvoirs (au sens fonctionnel et organique), **l'individu n'a aucune autorité indépendante à laquelle faire appel pour défendre ses droits**. D'ailleurs, **la notion de « droit »** (et le système juridique en général) **n'est considérée que sous un angle formel et avec beaucoup de méfiance** : dans la théorie marxiste, le droit et le système juridique sont des instruments qui permettent à la bourgeoisie de maintenir ses privilèges.

En conclusion, on peut noter que **les régimes marxistes sont de moins en moins nombreux. En particulier, l'effondrement de l'URSS a ouvert la voie à une certaine démocratisation et à un certain développement de l'économie libérale** pour ses anciennes Républiques et ses anciens satellites d'Europe de l'Est et d'Europe centrale. Dans ce recul, il ne faut pas non plus négliger l'échec des expériences marxistes dans des pays en voie de développement. Les derniers bastions du marxisme sont aujourd'hui la Chine (mais qui tolère, voire encourage, un libéralisme plus ou moins sauvage), Cuba, le Vietnam et la Corée du Nord.

§ 2. Les régimes de séparation des pouvoirs

144 Les régimes pluralistes (pluralisme des opinions, existence d'une opposition...) et libéraux (respect des libertés individuelles, libéralisme économique...) tendent à la réalisation de la démocratie.

D'un point de vue institutionnel, **les démocraties reposent sur la séparation et l'équilibre des pouvoirs** (hormis le régime d'assemblée qui repose sur une confusion). Le degré de séparation et donc de collaboration commande la forme du régime. On distingue :

- la séparation souple des pouvoirs qui est caractérisée par une collaboration entre pouvoir exécutif et législatif, ces derniers étant dotés de moyens d'action et de pression réciproques : c'est le régime parlementaire ;
- la séparation rigide qui est caractérisée par l'indépendance entre l'exécutif et le législatif. Néanmoins, pour permettre un bon fonctionnement du régime, une certaine forme de collaboration s'instaure entre les pouvoirs : c'est le régime présidentiel.

Le régime présidentiel et le régime parlementaire étant illustrés dans la partie consacrée aux régimes étrangers, nous nous contenterons ici d'exposer essentiellement des données théoriques.

A) La séparation souple des pouvoirs : le régime parlementaire

145 L'Angleterre est le berceau du régime parlementaire apparu à la fin du XVIIIe siècle. Son expansion dans toute l'Europe (au début du XIXe siècle en

France) correspond au lent mais inexorable reflux de la monarchie et au développement corollaire des organes représentatifs. Quelque peu confisqué dans un premier temps au profit des notables, le régime parlementaire devient véritablement démocratique avec l'élargissement du suffrage (passage du suffrage censitaire au suffrage universel).

Après une évolution en profondeur du modèle initial, ce régime se caractérise aujourd'hui par **l'existence de liens de dépendance entre l'exécutif et le législatif et par la collaboration de ces deux pouvoirs**.

1. L'organisation des pouvoirs

a) Du régime parlementaire dualiste au régime parlementaire moniste

146 Apparu alors que la monarchie était encore considérée comme une autorité, **le régime parlementaire s'est logiquement organisé sous une forme dualiste**. La spécificité de ce type de régime parlementaire (par rapport au parlementarisme moniste) résidait :

- dans la participation du monarque (puis, plus tard, du chef de l'État) à l'exercice du pouvoir exécutif (parallèlement au chef du gouvernement) ;
- dans le fait que le gouvernement était responsable à la fois devant l'assemblée élue au suffrage universel et devant le monarque.

Mais **ce régime était mécaniquement voué à l'échec**. En effet, en cas de conflit entre la majorité parlementaire et le chef de l'État, ce dernier pouvait recourir à la dissolution et renvoyer l'assemblée devant les électeurs, au risque d'être désavoué. À ce moment, si la nouvelle majorité lui était hostile, il n'avait le choix qu'entre se soumettre à la volonté populaire et perdre de ce fait le rôle qui était le sien ou refuser le choix des électeurs et ouvrir une crise institutionnelle. Ce régime devait être abandonné (la double responsabilité est encore pratiquée par quelques régimes mixtes comme la Cinquième République) au profit du régime parlementaire moniste.

Les régimes parlementaires modernes ont tous une forme moniste :

- l'exercice du pouvoir exécutif ayant été transféré au chef du gouvernement par le jeu de la procédure du contreseing (les actes du chef de l'État devant être contresignés par le chef du gouvernement et les ministres concernés), le chef du gouvernement est donc le véritable titulaire du pouvoir exécutif ;
- le gouvernement n'est responsable que devant l'assemblée.

Le gouvernement issu d'une majorité parlementaire élue au suffrage universel direct **exerce la plénitude du pouvoir exécutif. Il détermine et met en œuvre la politique de la nation.** C'est donc logiquement qu'il **assure collégialement et solidairement les décisions prises**.

Le chef de l'État n'a le plus souvent qu'une fonction honorifique et se tient en retrait du combat politique. La contrepartie à cette absence de pouvoir réel est **son irresponsabilité politique**. Certes, il désigne le chef du gouvernement. Mais son choix est limité puisqu'il doit en principe désigner le leader de la majorité parlementaire (le leader du parti ou de la coalition victorieuse des élections).

Les rapports entre l'exécutif et le législatif sont des rapports de collaboration. En effet, **le gouvernement est issu de la majorité parlementaire et a besoin de son soutien pour mener à bien sa politique**. Cette collaboration trouve en général son **aboutissement dans le processus législatif**. Exécutif et législatif disposent tous deux du droit d'initiative en matière législative et le gouvernement est étroitement associé à toute la procédure (discussion, élaboration, modification...).

Ces rapports de collaboration n'excluent pas les tensions et les crises. C'est pourquoi exécutif et législatif disposent de moyens de pression réciproques.

b) La responsabilité politique du gouvernement et le droit de dissolution

147 Au droit de dissolution de l'assemblée répond la mise en jeu de la responsabilité du gouvernement. La dissolution et la mise en jeu de la responsabilité **sont à la fois des moyens de faire pression sur l'autre pouvoir et des instruments de sortie des crises institutionnelles**.

La responsabilité du gouvernement peut être engagée à l'initiative du Premier ministre ou des parlementaires.

Le Premier ministre peut engager la responsabilité de son gouvernement sur un texte de loi ou sur sa politique. Cela revient à forcer la main à la majorité pour l'adoption d'un texte de loi auquel le gouvernement est attaché et à poser **la question de confiance** aux parlementaires (le but du Premier ministre est souvent de ressouder la majorité autour du gouvernement). **Le Premier ministre fait ainsi pression sur la majorité puisqu'en cas de refus de l'assemblée de voter le texte ou de lui accorder sa confiance, le gouvernement est amené à démissionner** et le Premier ministre (le Président de la République en France) peut alors éventuellement dissoudre l'assemblée.

L'engagement de responsabilité à l'initiative des parlementaires prend la forme d'une **motion de censure**. Celle-ci est le moyen pour l'opposition de se faire entendre et de mettre en cause la politique menée par le gouvernement. Là encore, si la motion est adoptée, le gouvernement doit démissionner.

Le droit de dissolution appartient au Premier ministre. **La dissolution est plutôt une arme préventive destinée à mettre en garde la majorité parlementaire contre un défaut de soutien au gouvernement.** Le Premier ministre fait ainsi savoir à sa majorité que si elle n'accorde pas sa confiance au gouvernement (en général à l'occasion d'un engagement de responsabilité ou d'une motion de censure) ou ne soutient pas sa politique, il peut être amené à dissoudre l'assemblée (mais seule l'assemblée élue au suffrage universel direct peut être dissoute). **Bien souvent, la menace de la dissolution suffit à ramener la majorité à la raison.**

Mais si une crise éclate entre le gouvernement et la majorité, le Premier ministre peut **prononcer la dissolution et demander l'arbitrage des électeurs** à l'occasion d'élections législatives anticipées.

Pour limiter les risques d'instabilité liés à l'usage de la dissolution et de l'engagement de responsabilité, certains pays ont pris des précautions en posant dans leur Constitution des exigences assez élevées pour leur mise en œuvre et leur aboutissement.

En particulier, la mise en jeu de la responsabilité du gouvernement (qu'elle soit à l'initiative du gouvernement lui-même ou des parlementaires), trop souvent cause d'instabilité gouvernementale, est entourée de conditions restrictives : il faut par exemple qu'un nombre suffisant de parlementaires soit à l'origine de la demande (afin d'éviter qu'une poignée d'entre eux ne puisse gêner le gouvernement) ou encore qu'un nombre significatif d'entre eux vote la censure pour pouvoir renverser le gouvernement (la majorité absolue peut être requise).

De façon générale, **toutes les dispositions qui visent à stabiliser et équilibrer les rapports entre le gouvernement et les assemblées rentrent dans le cadre du parlementarisme rationalisé**.

2. Du régime parlementaire au régime des partis

148 Les régimes parlementaires contemporains sont des régimes de collaboration, pour ne pas dire de « confusion » des pouvoirs. Il ne s'agit pas d'une confusion des organes exécutif et législatif mais d'**un phénomène d'accaparement des pouvoirs exécutif et législatif par un parti ou une coalition dominante**.

En effet, **en régime parlementaire, les élections législatives sont l'affaire des partis politiques**. On élit les candidats des différents partis qui siègent ensuite à l'assemblée sous leurs étiquettes respectives. Les parlementaires sont donc en situation de dépendance et se plient aux consignes données.

Selon que l'on est dans un système de bipartisme ou de multipartisme, **il se dégage une majorité au profit d'un parti ou d'une coalition** (la coalition se forme après les élections). De cette majorité sont issus le chef du gouvernement (désigné par le chef de l'État) et le gouvernement. **Ce dernier ne peut mener à bien sa politique qu'avec le soutien de sa majorité. Il en est donc dépendant** (même si, comme nous l'avons vu, il possède des moyens de pression). On est donc dans une situation où **le gouvernement et l'assemblée sont entre les mains d'un même parti ou d'une même coalition**.

Par ailleurs, dans la mesure où la majorité parlementaire apporte un soutien quasi mécanique au gouvernement, **les moyens de pression classiques que sont la dissolution et la responsabilité politique du gouvernement ont partiellement perdu leur raison d'être**. Les crises qui surviennent ont généralement pour origine un désaccord ou un conflit au sein du parti ou de la coalition majoritaire.

B) La séparation rigide des pouvoirs : le régime présidentiel

149 Apparu avec la Constitution américaine de 1787, le régime présidentiel reste avant tout une expérience liée aux États-Unis. Les tentatives d'exportation du modèle américain ont échoué, aussi bien en Amérique latine (ou le modèle a dévié vers le présidentialisme) qu'en Afrique (ou il a dévié vers un pouvoir encore plus personnel).

1. L'organisation des pouvoirs

150 La fonction exécutive est incarnée par le Président et la fonction législative par les assemblées (aux États-Unis, la Chambre des représentants et le Sénat forment le Congrès).

Cette assimilation entre organes et fonctions est le résultat du mode de désignation du Président et des assemblées. S'ils font l'objet d'une désignation distincte, **ils bénéficient tous deux d'une légitimité populaire** (grâce au suffrage universel).

La séparation rigide des organes s'accompagne d'une séparation rigide des fonctions. **Le Président exerce pleinement le pouvoir exécutif et l'Assemblée pleinement le pouvoir législatif.**

Au niveau de l'exécutif, cette plénitude signifie que le Président est le centre d'impulsion des décisions. Il est assisté des « secrétaires » et d'un secrétaire d'État (en charge des affaires étrangères), désignés par lui et qui ne sont responsables que devant lui (ils ne forment pas un gouvernement au sens collégial et solidaire). Les assemblées ne peuvent intervenir dans les domaines de compétence du Président.

A contrario, le Président ne peut pas intervenir dans le processus législatif. Il ne dispose même pas de l'initiative des lois.

Cette séparation rigide implique qu'**exécutif et législatif ne puissent exercer de pressions l'un sur l'autre**. Le Président ne dispose donc pas comme en régime parlementaire d'un droit de dissolution et l'Assemblée ne peut mettre en cause la responsabilité politique du Président. Cette impossibilité de mettre en cause l'autre pouvoir implique que Président et assemblées **doivent coexister jusqu'au terme de leurs mandats respectifs**.

Pourtant, la séparation rigide ne signifie pas l'absence de toute relation. En effet, **le Président comme les chambres disposent d'une faculté d'empêcher** (aux États-Unis, le Président dispose d'un veto législatif et le Sénat doit, par exemple, donner son accord pour que les traités soient ratifiés).

2. Une nécessaire collaboration

151 Le Président étant élu sur un programme, la mise en œuvre de celui-ci passe en partie par la voie législative. Il est donc condamné à négocier avec le Congrès.

De même, lorsque le Président se retrouve face à une majorité législative hostile (comme ce fut le cas du président Clinton qui dut composer avec un Congrès majoritairement républicain), les risques de conflit sont plus nombreux. Or, en régime présidentiel, **il n'existe pas de mode institutionnel de résolution des conflits** comme il en existe en régime parlementaire. Pour éviter un blocage des institutions, Président et Congrès sont donc amenés à négocier sur tous les points importants.

De façon générale, **il existe un dialogue permanent entre la présidence et le Congrès**. La pratique du régime présidentiel a largement démontré la **capacité des pouvoirs exécutif et législatif à collaborer**.

En conclusion, on peut constater que **le régime présidentiel et le régime parlementaire se combinent parfois pour former des régimes mixtes**. C'est ainsi que la Cinquième République présente des caractéristiques empruntées au régime présidentiel (élection du Président au suffrage universel direct) et au régime parlementaire (responsabilité du gouvernement devant l'Assemblée et droit de dissolution du Président). L'inconvénient majeur inhérent aux régimes mixtes (Autriche, Portugal...) est de mettre face à face deux pouvoirs « forts », qui détiennent des prérogatives importantes. Les risques de conflits sont donc plus importants que dans les régimes strictement présidentiels ou parlementaires.

Bibliographie et lectures pour approfondir

AUVRET P., « La revanche du régime parlementaire », *RDP*, 1997, p. 1231 ; BAUDOIN J., *Mort ou déclin du marxisme*, 1991 ; BLONDEL J., « Gouvernements et exécutifs, parlements et législatifs », in *Traité de science politique*, t. 2, 1985, p. 355 ; BOUDON J., « Le mauvais usage des spectres : la séparation "rigide" des pouvoirs », *RFDC*, 2009, p. 247 ; CHANTEBOUT B., *Le Tiers-Monde*, 1986 ; DUVERGER M. (dir.), *Les régimes semi-présidentiels*, 1986 ; GILSON B., *La découverte du régime présidentiel*, 1968 ; GREWE C. et RUIZ FABRE H., *Droits constitutionnels européens*, 1995 ; HEYMANN-DOAT A., *Les réformes politiques*, Paris, La découverte, 1998 ; LAUVAUX Ph., *Le parlementarisme*, Paris, PUF ; LE PILLOUER A., « La notion de régime d'assemblée et les origines de la classification des régimes politiques », *RFDC*, avril 2004, n° 58 ; PORTELLI H., *Les régimes politiques européens*, 1994 ; QUERMONNE J.-L., *Les régimes politiques occidentaux*, 1986 ; TURPIN D., *Le régime parlementaire*, Paris, Dalloz.

PARTIE 2

Les régimes étrangers contemporains

Chapitre I	Le régime présidentiel américain	99
Chapitre II	Le régime parlementaire britannique	121
Chapitre III	Le régime parlementaire allemand	135

152 L'étude des régimes politiques étrangers se limitera à trois grands modèles stables :

- Le régime présidentiel des États-Unis ;
- le régime parlementaire britannique ;
- le régime parlementaire allemand, non seulement pour l'intérêt renforcé qu'il présente depuis la réunification de 1990, mais encore parce qu'il a servi et sert de modèle aux nouvelles institutions des pays d'Europe centrale et orientale laissés en plein désarroi par l'effondrement de l'ex-URSS.

Quant à l'ex-URSS, l'étude de ses institutions en pleine déliquescence ou transformation (selon le point de vue adopté) ne présente plus qu'un intérêt limité. C'est pourquoi elle n'est pas étudiée spécifiquement. On peut néanmoins, pour en comprendre le fonctionnement tout au long du XXe siècle (ainsi que celui des quelques pays qui s'en prévalent encore et des pays en voie de développement qui s'en sont inspirés), se reporter à l'étude du régime marxiste (voy. *supra*, n°s 141 et s.).

Enfin, un certain nombre d'éléments relatifs à la Suisse sont présentés dans les développements consacrés à la confédération (voy. *supra*, n° 26) et au régime d'assemblée (voy. *supra*, n°s 139 et 140).

CHAPITRE I

Le régime présidentiel américain

153 La Constitution des États-Unis est **la doyenne des Constitutions écrites**. Élaborée en 1787 pour une nation naissante composée des treize anciennes colonies britanniques devenues indépendantes en 1776, sa longévité peut surprendre compte tenu de la formidable évolution qu'ont connue les États-Unis.

Les constituants du XVIIIe siècle, inspirés par les théories de Montesquieu, avaient le souci de la limitation des pouvoirs, dans une double perspective : **la protection des libertés individuelles** et **la protection des droits des États fédérés face au pouvoir fédéral**. Il en est découlé **un régime de séparation stricte des pouvoirs dans lequel la division des compétences s'accompagne d'un système de contrôle mutuel. Cependant, pour éviter la paralysie du régime, la neutralisation des pouvoirs ainsi réalisée suppose leur collaboration.**

La réussite de l'expérience américaine tient pour partie aux particularismes de son système politique, ce qui explique que l'exportation du modèle se soit systématiquement traduite par un échec.

Avant d'étudier comment s'organise la séparation des pouvoirs, il faut tout d'abord poser le cadre juridique et politique du régime, indispensable à la compréhension de son fonctionnement.

SECTION I

L'environnement juridique et politique du régime

§ 1. Le fédéralisme

154 Le fédéralisme américain est l'héritier de la confédération établie par les 13 colonies en lutte contre l'Angleterre lors de la création des États-Unis d'Amérique en 1777. Dès la création de l'Union, le problème de l'équilibre des pouvoirs entre les États et l'Union se pose de façon aiguë et il sera en grande partie à l'origine de la guerre de Sécession.

La formule minimale retenue selon laquelle la confédération ne comporte pas d'exécutif fait rapidement place à l'institution d'un État fédéral à partir de 1789.

A) Le statut des États fédérés

155 Le fédéralisme américain repose historiquement sur le respect des droits des États à travers deux principes : égalité et autonomie.

1. Le principe d'égalité

156 **Les États-Unis comprennent 50 États auxquels la Constitution garantit une stricte égalité juridique et politique** en dépit de leurs profondes différences de taille, de population ou de puissance économique.

La traduction la plus importante de ce principe d'égalité se trouve dans la composition du Sénat des États-Unis, chambre représentante des États fédérés : chaque État dispose de deux sénateurs. Ce mode de représentation favorise ou protège les petits États, selon le point de vue que l'on adopte.

Cette représentation égalitaire des États fédérés au Sénat constitue une **garantie de participation de tous les États à la vie politique et législative fédérale** à travers les compétences du Sénat.

Le respect des droits et de l'égalité des États trouve également à s'appliquer dans le processus de révision constitutionnelle. Ce processus complexe est sous-tendu par l'idée que la Constitution fédérale ne peut être modifiée sans l'accord d'une très large majorité d'États fédérés (en l'occurrence un amendement doit être ratifié par les trois quarts des États).

2. Le principe d'autonomie

157 **Chaque État dispose de sa propre Constitution et choisit librement ses institutions.** Cette liberté comporte deux réserves fondamentales :

- l'exigence de la forme républicaine du régime ;
- le respect de la primauté du droit fédéral.

Dans la pratique, les institutions des États fédérés sont largement inspirées du modèle des institutions fédérales : système législatif bicaméral (à l'exception du Nebraska), exécutif assuré par un gouverneur élu, système judiciaire dans lequel les juges sont souvent élus.

B) La répartition des compétences entre l'État fédéral et les États fédérés

158 La Constitution, dans son 10e amendement, pose ainsi le principe de la répartition des compétences : « les pouvoirs qui ne sont pas délégués aux États-Unis par la Constitution sont conservés par les États respectivement ou par le peuple ».

Ceci signifie en clair que **l'État fédéral ne dispose que d'une compétence d'attribution, la compétence de droit commun appartenant aux États**.

Dans la pratique, toute l'évolution des États-Unis depuis leur origine a donné lieu à un **mouvement croissant de centralisation au profit de l'État fédéral**, en particulier sur le plan des compétences socio-économiques.

La Constitution des États-Unis offre même un cadre juridique à cette extension des compétences fédérales. En effet, son article 1er prévoit qu'en plus des compétences du Congrès qu'elle énumère, celui-ci dispose également de toutes les compétences découlant des précédentes. Cette extension, désignée sous le terme de « pouvoirs implicites », a été reconnue par la Cour suprême (arrêt *Mc. Cullogh vs. Maryland en 1819*).

En dépit de cette prédominance fédérale, il n'en reste pas moins que les États fédérés conservent une autonomie considérable dans des domaines souvent très sensibles, comme la législation sur la peine de mort ou sur l'avortement, pour citer des exemples sur lesquels les controverses sont nombreuses.

De même, on peut souligner que les Américains ont un très fort sentiment d'appartenance à leur État, voire de patriotisme. C'est ainsi qu'en 1941 un journal texan avait titré sur l'entrée en guerre du Texas !

§ 2. La démocratie américaine

A) Les partis politiques

159 Le système politique des États-Unis est un **système bipartite**. Toutefois, par rapport aux autres démocraties occidentales, on ne peut pas dire que les deux partis dominants – parti démocrate et parti républicain – sont séparés par des divergences idéologiques.

Les conceptions politiques de ces deux partis ont fortement évolué depuis leur création et se sont même inversées. C'est ainsi que le parti démocrate est aujourd'hui perçu comme le parti favorable à un interventionnisme fédéral et à la défense des droits des minorités alors qu'au moment de la guerre de Sécession, c'étaient les républicains qui défendaient le fédéralisme et l'abolition de l'esclavage.

Mieux encore, les divergences idéologiques paraissent souvent plus fortes au sein d'un même parti, notamment entre démocrates du Sud et démocrates du Nord. Cette absence de division idéologique joue un rôle fondamental dans les relations du Président et du Congrès (voy. *infra*, n°s 179 à 185).

En réalité, il faut considérer qu'**il y a autant de partis démocrates et républicains qu'il y a d'États**, ceux-ci formant au niveau national une organisation presque exclusivement tournée vers la préparation de l'élection présidentielle.

D'une façon générale, **ces partis sont avant tout des machines électorales** dont le rôle dans la désignation des candidats aux élections tant locales que fédérales est quasiment institutionnalisé, comme l'exemple de l'élection présidentielle le démontre.

B) L'élection présidentielle

160 L'élection présidentielle est l'aboutissement d'une procédure longue et compliquée au cours de laquelle la phase de sélection des candidats par les partis est quasiment aussi importante et disputée que celle de l'élection proprement dite.

Au total, la campagne pour l'investiture puis pour la présidence se déroule sur près d'une année. Sur les quatre années du mandat présidentiel, la dernière est donc politiquement dominée par cette campagne, en particulier quand le Président sortant se représente.

1. Le rôle des partis : la désignation des candidats

161 Le rôle des partis dans la désignation des candidats à l'élection présidentielle résulte de la pratique. Il faut souligner tout d'abord qu'il n'est pas absolu et qu'un candidat indépendant peut se présenter à condition que des pétitions en sa faveur soient déposées dans les États. Même si ce candidat indépendant n'a quasiment aucune chance d'être élu, il peut perturber l'opposition traditionnelle des candidats démocrates et républicains. De fait, ce candidat rassemble autour de lui le « parti des mécontents » (comme Ross Perot en 1992).

La phase de sélection des candidats commence, au sein de chaque État, par la désignation des délégués qui éliront le candidat du parti au cours d'une convention nationale.

Il existe **deux modes de désignation** des délégués, **les *caucus*** (comités électoraux) et les ***primaries*** (élections primaires).

Dans la procédure des *caucus*, les délégués sont désignés par des membres du parti. À l'inverse, les élections primaires sont une procédure électorale plus ouverte puisqu'elle s'adresse soit aux citoyens inscrits (c'est-à-dire ayant déclaré officiellement leur préférence partisane) comme démocrates ou républicains (primaires fermées), soit à tous les citoyens qui souhaitent y participer.

Les primaires servent à désigner les délégués à la convention mais aussi à mesurer la popularité des candidats à l'investiture qui se présentent à ces élections. Les candidats ne sont en aucune manière obligés de se présenter aux élections primaires, qui ne sont d'ailleurs pas organisées dans tous les États. En fonction de leur situation personnelle (notoriété acquise ou à construire...), ils choisissent de se présenter ou non aux primaires organisées dans tel ou tel État (certaines ont valeur de test, comme en Californie par exemple). **L'importance des primaires est devenue telle que le candidat qui les a remportées est quasi automatiquement investi par son parti.**

Les conventions nationales se tiennent dans le courant de l'été. Elles rassemblent les délégués désignés dans chacun des États qui vont à leur tour investir le candidat du parti à la présidence. Dans la pratique, **les jeux sont souvent faits avant la convention, conçue avant tout comme une grande fête qui marque la mobilisation du parti autour de son candidat**.

La convention sert aussi à désigner le candidat au poste de vice-président qui formera, avec le candidat à la présidence, le **« ticket présidentiel »**. Le choix est fait par le candidat investi (et entériné par la convention), moins dans la perspective de gouverner ensemble que par calcul électoral.

E6 **Comment se construit un « ticket » pour l'élection présidentielle ?**

John Kerry, candidat démocrate à la présidentielle américaine de novembre 2004, avait choisi le sénateur de Caroline du Nord John Edwards, un de ses anciens concurrents pour l'investiture, comme candidat à la vice-présidence des États-Unis. Même si les deux hommes n'avaient pas d'affinités particulières, en désignant Edwards, Kerry espérait redonner un peu de vigueur à sa campagne. En effet, malgré la situation difficile en Iraq, Kerry n'a jamais vraiment su prendre l'avantage dans les sondages sur George W. Bush. Le candidat démocrate espérait profiter de l'enthousiasme et du talent mobilisateur d'Edwards. Ce dernier, avocat fortuné issu d'une famille modeste, avec un père qui travaillait dans un moulin, avait su retenir l'attention avec un discours simple, centré autour des « deux Amériques », « celle qui prospère et celle qui souffre ».

Kerry espérait en outre qu'Edwards lui permettrait d'améliorer son score dans les États du Sud, traditionnellement républicains. Le sénateur de

Caroline du Nord devait également passer du temps à arpenter les quelque vingt États qui étaient toujours classés comme « indécis » (notamment dans le Midwest), afin de rallier les populations rurales au ticket démocrate, grâce à son discours populiste. Edwards, enfin, pouvait s'avérer déterminant dans la conquête du vote afro-américain (de nombreux Noirs ayant souligné « qu'ils avaient du mal à se reconnaître en Kerry »).

2. L'élection du Président

162 **L'élection du Président est indirecte : le Président est élu** (au mois de décembre) **par des grands électeurs.** Eux-mêmes sont élus (en novembre) au scrutin de liste majoritaire à un tour dans le cadre des États. Si leur mandat n'est pas juridiquement impératif, il l'est politiquement, ce qui explique que **le résultat des élections des grands électeurs donne sans suspense le nom du futur Président.** Formellement, l'élection du Président n'est officielle qu'à partir du vote des grands électeurs.

Il faut noter enfin que le mode de scrutin produit un fort décalage entre le nombre de mandats recueillis par chaque candidat (c'est-à-dire le nombre de grands électeurs) et le pourcentage de voix qui se sont portées sur les listes le soutenant. De ce fait, un candidat peut être élu même s'il n'a pas obtenu 50 % des voix (cas de Bill Clinton en 1992 du fait de la présence d'un troisième candidat).

De même, ce mode de scrutin renforce encore la difficulté d'émerger pour un candidat indépendant (en 1992, Ross Perot n'a obtenu aucun mandat alors que les listes le soutenant recueillaient près de 19 % des voix).

En conclusion, il faut souligner que si l'élection présidentielle constitue le moment le plus fort de la vie politique des États-Unis, il n'en reste pas moins que la participation électorale demeure très faible (de l'ordre de 50 %), notamment si on la compare à celle de la France.

E7 **Obama II**

Au terme de l'élection du 6 novembre 2012, Barack Obama a été réélu président des États-Unis en obtenant 303 mandats de grands électeurs contre 206 pour Mitt Romney. Plusieurs facteurs peuvent expliquer ce large succès. D'abord la popularité d'Obama. Malgré les doutes qui sont apparus, des succès significatifs lui ont permis de conserver la confiance d'une grande partie du pays (retrait d'Irak, élimination de Ben Laden, adoption de la loi sur la couverture maladie, soutien au mariage gay). Ensuite les erreurs de Romney. Bien que crédité d'une campagne meilleure que prévu, le candidat républicain n'a pas réussi à lever les doutes sur sa personnalité. Trop de changements de position, trop de gaffes, trop d'ambiguïtés sur sa fortune personnelle. Son choix d'un vice-président plus à droite que lui et la « droitisation » de son discours l'ont discrédité auprès d'un grand nombre d'électeurs indépendants (dont on sait qu'ils peuvent faire la différence). Enfin, les catégories de la population qui ont soutenu jusqu'ici le président ont été au rendez-vous de l'élection : 54 % des femmes ont voté pour Obama (alors que le vote en faveur du candidat républicain est majoritairement masculin, 45 % contre 52 %), 71 % des hispaniques (contre 27 % pour Romney), 93 % des afro-américains (alors que Mitt Romney a conquis l'électorat « blanc », notamment ceux qui se disent opposés au mariage homo ou qui veulent interdire l'avortement), les jeunes (60 % des moins de 29 ans) et la population à plus faible revenu (60 % de ceux gagnant moins de 50 000 dollars).

Pour son deuxième et dernier mandat, B. Obama aura peut-être davantage de marge de manœuvre : le pic de la crise économique semble passé, la pression liée à la réélection a disparu et le mouvement Tea Party semble avoir perdu de la vigueur. Toutefois les contraintes qui pèseront sur sa présidence sont fortes. En effet, les élections législatives, qui se sont déroulées en même temps que l'élection présidentielle, ont accouché d'un statu quo synonyme d'impasse politique au Congrès (les démocrates gardent le Sénat, les républicains la Chambre des représentants). Le Président américain devra donc toujours composer avec la majorité républicaine. Or les défis économiques auxquels il fait face sont nombreux (relancer l'emploi, poursuivre la réforme de la santé et du secteur bancaire, etc.).

E8 **L'élection de novembre 2000 a mis en évidence l'ambiguïté du mode de désignation du Président américain**

L'élection présidentielle américaine de novembre 2000 n'a trouvé son épilogue qu'au mois de janvier 2001, quelques jours avant l'entrée en fonction officielle du nouveau Président. Or, celle-ci aurait dû être bouclée plusieurs semaines auparavant (dès le mois de décembre 2000).

Dans le système politique américain, le Président est élu de façon indirecte par de grands électeurs. Ceux-ci sont élus au sein de chaque État, le nombre de grands électeurs de chaque État étant proportionné à sa population. Ainsi, les États de New York, de Californie ou du Texas disposent d'un nombre élevé de grands électeurs. Le candidat qui remporte un État en nombre de voix remporte tous les grands électeurs de cet État. Il suffit ensuite de totaliser à l'échelle du pays le nombre de grands électeurs obtenu par chacun des candidats pour savoir qui sera le prochain Président.

Ainsi, à l'occasion de la désignation des 25 grands électeurs de l'État de Floride, le candidat républicain G. W. Bush est arrivé en tête avec quelques milliers de voix d'avance, emportant ainsi les 25 grands électeurs. Or, après la totalisation du nombre de grands électeurs acquis respectivement à G. W. Bush et à Al Gore (candidat démocrate) sur l'ensemble du territoire, il est apparu que les 25 voix de la Floride faisaient basculer l'élection en faveur du candidat républicain. Dénonçant un comptage des voix approximatif dans cet État (voire frauduleux dans certains comtés), Al Gore a porté l'affaire devant les tribunaux de la Floride et obtenu que soit effectué un nouveau comptage. À l'issue d'une interminable bataille de procédure (qui s'est terminée devant la Cour suprême des États-Unis), Al Gore, malgré les doutes qui persistaient sur le résultat de l'élection en Floride, a reconnu sa défaite dans cet État et scellé ainsi le sort de l'élection présidentielle (au final, l'avance de Bush en Floride n'était que de 150 voix).

Cet imbroglio politico-juridique a démontré toute l'ambiguïté du mode de désignation du Président américain. Ainsi, Al Gore, malgré plusieurs centaines de milliers de voix d'avance sur l'ensemble du pays, a été battu en nombre de grands électeurs. Cela signifie que le candidat démocrate est arrivé plus régulièrement en tête en nombre de voix que G. W. Bush mais que les États remportés par ce dernier ont pesé plus lourd en nombre de grands électeurs.

Malgré cette mini-crise constitutionnelle, les États-Unis ne semblent pas disposés à réformer le mode de désignation de leur Président. Le peuple américain est en effet attaché à ce système qui permet une prise en compte de chaque État et respecte ainsi la forme fédérale des États-Unis.

SECTION II
L'organisation des pouvoirs : la séparation rigide des pouvoirs et ses aménagements

163 Nous étudierons successivement les pouvoirs exécutif et législatif, les rapports entre les deux, et le pouvoir judiciaire.

§ 1. Le Président

164 **Le Président des États-Unis est chargé par la Constitution de l'exercice du pouvoir exécutif.** Il s'agit donc d'un **exécutif monocéphale**, c'est-à-dire qu'il n'y a pas de Premier ministre, le Président cumulant ses fonctions avec celles de chef de gouvernement.

A) Statut et fonctionnement de la présidence

1. Le Président et le vice-président

165 **Le mandat présidentiel dure quatre ans.** Depuis le XXIIe amendement (1947), adopté après les quatre mandats successifs de Franklin D. Roosevelt, **le mandat n'est renouvelable qu'une seule fois**. L'exercice de la fonction est donc limité à huit ans. Seule exception à cette règle : le vice-président qui pourrait être amené, le cas échéant, à remplacer le Président au cours des deux dernières années de son mandat, pourra se présenter à deux mandats.

Les conditions d'éligibilité sont la citoyenneté américaine de naissance, être âgé de 35 ans au moins et résider aux États-Unis depuis au moins 14 ans. Les mêmes conditions s'appliquent au vice-président qui doit en outre résider dans un État différent de celui du Président.

L'institution de la vice-présidence peut surprendre. En réalité, **le vice-président a avant tout pour fonction de remplacer le Président en cas de vacance** du fait du décès, de l'incapacité, de la démission ou de la destitution de ce dernier. Cela ne va pas sans susciter quelques inquiétudes sur la valeur intrinsèque du vice-président au vu des motivations qui procèdent à son choix d'autant que, le plus souvent, il n'est pas associé étroitement à la conduite des affaires de l'État. En l'absence de vacance, **le vice-président reste un personnage de l'État relativement effacé dont la fonction officielle est la présidence du Sénat**, rôle dans lequel il se fait le plus souvent suppléer par un sénateur.

2. L'organisation de la présidence

166 **Le Président s'entoure d'un** *Cabinet* (gouvernement) composé de *secretaries* (ministres) en nombre variable (de 7 à 13). Leur nomination doit être approuvée par le Sénat. Au sein du Cabinet, les postes les plus importants sont ceux de « secrétaire d'État », c'est-à-dire ministre des Affaires étrangères, de « secrétaire au Trésor » et de « secrétaire à la Défense ».

Le Cabinet n'est pas un organe collégial, il n'a d'ailleurs pas d'existence constitutionnelle. Il s'agit en fait d'une équipe de collaborateurs réunis autour du Président et au sein de laquelle il règne sans partage. On cite souvent, pour décrire les relations entre le Président et son Cabinet, la phrase du président Abraham Lincoln évoquant un différend entre lui et les membres de son gouvernement : « Sept oui, un non, les non l'emportent. »

Outre le Cabinet, le Président s'appuie sur des services :

- **le** *White House Office* qui regroupe les conseillers politiques du Président. Beaucoup plus proches de lui que les ministres, ils sont les véritables responsables de l'élaboration des politiques publiques ;
- **l'***Executive Office* rassemble sous le contrôle direct du Président, des services administratifs stratégiques parmi lesquels on peut citer le Bureau du management et du budget, chargé de la préparation et de l'exécution du budget, ou la CIA *(Central Intelligence Agency)*.

B) Les pouvoirs du Président

167 **Le Président est investi de pouvoirs importants en sa qualité de chef de l'exécutif**, renforcés par l'autorité que lui confèrent l'élection au suffrage universel et le rôle prédominant des États-Unis sur la scène internationale. **Toutefois, les pouvoirs qu'il détient de la Constitution sont pour certains partagés avec le Congrès qui exerce ainsi une sorte de contrôle** ; d'autre part, son autorité politique dépend beaucoup de **sa personnalité et de la qualité de son entourage**.

1. Le détenteur du pouvoir réglementaire

168 En application de la **Constitution** (art. 2, sect. 3), **le Président est chargé de l'exécution des lois**. Dans ce cadre, il dispose d'une très large marge d'appréciation dans la détermination des mesures d'application des lois *(executive orders)*. Ainsi, une même législation peut être appliquée de façon totalement différente selon les périodes et d'un Président à l'autre.

Son pouvoir peut également être élargi par le Congrès qui, par des lois d'habilitation, lui délègue le pouvoir de prendre des mesures de portée générale. Avant que la Cour suprême ne vienne mettre un terme ou du moins un frein à cette pratique en 1983, rappelant que la séparation des pouvoirs instituée par la Constitution **n'autorise** pas le Congrès à déléguer son pouvoir législatif à l'exécutif, le Congrès y avait fréquemment recours, assortissant son habilitation d'une possibilité de veto si les mesures prises par le Président en vertu de son habilitation ne lui convenaient pas. La Cour a également rappelé le caractère inconstitutionnel de ce « veto législatif ».

2. Le chef de l'administration

169 **Il dispose à ce titre de l'administration fédérale et du pouvoir de nomination des fonctionnaires.** Les nominations aux postes les plus importants sont cependant soumises à l'approbation du Sénat, tandis que les révocations restent une compétence discrétionnaire du Président (dans le respect de certaines règles). La pratique du ***spoils system*** (« système des dépouilles ») qui consiste pour chaque Président nouvellement élu à remplacer les fonctionnaires nommés par son prédécesseur par des membres de son parti, a largement diminué depuis la fin du siècle dernier et est aujourd'hui limitée aux emplois supérieurs de l'administration (10 % des postes environ). En effet, depuis 1883, un système de recrutement par concours a été développé pour lutter contre les excès du *spoils system*.

3. Le responsable des affaires étrangères

170 La place des États-Unis dans le monde confère au Président des responsabilités particulièrement fortes dans la conduite de la diplomatie. **Le Président s'appuie sur son secrétaire d'État**, sans qu'il existe pour autant de répartition figée des responsabilités entre les deux, le rôle et l'influence du secrétaire d'État dépendant surtout de la confiance que le Président place en lui. À titre

d'exemple, Henry Kissinger, secrétaire d'État des présidents Nixon et Ford, a laissé une forte empreinte personnelle sur ce poste.

Sur le plan institutionnel, les pouvoirs du Président s'exercent sous le contrôle du Congrès et, pour certains, de façon partagée avec lui. Ainsi, **le Président négocie et signe les traités mais l'autorisation de ratifier un traité doit être votée par le Sénat** à la majorité des deux tiers.

Cette autorisation est loin d'être une formalité : on se souvient que l'autorisation de ratifier le traité de Versailles fut refusée par le Sénat alors que le président Thomas W. Wilson avait largement inspiré sa rédaction.

Pour contourner cette sorte de tutelle du Sénat, **les Présidents américains ont souvent recours à des *Executive Agreements*** (accords conclus par l'exécutif) qui ont les mêmes effets qu'un traité mais ne sont pas soumis à l'approbation du Sénat. La réaction du Congrès devant le développement de cette pratique a été d'obliger le Président à l'informer de l'existence des accords passés, avec, en outre, la possibilité de s'opposer à leur entrée en vigueur par le vote d'une résolution dans les 60 jours suivant leur dépôt (Case Act, 1972).

En définitive, **malgré le contrôle du Congrès, le Président reste le vrai responsable de la politique étrangère**, domaine qui suppose par nature que celui qui en a la charge soit investi d'une compétence pleine et entière.

4. Le commandant en chef des armées

171 Le Président définit la politique de défense et dirige les opérations militaires. Si la compétence de déclarer la guerre appartient au Congrès, le Président peut parfaitement engager des troupes à l'extérieur sans déclaration de guerre.

Ainsi, les opérations militaires de ces dernières années ont été des actions ponctuelles sans déclaration de guerre (interventions au Liban et à Grenade en 1983, au Panama en 1989, en Iraq en 1993), à l'exception de la guerre du Golfe déclarée par le Congrès en 1991.

Avec le ***War Powers Act* de 1973, le Congrès a tenté de contrer cette pratique** (dont le président Nixon avait abusé). Le Président doit informer le Congrès par un rapport sous 48 heures, au vu duquel celui-ci peut théoriquement mettre fin à l'intervention et, surtout, le Président doit obtenir l'accord du Congrès pour prolonger l'engagement au-delà de 60 jours.

En dépit de ces limites, ce qui est vrai en matière de politique étrangère l'est encore plus dans le domaine militaire où le Président dispose bien d'une compétence décisionnelle.

Enfin, on peut signaler en dernier lieu que le Président dispose du **droit de grâce.**

§ 2. Le Congrès

172 **Le Congrès des États-Unis est un parlement bicaméral** composé de la Chambre des représentants et du Sénat qui représente les États fédérés.

A) Statut et fonctionnement du Congrès

1. La Chambre des représentants

173 Elle comprend 435 membres élus dans le cadre de circonscriptions locales au scrutin uninominal majoritaire à un tour. Les sièges sont répartis entre les États en proportion de leur population.

Les conditions d'éligibilité sont les suivantes : posséder la nationalité américaine depuis au moins sept ans, être âgé de plus de 25 ans et résider dans l'État où on se présente.

Le mandat des représentants est très court : deux ans. Cette brièveté correspond au souci du constituant de lutter contre les effets du régime représentatif. Dans la pratique, l'efficacité de cette disposition se révèle fort contestable. D'abord parce que **la brièveté du mandat est compensée par un taux très important de réélection**, ce qui favorise la professionnalisation des membres de la Chambre, et ce d'autant plus que les postes les plus importants de présidents de commissions y sont attribués à l'ancienneté. Ensuite parce qu'**elle se traduit par la démagogie des représentants dont la préoccupation majeure est leur réélection**. En forçant le trait, on dit parfois que sur leurs deux années de mandat, les représentants passent la première à faire oublier leurs promesses électorales et la seconde à en formuler de nouvelles !

Par ailleurs, les élections ayant lieu tous les deux ans, les années paires, la Chambre des représentants est systématiquement renouvelée à la moitié du mandat présidentiel, élection toujours difficile pour le parti du Président en exercice. Ainsi, alors que la Chambre des représentants était dominée depuis plus de 30 ans par les Démocrates, les élections de 1994 ont dégagé une majorité républicaine opposée au président démocrate Clinton (situation de cohabitation). De même, alors que les Républicains étaient majoritaires depuis l'accession de G. W. Bush au pouvoir (2000), les élections de novembre 2006 ont donné une majorité aux Démocrates.

2. Le Sénat

174 **Des deux chambres, le Sénat est incontestablement la plus prestigieuse.** Il représente les États fédérés de manière égalitaire à raison de deux sénateurs par État et comprend donc 100 élus, dont le mandat de 6 ans est long si on le compare à celui des représentants, et même à celui du Président.

Le Sénat est renouvelé par tiers tous les deux ans (le scrutin a lieu en même temps que celui de l'élection des représentants) au scrutin majoritaire à un tour. La circonscription électorale est l'État.

Les conditions d'éligibilité sont : posséder la nationalité américaine depuis 9 années, être âgé de plus de 30 ans et résider dans l'État que l'on représente.

E9 Élections de mi-mandat de novembre 2014 : la vague républicaine

Barack Obama va donc devoir cohabiter avec la majorité républicaine au Congrès pour les deux ans restants de sa présidence. Lors des élections législatives de mi-mandat 2014, le Parti républicain a remporté une nette victoire en s'emparant du Sénat (chambre haute) alors qu'il détient déjà la Chambre des représentants (chambre basse). Les Républicains ont effet gagné huit sièges supplémentaires au Sénat pour en obtenir 53, alors que les Démocrates en

perdent sept pour retomber à 45. Ce sera ainsi la première fois depuis huit ans qu'ils contrôleront le Sénat. Le Parti républicain a en outre largement conservé la Chambre des représentants, dont il avait repris le contrôle en 2010, avec un nombre de sièges le plus élevé depuis plus de 60 ans. B. Obama réalise ainsi la pire performance sur deux élections de mi-mandat pour un président américain depuis Harry S. Truman, en 1946 et 1950.
Il n'est pas inhabituel pour le parti du président de perdre des sièges aux élections de mi-mandat. En 2006, les républicains s'étaient fait laminer au Sénat à la suite d'une vague de mécontentement contre le président Bush. Cette fois, les électeurs ont manifesté leur grogne à l'égard de l'administration mais aussi des crises multiples, l'État islamique, Ebola et surtout la situation économique. Et pourtant, l'économie se porte mieux, le taux de chômage est au plus bas depuis six ans et dix millions d'Américains bénéficient d'une assurance santé.
De leur côté, les républicains ont su surfer sur le mécontentement, mais aussi choisir des candidats plus "présentables", contrairement à certains extrémistes des scrutins précédents, et ils ont rattrapé leur retard sur les démocrates en matière de technologie pour mobiliser leur électorat qui était, de toute façon, beaucoup plus motivé pour se rendre aux urnes.
Si cette cohabitation va probablement obliger B. Obama à faire des concessions, cela ne devrait pas pour autant mettre fin à la paralysie de Washington. Le Parti républicain reste lui-même divisé et son aile conservatrice va sans doute continuer à faire de l'obstruction en bloquant les réformes et en essayant d'éliminer celles déjà votées (notamment l'Obamacare). Le pouvoir de B. Obama pourrait donc être réduit au « droit de veto » (voy. *infra*, n° 182).

3. L'organisation et le fonctionnement du Congrès

175 La session du Congrès dure environ 10 mois (elle s'étale tout le long de l'année avec une interruption estivale). **La présidence de la Chambre des représentants est assurée par le *Speaker***, qui est le chef du parti majoritaire (à ne pas confondre avec le *Speaker* de la Chambre des communes britannique). **Au Sénat, la présidence est constitutionnellement dévolue au vice-président qui ne l'exerce que rarement.** En son absence, la présidence est assurée par un sénateur, chef de la majorité sénatoriale.

En ce qui concerne l'organisation des débats, le principe de liberté des membres du Congrès prévaut sur l'efficacité. Cette organisation est donc relativement souple, au Sénat notamment où les sénateurs sont libres de prendre et de garder la parole aussi souvent et longtemps qu'ils le veulent (ou le peuvent). Cette liberté permet aux sénateurs opposés à un projet de loi de jouer l'obstruction. Cette **pratique dite du « *filibustering* »** ne peut être contrée que par un vote à la majorité des trois cinquièmes.

En dehors des séances et des débats, le travail du Congrès s'organise autour de commissions. Celles-ci ont plusieurs fonctions.

Les commissions permanentes sont chargées de préparer le travail législatif. Les présidences des commissions reviennent au parti majoritaire et sont traditionnellement attribuées selon la règle de l'ancienneté.

Le Congrès peut aussi décider la création de commissions spéciales, commissions d'enquête dont les pouvoirs et les méthodes font qu'elles s'apparentent quasiment à des organes judiciaires (ce qui est dénoncé car contraire à la séparation des pouvoirs). Citons l'exemple de la commission sur l'*Irangate* (vente d'armes à l'Iran) ou celui célèbre de la commission présidée par le sénateur Joseph McCarthy dans les années 1950 sur les activités anti-américaines.

Enfin, on ne peut terminer la description du fonctionnement du Congrès sans évoquer rapidement la **pratique du *lobbying***, officialisée et réglementée. Cette pratique consiste pour les quelque 35 000 représentants des groupes de pression inscrits auprès du Congrès (les *lobbyists*) à agir pour favoriser ou empêcher l'adoption de projets de lois (citons les *lobbies* militaro-industriel, religieux, écologiste, pétrolier...).

4. Les pouvoirs du Congrès

176 Il faut **examiner** successivement les compétences générales du Congrès, communes aux deux chambres, puis les compétences particulières du Sénat.

5. Les compétences générales

177 **Le Congrès exerce le pouvoir législatif. L'initiative des lois appartient indifféremment** aux deux chambres **même si le plus souvent les projets de lois sont initiés par la Chambre des représentants.**

Les commissions permanentes et notamment la commission du règlement *(Rules Committee)* dominent la procédure législative. **Les projets de lois sont en effet d'abord transmis pour examen à la commission compétente dont l'inaction peut entraîner l'abandon du projet. S'il franchit ce premier filtre, le projet doit encore passer celui de la commission du règlement dont dépend son inscription à l'ordre du jour des débats. Enfin,** le projet ne sera adopté que si les deux chambres parviennent à un accord. **Au besoin, une commission de conciliation sera mise en place pour rechercher un accord sur la rédaction du texte. Le projet sera abandonné si la conciliation échoue ou si le texte élaboré par cette commission n'est pas adopté en bloc par les deux chambres.**

La procédure législative apparaît donc comme un chemin semé d'embûches **(d'autant qu'il ne faut pas oublier les possibilités d'obstruction du Sénat avec la pratique** du *filibustering*), ce qui explique que le nombre de lois importantes votées soit relativement limité (une quinzaine par an environ) et que le Congrès américain soit parfois qualifié de « cimetière législatif » !

En matière budgétaire, l'initiative appartient également au Congrès qui décide des dépenses et des recettes. Même si le projet de budget est élaboré par la présidence, le Congrès peut imposer des dépenses au Président. Le *Budget Control Act* voté en 1974 a affirmé que seul le Congrès avait le pouvoir de bloquer la mise en application de dépenses votées, et ce afin d'empêcher le Président de contourner ses décisions en n'effectuant pas certaines dépenses (pratique dont avait abusé le président Nixon).

Parmi les autres compétences notables du Congrès, il convient de signaler qu'il est la seule institution fédérale à disposer d'un pouvoir d'initiative en matière de révision constitutionnelle. Enfin, il faut rappeler que le Congrès partage avec le Président des compétences dans le domaine militaire en déclarant la guerre et en contrôlant l'action présidentielle (voy. *supra*, n°s 170 et 171).

6. Les compétences particulières du Sénat

178 **Le particularisme du Sénat au sein du Congrès correspond à son rôle de représentant des États mais surtout à la volonté des constituants d'en faire un conseil du Président.** Ces compétences propres du Sénat s'exercent dans deux domaines :

- **les nominations aux emplois fédéraux : le Sénat doit confirmer les nominations décidées par le Président.** En pratique, cette nomination ne représente un enjeu que pour les postes les plus importants (ministres, juges à la Cour suprême, hauts fonctionnaires…). Si les refus de confirmer des nominations ne sont pas fréquents, ils ne sont pas pour autant exceptionnels. On se souvient par exemple des difficultés de Bill Clinton faisant face à deux refus successifs pour la nomination au poste de *General Attorney* (ministre de la Justice) ;

- **les affaires étrangères** : si le Président négocie et signe les traités, leur ratification doit être autorisée par le Sénat à la majorité des deux tiers. Comme indiqué précédemment, les Présidents tentent avec une certaine réussite de contourner le Sénat *via* la pratique des *Executive Agreements* (voy. *supra*, n° 170).

§ 3. Les rapports du Président et du Congrès

179 Comme l'étude des pouvoirs respectifs du Président et du Congrès le laisse pressentir, parler de régime de séparation rigide des pouvoirs pour décrire le régime politique des États-Unis est un raccourci un peu rapide.

En effet, sans parler du pouvoir judiciaire qui sera étudié plus loin, **la séparation rigide des pouvoirs existe en ce sens que le Président et le Congrès sont statutairement indépendants l'un de l'autre** :

- **le Président, pas plus que ses ministres, ne sont responsables politiquement devant le Congrès qui ne peut pas les renverser** (la procédure de la destitution du Président par le Congrès qui sera évoquée plus loin n'est pas une mise en cause de sa responsabilité politique) ;
- **le Président ne peut pas dissoudre le Congrès.**

Cependant, **si les pouvoirs sont indépendants, ils ne sont pas sans relations dans l'exercice de leurs fonctions : le Congrès intervient dans la sphère de l'exécutif et le Président intervient dans la sphère législative.**

Plutôt que de parler de séparation stricte des pouvoirs, il est plus conforme à la réalité et à l'esprit du constituant américain de parler d'une concurrence organisée pour éviter l'hégémonie de l'un ou l'autre des pouvoirs et pour les obliger à une certaine collaboration. Certains ont même utilisé l'expression d'« associés-rivaux » pour qualifier les rapports du Président et du Congrès.

A) Les moyens d'action du Président sur le Congrès

180 Le Président dispose de **moyens d'intervention sur le Congrès qui lui permettent soit de s'assurer de sa collaboration, soit de s'opposer à sa volonté**.

1. L'initiative législative du Président

181 Constitutionnellement, comme indiqué plus haut, l'initiative des lois appartient exclusivement au Congrès. Il n'en reste pas moins que pour mettre en œuvre sa politique, le Président a besoin de faire adopter des projets de lois par le Congrès.

Le seul moyen direct dont il dispose pour solliciter du Congrès l'adoption d'une ou plusieurs lois repose sur **le droit de message**. Le message sur l'état de l'Union prononcé annuellement au mois de janvier est devenu l'occasion pour le Président non plus seulement d'informer le Congrès (sur l'état de l'Union) mais aussi de lui présenter un véritable programme législatif. Le Président peut également adresser des messages ponctuels au Congrès, possibilité dont il profite pour promouvoir des projets de lois.

Il n'en reste pas moins que **la portée du message présidentiel n'est qu'incitative** et que le Congrès n'est en rien obligé de se saisir des propositions présidentielles. Même si la proposition est relayée par des membres du Congrès favorables au Président, rien ne garantit qu'elle sera votée. En effet, **que le Président dispose ou non de la majorité au Congrès, il n'est pas assuré de voir ses projets retenus dans la mesure où la notion de discipline de vote n'existe pas** ou peu au sein des partis.

Cette situation qui peut mettre le Président en difficulté est tout à fait à son bénéfice quand il fait face à un Congrès ou à une chambre qui lui est *a priori* défavorable. Il peut en effet éviter le blocage du système et continuer à gouverner en trouvant des majorités ponctuelles. C'est la situation dans laquelle se trouvait le président démocrate Clinton face à un Congrès dominé par les républicains depuis 1994.

2. Le droit de veto

182 Pour s'opposer au Congrès, le Président dispose d'une arme plus radicale que pour le convaincre de collaborer avec lui : le droit de veto.

Le Président a dix jours pour s'opposer à la promulgation d'une loi votée par le Congrès. Son veto s'applique nécessairement à la loi entière. **Le Congrès peut lever le veto présidentiel par un vote à la majorité des deux tiers dans chacune des chambres.** Il est donc très difficile de lever un veto qui constitue ainsi une arme très efficace à la disposition du Président.

Le veto est d'ailleurs également utilisé par le Président comme un moyen de pression sur le Congrès dans l'élaboration des lois. Le droit de veto est assez fréquemment utilisé par les Présidents américains et rarement levé par le Congrès. Par exemple, le président Ronald Reagan a opposé 78 fois son veto au Congrès au cours de ses deux mandats et 9 ont été levés. Quant au record, il appartient au président Franklin Roosevelt qui, en quatre mandats, a opposé 635 vetos dont seulement 9 ont été levés.

À côté de cette procédure, les Présidents ont aussi recours à une procédure de veto implicite désignée sous le terme de ***pocket veto*** (« veto de poche ») consistant à ne pas promulguer une loi transmise dans les dix derniers jours de la session du Congrès. Celui-ci n'étant plus en session ne peut lever le veto et la procédure législative devra être totalement reprise à la session suivante pour faire adopter la loi.

Enfin, **le président Bill Clinton a inauguré en 1997 un nouveau type de veto, le « veto sélectif »**. Cette arme donnée par le législatif offre au Président la possibilité d'éliminer des lois de finances certaines clauses destinées à favoriser des groupes d'intérêts (comme celle qui aurait permis à quelques banques et sociétés financières de ne pas payer d'impôts sur les revenus de leurs filiales étrangères). Mais dans un arrêt de 1998, **la Cour suprême a jugé que ce veto n'était pas constitutionnel**.

B) Les moyens d'action du Congrès sur le Président

183 La plupart des moyens d'action du Congrès sur l'activité présidentielle ont déjà été décrits dans l'exposé des compétences du Congrès. Il faut les rappeler rapidement avant d'étudier le pouvoir d'*impeachment*, c'est-à-dire de destitution du Président.

1. Les moyens d'action et de contrôle sur l'activité présidentielle

184 Ces moyens sont les suivants :

- **la confirmation** obligatoire par le Sénat des **nominations de ministres et de fonctionnaires** ;
- **les compétences** du Sénat et du Congrès en matière de **politique étrangère** sur les traités et accords internationaux ;
- **le contrôle** du Congrès sur les **opérations militaires extérieures** ;
- les **pouvoirs d'enquête et de contrôle des commissions parlementaires** ;
- **le pouvoir législatif** : quelle que soit l'efficacité des moyens dont le Président dispose et sa force de conviction, il ne peut contraindre le Congrès à légiférer. Celui-ci dispose donc de la capacité d'empêcher ou tout au moins de faire obstruction à – la mise en œuvre de la politique présidentielle ;
- **le pouvoir budgétaire** : le vote du budget permet au Congrès de contrôler et de contraindre l'action du Président en lui refusant les moyens financiers nécessaires à sa politique ou encore en lui imposant des dépenses qu'il ne peut refuser d'exécuter.

2. Le pouvoir de destitution du Président : l'impeachment

185 Le pouvoir ***d'impeachment*** **du Congrès lui permet de mettre en cause la responsabilité du Président et de le destituer en cas de « trahison, concussion ou autre crime ou délit grave ».** Cette compétence s'exerce aussi à l'encontre du vice-président et des fonctionnaires fédéraux.

La Chambre des représentants est compétente pour la mise en accusation qu'elle vote à la majorité simple. Le Sénat, présidé par le président de la Cour suprême, prononce le jugement par un vote à la majorité des deux tiers.

Cette procédure n'a jamais abouti mais a été engagée trois fois. Une première fois **en 1868 contre le président Andrew Johnson**, une deuxième fois **en 1974 contre le président Richard Nixon** suite à l'affaire du Watergate et une troisième fois **en 1999 contre le président Bill Clinton.** Les cas sont cependant fort différents.

La procédure engagée contre le président Johnson échoua au Sénat à une voix près. Les griefs du Congrès contre ce Président portaient sur un conflit de compétences en matière de nomination des fonctionnaires. En réalité, c'est la responsabilité politique du Président qui était en cause et l'aboutissement de la procédure aurait fait évoluer en ce sens la notion d'*impeachment*, bouleversant ainsi la nature du régime politique.

Au contraire, la procédure engagée contre Richard Nixon correspondait tout à fait à l'esprit de la Constitution. Elle aurait certainement abouti si le président **n'avait pas pris les devants en démissionnant.**

Enfin, dans le cadre de l'affaire Monica Lewinsky, **une procédure de destitution** avait été engagée à l'encontre du président Clinton aux **motifs de parjure et d'obstruction à la justice** (il n'était pas reproché au Président d'avoir eu des relations extraconjugales mais d'avoir menti sous serment à la justice et d'avoir obligé Monica Lewinsky à mentir sur la réalité de leur relation). En pratique, le président Clinton n'était pas réellement menacé par la destitution : il était quasiment impossible de réunir contre lui la majorité requise.

Ce procès, révélateur des mœurs politiques américaines, pourrait avoir des **conséquences** importantes pour l'avenir :

- réservée jusque-là aux crimes contre la sécurité de l'État, la procédure d'*impeachment* a été banalisée par ce procès. Dans l'avenir, des parlementaires ne seront-ils pas tentés de menacer le Président pour des fautes mineures ?
- de façon plus globale, l'affaiblissement de la présidence ne va-t-il pas avoir de conséquences sur l'équilibre des pouvoirs ?
- enfin, en soutenant largement le président Clinton, l'opinion publique a marqué ses distances vis-à-vis du comportement excessif des républicains et de leur hypocrisie.

§ 4. Le pouvoir judiciaire

186 Parler de pouvoir judiciaire aux États-Unis n'est pas un abus de langage. **Avec le Président et le Congrès, la Cour suprême, à la tête de l'appareil judiciaire, constitue le « troisième pilier » du régime politique américain** et joue un rôle indispensable de régulateur.

Instituée par la Constitution pour résoudre les conflits de compétence entre les États fédérés et l'État fédéral, elle dégage en 1803, à l'occasion de l'arrêt *Marbury vs. Madison*, le principe du contrôle de constitutionnalité sur lequel elle a bâti sa légitimité.

Notons également que chaque État fédéré dispose de son propre système judiciaire avec des juges et une Cour suprême. Le plus souvent, les juges sont élus mais, dans certains États, ils sont nommés par le gouverneur.

A) La composition de la Cour suprême

187 La Cour est composée de **neuf juges inamovibles, nommés à vie par le Président**. La nomination à vie, gage d'indépendance, pose cependant un problème de renouvellement des juges. Les démissions et les décès présentent l'opportunité pour le Président en exercice de nommer des juges politiquement proches de lui, mais aussi représentatifs de l'évolution de la société américaine (nomination d'un juge de couleur en 1967, d'une femme en 1981 et d'un juge d'origine hispanique en 2009). Ajoutons que pour la première fois depuis la création de la Cour en 1789, avec la nomination par Barack Obama de la juge Elena Kagan (sa deuxième nomination après celle de Sonia Sotomayor, en août 2009), la Cour ne comprend plus de juge protestant (six catholiques et trois juifs). Reste à savoir si la jurisprudence de la Cour, qui désormais ne reflétera l'opinion d'aucun WASP (white anglo-saxon protestant), va connaître des inflexions liées à cette situation inédite.

Les nominations doivent être confirmées par le Sénat qui procède à un examen très poussé (on se souvient de l'affaire Clarence Thomas, nommé par le président George Bush et accusé de harcèlement sexuel).

B) L'organisation du contrôle de constitutionnalité

188 La Cour suprême n'est pas un organe spécifiquement chargé du contrôle de constitutionnalité. Juge d'appel des juridictions fédérales, mais aussi des juridictions fédérées (lorsque se pose un problème de droit fédéral), elle n'est jamais saisie en première instance.

Le contrôle de constitutionnalité s'exerce donc par voie d'exception (voy. *supra*, n° 69), l'inconstitutionnalité d'une loi ou d'un règlement pouvant être soulevée devant n'importe quel tribunal fédéral ou fédéré. La Cour suprême n'intervient qu'au terme de toutes les procédures d'appel : elle se prononce en dernier ressort.

Les décisions de la Cour suprême possèdent **l'autorité absolue de la chose jugée**, ce qui signifie que sa décision s'impose à toutes les juridictions et a pour effet de rendre inapplicable (sans l'annuler) le texte déclaré inconstitutionnel.

À côté de ce contrôle par voie d'exception qui ne peut être actionné qu'à **l'occasion** d'un litige, **des procédures de contrôle préventif** ont été développées :

- un citoyen peut saisir le tribunal pour faire reconnaître l'inconstitutionnalité d'une loi qui le menace, auquel cas le juge donne « injonction » de ne pas appliquer la loi ;
- un tribunal peut être saisi en interprétation de la constitutionnalité d'une loi (procédure du jugement déclaratoire).

C) La portée du contrôle de constitutionnalité

189 Si l'**inconstitutionnalité d'une loi peut être soulevée devant n'importe quel tribunal, les seules décisions dont la portée soit significative sont celles de la Cour suprême.**

Malgré la marge d'appréciation dont elle dispose dans l'interprétation des textes constitutionnels (elle se réfère autant à l'esprit qu'à la lettre de la Constitution), la Cour a acquis une légitimité en faisant preuve de prudence et de modération. Seule une centaine de lois fédérales ont été déclarées inconstitutionnelles.

Pourtant, la Cour n'a pas échappé aux critiques et notamment à celle du « gouvernement des juges ».

Cette accusation correspond en fait à une période de conflit entre la Cour suprême et le Président des États-Unis au moment du New Deal (années 1930). La Cour avait alors adopté une attitude très conservatrice et activiste contre la politique de réformes du président Roosevelt (en bloquant en particulier la législation sociale). Il fallut que deux démissions et un décès lui permettent de nommer de nouveaux juges pour que la Cour cesse de faire obstruction à sa politique.

Depuis lors, **la jurisprudence de la Cour s'inscrit dans un courant modéré et protecteur des droits individuels**, même si on peut noter des nuances à certaines périodes. Ainsi, après les nominations effectuées par les présidents Reagan et Bush (père et fils), tous trois républicains, on a pu observer un certain retour au conservatisme dans les positions prises par la Cour. Avec les deux nominations effectuées par B. Obama (démocrate), l'équilibre semble de nouveau restauré.

Dans les années 1950, la Cour a développé **une jurisprudence protectrice des droits de la personne** avec, notamment, l'interdiction de la discrimination raciale à l'école (arrêt *Brown* v. *Board of Education of Topeka* de 1954). Par la suite, la Cour a pris position dans le domaine politique, **par exemple en condamnant la pratique du *gerrymandering*, c'est-à-dire les découpages électoraux arbitraires** (arrêt Baker v. Carr de 1962).

De plus, outre les questions relatives au fédéralisme ou à la séparation des pouvoirs, elle s'est attachée à protéger un certain nombre de droits **fondamentaux**, telle **la liberté religieuse ou la liberté d'expression, y compris dans leurs aspects les plus modernes**.

Ainsi, dans un important arrêt de 1997 concernant la réglementation d'Internet, la Cour a estimé que le texte criminalisant la transmission délibérée de données « indécentes » ou « agressives », notamment à caractère sexuel, était inconstitutionnel (arrêt *Reno v. American Civil Liberties Union*). En effet, par leur caractère vague, ces dispositions auraient pu s'appliquer à la transmission d'informations à caractère sexuel dans un but scientifique, de santé publique ou tout simplement artistique, ce qui aurait conduit « à priver, au nom de la protection des mineurs, un public d'adultes, d'une forme d'expression ou d'information constitutionnellement garantie ». Par cet arrêt, la Cour accorde une protection constitutionnelle aux informations circulant sur le réseau Internet et donne des indications sur ce que devrait être sa jurisprudence en matière de litiges liés au **développement des nouvelles technologies**.

La Cour suprême a également rendu des décisions importantes sur des questions touchant à **la vie humaine**. Ainsi, si la Cour n'a pas reconnu l'existence d'un droit constitutionnel à l'aide au suicide (suicide médicalement assisté, encore appelé euthanasie) ou au suicide, elle n'a pas exclu qu'une personne puisse bénéficier, individuellement, d'un **droit à l'euthanasie** (arrêt *Washington v. Glucksberg* de 1997).

Par ailleurs, par une série de décisions importantes rendues en 2002 et 2005, la Cour **a restreint l'application de la peine de mort.**

On peut tout d'abord citer deux décisions rendues en 2002 (*Akins v. Virginia* du 20 juin 2002 et *Timothy Ring v. Arizona* du 24 juin 2002). La première déclare inconstitutionnelle l'exécution des handicapés mentaux. La seconde impose que seul un jury populaire, et non un ou plusieurs magistrats, a le droit de prononcer une peine capitale. On mesure l'importance de ces décisions lorsque l'on sait que 20 États sur les 38 ayant rétabli la peine de mort depuis 1976 continuaient d'autoriser l'exécution des handicapés mentaux. Par ailleurs, 538 condamnés ont été, à un moment ou à un autre de la procédure, confrontés à des « panels de juges » (instaurés dans 9 États).

Ces deux décisions spectaculaires sont intervenues après d'autres « victoires », plus symboliques, notamment les moratoires sur les exécutions, prononcés par certains gouverneurs convaincus des trop nombreuses erreurs commises ou des aspects « racialement discriminatoires de la peine capitale ».

Ensuite, par un jugement du 1er mars 2005 (*Roper contre Simmons*), la Cour suprême a **aboli la peine de mort à l'encontre des criminels âgés de moins de 18 ans au moment des faits.** Les États-Unis restaient l'un des derniers pays au monde à recourir à cette pratique (en vigueur dans douze États). Pour justifier sa décision, la Cour suprême s'est notamment appuyée sur le fait que l'exécution de personnes ayant commis des crimes lors de leur minorité était contraire au 8e amendement de la Constitution interdisant tout châtiment « cruel ou disproportionné ». Cette opposition repose sur l'idée que l'instabilité et le déséquilibre émotionnel des jeunes peut être un facteur de leurs crimes (ils ne seraient donc pas des criminels « ordinaires »). Pour les détracteurs de la peine de mort, après l'abolition de l'exécution des jeunes de moins de 16 ans en 1988 et de l'exécution des handicapés mentaux en 2002, cette décision de la Cour suprême constitue un pas supplémentaire vers l'abolition complète de la peine de mort. En revanche, les partisans de la peine capitale font une autre interprétation des jugements de la Cour. Ils font remarquer que les décisions rendues se fondent sur le 8e amendement de la Constitution. Or, l'intention des constituants n'a jamais été que cette disposition serve, à terme, à disqualifier la peine de mort, mais à rendre son application plus humaine. Autrement dit, les abolitions intervenues depuis 1988 devraient permettre de mieux justifier le maintien de la peine de mort pour les « pires des pires » des criminels (sous entendu, la peine de mort n'est plus injuste).

La Cour suprême s'est également montrée attentive au respect des droits individuels en matière de **lutte contre le terrorisme**. Par deux décisions du 28 juin 2004 (*Yasser Hamdi v. George Bush* et *Shafik Rasul v. George Bush*), la Cour a contesté le pouvoir du président Bush de détenir des prisonniers dans le cadre de la guerre contre le terrorisme en les privant de procès et de leurs droits à se défendre. Ces décisions ouvrent les portes des tribunaux à des centaines de détenus de Guantanamo et ordonnent un examen de la légalité des motifs invoqués par l'armée pour incarcérer actuellement un citoyen américain en tant qu'ennemi combattant. Néanmoins, la Cour suprême a confirmé le droit du Président de faire incarcérer des « ennemis combattants », même s'ils sont citoyens américains, sans jugement et pendant toute la durée de la guerre contre le terrorisme, tant que le gouvernement fournit devant une partie neutre des preuves crédibles de ses accusations. Par ailleurs, dans sa décision du 29 juin 2006 (*Hamdan v. Rumsfeld*), la Cour a jugé inconstitutionnelle la décision du président américain G. W. Bush d'instituer des tribunaux militaires afin de juger les personnes accusées d'implication dans des actes terroristes détenues dans la prison militaire américaine de Guantanamo. De plus, l'institution de ces tribunaux violait la Convention internationale de Genève sur les prisonniers de guerre, que les États-Unis se sont engagés à respecter. **Cette décision est d'autant plus importante qu'elle remet en cause la constitutionnalité de l'interprétation « élargie » du pouvoir présidentiel adoptée par G. Bush après les actes terroristes du 11 septembre 2001.**

Cependant, force est de constater que le basculement de la majorité idéologique au sein de la Cour suprême (à dominante conservatrice après les nominations de deux juges par G. W. Bush) a entraîné une inflexion de la jurisprudence de la Cour. Ainsi, revenant sur sa jurisprudence antérieure, la Cour suprême, par un arrêt du 28 juin 2007 (*Parents involved in community schools v. Seattle school district n° 1*), a estimé que les établissements scolaires ne pouvaient pas appliquer la discrimination positive pour garantir la mixité raciale en leur sein. Autrement dit, l'origine ethnique ne doit pas entrer en ligne de compte dans la décision d'accepter ou non un écolier dans un établissement scolaire. Cet arrêt constitue **une entorse aux fondements de la politique de discrimination positive** instituée dans les années 1950 et 1960 pour lutter contre les inégalités dont les Noirs étaient victimes. Par ailleurs, dans un arrêt du 16 avril 2008 (Baze v. Rees), la Cour suprême a estimé que **la méthode de l'injection létale pour les exécutions judiciaires est conforme à la Constitution** : « *Les plaignants n'ont pas prouvé que le risque de souffrance liée à une mauvaise administration d'un protocole d'injection mortelle* (...) *constitue un châtiment cruel et inhabituel* ». Bien que cette décision ne porte pas sur la constitutionnalité de la peine de mort, elle constitue un coup d'arrêt à l'évolution de la jurisprudence de la Cour opérée depuis 2002 sur cette question (voy. ci-dessus).

Enfin, **après les nominations de deux juges par B. Obama, l'équilibre idéologique semble restauré** (quatre juges réputés conservateurs, quatre progressistes et un juge conservateur modéré) avec une Cour suprême plus classique, **protectrice de libertés fondamentales auxquelles les Américains sont attachés même dans ce qu'elles peuvent avoir d'excessif** (ainsi, dans l'affaire *EEOC vs Hosanna-Tabor* du 11 janvier 2012 en matière de liberté religieuse, en réaffirmant avec force la séparation stricte de l'Église et de l'État, la Cour a également confirmé que les lois antidiscrimination ne s'appliquent pas aux églises en matière d'emploi et donc que celles-ci sont libres d'embaucher et de licencier comme elles le souhaitent ; à propos d'une enseignante dans une église protestante licenciée pour narcolepsie), et, **en même temps, capable de dépasser les clivages idéologiques** (ainsi, c'est le vote du président conservateur de la Cour qui a fait basculer la décision de la Cour en faveur de la loi Obama sur l'assurance-maladie qui faisait pourtant l'objet d'une opposition radicale du camp républicain ; cette loi prévoit notamment l'obligation pour tout Américain de se doter d'une assurance maladie avant 2014 sous peine de sanctions financières). Autre manifestation de ce « progressisme », la décision du 26 juin 2013 *Windsor vs. United States* qui a **invalidé la loi qui définissait le mariage comme l'union entre un homme et une femme**, permettant ainsi aux couples homosexuels mariés de prétendre aux mêmes avantages fédéraux que les couples mariés hétérosexuels.

On le constate, au-delà des majorités idéologiques, les libertés fondamentales et **les droits de l'individu sont toujours au cœur de la jurisprudence de la Cour suprême, même dans ce qu'ils ont d'excessif** (le droit de chaque Américain de posséder une arme à feu l'emporte sur le droit à la sécurité pour la collectivité).

En conclusion, nous ferons deux remarques sur le système judiciaire américain. On ne peut être qu'admiratif d'une justice devant laquelle le Président lui-même doit, le cas échéant, rendre des comptes (la question ne se pose même pas en France, bien que l'on perçoive un « frémissement » avec l'indépendance accrue des magistrats). En même temps, on ne peut que déplorer l'usage excessif que font certains magistrats de leur pouvoir, comme ce procureur qui avait convoqué Bill Clinton pour l'interroger sur sa vie sexuelle alors qu'aucune plainte n'avait été déposée.

Par ailleurs, on constate depuis un certain nombre d'années **une judiciarisation de la société américaine**. Le droit est partout et les procès se multiplient. Outre l'appât du gain, l'individualisme des Américains et le « politiquement correct » expliquent en partie ce recours croissant au juge ainsi que le fait que ce dernier fasse souvent droit aux demandes des plaignants. Ainsi a-t-on assisté à une véritable explosion des procès en matière de harcèlement sexuel ou de droit des minorités (ethniques, homosexuels, handicapés…). Dans certains cas, le juge prononce des condamnations très lourdes dans des affaires qui nous paraissent, à nous Européens, dérisoires (la société MacDonald's a ainsi été condamnée à payer 1 million de dollars à l'une de ses clientes qui s'était brûlée avec un café « trop chaud »). **La grandeur mais aussi la faiblesse du système judiciaire américain sont de placer les droits de l'individu et l'égalitarisme au cœur de son dispositif, parfois jusqu'à l'excès.**

Bibliographie et lectures pour approfondir

Boudon J., « La désignation du Président des États-Unis », *RDP*, septembre-octobre 2005, n° 5, p. 1303 ; Brown B.E., *L'État et la politique aux États-Unis*, 1994 ; Coutant A., « Les présidents minoritaires aux États-Unis », *RFDC*, 2012/2, n° 90, p. 35 ; Gaulmin P., « Le droit de veto présidentiel aux États-Unis », *RFDC*, 1998, p. 251 ; Gérard P., *Le Président des États-Unis* ; Kaspi A., *La vie politique aux États-Unis* ; Lassale J.-P., « Les partis politiques aux États-Unis, La démocratie américaine, La puissance et la fragilité : chronique d'une destitution annoncée », *RDP*, 1999, p. 535 ; Nedjar D., « Initiative et référendum aux États-Unis », *RDP*, 1993, p. 1585 ; Orban E., « La Cour suprême des États-Unis et le processus démocratique », *RDP*, 1990, p. 23 ; *Rev. Pouvoirs*, 1991, n° 59, *La Cour suprême* ; Peyro Llopis A., « La place du droit international dans la jurisprudence récente de la Cour suprême des États-Unis », *RGDI*, 2005/3, pp. 609-642 ; Seurin J.-L., *La présidence en France et aux États-Unis*, 1986 ; Toinet M.-F., *Le système politique des États-Unis*, 1990 et *La présidence américaine*, 1992 ; Zoller E., « Les revirements de jurisprudence de la Cour suprême des États-Unis », *Cahiers du Conseil constitutionnel*, octobre 2005-mars 2006, n° 20.

CHAPITRE II

Le régime parlementaire britannique

190 Le Royaume-Uni a développé un régime parlementaire bipartisan qui a été pendant longtemps, et demeure encore pour beaucoup, un modèle. Mais ce résultat est le fruit d'une longue évolution.

Sans rentrer dans les détails de l'histoire institutionnelle, rappelons cependant les étapes décisives de cette évolution.

La première étape est la **« Grande Charte » octroyée en 1215 par Jean sans Terre à ses barons** (par cette Charte, il s'engage à leur demander leur accord pour lever des impôts). L'assemblée des barons forme le Conseil du roi. Elle deviendra la Chambre des Lords tandis que la Chambre des communes naîtra de l'assemblée des bourgeois (représentants des villes et des bourgs) créée comme contrepoids à l'assemblée des barons.

Mais le véritable acte de naissance se situe au XVIIe siècle. Il est le résultat des révolutions de 1640 et 1688 au cours desquelles le Parlement se rebelle contre l'absolutisme royal et qui conduisent à **l'établissement d'une monarchie parlementaire et à la séparation des pouvoirs exécutif et législatif. La Déclaration des droits *(Bill of Rights)* acceptée par le roi en 1689 réorganise les pouvoirs** :

- elle établit le vote annuel de l'impôt par le Parlement, permettant ainsi à ce dernier de se réunir régulièrement ;
- le roi ne peut plus légiférer par voie d'ordonnances ou suspendre l'application de la loi. **Le Parlement devient le détenteur exclusif du pouvoir législatif.**

Au XVIIIe **siècle apparaît la notion de responsabilité politique du Premier ministre et du Cabinet devant la Chambre des communes.** En fait, ces règles ne rentrent vraiment définitivement dans les mœurs politiques qu'au début du XIXe siècle.

Avec la démocratisation du régime, la Couronne et la Chambre des Lords vont connaître un déclin inexorable au profit de la Chambre des communes et du Premier ministre. Mais **c'est la structuration de la vie politique autour de deux partis qui va modeler le fonctionnement des institutions**.

C'est pourquoi, avant d'aborder le fonctionnement des institutions politiques de la Grande-Bretagne, il faut étudier son système de partis.

SECTION I
Le bipartisme

191 Il se caractérise par **la domination de la vie politique britannique par deux grands partis**, le parti conservateur *(British Conservative Party)* et le parti travailliste *(Labour Party)*. **Le bipartisme tient largement au mode de scrutin utilisé** : le scrutin uninominal majoritaire à un tour. La vertu du bipartisme est de favoriser **un système politique stable et équilibré**.

§ 1. Les deux grands partis politiques

192 Si le bipartisme est une constante de la vie politique anglaise, ses composantes ont évolué depuis le **XVIIe siècle** : le parti *tory* est devenu le parti conservateur tandis que le parti *whig*, devenu le parti libéral, a été supplanté au XXe siècle par le parti travailliste, issu du mouvement syndical (les *trade-unions*).

A) Le parti conservateur

193 Les adhérents du parti conservateur se recrutent dans les couches moyennes et supérieures de la population mais son électorat est nettement plus large.

En effet, **le parti conservateur est moins le représentant d'une classe sociale que de certaines valeurs** : favorable au libéralisme économique et opposé à l'État-providence, il défend des valeurs élitistes et traditionnelles. Cependant, il n'est pas un parti uniforme. La question européenne le divise et, à côté d'un courant libéral et modéré, pro-européen, dont était issu l'ancien Premier ministre John Major (1990-1997), le courant ultra-conservateur et antieuropéen s'est renforcé sous l'ère Thatcher (Premier ministre de 1979 à 1990).

La structure du parti conservateur est dominée par son leader, élu par le groupe parlementaire. C'est lui qui exerce la direction politique du parti et lui impose ses choix.

B) Le parti travailliste

194 Historiquement, **le parti travailliste est issu du mouvement syndical**. Ses liens avec les syndicats sont toujours très forts et marquent son mode de fonctionnement.

La majorité des adhésions au parti travailliste est indirecte : elle découle quasi automatiquement des adhésions aux syndicats affiliés au parti. Ainsi, le parti travailliste comprend environ sept millions d'adhérents.

Dans son organisation, le parti travailliste est plus structuré que le parti conservateur. **Les syndicats qu'il regroupe jouent un rôle important**, à la mesure de la force qu'ils représentent en tant que source d'adhérents et de financement. Ainsi, ils ont une place importante au sein du collège électoral qui désigne le leader du parti.

Au niveau politique, leur influence se retrouve dans la défense de la classe ouvrière mais, si l'ancrage à gauche du parti est plus marqué en période d'opposition, il demeure cependant **un parti social-démocrate, respectueux des institutions**.

Incontestablement, le parti travailliste est plus pro-européen que le parti conservateur, comme en témoigne « la bonne volonté » affichée par le Premier ministre Tony Blair (1997-2007) dans les négociations européennes. Cependant, dans un pays fortement eurosceptique, cette « bonne volonté » n'a pas suffi au Premier ministre pour intégrer le Royaume-Uni, comme il l'avait annoncé, à la zone euro. Également plus social, le parti travailliste n'en défend pas moins le libéralisme et la concurrence.

Enfin, après leur retour au pouvoir en 1997, les travaillistes ont favorisé une certaine reconnaissance des « nationalismes » écossais et gallois. Ces derniers ont approuvé par référendum la création de Parlements régionaux autonomes désormais élus et en activité.

§ 2. L'influence déterminante du mode de scrutin

195 Parce qu'il incite les électeurs à voter utile, le scrutin uninominal à un tour « cadenasse » la vie politique anglaise autour des deux grands partis et empêche l'émergence d'une troisième force politique.

Le scrutin uninominal à un tour, dont les effets ont déjà été étudiés (voy. *supra,* n°s 112 et s., les modes de scrutin), mérite cependant quelques rappels.

Avec ce mode de scrutin, **est élu, à l'issue du tour unique, le candidat qui a obtenu le plus grand nombre de voix**.

Il présente plusieurs caractéristiques fortes :

Le tour unique empêche les alliances électorales, ne laisse pas aux électeurs de seconde chance de choisir un candidat et favorise ainsi **l'expression d'un vote utile**.

En effet, parmi les candidats proches de ses idées, l'électeur a naturellement tendance à voter pour celui qui a le plus de chances d'être élu (puisque de toute façon le vote en faveur d'un « petit » candidat serait un vote perdu), ce qui **favorise les deux grandes formations politiques**.

De plus, **le scrutin a un effet amplificateur sur la victoire** : le résultat des élections en sièges est disproportionné par rapport aux résultats en voix.

Cet effet amplificateur, qui bénéficie aux deux partis dominants, explique **l'incapacité du troisième parti, le parti libéral, à accéder au pouvoir** (du moins sans en passer par une alliance de gouvernement). Lors des deux élections de 1974, avec un nombre de suffrages qui dépassait ou approchait la moitié des suffrages obtenus par le parti vainqueur, le parti libéral n'a recueilli que le vingtième des sièges. Si le scrutin uninominal à un tour est étroitement associé au bipartisme, paradoxalement, ce ne sont pas les troupes du parti conservateur et du parti travailliste qui font la décision lors des élections.

En effet, **l'élection se joue sur les indécis**. Les travaillistes et les conservateurs britanniques ayant un électorat stable, **ce sont les indécis, la partie « flottante » de l'électorat, qui fait la différence**.

Aux yeux des Britanniques, ces inconvénients sont marginaux dans la mesure où l'essentiel est de dégager une majorité parlementaire de soutien au gouvernement. **La justice électorale passe après l'efficacité.**

En définitive, le scrutin uninominal à un tour **favorise le développement du bipartisme qu'il protège en éliminant les petits partis**.

§ 3. Les effets du bipartisme

196 Le bipartisme assure la stabilité gouvernementale et favorise l'alternance.

A) La stabilité gouvernementale

197 Le scrutin uninominal à un tour et le bipartisme qui en résulte, **permettent de dégager des majorités parlementaires stables s'appuyant sur un seul parti** (qui est d'ailleurs parfois obligé de s'allier avec un plus petit pour obtenir la majorité). **Le leader du parti victorieux devenant Premier ministre, son gouvernement bénéficie du soutien de la Chambre des communes** (du moins de sa majorité). Il possède alors une marge de manœuvre importante pour mettre en œuvre sa politique.

Le bipartisme permet donc **d'assurer une grande stabilité gouvernementale**.

Se pose alors la question de savoir comment le bipartisme se traduit dans le fonctionnement des mécanismes de mise en jeu de la responsabilité gouvernementale.

En théorie, le gouvernement peut demander la confiance des Communes, mettre ainsi en jeu sa responsabilité politique et, le cas échéant, être renversé. Mais, en pratique, le bipartisme écarte cette menace par le soutien fidèle de la majorité qu'il organise. Certes, il arrive fréquemment que des projets gouvernementaux de moindre importance soient repoussés et que le Cabinet se retrouve en minorité. Il s'agit cependant de désaccords ponctuels qui ne traduisent pas une perte de confiance des Communes.

De même, **le gouvernement est « hors de portée » d'une motion de censure** (à l'initiative des députés) **qui l'obligerait à démissionner**.

Depuis un siècle, seuls deux Cabinets ont été renversés par les Communes (le dernier en date étant celui de James Callaghan en 1979, à la suite du vote d'une motion de censure).

Seules des circonstances exceptionnelles peuvent expliquer de telles crises : l'absence d'un parti majoritaire aux Communes et la défection d'un parti d'appoint ou une division irréductible au sein du parti majoritaire.

En effet, **le plus grand danger pour le Premier ministre vient de sa propre majorité** (voy. *infra*, n° 211).

B) L'alternance

198 Le bipartisme favorise **l'alternance au pouvoir**. L'existence des deux grands partis, alternativement majoritaires, permet d'assurer **des alternances sereines dans le respect du jeu démocratique**. Depuis la Seconde Guerre mondiale, il y a eu sept fois alternance au pouvoir entre les travaillistes et les conservateurs (même si ce jeu a plutôt profité aux conservateurs qui ont exercé le pouvoir plus de 37 ans contre 27 aux travaillistes), la dernière en date étant celle de 2010 avec l'arrivée au pouvoir du Premier ministre conservateur David Cameron

après treize années de gouvernement travailliste (Tony Blair de 1997 à 2007, Gordon Brown de juin 2007 à mai 2010). Cependant, cette dernière alternance a pris une forme particulière puisque, à défaut d'une majorité suffisante, les conservateurs ont dû s'allier aux libéraux-démocrates (plutôt de centre-gauche et aux valeurs assez éloignées de celles des conservateurs) pour pouvoir former un gouvernement de coalition (une première depuis la Seconde Guerre mondiale).

L'alternance est un élément institutionnalisé du jeu politique britannique, contrairement à ce qui se passe en France où elle est plutôt ressentie comme une rupture. L'alternative offerte aux électeurs **oblige les partis à faire preuve d'encore plus de crédibilité**. Ainsi, le parti au pouvoir sait qu'il sera jugé sur le programme qui l'a fait élire et qu'il va s'efforcer de mettre en œuvre. Le parti d'opposition sait qu'il lui faudra élaborer un projet de gouvernement crédible, réaliste et pourtant attractif, pour conquérir le pouvoir. C'est ce qui explique le recentrage du parti travailliste après une période de radicalisation à gauche qui lui ôtait toute perspective de victoire.

Le parti d'opposition doit offrir un programme de rechange, il doit aussi être prêt à gouverner. C'est à cela que correspond le « *Shadow Cabinet* » (Cabinet fantôme), contre-gouvernement au sein duquel des personnalités du parti d'opposition se répartissent des portefeuilles ministériels fictifs.

SECTION II
Les institutions

199 Parmi les institutions, la Couronne ne conserve plus aujourd'hui qu'un rôle et un statut symboliques. On pourrait en dire de même de la Chambre des Lords. **C'est la Chambre des communes et le Premier ministre qui détiennent le pouvoir politique.**

Les rapports entre les institutions ne sont pas définis dans une Constitution écrite, comme dans les autres grands pays démocratiques, mais relèvent d'**une Constitution coutumière**. Non écrite et souple, elle peut être révisée selon la procédure utilisée pour les lois ordinaires. Il n'existe pas non plus de contrôle de constitutionnalité des lois. Ceci prouve la grande confiance des Britanniques dans la force démocratique du régime. Toutefois, sous l'effet du droit européen, le contexte constitutionnel britannique connaît d'importantes mutations. Ainsi, le principe de souveraineté du Parlement qui empêche toute juridiction d'écarter ou d'annuler une loi connaît une érosion progressive avec la possibilité pour les juges britanniques d'écarter des lois contraires au droit de l'Union européenne (depuis l'arrêt *Factortame de 1991)* ou de déclarer des lois incompatibles avec les droits reconnus par la Convention européenne de sauvegarde des droits de l'Homme et des libertés fondamentales (avec l'adoption du *Human Rights Act 1998)*. De même, le principe de l'absence de distinction entre lois ordinaires et constitutionnelles s'estompe progressivement avec un nombre croissant de lois matériellement constitutionnelles. À tel point que les britanniques réfléchissent à l'opportunité de se doter d'une Constitution écrite (voy. encadré ci-dessous). Les mutations concernent aussi les institutions avec diverses réformes menées depuis 1997 (abolition du droit automatique des Pairs de siéger à la Chambre des Lords, processus de Dévolution, création de la Cour suprême, rationalisation du système parlementaire).

E10 **Le Royaume-Uni va-t-il se doter d'une Constitution ?**

Le 3 avril 2013, la Commission pour la réforme politique et constitutionnelle de la Chambre des Communes a rendu public un rapport sur la pertinence d'une convention pour une constitution en Grande-Bretagne. Dans un pays de Common law comme le Royaume-Uni, l'idée même est révolutionnaire. A l'origine de ce rapport, l'accélération du processus de « devolution » (transfert progressif de pouvoirs aux territoires fédérés du Royaume-Uni ; l'Ecosse pourrait être amenée à se prononcer sur son indépendance par référendum en 2014) entamé avec Tony Blair en 1997. C'est ce processus qui a soulevé des questions constitutionnelles inédites.
Le rapport propose plusieurs options. D'abord, une convention pour fédéraliser le pays. Mais son objet serait réduit car le mouvement fédéraliste ne concerne en réalité que l'Écosse et le Pays de Galles. Ensuite, une convention pour rationaliser l'ordre juridique. L'objet serait alors assez technique et une simple Commission pourrait suffire. Enfin, une convention pour se donner une constitution. Cette option seule permettrait de trancher les débats récurrents qui animent la société anglaise sur les droits de l'homme, la gestion du territoire et l'organisation des pouvoirs. Quant à la méthode pour mettre en œuvre cette option, elle consisterait à organiser des assemblées (citoyennes d'une part, constituante d'autre part) ayant pour mandat d'élaborer les nouveaux termes du contrat social (sur un point particulier pour les assemblées citoyennes, sur toute la constitution pour la constituante). Cette méthode est marquée par la volonté d'impliquer le peuple source de la légitimité aujourd'hui défaillante. Enfin, un référendum pourrait être organisé pour ratifier le travail de la Convention.

§ 1. La Couronne

200 La Couronne est transmise selon le principe héréditaire, au sein de la dynastie des Windsor. Le monarque actuel est Élisabeth II, qui a accédé au trône en 1952.

Les Britanniques restent très attachés à l'institution de la Couronne et à la personne de la reine, même si les scandales à répétition qui touchent la famille royale portent atteinte au prestige de l'institution.

La Couronne est le symbole de l'unité et de la cohésion nationale et, au-delà de la Grande-Bretagne, de l'unité de l'ensemble du *Commonwealth* dont la reine est le chef.

Le monarque étant par principe politiquement irresponsable (« le Roi ne peut mal faire »), **il a perdu tout pouvoir politique.** Il n'exerce donc aucune influence sur la conduite des affaires publiques et observe une stricte neutralité. Ainsi, **le Discours du Trône** qui ouvre chaque session de la Chambre des communes est prononcé par le monarque mais écrit par le Premier ministre qui fait connaître à cette occasion son programme à court et moyen terme.

Les nombreux pouvoirs de la Couronne, les « prérogatives royales », ne sont que nominaux. Ils sont tous soumis au contreseing du Premier ministre et des ministres concernés.

Quant au pouvoir de **nomination du Premier ministre**, le bipartisme enlève au monarque toute marge de manœuvre : **il doit choisir le leader du parti majoritaire** et nommer les ministres que celui-ci a choisis.

§ 2. Le Parlement

201 Il est bicaméral. Mais ce **bicaméralisme est inégalitaire** dans la mesure où la Chambre des communes détient la quasi-exclusivité du pouvoir législatif.

A) La Chambre des Lords

202 **Sa composition est révélatrice de son caractère anachronique** dans une démocratie. La fonction de membre n'est pas liée à l'exercice d'un mandat électoral. Elle comprend en effet 92 Lords héréditaires (depuis une loi de novembre 1999 qui a réduit leur nombre de 85 %) – ils sont élus pour la première fois par leurs semblables –, environ 530 pairs nommés à vie (depuis la réforme Blair de 1999) auxquels il faut ajouter les « Lords spirituels » (archevêques et évêques) et, jusqu'à l'entrée en vigueur de la réforme constitutionnelle de 2005 (voy. ci-dessous), des Lords d'« appel » (hauts magistrats).

Sur les 642 membres qui composent la Chambre, moins de la moitié participe réellement à ses travaux.

La Chambre des Lords a perdu tout pouvoir politique. Le déclin de son influence s'est amorcé au XIXe siècle mais c'est au xxe que **ses pouvoirs ont été véritablement réduits par les *Parliament Acts* de 1911 et 1949**.

En matière financière, la Chambre des Lords n'a aucune possibilité de s'opposer à la volonté de la Chambre des communes : les textes législatifs en matière financière entrent en vigueur un mois après leur adoption par les Communes et ce, quelle que soit l'attitude de la Chambre des Lords.

La Chambre des Lords conserve, dans les autres matières législatives, un droit de « veto suspensif » d'un an : la Chambre des communes pourra lever le veto des Lords si elle adopte à nouveau le même texte un an plus tard. La Chambre des Lords dispose là d'un moyen de retarder l'adoption d'un projet mais elle utilise ce moyen de pression avec prudence.

Enfin, **les Lords n'ont pas de pouvoir de contrôle sur le gouvernement**, si ce n'est par le biais du système des questions au gouvernement.

Pour des raisons historiques, la Chambre des Lords jouait également le rôle d'instance judiciaire, siégeant en formation restreinte de neuf « Lords d'appel » (*l'Appellate Committee*) qui reçevait tous les recours contre les arrêts en matière civile et criminelle (en 1998, elle s'est prononcée en appel contre la décision de la Haute Cour de Londres d'accorder l'immunité diplomatique au général Pinochet, ex-dictateur chilien). Face à une opinion publique de plus en plus réticente à ce que la plus haute juridiction britannique fasse partie intégrante du pouvoir législatif mais aussi pour éviter une condamnation de la Cour européenne des droits de l'homme (du fait de la position particulière des *Law Lords* ayant des fonctions à la fois législatives et judiciaires), le Gouvernement de T. Blair a décidé, dans le cadre de la réforme constitutionnelle de 2005 (*Constitutional Reform Act*), de substituer à l'*Appellate Committee* de la chambre des Lords une Cour suprême (indépendante) dont l'entrée en fonction a eu lieu en 2009.

B) La Chambre des communes

203 Compte tenu du déclin de la Chambre des Lords, **la réalité du pouvoir législatif appartient à la Chambre des communes**. Par ailleurs, elle assure **le contrôle du gouvernement.** La portée de ses pouvoirs est cependant limitée par le fonctionnement du bipartisme.

1. L'organisation et le fonctionnement de la Chambre des communes

204 La législature dure cinq ans (depuis 1911). En pratique, elle est souvent interrompue par une dissolution décidée par le Premier ministre pour des raisons de stratégie politique (voy. *infra*, n° 211). Ce système de gouvernement parlementaire resté largement coutumier a été rompu par l'adoption de règles juridiques formalisées dans la loi du 15 septembre 2011 (Fixed Terms Parliaments Act). Celle-ci instaure un mandat fixe de cinq ans pour la Chambre. Des élections anticipées restent possibles mais dans des conditions nouvelles : de telles élections ne pourront désormais être décidées que par l'autodissolution votée à la majorité des deux tiers des députés ou bien tenues de manière automatique dans l'hypothèse où la Chambre, ayant officiellement retiré sa confiance à un Gouvernement ne l'accorde à aucun autre dans le délai de quatorze jours. Cette petite révolution constitutionnelle met fin à l'exercice inconditionné du droit de dissolution de la Chambre des Communes par le Premier ministre.

Les 659 députés sont élus au suffrage universel direct, au scrutin uninominal majoritaire à un tour. Une des principales caractéristiques de l'organisation et du fonctionnement de la Chambre des communes est **la discipline des groupes parlementaires, qui conforte la maîtrise du gouvernement sur le processus législatif**.

Nous examinerons successivement le *Speaker*, l'encadrement des groupes parlementaires, la session (avec les séances et la discussion) et les commissions.

a) Le Speaker

205 Le *Speaker*, président élu de la Chambre des communes, est une **institution originale**. Le principe qui fonde cette fonction et les pouvoirs importants qui l'accompagnent est **l'impartialité**. Cette règle, que respectent les détenteurs de la fonction, explique que ceux-ci soient régulièrement réélus en dépit des changements de majorité.

Les pouvoirs du *Speaker* ne se limitent pas à la présidence des débats et des séances au sein desquelles il est le garant de la bonne tenue des débats. Il organise et dirige le travail législatif. Il peut faire discuter en priorité (parmi les questions examinées par la Chambre) les problèmes qu'il estime urgents ou importants ; il accepte ou refuse les amendements ; il désigne les présidents des commissions et répartit le travail législatif entre elles...

b) L'encadrement des groupes parlementaires

206 Le bipartisme britannique se caractérise par une cohésion et une discipline forte des groupes parlementaires. L'encadrement des groupes est réalisé par les *leaders* qui donnent la direction politique et les *Chief Whip* qui font respecter la discipline.

Cette discipline qui profite traditionnellement au gouvernement s'est quelque peu relâchée ces dernières années. Sur un sujet aussi sensible que l'Europe, la cohésion des groupes est régulièrement malmenée. De même, exceptionnellement, le 18 mars 2003, 135 députés travaillistes n'ont pas suivi T. Blair à l'occasion du vote l'autorisant à déclencher la guerre contre l'Iraq.

c) La session, les séances, la discussion

207 La chambre des communes siège 160 jours par an, en quatre sessions (même si formellement elles se prolongent presque toute l'année).

Le travail parlementaire est organisé en séances dont l'ordre du jour est fixé par le *leader* de la Chambre qui est un membre du Cabinet chargé des relations avec celle-ci. **Le gouvernement apparaît donc comme le véritable maître d'œuvre du travail parlementaire.**

Après les questions orales posées au gouvernement (qui ouvrent la séance), **viennent en discussion les projets législatifs inscrits à l'ordre du jour**. Ils font l'objet de trois lectures.

Pour améliorer l'efficacité du travail législatif, des procédures permettent d'accélérer la discussion des textes : le procédé dit de la « guillotine » (limitation du temps de parole) ou celui dit du *« kangaroo »* (possibilité donnée au *Speaker* d'opérer un tri entre les amendements proposés par les députés).

À la différence de la pratique observée à l'Assemblée nationale en France, la présence des membres des Communes au moment du vote est cruciale. En effet, **le vote est personnel et ne peut donc être délégué. La discipline de vote** permet au gouvernement de faire adopter ses projets.

d) Les commissions

208 Il existe deux types de commissions, les commissions législatives (commission de la Chambre entière et commissions permanentes) et les commissions de contrôle (les *select committees*).

Pendant longtemps, le travail législatif s'est préparé au sein de **la commission de la Chambre entière**. Cette commission consiste en une réunion de la Chambre des communes en séance spéciale (et informelle, hors la présence du *Speaker*) pour étudier des projets. Elle est aujourd'hui réservée à l'examen du projet de budget et à des projets de lois importants.

Les autres textes sont examinés par les **commissions permanentes**, au nombre de dix. Leur composition (50 membres au maximum) reflète celle des Communes. **Non spécialisées** dans un domaine particulier, **elles ne sont pas non plus réellement permanentes** (leur composition change pour l'examen de chaque nouveau texte).

Cette méfiance envers la spécialisation et la permanence des commissions vient **du risque de concurrence ou d'interférence entre les commissions et certains domaines de l'action gouvernementale**.

Somme toute, l'existence d'une majorité stable ôte une bonne partie de leur intérêt aux propositions et aux réflexions formulées par ces commissions.

Les commissions de contrôle *(select committees)*, créées en 1979, ont pour mission **d'examiner l'action et la gestion des départements ministériels**. Elles disposent de moyens d'investigation importants dont celui d'entendre les personnes concernées par une affaire (hauts fonctionnaires ou ministres sur autorisation de la Chambre).

2. Les pouvoirs des Communes

209 En premier lieu, les Communes votent la loi. Or, comme il n'y a pas de Constitution écrite qui définisse le domaine de la loi, le champ d'application de cette compétence est *a priori* illimité. Mais **des limites coutumières se sont imposées** :

- si les parlementaires ont le pouvoir de soumettre à la Chambre des propositions de lois *(private member's bill)*, **la coutume veut que l'initiative législative soit laissée au gouvernement** (90 % des lois sont d'origine gouvernementale). Ceci vient en partie du fait que l'inscription d'un texte à l'ordre du jour, passage obligé pour sa discussion et son éventuelle adoption, relève du bon vouloir du Cabinet (l'ordre du jour est fixé par le *leader* de la Chambre, membre du Cabinet) ;
- **l'opposition dispose d'un droit d'initiative en matière législative** : à chaque session, vingt séances sont réservées à ses propositions. Pourtant, compte tenu de la domination du parti au pouvoir sur la Chambre, force est de constater que ces dernières ont peu de chance d'aboutir ;
- en matière financière, les Communes ne peuvent créer de dépenses nouvelles ou augmenter des dépenses déjà existantes.

En deuxième lieu, comme indiqué ci-aval, les Communes exercent un contrôle sur le gouvernement par le biais des *select committees* mais aussi du système des questions.

Le système du *question time* **est révélateur du statut privilégié dont bénéficie l'opposition en Grande-Bretagne**.

Le début de chaque séance (environ une heure) est réservé aux **questions orales des parlementaires au gouvernement**. La démarche n'est pas spontanée puisque les questions sont communiquées à l'avance au gouvernement. Cependant, le caractère quotidien du *question time* et le nombre très important de questions posées à cette occasion (plusieurs milliers chaque année), permettent d'instaurer, non seulement un dialogue entre gouvernement et Communes (ce dialogue est de toute façon permanent grâce au bipartisme), mais aussi et surtout **un contrôle d'une rare densité et intensité sur l'activité gouvernementale.**

Le système retrouve sa spontanéité à l'occasion des **« questions complémentaires »** posées au Premier ministre. Ces questions, d'ordre général, qui par définition s'ajoutent aux questions prévues, **obligent le Premier ministre à un dialogue et à des réponses plus spontanées. L'opposition tient là un instrument redoutable de mise en cause de la politique gouvernementale.**

En dernier lieu, comme déjà indiqué, les Communes ont **la capacité**, du moins en théorie, de **mettre en jeu la responsabilité politique du gouvernement** et, le cas échéant, de le renverser. En pratique, l'exercice de cette compétence est paralysé par le jeu du bipartisme et du soutien sans faille que le groupe parlementaire majoritaire offre au gouvernement.

§ 3. Le Premier ministre et le Cabinet

210 Ils sont au cœur du pouvoir politique. Forts du soutien discipliné de la majorité des Communes, ils exercent un pouvoir presque sans partage.

A) Le Premier ministre

211 **Le monarque désigne comme Premier ministre le leader du parti victorieux des élections et, plus généralement, le leader du parti majoritaire aux Communes.** La nomination, à la suite d'élections générales, donne une légitimité incontestable au Premier ministre. Mais il n'en reste pas moins que **ce sont les partis qui, en quelque sorte, proposent leurs leaders aux électeurs**.

Si le Premier ministre démissionne, il revient à son parti de désigner son successeur. Plus précisément, le parti majoritaire désigne son nouveau leader qui est ensuite nommé Premier ministre (voy. l'exemple de G. Brown, ministre des Finances du gouvernement Blair qui, à la suite de la démission de ce dernier, a été désigné par le parti travailliste comme son nouveau leader, puis nommé Premier ministre en juin 2007). Investi de la confiance du parti, il manque à ce Premier ministre la confirmation par les électeurs. C'est pourquoi le Premier ministre nouvellement nommé choisit assez rapidement de dissoudre la Chambre (sauf si l'échéance des élections est proche). Cependant, ce droit de dissolution lui a été retiré par la loi du 15 septembre 2011 (voy. ci-dessous).

Le Premier ministre et son parti sont dépendants l'un de l'autre. Le parti peut occuper le pouvoir grâce à un leader qui a remporté les élections sur son nom. Quant au Premier ministre, il a été désigné comme tel en tant que leader du parti majoritaire. Ce n'est pas un hasard si **le chef du gouvernement est essentiellement responsable devant son parti. Il s'agit de la contrepartie au soutien généralement sans faille que ce dernier lui accorde pour pouvoir gouverner.**

Cela signifie aussi que, si le Premier ministre ne bénéficie plus de ce soutien, s'il est contesté au sein de son parti, il en tire les conclusions en démissionnant (c'est ce qu'a fait Margaret Thatcher en 1990).

Les compétences qu'il détient assurent au Premier ministre une autorité incontestable sur le Cabinet. **Il détermine sa composition (c'est-à-dire qu'il nomme et révoque les ministres) et dirige son action (il préside les réunions, fixe l'ordre du jour, contrôle l'action des ministres et maîtrise les sujets sensibles). Par ailleurs, il a autorité sur l'administration, les armées et conduit les relations internationales.**

Enfin, le Premier ministre disposait, jusqu'à la loi du 15 septembre 2011, du pouvoir discrétionnaire (sans condition) de dissoudre la Chambre des communes.

La dissolution n'a pas la même signification que dans le système français. En France, elle permet un **arbitrage par le peuple** en cas de conflit entre le gouvernement et l'Assemblée nationale). **En Grande Bretagne**, il s'agit plutôt d'**un élément de la stratégie politique ou plus simplement électorale, du Premier ministre et de son parti**. À l'approche de la fin de la législature ou lorsque sa situation politique est particulièrement difficile, voire compromise, celui-ci peut saisir le moment le plus opportun (une amélioration de la conjoncture économique, un succès de politique étrangère) pour dissoudre les

Communes et provoquer des élections anticipées. Il espère ainsi, profitant d'un moment plus favorable, inverser ce qui paraissait être encore une défaite inéluctable quelques semaines plus tôt. **Ce système est quasiment institutionnalisé puisque rares sont les législatures qui durent cinq ans. C'est précisément pour mettre fin à cette pratique et rationaliser le système parlementaire de gouvernement que la loi du 15 septembre 2011 a retiré au Premier ministre son pouvoir discrétionnaire de dissolution de la Chambre des communes au profit d'un mécanisme de dissolution dont la Chambre elle-même est l'acteur clé** (voy. *supra*, n° 204).

B) Le Cabinet et le gouvernement

212 Le Premier ministre choisit les membres du gouvernement essentiellement au sein des Communes (et parfois des Lords). Ce recrutement quasi exclusif s'explique par le fait que les ministres n'ont accès qu'à la Chambre dont ils font partie (un ministre non-parlementaire ne peut donc pas accéder au Parlement).

Le gouvernement est une machine très lourde qui comporte une centaine de membres. **C'est un organe collégial** (les décisions sont prises par tous les membres), **solidaire** (les ministres assument tous les décisions prises) **et hiérarchisé**. Sa cohésion est aussi garantie par le fait que tous ses membres viennent du même parti.

Au sommet de la structure gouvernementale, on trouve le Cabinet (une vingtaine de personnes) dont les membres sont choisis par le Premier ministre parmi **ceux qui occupent les fonctions les plus importantes au sein du gouvernement** (le Chancelier de l'Échiquier qui est le ministre des Finances, le secrétaire d'État au *Foreign Office* en charge des affaires étrangères…). Ceci dit, la composition du Cabinet peut aussi obéir en partie à des **considérations d'équilibre politique**.

Le Cabinet est **l'organe de délibération collégial du gouvernement au sein duquel est élaborée et définie la politique gouvernementale, sous l'autorité du Premier ministre**.

L'existence d'une majorité parlementaire stable et disciplinée assure au Cabinet une marge de manœuvre considérable et en fait le cœur du pouvoir politique.

Faisant partie du gouvernement mais pas du Cabinet, on trouve des ministres pourvus d'un portefeuille ministériel d'importance secondaire, des ministres sans portefeuille, des secrétaires et des sous-secrétaires d'État (en général de jeunes parlementaires en « formation ») ainsi que les *Whips* (chargés de la discipline et de l'encadrement du groupe parlementaire) de la majorité.

C) Les pouvoirs du Cabinet

213 Les pouvoirs dont dispose le Cabinet sont extrêmement importants, autant en matière exécutive que législative.

1. Les pouvoirs dans le domaine exécutif

214 Le premier de ces pouvoirs consiste **dans la définition et la mise en œuvre de la politique de la nation**. Pour ce faire, il est habilité à prendre toutes les mesures nécessaires.

Il a **autorité** sur l'administration (en réalité, cette autorité est exercée par le chef du gouvernement).

2. Les pouvoirs dans le domaine législatif

215 **La coutume veut que l'ensemble de l'initiative législative soit laissé au gouvernement** (90 % des lois sont d'origine gouvernementale). L'ordre du jour étant fixé par le *leader* de la Chambre, membre du Cabinet, **la maîtrise législative du gouvernement est quasi totale**.

Le soutien discipliné de la majorité le met à l'abri de toute surprise. **Les Communes en sont réduites au rôle de chambre d'enregistrement des projets du Cabinet.**

Le Parlement peut aussi déléguer une partie de son pouvoir au Cabinet. Cette procédure permet à l'exécutif de s'affranchir, le temps de la délégation, des pressions du parti majoritaire.

Au terme de cette étude du régime politique britannique, on ne peut que souligner combien le bipartisme et l'existence d'une majorité parlementaire stable et disciplinée confortent l'autorité du Cabinet et, surtout, celle du Premier ministre. Leader du parti majoritaire, il est en principe à l'abri de toute censure. Toutefois, symétriquement, sa dépendance envers son parti constitue une véritable limite à son pouvoir. En outre, avec la perte du droit de dissolution, il est désormais privé d'une arme qui lui avait jusqu'ici assuré les meilleures chances de réélection (ou de victoire de son parti).

E11 **Les élections législatives de mai 2015 : triomphe de D . Cameron et recul du bipartisme**

Contre toute attente, les élections législatives au Royaume-Uni ont permis à D. Cameron, Premier ministre sortant, de conserver son poste et aux conservateurs de remporter la majorité absolue à la Chambre des communes. Cette victoire donne à M. Cameron une autorité décuplée tant sur le plan national qu'européen. Sa stratégie ayant consisté à agiter la crainte du « chaos » économique en cas de victoire du Labour est ainsi couronnée de succès. Cameron va donc pouvoir effectuer, sans avoir recours à une coalition, un second mandat au cours duquel il compte poursuivre sa politique d'austérité pour rétablir l'équilibre des finances publiques du pays et organiser, d'ici à deux ans, un référendum sur le maintien du Royaume-Uni dans l'Union européenne.

Le Labour doit se contenter de 232 sièges, soit 26 de moins que lors de la dernière législature. Loin derrière les conservateurs qui ont remporté 331 sièges, au-delà de la majorité absolue de 326 élus. Le parti travailliste a notamment été laminé en Ecosse, où les indépendantistes du SNP ont raflé 56 des 59 sièges de députés en jeu dans leur région autonome, jusqu'ici considérée comme un fief travailliste.

Ces élections marquent un nouveau recul du bipartisme. En 2010, la première coalition en temps de paix depuis le second après-guerre, nouée entre les conservateurs de Cameron et les lib-dems de Nick Clegg, témoignait de l'affaiblissement du modèle.

L'élection de 2015, bien qu'elle ait permis aux conservateurs d'obtenir une majorité, confirme la fragmentation du champ partisan. Tandis que les lib-dems se sont effondrés (réalisant leur pire performance depuis 1970), les autres partis ont doublé leur part en comparaison de 2010, l'essentiel de cette progression étant nourrie par la droite radicale du UKIP (+9,6 points), les nationalistes écossais du SNP (+3,1 points) et les Verts britanniques (+2,8 points). Les scores additionnés des deux protagonistes du bipartisme d'après-guerre restent sous la barre des 70 %, pour la troisième fois consécutive depuis les années 2000. Celle des 80 % n'a plus été atteinte depuis 1979, et celle des 90 % depuis 1959.

Bibliographie et lectures pour approfondir

ANTOINE A., « L'avenir de la chambre des Communes à la suite des élections du 6 mai 2010 », *RFDC*, 2011/4, n° 88, p. 733 ; ANTOINE A., « La réforme de la Chambre des Lords : chronique d'une révolution au long cours (1999-2007) », *RDP*, 2008, n° 124, p. 1333 ; DE BEAUSSE DE LA HOUGUE C., « Un aspect des réformes constitutionnelles au Royaume-Uni : la disparition du Lord Chancelier. D'une Constitution non écrite à une Constitution écrite ? », *RFDC*, 2005, n° 62, pp. 291-310 ; BELL J., « Les évolutions constitutionnelles au Royaume-Uni », *RDP*, 2000, p. 413 ; CHARLOT M., *Le système politique britannique*, 2e éd., 1984 et *Le pouvoir politique en Grande-Bretagne*, 1998 ; COLLIARD J.-Cl., « La désignation du Premier ministre en régime parlementaire », in *Mél. G. Burdeau*, 1977, p. 87 ; GOVOROFF M., « Le débat sur la réforme électorale en Grande-Bretagne depuis 1974 », *RDP*, 1986, p. 1043 ; HAMON F., « Référendum et réforme électorale au Royaume-Uni : le rejet du vote alternatif », *RFDC*, 2011/4, n° 88, p. 759 ; JOURNÈS Cl., *L'État britannique*, 5e éd., 1994 ; LAIRG I., « Le législateur, la liberté et le droit : le système britannique et le système français », *D.*, 2003, n° 31, pp. 2103-2108 ; LERUEZ J., *Gouvernement et politique en Grande-Bretagne*, 1989 ; *Rev. Pouvoirs*, 2000, n° 93, *Le Royaume-Uni de Tony Blair*.

CHAPITRE III

Le régime parlementaire allemand

216 **Adoptée à titre provisoire le 23 mai 1949, la Loi fondamentale** de la République fédérale d'Allemagne (c'est-à-dire l'Allemagne amputée de sa partie orientale devenue la République démocratique allemande, pays communiste sous domination de l'Union soviétique), dont le contenu fut en partie imposé par les Alliés, **est encore aujourd'hui en vigueur**.

Conçue dans un esprit de refus des extrémismes mais également en réaction aux imperfections de la République de Weimar (1919-1933), **la Loi fondamentale instaure** :

- **un gouvernement fédéral** (reposant sur des États fédérés puissants, les *Länder*) **censé empêcher toute reconstitution d'un État centralisé fort et, sous-entendu, autoritaire** ;
- **un régime parlementaire rationalisé, afin d'éviter l'instabilité et les déséquilibres entre institutions mais surtout qu'un pouvoir prenne l'ascendant sur les autres** ; la Constitution de Weimar de 1919 avait déjà instauré une République parlementaire, rationalisée et faisant appel à des procédés de démocratie directe. Mais son inspiration libérale (et aussi l'absence de tradition démocratique) avait favorisé l'instabilité gouvernementale et, paradoxalement, permis la montée en puissance du nazisme ;
- **un État de droit** (la notion d'État de droit fut élaborée par les juristes allemands au milieu du XIXe siècle).

Mais la Loi fondamentale a également eu le grand mérite de **laisser la porte ouverte à une possible réunification des deux Allemagne**. En effet, elle prévoyait de s'appliquer aux territoires de l'ancienne Allemagne qui seraient rattachés à la RFA. C'est ainsi qu'aujourd'hui, après l'implosion de la République démocratique allemande en 1989, elle s'applique à l'Allemagne réunifiée. Le traité de Bonn du 18 mai 1990 a mis en place l'union monétaire, économique et sociale et le traité de Berlin du 31 août 1990 a réalisé l'unité politique (les cinq *Länder* de la RDA ont été rattachés à la RFA). Le 3 octobre 1990, la réunification est prononcée officiellement et la Loi fondamentale devient la Constitution de l'Allemagne.

Nous nous intéresserons en premier lieu à l'État de droit, cadre indispensable à l'épanouissement d'institutions démocratiques, avant d'analyser le système institutionnel et le système politique allemand.

SECTION I
L'État de droit

217 Plus que n'importe quel pays, la RFA d'après-guerre se devait de donner des gages de stabilité aux autres nations. Seule la démocratie pouvait lui assurer cet équilibre. C'est pourquoi la Loi fondamentale consacre de nombreux articles à définir les règles et principes d'un État de droit. Ce dernier repose non seulement sur la consécration de droits fondamentaux mais aussi sur l'existence d'une Cour constitutionnelle chargée de contrôler le respect de la Loi fondamentale.

§ 1. Les droits fondamentaux

218 Consacrés par la Loi fondamentale, les droits fondamentaux proclament **les droits, les libertés des citoyens et leur protection face à l'État**.

Bien que le **caractère rigide de la Loi fondamentale** rende difficile toute révision de ses dispositions (nécessité d'un vote à la majorité des deux tiers des membres de chaque chambre), **celles relatives aux droits fondamentaux sont intouchables. En effet, les 20 premiers articles de la Loi fondamentale, qui leur sont consacrés, ne peuvent être révisés.**

Pour autant, ces droits n'ont de valeur que dans la mesure où **ils s'imposent aux différents pouvoirs**. Ainsi, l'article 1 alinéa 3 de la Loi fondamentale énonce que les droits fondamentaux « lient le pouvoir législatif, le pouvoir exécutif et le pouvoir judiciaire à titre de droits directement applicables ».

De même, le citoyen ne pourra faire respecter ses droits vis-à-vis de l'État et du pouvoir que s'il peut faire appel à une autorité indépendante. C'est pour cela que la Loi fondamentale s'efforce de garantir **l'indépendance des juges**.

Enfin, il est important de signaler que **toute limitation ou restriction à l'exercice de certaines libertés ou droits n'est pas exclue. Si l'intérêt public l'exige, une loi peut prévoir de telles restrictions. Toutefois, l'atteinte aux droits créée par ces restrictions ne doit pas excéder ce qui est nécessaire pour préserver l'intérêt public en cause. Autrement dit, la restriction doit être proportionnée au but poursuivi.** La formule du juriste allemand Jellinek résume la question : « Le problème de la proportionnalité est de savoir si l'on n'a pas tiré sur des moineaux avec un canon ».

§ 2. La Cour constitutionnelle fédérale, garante de l'État de droit

219 La Loi fondamentale est la norme suprême de l'ordre juridique allemand. La Cour constitutionnelle (qui siège à Karlsruhe) est chargée de veiller à son respect.

La moitié des 16 membres de la Cour est élue par le *Bundestag* et l'autre moitié par le *Bundesrat*. Ces juges, qui sont en général des juristes choisis en dehors des organes législatifs et exécutifs, sont titulaires d'un mandat de douze ans.

La Cour doit remplir trois types de mission :

- En premier lieu, elle est chargée de **contrôler la constitutionnalité des lois fédérales et fédérées, mais aussi des règlements** émanant de l'exécutif (dans certaines procédures). À cet effet, elle peut être **saisie directement** par le gouvernement fédéral, le gouvernement d'un *Land*, un tiers des membres du *Bundestag*. **Ce contrôle par voie d'action est dit « abstrait » dans la mesure où il porte sur des normes et non sur un litige concret.** Le contrôle peut aussi intervenir **dans le cadre d'une exception d'inconstitutionnalité**, c'est-à-dire lorsque la Cour est saisie par un tribunal d'une question de constitutionnalité (concernant exclusivement une loi) soulevée devant lui à l'occasion d'un litige ordinaire. Ce contrôle est dit **« concret »**. Cette saisine par voie d'exception peut être l'occasion de censurer une inconstitutionnalité contenue dans une loi qui n'a pas été déférée à la Cour par les autorités politiques (parfois volontairement) au titre du contrôle par voie d'action. Ainsi les contrôles par voie d'action et par voie d'exception se complètent pour former un système rigoureux qui ne laisse guère passer d'inconstitutionnalités. Enfin, la saisine de la Cour est également ouverte aux citoyens : **tout citoyen qui estime qu'une loi, un acte administratif ou une décision de justice porte atteinte à ses droits fondamentaux peut**, une fois écoulé un délai d'un an depuis l'entrée en vigueur de la loi et à condition d'avoir épuisé les autres voies de recours, **saisir directement la Cour**. Cette voie de droit est appelée le **« recours constitutionnel »**. La déclaration d'inconstitutionnalité d'une loi **entraîne son annulation.**
- En second lieu, elle est chargée de **contrôler la conformité du droit fédéré au droit fédéral ou, plus exactement, le respect de la répartition des compétences fédérales et fédérées**. Ainsi, elle peut être amenée à arbitrer un litige entre l'État fédéral et un *Land*, ou entre les autorités fédérales, ou entre deux *Länder*.
- En dernier lieu, **elle peut intervenir pour défendre les grands principes de la démocratie allemande**. Ainsi, elle est compétente pour **prononcer l'interdiction d'un parti politique** dont la philosophie et/ou le programme iraient à l'encontre des valeurs démocratiques (cette disposition est inspirée par la crainte des partis extrémistes, notamment fascistes et communistes). De même, elle est compétente pour juger le Président de la République.

SECTION II
Le système institutionnel

220 L'État allemand est organisé sous une forme fédérale. Dans ce cadre, les rapports entre le pouvoir exécutif et le pouvoir législatif sont rationalisés afin de favoriser un équilibre institutionnel qui, par le passé, a fait défaut à l'Allemagne.

§ 1. Le fédéralisme allemand

221 Comme mentionné plus haut, l'Allemagne s'est dotée à l'issue de la Seconde Guerre mondiale, avec les encouragements des Alliés, d'un gouvernement

fédéral censé empêcher toute reconstitution d'un État centralisé fort et potentiellement dangereux pour les libertés.

La forme fédérale de l'État étant considérée comme un gage de démocratie, la Loi fondamentale prévoit que cette forme **ne peut faire l'objet d'une révision constitutionnelle**.

A) Les relations institutionnelles

222 La structure du fédéralisme allemand comprend un État fédéral (le *Bund*) et 16 États fédérés (les *Länder* : 11 dans la partie occidentale plus les 5 *Länder* de l'ex-RDA).

Les relations des *Länder* avec le *Bund* sont placées sous le double principe **d'autonomie et de participation**.

Comme indiqué ultérieurement, l'instrument de cette participation est le *Bundesrat* (voy. *infra*, n° 229). On peut simplement signaler que, depuis la révision constitutionnelle de 1992 (à l'occasion de l'approbation du traité de Maastricht), **les *Länder* ont obtenu, par le biais du *Bundesrat*, un droit de regard sur la politique communautaire** (le *Bundesrat* est tenu informé des initiatives prises par l'Allemagne et peut faire connaître sa position au gouvernement qui doit en tenir compte).

En ce qui concerne le principe d'autonomie, **les États fédérés sont dotés de l'autonomie dans l'organisation de leur ordre constitutionnel**. Ainsi, ils disposent chacun d'une Constitution, d'un Parlement et d'une Cour constitutionnelle. Ils disposent également d'une autonomie dans la mise en œuvre des dispositions législatives et réglementaires, y compris de la législation fédérale.

La liberté d'organisation et de fonctionnement des *Länder* est seulement limitée par **la nécessité de respecter les droits fondamentaux et, de façon plus globale, l'État de droit**. Ainsi, la Loi fondamentale énonce que : « L'ordre constitutionnel dans les *Länder* doit être conforme aux principes d'un État de droit républicain, démocratique et social… ».

B) La répartition des compétences entre État fédéral et États fédérés

223 Comme toujours en système fédéral, **l'ordre juridique de l'État fédéral se superpose à celui des États fédérés**. Et, comme toujours ou presque, **le droit fédéral s'impose au droit des États fédérés** (avec des nuances).

La Loi fondamentale définit des compétences exclusives et des compétences concurrentes. La répartition de ces compétences, dont la Cour constitutionnelle est chargée de contrôler le respect, a été modifiée par la **loi constitutionnelle du 28 août 2006** (qui a modifié 25 articles de la Loi fondamentale). Cette **réforme du fédéralisme allemand** était considérée comme nécessaire en raison des conflits de compétence entre les *Länder* et l'État fédéral. D'un côté, le *Bundesrat*, seconde chambre du Parlement qui symbolise le pouvoir des États régionaux, a vu progressivement ses prérogatives accrues dans le processus législatif (près de 60 % des lois exigent son accord) avec le risque, pour peu que la majorité dans cette chambre soit différente de celle du Bundestag, d'une paralysie de la machine législative et donc du pouvoir fédéral. De l'autre, malgré le quasi-monopole des *Länder* sur l'administration, c'est-à-dire sur l'exécution des lois, et le fait qu'ils disposent de ressources financières considérables, la Fédération avait tendance à dicter aux *Länder* les règles dans ces matières et à influencer leurs politiques au moyen de ses ressources financières. Pour en finir avec cette confusion des responsabilités, les différentes forces politiques du pays se sont mises d'accord pour réduire les prérogatives législatives du *Bundesrat* et élargir les compétences des *Länder*.

La nouvelle répartition générale des compétences législatives est la suivante :

- les compétences de la Fédération pour adopter des lois-cadres, qui devaient être suivies de l'adoption d'une loi de mise en œuvre par les *Länder*, ont été entièrement supprimées. Cette complication est apparue excessive quand il s'est agi de transposer des directives communautaires. La plupart des compétences concernées ont été transformées en compétences concurrentes (par ex., la fonction publique des *Länder*, voy. ci-après) ;
- les compétences exclusives, c'est-à-dire qui ne peuvent être exercées que par la Fédération ou que par les *Länder*, sont accrues : en matière de police et de lutte contre le terrorisme pour la Fédération ; la police des réunions et manifestations, une partie de l'enseignement supérieur, la fonction publique des *Länder*... au profit des *Länder* ;
- les compétences concurrentes (extrêmement nombreuses, 26 depuis 2006) sont celles qui peuvent être exercées par l'État fédéral ou les *Länder*. Précédemment, il y avait un seul régime applicable : les *Länder* pouvaient les exercer aussi longtemps que la Fédération ne les exerçait pas ; ces compétences pouvaient être exercées par la Fédération dès que cela paraissait souhaitable (régime applicable de 1949 à 1994) ou seulement quand cela était nécessaire à l'unité économique du pays (régime applicable de 1994 à 2006). Dorénavant, il existe trois régimes :
  1° les compétences à la libre disposition de la Fédération. Ce régime, qui s'applique au plus grand nombre de compétences concurrentes, implique que les *Länder* ne peuvent plus les exercer dès que la Fédération les exerce et la Fédération peut les exercer dès qu'elle l'estime souhaitable ;
  2° les compétences dont l'exercice par la Fédération est subordonné à la nécessité de règles uniformes. Dans ce régime, qui s'applique aux hôpitaux, à la recherche scientifique..., les *Länder* peuvent exercer ces compétences aussi longtemps que la Fédération ne les exerce pas ; la Fédération peut les exercer seulement lorsque cela est nécessaire à l'unité économique du pays ;
  3° **les compétences dont l'exercice par la Fédération ne prive pas les Länder du droit d'adopter des lois dérogatoires. L'innovation la plus spectaculaire** est le droit reconnu aux *Länder* d'adopter des lois dérogatoires aux lois fédérales pour certaines matières (notamment certains aspects de l'environnement et de l'organisation de l'enseignement supérieur). Dans ce cas, la Fédération peut exercer librement sa compétence législative, mais elle court le risque de voir la loi fédérale contredite par le législateur des *Länder*. Ce risque est d'autant plus fort que la loi fédérale n'entre en vigueur en toute hypothèse que 6 mois après sa promulgation, ce délai laissant aux Parlements des *Länder* le temps de réagir.

Par ailleurs, la nouvelle répartition des responsabilités de la Fédération et des *Länder* en matière administrative et financière est la suivante :

- des restrictions sont apportées aux compétences législatives de la Fédération en matière administrative. D'une part, la Fédération conserve le pouvoir d'insérer des règles administratives dans une loi fédérale et peut même l'exercer plus facilement puisque dans ce cas l'accord du *Bundesrat* est supprimé. Mais, en contrepartie, les *Länder* obtiennent le droit d'adopter des dispositions dérogatoires (dans des cas exceptionnels, la Fédération pourra imposer aux *Länder* le respect de ses propres règles de procédure administrative). D'autre part, il est désormais interdit au législateur fédéral d'imposer des tâches nouvelles aux communes (ce qui constituait une immixtion de la Fédération dans les relations entre les *Länder* et leurs communes) ;
- la diminution des financements mixtes. Si la Fédération peut toujours accorder aux *Länder* des aides financières nécessaires à des investissements visant, par exemple, à compenser les inégalités de potentiel économique ou à promouvoir la croissance économique, ces aides doivent désormais être limitées dans le temps et diminuer progressivement pour tomber à zéro à la fin de la période fixée.

Au final, la réforme du fédéralisme de 2006 apparaît relativement limitée dans la mesure où **l'imbrication des responsabilités entre les Länder et la Fédération reste importante**. La seule matière ayant fait l'objet d'un transfert important de compétence au profit des *Länder* est l'enseignement. Par ailleurs, la réforme est critiquable dans la mesure où la solidarité entre les *Länder* est affaiblie. En effet, les *Länder* les plus riches seront mieux à même d'utiliser les nouvelles possibilités qui leur sont offertes (par exemple, en attirant les meilleurs enseignants). Enfin, signalons qu'une nouvelle réforme, en vue de moderniser les relations financières entre la Fédération et les *Länder*, est en cours de préparation.

En conclusion, on peut noter que le fédéralisme présente un intérêt considérable pour la vie politique allemande. Il offre en quelque sorte **une alternative et une diversité politique**. En effet, le ou les partis d'opposition au niveau fédéral sont souvent majoritaires dans certains *Länder*. Ils peuvent ainsi non seulement gouverner des États fédérés mais encore participer à la définition de la politique fédérale (mais de façon moindre depuis la réforme de 2006). Le parti ou la coalition majoritaire au Parlement fédéral doit donc composer d'une façon ou d'une autre avec les autres forces politiques du pays.

Le fédéralisme allemand ne se résume pas à ce qui vient d'être décrit et analysé. Le fil des développements permettra d'en découvrir d'autres aspects.

§ 2. L'exécutif

224 **Le bicéphalisme** de l'exécutif ne doit pas faire illusion. **Le Président a un rôle avant tout symbolique alors que la réalité du pouvoir appartient au Chancelier.**

A) Le Président de la République

225 **Son mode d'élection limite d'emblée sa légitimité et son autorité.** En effet, **il est élu au suffrage certes universel, mais indirect**. Le collège électoral comprend les membres du *Bundestag* et un nombre égal de délégués des *Länder*. Élu pour cinq ans, son mandat n'est renouvelable qu'une fois.

Son pouvoir est essentiellement théorique. **Le contreseing obligatoire de ses actes par le Chancelier et les ministres concernés ôte toute substance à ses compétences.** La contrepartie à son absence de pouvoir est son **irresponsabilité politique**.

Son absence du processus d'élaboration et de prise des décisions se manifeste notamment par le fait qu'il ne préside pas le Conseil des ministres et n'a pas l'initiative des lois.

Même lorsqu'il participe à la prise de décisions ou les prend directement, sa marge d'action est faible. Ainsi, s'il est effectivement **compétent pour prononcer la dissolution du Bundestag**, celle-ci n'intervient que dans des circonstances précises liées à l'incapacité de l'assemblée fédérale à investir un Chancelier ou à son refus de lui accorder sa confiance.

Si en théorie **il désigne le Chancelier**, en pratique sa marge d'action est faible. En effet, il ne peut choisir que le leader d'un parti ou d'une coalition susceptible de recevoir l'investiture du *Bundestag*. Ce leader se dégage au moment des élections législatives ou dans certaines circonstances politiques (par exemple un renversement d'alliance).

Comme les Présidents des Troisième et Quatrième Républiques françaises, le Président allemand exerce surtout **une fonction de représentation** et, lorsque sa personnalité s'y prête, **une magistrature morale**. Lorsque les circonstances l'exigent, il n'hésite pas à intervenir devant le pays pour défendre les valeurs démocratiques sur lesquelles repose le régime allemand. Il ne se prive pas non plus de rappeler aux forces politiques et sociales le sens du combat démocratique.

B) Le Chancelier et le gouvernement

226 Le Chancelier exerce la plénitude du pouvoir exécutif. Son mode de désignation lui assure une majorité au *Bundestag*. La procédure de désignation peut comporter plusieurs étapes (même s'il n'a jamais été nécessaire de dépasser la première) :

- la première étape est celle au cours de laquelle **le *Bundestag* élit à la majorité absolue de ses membres et sans débat le candidat proposé par le Président** ;
- lorsque cette première procédure n'a pas abouti, **le *Bundestag* peut, dans un délai de 14 jours, élire son propre candidat à la majorité absolue de ses membres** ;
- si aucun candidat n'est désigné à l'expiration du délai, il est procédé à un nouveau vote ;
- en dernier lieu, le Président a le choix entre nommer le candidat ayant obtenu la majorité relative ou dissoudre le *Bundestag*.

Le Chancelier est le chef du gouvernement. Lui seul reçoit l'investiture du *Bundestag*, ce qui lui assure d'emblée une autorité incontestable sur le gouvernement. En contrepartie, **il assume seul devant l'assemblée fédérale la responsabilité de la politique gouvernementale**.

Il choisit les ministres qu'il fait nommer par le Président et les révoque discrétionnairement. Ces derniers sont à la tête de départements ministériels et, dans le cadre de la politique tracée par le Chancelier, disposent d'une certaine autonomie. Le gouvernement dispose du **pouvoir réglementaire** pour appliquer les lois et mettre en œuvre ses propres décisions.

Comme la plupart des chefs de l'exécutif, le Chancelier possède des **« domaines réservés »**. Dans ces domaines que l'on pourrait qualifier de hautement stratégiques et sensibles, il élabore et décide seul (aidé par des conseillers). Ainsi, de façon traditionnelle, le Chancelier conduit les relations internationales de l'Allemagne. Il a toujours été particulièrement attentif (depuis Konrad Adenauer, Chancelier de 1949 à 1963) à la relation franco-allemande, notamment dans le cadre de la construction européenne.

§ 3. Le Parlement

227 Il est bicaméral. Comme dans tout système fédéral, il comporte une chambre représentant la population (le *Bundestag*) et une chambre représentant les *Länder* (le *Bundesrat*). Il est pourtant difficile de parler de bicaméralisme tant **les deux chambres ont des vocations différentes**.

A) Le Bundestag

228 Au sein de l'assemblée fédérale, chaque *Land* est représenté **en proportion de sa population**. Le *Bundestag* est élu pour quatre ans selon **un système électoral dit mixte, mêlant scrutin majoritaire et représentation proportionnelle** (voy. *supra*, n° 128). Ce système permet d'allier justice électorale et efficacité politique.

Cette efficacité permet régulièrement de **dégager une majorité de gouvernement** au sein du *Bundestag* (cette majorité permet la formation d'un gouvernement puis lui assure la stabilité de son action). Enfin, il faut rappeler que le *Bundestag* investit le Chancelier.

B) Le Bundesrat

229 **Le *Bundesrat* a vocation à représenter et à défendre les intérêts des *Länder*.** Composé de 68 membres, il comprend de 3 à 6 représentants par *Land* (selon l'importance de la population de chacun).

Les représentants des États fédérés ne sont pas élus au suffrage universel, ils **sont désignés (et révoqués) par les gouvernements des *Länder***. Ce sont donc des fonctionnaires sans légitimité populaire, même si les instances de désignation sont elles-mêmes l'émanation d'assemblées élues au suffrage universel direct.

Sur les questions en débat au *Bundesrat*, **le gouvernement de chaque *Land* arrête la position que devront défendre ses représentants** (on dit que leur vote est lié). Ces derniers doivent s'y conformer sous peine de révocation.

Le caractère atypique du mode de désignation des représentants et du fonctionnement du *Bundesrat* démontre que **le bicaméralisme allemand n'est pas classique**. La seconde chambre n'en est pas vraiment une.

C) Les attributions du Parlement

230 On peut distinguer les attributions législatives, réparties inégalement entre les deux chambres, du pouvoir de contrôle du gouvernement, qui relève exclusivement du *Bundestag*.

Le seul pouvoir véritablement partagé est le pouvoir constituant. Une révision de la Loi fondamentale ne peut intervenir qu'après un vote à la majorité des deux tiers au sein de chacune des deux assemblées.

1. Les attributions législatives

231 Il **faut** considérer les différentes phases de la procédure législative.

a) L'initiative législative

232 Selon les termes de la Loi fondamentale, **l'initiative des lois appartient concurremment aux parlementaires et au gouvernement**.

Lorsque l'initiative est prise par le gouvernement, ce qui est le cas le plus fréquent, on parle de projet de loi. Le projet est transmis au *Bundesrat* qui dispose de six semaines pour formuler un avis. À l'issue de ce délai, le projet et l'avis sont transmis au *Bundestag*.

Lorsque l'initiative est prise par les parlementaires, on parle de proposition de loi. En réalité, seuls les membres du *Bundestag* ont l'initiative. Une proposition de loi doit être soutenue par un minimum de 26 députés.

Au *Bundesrat* il faut recourir à une procédure exceptionnelle (dans le cadre d'une procédure législative). Le dépôt d'une proposition doit être décidé à la majorité. Le texte est ensuite transmis au gouvernement qui dispose d'un délai de trois mois pour formuler un avis et l'adresser avec la proposition au *Bundestag*. Le gouvernement sert ici de courroie de transmission entre les chambres.

b) La discussion et l'adoption de la loi

233 Devant le *Bundestag*, la discussion se déroule en trois temps, **en trois lectures**.

La première lecture consiste en un examen général et en un renvoi du texte pour examen à la commission compétente. Celle-ci peut, le cas échéant, proposer de modifier le texte. La deuxième lecture permet d'examiner les conclusions et les éventuelles propositions de la commission ; elle est suivie d'une discussion et d'un vote article par article. Il est important de relever que **malgré la possibilité offerte aux députés d'amender le texte, celui-ci est rarement bouleversé**. Enfin, la troisième lecture prend essentiellement la forme d'un vote d'ensemble du texte. Là encore, le droit d'amendement, soumis à des conditions exigeantes, est peu utilisé.

L'efficacité du travail législatif s'explique par la qualité du travail préparatoire effectué par les commissions, par l'usage volontairement modéré du droit d'amendement et par la cohésion de la majorité qui fait rarement défaut à un projet gouvernemental.

L'**ordre du jour** (fixé par une structure où le gouvernement est majoritaire) est adopté, dans la mesure du possible, par accord entre majorité et opposition.

Après l'adoption du texte par le *Bundestag*, **la capacité de réaction du** ***Bundesrat*** **dépend essentiellement de la nature du texte en question**.

Il peut s'agir d'une loi ordinaire qui ne nécessite pas son approbation. Dans ce cas, s'il est en désaccord avec le texte, le *Bundesrat* peut saisir la commission de conciliation, composée à parité de membres des deux chambres. Celle-ci doit proposer un texte de compromis. Si le *Bundesrat* n'approuve pas le nouveau texte, **il peut lui opposer un veto suspensif**. Ce veto peut toutefois être levé par un vote du *Bundestag*.

En revanche, **s'il s'agit d'une loi concernant les** ***Länder*** (notamment ce qui touche aux relations de l'État fédéral avec les *Länder*), **l'approbation du** ***Bundesrat*** **est nécessaire**. En cas de désaccord sur le texte, la même procédure est utilisée. Simplement, s'il n'approuve toujours pas le texte de compromis proposé par la commission de conciliation, **le** ***Bundesrat*** **peut lui opposer un veto absolu qui implique son abandon.** Avec la révision constitutionnelle du 28 août 2006 (voy. *supra*, n° 223), le nombre de lois soumises au Bundesrat (pour approbation) devrait passer de 60 à 30 % de l'ensemble des lois fédérales, ce qui constitue un recul de l'influence de la seconde chambre sur la procédure législative (en contrepartie, les Länder se voient octroyer des compétences élargies).

Enfin, on peut noter sans surprise que les lois adoptées sont en grande partie d'origine gouvernementale. Une fois la loi adoptée, le Président fédéral la promulgue.

2. Le pouvoir de contrôle du gouvernement

234 Il est l'œuvre exclusive du *Bundestag*. En effet, comme indiqué ci-après, lui seul peut mettre en cause **la responsabilité politique du gouvernement** ou, plus exactement, **du Chancelier**.

Le *Bundestag* exerce également un contrôle régulier par le biais de deux séances hebdomadaires de **questions orales au gouvernement**. Gouvernement et députés **dialoguent à l'occasion de débats d'actualité**.

Enfin, le *Bundestag* peut organiser des **commissions d'enquête** (sur demande d'un quart de ses membres) destinées à recueillir des preuves dans des « affaires » ou des scandales politiques d'envergure (par exemple sur le financement occulte des partis politiques).

§ 4. Les relations entre exécutif et législatif : le parlementarisme rationalisé

235 Le parlementarisme rationalisé instauré par la Constitution de 1919 n'avait pu empêcher l'instabilité gouvernementale. La Loi fondamentale enserre dans des règles très strictes la responsabilité politique du gouvernement devant le Parlement et le droit de dissolution.

A) La responsabilité politique du gouvernement

236 Il faut distinguer deux cas de figure : le premier, quand la responsabilité du gouvernement (qui est en réalité celle du Chancelier) est mise en cause par le *Bundestag* ; le second, lorsque cette responsabilité est engagée par le Chancelier lui-même.

Le *Bundestag* met en cause la responsabilité politique du Chancelier par le biais d'**une motion de censure d'un type original : la défiance constructive** (art. 67 de la Loi fédérale). Le Chancelier ne peut être renversé que si le *Bundestag* lui élit un successeur à la majorité absolue de ses membres.

Cette procédure **oblige les députés et les partis à prendre leurs responsabilités**. Ils ne peuvent censurer le Chancelier que s'ils sont **en mesure** de **proposer une alternative**. La défiance constructive permet ainsi d'écarter la menace d'une coalition de groupes d'opposition incapables de former une nouvelle majorité de gouvernement.

De façon plus générale, cette procédure est **un élément de la stabilité** gouvernementale. L'opposition ne peut renverser le Chancelier que si elle dispose d'une majorité absolue. Même minoritaire, un gouvernement peut donc se maintenir au pouvoir.

Mise en œuvre à deux reprises, cette procédure n'a abouti qu'une seule fois : en 1982, la coalition des chrétiens-démocrates et des libéraux avait imposé le chancelier Helmut Kohl (qui détient le record de longévité dans ce poste) en remplacement du chancelier Helmut Schmidt.

Le Chancelier peut engager sa responsabilité **en posant la question de confiance au** *Bundestag* (art. 68 de la Loi fondamentale). Si la confiance ne lui est pas accordée à la majorité absolue, deux hypothèses sont envisageables : soit, dans les trois semaines qui suivent le vote, le Bundestag peut désigner un nouveau Chancelier, soit le Chancelier qui n'a pas obtenu la confiance peut demander au Président de la République de prononcer la dissolution du *Bundestag*.

Cette procédure demeure exceptionnelle. On ne relève que deux cas de mise en minorité d'un gouvernement, et de surcroît par la volonté du Chancelier : le 20 septembre 1972 et le 17 décembre 1982, les chanceliers Willy Brandt et Helmut Kohl ont respectivement posé la question de confiance au *Bundestag* en demandant à leurs partisans de ne pas les soutenir. Tous deux ont ensuite demandé et obtenu la dissolution afin de provoquer de nouvelles élections. Pour le chancelier Brandt, il s'agissait de demander l'arbitrage du peuple après le vote d'une motion de défiance quelques mois auparavant ; pour le chancelier Kohl, il s'agissait d'obtenir une confirmation populaire de sa désignation après le vote d'une motion de défiance constructive.

Malgré l'efficacité de ces différentes procédures, il existe un cas de figure dans lequel elles sont inopérantes. Cette hypothèse se réalise par la conjonction de trois éléments : le Chancelier ne dispose plus d'une majorité au *Bundestag* ; ce dernier ne parvient pas à lui désigner un successeur ; le Chancelier ne veut pas d'une dissolution. Sans majorité, le gouvernement n'est plus en mesure de faire adopter son programme législatif. C'est pourquoi la Loi fondamentale a prévu la possibilité pour le Chancelier de demander au Président la proclamation de **« l'état de crise législative »**. Le gouvernement dispose alors de six mois pendant lesquels les projets de lois rejetés par le *Bundestag* peuvent être adoptés par le seul *Bundesrat* (encore faut-il que le Chancelier y dispose d'une majorité).

Incapable de désigner un nouveau Chancelier, le *Bundestag* est en quelque sorte mis « hors circuit » législatif pendant un semestre. Il paye ainsi le prix de sa division. À l'issue de cette période, si le Chancelier n'a pas retrouvé de majorité, il peut demander la dissolution.

B) Le droit de dissolution

237 Il n'est mis en œuvre qu'**en dernier recours**, lorsque les députés ne parviennent pas à se mettre d'accord sur le choix d'un Chancelier en début de législature ou lorsqu'ils sont incapables d'en désigner un nouveau après avoir rejeté une question de confiance. Dans ces deux cas de figure, le pouvoir n'est pas pourvu ou alors il l'est **mais n'a pas d'effectivité**.

Il est donc clair que le droit de dissolution a pour finalité d'**empêcher une paralysie de l'exécutif**.

S'il est rassurant du point de vue de la stabilité institutionnelle que la dissolution soit enserrée dans des règles aussi strictes, **on peut néanmoins regretter qu'un mécanisme de régulation aussi vital ne soit accessible au Chancelier qu'au prix d'une manœuvre peu conforme aux règles et à l'esprit du régime parlementaire.**

L'équilibre du système allemand, qui s'est notamment traduit par **l'absence de crises entre le Chancelier et le *Bundestag*** (la désignation et la démission des Chanceliers n'ont jamais posé de problèmes particuliers), **a rendu presque inutiles les procédures du parlementarisme rationalisé**. En effet, elles n'ont été **mises en œuvre que très rarement**.

SECTION III
Le système des partis

238 Le système des partis est **un élément clé de la stabilité du régime allemand**. Mais, dans le même temps, **sa toute-puissance a été et est l'objet de critiques de plus en plus vives**, notamment de la part des anciens Présidents de la République Richard von Weizsäcker et Roman Herzog.

§ 1. Le statut des partis

239 Selon l'article 21 alinéa 1 de la Loi fondamentale, leur objet est de coopérer « à la formation de la volonté politique du peuple ». Ils doivent donc tout à la fois éduquer et encadrer le peuple et servir de relais à sa volonté. Mais ils doivent aussi « influencer l'évolution politique au Parlement et au gouvernement » (loi sur les partis du 24 juillet 1967). **La conquête du pouvoir est donc bien un objectif prioritaire des partis.**

Ils bénéficient de la liberté de formation. En revanche, leur organisation interne doit **respecter les principes démocratiques** (art. 21, al. 1er). Pour écarter le risque d'un parti totalitaire, le constituant a prévu la possibilité pour le gouvernement ou le Parlement de saisir la Cour constitutionnelle afin qu'elle se prononce sur le respect des valeurs démocratiques par un parti (en se basant sur sa philosophie et son programme). C'est ainsi qu'en 1952 elle a prononcé l'interdiction d'un parti affichant l'idéologie nationale-socialiste et, en 1956, celle d'un parti se réclamant de l'idéologie communiste.

Pour garantir **la transparence de leur financement**, les partis doivent rendre compte « de l'origine et de l'affectation de leurs ressources et de leurs valeurs patrimoniales » (art. 21, al. 1er). Un système de financement public des campagnes électorales nationales existe en Allemagne depuis 1967 mais les pratiques de financement occultes n'ont pas disparu.

§ 2. Le fonctionnement du système des partis

240 Le système électoral mixte, associant scrutin majoritaire et représentation proportionnelle (voy. *supra*, n° 128) explique la situation partisane de l'Allemagne.

La règle selon laquelle seuls les partis ayant obtenu au moins 5 % des voix aux élections peuvent être représentés au *Bundestag* a contribué à **l'élimination des petits partis politiques**. L'Allemagne connaît un **bipartisme, seulement tempéré par la présence d'un troisième parti de petite taille mais d'une importance politique considérable**.

Les deux grands partis qui dominent la vie politique allemande sont le SPD et la CDU.

Le SPD (parti social-démocrate) est un parti socialiste qui, en 1959, a abandonné l'idéologie marxiste au profit d'un réformisme modéré. Ce tournant lui permettra d'accéder au pouvoir. La CDU (parti chrétien-démocrate) et son allié bavarois CSU sont des partis d'inspiration chrétienne (catholique et protestante) attachés aux valeurs de liberté et positionnés au centre droit de l'échiquier politique. Tous ces partis comptent un grand nombre d'adhérents (près d'un million pour le SPD et 700 000 pour la CDU).

Le FDP (parti libéral) est un parti qui prône le libéralisme économique et proclame son attachement aux libertés. Malgré sa relative faiblesse électorale, il obtient traditionnellement entre 6 % et 10 % des voix aux législatives, **le FDP est devenu un parti charnière**, indispensable aux grandes formations.

Il faut également tenir compte des « Verts », parti écologiste et gauchiste fondé en 1980 dont les thèses trouvent incontestablement un écho dans la population mais qui a du mal à traduire cette influence en termes électoraux, du moins dans la durée (entre 5 % et 8 % des voix aux législatives avec un meilleur score à 10,7 % en 2009). Die Linke (*La Gauche*), formation apparue au moment du scrutin de 2005, est né de la fusion du Parti du socialisme démocratique, l'héritier du parti unique de la République démocratique allemande, et de l'Alternative électorale travail et justice social, réunissant des représentants de l'extrême-gauche et d'anciens sociaux-démocrates de l'Allemagne de l'ouest. Die Linke a connu une progression siginificative (jusqu'à devenir la troisième force politique fédérale à l'issue des élections de 2013). A l'autre bout de l'échiquier politique, les *Républicains*, formation d'extrême droite, demeure à un niveau électoral qui l'écarte pour l'instant du *Bundestag*.

Le SPD et la CDU ont exercé le pouvoir en alternance, seuls ou en s'appuyant sur le FDP et aujourd'hui sur les Verts (Verts-SPD). En effet, ne pouvant réunir de majorité au *Bundestag*, ils ont dû former une coalition avec ces partis. Ceux-ci ont donc vu **leur influence politique croître démesurément par rapport à leur poids électoral**, modeste pour le FDP et variable pour les Verts.

La CDU a conservé le pouvoir de 1949 à 1969 avec les chanceliers Konrad Adenauer, Ludwig Erhard et Kurt Georg Kiesinger. De 1961 à 1966, la CDU a gouverné avec les libéraux. Puis, en 1966, le chancelier Kiesinger a pris la tête d'une coalition exceptionnelle CDU/SPD.

Les chanceliers Willy Brandt et Helmut Schmidt, tous deux SPD, ont gouverné en s'alliant avec le FDP de 1969 à 1982. **En 1982, les libéraux ont opéré un renversement d'alliance.** Ils ont rompu leur association avec le SPD, permettant ainsi le vote d'une motion de défiance constructive qui a porté la CDU et le chancelier Helmut Kohl au pouvoir. Les élections législatives de septembre 1998 ont marqué le retour au pouvoir du SPD (associé aux Verts). Cette coalition, dite « rouge-vert », n'a pu se maintenir au pouvoir après les législatives de 2002 que grâce à l'échec des Libéraux et aux progrès des Verts. Avec les élections législatives anticipées de septembre 2005, l'Allemagne a connu **une situation inédite** avec la victoire étriquée de la CDU et la formation d'un gouvernement de « grande coalition » (CDU/CSU-SPD) dirigé par Angela Merkel. Cette « grande coalition » a pris fin après les élections de septembre 2009 et la victoire de la CDU/CSU, alliée aux libéraux du FDP, qui a permis à Angela Merkel d'être reconduite à la tête du pays. Toutefois, à l'issue des élections de septembre 2013, malgré une nouvelle victoire de la CDU/CSU, A. Merkel n'a eu d'autre choix, du fait de l'effondrement de son allié libéral (FDP), que de former un nouveau gouvernement de « grande coalition » avec le SPD (voy. encadré ci-après). Dans l'Allemagne d'après-guerre, avant A. Merkel, seuls Konrad Adenauer et le chancelier de la Réunification, Helmut Kohl, avaient réussi à remporter trois mandats de chancelier.

Les deux grands partis et le FDP se caractérisent par **la modération de leurs programmes. Le consensus** qui s'est formé sur les valeurs de base mais aussi sur le fonctionnement du régime allemand explique **la stabilité gouvernementale et le bon fonctionnement de l'alternance au pouvoir** depuis la Seconde Guerre mondiale.

Les partis traditionnels ont connu une implantation rapide dans les *Länder* de l'ex-RDA. Pourtant, le poids et les difficultés de la réunification ont entraîné un certain rejet de ces partis. Malgré tout, la domination CDU/CSU n'est pas remise en cause.

En conclusion, on peut affirmer que **le régime allemand a largement fait ses preuves démocratiques**. Ses institutions sont équilibrées et permettent un fonctionnement efficace du gouvernement. De plus, l'Allemagne a connu depuis la Seconde Guerre mondiale un véritable « miracle économique », tempéré il est vrai par le poids de la réunification et de la grave crise économique actuelle. La dernière étape sur la voie de la « normalisation » consistait pour la nouvelle Allemagne à accepter de jouer le rôle qui lui revenait sur la scène internationale. C'est chose faite depuis la décision hautement symbolique de la Cour constitutionnelle qui a admis le principe de l'envoi de troupes allemandes à l'étranger dans le cadre de missions de paix pour le compte de l'ONU. Cette question, qui a été l'objet d'un large débat et d'une importante controverse, change en quelque sorte le statut qui était celui de l'Allemagne depuis la fin de la Seconde Guerre mondiale. **Elle n'est plus, comme on l'a qualifié pendant longtemps, un « nain politique » mais un pays qui veut assumer ses responsabilités internationales.** De la même façon, au sein de la construction européenne, l'Allemagne exerce un coleadership politique avec la France. Cependant, depuis quelques années, le moteur franco-allemand connaît quelques ratés, notamment à la suite du rejet du projet de « Constitution » européenne par la France en mai 2005 et, plus largement, du fait de l'élargissement de l'Union européenne à de nombreux nouveaux États (qui n'acceptent pas nécessairement ce leadership historique).

E12

Un troisième mandat pour Angela Merkel et une nouvelle « grande coalition »

Angela Merkel a remporté un triomphe historique lors des élections législatives du 22 septembre 2013 et a été reconduite pour un troisième mandat de chancelière alors qu'aucun de ses homologues en Espagne, en France, en Italie, ou au Royaume-Uni, ne s'est fait réélire depuis le début de la crise financière. Toutefois, son parti (CDU/CSU) n'ayant pas obtenu la majorité absolue (41,5 % des voix) et son allié libéral (FDP) ayant été évincé du Bundestag pour la première fois de l'histoire de la RFA faute d'atteindre la barre des 5 % des suffrages (4,8 %), A. Merkel a du logiquement accepter de former un gouvernement de « grande coalition » avec le SPD, qui a obtenu 25,7 % des voix.

En contrepartie de sa participation à la grande coalition, le SPD est parvenu à « arracher » d'importantes réformes à Angela Merkel comme l'introduction d'un salaire minimum généralisé à 8,50 euros de l'heure ou l'instauration d'un droit au départ à la retraite à 63 ans pour tous ceux qui ont cotisé 45 ans

Au Bundestag, Angela Merkel disposera d'une majorité de 504 voix sur 631. Grâce à son alliance avec le SPD, elle pourra aussi surmonter le blocage du Bundesrat, la deuxième Chambre, détenue par la gauche. Sur le papier, elle a donc tous les pouvoirs. En pratique, pour s'épargner une crise avec le SPD, la chancelière devra éviter les sujets qui fâchent.

Malgré des indicateurs flatteurs, l'Allemagne doit relever de nombreux défis : le pays compte l'un des plus grands nombres de bas salaires en Europe, une situation sociale dégradée qui menace les retraites de millions d'Allemands. Le pays souffre aussi d'une natalité parmi les plus faibles au monde, véritable bombe à retardement pour son économie. Par ailleurs, la crise de la zone euro, qui n'est pas encore terminée, pourrait peser sur sa conjoncture et finir par miner ses comptes publics.

Répartitions des sièges au Bundestag : CDU : 255 ; CSU : 56 ; SPD : 193 ; LA GAUCHE : 64 ; LES VERTS : 63.

Bibliographie et lectures pour approfondir

Arnold R., « Dix ans d'unité allemande : une évaluation constitutionnelle », *RDP*, 2000, p. 395 ; Dittman A., « Le recours constitutionnel en droit allemand », *Cahiers du Conseil constitutionnel*, 2001, n° 10 ; Fromont M., « La réforme du fédéralisme allemand de 2006 », *RFDC*, avril 2007, n° 70, p. 227 ; Grewe C., *Le système politique ouest-allemand*, 1986 ; Joop O., « Le contrôle de décisions politiques par le juge constitutionnel : l'exemple de la dissolution du Bundestag allemand », *LPA*, 26 juillet 2006, n° 148, pp. 12-17 ; Kimmel A., « Les élections au Bundestag du 27 septembre 1998 : la fin d'une époque », *Rev. Pouvoirs*, n° 88, pp. 139-152 et « Le chancelier Schröder, l'agenda 2010 et la crise du SPD », *Rev. Pouvoirs,* 2005, n° 112, pp. 155-166 ; Le Divellec A., « Vues générales sur le parlementarisme en Allemagne », *RDP*, 2004, pp. 245-273 ; Marcou G., « L'évolution récente du fédéralisme allemand sous l'influence de l'intégration européenne et de l'unification », *RDP*, 1995, p. 883 ; *Rev. Pouvoirs*, 1993, n° 66, *L'Allemagne ;* Rainer A., « La protection des droits fondamentaux dans la loi fondamentale : jurisprudence récente de la Cour constitutionnelle fédérale allemande », *RIDC*, 2003/3, pp. 651-676 ; Starck C., « La Cour constitutionnelle fédérale : son rôle et ses effets », in *Mél. en l'honneur de Louis Favoreu*, Paris, Dalloz, 2007, pp. 455-471 ; Vitzthum G., « La démocratie des partis politiques en Allemagne », *RFDC*, 1996, n° 26, pp. 403-415.

Tableau 1 **Les régimes français et les principaux actes constitutionnels depuis 1789**

1	Monarchie constitutionnelle Abolition de la monarchie et fondation de la Première République Directoire	*Constitution du 3 septembre 1791* *Proclamation de la Convention du 20 septembre 1792 Constitution du 24 juin 1793* *Constitution du 22 août 1795 (5 Fructidor An III)*
2	1799-1814 Consulat Empire	 *Constitution du 13 décembre 1799 (22 Frimaire An VIII)* *Sénatus-consulte du 18 mai 1804 (28 Floréal An XII)*
3	1814-1848 Restauration Monarchie de juillet	 *Charte constitutionnelle du 4 juin 1814* *Charte constitutionnelle du 14 août 1830*
4	1848-1870 Deuxième République Second Empire	 *Constitution du 4 novembre 1848* *Constitution du 14 janvier 1852 Sénatus-consulte du 7 novembre 1852*
5	1870-1940 Troisième République	 *Résolution du 17 février 1871 Loi du 31 août 1871 ou « Constitution » Rivet Loi du 13 mars 1873 ou « Constitution » de Broglie Lois constitutionnelles des 24 février, 25 février et 16 juillet 1875*
6	1940-1946 État français Gouvernement provisoire de la République française (GPRF)	 *Loi constitutionnelle du 10 juillet 1940* *Ordonnance du 9 août 1944 Loi constitutionnelle du 2 novembre 1945*
7	1946-1958 Quatrième République	 *Constitution du 27 octobre 1946*
8	1958 Cinquième République	 *Constitution du 4 octobre 1958*

PARTIE 3

Les institutions françaises de 1789 à 1958

Chapitre I	Les institutions françaises de 1789 à 1870	155
Chapitre II	La Troisième République (1870-1940)	167
Chapitre III	La Quatrième République (1946-1958)	181

241 L'histoire des institutions françaises n'a pas commencé en 1789. L'Ancien Régime nous a légué des éléments importants qui ont laissé une empreinte sur nos mentalités et ont influencé jusqu'au fonctionnement du régime politique actuel (le Président de la République n'est-il pas parfois décrit comme un « monarque républicain » ?). Toutefois, la Révolution française a marqué une rupture profonde par rapport au système antérieur et créé un profond traumatisme dans la société française.

Au cours du siècle suivant la Révolution, c'est autour de la défense ou du rejet des principes posés en 1789 que s'articulent les régimes politiques. L'exemple des régimes anglais et américain était constamment présent à l'esprit des constituants qui se succédèrent, les tentatives de restauration monarchique furent nombreuses et il faudra en définitive attendre le dernier quart du XIXe siècle pour que la République trouve un point d'ancrage solide.

Pour bien comprendre la signification de la Cinquième République, il est donc indispensable de connaître le déroulement des événements qui se sont succédé depuis deux siècles. Ainsi, la société française contemporaine est le reflet de la diversité des idées politiques et institutionnelles issues de cette histoire.

Bibliographie et lectures pour approfondir

Ouvrages et articles portant sur l'histoire constitutionnelle et politique de la France jusqu'à la Cinquième République ou Cinquième République comprise :
BEAUDET C., *Institutions, Vie politique et Faits sociaux de 1789 à 1958*, Orléans, Paradigme, 2000 ; CHEVALLIER J.-J., *Histoire des institutions et des régimes politiques de la France de 1789 à 1958*, 2009 ; ÉMERI C. et BIDEGARAY C., *La Constitution en France de 1789 à nos jours*, Paris, A. Colin, 1997 ; MARTIN M. et CABANIS A., *La France constitutionnelle et politique de 1789 à nos jours*, 1992 ; MORABITO M., *Histoire constitutionnelle de la France (1789-1958)*, 9e éd., Paris, Montchrestien, 2006 ; PETOT J., *Les grandes étapes du régime républicain français (1792-1969)*, 1970 ; *Rev. Pouvoirs*, 1789-1989, n° 50, *Histoire constitutionnelle*.

CHAPITRE I

Les institutions françaises de 1789 à 1870

242 La Révolution française de 1789 ouvre une période révolutionnaire. Celle-ci se caractérise par la rupture avec l'Ancien Régime (la monarchie) et de profondes transformations politiques et institutionnelles. Elle est aussi marquée par la dureté de la répression.

SECTION I

La période révolutionnaire (1789-1799)

243 La rupture avec la monarchie est consommée avec le coup d'État du tiers état, le 17 juin 1789. La réunion du tiers état en Assemblée nationale débouche, à l'issue du serment du Jeu de Paume (où les membres de l'Assemblée prêtent « le serment de ne jamais se séparer [...] jusqu'à ce que la Constitution du royaume soit établie et affermie sur des fondements solides »), sur deux actes fondateurs : la Déclaration des droits de l'homme et du citoyen du 26 août 1789 et, plus tard, la Constitution du 3 septembre 1791. Ces deux actes surviennent dans une période troublée. Ainsi, la Constitution de 1791 est préparée, votée, et approuvée par le Roi, dans un climat d'hostilité de la part de l'Église et du pape, de montée des périls extérieurs (des puissances européennes comme la Prusse font savoir qu'elles sont prêtes à intervenir dans les affaires intérieures françaises) et après la tentative de fuite du Roi Louis XVI hors de France en juin 1791.

§ 1. La Constitution du 3 septembre 1791

244 Elle comporte une partie à portée immédiate, relative à une nouvelle organisation des pouvoirs, et une partie dont la portée se veut universelle, sous la forme de la Déclaration des droits de l'homme.

A) La Déclaration des droits de l'homme et du citoyen (DDHC)

245 Elle figure en préambule de la Constitution. S'inspirant de l'esprit du siècle des Lumières (le XVIIIe) mais aussi des expériences anglo-saxonnes de déclarations

et de chartes de droits, la DDHC exprime **l'idéal de progrès et d'individualisme** de la bourgeoisie dite éclairée. C'est une Déclaration universelle : en termes très généraux, **elle proclame l'existence de droits naturels** (comme la liberté ou l'égalité) **et de principes fondamentaux qui doivent régir le fonctionnement de la société** (comme la souveraineté nationale ou la séparation des pouvoirs) ; elle s'adresse à l'homme et au citoyen de tout temps et de tous pays.

Elle conserve tout son intérêt aujourd'hui ; figurant dans le Préambule de la Constitution de 1958, elle fait partie de notre droit positif et constitue un élément de référence du contrôle de constitutionnalité des lois.

B) L'organisation des pouvoirs

246 La Constitution de 1791 est directement **inspirée de la Constitution américaine de 1787**. Elle cherche donc à en reproduire les mécanismes en les adaptant au cadre politique français.

Reprenant le principe déjà posé par la Déclaration des droits de l'homme et du citoyen, elle proclame que **la souveraineté est nationale et s'exprime à travers les représentants de la nation : le roi qui est en charge du pouvoir exécutif et le Corps législatif qui détient le pouvoir législatif**.

Le roi étant un représentant de la nation et tenant d'elle son pouvoir, il n'est plus roi de France mais roi des Français. Il bénéficie encore d'un statut protecteur puisque sa personne est inviolable. De plus, il est irresponsable politiquement.

On retrouve dans la Constitution de 1791 la volonté exprimée dans la Constitution américaine de mettre en place une séparation rigide des pouvoirs : le roi a toute liberté pour nommer et démettre ses ministres qui ne sont pas responsables devant l'Assemblée. Logiquement, ces mêmes ministres ne peuvent être membres de l'Assemblée (mais ils y sont entendus à leur demande).

Par ailleurs, le roi peut opposer **un droit de veto suspensif** à toute loi votée par l'Assemblée. Pour passer outre à ce veto, l'Assemblée doit voter à nouveau la loi au cours de deux législatures successives.

Le Corps législatif est constitué par une chambre unique de 700 représentants élus pour deux ans. Siégeant en permanence, il ne peut pas être dissous par le roi. Son renouvellement se fait de plein droit (au suffrage censitaire et indirect, c'est-à-dire qu'il faut payer un cens pour participer à la désignation des « grands électeurs » qui vont élire les membres de l'Assemblée) et ses membres ne sont rééligibles qu'une seule fois.

Après de nombreux affrontements entre l'Assemblée et le roi, les événements se précipitent : ce dernier ayant une nouvelle fois fait usage de son droit de veto le 10 août 1792, l'Assemblée décide de s'attribuer tous les pouvoirs et de rédiger une nouvelle Constitution. **Le 20 septembre 1792** marque un tournant dans l'histoire de France puisque **la Convention abolit la monarchie et établit la République**. Quatre mois plus tard (le 21 janvier 1793), Louis XVI est guillotiné.

§ 2. La Première République

247 Le 24 juin 1793, la Convention vote une nouvelle Constitution qui consacre le système républicain. Pourtant, la Première République est avant tout marquée par le gouvernement révolutionnaire et la terreur qu'il instaure.

A) La Constitution du 24 juin 1793, An I de la République

248 Cette Constitution dite « montagnarde » établit une rupture par rapport à celle de 1791. Fortement inspirée par Robespierre, elle a un caractère révolutionnaire affirmé et **bien qu'elle n'ait jamais été appliquée, elle reste encore aujourd'hui une référence**.

On y trouve en préambule une Déclaration des droits laquelle, par son caractère social (« La société doit la subsistance aux citoyens malheureux »), contraste fortement avec celle de 1789 (qui porte essentiellement sur les libertés).

La souveraineté n'est plus nationale mais populaire, d'où la mise en place d'un régime d'Assemblée et le recours à la démocratie semi-directe.

L'organisation des pouvoirs repose sur une assemblée unique, **le Corps législatif**. Celui-ci, élu pour un an au suffrage universel (c'est la première fois qu'une élection au suffrage universel est prévue dans l'histoire constitutionnelle française), détient l'ensemble des pouvoirs.

Un Conseil exécutif de 24 membres, chargé de faire exécuter les lois par l'intermédiaire de ministres qu'il choisit et révoque, est élu pour deux ans par le Corps législatif.

La Constitution de 1793 prévoit une procédure de démocratie semi-directe, **le veto populaire**, qui permet aux citoyens regroupés en assemblées primaires de s'opposer (tout du moins en théorie) à l'entrée en vigueur d'une loi s'ils l'estiment injuste ou inadaptée : « Quarante jours après la proposition de la loi, si, dans la moitié des départements, le dixième des assemblées primaires n'a pas réclamé [c'est-à-dire ne s'y est pas opposé], le projet devient loi ». En cas d'opposition, un **référendum** est organisé.

B) Le gouvernement révolutionnaire

249 Ces projets généreux ne résistent pas longtemps à l'épreuve des faits. Bien vite, face aux menaces étrangères (guerre avec l'Angleterre et l'Autriche) et aux rébellions intérieures (guerre de Vendée), la Convention décide de surseoir à l'application de la Constitution en proclamant que : « **Le gouvernement sera révolutionnaire jusqu'à la paix** ».

Dans une première phase, la Convention exerce directement le pouvoir en maintenant sous sa dépendance le Conseil exécutif provisoire.

Puis, très rapidement, le « gouvernement révolutionnaire » se transforme en une **dictature exercée par Maximilien de Robespierre qui dirige le Comité de Salut public**. Ce Comité, créé le 6 avril 1793, est sous la dépendance bien théorique de la Convention. En fait, les éliminations se multiplient au sein de celle-ci (« coup d'État » des Jacobins contre les Girondins le 2 juin 1793) et débouchent sur **la période de la Terreur**, qualifiée comme telle en raison de la violence des moyens utilisés. Du moins, n'a-t-elle pas permis d'éviter le chaos dans le pays ?

Le 22 Prairial An II (10 juin 1794), Robespierre fait voter une loi qui, théoriquement, définit de nouvelles attributions au Tribunal révolutionnaire mais légalise en fait sa dictature. Lasse des excès de la Terreur, de la menace permanente de la guillotine et profitant de la fin des périls extérieurs, **la Convention réagit** : elle fait exécuter Robespierre (10 Thermidor An II, 29 juillet 1794) et démantèle le Comité de Salut public. La Constitution de 1793 étant pour les Conventionnels (membres de la Convention) synonyme de Terreur, ils décident de redéfinir les règles de dévolution du pouvoir et s'attellent à la rédaction d'une nouvelle Constitution.

§ 3. La Constitution du 5 Fructidor An III (22 août 1795)

250 Écrite par les « survivants » de la Terreur, elle est avant tout marquée par la crainte d'un retour de la dictature et des excès révolutionnaires : elle va donc mettre en place un **système de répartition des pouvoirs et de morcellement de l'exécutif** censé éviter ce risque. De plus, la volonté de rupture avec la Constitution précédente se traduit par l'abandon du suffrage universel et du recours au veto populaire. **Pour éviter la suprématie de l'Assemblée, une séparation rigide des pouvoirs est instaurée et le bicaméralisme est introduit.**

A) L'instauration du bicaméralisme : les Conseils

251 Le bicaméralisme se traduit par l'institution de deux assemblées, en l'occurrence **le Conseil des Cinq-Cents et le Conseil des Anciens**. Élues au suffrage censitaire et indirect, elles sont renouvelées annuellement par tiers afin de prévenir tout changement brusque de majorité et ne peuvent être dissoutes par le pouvoir exécutif.

Toujours dans la crainte de voir surgir un pouvoir fort et totalitaire, la Constitution de l'An III prévoit qu'après un premier vote de la loi par le Conseil des Cinq-Cents, celle-ci devra être approuvée ou rejetée par le Conseil des Anciens, sans possibilité d'amendement. **On évite ainsi qu'une chambre impose à l'autre sa volonté**, quitte à aboutir à un blocage du système.

B) Le Directoire

252 Le pouvoir exécutif est détenu par un **organe collégial** composé de cinq membres, **le Directoire**. Ses membres sont élus par le Conseil des Anciens, sur proposition des Cinq-Cents. De plus, pour « diluer » encore plus le pouvoir, l'élection annuelle d'un nouveau membre permet un renouvellement partiel. Les directeurs choisissent et révoquent des ministres mais ceux-ci ne sont pas responsables devant les Conseils, la séparation des pouvoirs étant rigide et les deux pouvoirs (exécutif et législatif, eux-mêmes morcelés) ayant les plus grandes difficultés à collaborer.

Les relations entre le Directoire et les Conseils vont se dégrader progressivement au gré de la modification de la composition des Conseils. Au départ, le

Directoire comme les Conseils sont composés de révolutionnaires (en effet, au moment du changement de Constitution, les conventionnels s'étaient réservé les deux tiers des sièges dans les Conseils).

Les élections de l'An V ne font qu'attiser une rivalité déjà présente entre exécutif et législatif. S'ouvre alors une période de conflits et d'épurations réciproques entre Directoire et Conseils.

La séparation rigide des pouvoirs rendant difficile la résolution du conflit, c'est un **coup d'État, fomenté par Napoléon Bonaparte**, qui vient y mettre fin, le 18 Brumaire An VIII (9 novembre 1799). Il met en place un Consulat provisoire qui rédige une nouvelle Constitution, celle du 22 Frimaire An VIII (13 décembre 1799), taillée sur mesure pour lui.

SECTION II
Le Consulat et l'Empire (1799-1814)

253 La Constitution du 22 Frimaire An VIII (13 décembre 1799) établit la dictature de l'exécutif. **Si elle est inspirée par les idées de Sieyès qui lui donne une apparence démocratique, Napoléon Bonaparte en retient essentiellement les dispositions qui lui permettent d'exercer sa dictature.**

§ 1. Les élections confisquées

254 Les idées généreuses de la Révolution ont fait long feu : au suffrage (universel ou censitaire) succède le système des **« listes de confiance »** désignées par les électeurs et au sein desquelles le pouvoir exécutif choisit ceux qui sont appelés à exercer des fonctions représentatives (membres des assemblées, conseillers d'État…).

Par ailleurs, Napoléon Bonaparte met en place un **système de plébiscite** destiné à conforter son pouvoir personnel et à « légitimer » ses décisions. L'esprit du régime fut parfaitement résumé par l'historien Jules Michelet : « Ainsi plus d'élection, plus de représentation nationale. Nulle part du peuple à la confection de ses lois. En tout, au lieu d'un peuple, un homme ».

Cette absence de participation réelle des citoyens dénature le principe de la souveraineté nationale.

§ 2. Un pouvoir législatif neutralisé

255 Hostiles à l'égard d'un pouvoir susceptible de contester la suprématie de l'exécutif, **les constituants ont neutralisé le pouvoir législatif.** La Constitution prévoit quatre assemblées : **le Corps législatif, le Tribunat** (qui sera supprimé en 1807), **le Conseil d'État et le Sénat**.

La dictature napoléonienne tient pour partie au soutien que lui a apporté le Sénat pendant son règne. Celui-ci est chargé de veiller au respect des lois constitutionnelles sur demande du premier Consul ou du Tribunat et, le cas échéant, de les modifier. Les sénateurs sont inamovibles et recrutés par cooptation (choisis par les membres qui en font déjà partie). Mais le pouvoir du Sénat ne s'arrête pas là.

Les membres du Corps législatif et du Tribunat (renouvelables par cinquième annuellement) sont choisis par le Sénat sur les listes de confiance. Il les tient donc sous sa dépendance, lui-même étant sous celle de Bonaparte...

Le deuxième élément clé pour comprendre la faiblesse du pouvoir législatif réside dans **le pouvoir d'initiative des lois**. Il **n'appartient pas aux assemblées mais au gouvernement** (en réalité au Premier consul). Celui-ci prépare les lois avec l'aide du Conseil d'État (qui en outre prépare les décisions du Premier consul puis de l'Empereur). Le Tribunat procède à une discussion du projet et se prononce globalement, puis le Corps législatif vote le texte sans pouvoir le discuter ni l'amender.

§ 3. La suprématie de l'exécutif

256 L'exécutif est confié à trois consuls nommés pour dix ans par le Sénat et rééligibles. Il s'agit de Napoléon Bonaparte, Jean-Jacques de Cambacérès et Charles François Lebrun. En fait, **le pouvoir appartient au Premier consul**, les deux autres émettant des avis. Nommé Premier consul, Bonaparte gouverne avec l'aide du Conseil d'État et l'appui du Sénat.

Le règne de Napoléon Bonaparte sera marqué par deux éléments caractéristiques des dictatures : la guerre sur le plan extérieur, le rôle prépondérant de la police et la suppression des libertés (de la presse, de réunion...) sur le plan intérieur.

Le sénatus-consulte (acte émanant du Sénat et qui avait force de loi) du 14 Thermidor An X (2 août 1802) nomme Bonaparte consul à vie et celui du 28 Floréal An XII (18 mai 1804) proclame l'Empire. Mais, malgré les efforts de Napoléon pour enraciner et légitimer son régime (sacre, création d'une noblesse d'Empire, proclamation du principe héréditaire de dévolution du pouvoir), la défaite militaire balaiera sa dictature. En revanche, le Consulat et l'Empire ont laissé aux régimes suivants et jusqu'à aujourd'hui des institutions et des outils juridiques d'une étonnante modernité (le Conseil d'État, le Code civil...).

SECTION III
La Restauration et la monarchie de Juillet (1814-1848)

257 La défaite napoléonienne accélère les événements. Le 11 avril 1814, Napoléon abdique et la monarchie légitime, représentée par le futur Louis XVIII (les légitimistes qui revendiquent le trône pour les Bourbons s'opposent aux orléanistes), revient au pouvoir, soutenue par les alliés (Prusse, Russie, Autriche et Angleterre). Le 4 juin, Louis XVIII octroie une Charte constitutionnelle. Toutefois, l'application de cette Charte sera suspendue lors des « Cent jours » qui voient le retour de Napoléon (de mars 1815, retour de l'île d'Elbe à juin 1815, défaite de Waterloo).

Cette Charte, qui ne peut ignorer certains acquis de la Révolution et s'inspire partiellement du régime parlementaire britannique, instaure une **monarchie limitée qui se « parlementarisera » peu à peu. Ce caractère parlementaire s'accentuera avec la monarchie de Juillet.**

§ 1. La Charte constitutionnelle du 4 juin 1814 : la première Restauration

258 La Charte de 1814 est octroyée par le pouvoir royal sans que le consentement de la nation ait été demandé. Il s'agit là d'une **négation de la souveraineté nationale au profit de la souveraineté royale**.

Pourtant, il n'est pas question dans la Charte d'un retour à la monarchie absolue. D'une part, celle-ci maintient un certain nombre d'acquis de la révolution, notamment les libertés individuelles, la liberté de la presse, la liberté religieuse. D'autre part, sans être explicite, elle pose les bases du régime parlementaire (influencée par l'expérience acquise par le futur roi Louis XVIII au cours de son exil en Grande-Bretagne).

A) Le roi

259 Selon la Charte, **le pouvoir exécutif lui appartient**. Mais le roi est inviolable, c'est-à-dire irresponsable politiquement. Ses attributions font immanquablement penser à celles d'un chef d'État parlementaire ou du monarque britannique de la fin du XVIIIe siècle : il choisit et démet ses ministres qui ne sont responsables que devant lui, il détient la force armée, adresse un message annuel aux Chambres (le discours du Trône), a le pouvoir exclusif de proposer des lois, d'y opposer son veto s'il est en désaccord avec leur rédaction, puis est ensuite chargé de les faire exécuter. Il peut dissoudre la Chambre des députés (dont il nomme également le Président) et, dans certaines circonstances, gouverner par ordonnances.

En pratique, **Louis XVIII agit comme un monarque parlementaire**. Il laisse ses ministres gouverner **quitte à en changer lorsque les circonstances politiques le nécessitent**. Ces derniers doivent donc s'efforcer de plaire au roi sans mécontenter les Chambres, même s'ils ne sont pas politiquement responsables devant celles-ci.

B) Le Parlement bicaméral

260 Le système bicaméral est directement inspiré de la pratique britannique. Il comprend donc :

- **une Chambre des pairs** dont les membres, héréditaires ou à vie, sont nommés par le roi. Ce dernier dispose donc de la capacité à changer la majorité de la Chambre pour surmonter son opposition, imitant en cela son *alter ego* britannique ;
- **une Chambre des députés**, élue au suffrage censitaire. Les conséquences de ce suffrage censitaire sont très paradoxales : compte tenu du montant élevé du cens, elle compte de nombreux « ultras », favorables au retour à l'Ancien Régime et qui sont « plus royalistes que le roi ».

Ces deux chambres disposent du pouvoir législatif et votent l'impôt, mais leur marge de manœuvre est extrêmement réduite : **elles n'ont pas l'initiative des lois** et ne peuvent amender les propositions de loi qui émanent du roi.

En pratique, les chambres ont créé un embryon de contrôle parlementaire. Au discours du Trône répond le vote annuel de l'Adresse, qui permet au Parlement de faire connaître son point de vue sur la politique annoncée par le roi. De même, le développement des enquêtes parlementaires et du recours au procédé des questions aux ministres, permet d'exercer un certain contrôle sur l'activité du gouvernement. Enfin, le vote du budget peut être utilisé par les chambres pour influer sur la marche des affaires publiques.

La Charte de 1814 semblait somme tout équilibrée et satisfaisante. Elle a d'ailleurs connu une certaine continuité (hormis l'épisode de l'acte additionnel aux Constitutions de l'Empire, rédigé par Benjamin Constant à l'occasion du retour d'exil de Napoléon, qui ne fut appliqué que quelques jours).

Mais c'était sans compter sur la **maladresse politique de Charles X**, monté sur le trône en 1824 après la mort de son frère Louis XVIII. En voulant participer activement au gouvernement sans pour autant respecter la pratique parlementaire du régime, il provoque une réaction populaire. En 1830, **il tente un coup de force** en conservant comme chef du gouvernement Jules de Polignac, un « ultra » qui venait d'être désavoué aux élections et en signant des ordonnances qui, pour l'une abolissait la liberté de la presse, pour l'autre dissolvait la nouvelle Assemblée (qui ne s'était pas encore réunie) et pour la troisième, modifiait le calcul du cens afin de favoriser les « ultras ».

Cette erreur politique de Charles X allait provoquer le déclenchement des **« Trois Glorieuses »** (les journées révolutionnaires des 27, 28 et 29 juillet 1830). Cette révolution fut savamment orchestrée par Charles Maurice de Talleyrand et Adolphe Thiers qui voulaient avant tout éviter le retour de la République (soutenus en cela par la bourgeoisie d'affaires) et aidèrent l'héritier de la branche d'Orléans, Louis-Philippe, à s'emparer du trône.

Charles X est contraint à l'exil et la révolution de 1830 débouche sur une Charte qui prolonge et approfondit celle de 1814.

§ 2. La Charte constitutionnelle du 14 août 1830 : la monarchie de Juillet

261 Le nouveau roi, Louis-Philippe, prend le titre de roi des Français. La nouvelle Charte s'analyse comme un **pacte entre le monarque et le Parlement**. Outre la restauration de la souveraineté nationale, elle introduit quelques modifications institutionnelles à l'avantage des chambres. **Les 18 ans de règne de Louis-Philippe permettent au régime parlementaire (dit orléaniste) de s'enraciner.**

A) Des retouches institutionnelles

262 En ce qui concerne le roi, les deux principaux changements par rapport à la Charte de 1814 viennent du fait qu'il ne nomme plus le Président de l'Assemblée et que son pouvoir en matière d'ordonnances est limité (elles ne peuvent

aller à l'encontre des lois). Ses autres pouvoirs sont confirmés, y compris le veto législatif et le droit de dissolution.

Quant aux chambres, la principale innovation les concernant réside dans **un droit d'initiative législative**. Malgré l'absence d'une responsabilité politique du gouvernement devant les chambres, ces dernières exercent une influence grandissante sur les ministres. Enfin, en 1831, des lois ordinaires suppriment la pairie héréditaire et abaissent le cens requis pour être électeur, ce qui a pour effet de doubler la taille du corps électoral, même si celui-ci reste très peu représentatif de la nation.

B) Un régime parlementaire imparfait

263 Au début de son règne, l'attitude de Louis-Philippe va permettre le développement de pratiques parlementaires. En effet, **il laisse une certaine autonomie au gouvernement**. Selon la formule consacrée, « Le roi règne, mais ne gouverne pas ». Le meilleur exemple en est donné par le premier ministère du nouveau régime en 1830, celui dirigé par Casimir-Périer : ce dernier écarte le roi de la gestion des affaires courantes (il prend des décisions avec ses collaborateurs en dehors de sa présence), dirige son cabinet avec fermeté et défend sa politique devant les chambres.

Pour mener à bien sa politique, le gouvernement a besoin de la confiance du roi mais aussi de celle de la Chambre des députés. Progressivement s'instaure **la pratique de la question de confiance**. En cas de conflit avec la Chambre, il est possible soit de renvoyer le gouvernement, soit de **dissoudre la Chambre** et de faire appel aux électeurs (le roi a fréquemment eu recours à son droit de dissolution).

Dans le même temps, la Chambre a inauguré la pratique de **l'interpellation**. Cette forme de contrôle parlementaire permet de mettre en cause le gouvernement par un vote qui, s'il s'avère défavorable, l'oblige à démissionner (6 gouvernements sur 16 ont dû se retirer, provoquant ainsi une dissolution).

À partir de 1840, Louis-Philippe fait preuve d'habileté politique et exploite au mieux les pouvoirs que lui confère la Charte. Sa devise pourrait être : « regrouper pour mieux régner ». En effet, il manœuvre pour que les gouvernements regroupent des ministres de tendances opposées afin de mieux neutraliser les contestations et les rivalités. Et, lorsqu'il l'estime nécessaire, il n'hésite pas à renvoyer des ministères.

Cette implication croissante du roi dans les affaires publiques empêche un véritable essor du régime parlementaire et supprime toute possibilité de recours lorsque la crise éclate. De plus, le suffrage censitaire (malgré l'abaissement du cens dès 1831) maintient le peuple à l'écart des affaires (et, de ce fait, met à mal le principe représentatif). C'est d'ailleurs à l'occasion d'une campagne sur l'élargissement du suffrage que se déclenche la révolution du 24 février 1848. En réalité, elle intervient dans un contexte de crise économique et sociale à l'échelle européenne.

SECTION IV

La Deuxième République et le Second Empire

264 **La révolution de 1848 est une révolution parisienne et ouvrière** qui ne reflète sans doute pas la volonté de la majorité du corps électoral désireux d'une monarchie parlementaire plus « démocratique », permettant à la petite bourgeoisie et aux intellectuels de s'exprimer. Seules des circonstances exceptionnelles et l'absence de préparation ont permis **l'« avènement surprise » de la République.** C'est ce que reflètent les élections à l'Assemblée Constituante (au suffrage universel direct masculin) du 23 avril 1848 : 180 royalistes, 70 républicains « socialistes » et 500 républicains « modérés » composent la nouvelle assemblée.

§ 1. La Constitution du 4 novembre 1848

265 Comme la Constitution de 1791, elle s'inspire directement de la Constitution américaine. Mais elle subit également les influences contradictoires de la Révolution et de l'esprit utopique de 1848.

A) Le suffrage universel direct

266 Renouant avec l'exemple de 1793, la Constitution de 1848 pose le principe du **suffrage universel direct masculin**. Les conditions pour être électeur sont celles qui ont prévalu jusqu'en 1974 : le droit de vote est réservé à tous les Français âgés d'au moins 21 ans.

B) Le fonctionnement du régime

267 **La séparation rigide des pouvoirs** devait leur permettre de trouver un équilibre. En réalité, elle va bloquer la résolution des conflits survenant entre l'exécutif et le législatif.

La durée du mandat du **Président de la République** est la même que celle du Président américain : 4 ans. Élu au suffrage universel direct, il n'est pas immédiatement rééligible. Il est le titulaire du pouvoir exécutif et a toute liberté pour choisir et révoquer ses ministres (par leur intermédiaire, il exerce son droit d'initiative des lois). Par contre, **il ne peut pas dissoudre l'Assemblée. Louis-Napoléon Bonaparte** (le neveu de Napoléon Ier) **est élu** Président de la République le 10 décembre 1848 **à une écrasante majorité**.

L'Assemblée, qui compte 750 membres, est élue pour trois ans au suffrage universel direct. Elle **est unique** (on est en présence d'un système monocaméral) **et permanente** (pour exercer un contrôle constant sur l'exécutif). Elle dispose bien sûr de la compétence législative mais **ne peut pas renverser le gouvernement**, qui n'est pas responsable devant elle.

De plus, rompant avec une pratique très courante sous la Restauration, celle d'avoir pour parlementaires des fonctionnaires occupant des postes élevés dans l'administration et maintenus de ce fait dans la dépendance du pouvoir, la Constitution de 1848 pose d'une part le principe de l'**incompatibilité entre le**

mandat parlementaire et une fonction publique ou administrative et, d'autre part, accorde aux députés une **indemnité** pour leur permettre d'exercer leur mandat sans pression financière extérieure.

La séparation stricte des pouvoirs, qui fait la force et l'originalité du régime américain, s'est révélée être la principale faiblesse de la Deuxième République. L'absence de moyens de résolution des conflits entre les deux pouvoirs (pas de droit de dissolution, pas de responsabilité du gouvernement devant l'Assemblée) ne pouvait déboucher que sur une crise. De plus, politiquement, la situation était intenable : on trouve face à face, dans le cadre d'un régime républicain, le neveu de l'empereur Napoléon Ier et une Assemblée à majorité royaliste (500 députés royalistes sur 750 parlementaires après les élections de 1849) !

Voulant se représenter immédiatement à l'élection présidentielle et ayant échoué par la voie d'une tentative de révision constitutionnelle, Louis-Napoléon Bonaparte choisit la voie déjà empruntée par son oncle : celle du coup d'État (réalisé à la date symbolique du 2 décembre 1851, anniversaire de la victoire d'Austerlitz). Puis un plébiscite lui donne une majorité écrasante pour rédiger une nouvelle Constitution.

§ 2. Le Second Empire

268 La Constitution du 14 janvier 1852 est encore républicaine. Elle organise le retour aux institutions de l'Empire mais, en même temps, assure la fidélité aux « grands principes proclamés en 1789 ».

Les pouvoirs du Président sont évidemment renforcés. Celui-ci, élu pour 10 ans, concentre l'essentiel de l'autorité : pouvoir exécutif, direction des armées, droit de dissolution de l'Assemblée, exclusivité de l'initiative législative et droit de veto absolu sur les lois. Dans le droit fil de la tradition bonapartiste du plébiscite, le Président est responsable devant le peuple, auquel il peut faire appel.

La Constitution crée également deux chambres : le Corps législatif, élu pour six ans, chargé de discuter et de voter les lois et le Sénat, dont les membres sont choisis par le pouvoir exécutif, qui contrôle la constitutionnalité des lois.

L'Empire est rétabli par le sénatus-consulte du 7 novembre 1852. Louis-Napoléon Bonaparte, devenu empereur sous le titre de Napoléon III, est le véritable détenteur du pouvoir. Il reprend à son compte les prérogatives du Président et parfois les étend.

Face au pouvoir de l'Empereur, le Corps législatif n'a aucun pouvoir réel : de son élection (*via* les « candidatures officielles » et le découpage arbitraire des circonscriptions électorales) à ses attributions (il ne peut prendre aucune initiative législative, ne siège que quelques mois par an, n'exerce aucun contrôle sur le gouvernement), il n'est qu'une parodie de représentation de la souveraineté nationale.

Mais, **à partir de 1860, le régime se parlementarise** et le Corps législatif recouvre certaines compétences traditionnelles de l'Assemblée en régime parlementaire (questions aux ministres, initiative des lois, droit d'amendement, vote du budget, interpellation des ministres...). Le sénatus-consulte du 21 mai 1870 confirme cette évolution libérale et parlementariste du régime. Mais celle-ci ne se prolongera que quelques mois : la défaite militaire contre l'Allemagne à Sedan le 1er septembre 1870 marque la fin du Second Empire.

Bibliographie et lectures pour approfondir

BASTID P., *Doctrines et institutions politiques de la Seconde République*, vol. 1, 1945 et vol. 2, *Les institutions politiques de la monarchie parlementaire française (1814-1848)*, 1954 ; CONAC G. et MACHELON J.-P., *La Constitution du 24 juin 1793, l'utopie dans le droit public français ?*, Actes du colloque des 16 et 17 septembre 1993, Paris, PUF, 1997 ; DESLANDRES M., *Histoire constitutionnelle de la France*, t. 1, *(1789-1815)* et t. 2, *(1815-1870)*, 1933 ; GAXOTTE P., *Histoire de la Révolution française*, réédité en 1962 ; GODECHOT J., *Les institutions de la France sous la Révolution et l'Empire*, 1951 ; LUCHAIRE F., *Naissance d'une Constitution : 1848*, coll. Histoire des Constitutions de la France, Paris, Fayard, 1998.

CHAPITRE II

La Troisième République (1870-1940)

269 La Troisième République s'installe dans le doute au lendemain de la défaite militaire de 1870. Elle devient **le régime le plus long de l'histoire constitutionnelle française** et ce en dépit des périls importants qu'elle doit traverser (notamment la Première Guerre mondiale).

Progressivement, à la République parlementaire se substitue un régime d'assemblée.

SECTION I

La préparation de la Constitution de 1875

270 Le 4 septembre 1870, à peine l'annonce de la capitulation de Napoléon III est-elle connue à Paris, que l'Assemblée proclame la République et annonce la constitution d'un « Gouvernement de la Défense nationale » chargé de défendre le territoire contre l'envahisseur prussien. Toutefois, la reddition du maréchal Achille Bazaine aux troupes allemandes porte un coup fatal à la résistance qui s'organisait autour de Léon Gambetta et, le 28 janvier 1871, le gouvernement est contraint de signer l'armistice.

Une Assemblée nationale devant se prononcer sur la question de savoir si la guerre doit être continuée, est élue le 8 février 1871. Mais cette Assemblée a également une vocation constituante.

§ 1. L'Assemblée constituante

271 Dans un premier temps, l'Assemblée consacre tous ses efforts à conclure la paix avec Bismarck et l'empereur d'Allemagne Guillaume Ier ; le traité de Francfort sera signé en mai 1871. Elle doit également faire face à **la Commune de Paris** de mars à mai 1871. Enfin, une fois revenue à sa vocation constituante, elle élabore une Constitution dans des conditions difficiles, compte tenu de l'opposition d'une part entre républicains et majorité monarchiste et d'autre part au sein même des monarchistes (légitimistes contre orléanistes). Tout ceci explique que cinq ans furent nécessaires à l'Assemblée pour rédiger la Constitution. Voici les grandes étapes qui jalonnent son parcours.

A) La résolution du 17 février 1871 : le gouvernement d'Adolphe Thiers

272 Ayant gagné les élections à la tête d'une majorité conservatrice favorable à la conclusion d'un traité de paix avec l'Allemagne, Adolphe Thiers est aussitôt choisi comme chef du pouvoir exécutif (par la résolution de l'Assemblée nationale du 17 février 1871). Il est chargé de gouverner sous le contrôle de l'Assemblée mais a toute latitude pour choisir ses ministres. Son prestige et l'autorité qu'il acquiert à l'occasion de la répression de la Commune de Paris, lui permettent de s'approprier la réalité du pouvoir.

Dans l'espoir d'une restauration de la monarchie, l'Assemblée organise un régime provisoire par trois lois successives.

B) La loi du 31 août 1871 ou « Constitution » Rivet

273 Elle prévoit que **le chef de l'exécutif prend le titre de Président de la République française**.

Le pouvoir souverain appartient à l'Assemblée (par son élection) qui « attribue » aux autres organes leurs compétences. À ce titre, Adolphe Thiers est nommé Président de la République à titre provisoire (en effet, l'Assemblée, majoritairement monarchiste, ne veut pas s'engager plus avant dans la voie républicaine).

Le Président est dépendant de l'Assemblée : il est responsable devant elle, ainsi que ses ministres (qu'il nomme et révoque). D'un point de vue pratique, il est obligé de résider au lieu où siège l'Assemblée et il ne peut s'y faire entendre qu'à des conditions restrictives. Enfin, il promulgue et assure l'exécution des lois votées par l'Assemblée.

Ces dispositions, destinées à maintenir l'exécutif sous la dépendance de l'Assemblée et à limiter l'influence de Thiers, n'atteignent que partiellement leurs objectifs. Le pouvoir de ce dernier reste intact. Une « bataille » s'engage alors avec les monarchistes qui ne veulent pas voir la République se maintenir.

C) La loi du 13 mars 1873 ou « Constitution » de Broglie

274 Depuis l'adoption de la loi Rivet en 1871, **Thiers domine la vie politique**. La libération anticipée du territoire (sauf l'Alsace et la Lorraine) lui confère un grand prestige et renforce son autorité. Son choix clairement exprimé d'une République conservatrice lui vaut l'hostilité de la majorité monarchiste. **La loi de Broglie n'a d'autre objectif que de « soumettre » Thiers.**

Elle prévoit que le Président ne peut intervenir directement devant l'Assemblée qu'à l'occasion des débats touchant à la politique extérieure. Pour ceux touchant à la politique intérieure, il ne peut intervenir que par messages lus par un ministre. S'il veut être entendu, il doit au préalable en faire la demande à l'Assemblée. Après son intervention, un vote a lieu mais seulement lors d'une séance ultérieure et hors de sa présence. Ce décalage est destiné à empêcher un affrontement direct entre le Président et l'Assemblée.

Cette procédure (qualifié par Thiers de « cérémonial chinois ») s'applique également aux sujets en discussion à l'Assemblée qui entrent dans le champ de compétence du gouvernement et sont susceptibles d'engager la responsabilité du Président (après délibération en Conseil des ministres).

Mais la majorité monarchiste de l'Assemblée, excédée du soutien apporté par Thiers aux républicains et hostile à sa volonté d'accélérer la rédaction de la nouvelle Constitution, décide de le « faire tomber ». Le 24 mai 1873, saisissant l'occasion d'un des nombreux engagements de responsabilité du Président, l'Assemblée le met en minorité, le conduisant à démissionner. Le même jour, elle le remplace par le maréchal Patrice de Mac-Mahon.

D) Le septennat et la République

275 L'intention de Mac-Mahon et de la majorité de l'Assemblée était de rétablir la monarchie. Seul le refus du prétendant au trône, le comte de Chambord, d'accepter le drapeau tricolore comme emblème national, empêcha cette nouvelle Restauration. Faute de mieux, l'Assemblée décide de prolonger le régime provisoire en votant le **septennat personnel pour Mac-Mahon** (loi du septennat du 20 novembre 1873), en attendant le décès du comte de Chambord et son remplacement dans l'ordre successoral par le comte de Paris, moins rigide sur la question de l'emblème national. Cette personnalisation du septennat évite de créer la fonction présidentielle, Mac-Mahon faisant office de « régent républicain ».

La durée des fonctions présidentielles sous les Républiques successives trouve là son origine, fixée alors en fonction de l'espérance de vie supposée du comte de Chambord !

Dans un second temps, c'est à l'occasion de l'examen du projet établi par la commission pour l'examen des lois constitutionnelles que, **le 30 janvier 1875, l'Assemblée vote l'amendement Wallon. À une voix de majorité, elle arrête le mode d'élection du Président de la République** : « Le Président (...) est élu à la majorité absolue des suffrages par le Sénat et la Chambre des députés réunis en Assemblée nationale. » On passe ainsi du septennat personnel établi par la loi du 20 novembre 1873 au septennat impersonnel. À partir de l'amendement Wallon, **la forme républicaine du régime ne semble plus faire de doute**.

Dès lors, la volonté du Président comme celle de l'Assemblée (qui a obtenu l'institution d'un Sénat dont la composition devrait garantir le conservatisme) est que les lois constitutionnelles soient rapidement votées. Elles le sont toutes trois la même année, par les modérés de tous les camps. La Troisième République est établie.

§ 2. Les trois lois constitutionnelles de 1875

276 La Constitution se compose de trois lois : la loi du 24 février 1875, relative à l'organisation du Sénat (condition posée par les monarchistes à l'acceptation de la République) ; la loi du 25 février 1875 concernant l'organisation des pouvoirs publics ; la loi du 16 juillet 1875, relative aux rapports des pouvoirs publics.

Elles sont brèves et ne posent aucun principe (il n'est fait allusion à aucun droit ni aucune liberté). Elles se contentent de présenter objectivement l'organisation et le fonctionnement des pouvoirs publics. Un tel laconisme a eu le mérite d'éviter des conflits idéologiques, d'interprétation… et a contribué à leur longévité.

Mais surtout, **elles sont le résultat d'une transaction entre républicains et monarchistes modérés**. Les républicains ont accepté que ne soient pas mentionnés des principes posés par les Républiques précédentes (notamment la Déclaration des droits). Quant aux monarchistes, ils ont renoncé à ce qu'un roi soit à la tête de l'exécutif, au profit d'un Président de la République.

Enfin, **ces lois peuvent être aisément révisées**. Il faut d'abord que chaque assemblée se prononce à la majorité absolue des voix sur le principe de la révision. Ensuite, les deux chambres réunies en Assemblée nationale décident de la révision à la majorité absolue des membres la composant.

La Constitution de 1875, en vigueur jusqu'en 1940, a offert à la France **la plus longue période de stabilité constitutionnelle qu'elle ait jamais connue**, soit 65 ans. La durée de vie des régimes précédents (depuis 1789) n'avait pas excédé 18 ans (monarchie de Juillet).

SECTION II
L'organisation des pouvoirs publics

277 Elle répond au schéma du régime parlementaire. Sont ainsi mis en place : un exécutif bicéphale, un Parlement bicaméral et des mécanismes classiques régissant les rapports de l'exécutif et du législatif.

§ 1. L'exécutif

278 Il comprend un Président de la République et des ministres. Mais la pratique a mis en évidence le rôle prépondérant du Président du Conseil et son autorité sur les ministres.

A) Le Président de la République

279 La durée de son mandat est toujours fixée à sept ans. Il est élu à la majorité absolue des suffrages par la Chambre des députés et le Sénat, réunis pour l'occasion en Assemblée nationale. **Formellement, il dispose de pouvoirs importants. Mais en pratique, son pouvoir n'a aucune substance.**

Aux termes de la Constitution, le Président nomme les ministres, a l'initiative des lois, les promulgue et en assure l'exécution, peut en demander une nouvelle délibération, peut faire lire des messages à la tribune des assemblées, peut dissoudre la Chambre des députés (sur avis conforme du Sénat), dispose de la force armée, négocie et ratifie les traités…

Ces nombreuses compétences sont en quelque sorte neutralisées par deux règles fondamentales du régime parlementaire concernant le Président : le contreseing ministériel de ses actes et son irresponsabilité politique.

Le contreseing implique que les actes du Président doivent être contresignés par les ministres concernés. **Seul, il ne peut prendre aucune décision.**

L'irresponsabilité politique du Président implique qu'**il ne peut être mis en cause pour la politique menée. En conséquence, puisqu'il contresigne les décisions, le gouvernement en assume seul la responsabilité devant les chambres.** À ce titre, il est le véritable centre du pouvoir.

Dans ces conditions, le rôle du Président ne peut être que secondaire et effacé. Et lorsqu'un président s'aventure hors du domaine qui lui est réservé, les chambres ne manquent pas de le rappeler à l'ordre. C'est ainsi qu'Alexandre Millerand (élu en 1920) fut contraint à démissionner par la Chambre, pour avoir publiquement préconisé un renforcement du rôle du Président et apporté son soutien à la droite lors de la campagne législative de 1924. Les élections ayant été remportées par le Cartel des gauches, le leader de cette coalition (Édouard Herriot) refusa de gouverner avec Millerand à la tête de l'État, le contraignant ainsi à démissionner.

En fin de compte, **le seul véritable pouvoir dont dispose le Président de la République réside dans le choix du Président du Conseil des ministres**. Il n'a qu'une contrainte minimale qui est celle de devoir le choisir dans les rangs de la majorité parlementaire ou, du moins, de la coalition susceptible de gouverner.

B) Le gouvernement de cabinet

280 Il regroupe l'ensemble des ministres et constitue un **organe collégial et solidaire**. Autrement dit, les décisions sont prises au nom de l'ensemble du gouvernement et les ministres sont solidairement responsables devant les chambres de la politique du gouvernement.

Selon la Constitution, les ministres sont nommés par le Président de la République et égaux entre eux. Autrement dit, **l'institution de la présidence du Conseil des ministres n'est pas prévue par les textes**. Il faut voir dans cette omission le maintien d'une situation de fait. En effet, dans un premier temps (1871-1873), le Conseil des ministres est présidé par le Président de la République puis, dans un second temps (à partir de juin 1873), Mac-Mahon confie les fonctions de chef du gouvernement au vice-président du Conseil des ministres afin d'éviter un engagement politique trop direct du Président (n'oublions pas qu'en 1873, Mac-Mahon souhaite faire évoluer la République vers une monarchie parlementaire).

Pourtant, dès l'élection des assemblées prévues par la nouvelle Constitution (en 1876), le chef du gouvernement, Dufaure, reçoit le titre de Président du Conseil des ministres. **À partir de 1879**, date de l'élection de Jules Grévy à la Présidence de la République en remplacement de Mac-Mahon démissionnaire (voy. *infra*, n° 290), **le rôle du Président de la République se limite au choix du Président du Conseil**. **Les ministres**, qui sont presque toujours des parlementaires, **sont choisis par le Président du Conseil et nommés par le Président de la République**, ce dernier se contentant d'exercer, à certaines occasions, une influence discrète. Dès la formation du gouvernement, les Présidents du Conseil prennent l'habitude de venir présenter leur programme aux chambres (toutefois, il ne s'agit pas d'une demande d'investiture).

La présidence du Conseil est donc une institution coutumière qui repose sur une autorité de nature politique.

En effet, hormis le contreseing des actes du Président de la République qui lui donne un droit de regard sur la politique gouvernementale, le Président du Conseil n'a aucun moyen juridique pour imposer ses décisions aux ministres. Pour mener à bien ses fonctions de direction du gouvernement, il ne peut compter que sur son autorité politique.

§ 2. Le Parlement

281 Il est composé de deux assemblées dont les pouvoirs sont égaux. On parle dans ce cas de **bicaméralisme parfait**.

A) L'élection de la Chambre des députés

282 **La Constitution prévoit que les députés sont élus pour 4 ans au suffrage universel direct**, le mode de scrutin devant être fixé par des lois organiques (ce sont des lois qui précisent l'organisation des pouvoirs publics).

Le mode de scrutin en vigueur pendant presque toute la Troisième République est le scrutin uninominal majoritaire à deux tours dans le cadre de l'arrondissement. Seule exception majeure, la mise en place, de 1919 à 1927, d'un système mêlant représentation proportionnelle et scrutin majoritaire.

Ce **scrutin uninominal majoritaire à deux tours** a une conséquence importante sur le fonctionnement du régime : il **contribue à maintenir un système de multipartisme**.

B) L'élection du Sénat

283 Elle s'opère au suffrage indirect à plusieurs degrés. Le scrutin est un scrutin de liste, dans le cadre du département. Le collège électoral comprend les députés, les conseillers généraux, les conseillers d'arrondissement et des délégués élus par les conseils municipaux.

Le Sénat acquiert les caractéristiques que nous lui connaissons encore aujourd'hui. Par son mode d'élection, **il se présente comme une assemblée conservatrice**, reflet de la France des campagnes et des petites villes (une chambre de notables). Selon la formule de Gambetta, il est le « grand conseil des communes de France ».

Mais, dans le même temps, il se révèle être un défenseur des valeurs républicaines et du régime. Ceci explique en partie que son existence n'ait jamais été remise en cause.

Il est composé de deux cent vingt-cinq sénateurs élus (auxquels s'ajoutent initialement soixante-quinze membres inamovibles nommés par l'Assemblée constituante, dont le renouvellement sera arrêté en 1884). Les sénateurs sont élus pour neuf ans et renouvelables par tiers tous les trois ans.

C) L'égalité entre les assemblées

284 Elle est assurée aussi bien sur le plan législatif que sur le plan du contrôle politique du gouvernement.

Elles ont toutes deux une compétence législative pleine et entière. Ceci signifie, outre qu'elles possèdent conjointement le droit d'initiative des lois, que pour être adoptée et promulguée, **une loi doit être votée en termes identiques par la Chambre des députés et par le Sénat** (d'où le développement de la procédure de la navette entre les chambres). Autrement dit, ce dernier possède la faculté d'empêcher l'adoption d'une loi. Les deux assemblées ont également le pouvoir de réviser les lois constitutionnelles.

L'égalité est également assurée en ce qui concerne la capacité des assemblées à mettre en cause la responsabilité politique du gouvernement. Elle découle de l'égalité en matière législative. La Chambre des députés effectue un contrôle par le biais d'une procédure de questions posées au gouvernement ou par la mise en cause de la responsabilité ministérielle (système dit des « interpellations »). De son côté, le Sénat, en refusant par exemple de voter le budget, met en cause la responsabilité du gouvernement et peut l'obliger à démissionner.

L'égalité entre les chambres connaît cependant quelques exceptions. Ainsi, les projets de budget et de lois de finances du gouvernement doivent d'abord être discutés et votés par la Chambre des députés. Cette particularité dans le vote des lois de finances a subsisté jusqu'à aujourd'hui (voy. *infra*, n° 531).

§ 3. Les relations entre les pouvoirs

285 En théorie, les relations entre l'exécutif et le législatif devaient s'équilibrer par le jeu de deux moyens d'action réciproques :

- **la responsabilité politique du gouvernement devant la Chambre des députés, mais aussi devant le Sénat.** Les deux assemblées (surtout la Chambre des députés) n'hésiteront pas à faire un usage immodéré de ce droit, quitte à compromettre l'équilibre du régime ;
- **le droit de dissolution de la Chambre des députés par le Président de la République.** À partir de 1877, ce droit tombera totalement en désuétude compte tenu des connotations extrêmement négatives et antidémocratiques attachées à la première tentative de dissolution (voy. *infra*, n°s 290 et 291).

A) La responsabilité du gouvernement devant les assemblées

286 La Constitution prévoit la responsabilité des ministres devant les deux assemblées. Ils assument solidairement la responsabilité de la politique gouvernementale et individuellement celle de leurs actes personnels.

La procédure de mise en jeu de la responsabilité du gouvernement devant les assemblées est extrêmement simple : **le gouvernement peut être interpellé à tout moment par un parlementaire**. Un débat suit cette interpellation puis l'assemblée décide de voter ou non la confiance au gouvernement. Si la confiance est refusée, le gouvernement doit démissionner. **L'initiative de la mise en jeu de la responsabilité peut aussi être le fait du gouvernement** (en réalité du Président du Conseil). Il peut **poser la question de confiance** aux assemblées sans procédure préalable, et ce même sur un aspect mineur de sa politique, ce qui multiplie d'autant les risques de le voir renversé.

Ce système de double responsabilité suscite bien des interrogations. En effet, si la responsabilité du gouvernement devant la Chambre des députés est « classique » en régime parlementaire, en revanche, sa mise en jeu devant le Sénat est beaucoup plus problématique.

En effet, on voit mal pourquoi la responsabilité du gouvernement devrait être engagée devant une Chambre dont il ne peut demander la dissolution. Mais surtout, pourquoi un gouvernement disposant de la confiance de la Chambre des députés, seule assemblée véritablement démocratique de par son mode d'élection, pourrait-il être contraint à démissionner par le Sénat qui est avant tout une chambre de notables ? L'explication est purement politique : les monarchistes, lors de la rédaction des lois constitutionnelles de 1875, ont exigé que les pouvoirs du Sénat (chambre conservatrice, théoriquement plus favorable à leurs idées) soient équivalents à ceux de la Chambre des députés.

En pratique, sur la base de la loi de 1875, plusieurs gouvernements ont été amenés à démissionner en raison de l'opposition du Sénat (*par ex.*, les gouvernements Clemenceau en 1908 ou Blum en 1937).

B) Le droit de dissolution de la Chambre des députés

287 Le Président dispose du droit de dissoudre la Chambre des députés, **mais à la condition d'obtenir l'avis conforme du Sénat**. Les tentatives pour faciliter le recours à la dissolution, par la suppression de l'avis conforme du Sénat, ont toutes échoué et se sont souvent retournées contre leurs auteurs (le Président de la République Alexandre Millerand a ainsi été contraint à démissionner). Quoi qu'il en soit, **à compter de 1877, la dissolution ne sera plus pratiquée**.

SECTION III
L'installation de la République

288 Les constituants de 1875 ont clairement exprimé leur volonté d'établir un régime républicain. Cependant, résultant d'un compromis, la Constitution ne précise pas le type de régime parlementaire souhaité. La crise du 16 mai 1877 a le mérite de clarifier la situation sur le plan politique, tandis que diverses révisions constitutionnelles apportent les précisions nécessaires à la mise en place du régime.

§ 1. La crise du 16 mai 1877

289 Elle donne lieu à une confrontation majeure entre le Président de la République et la Chambre des députés. **De cette crise sort un nouvel équilibre des institutions.**

A) Les événements

290 En 1876, les républicains remportent les élections à la Chambre des députés. Contrairement aux règles du régime parlementaire, le Président de la

République, le maréchal Patrice de Mac-Mahon refuse de nommer comme Président du Conseil une personnalité républicaine. Pendant un an, il va s'évertuer à nommer des « centristes » à la tête du gouvernement, ceux-ci ayant le plus grand mal à obtenir la confiance de la Chambre.

La crise va éclater le 16 mai 1877 lorsque Mac-Mahon écrit au Président du Conseil, Jules Simon, pour lui reprocher son attitude face à la Chambre (de façon anecdotique mais significative, il l'accuse d'avoir approuvé tacitement un ordre du jour « anticlérical » voté par la Chambre). Jules Simon démissionne et est remplacé par Albert de Broglie. Aussitôt, la Chambre des députés, à majorité républicaine, s'insurge puis refuse d'accorder sa confiance au ministère de Broglie (le 21 juin). Le 25 juin 1877, après avoir obtenu l'avis conforme du Sénat, Mac-Mahon décide de dissoudre la Chambre des députés.

La campagne électorale est l'occasion d'une confrontation entre deux conceptions du régime parlementaire. Au parlementarisme dualiste prôné par Mac-Mahon (le gouvernement est responsable devant la Chambre **et** devant le Président) répond le parlementarisme moniste préconisé par les républicains (le gouvernement ne doit dépendre **que** de la Chambre).

Anticipant la victoire des républicains, **Léon Gambetta affirme, à propos du Maréchal, qu'il devra « se soumettre ou se démettre »**. Les républicains remportent en effet les élections d'octobre 1877 à une confortable majorité. Mac-Mahon refuse de s'incliner et tente une ultime manœuvre en remplaçant Albert de Broglie par le général de Rochebouët à la tête du Conseil et en désignant des non-parlementaires (qui ne sont donc pas soumis à l'influence de la majorité républicaine) pour occuper les portefeuilles ministériels les plus sensibles. La Chambre refuse aussitôt d'entrer en rapport avec ce ministère. Sous la pression, le Maréchal « se soumet » et désigne Dufaure pour former le nouveau gouvernement.

Après avoir « cohabité » avec un gouvernement républicain, Mac-Mahon perd son dernier soutien lorsque les républicains obtiennent en 1879 la majorité au Sénat. Il démissionne le 30 janvier 1879 et est remplacé par Jules Grévy.

B) Les conséquences

291 En premier lieu, la crise permet de mettre fin aux ambiguïtés relatives à la nature exacte du régime. Elle consacre la **toute-puissance de l'Assemblée** face au pouvoir exécutif : le parlementarisme dualiste est abandonné **au profit du parlementarisme moniste**. C'est désormais des seules assemblées que le gouvernement tirera sa légitimité pour exercer le pouvoir.

Cette crise et l'abandon du parlementarisme dualiste **mettent également un terme aux espoirs de restauration monarchique**. Près d'un siècle après la Révolution de 1789, **la République est définitivement installée**. En même temps, **l'abandon du parlementarisme dualiste implique un déclin du pouvoir du Président de la République. La réalité du pouvoir exécutif appartient au gouvernement et, plus spécifiquement, au Président du Conseil.**

En second lieu, **la crise jette le discrédit sur la procédure de dissolution** ou, plus exactement, en rend l'utilisation impossible pour l'avenir. La dissolution de 1877 a été perçue comme une attaque frontale contre le Parlement.

Désormais, **la procédure de dissolution est considérée comme dangereuse pour la République et ne pourra plus, de ce fait, être mise en œuvre**.

Cette neutralisation de la dissolution est préoccupante dans la mesure où elle est un élément important de l'équilibre des pouvoirs en régime parlementaire. En effet, entre les mains du Président du Conseil, elle est la contrepartie à la capacité de la Chambre de mettre en jeu la responsabilité politique du gouvernement. **Sans dissolution, le régime peut rapidement dévier vers le régime d'assemblée.**

D'ailleurs, c'est bien le régime d'assemblée qui est « proclamé » le 6 février 1879 quand le Président de la République Jules Grévy fait lire aux assemblées un message qui déclare : « Je n'entrerai jamais en lutte contre la volonté nationale ». Non seulement il confirme l'abandon de la dissolution, mais encore il subordonne l'exécutif aux assemblées.

§ 2. Les révisions de la Constitution

292 Malgré la domination politique des républicains, les révisions de la Constitution restent très limitées. Deux révisions méritent d'être signalées.

A) La révision de 1879

293 La révision du 21 juin 1879 a un caractère avant tout symbolique : elle abroge l'article 9 de la loi constitutionnelle du 25 février 1875, qui établissait à Versailles le siège des pouvoirs publics (en réaction contre la Commune de Paris). La loi du 22 juillet 1879 transfère ce siège à Paris.

B) La révision de 1884

294 La révision du 14 août 1884 est la plus importante de la Troisième République, autant en symboles qu'en transformations institutionnelles. **Elle vient parachever la victoire des républicains.**

Les dispositions de la révision prévoient que : **la forme républicaine du gouvernement ne peut faire l'objet d'une révision**, les membres des familles ayant régné sur la France sont inéligibles à la présidence de la République, les institutions sont laïcisées avec la suppression des prières publiques au moment de la rentrée des assemblées, le délai entre les élections et la dissolution qui en est la cause est abrégé, les soixante-quinze sénateurs inamovibles ne seront pas remplacés après leur décès et, enfin, le collège électoral du Sénat est modifié.

SECTION IV
Les caractéristiques du régime

295 La principale d'entre elles est **une instabilité gouvernementale chronique** : cent quatre gouvernements se succèdent en soixante-dix ans. Les tentatives pour redonner une certaine consistance au pouvoir exécutif ne suffisent pas à sauver un régime incapable de s'adapter.

§ 1. L'instabilité gouvernementale

296 Elle résulte de plusieurs facteurs.

La procédure de mise en jeu de la responsabilité du gouvernement devant les assemblées n'est pas codifiée. Il en résulte que **cette responsabilité peut être mise en cause à chaque instant par un parlementaire**, aussi bien sur une question majeure (contenue dans un projet de loi important, *par ex.*) que sur une simple question de procédure. L'instabilité est d'autant plus grande qu'une « coutume » s'instaure, selon laquelle les gouvernements dont la responsabilité est mise en cause par une majorité, même relative, démissionnent. L'initiative de la mise en jeu de la responsabilité peut aussi être le fait d'un ministre sans que la décision ait été débattue au sein du Conseil.

De plus, comme précédemment indiqué, le gouvernement est responsable devant les deux chambres. Les risques de mise en cause sont donc multipliés.

L'instabilité **résulte également de l'abandon du droit de dissolution et, de façon générale, de l'extrême dépendance dans laquelle le législatif tient l'exécutif**. Les assemblées concentrent des pouvoirs considérables face à des gouvernements fragilisés qui n'ont plus les moyens de se « défendre » et d'agir.

Enfin et surtout, l'instabilité vient du fait que **les gouvernements sont le résultat d'alliances éphémères entre les partis**. Le multipartisme ne permet pas de dégager des majorités franches. Pour former un gouvernement, plusieurs partis doivent se coaliser. Il se forme ainsi **des majorités plus ou moins interchangeables**, du fait de la politique de concentration républicaine (qui vise à regrouper les diverses formations du centre). La défection de l'un des partis formant la coalition peut suffire à faire chuter un gouvernement.

La conséquence la plus néfaste de cette instabilité gouvernementale est l'**antiparlementarisme** qu'elle génère : lassée de la « valse » des ministres, une partie de l'opinion espère qu'un homme fort viendra mettre fin à cette situation, ce qui accroît le risque de complot ou de coup d'État populiste, comme celui du général Boulanger en 1889.

§ 2. Les tentatives de renforcement de l'exécutif

297 Pour tenter de remédier à l'instabilité gouvernementale, une réforme de l'État est entreprise mais n'aboutit pas. Seules des évolutions tentent d'inverser le cours des choses.

A) La structuration de la présidence du Conseil

298 Au sein du gouvernement, la présidence du Conseil joue un rôle déterminant d'impulsion, de coordination et de décision. Le Président du Conseil, qui contresigne les actes du Président de la République et propose les ministres à la nomination, est **le véritable chef du gouvernement**. Son autorité dépend évidemment de sa personnalité mais aussi de la solidité de la coalition qu'il dirige. Jusqu'en 1914, on assiste à une alternance d'hommes forts à la tête de majorités fortes (Georges Clemenceau, Raymond Poincaré…) et d'hommes moins charismatiques mais qui font l'objet d'un consensus, à la tête de coalitions plus fragiles.

La Première Guerre mondiale fait prendre conscience à tous du rôle déterminant de l'exécutif dans la conduite des affaires de la nation et de la **nécessité de doter la présidence du Conseil d'une organisation administrative et de structures adéquates**. Dès le début de la guerre, un chef de cabinet lui est adjoint, auquel viendra s'ajouter ultérieurement un secrétaire général. Mais il faudra attendre 1934 pour qu'elle ait à sa disposition les services administratifs appropriés et indispensables à la mission d'un chef de gouvernement. Cette autonomie organique facilite son travail et ne la fait plus dépendre d'autres ministères.

B) Le recours aux lois de pleins pouvoirs et aux décrets-lois

299 À l'issue de la Première Guerre mondiale, la situation économique du pays exige de prendre dans l'urgence des mesures radicales. Mais le Parlement ne veut pas assumer l'impopularité d'une telle politique et préfère laisser agir le gouvernement.

Les lois de pleins pouvoirs autorisent le gouvernement à prendre, pendant un délai de quelques mois, les dispositions nécessaires au redressement du pays (par décrets approuvés en Conseil des ministres). Les décrets-lois permettent au gouvernement d'intervenir directement dans le domaine législatif. Toutefois, ils doivent ensuite être ratifiés par la Chambre des députés et le Sénat pour acquérir valeur législative (jusqu'à la ratification, ils restent des actes réglementaires).

En dehors de ces circonstances particulières, **les décrets-lois sont utilisés pour remédier à l'inefficacité parlementaire. Le gouvernement peut ainsi agir dans le domaine législatif avec l'accord du Parlement.**

Ces mesures qui renforcent le gouvernement, ne serait-ce que temporairement, ne permettent pas de modifier la logique du régime d'assemblée. Celui-ci génère un antiparlementarisme grandissant et alimente les critiques acerbes de l'extrême droite, maurrassiens ou Croix-de-Feu du colonel de la Rocque, qui furent tout près de renverser le régime le 6 février 1934.

SECTION V
La fin de la Troisième République et les gouvernements de 1940 à 1944

300 La fin de la Troisième République et la période qui la sépare de la Quatrième peuvent se résumer en deux temps : la loi constitutionnelle du 10 juillet 1940, qui marque la chute du régime, puis la coexistence du gouvernement de Vichy et du gouvernement de la France libre.

§ 1. La loi constitutionnelle du 10 juillet 1940

301 Comme en 1870, l'invasion allemande de mai 1940 suscite deux types d'attitude : d'une part, il y a ceux qui veulent à tout prix continuer la lutte en s'appuyant sur l'empire colonial français ; d'autre part, ceux (notamment les

membres du gouvernement) qui préfèrent conclure un armistice avec l'Allemagne et profiter des circonstances pour changer de régime. Compte tenu de l'ampleur de la débâcle militaire, les seconds l'emportent et Paul Reynaud, Président du Conseil, démissionne. Il est remplacé à son poste par le maréchal Philippe Pétain qui signe l'armistice le 22 juin 1940.

La Chambre des députés et le Sénat, convoqués en Assemblée nationale à Vichy, engagent, à la demande du gouvernement, une procédure de révision de la Constitution. Celle-ci aboutit à **la loi constitutionnelle du 10 juillet 1940 qui donne tous pouvoirs au maréchal Pétain et à son gouvernement pour rédiger une nouvelle Constitution qui devra avant tout défendre et garantir « les droits du travail, de la famille et de la patrie »**. Dès le lendemain, le maréchal Pétain s'arroge les pleins pouvoirs (il se nomme lui-même chef de l'État).

D'un point de vue juridique, **la loi constitutionnelle du 10 juillet 1940 est marquée**, tant dans la procédure d'adoption que sur le fond, **par des irrégularités manifestes** : le principe constitutionnel de la révision à la majorité absolue n'est pas respecté ; le gouvernement procède lui-même à la révision alors que cette tâche incombe exclusivement à l'Assemblée nationale. Mais surtout, **elle porte atteinte à la forme républicaine du régime** (la révision constitutionnelle de 1884 avait posé le principe de l'interdiction d'une révision en ce sens).

§ 2. Le gouvernement de Vichy

302 La loi constitutionnelle du 10 juillet 1940 équivaut à une véritable abrogation des règles constitutionnelles en vigueur. À la République est substitué l'État français qui exerce son autorité sur la France métropolitaine. D'abord divisé en deux zones, l'une sous occupation allemande, l'autre dite zone libre sous l'autorité du gouvernement de Vichy, le territoire métropolitain est, à compter du 11 novembre 1942, totalement occupé par les Allemands.

Le gouvernement de Vichy met en place de 1940 à 1944 **un régime qui nie les droits et libertés fondamentales**. Il s'engage dans **une collaboration avec l'occupant allemand**, l'aidant à traquer juifs et résistants et lui offrant une aide militaire (Légion des volontaires) et ouvrière (Service du travail obligatoire).

Pendant près de deux ans, le maréchal Pétain dispose des pleins pouvoirs. Mais, le 18 avril 1942, Pierre Laval est nommé chef du gouvernement et concentre peu à peu l'essentiel du pouvoir. La collaboration avec le régime nazi ne cessera alors de s'accentuer, notamment avec l'entrée au gouvernement de Philippe Henriot et Marcel Déat début 1944.

À la Libération, l'État français est frappé d'inexistence.

§ 3. Le gouvernement de la France libre

303 En parallèle au gouvernement de Vichy et à l'État français collaborateur, **se mettent en place la France libre et le Gouvernement provisoire de la République française qui incarnent la légitimité républicaine.** Celle-ci est née de **l'appel à la résistance lancé le 18 juin 1940 par le général Charles de Gaulle** (qui a été sous-secrétaire d'État à la guerre du gouvernement

Paul Reynaud). Il appelle tous ceux qui veulent poursuivre le combat à se regrouper au sein des Forces Françaises Libres.

Soucieux d'organiser un minimum de gouvernement, le général de Gaulle crée à Londres le Conseil de défense de l'Empire qui sera remplacé, le 24 novembre 1941, par **le Comité national français**.

Le 3 juin 1943, l'organisation dirigée par le général de Gaulle et le Commandement civil et militaire, commandé par le général Henri Giraud (basé à Alger et soutenu par les Américains), fusionnent. La nouvelle autorité, présidée par les deux généraux, prend le nom de **Comité français de libération**. Giraud étant peu à peu marginalisé dans des fonctions strictement militaires, de Gaulle devient l'unique président de ce Comité et lui adjoint une Assemblée consultative provisoire (composée de représentants des différents mouvements de la résistance).

Le 2 juin 1944, quelques jours avant le débarquement en Normandie, le Comité se transforme en **Gouvernement provisoire de la République française** (GPRF). Ce gouvernement provisoire s'installe à Paris en août 1944.

Par l'ordonnance du 9 août 1944, le gouvernement **rétablit la légalité républicaine** en déclarant que : « La forme du gouvernement de la France est et demeure la République, en droit celle-ci n'a pas cessé d'exister ». En même temps, **cette ordonnance frappe de nullité les actes pris par le gouvernement de Vichy**.

Désormais, le gouvernement peut œuvrer à la libération complète du pays et à la restauration de l'autorité de l'État, et ce dans une période particulièrement troublée (tractations avec les Américains et les Soviétiques, mise au pas des « tribunaux populaires »...). Début 1945, l'autorité du gouvernement est rétablie sur la majeure partie du territoire.

Bibliographie et lectures pour approfondir

BONNEFOUS E., *Histoire politique de la Troisième République*, 1956-1962 ; BOUJU P. et DUBOIS H., *La Troisième République*, coll. Que sais-je ?, Paris, PUF, 1995 ; DROIN N., « Retour sur la loi constitutionnelle de 1884 : contribution à une histoire de la limitation du pouvoir constituant dérivé », *RFDC*, 2009/4, n° 80 ; GOGUEL F., *La politique des partis sous la IIIe République*, 3e éd., 1968 ; MIQUEL P., *La Troisième République*, 1989 ; PAXTON R., *La France de Vichy*, 1973 ; SIEGFRIED A., *De la IIIe à la IVe République*, 1956 ; SOULIER A., *L'instabilité ministérielle sous la IIIe République*, 1939.

CHAPITRE III
La Quatrième République (1946-1958)

304 En dépit de quelques tentatives pour rationaliser son fonctionnement, la Quatrième République n'apparaît à aucun moment comme un régime équilibré. Bien au contraire, par certains aspects, elle marque un retour à la Troisième République. Son déclin sera rapide.

SECTION I
L'élaboration de la Constitution du 27 octobre 1946

305 Comme après chaque période de trouble institutionnel, l'élaboration d'une nouvelle Constitution est un acte déterminant pour le pays. Il faut faire des choix quant à la nature des futures institutions et donc du régime.

Les questions qui se posent sont les suivantes : **faut-il**, si on considère que Vichy n'a été qu'un « intermède » dans la République, **faire « redémarrer » les institutions de la Troisième République ou faut-il**, au vu de l'inefficacité des institutions de la Troisième République et la rupture qui s'est opérée dans la continuité républicaine, **élaborer de nouvelles institutions qui marquent le passage à une Quatrième République ?**

Le Gouvernement provisoire de la République française invite les Français, par la voie du référendum, à choisir entre trois solutions : le retour à la Constitution de 1875, l'élection d'une Assemblée constituante à pouvoirs illimités ou l'élection d'une Assemblée constituante aux pouvoirs encadrés. **Finalement, la crainte d'un retour à l'instabilité gouvernementale de la Troisième République et le désir de renouveau vont faire la différence.**

§ 1. Les consultations du 21 octobre 1945

306 Le même jour ont lieu le référendum et l'élection de l'Assemblée constituante. Pour la première fois, les femmes ont la possibilité d'exercer leur droit de vote (accordé par l'ordonnance du 21 avril 1944).

Le référendum comporte deux questions. La première est ainsi libellée : « Voulez-vous que l'Assemblée élue ce jour soit constituante ? » Si la réponse est oui, le peuple veut de nouvelles institutions. Si elle est négative, il veut un retour aux institutions de la Troisième République.

La seconde question est ainsi libellée : « Si le corps électoral a répondu oui à la première question, approuvez-vous que les pouvoirs publics soient, jusqu'à la mise en vigueur de la nouvelle Constitution, organisés conformément aux dispositions du projet de la loi ci-contre ? » Si la réponse est oui, l'Assemblée constituante n'a qu'un pouvoir limité. À l'inverse, une réponse négative fait d'elle une assemblée souveraine.

Au cours de la campagne référendaire, l'appel du général de Gaulle au double oui (institutions nouvelles et constituante au pouvoir limité) est suivi par les socialistes et les démocrates-chrétiens du Mouvement Républicain Populaire (MRP). Les communistes appellent à voter oui (institutions nouvelles) et non (constituante souveraine). Quant à la droite, elle appelle à voter non (donc à un retour aux institutions de la Troisième République) et oui (si la première réponse est positive, elle souhaite une constituante aux pouvoirs limités).

Le général de Gaulle est suivi par les électeurs qui répondent massivement oui aux deux questions posées : 18 585 000 oui et 699 000 non à la première question, 12 795 000 oui et 6 449 000 non à la seconde.

Les élections à l'Assemblée constituante ont lieu le même jour. Le mode de scrutin est le scrutin de liste à la proportionnelle dans le cadre départemental avec répartition des restes selon la plus forte moyenne (ordonnance du 17 août 1945). Ce mode de scrutin explique en partie le succès des grandes formations politiques (Parti communiste, socialistes de la Section Française de l'Internationale Ouvrière ou SFIO, MRP) qui obtiennent les trois quarts des suffrages exprimés.

§ 2. La loi constitutionnelle du 2 novembre 1945

307 Le projet de loi réglementant la Constituante, approuvé par le référendum du 21 octobre, devient la loi constitutionnelle du 2 novembre 1945. En vigueur jusqu'en octobre 1946, **elle organise un régime provisoire** qui d'une part encadre le pouvoir constituant de l'Assemblée et, d'autre part, organise les pouvoirs publics.

A) Le pouvoir constituant de l'Assemblée

308 Si l'Assemblée est compétente pour élaborer une nouvelle Constitution, elle doit toutefois respecter deux conditions :

- d'une part, l'élaborer dans un **délai de sept mois** ;
- d'autre part, soumettre au peuple, par la voie du **référendum** et dans un délai d'un mois, le projet de Constitution qu'elle aura adopté.

Si, dans le délai de sept mois qui est imparti à l'Assemblée, un projet de Constitution n'est pas adopté ou si le projet adopté est rejeté par référendum, une nouvelle Constituante est élue, avec les mêmes pouvoirs et disposant d'un nouveau délai de sept mois. Cette procédure, qui se répète jusqu'à l'approbation par référendum, a le mérite de permettre une élaboration et une adoption plus rapide de la Constitution tout en garantissant le résultat.

B) L'organisation des pouvoirs publics

309 En attendant la mise en place d'une nouvelle Constitution, comment s'établissent les rapports entre l'exécutif, c'est-à-dire le Gouvernement provisoire de la République française et le législatif, c'est-à-dire l'Assemblée constituante ?

Le Président du Gouvernement provisoire est élu par l'Assemblée, au scrutin public et à la majorité absolue de ses membres. Il forme librement son gouvernement qu'il vient ensuite présenter ainsi que son programme à l'Assemblée pour ce qui s'apparente à un vote d'investiture. **L'Assemblée exerce donc un double contrôle sur le gouvernement**, une première fois lors de l'élection du Président du gouvernement, une seconde fois en approuvant ou rejetant sa composition et son programme.

Le gouvernement et l'Assemblée disposent tous deux de l'initiative des lois. Néanmoins, en matière de dépenses, l'initiative appartient au seul gouvernement. Par ailleurs, celui-ci dispose d'une sorte de « veto suspensif » puisqu'il peut demander à l'Assemblée une nouvelle délibération sur une loi déjà votée et que cette demande en bloque la promulgation. L'Assemblée peut lever le « veto » et permettre la promulgation de la loi en confirmant son vote initial à la majorité absolue de ses membres.

Le gouvernement est responsable devant l'Assemblée. Pour autant, **il n'est pas aisé de le renverser** : en effet, seule **une motion de censure** déposée deux jours au moins avant la date du scrutin et adoptée à la majorité absolue des membres de l'Assemblée, peut l'obliger à démissionner. Il y a là une amélioration par rapport à la pratique en vigueur sous la Troisième République où, à la suite d'une interpellation, les gouvernements, mis en minorité à une majorité relative, démissionnaient.

§ 3. Le projet de Constitution du 19 avril 1946 et son rejet par le référendum du 5 mai 1946

310 En novembre 1945, le général de Gaulle avait reçu l'approbation unanime de la nouvelle Assemblée pour constituer le gouvernement. Mais, très vite, des divergences apparaissent avec les communistes et les socialistes et, le 20 janvier 1946, il annonce sa démission, préférant **se poser en recours** que gouverner dans des conditions qu'il n'estimait pas satisfaisantes.

Il est immédiatement remplacé par le socialiste Félix Gouin à la tête du gouvernement, ce dernier s'appuyant sur une « charte de collaboration » conclue dès le 23 janvier 1946 entre les trois grands partis (PC, SFIO, MRP). Mais des oppositions se font rapidement jour entre le MRP et les deux autres formations.

L'Assemblée élue le 21 octobre 1945 met six mois pour élaborer un projet de Constitution. Seuls les communistes et les socialistes qui disposent de la majorité absolue des sièges, votent pour le projet.

La Déclaration des droits de l'homme qui précède le corps du projet possède une forte connotation sociale. À côté des libertés classiques, elle distingue les « droits économiques et sociaux » auxquels peut aspirer tout citoyen. Sur le plan des institutions, le projet **ressuscite le régime d'assemblée** (et l'amplifie même par rapport à la Troisième République) : une Assemblée unique, élue pour cinq ans au suffrage universel direct, élit à son tour un Président de la

République dont les pouvoirs sont très restreints. Le véritable chef de l'exécutif est le Président du Conseil, désigné à la majorité absolue des membres de l'Assemblée nationale. Il peut choisir librement ses ministres mais **la composition et le programme de son gouvernement doivent être soumis à l'Assemblée nationale pour ce qui s'apparente à une investiture**.

La responsabilité du gouvernement est engagée par le biais de la question de confiance posée par le Président du Conseil ou par le dépôt d'une motion de censure (la question de confiance ou la motion de censure doivent obtenir la majorité absolue pour être adoptées).

Conformément à la loi constitutionnelle du 2 novembre 1945, ce projet de Constitution est proposé par référendum aux électeurs le 5 mai 1946. Seuls le parti communiste et la SFIO appellent à voter oui, le MRP et de Gaulle étant partisans du non. **Le projet est repoussé** par 10 273 000 non contre 9 110 000 oui, **à la fois pour des raisons politiques** (la « Constitution des communistes » effrayait les électeurs modérés) **et institutionnelles** (le régime d'assemblée était discrédité aux yeux d'une grande partie des électeurs).

Une nouvelle Assemblée constituante est élue le 2 juin 1946. Ces nouvelles élections confirment le résultat du référendum : le MRP devient le premier parti de l'Assemblée, le parti communiste et la SFIO perdent la majorité absolue qu'ils détenaient.

La Constituante élabore un nouveau projet, sensiblement remanié quant aux institutions proposées. **Malgré certains aménagements et compromis, le projet donne encore un pouvoir considérable à l'Assemblée.** Néanmoins, par lassitude diront certains, les électeurs approuvent le nouveau projet le 13 octobre 1946 par 9 003 000 oui contre 7 790 000 non.

Ce résultat est déjà un premier échec pour les grands partis (PC, SFIO, MRP) qui ont appelé à voter oui et n'obtiennent qu'un succès mitigé. Les résultats du référendum seront officiellement promulgués le 27 octobre 1946, date de l'entrée en vigueur de la nouvelle Constitution.

SECTION II
La Constitution du 27 octobre 1946 et le fonctionnement du régime

311 La Constitution est précédée d'un préambule qui restaure la Déclaration des droits de l'homme et du citoyen et y adjoint des droits sociaux (par ex., le droit au travail). Pour le reste, elle organise un régime qui s'apparente à un régime d'assemblée et se détériore rapidement.

§ 1. L'organisation des pouvoirs

312 Dans le système institutionnel mis en place, **l'Assemblée reste le centre de gravité**. Néanmoins, pour éviter l'instabilité qu'a connue la Troisième République, **la Constitution de 1946 tente de rationaliser les rapports entre les pouvoirs**.

A) Le Parlement

313 Le Parlement est bicaméral, c'est-à-dire qu'il se compose de deux chambres aux pouvoirs d'ailleurs inégaux : l'Assemblée nationale et le Conseil de la République.

1. L'Assemblée nationale

314 L'Assemblée nationale est l'héritière directe de la Chambre des députés de la Troisième République. Les députés, au nombre de 619 (dont 75 représentant l'outre-mer) sont élus pour cinq ans au suffrage universel direct. La principale différence par rapport à la République précédente réside dans le mode de scrutin, les députés étant désormais élus à la représentation proportionnelle dans le cadre départemental, avec répartition des restes à la plus forte moyenne.

Malgré ce mode de scrutin qui a pour effet de **favoriser le multipartisme, la situation politique demeure équilibrée jusqu'en 1947.**

Elle le doit au tripartisme, c'est-à-dire à l'accord entre les trois grands partis politiques (PC, SFIO, MRP) pour gouverner ensemble. Mais une crise éclate avec les ministres communistes en mai 1947, à la fois pour des raisons économiques intérieures et des raisons politiques extérieures (début de la guerre froide) : **c'est la fin du consensus et l'entrée des communistes dans une opposition résolue au régime**.

À partir de cette date, communistes et gaullistes apparaissent comme des forces contestataires du régime et représentent donc une certaine menace. Du point de vue représentatif, les députés communistes et gaullistes pourraient ensemble renverser les gouvernements sans pour autant être en mesure de gouverner. Il s'agit alors de neutraliser cette menace. C'est l'objet de **la loi du 9 mai 1951 sur les apparentements** qui introduit un élément majoritaire dans le mode de scrutin et **donne une prime aux regroupements électoraux** : les listes apparentées (qui se regroupent) dans un département enlèvent tous les sièges si elles obtiennent la majorité absolue (voy. *supra*, n° 129). L'application de ce système aux élections de 1951 permet la victoire de la coalition centriste dite « troisième force » (socialistes, MRP, radicaux).

L'Assemblée possède une compétence législative pleine et entière. Elle détient non seulement le pouvoir d'initiative des lois (de même que l'initiative des dépenses), mais encore le champ d'application de ces lois est potentiellement illimité. En effet, dans la continuité de la Troisième République, **la loi est toujours considérée comme l'expression de la volonté générale** et, à ce titre, ne peut être limitée et contrôlée.

Jusqu'à la réforme du 7 décembre 1954, l'Assemblée n'a pas à tenir compte de l'avis de la Chambre haute (le Conseil de la République). Après cette date, le bicaméralisme devient plus égalitaire, même si la prépondérance de l'Assemblée reste très forte (elle conserve le « dernier mot »).

Quant au contrôle exercé par l'Assemblée sur le gouvernement, il se caractérise par sa densité : il est présent à tous les stades de l'existence du gouvernement.

2. Le Conseil de la République

315 **Le Conseil de la République succède au Sénat de la Troisième République, mais ses pouvoirs sont diminués.** Les membres du Conseil sont élus pour six ans au suffrage indirect et renouvelables par moitié. Comme avant 1940, cette chambre conservatrice privilégie la représentation des campagnes et des petites villes.

Son pouvoir législatif est restreint : symbolique avant la réforme de 1954, il est plus affirmé après. Dans le cadre de cette réforme constitutionnelle préparée par Pierre Mendès France (voy. *infra*, n° 320), le Conseil de la République recouvre la prérogative traditionnelle d'une Chambre haute : celle de voter les lois parallèlement à l'Assemblée nationale. Toutefois, en cas de conflit non résolu sur un texte, l'Assemblée nationale peut, au bout d'un certain délai, passer outre à l'opposition du Conseil de la République et faire adopter son texte. En fin de compte, le Conseil de la République fait plus fonction de **« chambre de réflexion »** que d'une véritable assemblée jouant un rôle actif dans l'élaboration et l'adoption des lois.

De plus, et c'est une différence majeure avec la Troisième République, **il n'exerce plus le contrôle politique du gouvernement**, c'est-à-dire qu'il ne peut mettre en cause sa responsabilité. Pourtant, à travers la procédure de la question orale avec débat suivi d'un vote, une certaine forme de contrôle est reconstituée. Il arrive même que le gouvernement pose la question de confiance devant le Conseil (en contradiction avec la Constitution).

B) L'exécutif

316 Il est bicéphale et associe le Président de la République et le Président du Conseil des ministres.

1. Le Président de la République

317 Il est toujours élu pour sept ans par le Parlement (c'est-à-dire la réunion exceptionnelle en une seule assemblée de l'Assemblée nationale et du Conseil de la République) statuant à la majorité absolue mais n'est plus rééligible qu'une fois. **Ses pouvoirs sont toujours formels et il est politiquement irresponsable.** En conséquence, ses actes sont contresignés par le Président du Conseil et les ministres compétents. **Le véritable détenteur du pouvoir exécutif est le Président du Conseil.** Néanmoins, le Président de la République conserve **une prérogative importante, celle de choisir le Président du Conseil** (sous réserve de l'investiture de l'Assemblée). Cette compétence **lui confère une position stratégique** (ce fut *par ex.* le cas en 1956 lorsque René Coty préféra Guy Mollet à Pierre Mendès France comme Président du Conseil). Son choix détermine les contours de la coalition qui soutient le gouvernement. De même, lors de la survenance de crises gouvernementales, il apprécie l'opportunité d'accepter ou non la démission du gouvernement lorsque celui-ci la présente sans avoir été renversé.

La présidence du Conseil des ministres et l'écoute (au moins d'estime) dont il bénéficie auprès du peuple et de la classe politique, offrent au Président de la République une tribune pour ses idées et son influence. D'ailleurs, la fonction a retrouvé un certain prestige grâce à la personnalité de Vincent Auriol et René Coty lesquels ont, dans des styles qui leur sont propres, exercé une véritable **« magistrature morale »**.

Ils étaient toutefois pleinement conscients de la faiblesse de leur pouvoir, ce qui fit dire au président Vincent Auriol : « Je me sens le chef illusoire d'un État qui fout le camp ».

2. Le Président du Conseil des ministres et le gouvernement

318 Après avoir été choisi par le Président de la République, **le Président du Conseil est investi à la majorité absolue par l'Assemblée**.

D'une part, il est le véritable détenteur du pouvoir exécutif. **Il assume la responsabilité de la politique gouvernementale.**

À ce titre, il doit être à la source du pouvoir de décision. En particulier, le contreseing des actes du Président lui assure l'exercice de nombreuses compétences. Il détient en particulier le pouvoir réglementaire afin d'assurer la mise en œuvre des lois.

D'autre part, **il est le chef du gouvernement**. Il choisit ses ministres (plus précisément, il les propose à la nomination du Président de la République) et les révoque (avec l'accord des partis politiques). Rapidement, se met en place **la procédure de la double investiture** (inaugurée par Paul Ramadier dès le 28 janvier 1947) : investi (seul) une première fois par l'Assemblée, le Président du Conseil revient une deuxième fois devant les députés, lorsqu'il a formé son gouvernement, pour être investi (collégialement).

Cette procédure a pour principal effet, outre de compliquer et d'allonger la période de mise en place des gouvernements, d'accroître les risques d'échec en cas de désaccord entre les partis (par ex., dans la répartition des portefeuilles ministériels).

Dans le fonctionnement quotidien du gouvernement, le Président du Conseil a pour **mission de diriger l'action des ministres** et s'efforce, dans toute la mesure du possible, de faire respecter la solidarité gouvernementale.

D'un point de vue politique, on pourrait le définir comme **le leader d'une majorité parlementaire à géométrie variable :**

- il est choisi par le Président de la République pour sa capacité à rassembler et/ou en tant que leader (en général parmi d'autres) de la coalition victorieuse des élections ;
- seul un homme de parti et accepté par les partis peut prétendre obtenir l'investiture à la majorité absolue ;
- il est le leader de la coalition qui soutient son gouvernement.

Dans la pratique du régime, **il est le chef bien éphémère de majorités et de coalitions qui se font et se défont à un rythme soutenu**.

C) La tentative de rationalisation du parlementarisme

319 Pour lutter contre l'instabilité gouvernementale, la Constitution de 1946 tente de rationaliser les rapports entre les pouvoirs publics, en particulier les procédures de mise en jeu de la responsabilité gouvernementale.

1. La révision de 1954

320 Selon la Constitution de 1946, le Président du Conseil, choisi par le Président de la République, présente son programme devant l'Assemblée nationale afin d'obtenir son investiture. Il obtient sa confiance par un vote à la majorité absolue de ses membres. Ce large soutien de l'Assemblée (les abstentions équivalent à un refus de l'investiture) est censé être un gage de stabilité du gouvernement à venir.

Une fois investi, le Président du Conseil forme son gouvernement. Ce dernier étant l'émanation d'une coalition de partis, il doit refléter l'importance de ses composantes. Pour éviter d'être désavoués par la suite, les Présidents du Conseil prennent l'habitude de présenter leur gouvernement à l'investiture de l'Assemblée. Celle-ci est acquise à la majorité des suffrages exprimés. C'est le système de la double investiture, celle du Président du Conseil, puis du gouvernement.

Comme déjà mentionné, cette procédure complique et allonge la période de mise en place des gouvernements et accroît le risque que l'Assemblée refuse d'accorder sa confiance. Elle est donc **un facteur d'instabilité gouvernementale**.

La révision de 1954 (loi constitutionnelle du 7 décembre 1954, unique révision de la Constitution de la Quatrième République), à l'initiative de Pierre Mendès France qui souhaitait améliorer le fonctionnement du régime, **tente de rationaliser la procédure de la double investiture en introduisant deux changements significatifs par rapport au système précédent** :

- **le Président du Conseil présente simultanément son programme et son gouvernement à l'investiture de l'Assemblée** ;
- **cette investiture est accordée (ou refusée) à la majorité relative des suffrages exprimés** ; l'abstention est donc favorable au gouvernement.

Malgré cette rationalisation, la formation des gouvernements reste relativement aléatoire (voy. *infra*, n° 324).

2. La responsabilité du gouvernement devant l'Assemblée

321 Il faut tout d'abord rappeler que le gouvernement n'est responsable que devant l'Assemblée nationale, en aucun cas devant le Président de la République ou le Conseil de la République.

Cette responsabilité s'exprime par le biais de la motion de censure et de la question de confiance.

La motion de censure « rationalise » en quelque sorte la pratique de l'interpellation dont elle prend le relais. La première différence avec l'interpellation réside dans le délai d'une journée (au moins) qui doit s'écouler entre le dépôt de la motion et le vote des députés. Ce délai est destiné à permettre aux députés de réfléchir mais aussi au gouvernement de battre le rappel de ses soutiens.

Seconde différence avec l'interpellation, **la motion de censure doit être votée à la majorité absolue** des membres composant l'Assemblée. L'abstention d'un parlementaire est donc favorable au gouvernement, **ce qui signifie que plus grand est le nombre des parlementaires qui s'abstiennent, moins le gouvernement court le risque d'être renversé. Par ailleurs, cette règle de la majorité absolue permet à un gouvernement minoritaire de rester au**

pouvoir. D'ailleurs, aucun gouvernement n'a été contraint de démissionner à la suite du dépôt d'une motion de censure.

La question de confiance est posée par le Président du Conseil à l'Assemblée (après délibération du gouvernement) pour obtenir son soutien sur la politique générale du gouvernement ou pour l'adoption d'un projet de loi. Les conditions sont les mêmes que pour la motion de censure : délai de réflexion d'une journée, exigence d'une majorité absolue de députés pour que la confiance soit refusée au gouvernement (les abstentionnistes votent donc implicitement la confiance). **Une majorité relative de députés ne peut donc pas faire tomber le gouvernement.**

En résumé, après la réforme de 1954, **si lors de son investiture le gouvernement doit obtenir une majorité relative de suffrages pour pouvoir entrer en fonction, il faut ensuite que la majorité absolue des députés s'oppose à lui (en votant une motion de censure ou en refusant la confiance) pour le renverser**.

3. La dissolution

322 Le spectre de la dissolution prononcée par Mac-Mahon le 25 juin 1877 plane encore sur les constituants de 1946. Ils ont donc prévu un ensemble de mesures visant à rendre extrêmement difficile le recours à la dissolution de l'Assemblée.

Cette dissolution, qui est du ressort du Président de la République à la demande du Président du Conseil, ne peut intervenir pendant les 18 mois qui suivent l'élection d'une nouvelle Assemblée. Il s'agit de permettre à la majorité de… trouver une majorité. Ensuite, l'Assemblée ne peut être dissoute que si deux gouvernements sont renversés dans un délai inférieur à 18 mois, que ce soit à la suite de l'adoption d'une motion de censure ou du rejet d'une question de confiance.

Il faut attendre le 2 décembre 1955 pour voir vaincu le tabou lié à la dissolution depuis la crise du 16 mai 1877 : le renversement des gouvernements de Pierre Mendès France (le 5 février 1955) et Edgar Faure (le 29 novembre 1955) autorise ce dernier à demander au président René Coty de dissoudre l'Assemblée. Mais, plus qu'une véritable crise politique, ce sont avant tout des raisons de tactique électorale qui ont poussé Edgar Faure à faire chuter son propre gouvernement pour pouvoir dissoudre : il voulait avancer la date des élections pour éviter un succès de Mendès France aux législatives de 1956.

§ 2. La dégradation du régime

323 La pratique accentue les excès du régime d'assemblée et entraîne assez rapidement un blocage des mécanismes de stabilisation gouvernementale. Dans le même temps, l'impuissance du Parlement et **son incapacité à assumer son rôle** entraînent la résurgence de la législation déléguée, malgré l'interdiction posée par la Constitution.

A) L'instabilité gouvernementale

324 Comme mentionné précédemment, la procédure de la double investiture rend difficile la formation des gouvernements. Malgré la révision de 1954 qui organise l'investiture simultanée du Président du Conseil et de son gouvernement à la majorité des suffrages exprimés, **la constitution des gouvernements reste à la merci du jeu des partis**. Les renversements d'alliances et les intérêts immédiats l'emportent souvent sur le soutien cohérent au gouvernement (y compris au moment de l'investiture). Autrement dit, la survie du gouvernement n'est pas un objectif prioritaire pour les partis qui le composent.

C'est pourquoi, afin de réduire le risque de gouvernements « mort-nés », **les Présidents de la République ont créé une coutume qui consiste à « pressentir » des personnalités pour former le nouveau gouvernement**. Cette procédure, non codifiée et préalable à l'investiture, permet à la personnalité pressentie de prendre contact avec les partis susceptibles de former la coalition de gouvernement et de s'assurer par avance de leur soutien.

En ce qui concerne la dissolution, les règles relatives à son utilisation sont telles qu'elles **permettent à l'Assemblée d'éviter de se retrouver en situation de subir une dissolution**. Pour empêcher le gouvernement d'y recourir, il suffit d'éviter que se produisent deux crises gouvernementales dans un délai de dix-huit mois, crises survenant à la suite de l'adoption d'une motion de censure ou du rejet d'une question de confiance par un vote à la majorité absolue. **Les parlementaires n'ont plus dès lors qu'à « calibrer » leurs votes pour que le gouvernement, sans être renversé, se retrouve dans une position difficile.** Il suffit pour cela de lui refuser la confiance par un vote à la majorité relative.

C'est ainsi que les gouvernements prennent l'habitude de démissionner sans avoir été renversés, mais conscients de ne pas avoir le soutien nécessaire à la mise en œuvre de leur politique.

En conséquence, **le régime souffre d'une instabilité gouvernementale chronique**. Plus de vingt gouvernements se succèdent en douze ans. Cette instabilité a plusieurs causes.

D'abord, **la difficulté à dégager une majorité parlementaire. La disparition du tripartisme**, c'est-à-dire de l'accord entre les trois grands partis politiques (PC, SFIO, MRP) pour gouverner ensemble, dès le mois de mai 1947, et l'entrée du parti communiste et du Rassemblement du Peuple Français (RPF, fondé par le général de Gaulle en avril 1947) dans une opposition déterminée au régime, déstabilisent le système politique. Par la suite, cette force d'opposition **empêche souvent la formation de gouvernements de troisième force** (socialistes, radicaux, républicains populaires puis, par la suite, formations de centre droit). Même lorsque ces partis d'opposition perdent en influence, voire disparaissent (tensions internes puis disparition du RPF en 1952-1953), les majorités parlementaires sont difficiles à trouver. En effet, **au sein même de la troisième force, les oppositions entre partis ne manquent pas**.

Ensuite, le deuxième facteur d'instabilité est lié à l'**absence de cohésion et de solidarité gouvernementale**. Les gouvernements sont soutenus par des coalitions disparates. Les ministres sont les représentants de leurs partis au sein du gouvernement. Si l'intérêt immédiat d'une formation politique est en contradiction avec celui du gouvernement, les ministres appartenant à la formation n'hésitent pas à se désolidariser du reste du gouvernement. Ce manque de solidarité est à l'origine du départ des ministres communistes du gouvernement de Paul Ramadier en mai 1947. En effet, à l'occasion de la question de confiance posée par le Président du Conseil sur sa politique de blocage des salaires et des prix, les députés communistes votent contre la confiance.

Enfin, **l'instabilité doit beaucoup au mode de scrutin et à ses effets**. À la représentation proportionnelle, instaurée en 1945, succède en 1951 le système des apparentements qui combine représentation proportionnelle et système majoritaire. Avec ce mode de scrutin, **les apparentements électoraux ne se traduisent pas en coalitions gouvernementales solides**. Au sein des gouvernements, l'intérêt partisan prend le dessus.

Edgar Faure, sans doute pour ne pas subir les événements, a théorisé l'instabilité gouvernementale comme instrument de gouvernement : c'est le **« gouvernement à secousses »**. L'idée est simple. La plupart des gouvernements démissionnent compte tenu de leur incapacité à trouver une solution satisfaisante à un problème précis. Par ailleurs, les gouvernements qui se succèdent se ressemblent souvent. En conséquence, le gouvernement successeur peut trouver une solution (il suffit souvent de modifier très légèrement la solution préconisée par les prédécesseurs) et ainsi poursuivre son action jusqu'à ce qu'il rencontre une difficulté qui à son tour le fait chuter. Et ainsi de suite... Par exemple, le gouvernement de Maurice Bourgès-Maunoury (appartenant au parti radical) est renversé en septembre 1958 sur une question liée au collège électoral en Algérie, question qui sera résolue par son successeur Félix Gaillard (appartenant également au parti radical) en acceptant que les dispositions qui ont fait chuter le gouvernement précédent ne soient appliquées qu'après le retour au calme en Algérie...

L'instabilité se caractérise d'une part par **la « valse » des gouvernements**, d'autre part par **la permanence et la stabilité des ministres**. Ce sont toujours les mêmes hommes politiques que l'on retrouve aux différents postes ministériels. Le manque de renouvellement du personnel politique contribue à lasser l'opinion et donne l'image d'un régime figé et usé.

B) Le retour à la législation déléguée

325 Les lois de pleins pouvoirs et les décrets-lois, qui permettent au gouvernement d'intervenir dans le domaine législatif (sur habilitation de l'Assemblée) étaient d'un usage courant sous la Troisième République. Soucieux de rendre à l'Assemblée nationale la plénitude de ses compétences, les rédacteurs de la Constitution de 1946 ont interdit l'utilisation de la législation déléguée en insistant sur le fait que seule l'Assemblée vote la loi.

Pourtant, **la faiblesse des majorités de coalition et l'incapacité de l'Assemblée à prendre les mesures qui s'imposent pour le pays, entraînent la résurgence de cette législation déléguée**. Autrement dit, l'Assemblée ne pouvant pas ou ne voulant pas intervenir, le gouvernement doit être à même d'agir, en se substituant à cette dernière, dans le domaine de la loi.

Ce retour aux pratiques antérieures est très rapide : **la loi du 17 août 1948 instaure le système des « lois-cadres »** (le gouvernement a toute latitude pour agir à l'intérieur d'un « cadre » législatif fixé par l'Assemblée) **et pose le principe de l'intervention du gouvernement sur les lois en vigueur dans les matières qui ont « par leur nature un caractère réglementaire »**. Autrement dit, le gouvernement est habilité, par décrets pris en Conseil des ministres, à réviser ces lois (procédure dite de la délégalisation). Il apparaît donc que la loi de 1948 permet de faire passer un certain nombre de matières (qu'elle énumère) sous la compétence du pouvoir réglementaire.

Dans un avis du 6 février 1953, le Conseil d'État essaie bien, tout en reconnaissant le bien-fondé de la délégalisation, de limiter le domaine d'intervention du gouvernement aux matières non réservées à la loi par la Constitution ou la tradition républicaine. Mais, compte tenu d'une part de la difficulté des problèmes à résoudre, d'autre part de l'attitude peu constructive de l'Assemblée (« machine à empêcher » plutôt que « moteur » d'une politique), les gouvernements ne respectent pas cet avis.

À partir de 1953 et des gouvernements d'Antoine Pinay et de Joseph Laniel, les gouvernements débordent du cadre de la loi de 1948 et les décrets-lois renaissent *de facto*. Pendant les 12 années que dure le régime, plus d'une trentaine de lois habilitent le gouvernement à intervenir en matière législative.

L'instabilité gouvernementale chronique, les combinaisons partisanes, l'impuissance du Parlement et l'incapacité des pouvoirs publics à résoudre le conflit algérien ont eu raison de la Quatrième République.

Bibliographie et lectures pour approfondir

ARNÉ S., *Le Président du Conseil des ministres sous la Quatrième République*, 1962 ; AVRIL P. et VINCENT G., *La IVe République*, 1988 ; BERLIA G., « La Présidence de la République, magistrature morale du régime », *RDP*, 1948, p. 50 et *RDP*, 1955, p. 909 ; CHAPSAL J. et LANCELOT A., *La vie politique en France de 1940 à 1958*, 1984 ; FONVIELLE-ALQUIER F., *Plaidoyer pour la IVe République*, 1976 ; LIMAGNE P., *L'éphémère IVe République*, 1977 ; PONTIER J.-M., *La République en France*, Paris, Dalloz, 1998 ; SIEGFRIED A., *De la IVe à la Ve République*, 1958 ; SUEUR J.-J., « Le régime d'assemblée et l'élaboration de la constitution de la IVe République », *RDP*, 1984, p. 1209 ; *Rev. Pouvoirs*, 1996, n° 76, *La IVe République*.

PARTIE 4

La Cinquième République

Chapitre I	Les caractères généraux de la Cinquième République	197
Chapitre II	Le Président de la République clé de voûte des institutions	213
Chapitre III	L'organisation et le fonctionnement du Gouvernement	261
Chapitre IV	Le Parlement	287
Chapitre V	Les relations Gouvernement-Parlement : collaboration et subordination	327
Chapitre VI	Le Conseil constitutionnel	381

326 La Constitution de 1958 est née de circonstances historiques liées à la guerre d'Algérie et en réaction à l'instabilité des régimes précédents. L'un de ses grands apports est d'ailleurs la rationalisation du parlementarisme, c'est-à-dire l'organisation de rapports équilibrés entre les pouvoirs.

Tout en restaurant un pouvoir exécutif bicéphale, la Constitution établit un régime parlementaire. Mais rapidement, il évolue vers une certaine forme de présidentialisme et consacre l'abaissement du Parlement. Les débuts du régime sont marqués de l'empreinte du général de Gaulle. Il donne à la fonction présidentielle, par l'interprétation extensive de ses pouvoirs ou encore par un recours quasi plébiscitaire au référendum, une dimension imprévue par la Constitution. La révision constitutionnelle de 1962 instaurant l'élection du Président de la République au suffrage universel direct, fera définitivement du Président la clé de voûte des institutions. La pratique ultérieure ne démentira cette tendance présidentialiste qu'à l'occasion des trois cohabitations.

La prééminence présidentielle sur le Premier ministre et le gouvernement, s'exerce également sur l'Assemblée nationale. Dans le fonctionnement normal du régime, le fait majoritaire permet d'envoyer à l'Assemblée des majorités parlementaires fidèles au Président. Lorsque survient le cas de figure de la cohabitation entre un Président et une majorité parlementaire de tendances opposées, la souplesse de la Constitution permet néanmoins un fonctionnement satisfaisant des institutions. Cependant, en situation de cohabitation, on observe un déplacement du centre de gravité du pouvoir de l'Élysée vers Matignon.

Finalement, après avoir été longtemps contestée voire rejetée par certains hommes politiques (comme Pierre Mendès France ou François Mitterrand), la Cinquième République est enfin « rentrée dans les mœurs ». L'alternance politique de 1981, avec l'arrivée de la gauche au pouvoir après vingt-trois ans de domination politique continue de la droite, l'apaisement des conflits idéologiques, l'œuvre objective et efficace du Conseil constitutionnel chargé de veiller au respect de la Constitution et des libertés fondamentales... ont contribué à cet enracinement.

Pour autant, les institutions continuent d'évoluer et la question de la nature de la Cinquième République ne va pas manquer de se poser à nouveau avec les effets conjugués de la réduction de la durée du mandat présidentiel à cinq ans et de la coïncidence des élections présidentielles et législatives.

CHAPITRE I

Les caractères généraux de la Cinquième République

327 Dans cette présentation générale de la Cinquième République, nous nous intéresserons d'abord à la Constitution du 4 octobre 1958 puis au fonctionnement régulier du régime grâce au fait majoritaire.

SECTION I

La Constitution du 4 octobre 1958

328 Une Constitution naît, vit et se transforme. Ce sont les trois étapes de la Constitution de 1958 que nous retenons : sa genèse, ses caractères, sa révision.

§ 1. La genèse de la Constitution

A) Les circonstances historiques et le déclenchement de la procédure de révision

329 La Constitution du 4 octobre 1958 naît de la rencontre de deux événements, **l'effondrement de la Quatrième République accéléré par la crise du 13 mai 1958 et le retour au pouvoir du général de Gaulle à cette occasion**.

Le 13 mai 1958 éclate à Alger une insurrection fomentée par des civils et des militaires favorables au maintien de l'Algérie dans la République française. Mais la neutralité bienveillante de l'armée sur place et l'absence de réaction favorable en métropole débouchent sur une situation confuse. Dès lors, c'est le régime de la Quatrième République qui est dans l'impasse et seules des mesures fermes et radicales semblent en mesure de l'en sortir. **L'idée d'un recours au général de Gaulle s'impose en quelques jours.**

Après la démission du Président du Conseil Pierre Pflimlin le 28 mai, le Président de la République René Coty informe le Parlement qu'il a proposé la présidence du Conseil au général de Gaulle. Ce dernier se présente devant l'Assemblée nationale le 1er juin pour solliciter son investiture, mais il pose deux conditions : être investi des pleins pouvoirs et se voir donner les moyens d'entreprendre une révision de la Constitution. Le 1er juin, il est investi à la tête du gouvernement ; le 2, il reçoit les pleins pouvoirs (on compare parfois cette procédure à celle qui a conduit le Parlement à conférer les pleins pouvoirs au maréchal Pétain par la loi du 10 juillet 1940 ; en réalité, elle diffère fondamentalement, ne serait-ce que parce qu'en 1958, le pouvoir d'approuver ou de rejeter le projet appartient au peuple) et **le 3, par le vote d'une loi constitutionnelle, les parlementaires lui donnent mission de réviser la Constitution** (par dérogation à la procédure de révision prévue dans la Constitution de 1946). À leur tour, les parlementaires ont posé dans cette loi du 3 juin certaines conditions de fond et de forme que devra respecter la nouvelle Constitution.

Sur la forme, il est prévu que **le texte de la Constitution révisée devra être soumis pour avis à un Comité Consultatif** composé aux deux tiers de parlementaires, **avant d'être soumis au référendum**. En associant ainsi la représentation nationale et le peuple, les parlementaires posent des garde-fous au pouvoir constituant du gouvernement et du Général.

Sur le fond, le texte de la nouvelle Constitution devra respecter et mettre en œuvre cinq principes :

- le suffrage universel, seule source du pouvoir ;
- la séparation du pouvoir exécutif et du pouvoir législatif ;
- la responsabilité du gouvernement devant le Parlement ;
- l'indépendance de l'autorité judiciaire afin qu'elle puisse assurer le respect des libertés essentielles ;
- l'organisation de nouveaux rapports avec les peuples associés (d'outre-mer).

Le général de Gaulle avait accepté ces conditions et s'était engagé à instaurer un régime parlementaire.

B) Les sources d'inspiration de la Constitution

330 Les sources d'inspiration de la nouvelle Constitution sont nombreuses, même s'il est évident que les idées constitutionnelles du général de Gaulle prévalent. Ceci dit, on y retrouve des préoccupations communes, notamment celle de **corriger les insuffisances qui ont entraîné la paralysie de la Quatrième République mais aussi celle de se rattacher à la tradition républicaine**.

1. Les idées constitutionnelles du général de Gaulle

331 **Dans le discours de Bayeux du 16 juin 1946**, le général de Gaulle ébauche les grandes lignes de sa conception de l'État et des institutions. Pour de nombreux observateurs, il s'agit du « brouillon » de la Constitution de 1958.

S'il fallait dégager une ligne de force de ce discours, ce serait celle de **l'efficacité des institutions**.

Le Général part du constat que la Quatrième République a été victime du jeu des partis politiques et de l'absolutisme parlementaire. En réaction, il réaffirme son attachement aux **principes de la souveraineté populaire, de la séparation des pouvoirs ainsi qu'à la nécessité de restaurer l'autorité de l'État** (il a également en mémoire la débâcle de 1940).

La République a besoin de stabilité. C'est pourquoi il lance l'idée d'un pouvoir d'arbitrage qui serait confié au Président de la République. **Le Président arbitre**, « au-dessus des contingences » (c'est-à-dire au-dessus de la mêlée quotidienne), pourrait ainsi **faire « valoir la continuité au milieu des combinaisons ». Se dégage l'idée d'un chef d'État fort,** doté de pouvoirs importants en période normale (selon le Général, le Président doit avoir la possibilité de prononcer la dissolution de l'Assemblée) et susceptible d'intervenir en cas de péril de la patrie (cette idée préfigure les pouvoirs exceptionnels de l'article 16 de la Constitution).

Ce Président, élu par un collège électoral élargi, devra nommer directement le chef du gouvernement et les ministres. Autrement dit, **le pouvoir exécutif « doit procéder de lui »**.

En ce qui concerne les fonctions de membre du gouvernement, le général de Gaulle souhaite que, durant l'exercice de sa charge, un ministre ne puisse pas être parlementaire. Contre l'avis du Comité consultatif, il défendit et fit adopter son point de vue, très novateur à l'époque. De Gaulle voulait en effet éviter que ne se perpétue la pratique du cumul des deux fonctions qui était courante sous les Républiques précédentes. Selon lui, ce cumul favorisait la « valse » des gouvernements, les ministres démis de leurs fonctions retrouvant automatiquement leur siège au Parlement.

Enfin, le Général réaffirme **son attachement au bicaméralisme**, c'est-à-dire à un Parlement comprenant deux chambres, l'Assemblée nationale et le Sénat, ce dernier ouvert à des représentants des organisations économiques, professionnelles et familiales.

2. L'apport de Michel Debré

332 C'est Michel Debré, nommé au poste clé de garde des Sceaux par le général de Gaulle, qui mit en pratique les idées constitutionnelles de ce dernier. Pour ce faire, il anima un Comité interministériel, lui-même assisté d'un groupe d'experts, et participa très activement à la définition des moyens qui visaient à rationaliser le fonctionnement des institutions (et notamment des assemblées). En particulier, il a inspiré les dispositions relatives à **l'organisation du travail parlementaire sous la direction du gouvernement** (l'ordre du jour, le pouvoir d'amendement...).

Par ailleurs, pour remettre de l'ordre dans le domaine normatif, Michel Debré a inspiré **la répartition nouvelle entre le domaine de la loi et celui du règlement** dont le respect sera confié au Conseil constitutionnel.

3. L'apport des anciens Présidents du Conseil

333 Les anciens Présidents du Conseil de la Quatrième République (Guy Mollet et Pierre Pflimlin), devenus ministres d'État du général de Gaulle et associés à l'élaboration du projet de Constitution, **ont contribué à la réforme des procédures de mise en jeu de la responsabilité gouvernementale**. Par exemple, ils ont inspiré le principe selon lequel, lorsque le gouvernement engage sa responsabilité sur un texte, c'est aux députés qu'il revient, par le dépôt d'une motion de censure, de faire la preuve que le gouvernement n'a pas leur confiance. Autrement dit, si aucune motion n'est déposée, le texte est adopté implicitement. **Ils ont aussi influencé la rédaction des dispositions concernant le rôle du Président, le champ du référendum ou la législation déléguée (les ordonnances).**

C) L'adoption de la Constitution

334 L'avant-projet préparé par le Comité interministériel présidé par Michel Debré est rendu public le 29 juillet.

Après avis du Comité consultatif constitutionnel (qui y apporte quelques corrections) puis du Conseil d'État, le texte est adopté définitivement par le Conseil des ministres le 3 septembre 1958.

Enfin, comme prévu par la loi constitutionnelle du 3 juin, le texte est soumis au référendum. Les opposants au projet sont peu nombreux : à gauche, le parti communiste et quelques personnalités (dont Pierre Mendès France et François Mitterrand), à droite, Pierre Poujade. Le 28 septembre, le texte est **approuvé à une très large majorité de 85 % des suffrages exprimés** (majorité encore plus importante dans les territoires d'outre-mer sauf en Guinée où le texte fut rejeté), résultat certainement amplifié par la personnalité et la légitimité historique du général de Gaulle.

Après la promulgation de la Constitution, le 4 octobre 1958, six mois sont nécessaires pour que les différentes institutions prévues par le texte se mettent en place. Parallèlement, pour faciliter cette mise en place, des lois organiques prolongeant la Constitution et destinées à préciser certaines règles d'organisation et de fonctionnement des institutions, sont adoptées.

§ 2. Les caractères de la Constitution

335 Hormis la réaffirmation de principes liés à la tradition républicaine (l'égalité des citoyens, l'indivisibilité de la République, la souveraineté nationale...), la Constitution de 1958 présente un certain nombre de caractères nouveaux qui permettent d'en comprendre le sens (sauf en ce qui concerne la création de la Communauté franco-africaine qui n'a pas survécu plus de deux ans).

A) L'indépendance de l'exécutif

336 Elle procède de la volonté du général de Gaulle de rompre avec les Troisième et Quatrième Républiques qui ont connu l'absolutisme parlementaire et la dépendance du pouvoir exécutif vis-à-vis du législatif. Cette volonté de rééquilibrer les rapports entre pouvoirs publics et de rendre son efficacité à l'exécutif sert de support à la règle implicite selon laquelle **le gouvernement procède du chef de l'État**. Autrement dit, le général de Gaulle propose de **restaurer un parlementarisme dualiste** dans lequel le gouvernement est responsable devant l'Assemblée **et** devant le chef de l'État (même si, tel qu'il est défini dans la Constitution, le parlementarisme est moniste).

On pouvait être d'autant plus étonné de l'instauration de cette règle qu'avant la révision constitutionnelle de 1962, le Président est élu au suffrage indirect et l'Assemblée nationale au suffrage direct. Simplement, **de 1958 à 1962, à la légitimité démocratique de l'Assemblée, on oppose la légitimité historique du général de Gaulle qui justifie cette séparation et cette réorganisation des pouvoirs au profit du chef de l'État**. À partir de 1965, date de la première élection d'un Président au suffrage universel direct, la légitimité démocratique du chef de l'État justifie cette règle.

Concrètement, l'indépendance de l'exécutif s'est traduite dans un certain nombre de dispositions constitutionnelles, parmi lesquelles :

- la désignation et la nomination du Premier ministre par le Président de la République (art. 8, al. 1er C) ;
- la dispense de contreseing (c'est-à-dire de contre-signature par le Premier ministre et/ou le ministre compétent) prévue à l'article 19 de la Constitution pour certains actes du Président, ceux qui lui permettent d'exercer sa fonction d'arbitrage (notamment le référendum, la dissolution…) ;
- l'affirmation de l'existence d'un domaine du règlement (art. 37 C) réservé au pouvoir exécutif et se distinguant du domaine de la loi (art. 34 C). De plus, la Constitution de 1958 met en place un Conseil constitutionnel qui, dans l'esprit du général de Gaulle, est avant tout chargé de faire respecter cette distinction.

B) La limitation du domaine de la loi

337 **Sous les Troisième et Quatrième Républiques, la loi était considérée comme l'expression de la volonté générale** (selon le juriste Carré de Malberg) **et de la souveraineté nationale, autrement dit, la norme suprême.** La souveraineté de la loi signifiait que **son champ d'application était sans limite et qu'elle ne pouvait faire l'objet d'aucun contrôle**. La souveraineté de la loi signifiait également la souveraineté du Parlement, chargé de la voter. Dans ces conditions, le pouvoir réglementaire dévolu aux autorités exécutives ne pouvait être que résiduel et les tentatives plus ou moins maladroites pour en élargir l'exercice (notamment par l'usage des décrets-lois) sont restées trop ponctuelles ou sans effet.

La Constitution de 1958 met fin à cette souveraineté en délimitant le domaine de la loi (art. 34 C) **et en soumettant sa validité à la condition du respect de la Constitution.** Dans la hiérarchie des normes, la loi est désormais en dessous de la Constitution et au-dessus du règlement. Plus rien ne s'oppose alors à **l'instauration d'un contrôle de constitutionnalité de la loi** qui sera confié à une nouvelle institution, le Conseil constitutionnel.

Enfin, si la loi a perdu sa souveraineté, elle a également perdu son unicité au profit de divers types de lois n'ayant pas la même valeur juridique. Ainsi, la loi ordinaire, qui sert de référence, doit-elle respecter la loi constitutionnelle et la loi organique.

C) Le parlementarisme rationalisé

338 Il trouve sa raison d'être dans l'absence d'un système de majorité stable susceptible d'apporter un soutien continu au gouvernement dans la mise en œuvre de sa politique. N'oublions pas que nous sommes en 1958 et que les constituants tirent la leçon du fonctionnement défectueux des Troisième et Quatrième Républiques.

Le parlementarisme rationalisé se traduit dans la Constitution par **un ensemble de dispositions destinées à pallier l'absence de majorité parlementaire ou sa faiblesse, en assurant au gouvernement une certaine stabilité et une certaine capacité à mettre en œuvre son programme**.

Ces mécanismes sont essentiellement ceux d'**engagement de la responsabilité du gouvernement** (le principe est que désormais seule la majorité absolue des parlementaires peut obliger le gouvernement à démissionner) et ceux qui donnent **au gouvernement la maîtrise du travail législatif** (l'ordre du jour, le vote bloqué, le dernier mot donné à l'Assemblée...).

Il se trouve que rapidement, dès 1962, le fonctionnement de la Cinquième République repose sur l'existence d'une majorité parlementaire stable (en partie grâce au scrutin majoritaire), **faisant ainsi perdre une partie de sa pertinence au parlementarisme rationalisé**.

Dans ces périodes de stabilité, le risque est important de voir les parlementaires jouer le rôle de « godillots » se contentant d'approuver les projets gouvernementaux. Le parlementarisme rationalisé s'est alors souvent résumé à l'utilisation de procédures permettant d'exclure l'opposition de toute initiative et de toute participation active et constructive aux travaux parlementaires.

D) Le bicéphalisme de l'exécutif

339 La Constitution de 1958 réaffirme le principe du dualisme gouvernemental en vigueur sous les Républiques précédentes. Mais **son originalité est de rééquilibrer le rapport existant entre les deux têtes de l'exécutif que sont le chef de l'État et le Premier ministre** (Président du Conseil sous les Troisième et Quatrième Républiques). En effet, avant 1958, le Président du Conseil était le véritable titulaire du pouvoir exécutif alors que le Président de la République n'avait pas de réels pouvoirs.

La Constitution de 1958 tente d'établir un véritable équilibre entre ces deux pôles. **L'importance et même une certaine prééminence du Président sont affirmées** (art. 5 sur l'arbitrage, art. 8 qui lui confie la nomination du Premier ministre, art. 16 sur les pouvoirs exceptionnels...) **bien que le Premier ministre soit doté, lui aussi, de prérogatives importantes** (« il dirige l'action du Gouvernement », art. 21, al. 1er ; il joue un rôle prépondérant dans la maîtrise des mécanismes du parlementarisme rationalisé, notamment dans l'engagement de la responsabilité du gouvernement...).

Pourtant, **ce dualisme, instauré par la Constitution, ne va pas résister à la pratique de la Cinquième République**. La légitimité historique du général de Gaulle, son interprétation extensive du rôle et des pouvoirs du Président, l'élection du chef de l'État au suffrage universel direct pour la première fois en 1965 (révision constitutionnelle de 1962)... **permettent au Président d'asseoir sa prééminence sur le Premier ministre et le gouvernement, tous deux procédant de lui**.

La seule situation de véritable dyarchie (deux chefs) au sommet de l'exécutif ne se produira qu'en période de cohabitation entre un Président et une majorité parlementaire de tendance opposée (1986-1988, 1993-1995, 1997-2002).

En conclusion, il faut insister sur le fait que la Constitution de 1958 marque une véritable rupture avec les régimes précédents. En mettant fin à la « dictature » de l'Assemblée, elle redonne au gouvernement les moyens de gouverner et met fin à une vieille tradition d'antiparlementarisme. Cependant, la révision de 1962 (élection du Président de la République au suffrage universel direct) rend la lecture de la Constitution complexe et brouille les pistes quant à la nature du régime qu'elle instaure.

§ 3. La révision de la Constitution

340 Deux procédures ont été utilisées pour réviser la Constitution de 1958. L'une, que nous qualifierons de normale, fait l'objet du titre XVI de la Constitution intitulé « De la révision » et comporte un article unique, l'article 89. L'autre, que nous qualifierons de concurrente, passe par le recours au référendum de l'article 11 pour modifier la Constitution. Cette pratique a donné lieu à une polémique politico-juridique retentissante.

A) La procédure normale de révision

341 La procédure prévue par l'article 89 se déroule en trois phases.

1. L'initiative de la révision

342 Elle appartient concurremment au Président de la République sur proposition du Premier ministre et aux membres du Parlement.

Lorsque l'initiative est prise par le Président, sur proposition du Premier ministre, **on parle de projet de révision.** Dans les faits, la proposition du Premier ministre est évidemment formelle dans la mesure où le véritable instigateur de la révision est le Président. Le Premier ministre fait donc une proposition à la demande du chef de l'État.

Cependant, en période de cohabitation entre un Président et une majorité parlementaire de tendance opposée dont le Premier ministre est issu, le premier ne peut obliger le second à lui faire une proposition. De son côté, le Président peut parfaitement ne pas donner suite à une proposition du Premier ministre. Dans cette hypothèse de blocage réciproque, l'un ou l'autre peut demander aux parlementaires (de son camp) de reprendre à leur compte son initiative.

Lorsque l'initiative est prise par les membres du Parlement, on parle de proposition de révision. Tout parlementaire peut déposer une proposition de révision. Mais la procédure de révision ne pourra s'engager que si l'assemblée à laquelle appartient le parlementaire, après avoir discuté de l'initiative, décide de la soutenir (par le vote d'une résolution).

Tableau 2 **Liste des révisions constitutionnelles**

Date de la révision	Objet de la révision	Procédure utilisée *(1)*
4 juin 1960	Adaptation à la Communauté contractuelle(2)	Art. 85 (3)
6 novembre 1962	Élection du Président de la République au suffrage universel direct	Art. 11
30 décembre 1963	Modification des dates d'ouverture des sessions du Parlement	Art. 89
29 octobre 1974	Modification des règles de saisine du Conseil constitutionnel	Art. 89
18 juin 1976	Modification des règles de l'élection présidentielle en cas d'empêchement ou de décès d'un candidat	Art. 89
25 juin 1992	Révision nécessitée par la signature du traité de Maastricht le 7 février 1992 : ajout d'un Titre XV – « Des Communautés européennes et de l'Union européenne »	Art. 89
27 juillet 1993	Modifications des dispositions concernant le Conseil supérieur de la Magistrature ; modifications des dispositions relatives à la responsabilité pénale des ministres	Art. 89

25 novembre 1993	Modification relative aux traités internationaux en matière de droit d'asile	Art. 89
4 août 1995	Extension du champ d'application du référendum, institution d'une session parlementaire unique, modification du régime de l'inviolabilité parlementaire, abrogation de dispositions relatives à la Communauté et aux dispositions transitoires	Art. 89
22 février 1996	Compétence du Parlement pour se prononcer, chaque année, sur les « lois de financement » de la Sécurité sociale	Art. 89
20 juillet 1998	Statut de la Nouvelle-Calédonie	Art. 89
25 janvier 1999	Révision préalable à la ratification du traité d'Amsterdam	Art. 89
8 juillet 1999	Parité hommes-femmes dans la vie politique Révision préalable à la ratification du traité créant la Cour pénale internationale	Art. 89 Art. 89
2 octobre 2000	Réduction à cinq ans de la durée du mandat présidentiel	Art. 89
25 mars 2003	Mandat d'arrêt européen	Art. 89
28 mars 2003	Organisation décentralisée de la République	Art. 89
1er mars 2005	Modification du titre XV de la Constitution préalable à la ratification du traité établissant une Constitution pour l'Europe (elle-même modifiée par la loi constitutionnelle du 4 février 2008)	Art. 89
1er mars 2005	Charte de l'environnement	Art. 89
23 février 2007	Corps électoral de la Nouvelle-Calédonie	Art. 89
23 février 2007	Responsabilité du Président de la République	Art. 89
23 février 2007	Interdiction de la peine de mort	Art. 89
4 février 2008	Modification du titre XV de la Constitution préalable à la ratification du traité de Lisbonne	Art. 89
23 juillet 2008	Modernisation des institutions de la Ve République	Art. 89

(1) Toutes les révisions constitutionnelles effectuées selon la procédure de l'article 89 ont été adoptées par un vote du Congrès, sauf celle du 2 octobre 2000 qui a donné lieu à un référendum d'approbation.

(2) La révision du Titre XIII ne pouvait être opérée que par accord entre tous les États de la Communauté, d'où le nom de Communauté contractuelle

(3) L'art. 85 instaure une procédure de révision spécifique et dérogatoire qui ne peut être appliquée qu'aux dispositions du Titre XIII portant sur la Communauté française, aujourd'hui sans objet (la révision constitutionnelle du 6 juillet 1998 rétablit le Titre XIII sous l'intitulé « Dispositions transitoires relatives à la Nouvelle-Calédonie »).

2. L'approbation parlementaire

343 Le projet ou la proposition de révision est discuté dans les deux assemblées (la discussion du projet ou de la proposition en première lecture ne peut intervenir, devant la première assemblée saisie, qu'à l'expiration d'un délai de six semaines après son dépôt et, devant la seconde assemblée saisie, qu'à l'expiration d'un délai de quatre semaines à compter de sa transmission ; loi constitutionnelle du 23 juillet 2008). **Pour être adopté, il doit être voté en termes identiques par les deux assemblées** (art. 89, al. 2 C), à la majorité simple des suffrages exprimés. Autrement dit, la procédure de révision échoue si une des deux assemblées s'y oppose. En particulier, par cette disposition, **le Sénat devient l'égal de l'Assemblée nationale et peut exercer un véritable « droit de veto » en matière de révision constitutionnelle.**

Par deux fois, le Sénat a fait échouer une tentative de révision constitutionnelle. En 1984, lorsque le président Mitterrand a proposé la révision de l'article 11 de la Constitution pour permettre le recours au référendum sur les projets de lois portant sur les garanties des libertés publiques, le Sénat s'y est opposé, arguant que l'intention du Président de recourir au référendum pour faire ratifier le projet de révision pouvait être assimilée à une démarche plébiscitaire. De même, en 1990, lorsque le président Mitterrand a proposé la mise en place d'un contrôle de constitutionnalité par voie d'exception, le Sénat s'est opposé à la révision.

Par ailleurs, par trois fois, il a conditionné son accord à la prise en compte par le texte de certaines de ses exigences (lors de la révision de 1992 à propos du traité de Maastricht ; en 1993 à propos du Conseil supérieur de la Magistrature ; et, lors de la révision constitutionnelle du 4 août 1995, le Sénat a conditionné son accord et obtenu la prise en compte dans la nouvelle rédaction de l'article 11 élargissant le champ d'application du référendum, d'une disposition prévoyant qu'il y ait « déclaration suivie d'un débat » devant chaque assemblée quand le gouvernement souhaite réaliser un référendum).

Signalons enfin qu'aucune procédure de révision à l'initiative des parlementaires n'a jamais abouti. En effet, par la maîtrise de l'ordre du jour, le gouvernement peut empêcher qu'une proposition ne vienne en discussion devant le Parlement.

3. La ratification

344 Après son adoption en termes identiques par l'Assemblée nationale et le Sénat, le projet ou la proposition doit être ratifié(e).

Lorsqu'il s'agit d'une proposition, le texte adopté doit obligatoirement être soumis au peuple par référendum (art. 89, al. 2 C). Il s'agit là d'une procédure automatique à laquelle le Président, même s'il n'approuve pas la proposition, ne peut rien changer. Il a l'obligation de soumettre le texte au référendum. Sa seule arme est politique : il peut faire campagne contre la proposition de révision.

Pourquoi le recours au référendum est-il obligatoire pour la ratification d'une proposition ? On peut penser que le gouvernement ayant été écarté de la procédure, le peuple doit pouvoir trancher un éventuel différent entre l'exécutif et le législatif concernant la révision. On peut également y voir une marque de défiance des constituants à l'égard des parlementaires, les premiers posant des obstacles afin d'éviter que les seconds ne puissent changer trop facilement les « règles du jeu ».

Enfin, il est logique que les représentants du peuple se tournent vers lui et que ce dernier puisse donner son avis sur les modifications substantielles qui vont affecter le fonctionnement des institutions et donc, d'une façon ou d'une autre, la vie de la nation.

Lorsqu'il s'agit d'un projet de révision, le chef de l'État a le choix entre soumettre le projet au peuple par référendum ou aux députés et sénateurs réunis en Congrès du Parlement (art. 89, al. 3 C). S'il choisit cette seconde possibilité, la ratification nécessite une majorité des trois cinquièmes des suffrages exprimés.

Contrairement à la procédure concernant les propositions de révision, la procédure concernant les projets ne se déroule pas automatiquement. **Le Président est maître de son déroulement : il peut la suspendre quand bon lui semble** (en 1974, le président Giscard d'Estaing n'a pas soumis au Congrès le projet portant modification du régime de la suppléance parlementaire) et, par la suite, la réactiver là où elle s'est arrêtée.

Alors que jusqu'à présent, les Présidents n'avaient jamais eu recours au référendum pour faire ratifier un projet de révision (en raison de l'urgence de certains projets et du caractère technique, donc de moindre importance, des autres), **pour la première fois, un projet de révision constitutionnelle, celui relatif à la réduction de la durée du mandat présidentiel à cinq ans, a été soumis aux électeurs pour approbation** (référendum du 24 septembre 2000 ; 73,15 % de « oui »).

4. Les limites à l'exercice du pouvoir de révision

345 La révision est limitée selon la période : aucune procédure ne peut être engagée ou poursuivie lorsqu'il est porté atteinte à l'intégrité du territoire (art. 89 C) ou pendant la durée de l'intérim présidentiel (art. 7 C). De même, la Constitution ne peut être révisée en période d'application de l'article 16 (pouvoirs exceptionnels du Président).

La révision est limitée dans son objet : **la forme républicaine du gouvernement ne peut faire l'objet d'une révision**. En clair, il s'agit d'éviter que le constituant ne porte atteinte à la démocratie.

Les limites ainsi posées à l'exercice du pouvoir de révision semblent bien fragiles dans la mesure où le constituant peut « introduire des dispositions nouvelles qui dérogent à une règle de valeur constitutionnelle » (décision du Conseil constitutionnel du 2 septembre 1992, traité sur l'Union européenne). Autrement dit, le constituant a le pouvoir de supprimer ou de modifier les articles qui contiennent les limitations.

B) La procédure concurrente de révision

346 Paradoxalement, deux projets de révision constitutionnelle parmi les plus importants de la Cinquième République, celui de 1962 (adopté) et celui de 1969 (rejeté), ont été engagés selon la procédure de l'article 11 de la Constitution dans son ancienne rédaction (rédaction modifiée par la révision constitutionnelle du 4 août 1995, voy. *infra*, n°s 374 et s.).

Ce dernier autorise le Président, sur proposition du gouvernement, à soumettre à référendum des projets de loi portant « sur l'organisation des pouvoirs publics » (cette disposition est maintenue dans la nouvelle rédaction). Comment se justifie le recours au référendum de l'article 11 pour réviser la Constitution et, d'ailleurs, se justifie-t-il d'un point de vue constitutionnel ?

1. La justification du recours au référendum

347 Le recours au référendum en 1962 et 1969 pour réviser la Constitution traduit avant tout une attitude pragmatique du général de Gaulle. En effet, dans la mesure où la procédure de l'article 89 implique que le projet soit voté en termes identiques par les deux assemblées, les réticences de l'une ou l'autre suffisent à faire échouer la procédure de révision.

En recourant à l'article 11, qui lui permettait de consulter directement les électeurs, le Général entendait mettre les projets à l'abri d'un éventuel

veto parlementaire. Il savait pertinemment en 1962 que son projet tendant à instaurer l'élection du Président de la République au suffrage universel direct n'avait aucune chance d'être adopté par des assemblées inquiètes de voir l'autorité du chef de l'État grandir à leurs dépens. De même, en 1969, la partie du projet sur la transformation du Sénat en une chambre socio-économique s'était heurtée à une vive hostilité de la part de ce même Sénat et aurait été rejetée.

2. La question de la constitutionnalité du recours au référendum pour réviser la Constitution

348 Le recours au référendum a été considéré comme inconstitutionnel par une grande partie de la classe politique et nombre de juristes. En effet, l'article 89 forme à lui seul le Titre XVI de la Constitution intitulé « De la révision ». Or, **ce titre ne mentionne ou ne renvoie à aucune autre procédure de révision**. De plus, l'article 89 expose de façon claire et précise les procédures à suivre pour procéder à une révision. On peut donc supposer que toute autre procédure n'a pas été voulue par le constituant. Enfin, il est clair que les articles 11 et 89 n'ont pas le même champ d'application. Le contenu de l'article 11, relatif à l'organisation des pouvoirs publics (toujours en se basant sur l'ancienne rédaction) n'est qu'une composante du contenu de l'article 89 qui couvre l'ensemble de la Constitution. Au vu de cette lecture, l'usage de l'article 89 semble exclusif pour réviser la Constitution.

Cependant, les défenseurs du recours à la procédure de l'article 11 ont également avancé des arguments intéressants.

En premier lieu, une opinion dissidente (celle de P. Lampué) a estimé que « **les deux articles** (11 et 89) **peuvent jouer concurremment**, suivant les occasions de leur mise en œuvre ».

En second lieu, en faveur du recours au référendum, il a été avancé que **l'emploi de l'article 11 découlait tout naturellement de l'article 3 de la Constitution selon lequel « La souveraineté nationale appartient au peuple qui l'exerce par ses représentants et par la voie du référendum »**.

En tant que souverain, le peuple est le véritable détenteur du pouvoir constituant. Il est normal que ce pouvoir puisse s'exprimer selon les moyens prévus par la Constitution, en l'occurrence par la voie du référendum. Mais cet argumentaire ne tient pas dans la mesure où le recours au référendum fait participer le peuple au pouvoir constituant dérivé qui relève en principe de l'article 89.

Par ailleurs, en ratifiant un projet de révision, comme en 1962, les électeurs acceptent son contenu mais aussi la procédure suivie. Autrement dit, **l'accord du peuple justifie *a posteriori* le recours à une procédure inconstitutionnelle**.

En troisième lieu et toujours en faveur du recours au référendum, **une argumentation plus politique** a été développée, en particulier par Georges Pompidou, Premier ministre lors de la révision de 1962. Ce dernier a rappelé que, pour une proposition de révision, la procédure tout entière, de l'adoption par les assemblées à la ratification par les électeurs, se fait sans que le Président puisse intervenir. **Par symétrie, le Président doit pouvoir faire modifier la Constitution sans intervention du Parlement.** Cette contrepartie que n'offre pas l'article 89 est rendue possible avec l'emploi de l'article 11. Si l'argument est astucieux, il ne repose cependant sur aucun fondement textuel.

Enfin, le dernier argument en faveur du recours à l'article 11, développé à l'occasion du référendum de 1969, repose sur ce que l'on appelle **la coutume constitutionnelle**.

Cette coutume serait née du référendum de 1962, qui a abouti à une révision constitutionnelle finalement acceptée par tous, et de sa confirmation à l'occasion de l'élection présidentielle de 1965 qui a bien eu lieu au suffrage universel direct sans véritable contestation. **L'argument consiste alors à invoquer le précédent de 1962 et la coutume qui est née à cette occasion, pour justifier un nouveau recours au référendum.** Cependant, cette thèse n'a que peu de consistance : en effet, une pratique ne devient coutume que si elle se répète, et surtout se répète sur une certaine durée, autant de conditions que ne semble pas vraiment remplir la pratique du recours au référendum *via* l'article 11.

Après le général de Gaulle, aucun Président n'a eu recours à la procédure de l'article 11 pour réviser la Constitution.

En conclusion, nous pouvons constater que la réflexion engagée depuis longtemps sur la nécessaire rénovation de la Constitution n'a abouti que tardivement. Dans un premier temps, à l'initiative du président Mitterrand, **une commission présidée par Georges Vedel a été chargée de formuler des propositions susceptibles de permettre une certaine modernisation de la Constitution**. Du rapport remis à François Mitterrand au début de 1993, le gouvernement d'Édouard Balladur n'a retenu que deux propositions qui ont donné lieu à la révision du 27 juillet 1993.

Finalement, le « toilettage » de la Constitution est intervenu à l'initiative du Président de la République Jacques Chirac. **La révision constitutionnelle du 4 août 1995 a élargi le champ du référendum** (art. 11 C), **allégé le régime des immunités parlementaires** (art. 26 C), **instauré la session parlementaire unique** (art. 28 C) **et modifié à la fois le régime des questions au gouvernement et celui de la fixation de l'ordre du jour** (art. 48 C). **La révision du 3 octobre 2000 a réduit la durée du mandat présidentiel à cinq ans.**

Le projet de loi constitutionnelle de modernisation des institutions de la Ve République, **initié par le président Sarkozy** (adopté par le Congrès du Parlement le 21 juillet 2008), **s'est voulu plus ambitieux**. Ce texte est une réforme d'ensemble des institutions qui vise principalement à **renforcer le rôle du Parlement**, à rénover le mode d'exercice du pouvoir exécutif et à garantir aux citoyens des droits nouveaux. Cependant, la révision constitutionnelle ne remet pas en cause les caractères essentiels de la Ve République. En outre, plusieurs dispositions favorables à un rééquilibrage entre les institutions, issues des travaux de la commission Balladur (commission chargée de faire les propositions de modernisation des institutions au chef de l'État et composée d'hommes politiques, d'universitaires et de personnalités de sensibilités différentes), ont été écartées ou modifiées à l'occasion de la navette parlementaire (comme l'interdiction du cumul entre une fonction ministérielle et la direction d'un exécutif local, la modification du mode de scrutin sénatorial afin de rendre l'alternance possible ou la stricte limitation de l'usage de l'article 49, alinéa 3 de la Constitution). Pour les opposants à la réforme, celle-ci ne permet pas de corriger (suffisamment) le mal dont souffre la Ve République, à savoir la « monocratie » (le pouvoir d'un seul). Pis encore, le droit de parole devant le Parlement que la loi constitutionnelle attribue au Président de la République ne ferait que renforcer sa prééminence sur les autres institutions. Il n'en reste pas moins que cette réforme constitue un progrès dans la modernisation des institutions de la Ve République.

SECTION II
Le fonctionnement régulier du régime : le fait majoritaire

349 L'apparition du fait majoritaire à partir de 1962 se caractérise par **la capacité du régime à dégager régulièrement des majorités de gouvernement.** Ce fait majoritaire peut être parfait si l'alignement Président-gouvernement-Parlement est réalisé ou minimum si seul l'alignement gouvernement-Parlement est réalisé.

Le fait majoritaire est né de la transformation du système des partis : **du multipartisme qui était la cause principale de l'instabilité gouvernementale sous la Quatrième République, on est passé à une bipolarisation de la vie politique française** (organisation autour de deux pôles, la droite et la gauche), **facteur de stabilité**. Comment en est-on arrivé là ?

Principalement, par la transformation du mode de scrutin appliqué aux élections législatives et par le nouveau mode d'élection du Président de la République.

Avec **la substitution du scrutin uninominal majoritaire à deux tours** (à l'initiative du général de Gaulle) **à la représentation proportionnelle**, la rupture avec la Quatrième République est consommée.

Comme nous l'avons montré, le scrutin majoritaire permet de dégager… des majorités (voy. *supra*, nos 117 et s.). L'accès au second tour des candidats arrivés en tête au premier oblige les partis politiques à se regrouper pour soutenir le candidat le plus proche de leur sensibilité. Progressivement, la vie politique française s'est organisée, d'abord autour de coalitions pas toujours très homogènes puis autour de deux pôles plus stables, la droite (à dominante libérale) et la gauche (à dominante sociale-démocrate).

Mais le scrutin majoritaire n'aurait pas suffi à produire un tel système s'il n'y avait eu le **rôle déterminant du chef de l'État**. Toute la vie politique du début de la Cinquième République s'est organisée autour de la personne du général de Gaulle. Les partis se sont regroupés par rapport à la politique menée par le Général et, bien sûr, par rapport à sa personne. Les élections législatives sont devenues l'occasion d'un affrontement entre les partis qui le soutiennent et ceux qui le combattent. Le choix des électeurs s'est réduit à pour ou contre de Gaulle. Par la suite, les successeurs du Général, par le poids de leur fonction mais aussi en s'impliquant dans la campagne législative et en appelant les électeurs à faire le « bon choix » (selon une expression utilisée par Valéry Giscard d'Estaing), c'est-à-dire à voter pour les partis qui le soutiennent, ont contribué à la bipolarisation.

Enfin, un troisième élément est venu renforcer le fait majoritaire, **l'élection du Président de la République au suffrage universel direct. Le fait que les deux candidats arrivés en tête au premier tour puissent accéder au second** (dans la mesure où aucun candidat n'a jamais été élu au premier tour) **oblige les partis à se regrouper pour espérer remporter l'élection**. Comme les coalitions se font autour des deux derniers candidats, il y a nécessairement bipolarisation.

Au vu de ce que nous venons de décrire, le fait majoritaire parfait se présente de la façon suivante : **les élections permettent de désigner un Président et de dégager une majorité parlementaire qui a pour mission de soutenir le Président et le gouvernement qui procède de lui**.

Le fait majoritaire est parfait si l'alignement Président-gouvernement-Parlement est réalisé. Cette situation correspond au **fonctionnement normal de la Cinquième République** : 1962-1986, 1988-1993, 1995-1997, 2002-… Pourtant, comme nous le verrons au cours des différents développements, le fait majoritaire ne doit pas occulter les bouleversements qui sont intervenus pendant cette période et en particulier l'alternance au pouvoir de 1981. Après avoir joué pendant vingt ans au profit de la droite, le fait majoritaire a joué au profit d'un Président et d'une majorité de gauche.

Les aléas électoraux ont contribué à moduler le fait majoritaire. Par deux fois sous les septennats de François Mitterrand, en 1986 et 1993, puis à nouveau sous le septennat de Jacques Chirac en mai 1997, les élections législatives ont dégagé une majorité parlementaire respectivement de droite puis de gauche. Dans cette hypothèse, on a donc **un Président et une majorité de tendances opposées, ce que l'on appelle la cohabitation**. Ce mode de **fonctionnement exceptionnel** de la Cinquième République (1986-1988, 1993-1995, 1997-2002) n'a pas empêché et n'empêche pas le fonctionnement des institutions. Les présidents Mitterrand et Chirac, plutôt que d'ouvrir une crise institutionnelle, ont préféré choisir un Premier ministre dans les rangs de la coalition victorieuse, et plus précisément, par deux fois, le chef de cette coalition (seul É. Balladur, nommé en 1993, n'était pas le leader de la nouvelle majorité). **Le fait majoritaire a joué son rôle de façon minimale mais indispensable en dotant le gouvernement du soutien de la majorité parlementaire face à un Président ne pouvant plus revendiquer que la majorité présidentielle.**

Cette **« institutionnalisation » de la cohabitation** nous amène à **nous interroger sur ce qu'est « le fonctionnement normal » de la Cinquième République**.

Pour éviter que ne se reproduise une nouvelle cohabitation, la solution retenue a été celle de la réduction de la durée du mandat présidentiel à cinq ans avec une coïncidence des élections présidentielles et législatives (les premières précédant les secondes de quelques semaines) (voy. *infra*, n° 362).

En conclusion, une constatation s'impose : **la Cinquième République est un régime mixte, empruntant à la fois au régime parlementaire et au régime présidentiel**.

Les constituants de 1958 avaient voulu établir un régime parlementaire, comme en attestent plusieurs éléments : l'inscription de la responsabilité politique du gouvernement devant l'Assemblée nationale dans la Constitution, sa collaboration avec les assemblées sur le plan législatif, l'attribution d'un droit de dissolution au Président…

Mais la pratique des institutions a révélé l'**évolution présidentialiste du régime.** Ce présidentialisme, né de la légitimité historique du général de Gaulle puis de l'instauration de l'élection du Président au suffrage universel direct, se caractérise avant tout par **l'omniprésence et la toute puissance du chef de l'État** : l'exécutif tout entier procède de lui, il fixe les grandes orientations de la politique de la nation que le gouvernement est chargé de mettre en œuvre… Autrement dit, il est au centre de la vie politique et des mécanismes institutionnels. La responsabilité politique de fait qui découle de son engagement (et qui s'exprime à l'occasion des échéances électorales nationales) éloigne la Cinquième République du régime parlementaire qui se caractérise par l'irresponsabilité politique du Président.

Cependant, **avec l'« institutionnalisation » de la cohabitation, on assiste à une parlementarisation du régime** : un Président désavoué aux élections mais qui reste en place, affaibli ; un déplacement du centre de gravité du pouvoir vers le gouvernement et sa majorité parlementaire.

Il faut sans doute retenir que, malgré ces imperfections, **la Constitution de 1958 a apporté à la Cinquième République la stabilité qui faisait défaut aux régimes précédents**.

Bibliographie et lectures pour approfondir

Benetti J., « L'impact du fait majoritaire sur la nature du régime », *LPA*, 2008, n° 138, n° spécial, p. 20 ; Carcassonne G., *La Constitution (introduite et commentée)* ; Chagnollaud D. et Quermonne J.-L., *Le gouvernement de la France sous la Cinquième République* ; Cohendet M.-A., *La cohabitation. Leçon d'une expérience*, 1993 ; Debré J.-L., *Les idées constitutionnelles du général de Gaulle*, 1974 ; Decaumont F., *Le discours de Bayeux. Hier et Aujourd'hui. Bayeux*, 15 juin 1990, 1991 ; Denquin J.-M., « Recherches sur la notion de majorité sous la Ve République », *RDP*, 1993, p. 949 ; Duverger M., *La monarchie républicaine* ; Fekl M., « Les révisions de la Constitution : stabilité et réformes de la norme fondamentale », *LPA*, 2008, n° 138, n° spécial, p. 43 ; Georgel J., *Contradictions de la Cinquième. Antimanuel de droit public, La Cinquième République : une démonarchie*, 1990 ; Georgitsi V., « La spécificité de la Ve République et les classifications : une opposition fausse », *RFDC*, 2010, n° 83 ; Jan P., « La Constitution de 1958 à l'épreuve de ses interprétations politiques », *RDP*, mai-juin 2006, n° 3, p. 563 ; Levade A., « Les nouveaux équilibres de la Ve République », *RFDC*, 2010/2, n° 82 ; Luchaire F. et Conac G., *Le droit constitutionnel de la cohabitation*, 1989 ; Meny Y., *Le système politique français*, coll. Clefs, Paris, Montchrestien ; Perreau B., *Cinquante ans de vie politique française. Le débat sur la fin de la Ve République*, Paris, Librio, 2007 ; Petot P., « Les débuts de la Ve bis », *RDP*, 1982, p. 1503 ; Pierré-Caps S., « Les révisions de la Constitution de la Ve République : temps, conflits et stratégies », *RDP*, 1998, p. 409 ; Quermonne J.-L., « La distinction entre régime présidentiel et régime parlementaire commande-t-elle encore l'avenir de la Ve République ? », *RDP*, novembre-décembre 2005, n° 6, p. 1505 ; Sirinelli J.-F., *La Ve République*, coll. Que sais-je ?, Paris, PUF, 2009.

CHAPITRE II

Le Président de la République clé de voûte des institutions

350 Le chef de l'État a été conçu à l'origine comme la « clé de voûte des institutions » de la Cinquième République (selon l'expression de Michel Debré dans son discours du 27 août 1958). Son rôle était avant tout celui d'un garant et d'un arbitre. En effet, selon l'article 5 de la Constitution, **« Le Président de la République veille au respect de la Constitution. Il assure, par son arbitrage, le fonctionnement régulier des pouvoirs publics ainsi que la continuité de l'État. Il est le garant de l'indépendance nationale, de l'intégrité du territoire, du respect des accords de Communauté et des traités ».**

Désormais, le chef de l'État **n'est plus un spectateur mais un acteur de la vie politique et institutionnelle**. En particulier, son intervention pour dénouer les crises entre les institutions est décisive.

Lors d'un conflit grave entre le gouvernement et le Parlement ou entre le Président lui-même et la représentation nationale, il lui appartient de trancher ou de faire trancher le conflit. Il dispose pour cela de compétences discrétionnaires (qu'il décide seul de mettre en œuvre) : la dissolution de l'Assemblée, le renvoi du gouvernement, l'appel au peuple par la voie du référendum.

Mais cette conception d'un Président arbitre et seulement arbitre n'a pas tenu face à la pratique de la Cinquième République. La révision constitutionnelle de 1962 instituant **l'élection du chef de l'État au suffrage universel direct, combinée avec le fait majoritaire** (le fait pour le Président de pouvoir s'appuyer sur une majorité parlementaire), ont donné à la fonction présidentielle une nouvelle dimension. Le Président n'est plus un acteur parmi les autres de la vie politique, **il en est le cœur et le moteur**.

En réalité, il a toujours été une institution de premier plan. Dès les premières années de la Cinquième République, la prééminence du chef de l'État est assurée par la légitimité historique du général de Gaulle. Par la suite, la révision de 1962 a donné au Général et à ses successeurs une légitimité démocratique qui leur a permis d'asseoir et même d'étendre cette prééminence.

Nous étudierons le statut du Président de la République avant d'en examiner les compétences.

SECTION I

Le statut du Président de la République

351 Le statut constitutionnel du Président détermine son mode d'élection, la durée de ses fonctions et leur cessation. Mais il ne pose que partiellement la question de sa responsabilité. Par ailleurs, pour pouvoir assumer son statut et ses fonctions, le Président dispose de services à vocation politique, technique et administrative.

§ 1. L'élection présidentielle

A) La modification fondamentale du mode de scrutin

352 Le mode d'élection mis en place par la Constitution de 1958 prévoyait que le Président de la République devait être élu au suffrage universel indirect par un collège électoral d'environ 80 000 personnes essentiellement composé des députés, des sénateurs, des conseillers généraux et des délégués des conseils municipaux (ces derniers représentant d'ailleurs plus de 90 % des votants).

Ce mode d'élection résultait de la volonté du général de Gaulle exprimée dans le discours de Bayeux de **voir l'élection du chef de l'État échapper aux partis politiques** (sous les Républiques précédentes le Président était élu par les assemblées, donc par les partis). Il est d'ailleurs élu en 1958 premier Président de la Cinquième République par ce collège électoral.

Pourtant, en 1962, le général de Gaulle élabore un projet de révision constitutionnelle visant à substituer à ce mode d'élection une élection au suffrage universel direct. Dans une allocution en date du 20 septembre, il annonce au pays son intention de modifier la Constitution dans ce sens par la voie directe du référendum de l'article 11 et non par celle de l'article 89.

À l'époque, l'opportunité d'un tel changement n'apparaît pas évidente. En effet, l'élection au suffrage universel direct apparaît peu compatible avec un régime parlementaire (n'oublions pas que la Constitution de 1958 fait de la Cinquième République un régime parlementaire) dans lequel le Président n'a que peu de pouvoirs réels et n'a pas à assumer une responsabilité politique. Les plus farouches opposants au projet sont les parlementaires qui voient le risque de perdre leur reste d'influence sur la désignation du Président et craignent que ce dernier ne devienne tout puissant (en signe de protestation, ils censurent le gouvernement Pompidou).

En réalité, le projet du général de Gaulle, déjà ébauché dans une conférence de presse le 11 avril 1961, reposait sur la **volonté d'assurer la pérennité du régime en renforçant le pôle présidentiel**.

En effet, la stabilité du régime était assurée jusque-là par la légitimité historique dont jouissait le Général. Mais l'attentat du Petit Clamart dont il a été victime en août 1962 a fait prendre conscience à l'opinion du problème de succession qui se pose. Il apparaît alors nécessaire de **doter ses successeurs d'une légitimité démocratique qui leur permette d'assumer leur rôle**.

De plus, la période est marquée par un affrontement avec le Parlement. Désireuse de s'affranchir de la tutelle présidentielle depuis la fin de la guerre d'Algérie en mars 1962, opposée au choix de Georges Pompidou comme Premier ministre (en partie en raison de son origine non parlementaire), la majorité parlementaire retire son soutien au général de Gaulle également en raison de sa politique européenne hostile à la *supra*nationalité.

Pour éviter tout risque de dérive vers le régime d'assemblée et ses excès, il apparaît nécessaire au Général de faire du chef de l'État l'institution centrale de la République.

Le projet de révision constitutionnelle est adopté par la voie du référendum de l'article 11 le 28 octobre 1962 à 62 % des suffrages exprimés et promulgué le 6 novembre.

B) Les modalités de l'élection

353 Celles-ci sont définies par la loi du 6 novembre 1962 (modifiée) relative à l'élection du Président de la République au suffrage universel et par le décret du 8 mars 2001 (modifié) portant application de ladite loi (ce décret ayant abrogé le décret du 14 mars 1964).

1. Les candidatures

354 Pour être candidat à l'élection présidentielle, il faut en premier lieu **être éligible**, c'est-à-dire remplir quelques conditions de base qui sont : avoir la nationalité française, être électeur, être âgé de 18 ans au moins (contre 23 auparavant ; la disposition de la loi organique du 14 avril 2011 qui a abaissé l'âge d'éligibilité de 23 à 18 ans pour les députés s'applique à l'élection présidentielle), avoir satisfait aux obligations imposées par le Code du service national, ne pas être dans un cas d'incapacité et ne pas avoir été frappé d'inéligibilité.

Il faut ensuite et surtout **être parrainé**, c'est-à-dire présenté (obtenir leur signature) par 500 élus (maires, conseillers généraux, conseillers régionaux, membres élus de l'Assemblée de Corse, de l'Assemblée de Polynésie française, présidents des organes délibérants des communautés urbaines, d'agglomération et de communes, parlementaires, parlementaires européens élus en France et ressortissants français, membres élus de l'Assemblée des Français de l'étranger) venant d'au moins trente départements différents, sans que plus d'un dixième d'entre eux puisse être les élus d'un même département. Les noms et qualités de 500 « parrains » sont publiés au Journal officiel. Ces innovations introduites par la loi organique du 18 juin 1976 ont pour objet de **filtrer les candidatures et de les rendre plus transparentes** afin d'éviter la présence à l'élection de candidats quelque peu fantaisistes comme cela se produisait à chaque élection. Pourtant, ce système a aussi ses imperfections. Ainsi, Brice Lalonde, candidat écologiste réputé sérieux, n'a pu franchir la barre des 500 signatures lors de l'élection présidentielle de 2002 alors que Serge Gluckstein ou Christiane Taubira, candidats inconnus, ont pu les réunir. À propos de la publicité des parrainages, contestée par la candidate du Front National à l'élection présidentielle de 2012 (elle demandait qu'ils puissent être anonymes) sur la base de l'article 4 C qui proclame explicitement que « la loi garantit les expressions pluralistes des opinions et la participation équitable des partis à la démocratie », le Conseil constitutionnel a jugé que **la règle de la publicité « ne saurait en elle-même méconnaître le principe du pluralisme »** (CC, QPC du

21 février 2012, *mme marine LE PEN*). Le Conseil a relevé qu'en instaurant une publicité des choix de présentation à l'élection présidentielle, le législateur a entendu favoriser la transparence de la procédure de présentation des candidats à l'élection présidentielle.

Il faut enfin, pour pouvoir figurer sur la liste des candidats à l'élection présidentielle, que le candidat remette au Conseil constitutionnel une **déclaration de sa situation patrimoniale** sous pli scellé, accompagnée de l'engagement de souscrire une nouvelle déclaration durant l'avant-dernier mois de son mandat s'il est élu (loi du 11 mars 1988). Seule la déclaration du candidat élu est publiée au Journal officiel.

Le Conseil constitutionnel vérifie si les candidats remplissent les différentes conditions. La liste des candidats retenus est ensuite publiée au Journal officiel.

Les candidats écartés peuvent déposer un recours devant le Conseil constitutionnel le lendemain de la publication de la liste des candidats.

2. La campagne électorale

355 La campagne officielle dure environ trente jours. Elle s'ouvre deux semaines avant le premier tour et s'interrompt la veille de celui-ci (cette date d'ouverture ne coïncide plus avec la date de publication de la liste des candidats qui est désormais anticipée, décret du 21 avril 2006). La campagne reprend le jour de la publication des candidats qualifiés pour le second tour de scrutin et s'interrompt la veille du second tour.

- La règle de base de la campagne est l'**égalité des candidats**. La Commission nationale de contrôle de la campagne veille au respect de cette règle.
  Ce principe d'égalité s'applique notamment pour l'accès des candidats à l'audiovisuel (émissions sur les antennes de la radio et de la télévision) qui est réglementé et contrôlé par le Conseil supérieur de l'audiovisuel (CSA). **Pendant la campagne officielle, le principe d'égalité stricte de temps de parole et d'antenne** s'applique à l'ensemble des candidats. Par ailleurs, face à l'inégalité manifeste qui existait entre « grands » et « petits » candidats dans l'accès aux médias dans la période précédant la campagne officielle, le CSA a été amené à poser de nouvelles règles. Ainsi, pour l'élection de mai 2012, la décision du CSA distingue deux périodes précédant la campagne électorale officielle : du 1er janvier jusqu'à la veille du jour de la publication de la liste des candidats officiels (mi-mars 2012), les médias radiotélévisuels doivent respecter un principe d'équité. L'équité se fonde notamment sur la représentativité du candidat, elle-même établie à partir des récents résultats électoraux et sondages d'opinion ; du jour de la publication de la liste officielle des candidats (mi-mars 2012) jusqu'au 8 avril 2012 minuit, un principe d'égalité des temps de parole et d'équité des temps d'antenne doit être appliqué. Sur la base de ces dispositions, les apparitions radiotélévisuelles du Président de la République et de ses soutiens ont fait l'objet d'un relevé à compter du 1er janvier 2012. Seules ont été prises en compte ses apparitions « électorales », ce qui correspond notamment aux déclarations et interviews relatives à la politique intérieure, mais exclut les commentaires relatifs à l'action quotidienne du gouvernement.

La presse écrite n'est pas soumise à ce type d'obligations. Interdiction est toutefois faite à la presse quotidienne de publier, la veille et le jour du scrutin, un entretien avec un candidat.
De même, les candidats peuvent librement créer et utiliser un site internet pour faire campagne, mais la veille et le jour du scrutin, toute actualisation ou modification de leur site est interdite.

- Les sondages d'opinion. La loi du 19 février 2002 limite l'interdiction de publication, de diffusion et de commentaire des sondages d'opinion à une publication la veille ou le jour du scrutin (voy. *infra*, n° 451).
- Se pose ensuite l'épineux problème du **financement des campagnes électorales**. La loi organique du 11 mars 1988 modifiée par la loi organique du 10 mai 1990 institue une réglementation dont l'objet est d'introduire **davantage de transparence** dans le financement.
  La loi du 19 janvier 1995 (loi n° 95-65) **et les deux lois organiques des 19 et 20 janvier 1995** (lois organiques n° 95-62 et 95-72), **qui ont contribué à modifier en profondeur la réglementation du financement de la vie politique** (interdiction du financement privé, nouvel abaissement du plafond des dépenses électorales, encouragement du financement de la vie politique par les citoyens et réforme du régime du financement public), viennent compléter et approfondir le dispositif. Les principes communs au financement des différentes élections et de la vie politique étant énoncés ultérieurement (voy. *infra*, n° 451, le financement de la campagne législative), intéressons-nous aux spécificités du financement de la campagne présidentielle.
  Chaque candidat doit **tenir un compte de campagne** (qui retrace l'ensemble des recettes et dépenses) portant sur les douze mois précédant l'élection. Le contrôle des comptes de campagne des candidats qui était jusque-là assuré par le Conseil constitutionnel est transféré (pour l'élection de 2007) à la Commission nationale des comptes de campagne et des financements politiques (loi organique n° 2006-404 du 5 avril 2006 relative à l'élection du Président de la République). Le compte peut-être approuvé, rejeté ou, éventuellement, réformé. Par ailleurs, les candidats doivent remettre au Conseil constitutionnel une **déclaration sur l'état de leur patrimoine** et s'engagent à déposer, pour le candidat élu, une nouvelle déclaration en fin de mandat (loi du 11 mars 1988).
  La loi impose également le **plafonnement des dépenses**, de façon distincte pour le premier et le second tour. Pour les candidats présents au seul premier tour, le plafond des dépenses électorales est passé de 16,16 millions d'euros en 2007 à 16,85 millions d'euros en 2012 et, pour les candidats présents au second tour, de 21,59 millions d'euros pour 2007 à 22,5 millions d'euros pour 2012 (l'actualisation annuelle des plafonds de dépenses électorales est désormais gelée en vertu de la loi organique n° 2012-272 du 28 février 2012).
  Sur présentation des comptes de campagne et à condition que les dépenses soient effectives et inférieures au plafond fixé, **l'État assure une prise en charge partielle sous la forme d'un remboursement forfaitaire.** Pour les candidats présents au premier tour, ce remboursement est fixé à 47,5 % du plafond de dépenses du premier tour (par la loi organique du 28 février 2012, contre 50 % auparavant) pour ceux ayant obtenu au moins 5 % des

suffrages exprimés. En dessous de ces 5 %, un candidat est remboursé de 4,75 % du plafond (et non plus d'un « vingtième », 5 % ; loi organique du 28 février 2012). Pour les deux finalistes du second tour, c'est la moitié du montant du plafond des dépenses du second tour qui est pris en charge par l'État.

En 2002, 2007 et 2012, l'État a versé une avance de 153 000 euros à chaque candidat dès publication de la liste des candidats.

Quant aux **recettes des candidats**, elles proviennent des **dons faits par les personnes physiques** (limités à 4 600 euros, ces dons ouvrant droit à réduction d'impôts) et du **financement assuré par les partis politiques** (sans plafonnement, ce qui favorise les candidats soutenus par un grand parti).

- Prenant acte du recours croissant aux nouvelles technologies de l'information pour la **propagande électorale**, la loi n° 2011-412 du 14 avril 2011 prévoit que **les interdictions et restrictions** prévues par le code électoral sont désormais applicables à tout message ayant le caractère de propagande électorale **diffusé au public par voie électronique** (site Internet, blog, SMS) (sur la propagande électorale, voy. *infra*, n° 451).
- Enfin, il faut évoquer la possibilité que **le déroulement de la campagne soit perturbé par le décès ou l'empêchement d'un candidat**. La loi organique du 18 juin 1976 prend en compte ces éventualités.

Les mesures prises varient en fonction de la date à laquelle survient le décès ou l'empêchement : s'il survient dans les sept jours précédant la date limite de dépôt des candidatures, le Conseil constitutionnel peut prononcer le report de l'élection ; s'il survient entre la date limite de dépôt et le premier tour, le Conseil doit reporter l'élection ; s'il survient entre les deux tours, le Conseil déclare qu'il doit être procédé de nouveau à l'ensemble des opérations électorales.

Le Conseil constitutionnel doit être saisi soit par les autorités de saisine traditionnelles (art. 61 C), soit par les comités de parrainage qui présentent les candidatures.

3. Le scrutin

356 À l'issue de la campagne intervient le vote. **Le scrutin est majoritaire à deux tours** (art. 7 C).

Au premier tour, la majorité absolue des suffrages exprimés est requise pour être élu. La multiplicité des candidats en lice, même si les prétendants à la victoire sont peu nombreux, n'a jamais rendu possible la réalisation de cette hypothèse.

Au second tour, se présentent les deux candidats qui ont recueilli le plus grand nombre de suffrages au premier tour. Si en théorie l'hypothèse d'un désistement d'un des deux candidats arrivés en tête au premier tour est possible au profit d'un candidat moins bien placé, l'hypothèse ne s'est jamais réalisée. Là encore, le mode de scrutin assure que le candidat élu l'est à la majorité absolue des suffrages exprimés.

4. Le contentieux de l'élection

357 Le contentieux de l'élection présidentielle appartient au Conseil constitutionnel qui examine les réclamations et proclame les résultats du scrutin.

D'une part, ainsi que nous l'avons indiqué, il est chargé de l'examen des réclamations relatives à l'établissement de la liste des candidats. D'autre part, il examine les réclamations relatives aux opérations électorales dans un délai de quarante-huit heures à l'issue du scrutin. Tout électeur ainsi que les représentants des candidats auprès des commissions départementales de recensement peuvent déposer une réclamation (à condition d'avoir fait porter sa contestation au procès-verbal des opérations de vote). Tout candidat peut contester l'ensemble des opérations. Enfin, les préfets peuvent déposer des réclamations pour les irrégularités commises dans leur département. Le Conseil constitutionnel, dont la décision est sans appel, peut annuler totalement ou partiellement les opérations électorales.

Concernant les comptes de campagne des candidats, leur contrôle a été transféré (à compter l'élection de 2007) du Conseil constitutionnel à la Commission nationale des comptes de campagne et des financements politiques. Les candidats pourront contester les décisions de la Commission (approbation, rejet ou réformation du compte) par un recours devant le Conseil constitutionnel. Par ailleurs, la Commission ainsi que le Conseil auront la possibilité de moduler le remboursement des dépenses de campagne en fonction du nombre et de la gravité des manquements (loi organique n° 2006-404 du 5 avril 2006 relative à l'élection du Président de la République).

C) Les modifications institutionnelles et politiques induites par le suffrage universel direct

358 L'introduction du suffrage universel direct pour l'élection présidentielle a provoqué un bouleversement dans les relations Président-Premier ministre et a entraîné une bipolarisation de la vie politique française.

1. Au niveau institutionnel : la suprématie du Président sur le Premier ministre

359 Au niveau institutionnel, **le suffrage universel direct a permis au Président de renforcer sa suprématie**. Il confère au chef de l'État **une légitimité démocratique** qu'il n'avait pas auparavant. En conséquence, la relation avec le Premier ministre change de caractère. La primauté présidentielle devient « naturelle ».

Une erreur classique est de croire que le suffrage universel direct a permis d'accroître les pouvoirs du Président. Ses pouvoirs constitutionnels restent évidemment inchangés mais le chef de l'État **se trouve renforcé dans leur exercice**.

Non seulement le Président exerce la plénitude des pouvoirs qui lui sont reconnus par la Constitution même lorsqu'ils sont formulés de façon générale (comme la fonction d'arbitre de l'article 5) mais dans les domaines où s'exerce un pouvoir partagé, le Président impose son *leadership* (par ex., en matière de politique de défense). De même, si le Président n'avait pas en théorie le poids nécessaire avant 1962 pour refuser à un Premier ministre qui avait la confiance de l'Assemblée de signer certains actes comme les ordonnances ou les décrets pris en Conseil des ministres, après la réforme, la pratique veut que le Président décide seul de l'opportunité de signer.

2. Au plan politique : la bipolarisation de la vie politique

360 L'élection du chef de l'État devient **le moment clé de la vie politique**, l'événement autour duquel tout gravite.

La conséquence politique la plus évidente du suffrage universel direct est la bipolarisation de la vie politique.

Le premier tour de l'élection peut s'apparenter à une primaire destinée à dégager les deux candidats qui seront présents au second tour. La nécessité d'obtenir la majorité pour être élu implique que **les différents partis politiques se regroupent presque mécaniquement en deux camps** pour soutenir le candidat le plus proche de leur sensibilité. Ce schéma correspond globalement à l'affrontement droite-gauche. Une fois le Président élu, il y a donc une majorité présidentielle, qui coïncide sous la Cinquième République avec la majorité parlementaire (sauf cohabitation), et une opposition.

La bipolarisation est incontestablement un **facteur de stabilité du régime** comparée au multipartisme et aux combinaisons qu'il implique pour accéder au pouvoir. Pourtant, ce regroupement des partis en coalitions derrière un homme appartenant à l'un de ces partis implique que celui-ci ait été choisi au détriment d'autres prétendants d'autres partis de la coalition. La bataille de la désignation laisse souvent des marques qui peuvent être autant de ferments de dissension pour l'élection elle-même mais aussi pour l'avenir de la coalition.

C'est ainsi qu'à l'occasion de l'élection présidentielle de 1995, pour éviter que plusieurs candidats de la majorité ne se présentent et ne se fassent concurrence, Charles Pasqua avait proposé que soit instauré un système de primaires au sein de la droite pour départager Jacques Chirac et Édouard Balladur. Ce système n'a pas été retenu et les deux hommes ont été candidats, l'union ne se faisant qu'au deuxième tour. *A contrario*, le candidat du parti socialiste, Lionel Jospin, avait été désigné au terme d'une primaire (fermée). Malgré sa défaite aux présidentielles, ce choix démocratique lui a donné un poids politique considérable et l'a conforté dans son rôle de leader du parti socialiste, puis de la gauche plurielle. De même, la désignation de S. Royal comme candidate socialiste à l'élection présidentielle de 2007 suite à une primaire (fermée) et le score honorable réalisé à l'élection, lui ont conféré une place « particulière » au sein du PS même si celle-ci ne lui a pas permis d'être à nouveau désignée candidate de son parti à l'issue de la primaire de 2012. Il est vrai que la nature de ces primaires était différente car, pour la première fois, ouvertes aux sympathisants du parti socialiste. Ce nouveau mode de désignation, s'il a incontestablement renforcé la légitimité du candidat socialiste (F. Hollande), est également révélateur d'une transformation des fonctions partisanes (voy. encadré ci-dessous).

Bien évidemment, **l'élection présidentielle d'avril-mai 2002 déroge à ce schéma de bipolarisation avec la présence au second tour de Jean-Marie Le Pen, candidat d'extrême droite (et la défaite au premier tour de L. Jospin, candidat du parti socialiste et représentant attendu de la gauche au second tour), et l'appel de toutes les formations politiques dites républicaines à**

voter pour J. Chirac. Cette débâcle du candidat socialiste et de toute la gauche s'explique par de nombreux facteurs : une forte abstention, la multiplication des candidatures, notamment à gauche et à l'extrême gauche, une campagne sans relief, la réaction épidermique d'une partie de la population aux problèmes de l'insécurité et du chômage… En réalité, si Jospin a été la grande victime du 1er tour, la claque a été adressée à tous les candidats classiques et à l'ensemble de la classe politique (résultats du 1er tour : J. Chirac : 19 %, J.-M. Le Pen : 16,86 %, L. Jospin : 16,18 %). Quant au second tour de l'élection, il s'est transformé en plébiscite démocratique (le président sortant a été réélu avec le score historique de 82,15 % des suffrages exprimés).

E13 Les primaires citoyennes pour la désignation du candidat socialiste à l'élection présidentielle de 2012

Pour la première fois, un parti politique en France a désigné son candidat à l'élection majeure de la Cinquième République par un processus mobilisant un corps électoral élargi à ses sympathisants. Initialement, ces primaires étaient ouvertes à l'ensemble des composantes de la gauche. Mais les partis politiques partenaires du PS n'ont pas souhaité y prendre part.

Pour ses initiateurs, ce nouveau mode de désignation présente plusieurs avantages : il permet de trancher la question récurrente du « leadership » (à la tête du PS) tout en élargissant la base de légitimité du futur candidat ; il constitue une avancée démocratique dans la mesure où il donne aux sympathisants un rôle qui relevait jusque-là exclusivement des adhérents. Plus objectivement, on peut dire que ce processus prend acte de la présidentialisation de la Cinquième République renforcée par N. Sarkozy. En même temps, l'adoption des primaires est révélatrice de l'évolution des fonctions partisanes. Spécifiquement, elle montre que le PS s'écarte de sa tradition de parti fondé sur la légitimité militante. Plus largement, elle témoigne de l'affaiblissement du rôle des partis politiques. Concurrencés par les médias dans la structuration du débat public et affaiblis dans leur capacité de mobilisation sociale (crise du militantisme), les partis « abandonnent » à des Fondations, cercles et autres groupes de réflexion proches de leur sensibilité la définition d'une partie de leur programme politique en même temps qu'ils s'appuient de plus en plus sur les sondages pour la sélection de leur candidat. C'est donc à un renforcement de la « démocratie d'opinion » auquel nous assistons.

Le mode d'emploi de la primaire citoyenne est le suivant. Cinq socialistes se sont présentés (M. Aubry, F. Hollande, A. Montebourg, S. Royal et M. Valls) ainsi que J.-M. Baylet président du Parti radical de gauche (PRG). Tous les citoyens français inscrits sur les listes électorales au 31 décembre 2010 peuvent voter à la primaire. Les personnes mineures qui ont 18 ans au moment de l'élection présidentielle en 2012 ainsi que les mineurs et citoyens étrangers membres du Parti socialiste ou du Mouvement des jeunes socialistes (MJS) peuvent également voter à condition de s'être inscrits avant le 13 juillet. Les Français résidents à l'étranger peuvent participer s'ils se sont inscrits sur les listes électorales consulaires avant le 31 décembre 2010 et enregistrés avant le 13 juillet 2011. Tous ceux qui veulent participer doivent présenter leur carte d'identité, verser un euro pour les frais de participation et signer une charte d'adhésion aux valeurs de la gauche. Deux tours de scrutin sont prévus. Un second tour a lieu si aucun candidat n'a dépassé 50 % au soir du premier tour. En cas de deuxième tour, un débat télévisé est organisé dans la semaine entre les finalistes. Ce sont environ 10 000 bureaux de vote qui sont ouverts dans des lieux publics où sont organisés traditionnellement les scrutins républicains (écoles, mairies…). Le vote est secret (bulletin sous enveloppe, isoloirs).

Une « Haute autorité » a été mise en place pour enregistrer les candidatures, contrôler les opérations électorales et proclamer les résultats définitifs.

Les résultats sont centralisés immédiatement après la fin du dépouillement : un procès-verbal des opérations de vote est rédigé et signé par les membres de chaque bureau. Puis le président du bureau le remet dans la soirée à une commission départementale de recensement des votes qui, elle-même, transmet les résultats cumulés du département au comité national d'organisation de la primaire. À tous les niveaux des opérations électorales, des représentants nommés par les différents candidats peuvent assister aux opérations. Les listes d'émargement recensent les personnes qui se sont déplacées volontairement et qui ont déclaré, par leur émargement, adhérer aux valeurs de gauche. Elles sont détruites immédiatement après la proclamation officielle des résultats définitifs. Les listes électorales, éditées sous format papier, sont également détruites ainsi que les données contenues dans le fichier central informatisé.

Avec près de 2,7 millions de votants le 9 octobre et davantage le 16 octobre, les primaires citoyennes ont été un succès auprès des sympathisants de gauche. François Hollande et Martine Aubry sont arrivés en tête au premier tour. F. Hollande est sorti vainqueur du deuxième tour et a été désigné candidat socialiste pour 2012 lors d'une Convention d'investiture. Face à ce succès, de nombreux leaders de l'Union pour un mouvement populaire (UMP) ont affiché leur intention de recourir, à l'avenir, à un tel processus pour la désignation de leur candidat.

---

§ 2. La durée des fonctions : du septennat au quinquennat

361 Jacques Chirac restera le dernier chef de l'État ayant exercé un mandat de sept ans (1995-2002). Apparue sous la Troisième République, **la règle du septennat** s'est imposée aux Républiques suivantes. En effet, la durée du mandat présidentiel étant plus longue que celle d'une législature (5 ans), elle **permettait au Président d'apparaître comme le garant de la continuité du régime**.

Cependant, la pratique du septennat a fait émerger progressivement des questions liées à **l'usure et à une certaine dérive du pouvoir**, notamment en cas de réélection (soit quatorze ans).

S'il est vrai que certains Présidents de la Cinquième République avaient exprimé le souhait de réduire la durée du mandat, seul Georges Pompidou avait jusqu'ici pris une initiative concrète en ce sens.

La réforme envisagée par le président Pompidou en 1973 tendait à substituer le quinquennat au septennat. Mais, malgré le vote du projet par les deux assemblées (voté le 16 octobre 1973 par l'Assemblée nationale et le 19 octobre par le Sénat), Georges Pompidou, qui avait exclu de recourir au référendum, renonça à poursuivre la procédure de révision constitutionnelle. En effet, l'absence de majorités nettes dans les deux assemblées laissait prévoir un rejet par le Congrès.

En 1981, et à plusieurs reprises par la suite, le président Mitterrand avait à son tour évoqué la réduction du mandat présidentiel à cinq ans ou à sept ans non renouvelable. Le comité Vedel chargé de mener la réflexion s'était prononcé le 15 février 1993 pour le maintien du septennat renouvelable. La campagne présidentielle de 1995 fut l'occasion de voir resurgir le débat. Le candidat socialiste s'était prononcé pour le quinquennat renouvelable alors que Jacques Chirac avait remis la question à plus tard.

Pourtant, l'usure du pouvoir dont a été victime le président Mitterrand au fil de ses quatorze années de présidence mais aussi, selon certains, la nouvelle cohabitation (à partir de 1997, la troisième en onze ans) ont eu raison du septennat.

Par référendum en date du 24 septembre 2000, **les Français ont approuvé l'instauration du quinquennat** ; la Constitution a donc été modifiée en conséquence (loi constitutionnelle du 2 octobre 2000). Le Président de la République élu en mai 2002 l'a donc été pour une durée de cinq ans. La question est maintenant de savoir ce que sont et ce que seront les effets de l'instauration du quinquennat sur le système institutionnel français.

Par ailleurs, dans le même esprit, la révision constitutionnelle du 23 juillet 2008 a mis fin à la règle selon laquelle le président est rééligible sans limitation, ni interruption. Désormais, « **Nul ne peut accomplir plus de deux mandats consécutifs.** »

A) Les effets du quinquennat sur le système institutionnel français

362 Hommes politiques comme constitutionnalistes (qu'ils soient pour ou contre la réforme) ont, semble-t-il, des réponses bien arrêtées. Il nous semble au contraire difficile d'établir un scénario clair. Comme toujours, **seule la pratique permettra de juger et de jauger les effets de la réforme** et il n'est pas interdit de penser que celle-ci réservera quelques surprises. Examinons d'un œil critique les arguments des uns et des autres.

Pour les tenants du quinquennat, ramener la durée du mandat présidentiel à cinq ans permettra aux citoyens de se prononcer plus régulièrement sur le choix du chef de l'État, choix majeur de la vie politique française. Ainsi, **la légitimité du Président s'en trouvera renforcée** et la démocratie revigorée. En théorie, l'argument est difficilement contestable. En pratique, il n'a d'intérêt que dans la mesure où l'institution présidentielle conservera dans l'avenir sa place centrale et à part... ce que le quinquennat pourrait justement remettre en cause (voy. ci-après, l'argumentation des opposants à la réforme).

L'autre argument en faveur du quinquennat tient à ce qu'il permettrait d'**éviter les situations de cohabitation**. Les élections législatives et présidentielles coïncidant, on imagine mal les électeurs se déjuger à quelques semaines d'intervalle. Les scénarios de 2002, 2007 et 2012 semblent accréditer cette idée. Il convient néanmoins d'y apporter quelques nuances. En 2002, après avoir réélu J. Chirac à la présidence de la République, les Français lui ont donné une large majorité parlementaire. Pourtant, les « circonstances exceptionnelles » qui ont entouré l'élection présidentielle (la présence du candidat d'extrême droite au second tour), tout autant que la volonté d'alternance des Français, peuvent expliquer ce scrutin (voy. *infra*, n° 360). En 2007, un simple cafouillage gouvernemental sur l'explication d'une mesure (TVA sociale) a suffi à transformer le raz-de-marée annoncé en une victoire nette de l'UMP aux législatives. Enfin, en 2012, le rejet du président sortant (N. Sarkozy), davantage que l'adhésion à la personne et au programme de F. Hollande, explique la double victoire socialiste.

Il faut donc se garder de croire que le quinquennat est l'arme absolue pour prévenir la cohabitation.

Les différentes cohabitations peuvent être interprétées comme le résultat non pas tant d'une contradiction de l'électorat que comme sa volonté de sanctionner la majorité au pouvoir, voire de ne pas laisser toutes les rênes de l'État entre les mêmes mains. Les partis politiques auront tout intérêt à se méfier. Ne peut-on pas imaginer que les électeurs, par un revirement malicieux dont ils ont le secret, élisent une majorité parlementaire (donc un nouveau gouvernement) opposé au nouveau chef de l'État ? Plusieurs raisons incitent à ne pas exclure un tel scénario pour l'avenir :

- l'élection présidentielle est avant tout une affaire d'hommes et de personnalités (ainsi, les sondages ont montré que les Français appréciaient davantage la personnalité de Jacques Chirac même s'ils jugeaient Lionel Jospin plus crédible pour conduire la politique de la nation) ;

- les électeurs, désormais méfiants face à un pouvoir monolithique (« l'État RPR », « l'État PS »), pourraient bien décider de ne pas « mettre tous leurs œufs dans le même panier » ;
- l'opinion, lassée de l'arrogance et de la suffisance de la classe politique, pourrait bien sanctionner la toute nouvelle majorité présidentielle trop sûre d'elle.

Pour les opposants à la réforme, l'abandon du septennat au profit du quinquennat va faire perdre au chef de l'État son statut d'arbitre impartial et de garant de la continuité des institutions. Le fragile équilibre institutionnel de la Cinquième République s'en trouverait donc bouleversé. L'élection du Président de la République pour sept ans, durée supérieure à celle de tous les autres mandats électifs, avait précisément pour objet de lui permettre d'échapper au rythme de la vie politique et de lui conférer ainsi un statut à part. Délivré des contingences électorales et politiciennes, il pouvait ainsi échapper à l'emprise des partis politiques et se poser en arbitre (« au-dessus de la mêlée » selon l'expression du général de Gaulle).

Selon Charles Pasqua, l'instauration du quinquennat est doublement néfaste :

- **elle prive le chef de l'État de la durée nécessaire à la mise en œuvre de sa politique** ;
- la coïncidence entre la durée des mandats présidentiel et législatif et la coïncidence des élections présidentielles et législatives **risque de faire perdre au chef de l'État son statut à part**, celui d'un arbitre garant de l'intérêt général et seul capable d'assurer la continuité objective des institutions.

Instaurer le quinquennat reviendrait donc à priver la Cinquième République de son pôle d'équilibre. Cette argumentation, quoique d'une certaine pertinence, semble occulter les réalités qui sont à l'origine de l'abandon du septennat :

- l'**usure du pouvoir.** Chacun a pu le constater, la durée du mandat présidentiel s'est avérée être un facteur aggravant d'usure et d'affaiblissement du pouvoir (en même temps qu'elle favorisait certaines dérives au sein de l'État). Le septennat portait donc en lui les germes de la cohabitation ;
- un **certain manque démocratique.** La démocratie se fonde avant tout sur la légitimité et la responsabilité de ses dirigeants, renouvelées et réaffirmées à l'occasion des élections. Or, eu égard à sa durée, le septennat n'a pas permis aux chefs de l'État successifs de conserver intacte leur légitimité (qui s'étiole avec les années) en même temps que leur responsabilité paraissait bien lointaine. Le général de Gaulle l'avait d'ailleurs bien compris, qui cherchait à travers les référendums le renouvellement de la confiance des Français.

B) Les effets du quinquennat sur la nature de la Cinquième République

363 La réduction de la durée du mandat présidentiel à cinq ans est-elle susceptible de modifier la nature de la Cinquième République ?

Sur le long terme, seule l'adoption d'autres réformes institutionnelles (notamment du rôle du Parlement et des rapports entre pouvoirs exécutif et législatif) pourrait changer en profondeur la nature du régime. Conjoncturellement, on peut dire que le quinquennat et la coïncidence des élections présidentielles et législatives « offrent » au chef de l'État la possibilité de « choisir » le style de sa présidence. Ainsi, le second mandat de J. Chirac s'est inscrit dans la continuité du fonctionnement des institutions de la Ve République (retour au régime semi-présidentiel). En revanche, N. Sarkozy a clairement affiché sa volonté de rupture qui s'est traduite par une présidentialisation du régime. Enfin, F. Hollande, par souci de se démarquer de son prédécesseur, a souhaité un retour à une présidence « normale », c'est-à-dire plus conforme au fonctionnement traditionnel des institutions de la Ve République (un chef de l'État qui fixe les orientations et un gouvernement qui gouverne).

C) Le rétablissement de l'« ordre naturel » des élections en 2002

364 Avec la dissolution de l'Assemblée nationale en 1997, l'ordre « naturel » des élections s'est trouvé bouleversé. Une loi organique tendant à modifier le calendrier électoral et donc à rétablir cet ordre a été adoptée : **en 2002 et en 2007, les élections présidentielles ont donc précédé de quelques semaines les élections législatives**.

Cette inversion du calendrier a pu également être interprétée comme la réaffirmation de la primauté de l'élection présidentielle sur les élections législatives. Mais le choix de faire précéder les élections législatives par l'élection présidentielle a été avant tout un **choix politique fait par le Premier ministre Lionel Jospin** (auquel s'était opposé le Président de la République). Ce dernier, candidat « naturel » à l'élection présidentielle, semblait craindre qu'un résultat mitigé voire défavorable pour la majorité plurielle aux élections législatives ne vienne compromettre ou entraver ses chances d'être élu à la tête de l'État. En même temps, ce choix a traduit de la part du Premier ministre une certaine confiance dans son image de « présidentiable » (ce que les sondages semblaient confirmer).

E14 Le socialiste François Hollande, nouveau président de la République

Le 6 mai 2012, François Hollande, qui n'a jamais exercé de fonctions gouvernementales en 30 années de carrière, est devenu le 7e président de la Ve République et le 2e issu du parti socialiste (PS), après F. Mitterrand. F. Hollande a obtenu 51,62 % des suffrages lors du 2e tour. Il a devancé son adversaire, le chef de l'État sortant, Nicolas Sarkozy (Union pour un mouvement populaire, UMP), qui a recueilli 48,38 % des voix. La victoire du candidat socialiste s'explique autant par le désir d'alternance des Français que par leur rejet de la personne de N. Sarkozy. La participation s'établit à 80,34 %.

La campagne de N. Sarkozy, très à droite (immigration, insécurité), et ses tentatives de rallier aussi bien les suffrages de l'extrême droite (les électeurs de Marine Le Pen) que ceux du centre (de François Bayrou) ne lui ont pas permis de s'imposer. Les électeurs de Mme Le Pen, qui n'avait pas donné de consigne de vote mais avait indiqué qu'à titre personnel, elle voterait blanc au 2e tour, se seraient majoritairement (51 %) reportés sur le président sortant N. Sarkozy. Un quart d'entre eux (25 %) se seraient abstenus, 14 % auraient choisi F. Hollande et 10 % imité leur candidate en votant blanc. Quant aux électeurs de F. Bayrou, qui avait indiqué qu'il voterait personnellement en faveur du candidat socialiste, la majorité d'entre eux (41 %) auraient choisi N. Sarkozy, 29 % auraient préféré F. Hollande et 30 % auraient voté blanc ou nul, ou encore ne se seraient pas rendus aux urnes.

Après l'annonce des résultats, F. Hollande a demandé à être jugé sur deux critères : la justice et la jeunesse. Il avait d'ailleurs annoncé, durant sa campagne électorale, les premières mesures qu'il mettrait en place en cas de victoire : la réduction de 30 % des rémunérations du président de la République et des membres du gouvernement (pour le symbole), l'augmentation de 25 % de l'allocation de rentrée scolaire, la proposition de renégociation du pacte budgétaire européen afin de l'assortir de mesures sur la croissance, le droit de partir à la retraite à 60 ans pour les personnes ayant commencé à travailler à 18 ans et cotisé 41,5 annuités, etc. La victoire du PS aux élections législatives des 10 et 17 juin 2012 a donné au nouveau chef de l'État la majorité qui va lui permettre de mettre en œuvre son programme (voy. *infra*, E21).

Âgé de 57 ans, F. Hollande est un haut fonctionnaire qui a commencé sa carrière comme auditeur à la Cour des comptes. Il adhère au Parti socialiste en 1979 et devient en 1981, après l'élection de F. Mitterrand comme président de la République, chargé de mission à la présidence de la République. Il sera ensuite directeur de cabinet de deux porte-paroles du gouvernement. Élu une première fois député en 1988, il succède à Lionel Jospin en 1997 à la tête du Parti socialiste en en devenant le premier secrétaire, poste qu'il occupera jusqu'en novembre 2008. En 2001, F. Hollande devient maire de Tulle, fonction où il sera réélu en 2008. Cette même année, il est également élu conseiller général du département et devient le président du Conseil général de Corrèze. Il est réélu à ce poste à l'occasion des élections cantonales de mars 2011. Juste après le scrutin, le 31 mars 2011, il déclare sa candidature à l'élection présidentielle de 2012 et remporte la primaire socialiste en octobre 2011.

§ 3. La cessation des fonctions

365 La situation normale est évidemment la cessation des fonctions au terme du mandat. Mais, pour ne pas prendre de risque avec le fonctionnement de l'institution présidentielle, la Constitution a également prévu des cas de cessation des fonctions en cours de mandat.

A) Au terme du mandat

366 La cessation des fonctions du Président intervient normalement au terme de son mandat (de cinq ans contre sept auparavant, voy. *supra*, n°s 361 et s.). Le nouveau Président est élu vingt jours au moins et trente-cinq jours au plus avant l'expiration des fonctions du Président en exercice. Si le Président sortant est à nouveau candidat, l'équité entre les candidats (accès aux médias par ex.) ou du moins entre les grands courants politiques, doit être d'autant mieux assurée.

La façon dont se déroule la passation des pouvoirs entre l'ancien et le nouveau chef de l'État est révélatrice de l'état d'esprit qui anime les acteurs de la République (du moins à un moment donné). Ainsi, **de la sereine passation des pouvoirs entre François Mitterrand et Jacques Chirac, on a dit qu'elle incarnait la République pacifiée en opposition à la République crispée des années 1980** et à la difficile passation entre Valéry Giscard d'Estaing et François Mitterrand. Cela signifie que **l'alternance au pouvoir est enfin rentrée dans les mœurs et acceptée par tous**. Certes, les circonstances s'y prêtaient (le Président sortant n'étant pas candidat) et l'on ne peut exclure de nouvelles tensions dans l'avenir, mais la démocratie en est sortie plus forte.

B) En cours de mandat

367 Deux cas de figure peuvent se présenter. **En cas d'interruption définitive du mandat avant son terme**, une nouvelle élection est organisée dans un délai de vingt jours au moins et trente-cinq jours au plus après la constatation de la vacance. Pendant ce délai, **l'intérim est exercé par le Président du Sénat**.

De même, **en cas d'empêchement provisoire** du Président de la République, **le Président du Sénat assure l'intérim**.

Examinons à présent comment se présentent la vacance, l'empêchement, la suppléance.

- **La vacance du pouvoir est toujours définitive**. Elle résulte de trois situations.

  En premier lieu, **elle résulte du décès du Président**. Ce fut le cas avec le décès du président Pompidou le 2 avril 1974.

  En second lieu, **elle résulte de la démission du Président**. Ce fut le cas avec la démission du général de Gaulle le 28 avril 1969 à la suite de l'échec du référendum sur la régionalisation et la réforme du Sénat pour lequel il s'était personnellement engagé.

  En troisième lieu, elle résulte **de sa destitution pour haute trahison** (par ex., si le Président livre des secrets d'État à des puissances étrangères).

  La vacance de la présidence est constatée par le Conseil constitutionnel.
- **L'empêchement** est également constaté par le Conseil constitutionnel mais à la demande du gouvernement. Cette situation se réalise lorsque **le Président est incapable**, temporairement ou définitivement, **d'exercer et d'assumer ses fonctions** (par ex., pour cause de maladie).
- **La suppléance ne s'applique qu'aux courtes absences et permet au Président de la République de faire présider le Conseil des ministres par le Premier ministre**, à condition que celui-ci bénéficie d'une délégation expresse mentionnant la séance et l'ordre du jour. C'est le cas lorsque le Président effectue un voyage à l'étranger.

Comme nous l'avons indiqué, en cas d'interruption définitive ou temporaire des fonctions du chef de l'État, le Président du Sénat exerce l'intérim de la présidence. À ce titre, quel est son statut et quels sont ses pouvoirs ?

Le rôle du Président intérimaire est d'**assurer la continuité de l'État**. Pour ce faire, **il exerce la plénitude des pouvoirs du Président de la République. Il dispose également des pouvoirs exceptionnels** dévolus par l'article 16 de la Constitution en cas de crise grave.

Si l'intérim a pour objet d'assurer la continuité de l'État, il faut garder à l'esprit que, par définition, **il n'est que provisoire**. Il n'est donc pas dans le rôle de l'intérimaire de définir une politique et de prendre de grandes décisions. **Il doit agir dans l'immédiat et pour l'immédiat.**

Cette gestion provisoire de la fonction présidentielle explique que **certaines compétences soient refusées au Président intérimaire. Plus précisément, il ne peut pas exercer les pouvoirs qui pourraient entraîner une modification des rapports entre les institutions.**

Tout d'abord, **il ne peut pas consulter le pays par voie de référendum**.

Ensuite, si l'Assemblée nationale demeure en exercice, **le Président intérimaire ne peut en prononcer la dissolution**. Il en découle que **le gouvernement ne peut engager sa responsabilité devant l'Assemblée ni faire l'objet d'une motion de censure** afin d'éviter qu'il ne soit obligé de présenter sa démission.

Enfin, **la Constitution ne peut pas être révisée pendant la durée de l'intérim**.

Si le cadre constitutionnel et institutionnel est clair, en revanche, la pratique de l'intérim a montré que **les rapports politiques entre le Président intérimaire et certaines institutions sont difficiles**.

Cela s'est particulièrement vérifié à l'occasion de l'intérim exercé par Alain Poher en 1969 à la suite de la démission du général de Gaulle. Il est vrai que par un appel au « non », le Président du Sénat avait contribué à l'échec du référendum du 27 avril et donc au départ du Général. La majorité gaulliste à l'Assemblée nationale et le gouvernement de Maurice Couve de Murville qui avaient milité en faveur du « oui » lui en gardèrent une rancune tenace. De plus, Alain Poher était candidat à la présidence de la République contre Georges Pompidou, candidat gaulliste. Ceci explique **l'ostracisme dont il a été victime, notamment de la part du gouvernement** (ce dernier se réunissant régulièrement en conseil de cabinet, conseil restreint, empêchant ainsi le Président intérimaire d'être présent).

Cette déviation de l'esprit de l'institution intérimaire ne s'est heureusement pas renouvelée à l'occasion de l'intérim exercé une fois de plus par Alain Poher en 1974 à la suite du décès du président Pompidou. Cela s'explique sans doute par le fait que le Président intérimaire n'était plus candidat à l'élection présidentielle.

§ 4. La responsabilité du Président

368 Si la responsabilité pénale du chef de l'État est prévue par la Constitution, en revanche, sa responsabilité politique reste exclue. Pourtant, **la pratique de la fonction présidentielle a révélé l'existence d'une responsabilité politique du Président devant les électeurs.**

Examinons d'abord la responsabilité du Président telle qu'elle est prévue par la Constitution avant de voir qu'il existe une responsabilité politique de fait du Président.

A) Une irresponsabilité relative

369 Le régime de responsabilité du chef de l'État est défini aux articles 67 et 68 du titre IX de la Constitution intitulé « La Haute cour » depuis la révision constitutionnelle du 23 février 2007.

L'article 67 énonce l'irresponsabilité du Président de la République pour les actes accomplis au cours de son mandat sauf exceptions des articles 53 alinéa 2 C (compétence de la Cour pénale internationale ; voy. ci-dessous) et 68 C (manquement à ses devoirs manifestement incompatible avec l'exercice du mandat de chef de l'État). Il bénéficie d'**une immunité étendue au cours de son mandat puisqu'il est explicitement indiqué qu'il ne peut même pas être requis en tant que témoin**. Mais les délais de prescription et de forclusion ne sont que suspendus, et dès l'expiration d'un délai d'un mois suivant la cessation de ses fonctions, les instances et procédures peuvent être reprises ou engagées contre lui.

L'article 68 prévoit que désormais **le Président de la République peut être destitué en cas de « manquement à ses devoirs manifestement incompatible avec l'exercice de son mandat »** (l'appréciation de cette notion devrait s'avérer bien délicate). **La destitution est prononcée par le Parlement constitué en Haute cour**. La proposition de réunion de la Haute cour doit être validée par chacune des deux assemblées du Parlement à la majorité des deux tiers de leurs membres (avec interdiction des délégations de vote et recensement uniquement des votes favorables) ; la destitution doit être adoptée dans les mêmes conditions par le Parlement ainsi réuni (majorité des deux tiers ; toute délégation de vote est interdite et seuls les votes favorables à la destitution sont recensés).

La loi organique n° 2014-1392 du 24 novembre 2014 détermine les conditions d'application de la nouvelle procédure de destitution du chef de l'*État* prévue par l'article 68 C. La demande de réunion de la Haute Cour prend la forme d'une proposition de résolution motivée qui doit être signée par au moins un dixième des membres de l'assemblée parlementaire devant laquelle elle est déposée. Elle est examinée par la commission des lois de cette assemblée puis fait l'objet d'un vote devant cette assemblée. Si la proposition de résolution est adoptée par la première assemblée, elle est immédiatement transmise devant l'autre assemblée où elle fait également l'objet d'un vote. Si la proposition de résolution est également adoptée par la seconde assemblée, la Haute Cour est réunie. S'agissant de la procédure devant la Haute Cour, une commission d'instruction est chargée de recueillir toute information nécessaire à l'accomplissement de la mission par la Haute Cour. Sur sa demande, le président de la République ou son représentant est entendu par la commission. La commission élabore un rapport qui est distribué aux membres de la Haute Cour. Les débats devant la Haute Cour sont publics et le président de la République y prend part. La Haute Cour doit statuer sur la destitution dans le délai d'un mois prévu par l'article 68 C. Ce même article prévoit également que la Haute Cour statue à bulletins secrets et que sa décision est d'effet immédiat.

Concernant le régime de responsabilité pénale applicable au Président de la République en cours de mandat, la révision constitutionnelle de 2007 n'a fait que graver dans le marbre des principes dont les contours avaient déjà été fixés par deux décisions, l'une du Conseil constitutionnel (n° 98-408 DC du 22 janvier 1999), l'autre de l'assemblée plénière de la Cour de cassation du 10 octobre 2001.

La responsabilité du Président reposait déjà sur la nature des actes qu'il accomplit. Les actes accomplis dans l'exercice des fonctions et présumés être constitutifs de « haute trahison » déclenchaient une mise en accusation par les deux chambres, et le Président était jugé par la Haute cour de justice (art. 68). Pour les actes accomplis dans l'exercice des fonctions et non constitutifs de haute trahison, le Président bénéficiait d'une immunité (DC du 22 janvier 1999). Pendant la durée de ses fonctions, sa responsabilité pénale ne pouvait être mise en cause que devant la Haute cour de justice pour des « actes détachables de l'exercice des fonctions ou bien accomplis avant l'entrée en fonction ».

De son côté, la Cour de cassation s'était prononcée pour l'immunité pénale du chef de l'État (arrêt du 10 octobre 2001) : « La Haute cour de justice n'étant compétente que pour connaître des actes de haute trahison du Président de la République commis dans l'exercice de ses fonctions, les poursuites pour tous les autres actes devant les juridictions pénales de droit commun ne peuvent être exercées pendant la durée du mandat présidentiel, la prescription de l'action publique étant suspendue. » Par ailleurs, la Cour a estimé qu'étant élu directement par le peuple pour assurer, notamment, le fonctionnement régulier des pouvoirs publics ainsi que la continuité de l'État, le Président de la République ne peut, pendant la durée de son mandat, être entendu comme témoin assisté…, qu'il n'est pas davantage soumis à l'obligation de comparaître en tant que témoin puisque cette obligation est assortie d'une mesure de contrainte par la force publique.

Enfin, signalons que **le traité signé en juillet 1998, portant création d'une Cour pénale internationale, prévoit qu'un chef d'État** (ainsi que les membres d'un gouvernement) **peut être poursuivi devant la Cour s'il est accusé d'avoir ordonné un crime de guerre ou un crime contre l'humanité** (le président yougoslave Milosevic avait été inculpé en mai 1999 pour les crimes commis au Kosovo). Cette disposition étant contraire aux immunités prévues dans notre Constitution, celle-ci a fait l'objet d'une révision le 28 juin 1999.

B) Une responsabilité politique de fait

370 Si la Constitution ne prévoit pas la responsabilité politique du Président, force est de constater que le fonctionnement des institutions a mis en lumière l'existence d'une responsabilité de ce type.

L'élection du Président au suffrage universel direct crée un lien entre ce dernier et les électeurs. **Comme il tire sa légitimité démocratique du peuple, il est normal qu'il assume la responsabilité de sa politique et de ses choix devant le peuple et devant lui seul.**

Les élections présidentielles, législatives et le référendum permettent directement ou indirectement (selon le degré d'implication du chef de l'État) l'engagement de la responsabilité politique du Président.

Si, au terme de son mandat, le Président décide de se représenter devant les électeurs, il est clair qu'il engage sa responsabilité sur sa politique et sur son bilan.

Sous la Cinquième République, le fait majoritaire veut que le Président dispose du soutien de la majorité parlementaire. Les élections législatives sont évidemment l'occasion pour les électeurs de juger la majorité sortante et l'action gouvernementale. **Mais la politique gouvernementale n'est que l'application de la politique présidentielle.** La responsabilité politique du Président est donc bel et bien engagée. Si les élections sont favorables à la majorité sortante, l'action gouvernementale et la sienne en sortent confortées. Dans le cas contraire, le Président doit assumer le désaveu de l'électorat. Soit il démissionne, soit il nomme un Premier ministre issu de la coalition victorieuse et cohabite avec lui.

Enfin, **lorsque le chef de l'État s'engage personnellement dans un référendum et *a fortiori* s'il lui donne un caractère plébiscitaire, sa responsabilité politique est évidemment engagée**. Ainsi, le général de Gaulle avait fait du référendum de 1969 sur la régionalisation et la réforme du Sénat (sujets *a priori* neutres) une affaire personnelle. Il a tiré les conséquences du « non » majoritaire en démissionnant.

§ 5. Les services et les organismes de la présidence

371 Nés de la pratique, les services de la présidence sont à la disposition du Président qui les organise librement. Le rôle prééminent du chef de l'État sous la Cinquième République explique en partie l'explosion des effectifs des différents services : on recense environ 500 personnes dont plusieurs dizaines de collaborateurs personnels du Président.

Le cabinet regroupe les plus proches collaborateurs du chef de l'État, ses hommes de confiance. Il est donc nécessairement politisé. Il a pour mission d'**organiser et de coordonner les activités politiques du Président** (ses rapports avec les partis politiques, avec les personnalités, ses déplacements en France ou à l'étranger…).

Le secrétariat général est le rouage clé de l'organisation présidentielle. Il est à la fois une instance de conseil, de réflexion, d'exécution (avec les conseillers techniques et les chargés de mission) et **l'instrument indispensable de coordination de l'activité de l'État** (il gère les rapports de la présidence avec le gouvernement, prépare le Conseil des ministres, assure le suivi des activités des différents ministères…).

Bien évidemment, cette coordination ne peut se faire qu'**en collaboration avec les services du Premier ministre**, notamment le Secrétaire général du gouvernement. Ceci explique qu'en période de cohabitation (avec un Premier ministre d'une tendance opposée à celle du Président) durant laquelle le centre de gravité du pouvoir exécutif se déplace vers Matignon, l'activité du secrétariat général soit moindre.

L'état-major particulier a pour mission de conseiller le Président dans ses attributions constitutionnelles de chef des armées (art. 15 de la Constitution) et sur les **questions de Défense nationale**.

Le conseil de défense et de sécurité nationale (CDSN). Au sommet de l'État, **les conseils qui traitaient de défense, de sécurité intérieure et de crises extérieures ont été unifiés en un unique conseil** de défense et de sécurité nationale, afin d'améliorer et de rendre plus cohérents la préparation des décisions et le suivi de leur mise en œuvre (décret n° 2009-1657 du 24 décembre 2009). Le CDSN est présidé par le chef de l'État et comprend le Premier ministre, ainsi que les ministres de la Défense, de l'Intérieur, de l'Économie, du Budget et des Affaires étrangères. S'il y a lieu, d'autres ministres peuvent y prendre part, ainsi que toute autre « personnalité en raison de sa compétence ». Le secrétariat du CDSN est assuré par le SGDSN (Secrétariat général de la défense et de la sécurité nationale, ex-SGDN). Le conseil est compétent pour toutes les questions de défense et de sécurité, qu'il s'agisse de la programmation militaire, de la politique de dissuasion, de la programmation de la sécurité intérieure, de la sécurité économique et énergétique, de la lutte contre le terrorisme ou de la planification de réponse aux crises. Ce CDSN peut se réunir en formations plénière, spécialisées (sous la forme d'un Conseil national du renseignement et d'un Conseil des armements nucléaires) ou restreintes.

SECTION II

Les pouvoirs du Président de la République

372 **La tradition des Républiques précédentes voulait que tous les actes du Président soient contresignés par les ministres responsables.** Cette soumission de l'action présidentielle au gouvernement responsable devant le Parlement avait **comme corollaire la propre irresponsabilité politique du chef de l'État**.

L'article 19 de la Constitution de 1958 est venu rompre cette tradition en créant des pouvoirs propres au Président qu'il exerce sans contrôle (dispensés de contreseing). Pour autant, nous avons vu que **la Constitution maintient son irresponsabilité politique**.

§ 1. Les pouvoirs propres du Président

373 Corollaire de la fonction d'arbitre que lui confère l'article 5 de la Constitution, le Président dispose de pouvoirs propres qui lui assurent non seulement une sphère de compétence sans partage mais aussi et surtout une autorité incontestable.

A) Les pouvoirs à l'égard du peuple : le référendum

374 Le recours au référendum est prévu par l'article 11 de la Constitution (mais aussi par l'article 88-5 qui porte sur la procédure d'adoption de la loi autorisant la ratification d'un traité relatif à l'adhésion d'un État à l'Union européenne, par l'article 89 qui organise la procédure de révision constitutionnelle et, de façon implicite, par l'article 53 qui a donné lieu à des référendums consultatifs).

L'article 11 a connu deux évolutions notables. D'abord, son champ d'application a été largement étendu par la révision constitutionnelle du 4 août 1995 puis, plus modestement, par celle du 23 juillet 2008. Ensuite, l'initiative du référendum, qui appartenait sans partage au chef de l'État, a été ouverte, sous certaines conditions et limites, aux parlementaires par la loi constitutionnelle du 23 juillet 2008.

1. L'initiative du référendum

a) L'initiative présidentielle

375 L'initiative appartient tout d'abord, et de façon traditionnelle, au chef de l'État. Le président de la République, sur proposition du gouvernement ou sur proposition conjointe des deux assemblées, peut soumettre au référendum tout projet de loi portant sur l'un des objets énumérés au 2 (ci-après).

Le gouvernement ne peut proposer de soumettre un projet à référendum que pendant la durée d'une session parlementaire, les représentants de la nation ayant alors l'occasion d'exprimer leur sentiment sur le projet. La disposition selon laquelle le gouvernement fait, « devant chaque assemblée, **une déclaration qui est suivie d'un débat** » (art. 11, al. 2 C), est censée permettre aux parlementaires de mieux exprimer encore leur point de vue sur le projet et de le faire connaître au pays. Quoi qu'il en soit, en cas de désaccord majeur, ils peuvent toujours tenter de renverser le gouvernement (comme ce fut le cas en 1962 avec le gouvernement Pompidou).

Si le Premier ministre est juridiquement à l'origine de la proposition de référendum, la pratique a clairement montré qu'il agit à la demande du Président. Il n'a d'ailleurs pas les moyens politiques de s'y opposer. Néanmoins, en situation de cohabitation, le Premier ministre retrouve la capacité politique de dire non au souhait du chef de l'État d'organiser un référendum.

Les assemblées peuvent proposer de soumettre un texte à référendum mais uniquement sur un projet de loi élaboré par le gouvernement. Comme par ailleurs le gouvernement a les moyens de bloquer l'initiative des assemblées en refusant l'inscription à l'ordre du jour d'une proposition en ce sens, ces difficultés expliquent que les assemblées n'aient jamais usé de la faculté qui leur était offerte.

Quelle que soit l'autorité qui prend l'initiative du référendum, **la décision d'y recourir appartient au seul Président de la République.** Celle-ci n'est susceptible d'aucun recours devant quelque juridiction que ce soit (en partie en raison de son caractère politique). **Il s'agit donc d'un pouvoir discrétionnaire.** Ceci a pour conséquence de **personnaliser le référendum et d'en faire, plus ou moins explicitement, un vote d'approbation ou de désapprobation à l'égard du Président** (voy. *infra*, n° 379).

b) L'initiative parlementaire

376 En ouvrant l'initiative du référendum aux parlementaires, la loi constitutionnelle du 23 juillet 2008 a répondu aux souhaits de ceux qui désiraient mettre fin au pouvoir exclusif du chef de l'État en la matière et renforcer les pouvoirs des partis minoritaires. Toutefois, cette initiative parlementaire (et un peu populaire) est largement encadrée.

L'article 11, alinéa 3, de la Constitution prévoit qu'un référendum (portant sur l'un des objets énumérés au 2 ci-dessous) peut être organisé à l'initiative d'un cinquième des membres du Parlement (ce qui offre à l'opposition parlementaire la possibilité d'un *référendum d'initiative minoritaire*), soutenue par un dixième des électeurs inscrits sur les listes électorales. Cette initiative prend la forme d'une proposition de loi.

En pratique, le texte éventuellement soumis aux citoyens prend tout d'abord la forme d'une proposition de loi présentée par des parlementaires. Ensuite, la proposition est soumise au contrôle du Conseil constitutionnel (voy. ci-dessous). Enfin, la phase populaire intervient pour soutenir la proposition parlementaire.

La Constitution encadre rigoureusement cette procédure référendaire :

- le référendum ne peut porter que sur les matières législatives relevant de l'article 11 al. 1er, ce qui suppose l'interdiction d'une révision de la Constitution par le biais de cette procédure ;
- l'initiative parlementaire ne peut pas avoir pour objet l'abrogation d'une disposition législative promulguée depuis moins d'un an : les parlementaires ne peuvent donc pas remettre en cause une réforme récente ;
- **c'est uniquement si la proposition de loi n'a pas été examinée par les deux assemblées dans un délai fixé par une loi organique qu'elle**

pourra être soumise au référendum par le chef de l'État ; autrement dit, le Parlement conserve la possibilité d'adopter une telle proposition de loi dans le cadre de la procédure législative ordinaire ;

– lorsque la proposition de loi n'est pas adoptée par le peuple, aucune nouvelle proposition de référendum portant sur le même sujet ne peut être présentée dans un délai de deux ans.

Le Conseil constitutionnel est appelé à jouer un rôle important pour garantir la crédibilité de ce processus référendaire. Il intervient avant le vote du référendum. Il vérifie notamment la validité des signatures, la régularité de la procédure et le respect des limites de l'initiative parlementaire. En outre, les propositions de loi destinées à être soumises à référendum doivent faire l'objet d'un contrôle systématique de constitutionnalité (art. 61, al. 1er C).

La loi et la loi organique du 6 décembre 2013 portant application de l'article 11 de la Constitution précisent la mise en œuvre de ce référendum d'initiative partagée. La proposition de loi présentée par un cinquième des parlementaires est déposée sur le Bureau de l'une des deux Assemblées en vue de sa transmission au Conseil constitutionnel par le président de l'assemblée saisie. À la suite de cette transmission, le Conseil constitutionnel en avise le président de la République, le Premier ministre et le président de l'Assemblée qui n'a pas transmis la proposition. Le Conseil dispose alors d'un mois pour procéder aux vérifications prévues par la Constitution. Puis, sa décision est publiée au *JO*, accompagnée, si la proposition satisfait aux exigences constitutionnelles, du nombre de soutiens d'électeurs à recueillir. Par ailleurs, le Conseil veille à la régularité des opérations de recueil de soutiens à la proposition de loi et déclare par la suite (publication au *JO*) si la proposition de loi a obtenu le soutien d'au moins un dixième des électeurs inscrits sur les listes électorales. Le recueil des soutiens appartient au ministre de l'Intérieur. L'ouverture de la période de recueil des soutiens intervient dans le mois qui suit la décision du Conseil déclarant la conformité à la Constitution de la proposition de loi. Cette période dure neuf mois pendant lesquels les soutiens des électeurs sont collectés sous forme électronique. Enfin, le délai d'examen par les Assemblées, au-delà duquel le président de la République soumet obligatoirement au référendum la proposition de loi, est de six mois à compter de la publication au *JO* de la décision du Conseil ayant constaté le soutien des électeurs. La procédure du référendum d'initiative partagée entre en vigueur en janvier 2015.

2. L'objet du référendum

377 Dans la **rédaction initiale** de l'article 11 de la Constitution de 1958, les citoyens ne pouvaient être consultés par référendum que :

– sur un projet de loi portant sur l'organisation des pouvoirs publics. L'imprécision de la formule laisse d'ailleurs au Président une certaine marge de manœuvre en lui permettant de poser une question portant sur la structure, la désignation et le fonctionnement des organes de l'État ;

– sur un projet de loi comportant approbation d'un accord de Communauté ou tendant à autoriser la ratification d'un traité qui, sans être contraire à la Constitution, aurait des incidences sur le fonctionnement des institutions. Cette disposition permet de donner à l'autorisation de ratifier une force particulière par rapport à la procédure d'autorisation par le Parlement et de lever les contestations éventuelles sur un traité.

Dans ces conditions, **les citoyens ne pouvaient pas être consultés sur les « grands sujets » de société les concernant pourtant directement**. Ce « manque démocratique » est à l'origine d'une réflexion engagée sur les moyens de rénover le référendum.

Ainsi, le 24 juillet 1984, le président Mitterrand avait déposé un projet de révision constitutionnelle en vue d'autoriser le Président à consulter les citoyens sur « tout projet de loi (...) **concernant les garanties fondamentales des libertés publiques** ». Cette tentative n'a pas abouti en raison de l'opposition du Sénat.

En revanche, la volonté du président Chirac de donner un second souffle au référendum s'est traduite par **la révision constitutionnelle du 4 août 1995 qui a considérablement élargi l'objet du référendum** (la révision constitutionnelle du 23 juillet 2008 ajoutant simplement l'environnement parmi les sujets de réforme pouvant être soumis au référendum). **L'article 11 « nouveau » prévoit que les citoyens puissent être consultés, aussi bien à l'initiative du chef de l'État que des parlementaires** :

- sur un projet de loi portant sur l'organisation des pouvoirs publics ;
- sur un projet de loi tendant à autoriser la ratification d'un traité qui, sans être contraire à la Constitution, aurait des incidences sur le fonctionnement des institutions ;
- **sur des réformes relatives à la politique économique, sociale ou environnementale de la nation et aux services publics qui y concourent**. L'objet de cette disposition voulue par le président Chirac est de redonner la parole au peuple sur les grandes questions qui le concernent.

3. Critiques et ambiguïtés de l'article 11

378 *a)* Depuis l'élargissement du champ du référendum par la révision constitutionnelle de 1995, des textes portant sur des questions aussi fondamentales que des réformes relatives à la politique économique ou sociale de la nation et aux services publics qui y concourent sont susceptibles d'échapper au contrôle des assemblées parlementaires. Est-il normal que la représentation nationale n'ait pas son mot à dire sur des sujets intéressant la vie de la nation ?

S'agissant des projets de loi référendaires sur proposition du gouvernement, la disposition selon laquelle le gouvernement « fait, devant chaque assemblée, une déclaration qui est suivie d'un débat » n'est pas de nature à rassurer les parlementaires. Certes, ces derniers pourront exprimer leur point de vue et faire connaître leur accord ou désaccord au gouvernement mais aussi au pays mais, en aucun cas, ils ne pourront influer sur la question posée et contraindre éventuellement le gouvernement à la formuler différemment. Quant à l'initiative parlementaire en matière référendaire, elle offre à un cinquième des parlementaires la possibilité de retirer à l'organe législatif sa fonction la plus essentielle, celle du vote des lois. Députés et sénateurs se trouvent ainsi investis du pouvoir d'affaiblir l'institution politique à laquelle ils appartiennent (à moins que l'initiative parlementaire n'ait une autre signification, voy. le point d ci-dessous).

b) La révision constitutionnelle de 2008 n'a pas modifié le champ d'application des projets de loi référendaires. Il apparaît donc que les constituants souhaitent maintenir la possibilité pour le Président de la République de recourir au référendum de l'article 11 pour réviser la Constitution afin de surmonter l'éventuel blocage de l'une des assemblées dans le cadre de la procédure normale de révision (celle prévue par l'article 89 de la Constitution).

c) Dans sa décision du 6 novembre 1962, le Conseil constitutionnel s'est déclaré incompétent pour connaître du recours contre la loi référendaire (adoptée par le référendum du 28 octobre 1962) au motif que celle-ci constitue **« l'expression directe de la souveraineté nationale »**. Autrement dit, **une fois adoptée, une loi référendaire ne peut pas être soumise au contrôle de constitutionnalité**. Est-il sain pour la démocratie que le Conseil constitutionnel ne puisse contrôler des textes portant sur des sujets aussi importants et dont des dispositions pourraient être potentiellement dangereuses pour les libertés ?

Pour pallier cette incompétence du Conseil, la loi constitutionnelle du 23 juillet 2008 a institué **un contrôle de constitutionnalité *a priori*** de la loi référendaire (avant le référendum) mais **limité aux propositions de loi**. Les projets de loi référendaires continuent donc à échapper à tout contrôle de constitutionnalité. Ils ne sont pas pour autant figés dans le temps. En effet, la loi référendaire, une fois adoptée, a valeur législative et peut donc être modifiée ou abrogée par une loi ordinaire, sous réserve que cette modification « ne porte pas atteinte à l'exercice d'un droit ou d'une liberté ayant valeur constitutionnelle » (CC, 9 janvier 1990).

d) L'initiative parlementaire en matière de référendum offre à un cinquième des parlementaires la possibilité de retirer à l'organe législatif auquel ils appartiennent sa fonction la plus essentielle, celle du vote des lois. Dès lors, quel peut être l'intérêt de recourir à un tel mécanisme ? Du point de vue de la majorité parlementaire, le dépôt d'une proposition de loi référendaire pourrait relever d'une manœuvre politique visant à obtenir le soutien d'au moins un dixième du corps électoral puis à interrompre la procédure par l'adoption du texte. La majorité parlementaire pourrait ainsi soit s'assurer de la popularité d'une réforme, soit montrer son poids politique. Du point de vue des partis minoritaires, on peut attendre une utilisation plus massive des propositions de loi référendaires, dans le cadre d'une stratégie consistant soit à proposer une alternative aux choix de la majorité, soit à provoquer un débat permettant à l'opposition d'exister politiquement en dehors du Parlement.

Au regard des conditions de mise en œuvre de ce nouveau mécanisme référendaire, on peut craindre qu'il ne se réduise qu'à une fonction de tremplin médiatique pour l'opposition sans que la procédure n'aboutisse nécessairement à un vote des citoyens.

e) Enfin, il est reproché à l'article 11, depuis la révision de 1995, **d'accroître le risque d'un usage plébiscitaire mais surtout démagogique du référendum**. En effet, le risque pourrait exister dans l'avenir qu'un Président, profitant de certaines circonstances, soumette au référendum un sujet de société particulièrement délicat qui fait davantage appel à la sensibilité des citoyens qu'à leur raison (peine de mort, immigration…). Le Président pourrait alors obtenir une victoire facile et démagogique. En réalité, cette hypothèse semble peu probable tant on voit mal un Président prendre le risque de se discréditer par de telles pratiques.

4. La pratique du référendum

379 Le recours au référendum à huit reprises sous la Cinquième République (dans le cadre de l'article 11), dont quatre à l'initiative du général de Gaulle, a montré un double usage (voy. le tableau ci-dessous).

Dans la vision gaullienne, le référendum est un moyen de consulter le pays sur une question d'intérêt national mais surtout, un prétexte pour rechercher un soutien populaire à la personne du Président et à sa politique. Ce dernier engage sa responsabilité politique sur une question essentielle. Le référendum prend alors l'allure d'un vote d'approbation ou de désapprobation à l'égard du Président. Les opposants à cette conception ont dénoncé **sa coloration plébiscitaire**.

Le général de Gaulle n'a jamais caché sa volonté de « dialoguer » directement avec le peuple, surtout dans les moments difficiles pour le pays ou pour lui-même, en passant au-dessus des partis politiques. Mais cette recherche d'une légitimation populaire comporte également des risques. À chaque référendum, le Général a mis sa démission en balance (pour faire pression sur les électeurs). C'est donc logiquement qu'il a démissionné après le résultat négatif du référendum de 1969, faisant ainsi retomber quelque peu les critiques d'un usage plébiscitaire du référendum.

À la suite de l'échec du référendum de 1969 et du résultat médiocre de celui de 1972 sur l'élargissement de la Communauté européenne, l'article 11 est tombé quelque peu en désuétude. Il n'a été réutilisé qu'en 1988 (référendum sur le statut de la Nouvelle-Calédonie), 1992 (référendum en vue d'autoriser le Président à ratifier le traité de Maastricht) et 2005 (référendum sur la « Constitution » européenne). **La pratique depuis 1969 aura surtout marqué le retour à un usage plus objectif, plus constitutionnel, du référendum. Aucun des référendums post-gaulliens n'a véritablement été l'objet d'un engagement de responsabilité de la part d'un Président et n'a eu en conséquence l'intensité de ceux de l'ère gaullienne.**

Tableau 3 **Liste des référendums**

Date	Objet	Résultats (en %) des suffrages exprimés
8 janvier 1961	Autodétermination de l'Algérie	oui (75,2 %)
8 avril 1962	Approbation des accords d'Évian	oui (90,7 %)
28 oct. 1962	Élection du Président de la République au suffrage universel direct	oui (62,2 %)
27 avril 1969	Création de régions et rénovation du Sénat	non (53,1 %)
23 avril 1972	Élargissement de la Communauté économique européenne (notamment à la Grande-Bretagne)	oui (67,7 %)
6 nov. 1988	Autodétermination de la Nouvelle-Calédonie	oui (79,9 %)
20 sept. 1992	Autorisation de ratifier le traité sur l'Union européenne (traité de Maastricht)	oui (51 %)
24 sept. 2000	Instauration du quinquennat (durée du mandat présidentiel de 5 ans) Référendum dans le cadre de l'art. 89 de la Constitution	oui (73,15 %)
29 mai 2005	Traité établissant une Constitution pour l'Europe	non (54,67 %)

Cependant, outre le référendum de 1992 qui a suscité un très vif débat entre opposants et partisans du traité de Maastricht mais sans qu'à aucun moment celui-ci ne se transforme en débat pour ou contre le Président, le référendum de 2005 sur la « Constitution » européenne a été largement marqué par des considérations de politique intérieure qui en ont transformé les enjeux. En répondant clairement « non », les Français ont implicitement soulevé la question de la responsabilité politique du chef de l'État (voy. encadré ci-dessous).

Enfin, signalons qu'en une seule occasion un chef de l'État a soumis à référendum, dans le cadre de l'article 89 de la Constitution, l'approbation d'un projet de révision constitutionnelle (référendum du 24 septembre 2000 approuvant l'instauration du quinquennat ; voy. *infra*, n° 344).

E15 **Le « non » des Français à la « Constitution » européenne : un nouvel avatar de la crise du système politique**

En prenant l'initiative d'un référendum sur la « Constitution » européenne, J. Chirac était loin d'imaginer le séisme politique qu'il allait provoquer. En effet, les premiers sondages semblaient extrêmement favorables au texte et le chef de l'État pensait certainement pouvoir retirer un gain politique facile de l'opération. Mais les choses ne se sont pas du tout déroulées comme prévu. Le rejet de la « Constitution » par les Français, outre le coup d'arrêt qu'il a porté à la construction européenne (voy. *supra*, E3), était une nouvelle manifestation de la crise du système politique.

Pour la première fois sous la Ve République, la France a répondu « non » à un référendum sur l'Europe. Le rejet a été massif (environ 55 % de non). Du point de vue électoral, le référendum de 2005 apparaît comme un miroir inversé de celui de 1992. Le « oui » a été majoritaire dans les seuls électorats UMP et UDF et minoritaire dans l'électorat socialiste et vert. Chez les formations antieuropéennes traditionnelles (extrême gauche, PC, souverainistes et extrême droite), le rejet est quasi unanime. En 1992, la situation était inversée. Le « oui » avait été largement majoritaire dans l'électorat socialiste, vert et UDF. En revanche, le RPR (alors dans l'opposition) avait voté « non ». Entre 1992 et 2005, le basculement s'est opéré au niveau des catégories moyennes qui avaient voté « oui » à 62 % et ont voté « non » en 2005 à 53 %. Seuls les cadres supérieurs et professions intellectuelles ont massivement voté « oui » alors que les catégories populaires ou modestes ont largement accentué leur vote négatif par rapport à 1992 (+ 16 points en moyenne).

La victoire du « non » au référendum est la conséquence d'un malaise social profond et révèle l'inquiétude d'une large partie des Français face à une Europe qui ne protégerait pas suffisamment les salariés de la mondialisation. Vote protestataire et vote antieuropéen se sont donc conjugués pour rejeter la « Constitution ».

Ce rejet n'a été que le prolongement d'autres signes forts déjà envoyés par l'électorat à ses classes dirigeantes : le premier tour de l'élection présidentielle de 2002 a symbolisé le rejet du système politique, les élections régionales et européennes de 2004 marquées par un vote-sanction massif à l'encontre du gouvernement. Le rejet de la « Constitution » européenne n'était donc qu'un nouvel avatar de la crise du système politique. Les partis de gouvernement (UMP, PS, UDF), qui s'étaient prononcés en faveur du « oui », ont donc été désavoués par les Français voire par leur propre électorat (pour le PS). Le chef de l'État, qui n'avait pourtant pas engagé sa responsabilité politique lors du référendum, a été rattrapé par le mécontentement des électeurs. Ce sont les Français qui par leur vote ont implicitement soulevé la question de sa responsabilité. Malheureusement, lors du vote, les motivations de politique intérieure semblent l'avoir emporté sur les considérations européennes. La construction européenne a en quelque sorte été la victime collatérale de ce scrutin.

B) Les pouvoirs à l'égard du gouvernement

380 Selon l'article 8 alinéa 1 de la Constitution, « **Le Président de la République nomme le Premier ministre. Il met fin à ses fonctions sur la présentation**

par celui-ci de la démission du Gouvernement ». La légitimité démocratique du Président acquise par l'élection au suffrage universel direct renforce encore sa marge d'appréciation et lui assure une prééminence sur le Premier ministre (et le gouvernement).

Cependant, **cette prééminence est remise en cause en cas de cohabitation.**

1. La prééminence du Président sur le Premier ministre

381 La liberté du Président dans le choix du Premier ministre chargé de mettre en œuvre sa politique trouve son prolongement dans l'existence de fait d'un pouvoir de révocation du Premier ministre.

a) Le pouvoir de nomination du Premier ministre

382 Sous la Cinquième République, **le choix du chef du gouvernement procède de la seule volonté du chef de l'État et non plus de celle de l'Assemblée nationale. Il s'agit donc d'un choix quasi discrétionnaire.**

La procédure de **l'investiture** en vigueur sous les Troisième et Quatrième Républiques qui consistait pour le nouveau gouvernement à venir demander à l'Assemblée un vote de confiance a été supprimée. En effet, elle était une cause (avec le mode de scrutin) d'instabilité gouvernementale puisque l'Assemblée pouvait renverser un gouvernement à peine entré en fonction ou en cours de fonction. Pour autant, tout lien n'est pas supprimé avec l'Assemblée nationale.

D'une part, parce que le Président ne peut ignorer le poids de l'Assemblée nationale. Cette dernière dispose de l'arme de la motion de censure (art. 49, al. 2 C) pour manifester son mécontentement à l'égard de la politique gouvernementale et/ou du Premier ministre. Elle est donc **en mesure de remettre en cause le choix présidentiel du Premier ministre**.

Cette hypothèse reste bien théorique dans la mesure où, sous la Cinquième République, **le Président bénéficie en règle générale du soutien de la majorité parlementaire et dispose de l'arme de la dissolution au cas où l'Assemblée nationale se montrerait réfractaire à ses choix**.

D'autre part, le lien entre le gouvernement et l'Assemblée nationale est maintenu par le biais de **l'article 49 alinéa 1 de la Constitution**. Cet article dispose que **« le Gouvernement** (...) **engage sa responsabilité sur son programme ou éventuellement sur une déclaration de politique générale »**.

Certains ont vu dans cette disposition une nouvelle procédure d'investiture. En effet, l'engagement de la responsabilité du gouvernement sur son programme apparaît obligatoire au vu de l'article 49 alinéa 1 par rapport à l'éventualité de l'engagement de la responsabilité sur une déclaration de politique générale. La pratique a démontré qu'il n'en est rien.

Le choix fait par un nouveau gouvernement de venir poser la question de confiance à l'Assemblée est une marque de respect et de convivialité politique et nullement un engagement de responsabilité.

Le Président dispose donc d'une grande latitude dans le choix de son Premier ministre (sauf en cas de cohabitation où il est lié par le résultat des élections législatives ; voy. *infra*, n°s 385 et 429). **Cela s'est vérifié notamment lorsque le chef de l'État a nommé un non-parlementaire** comme Georges

Pompidou en 1962, Raymond Barre en 1976, Édith Cresson en 1991 et Pierre Bérégovoy en 1992. Néanmoins, tous relevaient de la tendance majoritaire à l'Assemblée nationale.

La liberté de choix du Premier ministre par le Président se justifie pleinement dans la mesure où celui-ci a pour mission de mettre en œuvre la politique définie par le Président.

b) La fixation des grandes orientations de la politique gouvernementale

383 **Selon l'article 20 de la Constitution, le gouvernement détermine et conduit la politique de la nation. Mais la pratique des institutions a largement démontré que le Président de la République détermine et conduit lui aussi la politique de la nation.** Doit-on en conclure que les compétences se juxtaposent ?

En réalité, **si le Président de la République et le gouvernement effectuent les mêmes tâches, ils n'agissent pas de la même façon ni dans la même perspective**.

Le chef de l'État possède en quelque sorte la primauté de la détermination et de la conduite de la politique de la nation **en fixant les grandes orientations et les objectifs de cette politique**.

En outre, depuis le général de Gaulle, les Présidents de la République suivent de près certains domaines qu'ils estiment stratégiques pour la France, comme les affaires étrangères ou la Défense nationale. C'est ce que l'on appelle communément mais à tort **les domaines réservés** (du Président) dans lesquels le chef de l'État entend exercer seul la prise de décision.

Le Premier ministre et le gouvernement n'interviennent qu'après pour **mettre en œuvre les orientations et les programmes définis par le Président de la République**.

Cependant, l'efficacité de leur action et la marge de manœuvre dont ils disposent, dépendent largement du degré de confiance que le Président accorde au Premier ministre. Ainsi, la plupart des Premiers ministres du général de Gaulle faisaient partie de ses proches avant de se voir confier cette charge (qu'il s'agisse par ex., de Michel Debré ou, à un autre titre, de Georges Pompidou). Tout en exerçant un ascendant et une emprise forte sur le Premier ministre et le gouvernement, le président de Gaulle laissait le gouvernement gouverner.

Par la suite, les présidents Pompidou et Giscard d'Estaing se sont davantage investis dans la conduite de la politique gouvernementale. Cette attitude interventionniste a inévitablement réduit la marge de manœuvre de leurs Premiers ministres et provoqué des frictions qui sont allées jusqu'à la démission du Premier ministre. C'est ainsi que le président Pompidou a « démissionné » son Premier ministre Jacques Chaban-Delmas (en 1972) qui prenait trop de liberté à ses yeux et que Jacques Chirac, Premier ministre de Valéry Giscard d'Estaing, a démissionné (en 1976), estimant ne pas avoir assez de liberté et de moyens pour la mise en œuvre de la politique gouvernementale.

L'attitude du président Mitterrand fut quelque peu différente. Il avait – semble-t-il – choisi de suivre de près certaines questions (domaines dits réservés, questions sociales…) et de laisser au gouvernement une grande liberté de choix et d'action dans d'autres (problèmes économiques et financiers notamment).

Quant au président Chirac, son attitude a évolué avec le temps. En effet, les débuts de son septennat (1995-1997) ont témoigné d'un certain interventionnisme dans l'action gouvernementale alors que le nouveau Président avait exprimé une conception plutôt restrictive du rôle du chef de l'État et alors que le Premier ministre (A. Juppé) était l'un de ses hommes de confiance. Après la cohabitation qui a privé le Président de sa prééminence (1997-2002), **le quinquennat de J. Chirac a été marqué par une certaine « prise de distance » du Président vis-à-vis de l'action gouvernementale.** Certes, les Premiers ministres J.-P. Raffarin et D. de Villepin ont mis en œuvre les orientations et les réformes voulues par le chef de l'État mais sans que celui-ci ne « se mêle des détails » ni ne descende véritablement dans l'arène politique pour porter les projets en question. Ainsi, à l'occasion des débats sur la réforme des retraites et l'avenir institutionnel de la Corse, le président Chirac n'est intervenu que très ponctuellement et avec sobriété pour défendre les projets de son gouvernement. Il s'agissait sans doute pour lui de ne pas trop s'impliquer dans des dossiers à « haut risque » politique et de laisser son Premier ministre en assumer la responsabilité à titre principal. En revanche, le chef de l'État s'était montré omniprésent en politique étrangère.

Enfin, la présidence Sarkozy a été marquée par l'activisme et l'omniprésence du chef de l'État, celui-ci s'impliquant dans tous les dossiers aussi bien sur le plan intérieur qu'extérieur. Cette « hyperprésidence » a eu des effets pervers pour N. Sarkozy. En faisant « sauter » le bouclier que représente traditionnellement le Premier ministre pour le chef de l'État (qu'il avait qualifié de « collaborateur »), N. Sarkozy s'est retrouvé en première ligne dans de nombreux dossiers et donc particulièrement exposé politiquement. En outre, son omniprésence dans les médias et l'affichage, pendant un temps, de sa vie privée ont contribué à brouiller son image présidentielle. Malgré une inflexion dans sa stratégie de communication, N. Sarkozy n'est jamais parvenu à réduire la fracture qui s'était créée avec une partie des Français.

Le nouveau chef de l'État, F. Hollande, a manifesté son intention de revenir à une présidence « normale », c'est-à-dire plus conforme au fonctionnement traditionnel des institutions de la Ve république avec un chef de l'État qui fixe les orientations et un gouvernement qui gouverne. Toutefois, force est de constater que l'Elysée demeure le lieu où tout se décide.

c) La révocation du Premier ministre

384 **Au regard de la Constitution, le Président ne dispose pas du pouvoir de révoquer le Premier ministre. Ce dernier ne quitte sa fonction qu'en démissionnant.** Or, la pratique a démontré que si le Président ne peut révoquer le Premier ministre, **il a les moyens politiques de l'obliger à démissionner, de « le démissionner »**.

Les démissions des Premiers ministres sous la Cinquième République **s'apparentent donc à des révocations** sauf dans le cas de la démission volontaire de Jacques Chirac en 1976 (qui a invoqué sa faible marge de manœuvre pour gouverner). D'ailleurs, aucun d'entre eux ne s'est jamais réellement opposé à cette conception de la « démission ». Ainsi Jacques Chaban-Delmas déclarait-il en 1970 : « Que serait ce Premier ministre qui s'accrocherait à son poste, qui se dresserait contre le chef de l'État ? Ce serait un triste sire ! »

La révocation du Premier ministre ne correspond pas toujours à la sanction d'un échec. Elle est souvent liée à la volonté du Président de **marquer un changement dans sa politique ou plus simplement de renouveler le Premier ministre** et/ou l'équipe gouvernementale parfois usés par de longues années de pouvoir.

Ainsi, le remplacement de Michel Debré par Georges Pompidou en avril 1962 a résulté de la volonté du général de Gaulle d'entamer une modernisation de l'économie après celle des institutions conduite par Michel Debré. Le remplacement de Pierre Mauroy par Laurent Fabius en juillet 1984 venait de la volonté du président Mitterrand d'infléchir quelque peu la politique de rigueur mais aussi de renouveler l'équipe gouvernementale (Pierre Mauroy avait été Premier ministre 3 ans et 2 mois) qui avait œuvré dans des conditions délicates.

La révocation peut parfois être plus brutale : c'est ainsi qu'en 1992, le président Mitterrand a été en quelque sorte obligé, face à l'hostilité générale à laquelle a dû faire face Édith Cresson, de demander la démission de son Premier ministre après seulement 11 mois de gouvernement. Par la suite il reconnaîtra avoir commis une erreur de jugement sur le choix d'Édith Cresson au vu des circonstances du moment et de la personnalité de l'intéressée.

Quelles que soient les circonstances, le Premier ministre peut être appelé à servir de fusible au Président. Il ne s'agit pas d'un dysfonctionnement des institutions ou d'une « injustice » mais d'une « règle du jeu ». Tous les Premiers ministres savent à quoi s'en tenir. **Il s'agit de protéger l'institution centrale de la République** pour lui assurer une certaine stabilité et continuité face aux aléas de la conduite des affaires et de la vie politique. La seule réserve que l'on puisse émettre réside dans le risque d'un usage abusif de la démission par le Président qui la dénaturerait et le décrédibiliserait tout à la fois.

En revanche, **dans le cadre de la cohabitation, le Premier ministre devient « indéboulonnable »** (voy. ci-après).

2. Le réaménagement de l'exécutif en cas de cohabitation

385 En 1986, le président François Mitterrand a clairement défini la marge de manœuvre réelle dont dispose le Président dans le choix de son Premier ministre : « On ne pose pas de conditions au Président de la République. Il nomme qui il veut, mais il doit se placer en conformité avec la volonté populaire. »

Cela signifie que **lorsque la nouvelle majorité parlementaire issue des élections législatives est de tendance politique opposée à celle du chef de l'État, le Président ne peut que nommer un Premier ministre issu de la nouvelle majorité** (Jacques Chirac après les législatives de 1986, Édouard Balladur après celles de 1993 et Lionel Jospin après celles de 1997) ou ouvrir une crise institutionnelle en démissionnant ou en prononçant la dissolution de la nouvelle Assemblée.

En situation de cohabitation, les relations entre les deux pôles de l'exécutif changent de nature. Certains commentateurs parlent d'un rééquilibrage. En réalité, le problème ne se pose pas en ces termes.

Cette hypothèse de « cohabitation » s'est réalisée à deux reprises sous les septennats de François Mitterrand et à nouveau sous le septennat de Jacques Chirac.

La première fois après les élections législatives du 16 mars 1986 et jusqu'au 8 mai 1988 ; conformément à l'esprit des institutions, le Président a nommé Premier ministre le leader de la coalition victorieuse des élections. Jacques Chirac, président du Rassemblement pour la République, a ainsi été appelé à Matignon.

La seconde fois après les élections législatives des 21 et 28 mars 1993 et jusqu'au mois de mai 1995 ; cette fois-ci, Jacques Chirac a décliné la proposition du chef de l'État. Ce dernier a alors nommé à Matignon Édouard Balladur, un des lieutenants de Jacques Chirac.

Enfin, après les législatives de mai 1997 (élections anticipées), le président Chirac a nommé Premier ministre Lionel Jospin, leader du parti socialiste et de la coalition de gauche.

Dans le cadre traditionnel du fait majoritaire, la prééminence du Président sur le Premier ministre est une prééminence consentie par un Premier ministre qui partage les choix politiques du chef de l'État. Il n'a donc, en principe, pas d'états d'âme à mettre en œuvre son programme.

Mais **lorsque le Premier ministre n'est pas du même bord politique, le partage du pouvoir ne s'opère plus de la même façon.**

Le pouvoir du chef de l'État se trouve alors ramené à la lettre de la Constitution, c'est-à-dire principalement aux dispositions de l'article 5. Il redevient un arbitre et un garant. Pour schématiser, son rôle est alors davantage celui d'un Président de régime parlementaire.

D'ailleurs, **le Premier ministre devient**, selon l'expression de Valéry Giscard d'Estaing, **« indéboulonnable ». La cohabitation prive le Président des moyens politiques de révoquer le Premier ministre.**

Le pouvoir du chef de l'État est donc considérablement réduit même s'il reste important dans les situations de crise.

Il nous faut néanmoins apporter une nuance à cette restriction du pouvoir présidentiel.

E16 **La cohabitation a-t-elle changé de nature ?**

Les deux premières cohabitations ont fonctionné selon un même « mode d'emploi » : en politique intérieure, un Premier ministre qui gouverne et un chef de l'État réduit au rôle de critique passif de l'action gouvernementale ; en politique étrangère régnait un certain consensus, y compris sur la primauté du chef de l'État dans la définition des grandes lignes de cette politique. La troisième cohabitation (1997-2002) a, semble-t-il, changé la donne. Ainsi, à l'occasion d'un voyage en Israël au mois de février 2000, le Premier ministre L. Jospin a prononcé un discours, dont le contenu n'avait pas été communiqué au président Chirac, qui a semblé marquer un infléchissement de la position française au Moyen-Orient.

En rompant l'équilibre traditionnel de la cohabitation, Lionel Jospin a voulu démontrer sa capacité à être présent sur tous les terrains, y compris dans la définition de la politique étrangère de la France. L'empiétement sur les prérogatives présidentielles avait aussi pour objet de permettre au Premier ministre de se construire une stature internationale, et donc une stature présidentielle. Mais en même temps, il a ouvert une brèche dans la cohabitation.

Par la suite, pour éviter ce genre d'incident, le président Chirac s'est efforcé d'associer le Premier ministre (ou du moins de définir une position commune) aux décisions prises en matière de politique étrangère et européenne.

La première cohabitation n'a pas affecté les domaines dits réservés du chef de l'État. En effet, le président Mitterrand est « resté maître » de la définition de la politique de Défense nationale ainsi que de la politique étrangère.

La deuxième cohabitation semble avoir quelque peu écorné ces « domaines réservés » (peut-on alors encore parler de domaines réservés ?).

Ainsi a-t-on vu le gouvernement d'Édouard Balladur prendre des initiatives en matière de politique étrangère : le ministre des Affaires étrangères, Alain Juppé, a joué un rôle prépondérant dans la gestion de la crise yougoslave, il est vrai en plein accord avec le chef de l'État. Cette difficulté du Président à faire entendre sa voix à l'occasion de la seconde cohabitation a une explication politique : la majorité parlementaire de droite était bien plus large qu'à l'occasion de la première cohabitation. La marge de manœuvre du chef de l'État s'est donc encore réduite.

Quant à la troisième cohabitation, elle a démontré qu'**il n'y a pas véritablement de « domaines réservés » du Président mais plutôt des domaines de compétences partagées** (dans lesquels le chef de l'État joue un rôle prééminent en situation de fait majoritaire). On l'a clairement constaté lors des négociations européennes et, en particulier, au sommet d'Amsterdam les 16 et 17 juin 1997 (qui a débouché sur l'élaboration d'un nouveau traité de l'Union). À cette occasion, Lionel Jospin, pourtant tout nouveau Premier ministre, n'a pas hésité à prendre des initiatives de fond et à faire connaître **sa politique en matière européenne** (cette attitude a été confirmée par la suite, voy. E16 ci-dessus). Heureusement, ses objectifs n'étant pas fondamentalement différents de ceux du chef de l'État, la crise redoutée par certains au sein de la cohabitation n'a pas eu lieu.

D'une façon générale, **la cohabitation provoque un transfert du pouvoir du Président vers le Premier ministre**.

Le Premier ministre détermine et conduit la politique de la nation conformément à l'article 20 de la Constitution. Le Président en est dès lors écarté. Étant donné que **le Premier ministre conduit sa propre politique** et non plus celle du Président, **sa responsabilité politique vis-à-vis du chef de l'État n'a plus aucun fondement et disparaît**.

E17 **La cohabitation pacifique**

De nombreux observateurs sont étonnés des bonnes relations qui existent (en général) entre les Présidents et leurs Premiers ministres en période de cohabitation. Cela vient en partie du fait que le Premier ministre, aspirant à son tour à devenir chef de l'État, n'a pas intérêt à affaiblir davantage l'institution présidentielle.

C) Les pouvoirs à l'égard du Parlement

386 Le Président dispose de deux prérogatives à l'égard du Parlement : les droits de message et de parole prévus à l'article 18 de la Constitution et le droit de dissolution prévu à l'article 12.

1. Les droits de message et de parole

387 Selon la tradition républicaine et en application du principe de séparation des pouvoirs, le chef de l'État ne pouvait se rendre dans l'hémicycle des assemblées (alors que depuis 1993 les assemblées accueillent des chefs d'État étrangers). **Pour communiquer avec l'Assemblée nationale et le Sénat, le Président disposait cependant du droit traditionnel de message.**

La procédure est la suivante : le message présidentiel est lu par les Présidents des assemblées. Il n'appelle aucune réponse et ne suppose aucun dialogue entre le Président et les assemblées. Il ne donne lieu à aucun débat en raison de l'irresponsabilité politique du chef de l'État. Il est de coutume que le Président adresse un message à la représentation nationale dans quelques cas de figure. Il en est ainsi au moment de son entrée en fonction (message de courtoisie et/ou dans lequel il expose les grandes lignes de son programme), lorsque survient une crise intérieure ou extérieure ayant des répercussions importantes pour le pays (comme le putsch d'Alger en avril 1961 ou le déclenchement de la guerre du Golfe en janvier 1991), ou encore pour annoncer un événement majeur comme la fin de la guerre d'Algérie (cessez-le-feu du 18 mars 1962, suite aux accords d'Évian).

La procédure du message aux assemblées est jugée obsolète depuis bien longtemps. En pratique, grâce au fait majoritaire, le véritable dialogue est celui qui a lieu entre le Président et sa majorité parlementaire mais par le biais d'autres canaux (Premier ministre et gouvernement, envoi d'un message de soutien aux formations de la majorité réunies en congrès).

Tirant les conséquences de cette « absence de communication » entre le président et les assemblées, la révision constitutionnelle du 23 juillet 2008 a institué, à côté du traditionnel droit de message, **un droit de parole du chef de l'État devant les assemblées**. Il peut ainsi prendre la parole devant le Parlement réuni à cet effet en Congrès. Sa déclaration peut donner lieu, hors sa présence, à un débat qui ne fait l'objet d'aucun vote (art. 18, al. 2 C). Sa prise de parole devant le Congrès donne une solennité certaine à l'événement. D'un autre côté, l'absence de vote sur la déclaration empêche toute mise en cause de sa responsabilité politique. La motivation de ce droit de parole est que le président puisse s'exprimer régulièrement devant le Parlement pour expliquer son action et pour rendre compte de ses résultats. Cet exercice donnerait lieu en quelque sorte à la mise en jeu d'une forme de responsabilité intellectuelle et morale du chef de l'État. Mais pour les partis de gauche farouchement opposés à cette réforme, le droit de parole devant le Parlement est avant tout une formidable tribune offerte au président pour faire la promotion de sa politique.

2. Le droit de dissolution

388 En vertu de l'article 12 de la Constitution, le Président décide discrétionnairement s'il doit ou non faire usage du droit de dissolution de l'Assemblée nationale (alors que le Sénat ne peut être dissous).

Cette compétence propre du chef de l'État ne se retrouve ni en régime parlementaire (dans lequel la décision de dissoudre appartient au chef du gouvernement) **ni en régime présidentiel** (dans lequel le Président n'a pas le droit de dissoudre l'Assemblée).

Avant de prononcer la dissolution, **le Président doit consulter le Premier ministre, le Président du Sénat et celui de l'Assemblée nationale**. L'avis rendu par ces personnalités n'est en aucun cas obligatoire pour le Président qui se prononce librement.

Les élections générales ont lieu 20 jours au moins et 40 jours au plus tard après la dissolution. La nouvelle assemblée se réunit de plein droit.

Il ne peut être procédé à une nouvelle dissolution dans l'année qui suit ces élections.

Par ailleurs, il faut préciser que la Constitution apporte deux autres limites à l'exercice de la dissolution :

- le Président du Sénat qui exerce l'intérim de la présidence ne peut dissoudre l'Assemblée ;
- l'Assemblée ne peut être dissoute en période d'application de l'article 16 (il s'agit de laisser subsister un contrepoids à un moment où le Président concentre l'essentiel des pouvoirs).

Le Président de la République a fait usage de son droit de dissolution à cinq reprises sous la Cinquième République, le 6 octobre 1962, le 30 mai 1968, le 18 mai 1981, le 13 mai 1988 et le 21 avril 1997. Examinons à présent les différentes significations de ces dissolutions.

Le droit de dissolution est en premier lieu **un instrument de pression sur l'Assemblée nationale et singulièrement sur la majorité parlementaire**.

Il est arrivé que **le Président brandisse la menace de la dissolution pour obliger la majorité à suivre et à soutenir le gouvernement** et, au-delà, à soutenir la politique présidentielle. La dissolution est comme une « épée de Damoclès » au-dessus de la tête des députés et agit comme une garantie d'un minimum de cohérence de la majorité.

Si d'aventure une majorité venait à censurer (par le biais d'une motion de censure) le gouvernement de même tendance politique qu'elle, l'Assemblée nationale encourrait un risque de dissolution, *a fortiori* si la défiance visait le Président à travers le gouvernement.

C'est ce qui s'est produit avec la dissolution du 6 octobre 1962 après que la majorité de droite a censuré le gouvernement Pompidou. En l'occurrence, c'est le général de Gaulle qui était visé par cette censure pour son projet de révision constitutionnelle tendant à instituer l'élection du Président au suffrage universel direct.

En second lieu, le droit de dissolution est un **instrument de sortie ou de prévention des crises institutionnelles et politiques.** En cas de conflit entre le Président et la majorité parlementaire, la dissolution permet alors au peuple de trancher : c'est le cas de figure des dissolutions de 1981 et 1988. Nouvellement élu en 1981 et réélu en 1988, le président Mitterrand s'est retrouvé face à une majorité parlementaire de droite hostile à sa politique. En prononçant la dissolution de l'Assemblée nationale, le Président a demandé aux électeurs de lui donner une majorité de soutien afin de pouvoir mettre en œuvre sa politique (c'est ce que nous qualifierions de dissolution d'ajustement). C'est ce qui s'est produit de façon logique.

Par ailleurs, lorsque le pouvoir ne parvient pas à résoudre une crise politique et sans pour autant qu'il y ait conflit entre l'Assemblée nationale et le Président, ce dernier peut décider de la dissoudre, demandant ainsi son appui au peuple à l'occasion des élections. L'Assemblée nationale joue en quelque sorte le rôle de « fusible » du Président. C'est le cas de figure de la dissolution de 1968. Le résultat des élections largement favorable à la majorité gaulliste a permis au pouvoir de mettre fin aux désordres.

En définitive, par la dissolution, **le Président sollicite l'arbitrage populaire afin de dénouer la crise. Il protège l'institution présidentielle et le ré-**

gime lui-même afin de permettre à nouveau le fonctionnement normal des institutions.

Pourtant, un cas de figure, celui de la dissolution du 21 avril 1997, un an avant le terme normal de la législature, ne rentre dans aucun des scénarios décrits jusqu'ici. Il s'agit, selon nous, d'un **nouveau type de dissolution.**

Les adversaires ou, plus exactement, les critiques de la dissolution du 21 avril 1997 (socialistes, communistes, écologistes, mais aussi le Front national) ont argué que celle-ci ne trouvait pas son origine dans une crise institutionnelle ou politique et s'apparentait donc à **une dissolution de « convenance »** (Jean-Marie Colombani, alors directeur de la publication du *Monde*, y a même vu le « stade ultime de la monarchisation de nos institutions »). L'argument est recevable dans la mesure où le Président et le gouvernement Juppé disposaient, depuis l'élection présidentielle de 1995, d'une majorité écrasante à l'Assemblée nationale (majorité de droite issue des élections législatives de 1993) et bénéficiaient donc du soutien nécessaire pour faire appliquer leur programme (voy. *infra*, n° 349, le fait majoritaire).

En réalité, si des considérations politiques, pour ne pas dire politiciennes, n'ont évidemment pas été absentes de la décision de dissoudre (la crainte d'une popularité encore affaiblie au moment de l'élection qui devait avoir lieu en 1998 ou la possibilité de prendre de court l'opposition), celle-ci était également motivée par de vraies raisons de fond liées à la conduite des réformes intérieures et au calendrier de la construction européenne.

En s'engageant personnellement, le président Chirac a pris un risque considérable. La victoire de l'opposition a signifié un désaveu de la politique menée jusque-là et a entraîné une cohabitation d'un nouveau type car s'inscrivant dans la durée (cinq ans).

Le pari manqué du président Chirac pourrait bien faire de la dissolution du 21 avril 1997 un cas unique et sans lendemain.

D) Les pouvoirs à l'égard du Conseil constitutionnel

389 Ils sont doubles. D'une part, il est dans les attributions du chef de l'État de **nommer trois des neuf membres du Conseil constitutionnel dont le Président** (art. 56 C).

D'autre part, il a le pouvoir de **saisir le Conseil de la conformité d'un texte de loi avec la Constitution** (art. 61) **et de la compatibilité d'un accord international non encore ratifié avec la Constitution** (art. 54).

E) Les pouvoirs exceptionnels de l'article 16

390 L'article 16 de la Constitution de 1958 trouve sa source dans la volonté du général de Gaulle de doter le chef de l'État de pouvoirs exceptionnels lui permettant d'**assurer la continuité de l'État et du régime en cas de crise majeure**. Le général de Gaulle voulait éviter que ne se reproduise l'effondrement sans réaction de l'État en mai-juin 1940 devant l'avancée des troupes allemandes.

En permettant au Président de la République de se saisir de tous les pouvoirs en cas de crise majeure, l'article 16 organise, selon l'expression de certains auteurs, **une « dictature républicaine »**. Cette disposition inquiète d'autant plus les démocrates qu'elle fait l'objet d'**un encadrement juridique flou susceptible de favoriser des dérives**, même si la révision constitutionnelle du 23 juillet 2008 a apporté une nouvelle garantie sur ce point. L'article 16 n'a été mis en œuvre qu'une seule fois, par le général de Gaulle, du 23 avril au 29 septembre 1961 à la suite du putsch des généraux en Algérie.

1. La mise en œuvre de l'article 16

391 Celle-ci est subordonnée à l'exigence de conditions de fond et de forme.

Sur le fond, pour que le Président puisse mettre en œuvre l'article 16, il faut que **deux conditions cumulatives** soient réunies.

La première exige que **les institutions de la République, l'indépendance de la nation, l'intégrité du territoire ou l'exécution de ses engagements internationaux soient menacées d'une manière grave et immédiate**. Cette menace peut découler par exemple d'une guerre ou d'un soulèvement militaire comme ce fut le cas avec le putsch d'Alger en avril 1961.

La seconde exige que **le fonctionnement régulier des pouvoirs publics soit interrompu**. L'exemple parfois avancé des événements de mai 1968 n'est pas justifié. En effet, si le fonctionnement des pouvoirs publics a été entravé, en aucun cas il n'y a eu interruption.

La formulation de ces deux conditions est volontairement imprécise pour **laisser au Président l'appréciation de la nécessité de mettre en œuvre l'article 16**. Mais une telle liberté d'appréciation laissée au chef de l'État **n'est pas sans menace pour les libertés publiques**.

Sur la forme, avant de mettre en œuvre l'article 16, le Président doit accomplir certaines formalités.

Il doit consulter officiellement le Premier ministre, les présidents des assemblées parlementaires mais aussi le Conseil constitutionnel. Si les avis rendus ne sont qu'indicatifs, le poids pris par le Conseil constitutionnel, véritable garant des libertés fondamentales, donnerait à un éventuel avis négatif de la Haute instance l'allure d'un avertissement au Président.

Une fois ces conditions de fond et de forme remplies, le Président décide seul de la mise en œuvre de l'article 16. **Ce pouvoir discrétionnaire ne fait l'objet d'aucun contrôle juridictionnel.** Ainsi en a décidé le Conseil d'État dans son célèbre arrêt du 2 mars 1962, *Rubin de Servens*.

Enfin, si le chef de l'État décide de mettre en œuvre l'article 16, il doit en avertir la nation par un message.

2. Les effets de l'article 16

392 Ces effets se font sentir au niveau des pouvoirs du Président et du régime des pouvoirs publics.

L'article 16 énonce que **le Président prend les mesures exigées par les circonstances. Cela signifie qu'il concentre tous les pouvoirs entre ses mains, pouvoir exécutif et pouvoir législatif**.

Cette plénitude du pouvoir lui permet de prendre **des mesures parfois jugées dangereuses pour les libertés**. Il en est ainsi de la **création des juridictions d'exception en 1961** pour juger les « criminels » de la crise algérienne.

Pourtant, cette « dictature républicaine » connaît **des limites qu'impose l'État de droit**. En effet, la finalité des pouvoirs de crise est d'« **assurer aux pouvoirs publics constitutionnels (…) les moyens d'accomplir leur mission** » (art. 16, al. 3).

Par conséquent, le pouvoir du Président connaît comme limites **l'interdiction de prononcer la dissolution de l'Assemblée nationale** pendant l'exercice des pouvoirs exceptionnels et **l'impossibilité de procéder à une révision de la Constitution**.

Il ressort de la première de ces limites que **le Parlement** (mais aussi le gouvernement) **ne disparaît pas du paysage institutionnel**.

Le gouvernement continue à exercer ses fonctions tout en respectant les domaines d'action définis par le Président.

Le Parlement est réuni de plein droit pendant toute la durée d'application de l'article 16. Il peut néanmoins suspendre provisoirement ses travaux (comme en 1961). **Ses compétences sont évidemment minorées**, avec des nuances selon que l'on se trouve en période de session ou en dehors, et **il est confiné au rôle de témoin** de la mise en œuvre de l'article 16.

À l'occasion des sessions, le Parlement poursuit normalement son travail « … pour autant qu'il ne s'agisse pas de mesures prises ou à prendre en vertu de l'article 16 ». Autrement dit, **il peut légiférer et contrôler le gouvernement à condition de ne pas interférer avec les mesures prises par le Président**. En théorie, le contrôle sur le gouvernement peut aller jusqu'au vote d'une motion de censure. Néanmoins, durant la période d'application de l'article 16 en 1961, le Président de l'Assemblée nationale avait décidé que l'Assemblée ne pouvait voter une motion de censure.

En dehors des sessions, le Parlement ne peut légiférer. Il en découle que le gouvernement ne peut engager sa responsabilité sur le vote d'une loi, vote limité depuis la loi constitutionnelle du 23 juillet 2008 à certains types de lois (art. 49, al. 3 C) et que l'Assemblée nationale ne peut le censurer (art. 49, al. 2).

Sur la base des pouvoirs qu'il détient, le Président peut prendre des mesures d'application dispensées de contreseing (décisions législatives ou réglementaires et décrets pour les mesures individuelles d'application). Elles doivent être soumises pour avis au Conseil constitutionnel (dont l'avis n'est pas publié).

Les mesures qui relèvent du domaine de la loi sont contrôlées par le Conseil constitutionnel dans le cadre de sa simple compétence consultative. En revanche, **les mesures qui relèvent du domaine réglementaire peuvent faire l'objet d'un véritable contrôle juridictionnel de la part du Conseil d'État**. Ainsi la Haute Juridiction en a-t-elle décidé dans l'arrêt du 2 mars 1962 *Rubin de Servens*. **De même, les mesures individuelles d'application peuvent être déférées au Conseil d'État** (CE, 23 octobre 1964, *D'Oriano*).

De plus, il ne faut pas oublier qu'**un certain contrôle politique subsiste**. En effet, **en cas d'usage arbitraire des pouvoirs exceptionnels, le Parlement peut traduire le Président en Haute Cour de Justice**.

Enfin, se pose la question de la durée d'application de l'article 16.

L'article 16 prévoit que **les mesures prises par le Président doivent être inspirées par la volonté d'assurer le plus rapidement possible aux pouvoirs publics les moyens d'accomplir leur mission.** Dès que le fonctionnement régulier des pouvoirs publics est rétabli, l'application de l'article 16 n'a plus de raison d'être.

Pourtant, la décision de mettre fin à l'application de l'article 16 **appartient discrétionnairement au Président et comporte donc des risques d'abus**. Pour beaucoup d'observateurs, la prorogation de l'application de l'article 16 jusqu'au 29 septembre 1961 était arbitraire car prolongée au-delà du rétablissement du fonctionnement régulier des pouvoirs publics.

Afin de mieux encadrer la mise en œuvre de l'article 16 dans le temps, la loi constitutionnelle du 23 juillet 2008 a prévu **qu'après trente jours d'exercice des pouvoirs exceptionnels, le Conseil constitutionnel peut être saisi par le Président de l'Assemblée nationale, le Président du Sénat, soixante députés ou soixante sénateurs, aux fins d'examiner si les conditions de mise en œuvre de l'article 16 demeurent réunies. Le Conseil se prononce à nouveau, de sa propre initiative**, au terme de soixante jours d'exercice des pouvoirs exceptionnels, et à tout moment au-delà de cette durée. Incontestablement, un avis par lequel le Conseil constitutionnel estimerait que les conditions de mise en œuvre de l'article 16 ne sont plus réunies limiterait considérablement la marge de manœuvre du chef de l'État (*a fortiori* si cet avis devait être réitéré).

Enfin, dernière ambiguïté, la mise en œuvre des pouvoirs exceptionnels en 1961 a permis de constater que les mesures d'application prises par le Président n'avaient pas la même durée de vie que la mise en œuvre de l'article 16. En effet, **certaines de ces mesures d'application ont été maintenues en vigueur au-delà de la période d'application de l'article 16 ou sont devenues définitives** comme ce fut le cas pour les mesures individuelles.

§ 2. Les pouvoirs partagés avec le Premier ministre et le gouvernement

393 Lorsque l'on parle des pouvoirs partagés avec le Premier ministre et le gouvernement, cela signifie que **l'exercice de ces pouvoirs nécessite le contreseing du Premier ministre et des ministres concernés par leur application**.

Héritée des Républiques précédentes, cette obligation de contreseing n'a pas la même signification sous la Cinquième République.

Avant 1958, le contreseing du Président du Conseil des ministres faisait du gouvernement le véritable centre de décision. Ceci était d'ailleurs justifié dans la mesure où le gouvernement assumait seul la responsabilité de la politique menée. Le pouvoir du Président de la République était donc en grande partie formel.

Sous la Cinquième République, la Constitution, la légitimité démocratique et le soutien de la majorité parlementaire font du chef de l'État le centre du pouvoir.

Si le contreseing des ministres n'est plus qu'une procédure formelle, en revanche, **le Premier ministre partage avec le Président des pouvoirs non négligeables**.

La Constitution de 1958 délimite l'étendue des pouvoirs partagés. **Sont considérés comme rentrant dans le champ d'application des pouvoirs partagés, toutes les décisions et tous les actes du Président qui ne sont pas**

classés dans la catégorie des pouvoirs propres tel que les énumère l'article 19 de la Constitution.

A) Le pouvoir de nomination

1. La nomination et la démission des membres du gouvernement

394 Si la nomination du Premier ministre relève d'un choix discrétionnaire du Président, en revanche, celle des ministres nécessite le contreseing du Premier ministre.

L'article 8 alinéa 2 de la Constitution énonce que « **Sur la proposition du Premier ministre, il [le Président] nomme les autres membres du Gouvernement et met fin à leurs fonctions** ». Il est d'ailleurs logique que le Premier ministre participe à la composition de l'équipe gouvernementale qu'il va diriger.

Si la nomination des ministres se fait **par accord entre les deux hommes, force est de constater que le Président impose souvent ses hommes de confiance aux postes clés du gouvernement**. Ceci est particulièrement vrai dans les domaines dits réservés du chef de l'État que sont les affaires étrangères et la défense mais aussi dans d'autres domaines comme l'économie et les finances, l'intérieur, la justice.

Cette « mainmise » du Président sur la formation du gouvernement a été particulièrement manifeste à l'occasion de la formation des gouvernements Fillon. Le président Sarkozy a non seulement choisi les ministres mais également imposé l'ouverture à gauche qu'il avait annoncé (par ex., avec B. Kouchner aux affaires étrangères), la féminisation du gouvernement et la représentation de la diversité (avec plusieurs ministres et secrétaires d'État issus de l'immigration). Seule R. Bachelot, ministre de la Santé, a davantage été un choix du Premier ministre que du Président.

Le Premier ministre n'a d'ailleurs pas les moyens politiques de s'opposer aux choix du Président. En effet, **le fait majoritaire** (coïncidence des majorités présidentielle et parlementaire) **est là pour conforter la prééminence de ce dernier**. *A contrario*, **en cas de cohabitation, le Premier ministre retrouve sa liberté de choix** à moins que le Président ne mette son veto au choix d'un ministre. Ainsi, à l'occasion de la première cohabitation en 1986, le président Mitterrand s'était-il opposé à la nomination de Jean Lecanuet et François Léotard aux postes des affaires étrangères et de la défense.

N'oublions pas non plus que **la composition du gouvernement tient compte des partis politiques regroupés au sein de la majorité présidentielle**. L'exemple le plus significatif est peut-être celui de l'entrée des communistes au gouvernement dirigé par Pierre Mauroy en 1981.

De la même façon, la démission des ministres est en théorie le résultat d'un désaccord avec le Premier ministre et est proposée par ce dernier au Président qui met fin aux fonctions du ministre (par ex., Alain Madelin en 1995). En réalité, **la plupart des démissions de ministres ont été la conséquence de leur attitude réservée, voire critique, à l'égard de la politique présidentielle**. Il en est ainsi de la démission d'Alain Savary en 1984 à propos de la politique d'éducation nationale ou de celle de Jean-Pierre Chevènement en

1991 après la décision du président Mitterrand d'engager des troupes françaises dans la guerre du Golfe. Enfin, signalons que la nomination d'A. Santini comme secrétaire d'État dans le gouvernement Fillon a mis fin à la « jurisprudence » Bérégovoy-Balladur, règle implicite qui stipulait que les ministres mis en examen doivent démissionner (B. Tapie en 1992, A. Carignon en 1994, D. Strauss-Kahn en 1999 ou R. Donnedieu de Vabre en 2002). Le président Sarkozy avait fait savoir qu'A. Santini, mis en examen, ne devrait démissionner qu'en cas de poursuites devant le tribunal correctionnel. Le président F. Hollande, quant à lui, avait pris l'engagement de ne s'entourer d'aucune personne qui ait été « jugée et condamnée. » Pour autant la presse et l'opposition n'ont pas manqué de rappeler que l'homme qu'il a choisi pour être son Premier ministre, J.-M. Ayrault, a fait l'objet d'une condamnation en 1997 pour favoritisme dans l'attribution d'un marché public.

2. Les nominations aux emplois supérieurs de l'État

395 L'article 13 de la Constitution **confère au chef de l'État le pouvoir de nommer aux emplois civils et militaires de l'État**. Ces nominations qui interviennent en Conseil des ministres peuvent être discrétionnaires ou obligatoires.

Les nominations discrétionnaires de hauts fonctionnaires se font sur proposition du Premier ministre et avec l'accord du Président. Ceci implique qu'il y ait **une concertation entre le Président et le gouvernement**. En période de cohabitation, si le Président accepte le plus souvent les nominations, il conserve un droit de regard lui permettant d'en refuser certaines ou de ralentir les procédures (il peut ainsi négocier avec le Premier ministre pour « recaser » certains de ses proches ou amis). Néanmoins, sur les postes les plus « discrétionnaires », comme ceux de préfet, de directeur d'administration centrale ou de recteur, le chef de l'État n'a guère d'influence.

Avec ces nominations à la discrétion du gouvernement, **se pose la question de la politisation de la haute administration**. Les hauts fonctionnaires ainsi nommés (directeurs d'administration centrale des ministères, secrétaire général du gouvernement, secrétaire général de la Défense nationale, préfets...) sont réputés acquis au gouvernement qui les a nommés et susceptibles d'œuvrer en sa faveur.

Depuis quelques années, **le problème se pose avec encore plus d'acuité pour les nominations aux emplois de direction dans les établissements publics, entreprises publiques et sociétés nationales** (présidents du conseil d'administration des banques nationalisées, de Renault, de la SNCF, d'EDF, d'Air France...). En effet, **ces nominations permettent d'établir des liens avec le monde économique voire d'en contrôler certains pans**.

Il n'est certes pas question de remettre en cause le fondement de ce système de nomination ni de contester la qualité des hommes nommés à ces postes mais d'en dénoncer les abus et l'application trop large.

De plus, **l'alternance du pouvoir est souvent l'occasion d'une « chasse aux sorcières »** pour remplacer ces hauts fonctionnaires et ces dirigeants par des hommes proches du nouveau gouvernement. Malgré leurs bonnes intentions initiales, tous les gouvernements s'y sont livrés comme s'il s'agissait d'**une sorte de règle du jeu**.

Afin de dépolitiser et de rendre plus objectif le système des nominations discrétionnaires, **le pouvoir de nomination du chef de l'État est désormais encadré** (art. 13, al. 5 C issu de la révision constitutionnelle du 23 juillet 2008, précisé par la loi n° 2010-838 et la loi organique n° 2010-837 du 23 juillet 2010). Pour certains emplois ou fonctions (autres que ceux mentionnés au 3e alinéa de l'article 13 C) déterminés en raison de leur importance pour la garantie des droits et libertés ou la vie économique et sociale de la nation (par ex., les PDG des grandes entreprises publiques, le président du Conseil supérieur de l'audiovisuel), les nominations par le président de la République sont soumises, **au préalable, à l'avis public de la commission permanente compétente de chaque assemblée** du Parlement (par ex., la commission compétente en matière d'énergie pour le PDG d'EDF ou la commission compétente en matière d'affaires culturelles pour le président du Conseil supérieur de l'audiovisuel). Le président ne peut procéder à une nomination si l'addition des votes négatifs dans chaque commission représente au moins trois cinquièmes des suffrages exprimés au sein des deux commissions.

Quant aux nominations obligatoires, elles concernent certains corps de la haute fonction publique (Conseil d'État, Cour des comptes, magistrats de l'ordre judiciaire, professeurs d'université...). Cette compétence liée du Président marque ainsi l'importance et l'indépendance de ces corps.

B) La participation au pouvoir normatif

396 Le Président intervient tant dans le domaine exécutif que dans celui du législatif.

1. L'intervention dans le domaine de l'exécutif

397 En théorie, le Président n'exerce que de façon marginale le pouvoir réglementaire qui relève de la compétence du Premier ministre en vertu de l'article 21 de la Constitution. Son intervention dans le domaine de l'exécutif n'est donc que ponctuelle. Il signe les décrets et les ordonnances délibérés en Conseil des ministres.

Le Président signe les décrets délibérés en Conseil des ministres. Ces décrets peuvent être imposés par un texte (par ex., le décret de proclamation de l'état d'urgence est imposé par l'ordonnance du 15 avril 1960) mais le plus souvent **c'est le Président qui décide de les inclure dans les délibérations**. Dans cette deuxième hypothèse, le Président **participe à l'exercice du pouvoir réglementaire dont le titulaire est le Premier ministre. Le chef de l'État peut ainsi s'accaparer des attributions qui relèvent en principe du Premier ministre**.

Évidemment, en période de cohabitation, la signature du Président devient un instrument d'obstruction au gouvernement.

La pratique de la Cinquième République semblait avoir étendu le champ d'application du pouvoir présidentiel. Ainsi, dans l'arrêt *Sicard* en 1962, le Conseil d'État a admis la validité de décrets réglementaires signés par le Président et non délibérés en Conseil des ministres, dès lors que le Premier ministre y a apposé sa signature (CE, 27 avril 1962, *Rec.*, p. 279). Ces décrets sont en réalité considérés comme étant ceux du Premier ministre.

En revanche, dans l'arrêt *Meyet* en 1992, le Conseil d'État a clairement ouvert la voie à une extension du pouvoir présidentiel (CE Ass., 10 septembre 1992, *Rec.*, p. 328, *RDP*, 1992, p. 1799, note A.M. Le Bos-Le Pourhiet). Il a jugé que tout décret délibéré en Conseil des ministres devait être signé par le Président de la République. Or, comme seul un décret en Conseil des ministres peut modifier un autre décret pris en Conseil des ministres, le chef de l'État dispose d'un pouvoir réglementaire qu'il peut étendre au détriment de celui du Premier ministre.

Le pouvoir réglementaire général apparaît donc plutôt comme un pouvoir partagé entre le Premier ministre et le Président, d'autant que si la plupart des décrets émanent du Premier ministre, force est de constater qu'il ne lui est pas possible d'exercer son pouvoir réglementaire sur une question importante sans en référer au Président de la République. De plus, le chef de l'État fixant librement l'ordre du jour du Conseil des ministres, il possède de ce fait, même en période de cohabitation, un moyen d'aborder les projets de décrets qui sont alors considérés comme « délibérés en Conseil des ministres » et doivent être revêtus de sa signature. Enfin, on constate que les textes les plus importants sont délibérés en Conseil des ministres (donc sous l'autorité du Président). Il faut donc relativiser l'importance du pouvoir réglementaire du Premier ministre.

Le Président signe également les ordonnances qui sont des actes réglementaires délibérés en Conseil des ministres (voy. *infra*, nos 442 et s.). Après avoir reçu une habilitation législative temporaire, le gouvernement peut agir dans le domaine de la loi pour réaliser des objectifs déterminés (art. 38 de la Constitution). **À l'épreuve de la cohabitation, la signature des ordonnances s'est révélée être un instrument de résistance du Président** face au pouvoir d'action et de décision du gouvernement.

Ainsi François Mitterrand a-t-il refusé sa signature à trois reprises au gouvernement Chirac de 1986 à 1988, notamment à propos du projet d'ordonnance organisant des privatisations d'entreprises (le 13 juillet 1986). La question s'est alors posée de savoir si le Président n'avait pas l'obligation de signer ces ordonnances.

Un certain nombre d'éléments semble indiquer qu'il s'agit d'une compétence discrétionnaire du chef de l'État. D'abord, sa signature n'est soumise à aucun délai. Ensuite, l'article 38 indique clairement (« Le Gouvernement peut… ») que le recours aux ordonnances est une possibilité offerte au gouvernement et n'a aucun caractère contraignant. Le Président n'est donc pas constitutionnellement contraint de signer les ordonnances.

2. L'intervention dans le domaine législatif

398 Dans la mesure où le chef de l'État ne participe pas au processus d'élaboration de la loi, **son intervention ne peut être que limitée**.

D'abord, selon l'article 10 alinéa 1 de la Constitution, « Le Président de la République **promulgue les lois** dans les quinze jours qui suivent la transmission au Gouvernement de la loi définitivement adoptée ». Le décret de promulgation est contresigné par le Premier ministre et les ministres concernés. Généralement, le chef de l'État ne se hâte pas pour promulguer une loi, laissant ainsi à l'opposition le temps nécessaire pour recueillir les 60 signatures requises pour la saisine du Conseil constitutionnel.

La promulgation permet en quelque sorte **de donner vie à la loi**. C'est l'acte par lequel **le Président reconnaît l'existence d'une loi et demande aux autorités publiques de la respecter et de la faire respecter**.

La marge de manœuvre du Président dans l'acte de promulgation n'existe pas. Si la régularité formelle de la loi est constatée, le Président se contente d'entériner la volonté exprimée par les parlementaires par un décret de promulgation. Sa compétence est dite liée.

L'acte de promulgation est fondamental car il **permet de rendre la loi exécutoire** et, dès sa publication au Journal officiel, de la rendre opposable aux citoyens.

Néanmoins, **si le Président n'est pas satisfait du texte de loi ou de certains de ses articles, il peut en demander, avec l'accord du Premier ministre, une nouvelle lecture au Parlement** (art. 10, al. 2). Autrement dit, il demande au Parlement de réexaminer et de modifier son texte. En réalité, cette procédure a été peu utilisée par les chefs d'État successifs (pour la première fois en juillet 1983), parfois à tort. Ainsi, le 3 juillet 1998, en promulguant une loi allongeant la période de la chasse aux oiseaux migrateurs en contrariété avec une directive communautaire de 1979, sans exiger de nouvelle délibération ni saisir le Conseil constitutionnel, le Président a méconnu son rôle de garant de l'exécution des directives communautaires.

C) La responsabilité de l'armée et de la diplomatie

1. Le chef des armées

399 **Par son rôle de garant** de l'indépendance nationale, de l'intégrité du territoire et du respect des accords de Communauté et des traités (art. 5 C), **le Président joue un rôle prépondérant en matière de défense et d'affaires étrangères**.

Mais le gouvernement n'est pas pour autant exclu de ces domaines en raison de son rôle de détermination et de conduite de la politique de la nation (art. 20). En particulier, par le biais des lois de programmation militaire, le gouvernement et le Parlement peuvent exercer une influence sur les choix de la politique de défense (*a fortiori* en période de cohabitation).

Plus spécifiquement, l'article 15 de la Constitution fait du Président de la République le chef des armées. **La difficulté est ici d'accorder lla compétence présidentielle avec celle de responsable de la Défense nationale qui incombe au Premier ministre** (art. 21).

Le cœur de la politique française de défense est **la politique de dissuasion nucléaire** définie et inaugurée par le général de Gaulle et qui **repose sur le pouvoir présidentiel de décider l'utilisation de l'arme nucléaire** (comme arme défensive). On comprend donc toute l'importance de la polémique qui a eu lieu en 1995 sur l'opportunité de procéder à de nouveaux essais nucléaires pour maintenir la crédibilité de notre politique de dissuasion. La décision du président Chirac de reprendre les essais nucléaires (après celle du président Mitterrand de les interrompre) était **une décision discrétionnaire** donc incontestable d'un point de vue juridique (il s'est prononcé sur la base d'un rapport d'experts militaires favorable à la reprise).

Par la présidence des conseils et comités supérieurs de la Défense nationale (intégrés depuis 2010 dans le Conseil de défense et de sécurité nationale, voy. *supra*, n° 371), **le chef de l'État définit les axes de la politique de défense que le Premier ministre exécute** (comme la décision du président Chirac de réformer les armées et le service national).

Cette prééminence du Président est devenue quasi absolue avec la guerre du Golfe (début 1991). À cette occasion, François Mitterrand a décidé l'engagement des forces françaises et a pu assurer sa maîtrise des opérations par la présidence d'un conseil d'état-major.

2. La conduite de la diplomatie

400 La conduite de la diplomatie, c'est avant tout **la négociation et la ratification des traités** par le Président (art. 52 C). De plus, il est informé de toute négociation d'un accord international non soumis à ratification.

Ces dispositions témoignent de la primauté du Président dans la conduite de la diplomatie (sous réserve de l'autorisation de ratification). Les Présidents successifs se sont attachés à maintenir leur mainmise sur **la définition de la politique extérieure** avec certains éléments de continuité (l'intégration européenne, et en particulier l'attachement à l'axe franco-allemand, ou encore la politique africaine). Il est donc logique que le Président rencontre les chefs d'État étrangers et dirige les sommets. **En période de cohabitation, cette primauté est quelque peu atténuée,** le Premier ministre rencontrant également les chefs d'État et de gouvernement étrangers, participant aux différents sommets (notamment européens et G7) et tentant parfois de faire prévaloir ses positions (comme Lionel Jospin à l'occasion des négociations européennes). De plus, la dimension économique croissante des relations internationales donne davantage de poids au gouvernement (qui gère au quotidien les dossiers économiques).

La conduite de la diplomatie, c'est également **l'accréditation des ambassadeurs et envoyés extraordinaires des puissances étrangères par le chef de l'État** (art. 14 C).

D) Les pouvoirs dans le domaine judiciaire

1. Le garant de l'indépendance de l'autorité judiciaire

401 En vertu de l'article 64 de la Constitution, le Président de la République est garant de l'indépendance de l'autorité judiciaire. Il est **assisté par le Conseil supérieur de la Magistrature** (CSM).

L'indépendance de la justice vis-à-vis du pouvoir exécutif est un thème récurrent. Régulièrement, la nature des relations entre le Président et le Conseil supérieur de la Magistrature fait l'objet de débats et de critiques. Ces dernières ont conduit à la **révision constitutionnelle du 27 juillet 1993 qui a supprimé le contrôle du Président sur la nomination des membres du Conseil**. Par ailleurs, **la révision de 1993 a réorganisé le CSM et accru ses pouvoirs.**

Le Conseil, désormais organisé en deux formations, gère la carrière des magistrats.

Il est principalement chargé des nominations et de la discipline des magistrats. Les deux formations du CSM sont (art. 65 C) :

- la formation du siège, compétente pour les magistrats du siège (magistrats caractérisés par leur indépendance, celle-ci étant garantie par leur inamovibilité), propose les nominations concernant les principaux postes de juges (Premier président, présidents de chambre, conseillers à la Cour de cassation…) et donne un avis conforme sur les propositions du garde des Sceaux pour les autres nominations de magistrats du siège. Elle statue en outre comme conseil de discipline des magistrats du siège ;
- la formation du parquet, compétente à l'égard des magistrats du parquet (magistrats qui représentent le ministère public et sont, à ce titre, rattachés au ministre de la Justice), donne un avis au garde des Sceaux sur ses propositions en matière de nominations des magistrats du parquet (avocats généraux près la Cour de cassation, procureurs de la République…). Elle donne également un avis simple sur les sanctions disciplinaires concernant les magistrats du parquet prises par le garde des Sceaux.

De façon coutumière, le chef de l'État ne s'immisce pas dans les nominations prononcées par le Conseil. Pour peu qu'il veuille le faire, comme le président Chirac en juillet 1996 à propos de la nomination d'une vingtaine de hauts magistrats (dans sa volonté de rétablir la prééminence du politique sur le judiciaire), des tensions se font jour avec l'ensemble du corps judiciaire et l'on reparle du lien entre l'exécutif et le judiciaire.

La loi constitutionnelle du 23 juillet 2008 a modifié la composition du CSM pour **renforcer son indépendance et son efficacité**. En premier lieu, **le Président de la République et le garde des Sceaux ne sont plus membres de droit du CSM** (auparavant, le chef de l'État présidait le Conseil), le ministre de la Justice pouvant cependant assister aux séances des deux formations, sauf lorsqu'elles statuent en matière disciplinaire. La formation compétente à l'égard des magistrats du siège est présidée par le premier président de la Cour de cassation, et la formation compétente à l'égard des magistrats du parquet par le procureur général près la Cour de cassation. En second lieu, **les magistrats deviennent minoritaires dans les deux formations du Conseil** : intégration, auprès des six magistrats, d'un conseiller d'État, d'un avocat et de six personnalités qualifiées n'appartenant ni au Parlement, ni à l'ordre judiciaire, ni à l'ordre administratif. L'idée est que la composition du CSM soit plus ouverte sur la société civile.

Ajoutons que la loi constitutionnelle de 2008 permet la saisine du CSM par les justiciables (dans les conditions fixées par une loi organique). On peut penser que cette procédure permettra à un justiciable de mettre en cause le respect des garanties procédurales ou le comportement professionnel de magistrats.

2. Le droit de grâce

402 Le Président de la République a le droit de faire grâce à titre individuel (art. 17 C issu de la révision constitutionnelle du 23 juillet 2008).

Dans l'ancienne rédaction, le Président disposait du « privilège régalien de gracier un condamné ». En principe individuel, le droit de grâce avait connu une certaine dérive (voy. les grâces collectives comme la grâce des amendes à l'occasion du 14 juillet).

La grâce présidentielle a pour effet soit de **commuer la peine** (la peine capitale avant qu'elle ne soit supprimée par la loi du 9 octobre 1981 pouvait être commuée en réclusion criminelle à perpétuité), soit de permettre **une remise de peine**, c'est-à-dire la suppression de tout ou partie de la durée de la peine.

La décision de gracier est individuelle et est soumise à l'obligation du contreseing qui n'est que formelle tant la grâce est un acte pris en conscience par le chef de l'État.

E) La présidence du Conseil des ministres

403 Le Président de la République préside le Conseil des ministres (art. 9 C). **Il en maîtrise l'organisation et la conduite.**

Il en maîtrise l'organisation car il le convoque (réunion hebdomadaire du mercredi) et en fixe la composition (il peut requérir la présence de certains secrétaires d'État). Il en maîtrise la conduite car il en arrête l'ordre du jour et préside à son déroulement en donnant la parole à tel ou tel ministre et en tirant les conclusions des délibérations.

Le Conseil des ministres est le lieu où se rencontrent le Président et le gouvernement et leurs pouvoirs respectifs. C'est là que les projets de loi, les projets d'ordonnance, une partie importante du pouvoir réglementaire sous forme de décrets… sont délibérés et approuvés.

Là encore, en période de cohabitation, l'équilibre des forces est différent. Si le Président conduit toujours le Conseil des ministres, force est de constater que le programme de travail est essentiellement fixé par le gouvernement. Néanmoins, pour marquer son opposition à la politique gouvernementale, le chef de l'État a toujours la possibilité d'écarter de l'ordre du jour les textes et les sujets de discussion proposés par le gouvernement (pratiquée systématiquement, cette obstruction provoquerait une crise institutionnelle).

F) L'ouverture et la clôture d'une session extraordinaire du Parlement

404 Le Parlement est réuni en session extraordinaire sur un ordre du jour déterminé à la demande du Premier ministre ou de la majorité des parlementaires (art. 29). Il appartient au Président de la République de le convoquer et de clore la session (art. 30). La question est évidemment de savoir quelle est la nature de la compétence présidentielle, discrétionnaire ou liée (voy. *infra*, n° 486).

La session est dite extraordinaire par opposition à la période de l'année au cours de laquelle le Parlement se réunit de plein droit en session ordinaire (depuis 1995, la session ordinaire unique sur 9 mois s'est substituée aux deux sessions annuelles).

La réunion du Parlement en session extraordinaire répond à la nécessité d'**organiser un débat sur un sujet important du moment ou de faire avancer le travail législatif** (soit qu'il y ait du retard dans ce travail, soit que le gouvernement veuille faire passer un programme chargé que la session ordinaire ne suffira pas à écouler).

L'instauration de la session (ordinaire) **unique sur 9 mois aurait dû, en théorie, faire perdre aux sessions extraordinaires une grande partie de leur raison d'être.** Mais en pratique, depuis 1995, plusieurs sessions ordinaires ont été suivies (après leur clôture au 30 juin) d'une session extraordinaire couvrant une partie du mois de juillet à laquelle s'ajoute parfois une session extraordinaire au mois de septembre. Depuis 2002, la convocation du Parlement en session extraordinaire après la clôture de la session ordinaire est même devenue systématique.

Bibliographie et lectures pour approfondir

BEAUD O., « Contribution de l'irresponsabilité présidentielle au développement de l'irresponsabilité politique sous la Cinquième République », *RDP*, 1998, p. 1541 ; BLACHÈR P., « Les pouvoirs discrétionnaires du chef de l'État, sources de la présidentialisation du régime », *LPA*, 2008, n° 138, n° spécial, p. 5 ; CAMY O., « Le chef de l'État est-il souverain sous la Cinquième République ? », *RFDC*, 1996, n° 25, pp. 3-20 ; CHABRAL P. et FREISSEIX P., « Déclin et renouveau de la présidence française dans le contexte de l'élection de 1995 », *RFDC*, 1996, n° 25, pp. 35-71 ; DAUGERON B., « La cohabitation et ses faux-semblants : réflexions sur le présidentialisme minoritaire », *RDP*, 2004, pp. 67-111 ; DIÉMERT S., « Le référendum législatif d'initiative minoritaire dans l'article 11, révisé, de la Constitution », *RFDC*, 2009, n° 77, p. 55 ; FERRETTI R., « La dissolution sous la Ve », *LPA*, 1997, n° 79 ; « Le contrôle juridictionnel des actes du Président de la République », *RDP*, 1998, p. 1719 ; FRANÇOIS B., « Le quinquennat présidentiel change-t-il quelque chose à la Ve République ? », *LPA*, 2008, n° 138, n° spécial, p. 15 ; GHEVONTIAN R., « La révision de la Constitution et le Président de la République : l'hyperprésidentialisation n'a pas eu lieu », *RFDC*, 2009, n° 77, p. 119 ; MASSOT J., *L'arbitre et le capitaine. Essai sur la responsabilité présidentielle*, 1987, *Chef de l'État et chef du gouvernement*, 1994 ; *Rev. Pouvoirs*, 1996, n° 77, *Le référendum* ; PIASTRA R., « Vers un statut pénal du chef de l'État », *RA*, 2005, n° 344, pp. 142-150 ; ROBERT J., « La candidature présidentielle », *RDP*, janvier-février 2006, n° 2, p. 3 ; ROMI R., « Le Président de la République, interprète de la Constitution », *RDP*, 1987, p. 1265 ; SAINT-BONNET F., « Réflexions sur l'article 16 et l'état d'exception », *RDP*, 1998, p. 1699 ; SCHOETTL J.-E., « La nouvelle réglementation de l'élection présidentielle », *LPA*, 15 mai 2006, n° 96, pp. 18-20 ; ZARKA J.-Cl., « Sur la fonction présidentielle, Le déclin du référendum sous la Ve République » (2 articles), *RDP*, 1998, n° spécial, *Les 40 ans de la Ve République*.

CHAPITRE III
L'organisation et le fonctionnement du Gouvernement

405 Constitutionnellement, le gouvernement dispose d'attributions nombreuses et importantes. Mais la pratique de la Cinquième République a démontré sa subordination au Président de la République.

Son organisation est le reflet de cette subordination avec une place particulière accordée au Premier ministre. **Le gouvernement est en quelque sorte l'instrument d'application de la politique présidentielle**, un instrument indispensable au chef de l'État. **C'est lui qui détient les moyens juridiques et administratifs pour traduire dans les faits toute décision.**

Il faut distinguer l'organisation du gouvernement de ses attributions.

SECTION I
L'organisation du gouvernement

406 Le gouvernement c'est d'abord une structure, un organe qui repose sur trois principes : collégialité, solidarité et hiérarchie. Pour favoriser son bon fonctionnement, les ministres sont dotés d'un statut constitutionnel qui a évolué vers plus d'exigence, en particulier ces dernières années.

§ 1. La structure du gouvernement

407 Le gouvernement comprend un Premier ministre, des ministres, des ministres délégués, des secrétaires d'État. Sa collégialité s'exerce à travers différentes formations.

A) Les formations collégiales

408 Nous examinerons successivement le Conseil des ministres, le Conseil de cabinet, les comités interministériels et les conseils restreints.

1. Le Conseil des ministres

409 Le Conseil des ministres est la seule formation collégiale du gouvernement qui ait une existence constitutionnelle (art. 9). Elle est en même temps la plus institutionnalisée de ces formations.

Spécifique à la France, le Conseil des ministres incarne l'unité du pouvoir exécutif. Présidé par le Président de la République (art. 9), il réunit une fois par semaine (généralement le mercredi) le Premier ministre, les ministres et, lorsque le Président le juge nécessaire, les ministres délégués (ou certains d'entre eux) et les secrétaires d'État (de façon plus exceptionnelle).

Le Conseil des ministres est le lieu incontournable où se prennent les décisions importantes.

La collégialité du gouvernement signifie que les délibérations et les décisions adoptées au nom du gouvernement engagent solidairement tous ses membres. Autrement dit, **tous les ministres sont solidaires**, responsables des décisions prises en Conseil des ministres. Ceci explique la discrétion qui entoure les débats même si le porte-parole du gouvernement rend compte des travaux du Conseil.

En réalité, le déroulement du Conseil des ministres se fait selon un protocole assez formel. **L'ordre du jour étant déterminé à l'avance** (proposé par le Premier ministre et arrêté par le Président), le Président donne la parole aux ministres concernés et parfois à ceux qui souhaitent s'exprimer. Une fois la « délibération » achevée, il déclare adopté le projet ou la décision.

Selon la Constitution, il appartient au gouvernement et plus particulièrement au Conseil des ministres :

- de proposer au Président le sujet d'un référendum (art. 11) ;
- de délibérer sur la nomination des plus hauts fonctionnaires de l'État (art. 13, al. 3), comme les conseillers d'État ou les ambassadeurs ;
- de délibérer sur les projets d'ordonnances et sur les projets de décrets les plus sensibles (art. 13 et 38) ;
- de décréter l'état de siège (art. 36) ;
- de délibérer sur les projets de loi, après avis du Conseil d'État (art. 39) ;
- de délibérer sur l'engagement de la responsabilité du gouvernement par le Premier ministre, que ce soit sur son programme, une déclaration de politique générale ou un texte (art. 49, al. 1 et 3).

Beaucoup de ces attributions apparaissent comme formelles. S'il est exagéré de dire que le Conseil des ministres n'est qu'un conseil d'enregistrement des décisions du Président (puisqu'il possède une certaine autonomie sur les affaires gouvernementales), il n'en reste pas moins qu'un ou plusieurs ministres n'ont pas les moyens de s'opposer au chef de l'État qui a en quelque sorte le dernier mot.

Sur les sujets graves et importants, le Président procède à un **« tour de table »** pour connaître l'avis de chacun et surtout pour mettre en évidence l'accord qui se dégage (ainsi le président Valéry Giscard d'Estaing utilisa-t-il cette procédure en 1974 à propos du projet de loi sur l'interruption de grossesse).

Si un ministre n'approuve pas une décision prise en Conseil des ministres ou, de façon plus générale, une orientation du gouvernement, « il doit se taire ou démissionner » (ainsi Michel Rocard a démissionné du gouvernement Fabius pour marquer son opposition au rétablissement du scrutin proportionnel, ou encore Jean-Pierre Chevènement qui a démissionné du gouvernement Rocard pour manifester son opposition à la guerre du Golfe).

Le principe de collégialité et de solidarité est parfois battu en brèche par certains ministres (indiscrétions voulues, critiques ouvertes contre d'autres membres du gouvernement voire contre le Premier ministre...). **La discipline qui règne au sein du gouvernement dépend en partie de l'autorité du Premier ministre sur les ministres qui, elle-même, dépend du degré de confiance que lui accorde le Président**. Lorsque les relations du Président et du Premier ministre sont difficiles, ce dernier éprouve davantage de difficultés à imposer son autorité sur les ministres.

Là encore, en période de cohabitation, l'équilibre des forces est différent : le Président conduit le Conseil des ministres mais le programme de travail est essentiellement fixé par le gouvernement. Néanmoins, le chef de l'État a toujours la possibilité d'écarter de l'ordre du jour les textes et les sujets de discussion proposés par le gouvernement (pratiquée systématiquement, cette obstruction provoquerait une crise institutionnelle).

De même, pour répondre au compte rendu du Conseil des ministres fait par le porte-parole du gouvernement, le président Mitterrand avait pris l'habitude de faire lire une déclaration par le porte-parole de l'Élysée, dans laquelle étaient rappelées les remarques et réserves formulées par le chef de l'État pendant le Conseil. Au cours de la troisième cohabitation (juin 1997-mai 2002), le président Chirac a repris cette méthode à son compte (critique des mesures gouvernementales concernant la réduction du temps de travail ou l'instauration des emplois jeunes, par ex.).

2. Le Conseil de cabinet

410 Il n'a pas d'existence constitutionnelle. D'un usage régulier sous les Troisième et Quatrième Républiques, le Conseil de cabinet réunissait les ministres et secrétaires d'État sous la présidence du Président du Conseil. Il était tout à fait symptomatique du régime des partis dans la mesure où son rôle était de régler, hors la présence du Président de la République, les problèmes qui ne manquaient pas de surgir entre les représentants des partis de la coalition gouvernementale. Par ailleurs, il était en quelque sorte l'antichambre du Conseil des ministres, le lieu où se préparaient les décisions.

Sous la Cinquième République, les Conseils de cabinet sont rares (de Gaulle les interdit *de facto* dès 1958). La suprématie présidentielle est telle qu'une réunion du gouvernement qui laisserait à l'écart le Président n'est pas concevable. De plus, le fait majoritaire permet de dégager une cohérence des partis de la majorité qui n'ont plus les moyens de dicter leurs conditions au gouvernement. Néanmoins, le Premier ministre Alain Juppé avait instauré des « séminaires de ministres » (6 de 1995 à 1997), méthode reprise par ses successeurs.

Le Conseil de cabinet retrouve une certaine justification en période de cohabitation. En effet, le Premier ministre est le leader de la majorité parlementaire et applique son programme et non plus celui du Président. Le Conseil de cabinet est alors un lieu d'élaboration de la politique gouvernementale. De fait, le Président se retrouve « hors jeu » (à titre d'ex., le Premier ministre Lionel Jospin organisait deux réunions par mois).

3. Les comités interministériels

411 L'objet de ces comités est d'aborder des sujets spécifiques et déterminés qui ne peuvent pas être développés en Conseil des ministres. Ils regroupent, sous l'autorité du Premier, les ministres et, le cas échéant, les secrétaires d'État concernés. Le Président de la République y est représenté par l'un de ses collaborateurs.

Les comités interministériels permettent au Premier ministre de coordonner l'action des ministres et de procéder à des arbitrages entre les différents ministères, c'est-à-dire de faire des choix (par ex., en matière budgétaire). Néanmoins, il arrive qu'un ministre désavoué ou victime d'un arbitrage fasse appel au chef de l'État pour trancher le désaccord.

Citons, sur les dernières années, le Comité interministériel pour la société de l'information ou celui consacré régulièrement à l'aménagement du territoire.

4. Les conseils restreints

412 **Ils ont été pendant longtemps un instrument privilégié de l'action présidentielle.** Ils réunissent, sous la présidence du chef de l'État, les ministres concernés par une question importante et précise.

Seuls les conseils restreints en matière d'affaires militaires sont prévus par la Constitution (art. 15). Dans tous les autres domaines, ils sont laissés, dans leur périodicité et leur composition, à l'appréciation du Président.

Utilisé régulièrement par les Présidents successifs, **le conseil restreint est tombé en désuétude sous les présidences de François Mitterrand** (qui préférait utiliser d'autres canaux de commandement), **seulement réuni pour l'examen de questions graves nécessitant un traitement particulier** (comme les attentats terroristes en 1986 ou les problèmes de la Corse en 1991).

B) Le Premier ministre

413 Le thème de la nomination et de la cessation des fonctions du Premier ministre ayant été développé dans le chapitre précédent, nous nous contenterons de quelques rappels.

Selon l'article 8 de la Constitution, le Président « nomme le Premier ministre ». Il s'agit d'un pouvoir propre du chef de l'État. Le choix du chef du gouvernement procède donc de la volonté du chef de l'État.

De plus, **le Président étant l'élu du suffrage universel direct, le Premier ministre et le gouvernement procèdent de lui et reçoivent leur légitimité de sa légitimité démocratique**. Cet élément renforce encore le caractère discrétionnaire du choix du Premier ministre.

Tableau 4 **Liste des Présidents de la République et de leurs gouvernements**

Président de la République		Premier ministre	
1959-1966	Charles de Gaulle (1er mandat)	Michel Debré	8 janv. 1959 – 14 avril 1962
		Georges Pompidou	14 avril 1962 – 28 nov. 1962
		Georges Pompidou	28 nov. 1962 – 8 janvier 1966
1966-1969	Charles de Gaulle (2e mandat)	Georges Pompidou	8 janv. 1966 – 1er avril 1967
		Georges Pompidou	6 avril 1967 – 10 juillet 1968
		Maurice Couve de Murville	10 juillet 1968 – 20 juin 1969
1969-1974	Georges Pompidou	Jacques Chaban-Delmas	20 juin 1969 – 5 juillet 1972
		Pierre Messmer	5 juillet 1972 – 28 mars 1973
		Pierre Messmer	2 avril 1973 – 27 février 1974
		Pierre Messmer	27 fév. 1974 – 27 mai 1974
1974-1981	Valéry Giscard d'Estaing	Jacques Chirac	27 mai 1974 – 25 août 1976
		Raymond Barre	25 août 1976 – 29 mars 1977
		Raymond Barre	29 mars 1977 – 31 mars 1978
		Raymond Barre	3 avril 1978 – 21 mai 1981
1981-1988	François Mitterrand (1er mandat)	Pierre Mauroy	21 mai 1981 – 23 juin 1981
		Pierre Mauroy	23 juin 1981 – 22 mars 1983
		Pierre Mauroy	22 mars 1983 – 19 juil. 1984
		Laurent Fabius	19 juil. 1984 – 20 mars 1986
		Jacques Chirac	20 mars 1986 – 10 mai 1988
1988-1995	François Mitterrand (2e mandat)	Michel Rocard	10 mai 1988 – 23 juin 1988
		Michel Rocard	23 juin 1988 – 15 mai 1991
		Édith Cresson	15 mai 1991 – 2 avril 1992
		Pierre Bérégovoy	2 avril 1992 – 29 mars 1993
		Édouard Balladur	29 mars 1993 – 17 mai 1995
1995-2002	Jacques Chirac (1er mandat)	Alain Juppé	17 mai 1995 – 7 nov. 1995
		Alain Juppé	7 nov. 1995 – 2 juin 1997
		Lionel Jospin	2 juin 1997 – 6 mai 2002
2002-2007	Jacques Chirac (2e mandat)	Jean-Pierre Raffarin	7 mai 2002 – 17 juin 2002
		Jean-Pierre Raffarin	17 juin 2002 – 30 mars 2004
		Jean-Pierre Raffarin	30 mars 2004 – 31 mai 2005
		Dominique de Villepin	31 mai 2005 – 15 mai 2007
2007-2012	Nicolas Sarkozy	François Fillon	17 mai 2007 – 18 juin 2007
		François Fillon	18 juin 2007 – 13 nov. 2010
		François Fillon	14 nov. 2010 – 10 mai 2012
2012 –...	François Hollande	Jean-Marc Ayrault	15 mai 2012 – 20 juin 2012
		Jean-Marc Ayrault	21 juin 2012 – 31 mars 2014
		Manuel Valls	31 mars 2014 –...

Certes, il est d'usage que le Président fasse appel au leader ou à l'un des leaders de la majorité parlementaire mais son pouvoir lui permet de déroger à cette règle. Cela s'est vérifié notamment lorsque le chef de l'État a nommé un non-parlementaire comme Georges Pompidou en 1962 (de Gaulle voulait nommer à ce poste un « fidèle » qui ne lui porterait pas ombrage), Raymond Barre en 1976 (qui n'appartenait pas, à proprement parler, au personnel politique), Édith Cresson en 1991 ou Dominique de Villepin en 2005. Néanmoins, pour éviter tout affrontement avec les partis de la coalition majoritaire, les Premiers ministres choisis relevaient tous de la tendance majoritaire à l'Assemblée nationale.

La liberté de choix du Président, pour importante qu'elle soit, **reste conditionnée par la volonté populaire**. Lorsque la nouvelle majorité parlementaire issue des élections législatives est de tendance politique contraire à celle du chef de l'État, le Président doit nommer un Premier ministre issu de cette nouvelle majorité (Jacques Chirac après les législatives de 1986, Édouard Balladur après celles de 1993 et Lionel Jospin après celles de mai 1997).

Toujours selon l'article 8 de la Constitution, le Président « met fin [aux fonctions du Premier ministre] sur la présentation par celui-ci de la démission du Gouvernement ». Si le Président ne dispose pas du pouvoir constitutionnel de révoquer le Premier ministre qui ne quitte ses fonctions qu'en démissionnant, **il a les moyens politiques de l'obliger à démissionner**.

Les démissions des Premiers ministres sous la Cinquième République s'apparentent à des révocations (sauf dans le cas de la démission volontaire de Jacques Chirac en 1976 ou de la démission « protocolaire » de Georges Pompidou après l'élection présidentielle de 1965). C'est ainsi que Jacques Chaban-Delmas (juillet 1972) ou Michel Rocard (mai 1991) ont été « démissionnés » respectivement par les présidents Pompidou et Mitterrand.

À l'inverse, en cas de renversement de majorité comme cela s'est produit en 1986, 1993 et 1997, le Premier ministre devient alors intouchable. **La cohabitation prive le Président des moyens politiques de révoquer le Premier ministre**.

C) Les membres du gouvernement

414 La désignation et la cessation des fonctions des membres du gouvernement ayant été traitées dans le chapitre précédent, nous examinerons ici la question de la hiérarchie gouvernementale puis celle de l'organisation gouvernementale.

1. La hiérarchie gouvernementale

415 Au sommet de cette hiérarchie on trouve bien évidemment le **Premier ministre** qui, aux termes de l'article 21 de la Constitution, dirige l'action du gouvernement. **Bien que juridiquement il ne soit pas le supérieur hiérarchique des ministres, il exerce sur eux une autorité, encore renforcée quand il est le leader de la majorité parlementaire**.

Il faut ensuite se référer aux décrets de nomination qui classent les membres du gouvernement en plusieurs catégories hiérarchisées.

Au second rang (après le Premier ministre), on trouve dans certains gouvernements des **ministres d'État**, en général chargés d'un département ministériel important. Si la nomination de ministres d'État n'est pas automatique, c'est parce qu'il s'agit d'un **titre honorifique**. Ce titre vient souligner le **poids politique** de l'intéressé, soit en raison de sa personnalité et de son parcours politique (il peut s'agir d'un fidèle du Président comme Pierre Bérégovoy nommé ministre d'État chargé de l'Économie sous le gouvernement Rocard), soit en raison de sa position stratégique dans le dispositif gouvernemental (il peut s'agir des leaders des partis composant la coalition gouvernementale comme François Léotard, leader du parti républicain, nommé ministre d'État chargé de la Défense dans le gouvernement Balladur).

Les ministres d'État prennent parfois une telle importance qu'ils font de l'ombre au Premier ministre. D'ailleurs, il est arrivé qu'on parle de vice-Premier ministre pour certains d'entre eux. La relation privilégiée qu'ils peuvent entretenir avec le chef de l'État peut parfois les inciter à « traiter » directement avec lui. L'ambiguïté et les tensions qui peuvent naître de la place « à part » qu'occupent les ministres d'État ont incité les successeurs d'É. Balladur (à compter de mai 1995) à ne pas attribuer ce titre au sein de leur gouvernement. Il faut attendre le gouvernement Raffarin III (mars 2004) pour voir réapparaître un ministre d'État (N. Sarkozy). Au sein des gouvernements Fillon, le titre a été attribué à A. Juppé, J.-L. Borloo et M. Alliot-Marie.

Viennent ensuite les **ministres dits de plein exercice**, en charge d'un département ministériel et participant à toutes les réunions du Conseil des ministres. D'un gouvernement à l'autre, leur nombre varie selon que certains regroupements de départements ministériels sont opérés ou non (on peut ainsi trouver un grand ministère de l'Économie ou alors un ministère de l'Économie et un ministère du Budget), et selon que certains domaines sont pris ou non en compte spécifiquement (les droits de la femme, la politique de la ville, les sports...). En incluant les ministres d'État, il y en eut de 26 (gouvernement Mauroy II, 1981-1983) à 13 (gouvernement Barre II, 1977-1978).

Il arrive que des gouvernements comprennent également des **ministres délégués** en charge de départements ministériels mais rattachés à un ministre de plein exercice ou au Premier ministre.

Rattachés à un ministre de plein exercice, ils ont souvent vocation à prendre en charge une partie des responsabilités de ce ministre (ainsi, le ministre des Affaires étrangères du gouvernement de Villepin avait sous sa tutelle un ministre délégué aux Affaires européennes).

Rattachés au Premier ministre, ils ont vocation à gérer un domaine sensible sur lequel le Premier ministre veut garder un droit de regard et d'action (par ex., un ministre délégué à l'Outre-Mer était rattaché à l'ancien Premier ministre Alain Juppé). S'ils participent au Conseil des ministres, ils sont plus ou moins dépendants du ministre auquel ils sont rattachés.

Enfin, au bas de la structure gouvernementale, on trouve les **secrétaires d'État**. Ils sont eux aussi rattachés au Premier ministre ou à un ministre de plein exercice pour, dans le premier cas, accomplir des tâches précises (ainsi, un secrétaire d'État délégué à l'Emploi était rattaché au Premier ministre Alain Juppé) ou, dans le second cas, assister le ministre dans la gestion de son département (le ministre de la Justice du gouvernement Raffarin III était assisté par une secrétaire d'État aux Droits des victimes). Les secrétaires d'État ne participent pas au Conseil des ministres sauf si leur présence est requise pour une question qui les intéresse.

Signalons également l'attribution, au sein des gouvernements Fillon, d'**un titre inédit, celui de Haut-commissaire** (titre souvent utilisé pour des missions diverses liées à des périodes troublées ou des dossiers délicats mais jamais pour un membre du gouvernement). Ce poste (Haut-commissaire aux solidarités actives contre la pauvreté), taillé sur mesure pour M. Hirsch (ancien Président d'Emmaüs France, auteur de travaux sur la lutte contre la pauvreté et homme de gauche), a été largement consacré à la mise en œuvre du projet de revenu de solidarité active. Avec ce titre, M. Hirsch souhaitait ne pas apparaître comme un ministre ordinaire, *a fortiori* de droite. Il n'en reste pas moins qu'il appartenait à part entière au gouvernement avec les devoirs, notamment la solidarité gouvernementale, que cela implique.

2. L'organisation ministérielle

416 **Chaque ministre est à la tête d'un département ministériel** et doit en assurer la direction et le bon fonctionnement.

Pour ce faire, il donne des ordres et des instructions sous forme de directives, circulaires… mais **il ne dispose pas du pouvoir réglementaire** sauf pour l'organisation et le fonctionnement du ministère (arrêt du Conseil d'État de 1936, *Jamart*).

Pour toutes les décisions prises par le Président ou le Premier ministre dans le domaine de compétence du ministère, le ministre concerné doit donner son contreseing. Si en théorie il peut le refuser pour marquer son désaccord, en pratique, il n'a pas les moyens de s'opposer à une décision présidentielle ou du Premier ministre (sauf si le Président lui apporte son soutien). Le ministre qui refuse son contreseing prend le risque d'être « démissionné ».

Hormis les emplois les plus élevés de son ministère qui relèvent du Président ou du Premier ministre, le ministre dispose d'une compétence de nomination des fonctionnaires de ses services (par délégation du Premier ministre).

Enfin, en tant qu'ordonnateurs des dépenses de leur ministère, c'est-à-dire détenant le pouvoir de décider ces dépenses, les ministres orientent et contrôlent l'action de leurs services.

Pour diriger son ministère, le ministre est assisté par des conseillers qui forment son **cabinet**. Il recrute lui-même son cabinet composé souvent de **hauts fonctionnaires** dont certains étaient déjà des collaborateurs du futur ministre. **Les cabinets ministériels, organes politiques et techniques, ont été mis en cause ces dernières années** pour l'importance et l'influence grandissante qu'ils ont sur le ministre.

Outre le nombre de conseillers jugé abusif (jusqu'à une vingtaine dans certains ministères), **il est surtout reproché aux cabinets ministériels d'être le véritable centre de décision alors qu'en démocratie, c'est au politique, donc au ministre, de prendre les décisions et de les assumer**. On évoque parfois la dilution du pouvoir de décision et de la responsabilité, de hauts fonctionnaires servant de « fusibles » aux ministres.

Malgré les tentatives (timides) pour limiter la taille des cabinets, l'importance du travail à accomplir a favorisé et favorise le recrutement de conseillers officieux (30 sur 310 dans le gouvernement Juppé, 60 sur 400 dans celui d'Édouard Balladur). Au sein du gouvernement Jospin, les collaborateurs « officiels » des ministres étaient plus de 400.

§ 2. Le statut des ministres

417 Le souci d'assurer l'indépendance des ministres a conduit le constituant de 1958 à édicter un régime d'incompatibilités. Plus récemment, le climat des « affaires » l'a également incité à modifier le régime de la responsabilité pénale des ministres.

A) Les incompatibilités

418 Selon l'article 23 de la Constitution, « **Les fonctions de membre du Gouvernement sont incompatibles avec l'exercice de tout mandat parlementaire,**

de toute fonction de représentation professionnelle à caractère national et de tout emploi public ou de toute activité professionnelle ».

L'incompatibilité des fonctions ministérielles avec toute autre activité publique ou professionnelle n'est pas négligeable. S'agissant de l'incompatibilité avec toute autre activité publique, elle a pour but d'éviter qu'un ministre soit partagé entre ses responsabilités ministérielles et les fonctions qu'il aurait à accomplir dans une autre administration, se trouvant de ce fait sous l'autorité d'un autre ministre du gouvernement. Un ministre ne peut pas non plus être membre du Conseil constitutionnel, du Conseil économique, social et environnemental, du Conseil supérieur de l'audiovisuel. Pour l'incompatibilité avec une activité professionnelle, il s'agit d'éviter qu'un ministre puisse exercer une activité privée pour laquelle il profite de son appartenance au gouvernement.

Mais l'élément clé de l'article 23 est évidemment l'incompatibilité entre les fonctions de ministre et le mandat parlementaire. Il s'agit d'une innovation de la Cinquième République qui est contraire aux règles du régime parlementaire.

En effet, sous les Républiques précédentes, il était d'usage que les ministres soient choisis parmi les parlementaires, sans perdre pour autant leur mandat. Leur qualité de parlementaire leur permettait précisément d'accéder aux assemblées, d'y avoir un droit de parole et de prendre part aux votes. Sous la Cinquième République, si les ministres peuvent accéder aux assemblées en tant que tels, ils ne peuvent plus prendre part aux votes puisqu'ils ne sont plus parlementaires.

Le régime des incompatibilités trouve principalement sa source dans le souci de dégager les ministres de l'influence et des luttes des partis politiques au sein des assemblées. L'indépendance de l'exécutif est ainsi renforcée, ce qui est un gage de stabilité et de plus grande efficacité.

Jusqu'à la révision constitutionnelle du 23 juillet 2008, les incompatibilités étaient également (en théorie) un **gage de stabilité gouvernementale** dans la mesure où les ministres savaient qu'ils n'avaient pas de siège de député ou de sénateur qui les attendaient (automatiquement) en cas de démission du gouvernement (voy. ci-dessous).

Enfin, le régime des incompatibilités vise également à alléger la charge des responsabilités et de travail des ministres et à accroître ainsi leur efficacité. En pratique, la nomination d'un ministre déjà titulaire d'un mandat parlementaire ou désireux de se présenter aux élections parlementaires est possible. En effet, selon l'ordonnance du 17 novembre 1958 qui définit les modalités d'application de l'article 23 de la Constitution : « Pour chaque membre du Gouvernement, les incompatibilités établies à l'article 23 de la Constitution prennent effet à l'expiration d'un délai d'un mois à compter de sa nomination. » Le ministre dispose donc de ce délai d'un mois pour faire son choix.

S'il choisit de conserver son poste ministériel, le parlementaire est remplacé par son suppléant (élu en même temps que lui). Pendant le délai de réflexion, « le parlementaire membre du gouvernement ne peut prendre part à aucun scrutin ». Cela signifie que le gouvernement en place est privé de voix précieuses pour les différents votes, en particulier les gouvernements nouvellement formés et qui n'ont qu'une faible majorité à l'Assemblée nationale.

Cette situation délicate a conduit certains gouvernements à recourir à des artifices de procédure pour « récupérer » ces voix le temps de l'installation de la nouvelle Assemblée. Ainsi, il est arrivé qu'un ministre, réélu à son siège de député, démissionne du gouvernement pour pouvoir participer à l'élection du bureau et des commissions de l'Assemblée nationale avant d'être intégré dans la nouvelle équipe gouvernementale.

Jusqu'à la révision constitutionnelle du 23 juillet 2008, le suppléant occupait le siège du ministre jusqu'au renouvellement général ou partiel de l'assemblée à laquelle il appartenait. S'il venait à démissionner, le ministre n'avait pas un droit à récupérer son siège. Pourtant, il était de coutume qu'à la demande du ministre, le suppléant démissionne, provoquant ainsi une élection partielle à l'occasion de laquelle le ministre tentait de récupérer son siège (cette solution ne valait pas pour les sénateurs élus au scrutin de liste à la représentation proportionnelle puisque la démission du remplaçant avait seulement pour effet de permettre au suivant de liste de devenir parlementaire). La loi constitutionnelle de 2008 a prévu que ce remplacement (par le suppléant) ne serait désormais que « temporaire », le parlementaire ayant été appelé à occuper des fonctions ministérielles **retrouvant automatiquement son siège lorsque ses fonctions ministérielles prennent fin** (dans le délai d'un mois ; loi organique du 13 janvier 2009). De plus, l'ordonnance du 17 novembre 1958 organise un régime favorable au ministre démissionnaire. Elle prévoit en effet que « Quiconque a été appelé à remplacer (...) un parlementaire nommé membre du Gouvernement ne peut, lors de l'élection suivante, faire acte de candidature contre lui ». En outre, elle prévoit que le ministre ayant cessé ses fonctions bénéficie, pendant trois mois (contre six auparavant, loi organique du 11 octobre 2013), d'« une indemnité d'un montant égal au traitement qui lui était alloué en sa qualité de membre du Gouvernement », à moins que l'intéressé n'ait repris auparavant une activité rémunérée.

Si le régime des incompatibilités a apporté des améliorations, il a aussi montré ses faiblesses.

Curieusement, **il laisse hors de son champ d'application d'importantes fonctions politiques ou électives**.

Ainsi, **il n'y a pas d'incompatibilité entre les fonctions ministérielles et celles de direction d'un parti**. D'ailleurs, pour l'équilibre du gouvernement, on retrouve fréquemment les leaders des partis de la majorité à des postes ministériels importants. L'inconvénient est que lorsque des difficultés surgissent au sein du gouvernement ou lorsqu'approchent des élections, ces dirigeants ont tendance à jouer la carte de leur parti parfois au détriment de la cohésion gouvernementale (le gouvernement Balladur a souffert des dissensions entre les leaders des partis de la majorité qui soutenaient sa candidature à l'élection présidentielle et ceux qui soutenaient celle de Jacques Chirac).

Par ailleurs, **il n'y a pas d'incompatibilité avec l'exercice de mandats locaux**. Si certains hommes politiques ont suggéré ces dernières années d'établir cette incompatibilité en rappelant que la fonction de ministre est une fonction à plein-temps (Lionel Jospin avait demandé à ses ministres occupant la fonction de maire d'abandonner cette dernière puis, à l'issue des élections municipales de mars 2001, de faire un choix entre les deux fonctions pour ceux qui avaient été élus ; l'ancien Premier ministre Jean-Pierre Raffarin avait également imposé cette règle à ses ministres), d'autres considèrent utile que les ministres puissent exercer en même temps un mandat local pour garder un lien avec la réalité du terrain (le président Sarkozy a même imposé la règle selon laquelle un ministre battu aux élections législatives doit démissionner, comme ce fut le cas pour A. Juppé ; F. Hollande a repris cette règle à son compte).

Mais surtout, **le régime de l'incompatibilité entre le mandat parlementaire et la fonction ministérielle n'a pas prouvé son efficacité**. Il apparaît clairement que **les ministres élus d'une circonscription restent députés *de facto*** quand ils sont remplacés par leurs suppléants, ces derniers se contentant de jouer le rôle de « courroie de transmission ». D'ailleurs, l'accord tacite entre ministre et suppléant ne fait pas de doute. Par ailleurs, c'est pour mettre fin à la situation hypocrite dans laquelle le suppléant conservait la circonscription et la « restituait » au ministre (ou au contraire prenait de l'assurance et manifestait une certaine réticence à démissionner pour laisser la place au titulaire) si celui-ci le lui demandait après avoir démissionné du gouvernement ou au moment des élections législatives ou sénatoriales, que la révision constitutionnelle de 2008 et la loi organique de 2009 ont prévu que le parlementaire ayant été appelé à occuper des fonctions ministérielles retrouve automatiquement son siège lorsque ses fonctions ministérielles prennent fin.

Signalons qu'un projet de loi constitutionnelle (adopté en Conseil des ministres le 13 mars 2013) prévoit que les ministres ne pourront exercer simultanément des fonctions exécutives au sein des collectivités territoriales, et de leurs établissements publics de coopération (la liste en sera fixée dans une loi organique).

B) La responsabilité pénale des ministres

419 Traditionnellement, la Haute Cour de justice était compétente pour connaître de la responsabilité pénale des ministres pour les actes accomplis dans l'exercice de leurs fonctions. Cette responsabilité s'est révélée largement théorique et inadaptée : d'une part, la procédure pour mettre en place et saisir la Haute Cour était lourde et solennelle, d'autre part, son champ de compétence ne couvrait pas certains actes susceptibles d'être commis par des ministres.

L'affaire Nucci puis le scandale du sang contaminé ont servi de **révélateur de l'impuissance de ce système de responsabilité**. L'impunité dont semblaient jouir les ministres a profondément choqué l'opinion. À la suite de ces affaires, **la loi constitutionnelle du 27 juillet 1993** est venue modifier le système de la responsabilité pénale des ministres en créant une **Cour de justice de la République**.

La Cour de justice de la République est composée de six députés, six sénateurs et de trois magistrats du siège à la Cour de cassation. Tout membre du gouvernement, dont le Premier ministre, peut être appelé à répondre devant la Cour d'un crime ou délit « commis (...) dans l'exercice de ses fonctions ».

Mais l'innovation la plus intéressante tient certainement au mode de saisine de la Cour. En effet, **la saisine échappe aux parlementaires pour être ouverte à toute personne se prétendant victime d'un crime ou délit commis par un ministre**.

Comme il existe un risque de voir les plaintes se multiplier, la saisine n'intervient qu'après examen et avis conforme d'une Commission des requêtes. Si celle-ci retient la plainte, le dossier est transmis au procureur général de la République près la Cour de cassation. Ce dernier saisit alors la Cour de justice du dossier qui lui a été transmis. Mais il peut aussi la saisir d'office après avis conforme de la Commission des requêtes. Les arrêts de la Cour doivent être motivés.

Il existe la possibilité de faire appel des arrêts de la Cour de justice devant l'Assemblée plénière de la Cour de cassation.

À ce jour, l'affaire la plus spectaculaire est certainement celle du sang contaminé. Au mois de septembre 1994, trois ministres (au moment des faits) avaient été mis en examen par la commission d'instruction de la Cour de justice de la République pour « complicité d'empoisonnement ». Après avoir clos son instruction à l'automne 1996, la commission a transmis le dossier au procureur général près la Cour de justice de la République et la Cour de cassation. On peut simplement se demander si l'engagement de la responsabilité pénale des ministres n'a pas été le résultat (regrettable) de la pression de l'opinion plutôt que du travail serein de la justice. En dépit des craintes des victimes (hémophiles, transfusés) que ne soit prononcé un non-lieu suite à un arrêt de la Cour de cassation du 2 juillet 1998 estimant que le crime d'« empoisonnement » nécessite une intention manifeste de tuer, la commission d'instruction de la Cour de justice de la République a décidé de renvoyer les trois ministres (Laurent Fabius, Premier ministre au moment des faits, Georgina Dufoix, ministre des Affaires sociales, et Edmond Hervé, secrétaire d'État à la Santé à cette même date) devant la Cour pour homicide involontaire, ce qui les exposait à des sanctions moins sévères que la complicité de crime d'empoisonnement, pour laquelle ils étaient initialement poursuivis.

Force est de constater que **le procès devant la Cour de justice** (début 1999) **a montré toutes les carences du système** : divergences, voire contradictions ouvertes, entre magistrats professionnels et hommes politiques siégeant à la Cour, méconnaissance du dossier de la part du président de la Cour, impossibilité pour les victimes de témoigner… Au final, M. Fabius et Mme Dufoix ont été mis hors de cause. M. Hervé a été reconnu coupable d'avoir commis une faute de négligence et un manquement à l'obligation de sécurité, mais il a été dispensé de peine.

Ségolène Royal, en qualité d'ancien ministre délégué à l'Enseignement scolaire, a été poursuivie devant la Cour de justice par deux enseignants pour diffamation par voie de presse. Elle a été innocentée (mai 2000).

Au nom de l'égalité de tous devant la justice, le gouvernement Ayrault a initié un projet de loi constitutionnelle (adopté en Conseil des ministres le 13 mars 2013) qui prévoit la suppression de la Cour de justice de la République, les ministres étant jugés par les juridictions pénales de droit commun.

SECTION II
La fonction gouvernementale

420 La situation du Premier ministre dans le fonctionnement des institutions est assez confuse. Il dispose d'importantes prérogatives constitutionnelles. Pourtant, la prééminence présidentielle l'a privé du rôle qui aurait pu être le sien. Mais dans le dispositif présidentiel, son rôle de leader de la majorité parlementaire lui donne une place privilégiée.

Quant au gouvernement, sa mission est simple : mettre en œuvre le programme présidentiel sous l'autorité du Premier ministre.

§ 1. Les attributions du Premier ministre

421 La pratique de la Cinquième République veut que le Premier ministre soit le leader de la majorité parlementaire. Cette autorité de fait, combinée à ses prérogatives constitutionnelles, font de lui le chef du gouvernement et l'élément clé du dispositif présidentiel.

Le Premier ministre dispose donc de compétences à l'égard du gouvernement, du Parlement et des citoyens.

A) Les attributions à l'égard du gouvernement

422 La tâche du Premier ministre est de conduire l'action du gouvernement. Pour élaborer ses décisions, transmettre ses instructions, coordonner le travail gouvernemental, il dispose de services qui lui apportent une assistance technique.

1. Le Premier ministre dirige l'action du gouvernement

423 Selon l'article 21 de la Constitution, **« Le Premier ministre dirige l'action du Gouvernement »**. Il est d'ailleurs en position dominante dès la formation du gouvernement et dans sa vie quotidienne puisqu'il propose au Président la nomination et la révocation des ministres (ceci doit être nuancé par le fait que les postes clés du gouvernement sont souvent occupés par des personnalités choisies par le chef de l'État lui-même, voy. *infra*, n° 394). **Il exerce donc sur eux une autorité incontestable** (qui varie selon sa personnalité et son charisme). Celle-ci s'exerce à deux niveaux.

D'abord, **dans le fonctionnement de l'activité gouvernementale**.

Le Premier ministre dispose de compétences dont nous pourrions qualifier l'usage d'exceptionnel. Ainsi, il est le seul à pouvoir engager la responsabilité du gouvernement devant l'Assemblée nationale. De même, en cas d'absence du Président, il peut présider le Conseil des ministres (sur délégation du Président).

Mais l'essentiel de l'autorité du Premier ministre s'exerce dans le fonctionnement quotidien du gouvernement.

Le Premier ministre adresse ses instructions aux différents ministres (par ex., il leur adresse chaque année, dans la perspective de la préparation du budget, une lettre de cadrage qui situe le niveau des dépenses autorisées ; de façon plus globale, les instructions peuvent prendre la forme d'une circulaire sur la méthode de travail du gouvernement).

Il doit **signer ou contresigner** les principaux textes élaborés par les ministères, ce qui est un moyen de contrôler leur activité et, le cas échéant, **d'opposer son veto** à un projet (projets de lois, de décrets réglementaires). Réciproquement, les décisions du Premier ministre doivent être contresignées par les ministres concernés (même si on voit mal comment un ministre pourrait refuser sa signature sans provoquer une crise).

Il dispose du **pouvoir de nomination** des fonctionnaires civils et militaires. Mais ce pouvoir est nécessairement limité au regard de celui appartenant au Président (nomination aux emplois supérieurs) et de celui confié aux ministres.

Il dispose également d'un **pouvoir d'arbitrage** qui lui permet de réguler l'activité gouvernementale et de trancher les désaccords entre ministres.

L'arbitrage le plus classique rendu par le Premier ministre est celui qui intervient au moment de la **préparation du budget** sur les différends qui opposent le ministre des Finances aux autres ministres. En effet, chaque année, des négociations serrées ont lieu entre le ministère des Finances qui tient les cordons de la bourse de l'État et qui veille à éviter les dérapages des dépenses, et les différents ministères qui tentent de boucler leur budget. Ces deux logiques contradictoires débouchent fréquemment sur des conflits que le Premier ministre arbitre en fonction des orientations définies par le Président.

Ensuite, **l'autorité du Premier ministre s'exerce au niveau de la cohésion et de la solidarité gouvernementale**.

Si un ministre vient à manquer à la solidarité gouvernementale, notamment en critiquant des décisions prises par le gouvernement dans sa collégialité ou en ne respectant pas l'état d'esprit prôné par le Premier ministre, le chef du gouvernement peut proposer au Président sa révocation (par ex., Alain Madelin qui a démissionné du gouvernement Juppé le 25 août 1995). Lorsque le malaise est plus profond et que les dissensions au sein du gouvernement concernent plusieurs ministres, le Premier ministre peut proposer au Président un remaniement du gouvernement.

Il doit également veiller à l'équilibre et à la stabilité au sein du gouvernement des courants formant la majorité. Si une tendance de la majorité venait à se sentir lésée ou à entrer en conflit avec une autre tendance, cela pourrait se ressentir sur l'équilibre du gouvernement mais aussi de la majorité parlementaire.

2. Les services du Premier ministre

424 Certains sont placés directement sous son autorité alors que d'autres lui sont simplement rattachés.

a) Les cabinets

425 **Le cabinet (civil) regroupe les collaborateurs personnels** du Premier ministre. À l'instar de celui du Président, il a une forte connotation politique. Sous la Cinquième République, le nombre de membres du cabinet a connu une sévère inflation (30 à 40 officiellement). Outre le coût de fonctionnement élevé d'une telle structure, il existe un risque de dispersion et de brouillage de l'autorité et de la décision.

Sous la direction d'un directeur de cabinet, conseillers techniques et chargés de mission (pour l'essentiel, issus des grands corps de la fonction publique) assurent évidemment une mission de conseil et de proposition auprès du Premier ministre mais aussi et surtout **la coordination et le suivi des différents domaines de l'activité gouvernementale** (ils transmettent les instructions du Premier ministre, élaborent des projets dont ils assurent le suivi…).

Le cabinet militaire (composé de quelques membres) **assiste et conseille le Premier ministre sur les questions de Défense nationale** dont il est constitutionnellement responsable (art. 21 C). Mais la prééminence présidentielle (qui s'exerce par le biais de l'article 15 de la Constitution) le prive de tout pouvoir de décision. La politique de défense de la France est un **« domaine réservé »** du chef de l'État. Le Premier ministre n'en est qu'un exécutant, bien qu'il retrouve une certaine marge de manœuvre en période de cohabitation, en vertu de ses attributions constitutionnelles de « responsable de la Défense nationale ».

b) Le Secrétariat général du gouvernement

426 Structure relativement légère composée d'un personnel de haut niveau (une soixantaine de personnes), le Secrétariat général joue un **rôle d'intermédiaire et de transmission des instructions** du Premier ministre aux ministres, **contrôle la régularité juridique des projets de lois et de décrets** et intervient **en matière législative** puisqu'il est chargé de la coordination du gouvernement et du Parlement.

Le secrétaire général du gouvernement est un personnage peu connu du grand public. Traditionnellement choisi parmi les conseillers d'État, sa position particulière et sa grande compétence lui ont souvent permis de rester en poste malgré les changements de gouvernements (par ex., Marceau Long est resté en poste de 1975 à 1982). **Cette stabilité permet d'assurer la continuité, au moins administrative, du travail gouvernemental.** Il joue un rôle important dans la **coordination du travail gouvernemental**. Il collabore avec le secrétaire général de l'Élysée pour préparer le planning du travail gouvernemental (par ex., pour définir l'ordre du jour des Conseils des ministres selon les instructions du Président) et transmettre, le cas échéant, les instructions présidentielles (en période de cohabitation, le secrétariat général du gouvernement retrouve davantage d'autonomie par rapport à l'Élysée).

c) Les organismes et les services rattachés au Premier ministre

427 Ils lui permettent de **jouer un rôle non négligeable dans des domaines dont certains sont considérés comme sensibles.** Nous présentons ici les plus importants.

Le Secrétariat général de la défense et de la sécurité nationale (SGDSN) est chargé de la coordination interministérielle en matière de défense et de sécurité (la coordination en matière de sécurité lui a été attribuée en 2010 à la suite de la création du conseil de défense et de sécurité nationale, voy. *supra*, n° 371).

Le « Secrétariat général du Comité interministériel pour les questions de coopération économique européenne » (SGCI), service chargé de coordonner l'activité des ministères sur l'Europe, est devenu le **« Secrétariat général des affaires européennes »** (SGAE) (décret du 18 octobre 2005). D'abord chargé (lors de la signature du traité de Rome) de l'élaboration des positions de la France sur les questions communautaires et de la coordination entre les institutions publiques françaises et les institutions européennes, le SGCI a progressivement été appelé à couvrir l'ensemble des domaines définis par le traité sur l'Union européenne et le traité sur le fonctionnement de l'Union européenne (à l'exception de la politique étrangère et de sécurité commune qui relève du ministère des Affaires étrangères). Son appellation ne rendait donc plus compte de la réalité de ses attributions. Le SGAE agit en étroite liaison avec la Représentation permanente de la France auprès de l'Union européenne, chargée de défendre les positions françaises dans les négociations communautaires au sein des institutions.

La Direction des Journaux officiels, la Direction de la Documentation française et le Service d'information et de diffusion ont pour mission d'assurer l'information officielle relative à l'activité des pouvoirs publics (publication des textes et des rapports officiels, information sur certaines actions engagées...).

Cependant, tous ces organismes ne sont pas permanents. Certains sont créés pour exercer une mission ponctuelle qui répond à une préoccupation du moment : Délégation à la rénovation des banlieues, Mission de lutte contre la toxicomanie...

B) Les pouvoirs à l'égard du Parlement

428 Le Premier ministre dispose de compétences techniques à l'égard du Parlement. Mais il a surtout un rôle politique, celui de leader de la majorité parlementaire.

1. Le leader de la majorité parlementaire

429 Comme nous l'avons indiqué, le fait majoritaire consiste dans la coïncidence des majorités présidentielle et parlementaire. La première, formée à l'occasion de l'élection présidentielle, est en quelque sorte relayée par la seconde au sein du Parlement. Ceci s'explique par le fait que **pour mener à bien son programme, le Président a besoin d'une majorité au Parlement**. Les élections législatives se jouent donc en partie en fonction du Président.

C'est donc tout naturellement que **le Président fait appel au leader de la coalition victorieuse des élections pour devenir son Premier ministre. Cela reste vrai en cas de cohabitation avec une majorité hostile. C'est le jeu de la démocratie.**

Cependant, **avec la réduction de la durée du mandat présidentiel à cinq ans et la coïncidence des élections** présidentielles et parlementaires, le scénario se présente différemment. Les élections législatives étant en quelque sorte une ratification de l'élection présidentielle, **le Premier ministre n'est plus le leader de la coalition victorieuse mais la personnalité choisie par le Président** (le cas échéant, comme en 2007, avant même les élections) **qui devient alors le leader de la nouvelle majorité parlementaire** par la volonté présidentielle (comme J.-P. Raffarin, F. Fillon ou J.-M. Ayrault).

Le Premier ministre s'impose donc comme le leader de la majorité parlementaire d'autant plus qu'il détient la confiance du Président ou, dorénavant, parce qu'il détient cette confiance. Pour mettre en œuvre la politique du Président, le Premier ministre doit s'assurer de la **cohésion de la majorité**. Il ne peut le faire que si son autorité est incontestée. Or, ce ne fut pas le cas pour plusieurs Premiers ministres.

Ainsi, Raymond Barre en raison de son origine non parlementaire et de son tempérament peu politique ne s'est jamais véritablement imposé à la majorité parlementaire de droite. Michel Rocard a rencontré les mêmes difficultés face à la majorité socialiste et ce en raison des luttes de tendance qui animaient le parti socialiste. Enfin, D. de Villepin, lui aussi d'origine non parlementaire et imposé à la majorité par le président Chirac, n'a jamais pu véritablement asseoir son autorité.

Lorsque l'autorité du Premier ministre fait défaut, la cohésion de la majorité parlementaire se fait autour du Président. Ce dernier en est alors plus que jamais le véritable leader.

En période de cohabitation, la « maîtrise » de la majorité parlementaire est d'autant plus indispensable que le Premier ministre en est le seul leader. Les Premiers ministres de cohabitation ont pris l'habitude de dialoguer et de rencontrer régulièrement les représentants de leur majorité afin de s'assurer de sa cohésion.

2. Les pouvoirs techniques

430 Le Premier ministre dispose de compétences constitutionnelles importantes à l'égard du Parlement dont certaines seront analysées de façon plus approfondie lors de l'étude des relations gouvernement-Parlement.

En matière législative, il dispose du **pouvoir d'initiative des lois** (art. 39). De plus, il signe et dépose les projets de loi pour le compte du gouvernement. Enfin, il dispose du **pouvoir de saisir le Conseil constitutionnel** sur la constitutionnalité d'une loi (art. 61).

Il a également le **pouvoir de proposer au Président de la République une révision de la Constitution** (art. 89).

Il dispose de compétences pour agir sur le fonctionnement du Parlement. En particulier, si l'importance ou l'urgence du programme gouvernemental l'exige, **le Premier ministre peut demander au Président de la République de convoquer le Parlement en session extraordinaire** (art. 29).

Enfin, **si le Président décide de dissoudre l'Assemblée nationale, le Premier ministre donne son avis** (art. 12) même si la décision présidentielle est purement discrétionnaire.

C) Les attributions « exécutives » du Premier ministre

431 Le Premier ministre dispose de deux types de pouvoir « exécutif ». Il s'agit d'une part de l'exercice du pouvoir réglementaire (c'est-à-dire du pouvoir de prendre des décisions qui édictent une norme générale s'adressant à une ou plusieurs personnes désignées de façon abstraite), d'autre part de la responsabilité de la Défense nationale.

1. L'exercice du pouvoir réglementaire

432 **Le Premier ministre est chargé de l'exécution des lois et exerce le pouvoir réglementaire** (art. 21). À ce titre, il est le chef de l'administration.

D'une part, il « assure l'exécution des lois » *via* les décrets d'application, mesures d'une portée générale s'imposant à tous.

D'autre part, il « exerce le pouvoir réglementaire » et l'exerce seul, même s'il lui est possible de déléguer aux ministres certains de ses pouvoirs. Pourtant, le Premier ministre n'a pas l'exclusivité du pouvoir réglementaire. En effet, le

Président de la République « signe les décrets délibérés en Conseil des ministres ».

Il faut donc plutôt parler d'un **pouvoir partagé entre le Premier ministre et le Président**, d'autant que si la plupart des décrets émanent du Premier ministre, force est de constater qu'il ne lui est pas possible d'exercer son pouvoir réglementaire sur une question importante sans en référer au Président de la République. De plus, le chef de l'État fixant l'ordre du jour du Conseil des ministres, possède de ce fait, même en période de cohabitation, un moyen d'aborder les projets de décrets qui sont alors considérés comme « délibérés en Conseil des ministres » et doivent donc être revêtus de sa signature. Il faut donc relativiser l'importance du pouvoir réglementaire du Premier ministre.

Par ailleurs, **ce pouvoir fait l'objet d'un encadrement jurisprudentiel.**

En premier lieu, le pouvoir réglementaire autonome ne peut pas conduire à un empiétement sur le domaine réservé à la loi (voy. *infra*, n°s 496 et s.).

En second lieu, **dans le cadre du pouvoir réglementaire destiné à assurer l'exécution des lois**, il appartient au Premier ministre de fixer les conditions d'application de la loi. Cette marge de manœuvre importante lui a parfois permis de retarder, voire d'empêcher, l'application d'une loi. Pour mettre fin à ces atteintes à la volonté du législateur, **le Conseil d'État a estimé que le Premier ministre a l'obligation de prendre « dans un délai raisonnable » les mesures d'exécution d'une loi**, sous peine d'astreinte par jour de retard (CE Sect., 28 juillet 2000, *Association France Nature Environnement*).

2. La responsabilité de la Défense nationale

433 Le moins que l'on puisse dire est que la répartition des compétences entre le Président de la République, le Premier ministre et le ministre de la Défense n'est pas claire.

Le Président est le « chef des armées » (art. 15). **Le Premier ministre est « responsable de la Défense nationale »** (art. 21) et **le gouvernement « dispose de la force armée »**. Que faut-il comprendre ? En fait, dans ce domaine comme dans les autres, la prééminence présidentielle s'est rapidement affirmée.

Il est clair que **la définition des grandes options stratégiques de la politique de défense relève du Président** (il peut s'agir de la politique de dissuasion nucléaire ou encore de la position de la France vis-à-vis de l'OTAN). Il l'exprime au sein du Conseil des ministres et des différents conseils et comités spécialisés dans les questions de défense qu'il préside (voy. *infra*, n° 371). La décision du président Chirac de reprendre les essais nucléaires en 1995 après une interruption sous le septennat de son prédécesseur ou celle du président Sarkozy de réintégrer la France au sein du commandement militaire de l'OTAN sont une excellente illustration de la prééminence présidentielle en matière de choix stratégiques.

En pratique, **le Premier ministre applique la politique définie et arrêtée par le Président.** Néanmoins, par le biais des lois de programmation militaire, le gouvernement et le Parlement peuvent exercer une certaine influence sur les choix de la politique de défense (*a fortiori* en période de cohabitation).

Quant au ministre de la Défense, il a avant tout un rôle « technique » d'encadrement et d'application « sur le terrain » de la politique définie par le Président de la République.

Prenons un exemple pour illustrer les différents niveaux de décision. Le président Mitterrand avait défini comme l'une des priorités de la Défense nationale, la restructuration et la réorganisation des armées (pour prendre en compte la nouvelle donne stratégique née de l'effondrement du bloc de l'Est mais aussi de contraintes budgétaires). Les Premiers ministres successifs ont été chargés, en collaboration avec les différents ministres de la défense, de définir les modalités de ces restructurations. Elles se sont notamment traduites par des décisions de fermeture d'unités que les ministres ont dû mettre en œuvre.

§ 2. Les attributions du gouvernement

434 Selon l'article 20 de la Constitution, **« Le Gouvernement détermine et conduit la politique de la nation ».**

Comme nous l'avons montré dans le chapitre sur le Président, **la politique appliquée par le gouvernement est la politique présidentielle.** La légitimité démocratique du Président et le fait majoritaire (coïncidence des majorités présidentielle et parlementaire) font du gouvernement un exécutant du programme présidentiel.

En réalité, **le Président et le gouvernement agissent dans les mêmes domaines mais pas au même niveau.** Le Président définit les orientations que le gouvernement est chargé de traduire dans les actes (toutefois, en pratique, la plupart des Présidents de la Ve République sont intervenus, à des degrés divers, dans la conduite de la politique gouvernementale ; voy. *infra*, n° 383). On peut même aller plus loin et dire qu'il y a une **collaboration entre le Président et le gouvernement.** Il y a donc bien une politique gouvernementale, une sphère de décision et d'action dans laquelle le gouvernement exerce des compétences nombreuses et importantes.

Pour mener à bien cette politique, **le gouvernement peut s'appuyer sur une majorité parlementaire** qui en principe lui garantit une certaine stabilité (sauf en cas de crise, elle n'a aucun intérêt à tenter de renverser le gouvernement ou à le déstabiliser) et lui permet de réaliser son programme législatif.

En cas de cohabitation, c'est-à-dire si la majorité parlementaire est hostile au Président, **le gouvernement met en œuvre le programme sur lequel cette majorité a été élue.**

La Constitution attribue au gouvernement des moyens ordinaires, classiques, pour mener à bien sa mission (ceux dont on peut constater la mise en œuvre quotidienne ou du moins régulière) et des moyens exceptionnels.

A) Les moyens classiques dont dispose le gouvernement

1. Les délibérations en Conseil des ministres

435 En théorie, le Conseil des ministres est le lieu où se définit la politique de la nation et où sont adoptées collégialement les mesures de mise en œuvre de cette politique. En réalité, il n'en est rien puisque la politique de la nation est

celle définie par le Président et que la plupart des décisions adoptées sont déterminées hors du Conseil des ministres (sur le fonctionnement du Conseil des ministres et sur la liste des décisions qui y sont délibérées, voy. *infra*, n°s 397, 403 et 409).

De la même façon, en période de cohabitation, les décisions sont déterminées hors du Conseil mais, cette fois-ci, par le Premier ministre.

2. L'administration et la force armée (art. 20 C)

436 **L'administration et l'armée sont subordonnées à la volonté politique du gouvernement.** La légitimité de ce dernier, tirée de la confiance que lui accordent les élus du peuple, leur impose l'obéissance.

L'administration et l'armée sont les instruments d'application de la politique gouvernementale.

a) L'administration

437 L'**administration est le rouage indispensable pour traduire dans les faits les décisions du gouvernement.**

Elle dispose pour cela de **prérogatives de puissance publique (dites exorbitantes du droit commun, c'est-à-dire du droit privé) qui lui permettent de faire prévaloir l'intérêt général sur les intérêts particuliers.** Elle peut notamment prendre des **décisions dites exécutoires** (qui s'imposent) et met en œuvre l'intérêt général par le biais du **service public.**

L'importance de l'appareil administratif dans la traduction sur le terrain de la politique gouvernementale a été clairement réaffirmée par le président Chirac lorsqu'il a déclaré, au début de son premier mandat, que l'efficacité de la politique gouvernementale pour l'emploi passait par la mobilisation et l'efficacité de tous les niveaux de l'administration.

b) La force armée

438 Le gouvernement « dispose de la force armée ». En théorie, cela signifie qu'il peut décider de faire intervenir les forces armées à l'étranger. En pratique, nous avons montré que cette décision relève exclusivement du chef de l'État. Mais le véritable problème que pose la décision de faire intervenir les forces armées à l'étranger est qu'elle n'est soumise à aucun contrôle ni limite, *a fortiori* dans un contexte de multiplication de ces interventions (sous l'égide de l'ONU ou de l'OTAN).

Pour mettre fin à cette situation peu démocratique, la loi constitutionnelle du 23 juillet 2008 a prévu que **le Parlement exerce un contrôle à différents stades de l'intervention des forces armées**.

Le gouvernement doit informer le Parlement de sa décision de faire intervenir les forces armées à l'étranger, au plus tard trois jours après le début de l'intervention (pour préserver son secret). Le gouvernement doit aussi préciser les objectifs poursuivis. Cette information peut donner lieu à un débat qui n'est suivi d'aucun vote (ce qui souligne le caractère discrétionnaire de la décision prise par le pouvoir exécutif). Mais surtout, **lorsque la durée de l'intervention excède quatre mois, le gouvernement soumet sa prolongation à l'autorisation du Parlement** (il peut toutefois donner le dernier mot à l'Assemblée nationale, ce qui lui est plus favorable). Autrement dit, ce dernier peut mettre fin à une intervention.

3. Un rôle prépondérant dans l'élaboration de la loi

439 Le gouvernement joue un rôle prépondérant dans l'**élaboration de la loi ordinaire** et dans la **préparation et l'exécution des lois de finances.** Ces deux points seront étudiés dans le chapitre consacré aux rapports du gouvernement et du Parlement.

B) Les moyens exceptionnels dont dispose le gouvernement

440 Le constituant et le législateur ont prévu des législations d'exception **pour permettre au gouvernement de faire face à certaines situations d'urgence et/ou d'instabilité.** Ces législations qui marquent une parenthèse dans la législation ordinaire, se traduisent notamment par un accroissement des pouvoirs des autorités et permettent au gouvernement d'agir dans des domaines qui normalement ne relèvent pas de sa compétence.

1. Les régimes d'exception

441 Lorsque les circonstances l'exigent, le gouvernement est habilité à **ouvrir une parenthèse dans la légalité.**

Ces circonstances sont d'une part « le péril imminent résultant d'atteintes graves à l'ordre public ou d'événements présentant le caractère d'une calamité publique » qui correspondent au **régime de l'état d'urgence** (loi du 3 avril 1955 et ordonnance du 15 avril 1960) et d'autre part « le péril imminent résultant d'une guerre étrangère ou d'une insurrection à main armée » qui correspondent au **régime de l'état de siège** (art. 36 de la Constitution).

La décision de recourir à l'un de ces régimes **se prend en Conseil des ministres**. Le décret de proclamation est signé par le Président de la République. L'application de tels régimes représente un **danger pour les libertés des citoyens.**

En effet, ils se traduisent par un **accroissement des pouvoirs des autorités militaires et civiles sans que les décisions prises par ces autorités puissent être véritablement contestées.** Autrement dit, **l'application des régimes d'exception légitime des actes qui seraient irréguliers en temps normal** (comme la création de juridictions d'exception).

Comme nous l'avons dit, l'application des régimes d'exception n'est qu'une parenthèse dans la légalité. **Ils ne peuvent s'appliquer plus de douze jours sans l'autorisation du Parlement.**

L'état d'urgence s'est appliqué de 1955 à 1963 à l'occasion de la guerre d'Algérie puis en 1985 en Nouvelle-Calédonie et enfin, de novembre 2005 à janvier 2006 sur le territoire métropolitain (dans le contexte des émeutes urbaines). L'état de siège n'a pas trouvé à s'appliquer sous la Cinquième République, sa dernière proclamation remontant à la Deuxième Guerre mondiale.

2. Les ordonnances de l'article 38 C

442 Selon l'article 38 de la Constitution, **« Le Gouvernement peut, pour l'exécution de son programme, demander au Parlement l'autorisation de prendre par ordonnances, pendant un délai limité, des mesures qui sont normalement du domaine de la loi ».**

En temps normal, le gouvernement traduit son programme dans la loi. Celle-ci est votée par le Parlement après une élaboration en collaboration avec le gouvernement. Mais, dans certaines circonstances, lorsque l'importance des décisions à prendre l'exige et que le gouvernement est le mieux à même d'agir (selon sa propre appréciation) et/ou lorsque le temps manque pour suivre toute la procédure législative ordinaire, le gouvernement peut demander au Parlement l'autorisation de prendre des ordonnances.

De façon plus politique, le gouvernement peut demander cette autorisation pour ne pas avoir à subir les assauts de l'opposition sur des sujets sensibles comme les privatisations (projet d'ordonnance de 1986).

Les ordonnances sont les héritières des décrets-lois des Républiques précédentes. Mais contrairement à ceux-ci, elles font l'objet d'un encadrement constitutionnel qui ne permet pas de mettre en doute leur régularité juridique.

a) L'habilitation parlementaire

443 Le recours aux ordonnances est subordonné au vote par le Parlement d'une **loi d'habilitation** (adoptée selon la procédure législative ordinaire). En principe, le fait majoritaire garantit au gouvernement le vote de la loi (dans le cas contraire, il dispose des moyens pour faire pression sur le Parlement ; voir le chapitre sur les rapports gouvernement-Parlement). Elle doit répondre à plusieurs conditions.

D'abord, si le gouvernement est autorisé à prendre des « mesures qui sont normalement du domaine de la loi », **l'habilitation ne peut porter sur toutes les matières** qui sont du domaine de la loi, ce qui reviendrait à donner les pleins pouvoirs au gouvernement. Concrètement, le Conseil constitutionnel, à l'occasion du contrôle de la constitutionnalité de la loi d'habilitation (puisqu'elle doit évidemment respecter la Constitution), vérifie que les matières dans lesquelles le gouvernement demande à agir par voie d'ordonnances soient suffisamment précisées (il peut même donner au gouvernement les indications nécessaires pour rendre la loi constitutionnelle). Il faut éviter une formulation vague qui permettrait au gouvernement d'élargir abusivement son champ de décision.

Ensuite, le gouvernement est autorisé à prendre des ordonnances pour **« l'exécution de son programme »**. Que faut-il entendre par programme gouvernemental ? S'agit-il du programme tel qu'il est visé dans l'article 49 alinéa 1 de la Constitution qui porte sur l'engagement de la responsabilité du gouvernement sur son programme ?

Dans une décision du 12 janvier 1977, le Conseil constitutionnel a répondu par la négative en indiquant que **la seule obligation du gouvernement est d'indiquer avec précision au Parlement la finalité des mesures qu'il compte adopter**. Cela signifie également que **les hypothèses susceptibles d'entraîner l'application de l'article 38 ne sont pas limitatives.**

Enfin, **l'habilitation est limitée dans le temps**. Il faut distinguer deux délais successifs. D'abord, la loi doit fixer le délai pendant lequel le gouvernement peut prendre des ordonnances. Ensuite, la loi doit fixer le délai pendant lequel le gouvernement pourra déposer le projet de loi de ratification des ordonnances. En effet, intervenant dans le domaine législatif, elles doivent être soumises à la ratification du Parlement.

b) Le régime des ordonnances

444 Voyons d'abord quelle est la **procédure d'édiction des ordonnances**.

Selon l'article 38 alinéa 2 de la Constitution, « Les ordonnances sont prises en conseil des ministres après avis du Conseil d'État. Elles entrent en vigueur dès leur publication mais deviennent caduques si le projet de loi de ratification n'est pas déposé devant le Parlement avant la date fixée par la loi d'habilitation ».

Rappelons également qu'aux termes de l'article 13 alinéa 1, « Le Président de la République signe les ordonnances et les décrets délibérés en conseil des ministres ». La signature du Président est donc indispensable pour que les ordonnances puissent acquérir une valeur juridique.

À l'occasion de la première cohabitation, une situation inédite est apparue, celle du **refus du Président de la République de signer trois projets d'ordonnance** relatifs à la privatisation d'entreprises nationales (14 juillet 1986), au découpage électoral (2 octobre 1986) et à l'aménagement du temps de travail (17 décembre 1986). Une polémique politico-júridique a éclaté sur le point de savoir si la signature des ordonnances est une obligation pour le Président.

D'abord, la Constitution ne fixe aucun délai au Président pour la signature des ordonnances. Il peut donc la refuser de fait.

Ensuite, nous avons vu dans le chapitre précédent comment la signature des décrets délibérés en Conseil des ministres est laissée à l'appréciation du Président sans contestation possible. Le même raisonnement s'applique pour les ordonnances. D'ailleurs, le texte constitutionnel n'est pas formulé de façon impérative.

Certains analystes et commentateurs ont objecté à ces arguments qu'en refusant sa signature, le Président de la République s'immisce sans aucune autorisation dans le domaine législatif, le Parlement ayant expressément autorisé le gouvernement à prendre des ordonnances dans un domaine bien défini.

En fin de compte, le pouvoir discrétionnaire du Président s'est imposé. Ce dernier a fait de la signature, ou plutôt du refus de signature des ordonnances, un **instrument de résistance** à l'action du gouvernement. Pour contourner le refus présidentiel, le gouvernement a transformé les ordonnances en lois ordinaires dont il maîtrise la procédure.

Critiquée depuis de nombreuses années (en 1979, Raymond Barre estimait que ce n'était pas une méthode satisfaisante), **la procédure des ordonnances connaît une période de désuétude à compter du gouvernement Chirac (1986 à 1988).** La vigilance des juges constitutionnel et administratif, le pouvoir discrétionnaire du Président concernant leur signature, les critiques concernant leur caractère dérogatoire à la procédure législative ordinaire, dissuadent les gouvernements successifs d'y recourir. **Elle retrouve une certaine vigueur à partir de 1996** lorsque le gouvernement Juppé prend des ordonnances pour mettre en œuvre la **réforme de la protection sociale**, la réforme du statut des fonctionnaires de Mayotte (1996)… puis lorsque le gouvernement Jospin en fait de même pour l'adaptation du droit applicable outre-mer ou l'extension de la loi relative aux modalités de privatisation. Cette vigueur ne s'est pas démentie puisque le gouvernement Raffarin a obtenu du Parlement l'habilitation à prendre par ordonnances des mesures de simplification et de codification du droit, que le Premier ministre D. de Villepin, au nom de l'« urgence », a été autorisé à recourir aux ordonnances pour mettre en œuvre son plan pour l'emploi (juin 2005), et que les différents gouvernements Fillon y ont eu recours, par exemple pour l'adoption de la partie législative du code de la sécurité intérieure ou pour la transposition en droit français de diverses directives communautaires.

Voyons à présent quelle est la **nature juridique des ordonnances**. Selon le troisième alinéa de l'article 38, « À l'expiration du délai (pendant lequel le Parlement autorise le Gouvernement à prendre des ordonnances), les ordonnances ne peuvent plus être modifiées que par la loi dans les matières qui sont du domaine législatif. »

Les ordonnances sont des **actes mixtes** émanant de l'autorité réglementaire mais portant sur des matières législatives. Suivant l'évolution de la procédure elles sont successivement acte réglementaire puis législatif.

Pendant le délai d'habilitation, les ordonnances sont considérées comme des actes réglementaires (elles sont publiées et sont immédiatement applicables). Le gouvernement peut modifier une ordonnance par une autre.

Lorsque le délai d'habilitation arrive à expiration, le gouvernement ne peut plus prendre d'ordonnances. Les ordonnances déjà adoptées conservent leur valeur d'**actes réglementaires**. En revanche, le gouvernement ne peut plus modifier les dispositions législatives de l'ordonnance. Seule une loi pourrait le faire. Enfin, le Parlement peut à nouveau légiférer dans les matières qui étaient couvertes par la loi d'habilitation.

Tant que les ordonnances ont valeur réglementaire, elles sont susceptibles de recours devant la juridiction administrative.

Enfin, **à l'expiration du délai imparti au gouvernement pour déposer le projet de loi de ratification des ordonnances**, deux situations se présentent.

Si le gouvernement n'a pas déposé le projet de loi à temps, les ordonnances sont caduques.

Dans le cas contraire, deux cas de figure sont envisageables. Le premier est celui dans lequel malgré le dépôt, la loi de ratification n'est pas adoptée, soit que le Parlement n'ait pas à se prononcer (si le projet n'est jamais inscrit à l'ordre du jour) et les ordonnances conservent alors leur valeur réglementaire, soit qu'il refuse la ratification et annule ainsi les ordonnances.

Le second cas de figure est celui de la ratification des ordonnances. Depuis la révision constitutionnelle du 23 juillet 2008, **« les ordonnances ne peuvent être ratifiées que de manière expresse »** (art. 38, al. 2 C) c'est-à-dire par une loi spécifique votée par le Parlement (la ratification tacite est donc abandonnée).

Une fois ratifiées, les ordonnances deviennent des actes de valeur législative.

E18 La transparence de la vie publique : les lois du 11 octobre 2013

Afin d'apaiser le climat de suspicion qui entoure le monde politique (notamment suite à l'affaire Cahuzac, du nom de l'ancien ministre du budget détenteur d'un compte bancaire non déclaré en Suisse), le Parlement a adopté la loi et la loi organique du 11 octobre 2013 relatives à la transparence de la vie publique afin de renforcer et d'élargir les contrôles sur le patrimoine d'un certain nombre de responsables politiques et administratifs et de prévenir les conflits d'intérêts.

Le texte crée une autorité administrative indépendante, la Haute autorité pour la transparence de la vie publique. Elle est présidée par une personnalité nommée en Conseil des ministres après avis du Parlement et est composée de six experts indépendants, membres élus de la Cour de cassation, du Conseil d'État et de la Cour des comptes ainsi que, après une modification de l'Assemblée nationale, de deux personnalités qualifiées nommées par les présidents de l'Assemblée nationale et du Sénat. Elle remplace la Commission pour la transparence financière de la vie politique.

Elle a pour mission de contrôler la véracité des déclarations de patrimoine et d'intérêt qui lui sont transmises en début et en fin de mandat par les membres du Gouvernement, les parlementaires nationaux et européens, les principaux responsables exécutifs locaux, les membres des autorités administratives indépendantes, les collaborateurs des cabinets ministériels et du président de la République, les titulaires d'emploi à la décision du Gouvernement nommés en Conseil des ministres et les responsables des principales entreprises publiques.

En cas de non respect des obligations de transmission les sanctions pénales encourues sont trois ans d'emprisonnement et 45 000 euros d'amende et pour les membres du Gouvernement, la peine encourue sera de cinq ans d'emprisonnement et de 75 000 euros d'amende.

La Haute autorité contrôle le respect de ces obligations et peut demander des éléments complémentaires. Elle bénéficie de l'aide des services fiscaux et dispose d'un pouvoir d'injonction. Elle peut être saisie par le Premier ministre, les présidents de l'Assemblée nationale et du Sénat ainsi que par les associations de lutte contre la corruption et peut s'autosaisir si elle constate des manquements.

Chaque ministre nouvellement nommé fera l'objet d'une vérification de sa situation fiscale sous le contrôle de la Haute autorité.

Les déclarations d'intérêts des personnes élues visées par la loi (députés, sénateurs, élus locaux, etc) peuvent être rendues publiques par la Haute autorité (sur Internet).

Le texte prévoit que les élus, ministres et personnalités nommées en Conseil des ministres peuvent être condamnés à une peine d'inéligibilité d'une durée de dix ans au plus en cas d'infraction portant atteinte à la moralité publique (corruption, trafic d'influence, fraude électorale ou fraude fiscale).

La loi ordinaire introduit une définition du conflit d'intérêts de manière à prévenir toute situation d'interférence entre des intérêts publics et privés de nature à compromettre l'exercice indépendant, impartial et objectif d'une fonction publique. En outre, la loi impose aux membres du gouvernement, aux titulaires de fonctions exécutives locales et aux membres des autorités administratives indépendantes de s'abstenir de prendre part à toute décision dans laquelle il existe un risque de conflit d'intérêt (« système de déport »).

Par ailleurs, les membres du gouvernement et les membres des autorités indépendantes intervenant dans le domaine économique devront confier la gestion de leurs intérêts financiers sans droit de regard pendant toute la durée de leurs fonctions.

Le texte étend aux membres du Gouvernement et aux titulaires de fonctions exécutives locales l'interdiction faite aux fonctionnaires de rejoindre à l'issue de leurs fonctions une entreprise avec laquelle ils ont été en relation du fait de ces fonctions. La Haute autorité assurera le contrôle déontologique des départs vers le secteur privé.

Bibliographie et lectures pour approfondir

BIGAUT C., « Les ordonnances », *Regards sur l'Actualité*, mai 2004, n° 301, pp. 53-67 ; BOYER-MÉRENTIER C., « Les ordonnances de l'article 38 de la Constitution : une place ambiguë dans la hiérarchie des normes », *RFDA*, 1998, p. 924 ; DEGOFFE M., « La responsabilité pénale du ministre du fait de son administration », *RDP*, 1998, p. 433 ; FAVOREU L., « Le pouvoir normatif primaire du gouvernement en droit français », *RFDC*, 1997, p. 713 ; FOURNIER J., *Le travail gouvernemental*, 1987 ; DOLEZ B., « La composition du gouvernement sous la Cinquième République », *RDP*, 1999, p. 131 ; GONDRE L., « Cour de justice de la République : faut-il la réformer ou la supprimer ? », *Gaz. Pal.*, 1999, n° 5, pp. 106-107 ; GOUAUD C., « Le Conseil des ministres sous la Ve République », *RDP*, 1988, p. 423 ;

GUILLAUME M., « Les ordonnances : tuer ou sauver la loi ? », *Rev. Pouvoirs*, 205, n° 114, pp. 117-129 ; LONG M., « Les services du Premier ministre », *Rev. Pouvoirs*, 1986, n° 36, *Le ministre ; Rev. Pouvoirs*, 1997, n° 83, *Le Premier ministre ;* PY R., « Le Secrétariat général du gouvernement », *NED*, 1985 ; QUERMONNE J.-L. (dir.), *Administration et politique sous la Cinquième République*, 1983 ; SCHRAMECK O., « Les cabinets ministériels », 1995 et « L'exécutif sous la Ve République, Sur la fonction gouvernementale » (2 articles), *RDP*, n° spécial, *Les 40 ans de la Ve République*, Paris, LGDJ, 1998.

CHAPITRE IV
Le Parlement

445 Comme sous les régimes précédents, le Parlement est composé de deux chambres, l'Assemblée nationale et le Sénat (c'est le principe du **bicaméralisme ou bicamérisme** en vigueur depuis 1875). Pour autant, ce bicaméralisme **n'est pas égalitaire**. En effet, **l'élection de l'Assemblée nationale au suffrage universel direct lui assure une position dominante** qui se traduit, dans les dispositions constitutionnelles, par la détention de pouvoirs plus importants que ceux du Sénat (que ce soit en terme de compétence législative ou de contrôle du gouvernement ; voy. le chapitre 5 sur les relations gouvernement-Parlement).

Pour être exact, il faut préciser que si les deux chambres n'ont pas les mêmes pouvoirs, elles **n'ont pas non plus la même fonction, la même vocation**. Certes, le vote de la loi et le contrôle de l'action du gouvernement appartiennent au Parlement (art. 24, al. 1er C), mais leur vocation respective va au-delà. Si l'Assemblée nationale est **l'incarnation démocratique de la nation**, le Sénat **assure la représentation des collectivités territoriales de la République** (art. 24, al. 4 C).

Malgré tout, les deux chambres possèdent un certain nombre de règles communes. La première est celle relative au statut du parlementaire. Il s'agit d'assurer la protection du mandat des parlementaires et des parlementaires eux-mêmes. Les autres règles communes renvoient à la vie du Parlement, c'est-à-dire à l'organisation et à l'aménagement interne du travail ainsi qu'au fonctionnement des assemblées.

Nous étudierons respectivement, les parlementaires, à travers leur élection et leur statut, l'organisation et le fonctionnement du Parlement et nous nous contenterons de citer les attributions du Parlement puisque celles-ci seront développées dans le chapitre suivant sur les relations gouvernement-Parlement.

SECTION I
Les parlementaires

446 La question qui se pose est celle du recrutement des parlementaires. Députés et sénateurs sont élus selon des modes d'élection différents tenant à leur rôle respectif. En dehors d'un changement ponctuel du mode de scrutin pour l'élection des députés (sous le premier septennat de François Mitterrand), les modes de désignation des parlementaires n'ont guère varié.

Pour permettre aux parlementaires de mener à bien leur mission en toute indépendance et sérénité vis-à-vis du pouvoir exécutif, leur mandat est protégé par un statut constitutionnel.

§ 1. Les élections parlementaires

447 La loi constitutionnelle du 23 juillet 2008 a apporté plusieurs modifications à l'article 24 de la Constitution en y introduisant le nombre maximal de députés et de sénateurs (le nombre effectif étant fixé par une loi organique) et en prévoyant une représentation à l'Assemblée nationale des Français établis hors de France.

Les députés à l'Assemblée nationale, dont le nombre ne peut excéder cinq cent soixante-dix-sept, **sont élus au suffrage direct. Le Sénat**, dont le nombre de membres ne peut excéder trois cent quarante-huit, **est élu au suffrage indirect**. Il assure la représentation des collectivités territoriales de la République. Les Français établis hors de France sont représentés à l'Assemblée nationale et au Sénat (art. 24, al. 3, 4 et 5 C).

La différence fondamentale de mode de scrutin mais aussi de rôle de chaque assemblée nous conduit à étudier les élections législatives puis sénatoriales.

A) Les élections législatives

448 L'Assemblée nationale est composée de 577 députés (loi organique du 13 janvier 2009, qui n'a pas modifié leur nombre). Son renouvellement intervient à la fin de chaque législature de cinq ans (dans les soixante jours qui précèdent l'expiration des pouvoirs de l'Assemblée) ou à la suite d'une dissolution (dans un délai de vingt à quarante jours).

Les modifications les plus significatives du régime de l'élection des députés ont porté, hormis le changement ponctuel du mode de scrutin intervenu en 1985, sur la question du financement des campagnes électorales jusqu'à la loi du 19 janvier 1995.

Ajoutons qu'à la suite des critiques émises par le Conseil constitutionnel sur les disparités de représentation résultant du découpage des circonscriptions législatives (qui portait atteinte au principe d'égalité du suffrage), le gouvernement a décidé de procéder à un ajustement de la carte de ces circonscriptions. Il convenait en outre de créer des circonscriptions pour l'élection des députés représentant les Français établis hors de France, le tout sans augmenter le nombre des députés désormais plafonné. L'ordonnance du 29 juillet 2009 a donc modifié la répartition des sièges de députés : dans 27 départements, le nombre de sièges est diminué (perte de 33 sièges) ; dans 15 départements, il est augmenté (gain de 17 sièges), ainsi que dans quatre collectivités d'outre-mer (celles-ci, hors DOM, ont désormais 11 sièges) ; les Français établis hors de France disposent également de 11 sièges.

1. L'éligibilité et les candidatures

449 Pour être éligible, les candidats doivent être électeurs, âgés d'au moins dix-huit ans (contre 23 auparavant, loi organique n° 2011-410 du 14 avril 2011) et avoir satisfait aux obligations du service national.

De plus, il ne faut pas relever de l'un des cas d'incapacité ou d'inéligibilité prévus au Code électoral. **Les inéligibilités, qui empêchent de se présenter aux élections**, sont de deux ordres. D'une part celles qui sont « **absolues** » c'est-à-dire qui emportent une inéligibilité sur l'ensemble des circonscriptions. Celles-ci s'appliquent à la suite d'une condamnation ou d'une décision de justice ou à certaines hautes fonctions administratives (Défenseur des droits, Contrôleur général des lieux de privation de liberté). D'autre part celles qui sont « **relatives** » (dont les effets sont limités à une ou plusieurs circonscriptions) et qui s'appliquent à de hauts fonctionnaires dans toute circonscription comprise dans le ressort territorial de leur compétence. Ces fonctionnaires (préfets, directeurs des administrations civiles de l'État dans la région ou le département, hauts magistrats...) sont inéligibles pendant la durée de leur activité, prolongée d'un certain délai (trois ans, un an ou six mois selon le cas) après qu'ils ont quitté leur poste dans la circonscription considérée.

Le candidat doit adresser une **déclaration de candidature** pour chacun des tours à la préfecture. Celle-ci doit notamment comporter le nom de son suppléant (le suppléant est destiné à remplacer le député titulaire en cas de vacance du siège, par exemple en cas de nomination au gouvernement). Le choix du remplaçant doit être effectué avec attention car, en cas d'inéligibilité de ce dernier, l'élection du titulaire est annulée. En cas d'élection à la représentation proportionnelle, le suppléant est choisi dans les suivants de liste.

Lorsque la déclaration de candidature ne remplit pas les conditions prévues par le code électoral, le préfet ne peut pas refuser de l'enregistrer mais il saisit alors, dans les 24 heures, le tribunal administratif qui statue dans un délai de 3 jours. La décision du tribunal ne peut être contestée qu'auprès du Conseil constitutionnel après l'élection. Ce dernier peut annuler l'élection mais également prononcer la déchéance du parlementaire. En revanche, l'enregistrement de la candidature d'une personne inéligible est interdit. Le refus d'enregistrement doit être motivé et le candidat peut le contester devant le tribunal administratif dans les vingt-quatre heures.

2. Le régime des élections

450 Il nous faut examiner successivement le déroulement de la campagne électorale et son financement puis le contentieux électoral.

a) La campagne législative et son financement

451 La campagne législative est caractérisée par l'affrontement des candidats au niveau local et des formations politiques au niveau national.

Les problèmes d'organisation de la campagne sont ceux inhérents à toute campagne électorale :

- **La propagande électorale**
  Les règles applicables en matière de propagande ont été simplifiées par la loi n° 2011-412 du 14 avril 2011. De façon générale, les interdictions et restrictions prévues par le code électoral sont désormais applicables à tout message ayant le caractère de propagande électorale diffusé au public par voie électronique (site Internet, blog, SMS,...).

Il est interdit à tout candidat de porter à la connaissance du public un élément nouveau de polémique électorale à un moment tel que ses adversaires n'aient pas la possibilité d'y répondre utilement avant la fin de la campagne électorale (objectifs : assurer l'égalité entre les candidats et garantir la sincérité de l'information).

La distribution de bulletins, circulaires et autres documents est interdite à partir de la veille du scrutin à zéro heure (auparavant, elle devait prendre fin « le jour du scrutin » ; le régime est aligné sur celui de la diffusion par voie électronique des messages). De même, à partir de la veille du scrutin à zéro heure, il est interdit de procéder à l'appel téléphonique en série des électeurs afin de les inciter à voter pour un candidat.

La durée de certaines interdictions en matière de propagande électorale est portée à 6 mois avant l'élection (contre 3 mois auparavant) : interdiction de mettre à la disposition du public un numéro d'appel gratuit, interdiction de l'affichage en dehors des panneaux électoraux officiels ou des panneaux d'affichage d'expression libre, interdiction de l'utilisation de la publicité commerciale par voie de presse ou de communication audiovisuelle.

Enfin, sont désormais autorisés l'affichage électoral sur les panneaux d'affichage libre mis en place par les communes (en plus des panneaux officiels), et la distribution de tracts électoraux pendant la période électorale (qui constitue un instrument indispensable d'information des électeurs).

- **L'accès aux médias.** L'égalité d'accès des candidats et des partis ainsi que le respect du pluralisme sur les chaînes privées sont contrôlés par le **Conseil supérieur de l'audiovisuel.**
- La loi du 19 juillet 1977 prévoyait que **les sondages d'opinion** étaient interdits durant la semaine qui précédait chaque tour de scrutin. De même, la publication ou le commentaire de sondages pendant le déroulement du scrutin était prohibés. Or, à l'occasion des élections présidentielles de 1995 et des élections législatives de 1997, on a pu constater que ces interdictions n'étaient pas respectées (notamment par la publication de sondages sur Internet y compris la veille même du scrutin). Il existait donc le risque que le juge de l'élection tire les conséquences de la publication d'un sondage électoral dans la semaine précédant un scrutin et prononce son annulation. Prenant acte de cette situation, **la loi du 19 février 2002 limite l'interdiction de publier, de diffuser et de commenter des sondages d'opinion à une publication la veille ou le jour du scrutin.** Cette prohibition ne fait pas obstacle à la poursuite de la diffusion des publications parues ou mises en ligne avant cette date. Le jour du scrutin, seules sont autorisées les estimations de résultats après la fermeture du dernier bureau de vote en métropole. La déontologie et la fiabilité des sondages sont contrôlées par la **Commission des sondages** qui peut, le cas échéant, les rectifier (par voie de radio ou de télévision).
- Le financement.

La question du financement des partis politiques et des campagnes électorales est étroitement liée à la question de la lutte contre la corruption. Les scandales financiers qui ont ébranlé la vie politique ont incité le Parlement à réviser la législation sur la question. Ces dernières années ont été marquées par la **volonté d'un plafonnement des dépenses électorales** pour toutes les élections.

La loi du 11 mars 1988 avait déjà plafonné les dépenses électorales pour les élections présidentielles et législatives. Pour ces dernières, le plafond avait été fixé à 400 000 F ou 500 000 F selon la taille de la circonscription.

La loi anticorruption du 29 janvier 1993 a réduit une nouvelle fois le plafond des dépenses, mais cette diminution ne concerne que les élections législatives. Depuis le 1er janvier 2002, les dépenses ont été **plafonnées à 38 000 euros** (soit une très légère diminution) **par candidat, augmentées de 0,15 euro par habitant de la circonscription** et affectées d'un coefficient multiplicateur pour tenir compte de l'évolution du coût de la vie (1,12 – décret du 14 mars 2002 ; toutefois, la loi de finances pour 2012 du 28 décembre 2011 prévoit que cette actualisation des plafonds de dépenses est gelée jusqu'au retour à l'équilibre des finances publiques).

Se pose ensuite la question de savoir comment sont financées ces dépenses. Qui peut financer les campagnes électorales et sous quelle forme ?

La question des dons a fait l'objet d'un traitement particulièrement attentif en raison des abus commis dans le passé.

Pour ce qui est des dons faits par les entreprises (industrielles, commerciales ou de services), la loi anticorruption du 29 janvier 1993 s'est contentée de les plafonner plus sévèrement et de prévoir la publication au Journal officiel des comptes des partis politiques et des comptes de campagne des candidats.

Peu de temps après, le groupe de réflexion « Politique et Argent » constitué par Philippe Séguin à l'Assemblée nationale et la commission Rozès chargée par le Premier ministre Édouard Balladur de rechercher les moyens de mieux combattre la corruption, se sont prononcés en faveur de l'interdiction des dons des entreprises.

La loi du 19 janvier 1995 traduit cette volonté puisqu'elle prévoit que les personnes morales, à l'exception des partis politiques, ne peuvent plus participer au financement de la campagne électorale d'un candidat « ni en lui consentant des dons sous quelque forme que ce soit, ni en lui fournissant des biens, services ou autres avantages directs ou indirects à des prix inférieurs à ceux qui sont habituellement pratiqués ».

Elle prévoit également l'interdiction du financement des partis politiques par les entreprises.

Pour éviter que l'interdiction de tout financement privé ne provoque une résurgence de pratiques occultes de financement, **la loi prévoit l'augmentation des autres sources de financement.**

E19 **Le mandataire financier**

Les fonds recueillis par un candidat pour sa campagne ne peuvent l'être que par l'intermédiaire d'un mandataire financier ou d'une association de financement électoral qui, en théorie, apporte la garantie d'une plus grande transparence dans le financement.

En premier lieu, **la loi encourage le financement de la vie politique par les citoyens.** S'agissant du financement des partis politiques, les cotisations versées aux partis par les adhérents (assimilées aux dons) ainsi que les dons consentis aux partis (dans la limite globale de 7 700 euros par personne physique depuis le 1er janvier 2002) ouvrent droit à réduction d'impôt. S'agissant du financement de la campagne électorale d'un candidat ou d'une liste, les

« personnes physiques dûment identifiées » peuvent faire des dons, également déductibles, limités à 4 600 euros par élection depuis le 1er janvier 2002 (alors que ce plafonnement n'avait jamais été actualisé depuis lors, la loi n° 2011-412 du 14 avril 2011 prévoit qu'il fait l'objet d'une actualisation, tous les ans, selon les évolutions d'indices de prix). La réduction d'impôt est égale à 50 % du montant des dons, sans pouvoir excéder 6 % du revenu imposable.

En second lieu, **la loi réforme le financement public des campagnes** (et des partis politiques). Pendant longtemps, l'État s'est contenté de rembourser aux candidats ayant obtenu plus de 5 % des suffrages exprimés, les frais de campagne (confection des affiches, des professions de foi…). Mais parce qu'une campagne électorale coûte cher, qu'il faut permettre aux candidats de s'affranchir du financement des entreprises privées et en même temps leur assurer l'égalité de moyens, **l'accroissement du financement public est apparu indispensable.**

Après un accroissement progressif du montant du remboursement des dépenses des candidats, de 10 à 20 % du plafond des dépenses électorales (loi du 11 mars 1988 et loi du 29 janvier 1993), **la loi de 1995**, reprenant une proposition formulée dans le rapport Séguin qui souhaitait **« l'institution d'une véritable aide publique au financement des campagnes électorales », prévoit que le montant du remboursement forfaitaire est fixé à 50 % du plafond des dépenses électorales** (pour les candidats ayant obtenu au moins 5 % des suffrages exprimés au premier tour). Dans un contexte de crise budgétaire, le montant du remboursement forfaitaire est ramené à 47,5 % du plafond de dépenses par la loi de finances pour 2012 du 28 décembre 2011.

Les comptes de campagne des candidats (qui retracent leurs dépenses et leurs recettes et qui doivent être au moins équilibrés) sont soumis à la **Commission nationale des comptes de campagne.** Celle-ci peut désormais prononcer des sanctions financières à l'encontre des candidats aux élections parlementaires (et locales) ayant commis des manquements mineurs et purement formels à la législation sur le financement (loi n° 2011-412 du 14 avril 2011). En cas de dépassement du plafond des dépenses autorisées, d'absence de dépôt du compte de campagne ou de rejet de celui-ci par la Commission, cette dernière saisit le Conseil constitutionnel qui peut prononcer l'inéligibilité du candidat (voy. *infra*, n° 570). Le candidat encourt également des sanctions pénales.

E20 **Le financement public des partis politiques**

Chaque année, un décret fixe le montant des aides de l'État aux partis et groupements politiques. Pour l'année 2015, le décret du 25 janvier 2015 fixe le montant de ces aides à 63,1 millions d'euros (équivalent à 2014 et en baisse d'environ 10 % par rapport à 2013). Une première fraction d'environ 28,8 millions d'euros est répartie entre les partis et groupements politiques en fonction du nombre de suffrages qu'ils ont obtenus au 1er tour des dernières élections législatives, sous réserve qu'ils aient respecté leurs obligations comptables au titre de l'année 2012. Le montant de cette aide est minoré pour les formations politiques qui n'ont pas respecté l'objectif de parité des candidatures lors de ce renouvellement. Une seconde fraction, d'environ 34,3 millions euros, spécifiquement destinée au financement des partis et groupements politiques représentés au Parlement, est répartie en fonction du nombre de parlementaires ayant déclaré se rattacher à chacun d'entre eux au cours du mois de novembre 2014. Les deux tiers des aides bénéficient aux deux principaux partis politiques (Parti socialiste, UMP devenu Les Républicains en mai 2015).

b) Le contentieux électoral

452 Le Conseil constitutionnel est compétent pour connaître du contentieux des élections législatives (art. 59 C). Il peut être saisi à l'issue de l'élection et ne se prononce que sur contestation.

Tous les électeurs inscrits, ainsi que les candidats, peuvent contester l'élection auprès du Conseil constitutionnel. La saisine doit intervenir dans les dix jours qui suivent la proclamation des résultats. Pendant l'instruction de la requête, l'élection n'est pas suspendue. Si le Conseil retient les griefs contenus dans la requête, il peut annuler l'élection.

Depuis 1981, le Conseil constitutionnel a étendu son examen aux recours dirigés contre les actes préliminaires aux opérations électorales. Il s'agissait en l'espèce des décrets de convocation des collèges électoraux. En élargissant son champ de compétence, le Conseil a favorisé un accroissement du contentieux.

3. La stabilité du scrutin majoritaire et l'épisode de la représentation proportionnelle

453 La Constitution prévoit que les députés sont élus au suffrage universel direct et laisse à une loi organique le soin de régler les modalités d'application. Par ailleurs, aux termes de l'article 34 de la Constitution, les règles du régime électoral des assemblées parlementaires sont fixées par la loi.

Depuis le début de la Cinquième République, le mode de scrutin est le scrutin uninominal majoritaire à deux tours (institué par l'ordonnance du 13 octobre 1958 conformément à la volonté du général de Gaulle) si l'on excepte l'épisode de la représentation proportionnelle instituée pour les élections législatives de 1986 (par la loi du 10 juillet 1985) avant le rétablissement du scrutin majoritaire (par la loi du 11 juillet 1986).

Avec le scrutin uninominal majoritaire à deux tours tel qu'institué par l'ordonnance de 1958 et rétabli par la loi de 1986, il faut obtenir, pour être élu au premier tour, la majorité absolue des suffrages exprimés représentant au moins le quart des électeurs inscrits. Cette exigence permet de garantir une représentativité suffisante de l'élu. Si aucun candidat n'est élu au premier tour, seuls les candidats ayant obtenu au moins 12,5 % du nombre des électeurs inscrits peuvent se présenter au second tour. Au second tour, la majorité relative suffit pour être élu (il suffit d'être en tête et ce quel que soit le nombre de suffrages obtenus).

La loi du 10 juillet 1985 avait institué un scrutin de liste avec répartition des sièges à pourvoir à la représentation proportionnelle dans le cadre départemental, selon la règle de la plus forte moyenne (voy. *supra*, n°s 120 et s.). L'instauration de la représentation proportionnelle était motivée par une promesse électorale de François Mitterrand mais aussi par le souci des socialistes de limiter l'ampleur d'une défaite prévisible aux législatives de 1986 (après une série de revers électoraux).

La loi de 1986, parallèlement au rétablissement du scrutin majoritaire (après la victoire de la droite), a autorisé le gouvernement à utiliser la voie des ordonnances pour réaliser un nouveau découpage électoral des circonscriptions. Le Conseil constitutionnel, saisi par l'opposition sur cette question, a reconnu la constitutionnalité de la loi tout en prescrivant que **le découpage**

devait respecter « le principe de l'égalité du suffrage ». Autrement dit, tout **découpage arbitraire** (juridiquement, l'arbitraire suppose que le découpage n'est pas justifié mais, politiquement, l'arbitraire suppose que le découpage avantage un camp politique par rapport à un autre) **est proscrit**.

On présente parfois la question du choix entre scrutin majoritaire et représentation proportionnelle comme un **choix entre l'efficacité et la justice.**

En effet, **le scrutin majoritaire permet d'amplifier les victoires électorales et donc d'assurer des majorités.** Mais, en contrepartie, il induit une sous-représentation des petites et moyennes formations politiques (comme les écologistes ou le Front national actuellement). Schématiquement, **il est efficace mais injuste.**

En rendant difficile l'accès des petites formations, essentiellement extrémistes et centristes, au second tour (la barre des 12,5 % des électeurs inscrits à atteindre constituant un obstacle de taille), **le scrutin majoritaire a contribué à la bipolarisation de la vie politique française** (par le jeu des désistements et des alliances entre candidats qualifiés pour le second tour, on retrouve régulièrement l'affrontement entre droite et gauche) et donc **à la stabilité de la Cinquième République.**

À l'opposé, **la représentation proportionnelle permet aux partis politiques d'être représentés en proportion des suffrages obtenus.**

En conséquence, même les petits partis peuvent obtenir des élus. Les résultats des élections sont donc plus conformes à la carte politique du pays. Cependant, ils **ne permettent pas de dégager une majorité nette.** La multiplication des partis représentés oblige à la formation de majorités plus ou moins hétéroclites. La représentation proportionnelle **est donc plus juste mais moins efficace**, en terme de stabilité politique, que le scrutin majoritaire.

E21 **Les élections législatives de juin 2012**

Deux faits marquants d'abord. La participation au scrutin a été la plus faible jamais enregistrée à des élections législatives en France : 55,41 %. D'autre part, la prochaine Assemblée nationale accueillera 155 femmes (+ 48).

À l'issue du 2e tour de scrutin le 17 juin, le Parti socialiste (PS) a recueilli la majorité des sièges de l'Assemblée nationale avec 280 députés, les radicaux de gauche 12 et les divers gauche 22. Europe écologie-Les Verts (EE-LV) a obtenu 17 députés et sera donc en mesure de former un groupe parlementaire. En revanche, le Front de gauche, mouvement rassemblant le Parti communiste (PCF) et le Parti de gauche (PG) de Jean-Luc Mélenchon, a remporté 10 sièges. Le PS a donc les mains libres pour mener sa politique (avec ses alliés du Mouvement républicain et citoyen et du Parti radical de gauche, il détient la majorité absolue) et n'aura pas à composer avec un Front de gauche aux positions radicales sur l'économie et sur l'Union européenne ni même avec Europe écologie. Majoritaire, la gauche n'obtient toutefois pas la majorité des 3/5e au Congrès (555 parlementaires) nécessaire pour adopter des réformes constitutionnelles ou encore pour proposer un référendum sans l'accord de l'opposition.

L'Union pour un mouvement populaire (UMP), désormais principal parti d'opposition et parti de l'ancien président de la République N. Sarkozy, a obtenu 194 députés, le Parti radical 6 et les divers droite 14. Le nouveau Centre obtient 12 élus. Le Mouvement démocrate (MoDem) a remporté 2 sièges. Enfin, le Front national (FN), dirigé par Marine Le Pen et qui se présentait sous l'appellation de Rassemblement bleu marine, a obtenu 2 députés.

Pour l'UMP, il s'agit donc d'une défaite honorable. L'ex-parti présidentiel va désormais devoir se recomposer entre un Front national en progression et un centre moribond.

Si le FN reste isolé sur la scène politique, il enregistre une progression et s'affirme, à travers les élections législatives et présidentielles, comme la 3e force politique du pays. Le FN n'avait plus de député depuis 1988.

Le résultat du scrutin législatif est donc une victoire pour le président F. Hollande. Avec F. Hollande à l'Élysée, la majorité absolue à l'Assemblée nationale, la majorité au Sénat, dans la plupart des régions (24 sur 26), des départements et des grandes villes du pays, la gauche française (et tout particulièrement le PS) est en position hégémonique. Il lui sera donc peu pardonné.

B) Les élections sénatoriales

454 Jusqu'ici, les 321 sénateurs étaient élus pour 9 ans, renouvelables par tiers tous les trois ans. À cette fin, les départements étaient répartis en trois séries désignées par les lettres A, B et C. Comme pour l'Assemblée nationale, les élections ont lieu dans les soixante jours précédant la fin du mandat des sénateurs de la série concernée.

La loi organique du 30 juillet 2003 a modifié ces règles : les sénateurs sont élus pour six ans, renouvelables par moitié tous les trois ans.

Quant au nombre de sénateurs, la loi organique de 2003 avait prévu qu'il serait porté à 346. Cependant, pour tenir compte de la création des collectivités d'outre-mer de Saint-Barthélemy et de Saint-Martin, la loi organique du 21 février 2007 a créé deux sièges supplémentaires de sénateurs. **L'effectif sénatorial est donc de 348 sièges depuis le renouvellement 2011.**

1. L'éligibilité et les candidatures

455 Pour pouvoir être candidat, il faut être âgé de 24 ans révolus (loi organique n° 2011-410 du 14 avril 2011 ; de 2004 à 2011, cette limite était de 30 ans minimum et de 35 ans avant 2004). Pour le reste, les inéligibilités sont les mêmes que pour les députés.

2. Le collège sénatorial et le mode d'élection

456 Le mode d'élection des sénateurs reflète la mission que la Constitution assigne au Sénat : assurer la représentation des collectivités territoriales.

Les sénateurs sont **élus au suffrage indirect dans le cadre départemental.** Ceci explique que le Sénat n'ait **pas le même caractère démocratique et représentatif que l'Assemblée nationale.** Il lui est souvent reproché **un certain conservatisme** (qui s'explique en partie par l'origine rurale, la position de notable et l'âge relativement avancé de nombre de sénateurs). En revanche, à la fragilité de l'Assemblée nationale (elle est soumise aux aléas électoraux), on peut opposer la **stabilité du Sénat** face aux revirements de l'opinion et sa défense, tout au long de la Cinquième République, des principes républicains. D'ailleurs, les Français ont souvent manifesté leur attachement au Sénat (le plus bel exemple est évidemment le rejet du référendum proposé par le général de Gaulle en 1969 et qui tendait à transformer le Sénat en une chambre socio-économique sans pouvoirs).

Dans chaque département, le collège électoral est formé de grands électeurs et apparaît comme l'émanation des collectivités territoriales. Il comprend : les sénateurs (depuis la loi du 2 août 2013), les députés, les conseillers régionaux, les conseillers généraux et surtout les délégués des conseils municipaux. Ces derniers représentent 95 % des membres du collège. Le nombre de délégués varie selon l'importance de la population des communes.

Comme sous les Républiques précédentes, **les communes rurales**, dont le nombre de conseillers municipaux est en proportion de la population beaucoup plus élevé que dans les villes, **sont surreprésentées.**

Le nombre de sénateurs varie de 1 à 12 selon la population du département. Quant au mode de scrutin, il varie selon le nombre de sénateurs à élire dans le département.

En réaction aux inégalités flagrantes de représentation entre départements (certains sénateurs représentent 70 000 habitants et d'autres près de 300 000), au profit du monde rural, les lois du 10 juillet 2000, du 31 juillet 2003 (loi ordinaire du même jour que la loi organique modifiant la durée du mandat, l'âge d'éligibilité...) et du 2 août 2013 ont réformé les règles de l'élection.

S'agissant des **conditions de désignation des délégués des communes (qui forment l'écrasante majorité du corps électoral des sénateurs) :**

- Dans les communes de moins de 3 500 habitants, l'élection des délégués et celle des suppléants se déroulent séparément, le vote ayant lieu au scrutin secret majoritaire à deux tours. Les candidats peuvent se présenter soit isolément, soit sur une liste qui peut ne pas être complète.
- Dans les communes de 3 500 habitants et plus, l'élection des délégués et des suppléants a lieu sur la même liste avec application de la règle de la plus forte moyenne, sans panachage ni vote préférentiel. Les listes peuvent comprendre un nombre de noms inférieur au nombre de sièges de délégués et de suppléants à pourvoir.
- Chaque liste de candidats aux fonctions de délégués et de suppléants est composée alternativement d'un candidat de chaque sexe.
- Une meilleure représentation démographique des communes urbaines est recherchée : désignation dans les communes de plus de 30 000 habitants d'un délégué supplémentaire par tranche de 800 habitants (au lieu de 1 000 auparavant, loi du 2 août 2013).

S'agissant du scrutin pour l'élection des sénateurs, **le scrutin proportionnel a été étendu afin de favoriser la représentativité des élus**, d'une part, et **la parité a été imposée**, d'autre part :

- application du scrutin majoritaire à deux tours dans les départements où sont élus deux sénateurs ou moins (contre 3 avant la loi du 2 août 2013) ;
- application du scrutin de liste à la proportionnelle dans les départements élisant trois sénateurs ou plus (contre 4 avant la loi de 2013) ;
- pour le scrutin à la proportionnelle, les listes doivent obligatoirement comporter alternativement un homme, une femme ou l'inverse ;
- pour le scrutin majoritaire, le candidat et son remplaçant sont de sexe différent (loi de 2013).

Conséquence de la loi du 2 août 2013 : à l'occasion du renouvellement sénatorial de septembre 2014, le nombre de sénateurs élus par scrutin de liste à la proportionnelle est passé à 255, soit 73,3 % de l'effectif global de 348 sénateurs (contre 51,7 % auparavant).

Il est à noter que pour la première fois sous la Vème République, à l'occasion du renouvellement partiel de 2011, la droite a perdu la majorité au Sénat. Majorité qu'elle a récupéré en 2014.

3. Le régime des élections

457 Comme chacun peut le constater, la campagne électorale pour les élections sénatoriales est confidentielle. Cette discrétion vient en partie du fait qu'il n'y a pas d'utilisation des médias et que la campagne intéresse presque exclusivement les membres du collège, les candidats et les partis politiques.

Le jour de l'élection, le vote est obligatoire sous peine d'une amende symbolique.

Le Conseil constitutionnel est compétent pour connaître du contentieux des élections sénatoriales selon les mêmes règles que pour l'élection des députés.

E22 **L'inscription de la parité hommes-femmes dans la Constitution**

La révision constitutionnelle du 28 juin 1999 a inscrit le principe de la parité hommes-femmes dans la Constitution. La loi constitutionnelle du 23 juillet 2008 a conservé, tout en l'élargissant, ce principe à l'article 1, nouvel alinéa 2 de la Constitution (« La loi favorise l'égal accès des femmes et des hommes aux mandats électoraux et fonctions électives, ainsi qu'aux responsabilités professionnelles et sociales ») ainsi qu'à l'article 4 (Les partis politiques contribuent à la mise en œuvre de la parité).

---

§ 2. Le statut des parlementaires

458 Les parlementaires exercent des pouvoirs importants et leurs décisions ont des répercussions considérables sur la vie des institutions et de façon générale sur la vie du pays. L'enjeu est tel que **leur indépendance est susceptible d'être menacée.** Le statut des parlementaires est destiné à **les protéger et à protéger l'exercice de leur mandat.** Pourtant, cela ne signifie pas qu'ils soient au-dessus des lois comme l'opinion publique en a parfois l'impression.

A) La suppléance

459 Ainsi que nous l'avons indiqué, les députés et les sénateurs sont élus avec des **suppléants destinés à les remplacer « en cas de vacance du siège »** (si l'élection a lieu à la représentation proportionnelle, le remplacement est assuré par le suivant de liste). Le remplacement a lieu jusqu'au renouvellement général ou partiel de l'assemblée à laquelle appartenait le titulaire ou de façon temporaire en cas d'acceptation par un député ou un sénateur de fonctions gouvernementales (art. 25 C).

Les parlementaires dont le siège devient vacant pour cause de décès, d'acceptation des fonctions de membre du Conseil constitutionnel ou de prolongation au-delà du délai de six mois d'une mission temporaire confiée par le Gouvernement, sont remplacés automatiquement par leur suppléant (en cas de scrutin majoritaire) ou leur suivant de liste (en cas de scrutin proportionnel).

Les parlementaires nommés au gouvernement sont remplacés temporairement par leur suppléant (en cas de scrutin majoritaire) ou leur suivant de liste (en cas de scrutin proportionnel). Après la cessation de leurs fonctions au gouvernement, ils retrouveront automatiquement leur siège sans nouvelle élection dans un délai d'un mois, sauf s'ils y renoncent expressément (loi organique du 13 janvier 2009 portant application de l'article 25 de la Constitution).

En revanche, **en cas de démission du titulaire** (y compris en cas de renoncement d'un ancien membre du gouvernement à son siège de parlementaire), **une élection partielle est organisée**. Il s'agit d'éviter qu'une personne se fasse élire et démissionne pour céder sa place à son suppléant. Toutefois, la loi organique du 14 février 2014 autorise, à compter du premier renouvellement de chaque assemblée suivant le 31 mars 2017, qu'un parlementaire démissionnaire pour cause de cumul des mandats soit remplacé par son suppléant (voy. E23 ci-après).

L'intérêt de ce système de suppléance est d'**éviter la multiplication des élections partielles.** Toutefois, lorsque plusieurs gouvernements se succèdent, il peut se produire qu'un grand nombre de suppléants siègent dans les assemblées. **Leur représentativité est alors modifiée.**

B) Les incompatibilités

460 Les incompatibilités sont différentes des inéligibilités. Elles n'empêchent pas de se présenter à l'élection. Simplement, **elles obligent le candidat élu à choisir entre son mandat et l'exercice des fonctions incompatibles.**

Il s'agit d'assurer l'indépendance des représentants de la nation face aux pressions et aux tentations.

Le régime des incompatibilités sépare les règles applicables aux incompatibilités avec les activités publiques de celles relatives aux incompatibilités avec les activités professionnelles. Avant tout, évoquons le contrôle et les sanctions applicables aux incompatibilités.

1. Le contrôle et les sanctions

461 Afin de permettre le contrôle des activités professionnelles incompatibles avec le mandat parlementaire par le Bureau de l'assemblée concernée, les parlementaires doivent, dans les deux mois de leur entrée en fonction, remettre au Bureau, ainsi qu'à la Haute autorité pour la transparence de la vie publique (voy. E18 ci-avant) une déclaration des activités professionnelles ou d'intérêt général qu'ils se proposent de poursuivre. L'absence du dépôt est sanctionnée par la démission d'office et l'inéligibilité, prononcées par le Conseil constitutionnel.

En cas de doute ou de contestation sur la compatibilité d'une activité, le Bureau saisit le Conseil constitutionnel. Le Garde des Sceaux et le parlementaire concerné peuvent également le saisir. Si le Conseil constate l'incompatibilité d'une fonction, le parlementaire dispose alors d'un délai de trente jours pour régulariser sa situation. À défaut, il est déclaré démissionnaire d'office de son mandat par le Conseil constitutionnel.

En matière de cumul de mandats, le parlementaire dispose d'un délai de trente jours pour démissionner du mandat ou de la fonction de son choix. À défaut, le mandat local acquis à la date la plus ancienne prend fin de plein droit.

Enfin, lorsqu'un acte interdit en matière de plaidoirie (pour les avocats) ou d'usage du titre de député a été commis, le parlementaire fautif est déclaré démissionnaire d'office par le Conseil constitutionnel à la requête du Bureau ou du Garde des Sceaux.

2. L'incompatibilité avec une activité publique

462 Le mandat parlementaire est incompatible avec certains mandats électifs et avec les fonctions publiques.

En ce qui concerne les **incompatibilités avec d'autres mandats électifs**, il existe des interdictions et des limitations :

- **est interdit : le cumul des mandats politiques nationaux** (député et sénateur, ministre et parlementaire, Président de la République et parlementaire, parlementaire et membre du Conseil constitutionnel et, depuis la loi organique du 5 avril 2000, parlementaire national et parlementaire européen) ;
- **est limité : le cumul des mandats électifs.** Le mandat de député ou de sénateur est incompatible avec l'exercice de plus d'un des mandats électoraux suivants : conseiller régional, conseiller à l'Assemblée de Corse, conseiller général, conseiller de Paris, conseiller municipal d'une commune d'au moins 3 500 habitants (loi organique du 5 avril 2000). Toutefois, face aux insuffisances de ce dispositif, la loi organique n° 2014-125 du 14 février 2014 **interdit le cumul de fonctions exécutives locales avec le mandat de député ou de sénateur à compter de… 2017** (voy. E23 ci-dessous).

En ce qui concerne **les incompatibilités avec des fonctions publiques** (non électives), dans le souci de dégager les parlementaires des liens de dépendance qu'ils pourraient avoir avec un autre pouvoir ou une autre autorité, ceux-ci ne peuvent cumuler leur mandat avec les fonctions de membre du Gouvernement, du Conseil constitutionnel ou du Conseil économique, social et environnemental, de magistrat et de membre du Conseil supérieur de la magistrature. De manière plus générale, l'exercice de fonctions publiques non électives est incompatible avec l'exercice du mandat parlementaire.

L'interdiction du cumul touche bien évidemment les fonctionnaires (y compris les fonctionnaires internationaux). On voit mal comment l'exercice du mandat parlementaire qui nécessite une totale indépendance, en particulier vis-à-vis du gouvernement, pourrait se concilier avec une carrière de fonctionnaire qui implique la subordination à ce même gouvernement. La seule exception à l'interdiction du cumul est celle des fonctions de professeur de l'enseignement supérieur (ils bénéficient d'un statut qui leur assure l'indépendance).

L'interdiction du cumul **s'étend ég**alement aux **fonctions de direction dans des entreprises nationales ou des établissements publics nationaux**, c'est-à-dire des organismes dépendant étroitement de la puissance publique (sauf si les parlementaires ont été désignés en cette qualité comme membres du conseil d'administration). En effet, on imagine mal ces dirigeants voter des lois qui vont s'appliquer à leurs entreprises ou EP.

Les parlementaires se verront également interdire toute fonction de **membre d'une autorité administrative indépendante**, sauf s'ils y ont été désignés en leur qualité de parlementaire. Par ailleurs, seront incompatibles les fonctions de président d'une autorité administrative indépendante (loi organique n° 2013-906 du 11 octobre 2013).

Enfin, est incompatible l'exercice de **fonctions juridictionnelles, d'arbitre, de médiateur et de conciliateur** (loi organique du 11 octobre 2013).

Il existe néanmoins un cas de figure dans lequel l'interdiction du cumul est levée temporairement. C'est celui dans lequel le gouvernement peut charger un parlementaire d'une mission temporaire sans que celui-ci soit obligé de résilier son mandat, si la mission n'excède pas six mois. Au-delà, le parlementaire doit faire un choix.

E23 **L'interdiction du cumul de fonctions exécutives locales avec le mandat de député ou de sénateur à compter de 2017**

Les critiques adressées au « cumul des mandats » sont nombreuses : le cumul empêche les élus d'assurer correctement les nombreuses missions dont ils ont la charge, il ne permet pas de concilier l'intérêt local et l'intérêt national, il contribue à diluer les responsabilités, il limite le renouvellement du personnel politique. Par là même, le cumul constitue un obstacle à la rénovation de l'institution parlementaire.

Dans un premier temps, la loi organique du 30 décembre 1985 a permis de mettre fin au cumul illimité de mandats notamment en ne permettant aux parlementaires que de détenir un seul autre mandat électif. Puis, sous l'impulsion du Premier ministre L. Jospin, la loi organique du 5 avril 2000 est venue renforcer les incompatibilités entre mandats électoraux (voy. ci-après). Cependant, au regard des ambitions initiales, force est de constater qu'elle n'a constitué qu'un petit pas dans cette direction. Premier constat : l'interdiction de cumuler un mandat parlementaire avec une fonction exécutive locale (maire, président de conseil général, président de conseil régional) n'a pas été retenue dans le dispositif. Il s'agissait pourtant là du cœur de la réforme. De façon générale, l'exercice de mandats locaux, limité à un seul, demeure compatible avec la fonction parlementaire. La loi n'a donc pas organisé de séparation entre l'échelon national et l'échelon local. L'argument (discutable) selon lequel un député a besoin d'un ancrage local l'a donc emporté. Deuxième constat : les conditions de ce cumul sont plus restreintes qu'auparavant. Néanmoins, la loi a exclu du dispositif les 34 000 communes de moins de 3 500 habitants. Un député exerçant un mandat de conseiller régional ou général peut demeurer conseiller municipal d'une commune de moins de 3 500 habitants.

Tirant les conséquences de ces lacunes, la loi organique du 14 février 2014 interdit le cumul de fonctions exécutives locales (maire et adjoint au maire, président et vice-président d'un établissement public de coopération intercommunale, président et vice-président de conseil départemental et de conseil régional, etc.) avec le mandat de député ou de sénateur. Ceux-ci peuvent seulement conserver un mandat de conseiller municipal, de conseiller départemental ou conseiller régional mais sans pouvoir bénéficier d'une délégation. Ils ne peuvent non plus désormais exercer les fonctions de président et de vice-président du conseil d'administration d'un établissement public local, d'un centre de gestion de la fonction publique territoriale, du conseil d'administration ou du conseil de surveillance d'une société d'économie mixte locale, d'une société publique locale ou d'une société publique locale d'aménagement et d'un organisme d'habitations à loyer modéré.

Le parlementaire en situation de cumul devra obligatoirement conserver le mandat le plus récent.

Ces dispositions seront applicables à compter du premier renouvellement de chaque assemblée suivant le 31 mars 2017.

3. L'incompatibilité avec une activité professionnelle

463 Le principe est celui de la **compatibilité *a priori*** entre le mandat parlementaire et les activités professionnelles. **Mais les exceptions se sont multipliées.**

Le parlementaire doit pouvoir **continuer à exercer une activité professionnelle si celle-ci n'a pas de lien, même indirect, avec l'exercice de son mandat**. Un notaire pourra continuer à gérer son étude, un agriculteur à gérer ses terres (comme François Guillaume, exploitant agricole, ancien ministre de l'Agriculture et ancien député).

Toutefois, les situations de collusion entre le monde des affaires et celui de la politique devenant plus nombreuses, de nouveaux cas d'incompatibilités ont été édictés

Ainsi, il est interdit à un député de commencer à exercer **une fonction de conseil qui n'était pas la sienne avant le début de son mandat**. Cette interdiction n'est toutefois pas applicable aux membres des professions libérales soumises à un statut réglementé, telles que la profession d'avocat. Lorsqu'il exerce la profession d'avocat, le parlementaire a l'interdiction de plaider contre l'État, les sociétés nationales, les collectivités ou établissements publics ; cette interdiction s'applique à l'ensemble des membres du cabinet d'avocats dans lequel exerce le parlementaire.

Par ailleurs, la loi organique du 11 octobre 2013 interdit le cumul avec l'exercice de **fonctions de direction des sociétés ayant principalement un objet financier** (elle devait auparavant avoir un objet exclusivement financier) **ou dont l'activité dépend principalement de personnes publiques** (par ex., ayant pour principale activité l'exécution de travaux ou la prestation de fournitures ou de services pour le compte d'une ou de plusieurs collectivités publiques).

De façon générale, le parlementaire ne peut pas se servir de sa qualité pour faire de la publicité à une entreprise.

C) Les immunités

464 Comme leur nom l'indique, les immunités protègent le mandat parlementaire. Il faut distinguer l'irresponsabilité des parlementaires, qui s'applique aux actes accomplis dans l'exercice de leurs fonctions, et l'inviolabilité qui s'applique aux actes commis en dehors des fonctions (art. 26). **La révision constitutionnelle du 4 août 1995 a allégé le régime de l'immunité des parlementaires pour permettre un meilleur fonctionnement de la justice.**

1. L'irresponsabilité

465 Le principe de l'irresponsabilité est simple. **Le parlementaire ne peut être poursuivi pour les actes accomplis dans l'exercice de ses fonctions.**

Il ne peut être poursuivi **ni civilement, ni pénalement, pour les opinions, propos ou votes qu'il émet.** Par exemple, il ne peut être poursuivi pour diffamation pour des propos tenus dans un discours au sein de son assemblée ou d'une commission d'enquête. Bien que cette disposition **permette de préserver la liberté d'expression et d'action du parlementaire, condition vitale de la démocratie, elle peut favoriser certains abus** de langage ou d'attitude qui ne seront pas réprimés.

L'irresponsabilité est perpétuelle, ce qui signifie que le parlementaire est protégé même après la fin de son mandat mais uniquement pour les actes commis dans l'exercice des fonctions. Ne sont donc pas couverts les actes qui se rattachent à la vie publique (hors de l'assemblée) ou privée.

2. L'inviolabilité

466 L'inviolabilité **constitue une protection contre les poursuites pénales dont pourrait faire l'objet le parlementaire pour les actes accomplis en dehors de ses fonctions** (en tant que simple citoyen). Il ne faudrait pas en effet que des adversaires politiques exploitent certains actes ou événements extérieurs aux fonctions afin de l'empêcher d'une façon ou d'une autre d'exercer son mandat. Le parlementaire est donc à l'abri des pressions de toutes sortes.

L'inviolabilité ne s'applique qu'aux poursuites pénales pour crime ou délit et non aux poursuites pénales pour contravention et aux poursuites civiles. Elle ne met pas non plus les parlementaires à l'abri, par exemple, d'écoutes téléphoniques judiciaires, comme ce fut le cas pour Bernard Tapie en 1994, ou de perquisitions à leur domicile, comme pour Jean Tibéri en 1996.

Le parlementaire est protégé par l'inviolabilité pendant la durée des sessions parlementaires. Avant la révision constitutionnelle du 4 août 1995, un parlementaire ne pouvait être **poursuivi ou arrêté pendant la durée des sessions, qu'après la levée de son immunité par l'assemblée dont il est membre.** Cette procédure s'est avérée difficile à mettre en œuvre compte tenu de la solidarité des parlementaires entre eux (comme en témoigne le faible nombre d'autorisations donné par les assemblées depuis 1958 : 31 demandes ont été formulées devant l'Assemblée nationale qui en a autorisé 8).

En cas de flagrant délit, le parlementaire pouvait être poursuivi ou arrêté sans passer par la procédure de levée d'immunité. Néanmoins, l'assemblée dont il est membre pouvait décider le sursis des poursuites pour toute la durée du mandat, celles-ci ne reprenant qu'au terme de ce dernier. Elle pouvait également décider le sursis de poursuites engagées en dehors des sessions, pour la durée de la session en cours.

Ce système, par sa lourdeur relative, n'a pas réellement permis de faciliter le travail des juges et le cours de la justice. **Ces difficultés risquaient d'être accrues du fait de la révision constitutionnelle du 4 août 1995 qui organise le passage de deux sessions parlementaires de trois mois à la session unique.**

C'est pourquoi, **la même révision constitutionnelle, modifiant l'article 26 de la Constitution, prévoit désormais que la mise en examen d'un parlementaire en cours de session peut se faire sans autorisation de l'assemblée. En revanche, une arrestation ou toute autre mesure privative ou restrictive de liberté doit être autorisée au préalable par le bureau de l'assemblée concernée** (la loi du 29 janvier 1996 précise que la demande d'autorisation, formulée par le procureur général près la cour d'appel compétente et transmise par le ministre de la justice, doit indiquer « précisément les mesures envisagées ainsi que les motifs invoqués »). **L'autorisation n'est pas requise en cas de crime, de flagrant délit ou de condamnation définitive.**

Si la révision devrait permettre d'améliorer le travail de la justice, une disposition de l'article 26 demeure quelque peu ambiguë. En effet, il est prévu que, **« pour la durée de la session » l'Assemblée nationale ou le Sénat peuvent requérir la suspension de la détention ou des poursuites contre un de leurs membres.** Ne s'agit-il pas là d'un moyen pour les assemblées de s'immiscer dans le travail des magistrats ? À la fin de la session, la détention reprend. À titre d'exemple, rappelons qu'au cours de la session 1995-1996, une autorisation d'arrestation ou de mesures privatives ou restrictives de liberté a été accordée par l'Assemblée nationale (concernant Bernard Tapie) qui, par ailleurs, n'a formulé aucune demande de suspension de la détention ou de la poursuite.

Il apparaît donc que la révision constitutionnelle a introduit une nouvelle restriction (nécessaire) au régime de l'immunité parlementaire. Les parlementaires sont donc moins bien protégés qu'ils ne l'étaient avant. Y a-t-il là un motif d'inquiétude pour leur statut ? Probablement pas puisque la révision est intervenue au nom d'une meilleure administration de la justice donc d'un meilleur fonctionnement de la démocratie.

En dehors des sessions, le parlementaire peut être poursuivi aussi bien au plan pénal que civil. Mais son arrestation est conditionnée à l'autorisation du bureau de l'assemblée dont il est membre.

D) L'indemnité parlementaire et la situation matérielle des députés

467 Contrairement à une idée répandue dans l'opinion, les sommes perçues par les parlementaires ne sont pas excessives au regard du travail demandé, des responsabilités qui leur incombent et des frais qu'ils engagent.

L'indemnité de base est calculée sur la base du traitement moyen des plus hauts fonctionnaires. S'y ajoute l'indemnité de résidence, comme pour les fonctionnaires, qui représente 3 % du montant de l'indemnité de base. L'indemnité parlementaire est complétée par une indemnité dite de fonctions (égale au quart du montant de l'indemnité parlementaire).

Au 1er avril 2014, les indemnités mensuelles brutes sont les suivantes : Indemnité de base 5 514,68 €, Indemnité de résidence (3 %) 165,44 €, Indemnité de fonction (25 % du total) 1 420,03 €. Soit brut mensuel 7 100,15 € et net mensuel 5 108,27 €.

L'indemnité parlementaire de base majorée de l'indemnité de résidence est imposable suivant les règles applicables aux traitements et salaires. Par ailleurs, le parlementaire titulaire de mandats ou fonctions électorales locales ne peut cumuler les indemnités afférentes à ces mandats ou fonctions avec son indemnité parlementaire de base que dans la limite d'une fois et demie cette dernière, soit 8 272 € au 1er avril 2014. Un parlementaire ne peut donc percevoir plus de 2 757,34 € par mois au titre de ses mandats locaux.

Pour faire face aux dépenses liées à l'exercice de leur mandat qui ne sont pas prises en charge par l'assemblée (loyer et frais généraux de la permanence en circonscription, réunions sur le terrain...), les parlementaires bénéficient d'une indemnité représentative de frais de mandat dont le montant mensuel est de 5 770 € brut (pour les députés). Ils disposent également d'un crédit pour la rémunération de collaborateurs (assistants, secrétaire) dont le nombre varie de un à cinq selon les parlementaires (crédit mensuel de 9 504 € pour les députés). Enfin, les parlementaires bénéficient de facilités de circulation pour leurs déplacements (carte nominative qui permet l'accès gratuit à l'ensemble du réseau SNCF en 1re classe, prise en charge d'un certain nombre de déplacements aériens notamment entre Paris et leurs circonscriptions...) et d'une prise en charge des dépenses de téléphone et de courrier liées à leur mandat.

Ajoutons que les parlementaires bénéficient d'une allocation de retour à l'emploi. Elle est versée aux parlementaires non réélus à la recherche d'un emploi. La durée de versement est limitée à 6 semestres (3 ans) au maximum. L'allocation est dégressive : montant maximum égal à 100 % de l'indemnité parlementaire le 1er semestre, puis 70 % le 2e semestre, 50 % le 3e semestre, 40 % le 4e semestre, 30 % le 5e semestre et 20 % le 6e semestre. Sont déduits de son montant tous les revenus que peut percevoir l'ancien parlementaire (mandats locaux, revenus du patrimoine, etc.).

E24 **Parlementaires et *lobbies***

Selon l'article 27 alinéa 1 de la Constitution, « Tout mandat impératif est nul ».
Autrement dit, les parlementaires représentent les citoyens dans leur ensemble et non des intérêts particuliers. Pourtant, de nombreux parlementaires font partie de « groupes d'études » au sein de leur assemblée, lesquels sont en réalité une façade pour des groupes de pression (plus d'une centaine à l'Assemblée nationale dont les puissants *lobbies* de l'agriculture, des constructeurs automobiles, des entreprises d'armement, des groupes multiservices tels Vivendi, Lyonnaise des eaux-Suez, Bouygues...). Dans ces conditions, on peut s'interroger sur le degré d'indépendance de ces députés et sénateurs.

SECTION II

L'organisation et le fonctionnement du Parlement

468 Chaque assemblée possède un règlement qui définit son fonctionnement. Les assemblées sont dotées d'organes qui assurent leur bonne marche ainsi que celle du travail législatif.

§ 1. Le règlement des assemblées

469 Le règlement est le texte qui définit les **règles de fonctionnement des assemblées** (organisation et travaux). Chaque assemblée élabore et adopte son propre règlement qui a valeur permanente (il n'a pas besoin d'être modifié à chaque nouvelle législature).

Cette liberté d'élaboration et d'adoption permet aux assemblées de conserver une certaine autonomie par rapport au gouvernement. D'ailleurs, les assemblées peuvent modifier leur règlement quand elles le souhaitent (à la majorité des suffrages exprimés).

Le souvenir des excès de la souveraineté parlementaire des Troisième et Quatrième Républiques a pourtant conduit le constituant de 1958 à **soumettre le règlement à la Constitution et à la loi.**

Les règlements des assemblées sont donc **obligatoirement soumis au Conseil constitutionnel qui procède à un contrôle de leur conformité à la Constitution** avant leur mise en application (art. 61, al. 1 de la Constitution).

Ce dernier s'est toujours montré rigoureux dans son contrôle. Il a d'abord rappelé que les règlements sont soumis à un bloc de constitutionnalité (non seulement la Constitution mais aussi essentiellement les lois organiques). Cela signifie que la base du contrôle est élargie. Mais surtout, le Conseil a rappelé que les règlements ne peuvent s'écarter des prescriptions constitutionnelles. Il n'a pas hésité, en particulier au début de la Cinquième République, à annuler des dispositions des règlements qui lui paraissaient ne pas se conformer à la Constitution.

Ajoutons que c'est à travers le règlement des assemblées que la révision constitutionnelle du 23 juillet 2008 a reconnu **un « statut » à l'opposition parlementaire**. Ainsi, le nouvel article 51-1 C prévoit que : « Le règlement de chaque assemblée détermine les droits des groupes parlementaires constitués en son sein. Il reconnaît des droits spécifiques aux groupes d'opposition de l'assemblée intéressée ainsi qu'aux groupes minoritaires ». Pour la première fois, **la Constitution consacre les notions de « majorité » et « d'opposition » parlementaires** (voy. *infra*, n° 474).

§ 2. Les organes des assemblées

470 Chaque assemblée possède d'une part des organes de direction chargés de sa gestion et de la conduite des travaux parlementaires et, d'autre part, des organes d'encadrement du travail parlementaire.

A) Les organes de direction

1. La présidence des assemblées

471 Le Président de l'Assemblée nationale est élu pour cinq ans au début de la législature et celui du Sénat lors de chaque renouvellement triennal. L'élection a lieu au scrutin secret (ce qui confère à l'élu une certaine indépendance). Pour être élu, il faut obtenir la majorité absolue des suffrages exprimés au premier ou au deuxième tour ou la majorité relative au troisième (si des deuxième et troisième tours sont nécessaires). Ceci explique que les Présidents des assemblées soient issus de la majorité parlementaire de chacune d'entre elle.

L'élu est en général une **personnalité de premier plan** qui fait autorité parmi ses pairs.

Le Président de chaque assemblée dispose d'attributions parlementaires (à l'égard de l'assemblée) et d'attributions constitutionnelles (qui s'appliquent hors de l'assemblée).

Au titre des attributions parlementaires, le Président **dirige et organise les débats** (donne la parole aux parlementaires, demande à ceux qui abusent de leur temps de parole de conclure leur intervention) et doit **faire respecter le règlement et la discipline.** Il peut proposer des mesures disciplinaires allant jusqu'à l'exclusion temporaire de l'assemblée d'un parlementaire qui aurait violé le règlement (l'exclusion est une sanction rarissime appliquée seulement deux fois depuis 1958).

Au titre des attributions constitutionnelles spécifiques, le Président du Sénat assure l'intérim de la présidence de la République en cas de vacance ou d'empêchement du Président en exercice.

Au titre des attributions constitutionnelles communes, les Présidents des assemblées : sont consultés avant la dissolution de l'Assemblée nationale et avant la mise en œuvre de l'article 16 de la Constitution ; nomment chacun trois des membres du Conseil Constitutionnel ; peuvent saisir le Conseil Constitutionnel pour contrôler la conformité d'un traité ou d'une loi à la

Constitution ; nomment chacun trois des membres du Conseil Supérieur de l'Audiovisuel (les trois autres étant nommés par le Président de la République).

L'usage de l'ensemble de ces compétences **exige impartialité, indépendance et autorité.** L'importance des attributions et du rôle du Président explique la qualité de son « statut ».

Le Président du Sénat et celui de l'Assemblée nationale sont protocolairement les second et quatrième personnages de l'État (le Président de la République étant le premier et le Premier ministre le troisième). Leur poids politique est incontestable et leur confère une place particulière dans le paysage politique. Même si leur impartialité est reconnue, le fait majoritaire en fait des alliés objectifs du pouvoir (avec des exceptions comme celle de Gaston Monnerville, ancien Président du Sénat et opposant permanent au général de Gaulle).

2. Le bureau des assemblées

472 Le bureau de chaque assemblée est présidé par le Président de la Chambre. Ses membres sont élus pour un an à l'Assemblée nationale (à compter de la séance d'ouverture de la session ; ils sont au nombre de 22) et pour trois ans au Sénat (après chaque renouvellement partiel ; ils sont au nombre de 22) au scrutin plurinominal majoritaire. La désignation du bureau à l'Assemblée nationale comporte une particularité dans la mesure où l'élection n'a lieu que si le nombre des candidats (présentés par les groupes), pour chacune des fonctions du bureau, est supérieur au nombre des sièges à pourvoir (dans le cas contraire, les candidatures sont publiées au *Journal officiel* et la nomination prend immédiatement effet), ce qui laisse de la place pour une désignation à l'amiable. En effet, **la composition du bureau doit refléter la configuration politique de l'assemblée et donc comporter un certain nombre de membres de l'opposition** (ce qui se réalise également au Sénat grâce au mode de scrutin).

Le bureau est très structuré et les différentes catégories de membres ont des fonctions bien précises. Ainsi, les vice-présidents ont la tâche d'assister le Président dans la direction et l'organisation des débats, les questeurs sont chargés des questions administratives et financières de l'assemblée, les secrétaires sont chargés du contrôle des votes et de la rédaction des procès-verbaux.

Mais le bureau possède aussi des attributions collectives. Il est responsable de l'administration de l'assemblée, préside à ses délibérations, vérifie les incompatibilités, etc.

3. La Conférence des présidents

473 Au sein de chaque assemblée, la Conférence des présidents regroupe le Président et les vice-présidents de l'assemblée, les présidents des commissions permanentes, les présidents des groupes politiques, le rapporteur général de la commission des finances et le président de la commission des affaires européennes.

La Conférence des présidents est convoquée chaque semaine. Pour les votes, les présidents des groupes politiques disposent d'un nombre de voix égal au nombre des membres de leur groupe, défalcation faite de ceux qui participent à la Conférence, ce qui fait que la majorité parlementaire de l'assemblée considérée (et donc le gouvernement) a, obligatoirement, la majorité au sein de la Conférence.

La Conférence **fixe l'ordre du jour de l'assemblée** (AN ou Sénat) en fonction des demandes ou propositions du gouvernement et des différents groupes politiques, ainsi que de l'état d'avancement des travaux parlementaires au sein des commissions. Jusqu'à la révision constitutionnelle du 23 juillet 2008, le gouvernement avait priorité pour inscrire à l'ordre du jour les projets de lois déposés par lui, et les propositions de loi qu'il acceptait. La Conférence des présidents (en pratique le ou les groupes parlementaires majoritaires) fixait l'ordre du jour complémentaire dans le temps laissé libre par le gouvernement, et, depuis la révision du 4 août 1999, l'ordre du jour réservé (une séance par mois fixée par chaque assemblée). En application de la révision constitutionnelle de 2008, désormais l'ordre du jour est partagé entre l'exécutif et le législatif. Sur un mois, le gouvernement dispose de deux semaines de séance et chaque assemblée (la majorité parlementaire) d'une semaine (dont un jour pour l'opposition), la quatrième semaine étant consacrée au contrôle de l'action gouvernementale. Ainsi, à l'Assemblée nationale, **la Conférence établit**, à l'occasion de sa réunion hebdomadaire, **dans le respect des demandes d'inscription prioritaire formulées par le gouvernement et les groupes**, un ordre du jour pour la semaine en cours et les trois suivantes. Elle fixe également la ou les séances consacrées aux questions au gouvernement ainsi que, le cas échéant, les séances consacrées à des questions orales sans débat…

La Conférence des présidents joue également un rôle dans **l'organisation de la discussion des textes soumis à l'assemblée**. À l'AN, elle peut fixer la durée de la discussion générale dans le cadre des séances prévues par l'ordre du jour et peut également fixer la durée maximale de l'examen de l'ensemble d'un texte.

Enfin, en vertu de l'article 39 C, la Conférence des présidents est compétente pour constater, s'agissant des projets de loi déposés sur le bureau de l'assemblée, une éventuelle méconnaissance des conditions de présentation fixées par la loi organique du 15 avril 2009. Elle dispose d'un délai de dix jours à compter du dépôt du projet pour se prononcer (sur les conditions de présentation des projets de loi, voy. *infra*, n° 541).

B) Les organes d'encadrement du travail parlementaire

1. Les groupes parlementaires

474 Reconnus juridiquement sous la Troisième République, les groupes réunissent les parlementaires par affinité politique. Globalement, **les groupes correspondent aux partis politiques, ils en sont la transcription parlementaire.**

Pour éviter leur multiplication, les règlements des assemblées ont fixé **un nombre minimum de parlementaires pour former un groupe** (**15 à l'Assemblée nationale** contre 20 auparavant, résolution du 27 mai 2009 ; **10 au Sénat** depuis octobre 2011, contre 15 auparavant). L'Assemblée nationale élue en juin 2012 comprend six groupes : le groupe Socialiste, républicain et citoyen (279 membres contre 186 dans la précédente Assemblée), le groupe Union pour un mouvement populaire (UMP, 185 membres contre 313 dans la précédente Assemblée) devenu le groupe *Les Républicains* en mai 2015 suite au changement de nom du parti, le groupe Union des démocrates et indépendants (29 membres dont les 12 députés du Nouveau Centre qui ne peuvent donc plus former un groupe à eux seuls), le groupe Écologiste (18 membres ; dans la précédente Assemblée, les 4 députés Verts faisaient partie du groupe Gauche démocrate et républicaine), le groupe Gauche démocrate et républicaine (15 membres contre 24 dans la précédente Assemblée ; il réunit notamment les 10 députés du Front de gauche et communistes), le groupe Radical, républicain, démocrate et progressiste (15 membres dont les 12 députés du parti radical de gauche). Au Sénat, on dénombre six groupes parlementaires.

Quoi qu'il en soit, le nombre réduit de groupes facilite le fonctionnement des assemblées.

Pour la clarté du débat et des travaux de l'assemblée, les groupes se constituent en remettant à la Présidence **une déclaration politique** signée de leurs membres (accompagnée de la liste de ces membres et des députés apparentés). Cette déclaration formule les objectifs de chaque groupe et les moyens qu'il préconise.

Cependant, avec la révision constitutionnelle du 23 juillet 2008, on a assisté à une redéfinition des groupes parlementaires. En effet, l'article 51-1 C prévoit que : « Le règlement de chaque assemblée détermine les droits des groupes parlementaires constitués en son sein. Il reconnaît **des droits spécifiques aux groupes d'opposition de l'assemblée intéressée ainsi qu'aux groupes minoritaires** ». Pour la mise en œuvre de cette disposition, le règlement de l'Assemblée nationale prévoit que chaque groupe sera libre de déclarer ou non son appartenance à l'opposition, mais **seuls les groupes qui se seront déclarés d'opposition pourront bénéficier des droits spécifiques qui y sont liés** (l'appartenance à l'opposition est mentionnée dans la déclaration politique adressée au président de l'assemblée). L'identification des groupes minoritaires se fera par déduction : seront considérés comme tels ceux qui ne se sont pas déclarés d'opposition, à l'exception de celui d'entre eux qui compte l'effectif le plus élevé.

Tous les parlementaires n'appartiennent pas à des groupes. Certains sont dits **« apparentés »** à des groupes dont ils se sentent proches politiquement sans pour autant être membres du parti qui le compose. D'autres sont **non-inscrits**, c'est-à-dire qu'ils ne font partie d'aucun groupe politique, soit qu'ils souhaitent conserver une certaine neutralité dans la bataille politique et une certaine liberté de parole, soit qu'aucun groupe ne corresponde vraiment à leur sensibilité (au 6 juin 2015, neuf députés non-inscrits dont les deux députés du Front National). Cependant, tant au Sénat qu'à l'Assemblée nationale, les non-inscrits ont la possibilité de se regrouper afin de bénéficier d'une représentation : ils forment la « réunion administrative » au Sénat et le « groupe des députés n'appartenant à aucun groupe » à l'Assemblée nationale.

Le rôle des groupes, y compris celui des groupes d'opposition et des groupes minoritaires à travers les droits spécifiques qui leur sont reconnus, est important pour la fixation de l'ordre du jour de l'assemblée, pour la composition des commissions parlementaires, pour la création de commissions d'enquête…

Pour assurer l'indépendance et la qualité de leur travail, des moyens matériels sont mis à leur disposition (notamment des locaux au sein des assemblées, une dotation annuelle calculée en fonction du nombre de membres dans chaque groupe, etc).

Toutefois, même s'ils étaient reconnus, les groupes parlementaires n'étaient dotés que d'un statut informel (de simples groupements de fait) ne permettant pas l'exercice d'un contrôle sur l'utilisation que les groupes font des dotations qui leur sont versées par l'assemblée. C'est pour cette raison, et à la suite de l'affaire Bygmalion (révélations sur un prêt de 3 millions d'euros, consenti en 2012 à l'UMP par le groupe parlementaire du parti d'opposition), que le règlement de l'Assemblée nationale a été modifié en prévoyant **l'obligation pour les groupes parlementaires de se constituer en association loi 1901** (résolution du 17 septembre 2014). Avant cette réforme, seuls les groupes PS et écologistes avaient fait le choix de se constituer en associations. Le statut d'association implique pour les groupes « la mise en place d'outils de contrôle »: l'obligation de faire valider son budget annuel par l'assemblée générale de l'association, mais aussi la certification des comptes par un commissaire aux comptes. Par ailleurs, il a également été décidé que les comptes des groupes et les rapports des commissaires aux comptes seraient publiés sur le site de l'Assemblée nationale.

Le Sénat a adopté des dispositions similaires (résolution du 13 mai 2015).

2. Les commissions parlementaires

475 L'importance excessive prise par les commissions sous les Républiques précédentes a conduit le constituant de 1958 à réglementer leur formation et leur fonctionnement.

Leur vocation n'a pas changé. Elles constituent **les organes de base du travail parlementaire. Elles sont, pour les unes, le lieu où sont analysés, disséqués et discutés les projets ou propositions de loi et, pour les autres (plus rares), des instruments de contrôle de l'activité des institutions, en particulier du gouvernement.** Il faut distinguer trois catégories de commissions.

- La première est celle des **commissions permanentes** qui sont constituées chaque année à l'Assemblée nationale et tous les trois ans au Sénat. Tous les parlementaires doivent faire partie d'une commission et d'une seule. Les membres des commissions permanentes sont normalement désignés à l'amiable par les présidents des groupes, chacun disposant d'un quota de sièges proportionnel à l'importance numérique du groupe (à l'Assemblée nationale, les non-inscrits se voient attribuer les sièges restés vacants après cette répartition ; au Sénat, ils sont pris en compte comme un groupe). Dans la pratique, la majorité parlementaire est logiquement majoritaire dans les commissions et se répartit donc les présidences (en signe de bonne volonté, des vice-présidences sont généralement accordées à l'opposition). Chaque commission est présidée par un bureau (composé d'un président, de vice-présidents, de secrétaires et d'un rapporteur général pour la commission des Finances).

La révision constitutionnelle du 23 juillet 2008 et les textes pris pour sa mise en œuvre ont apporté un certain nombre de modifications au « système » des commissions permanentes.

Rappelons d'abord que chaque commission correspond à un grand domaine d'activité. L'article 43 C prévoit que **le nombre de commissions**

permanentes dans chaque assemblée est limité à huit au lieu de six auparavant. Cette modification a permis un redécoupage du travail parlementaire et ainsi de réduire les inconvénients qui étaient liés à une limitation à six commissions, à savoir, pour chaque commission, un domaine d'activité très large et un effectif considérable (jusqu'à 140 membres à l'Assemblée nationale) qui ne favorisaient pas la qualité du travail parlementaire. Le passage à huit commissions permet également de prendre en compte l'accroissement de l'effectif des commissions au Sénat en raison de l'augmentation progressive, jusqu'en 2011, du nombre de sénateurs (+ 27, voy. *infra*, n° 454).

Ainsi, le nouveau règlement de l'Assemblée nationale institue huit commissions : la Commission des affaires culturelles et de l'éducation ; la Commission des affaires économiques ; la Commission des affaires étrangères ; la Commission des affaires sociales ; la Commission de la défense nationale et des forces armées ; la Commission du développement durable et de l'aménagement du territoire ; la Commission des finances, de l'économie générale et du contrôle budgétaire et la Commission des lois constitutionnelles, de la législation et de l'administration générale de la République (les deux commissions antérieures des affaires sociales et économiques ont été remplacées par quatre nouvelles commissions). Le Sénat a connu la même évolution avec l'institution de sept commissions (la répartition des matières y étant légèrement différente).

Par ailleurs, **les droits de l'opposition sont pris en compte** avec l'instauration de deux nouvelles règles. D'une part, la composition du bureau de chaque commission s'efforce de reproduire la configuration politique de l'assemblée et d'assurer la représentation de toutes ses composantes. D'autre part, la présidence de la commission des Finances est laissée à un député appartenant à un groupe s'étant déclaré d'opposition (ce qui était déjà le cas depuis 2007, à la demande du président Sarkozy).

Les commissions permanentes ont essentiellement pour objet de **préparer le travail législatif en séance plénière.** Elles sont saisies par le Président de leur assemblée des projets et propositions de lois. Un rapporteur est choisi ; il a pour mission de présenter le texte à la commission puis d'exposer les conclusions de la commission devant la chambre. La révision constitutionnelle du 23 juillet 2008 a **considérablement renforcé le rôle des commissions permanentes dans la préparation du travail législatif**.

Traditionnellement, selon qu'une commission était saisie d'un projet ou d'une proposition de loi, sa marge de manœuvre n'était pas la même. S'il s'agissait d'une proposition de loi (d'origine parlementaire), la commission était compétente pour apporter des modifications au texte avant l'ouverture du débat devant la chambre. En revanche, s'il s'agissait d'un projet de loi (d'origine gouvernementale), la commission ne pouvait pas modifier le texte du gouvernement (elle pouvait suggérer des amendements mais leur examen ne se faisait qu'après l'ouverture de la discussion à la chambre sur le texte initial). L'objet d'une telle distinction était évidemment d'empêcher les commissions de s'immiscer dans l'activité gouvernementale.

L'article 42 de la Constitution, modifié par la loi constitutionnelle du 23 juillet 2008, met fin à cette distinction. **Désormais, la discussion des projets et des propositions de loi (ordinaire) porte, en séance, sur le texte adopté par la commission saisie. Autrement dit, les commissions peuvent**

amender aussi bien les projets que les propositions de loi dont elles sont saisies.

Les ministres compétents sur le texte examiné ont accès aux séances des commissions et sont entendus à leur demande. Ils peuvent être convoqués pour apporter des éclaircissements sur le texte.

Les travaux des commissions permanentes font l'objet d'une publicité croissante. En principe, les séances ne sont pas publiques. Cependant, elles s'ouvrent de plus en plus aux journalistes dans un souci de transparence (notamment pour assurer la publicité des auditions). Par ailleurs, les réunions font l'objet d'un compte rendu qui est publié. Enfin, un compte rendu audiovisuel peut être diffusé.

Ajoutons que la loi constitutionnelle du 23 juillet 2008 a reconnu une nouvelle compétence aux commissions : les commissions permanentes des deux assemblées peuvent **rendre un avis sur certaines nominations et même, sous certaines conditions, les empêcher** (nominations par le président de la République à certains emplois supérieurs de l'État ; nomination des membres du Conseil constitutionnel, etc.).

- La seconde catégorie de commissions est celle des **commissions spéciales.** L'article 43 de la Constitution prévoit que les commissions spéciales sont créées soit à la demande du gouvernement, soit à la demande des parlementaires selon une procédure particulière, **pour étudier un projet ou une proposition de loi déterminé.**

Elles sont donc **constituées au cas par cas** et disparaissent dès que le texte a été adopté ou rejeté. Leur fonctionnement est identique à celui des commissions permanentes. Simplement, l'examen de passage est en quelque sorte plus délicat pour le gouvernement puisqu'elles sont composées par définition de spécialistes sans doute plus sourcilleux et précis, capables de contre-propositions pertinentes.

En théorie, elles devraient jouer le rôle d'organe de préparation du travail législatif (précisément pour éviter que les commissions permanentes ne prennent trop d'importance), aujourd'hui dévolu aux commissions permanentes. Mais **en pratique, les assemblées et le gouvernement n'ont que très rarement recours aux commissions spéciales.** Ils font appel à elles **lorsque l'examen d'un texte réclame des qualités particulières de technicité ou de moralité.** On peut citer, par exemple, les commissions chargées d'examiner la loi sur la bioéthique en 1992, la loi de réforme de la Sécurité sociale en 1995-1996, le projet de loi relatif à la bioéthique ou la proposition de loi organique relative aux lois de finances en 2001.

- Enfin, la troisième catégorie de commissions est celle des **commissions d'enquête.** Comme pour les commissions permanentes, l'importance excessive prise par les commissions d'enquête et de contrôle sous les Républiques précédentes (elles ont empiété sur les domaines exécutif et judiciaire) a conduit le législateur à revoir leur statut. En outre, la loi du 20 juillet 1991 a supprimé la distinction qui existait entre commission d'enquête et commission de contrôle.

Les commissions d'enquête sont créées par une résolution adoptée à la majorité de l'Assemblée ou du Sénat. Elles comportent trente députés ou vingt et un sénateurs au maximum, élus à la représentation proportionnelle (ce qui assure la présence de l'opposition). De plus, en application de l'article 51-1 C, **de**

nouveaux droits sont reconnus à l'opposition. Ainsi, à l'Assemblée nationale, la fonction de président ou de rapporteur d'une commission d'enquête revient de droit à un député appartenant à un groupe d'opposition ou lorsque la commission d'enquête a été créée suite au vote d'une résolution proposée par le président d'un groupe d'opposition ou d'un groupe minoritaire, à un membre du groupe qui en est à l'origine (résolution du 27 mai 2009 modifiant le règlement de l'AN). La durée de vie des commissions d'enquête ne peut excéder six mois.

Pour éviter que ces commissions ne soient un moyen détourné pour exercer un contrôle de l'activité gouvernementale ou plus simplement pour éviter tout abus de leur part, **la résolution doit mentionner avec précision les faits qui font l'objet du contrôle ou de l'enquête**.

Sous la Cinquième République, le gouvernement est maître de la procédure législative. S'il désire empêcher la constitution d'une commission d'enquête gênante pour lui, **il dispose des moyens pour que la proposition de résolution ne soit pas inscrite à l'ordre du jour de l'assemblée.**

Une telle éventualité représente un danger pour la démocratie dans la mesure où l'opposition se verrait dans l'impossibilité de mettre en évidence certaines « affaires » ou d'organiser certains contrôles. Pour que ce scénario ne se produise pas, une nouvelle procédure avait été instituée en 1997. Une fois par an, chaque groupe parlementaire pouvait obtenir automatiquement la création d'une commission d'enquête. Celle-ci pouvait porter sur tous les sujets, sauf la Défense nationale et les questions monétaires. En application du nouvel article 51-1 C, la procédure a été de nouveau modifiée en 2009. Ainsi, à l'Assemblée nationale, **chaque président de groupe d'opposition ou de groupe minoritaire peut demander, une fois par session**, à l'exception de celle précédant le renouvellement de l'Assemblée, **qu'un débat sur une proposition de résolution tendant à la création d'une commission d'enquête soit inscrit d'office à l'ordre du jour** d'une séance de la première semaine réservée au contrôle de l'action du gouvernement (sur l'ordre du jour « partagé », voy. *infra*, n° 490).

Comme leur nom l'indique, les commissions d'enquête ont pour objet d'**enquêter (de rechercher des informations) soit sur des faits déterminés qui peuvent se révéler gênants ou compromettants pour le pouvoir** (ce que l'on nomme pudiquement des « affaires » et qui recouvre aussi bien des malversations que des maladresses ou des erreurs patentes), **soit sur la gestion d'une entreprise nationale ou d'un service public (ce qui revient à en organiser le contrôle), soit sur des problèmes de société.** L'article 51-2 C, issu de la révision constitutionnelle du 23 juillet 2008, indique que la création des commissions d'enquête s'inscrit dans l'exercice des missions de contrôle de l'action du gouvernement et d'évaluation des politiques publiques.

Cette recherche d'informations passe par l'audition de nombreux « témoins » (dont des membres du gouvernement) et par la communication obligatoire par l'administration de tous les documents nécessaires à la compréhension des faits (à condition que ces documents ne soient pas couverts par la règle du secret). Depuis la loi de juillet 1991, les travaux et les auditions des commissions font l'objet d'une publicité. Une fois cette recherche achevée, la commission établit un rapport qui est remis au président de l'assemblée. Les conclusions sont en principe rendues publiques mais l'assemblée peut s'y opposer.

Afin d'assurer un meilleur contrôle de la mise en œuvre des conclusions des commissions d'enquête, l'Assemblée nationale a modifié son règlement (résolution du 12 février 2004). Cette résolution prévoit qu'« **à l'issue d'un délai de six mois suivant la publication du rapport d'une commission d'enquête**, le membre de la commission permanente compétente désigné par celle-ci à cet effet lui **présente un rapport sur la mise en œuvre des conclusions de ladite commission d'enquête** » (le rapport peut donner lieu, en séance publique, à un débat sans vote ou à une séance de questions ; résolution du 27 mai 2009). La résolution confie donc à un député une mission de suivi analogue à celle prévue pour les lois mais relative, cette fois, à la mise en œuvre des conclusions d'une commission d'enquête. Le député désigné peut être le rapporteur de la commission d'enquête, mais pas nécessairement. Saisi du texte de la résolution, le Conseil constitutionnel en a reconnu la constitutionnalité au prix d'une réserve d'interprétation précisant que : « S'agissant des commissions d'enquête, dont les conclusions sont dépourvues de tout caractère obligatoire, **le rapport présenté ne saurait en aucun cas adresser une injonction au Gouvernement** ». Autrement dit, la mission de suivi ne peut pas avoir pour objet de rendre obligatoire la mise en œuvre des conclusions de la commission d'enquête.

Le fonctionnement des commissions d'enquête est soumis à un principe absolu : ne pas concurrencer l'autorité judiciaire. Autrement dit, aucune commission ne peut être créée lorsque des poursuites judiciaires sont en cours. Quand ces poursuites interviennent après la création de la commission, celle-ci doit suspendre ses travaux. Il s'agit de préserver l'indépendance de la justice d'une possible ingérence des parlementaires. Il faut néanmoins relever une faiblesse dans ce système : le gouvernement ayant l'initiative des poursuites judiciaires peut donc interrompre à tout moment les travaux d'une commission.

La création des commissions d'enquête **relève tout autant de la volonté d'établir les faits que d'un acte politique** destiné à mettre les adversaires dans l'embarras. Certaines commissions (sur la soixantaine créée depuis 1958), dont les travaux ont fait l'objet d'une médiatisation importante, ont eu des retombées dans l'opinion : celle sur les abattoirs de la Villette, sur les « avions renifleurs » ou, plus récemment, sur le Crédit Lyonnais en 1994, les sectes ou l'immigration clandestine en 1995, l'utilisation des fonds publics en Corse en 1998, le recours aux farines animales dans l'alimentation des animaux d'élevage en 2001 ou les causes des dysfonctionnements de la justice dans l'affaire dite d'Outreau en 2005-2006.

3. Les offices et les délégations parlementaires : instruments d'information et d'aide à la décision du Parlement

476 Créés par des lois, les délégations et les offices parlementaires visent à enrichir les actions de contrôle, d'évaluation et d'information des assemblées parlementaires. Les délégations sont des organes généralement propres à chaque assemblée alors que les offices sont communs aux deux chambres du Parlement.

La révision constitutionnelle du 23 juillet 2008 ayant modifié les conditions d'exercice des compétences du Parlement, plusieurs de ces offices et délégations sont devenus obsolètes et ont été supprimés par la loi du 15 juin 2009.

a) Les offices parlementaires d'évaluation : instruments d'aide à la décision

477 Pour rationaliser ses choix, le Parlement a constamment besoin d'être éclairé et informé. Les offices d'évaluation lui apportent cette assistance technique. Après la suppression de l'office parlementaire d'évaluation de la législation et de l'office parlementaire d'évaluation des politiques de santé (la mise en place d'un comité d'évaluation et de contrôle des politiques publiques à l'Assemblée nationale constitue une démarche alternative à celle des offices d'évaluation de la législation et des politiques publiques), ne subsiste que l'office parlementaire d'évaluation des choix scientifiques et technologiques.

Créé en 1983, **l'Office parlementaire d'évaluation des choix scientifiques et technologiques** (composé de huit députés et huit sénateurs, assistés d'un conseil scientifique) est chargé « d'informer le Parlement des conséquences des choix de caractère scientifique et technologique afin, notamment, d'éclairer ses décisions ».

Malheureusement, pour ne pas indisposer d'autres organes de travail des assemblées, l'office réalise essentiellement des études.

b) Les délégations parlementaires

478 Après la suppression de plusieurs délégations, ne subsistent dans chaque assemblée que la délégation au renseignement (instituée en 2007) et la délégation aux droits des femmes et à l'égalité des chances entre les hommes et les femmes instituée en 1999. La mission de cette dernière est d'informer les parlementaires sur les enjeux du principe de parité et surtout de formuler des propositions concrètes afin d'améliorer l'état de la législation en ce domaine.

Une délégation aux outre-mer a été instituée en 2012 à l'AN.

4. Les missions d'évaluation et de contrôle

479 L'Assemblée nationale a mis en place, dans le cadre de ses prérogatives de contrôle financier, deux missions permanentes dont l'objectif est de veiller à l'efficience de la dépense publique.

La mission d'évaluation et de contrôle (MEC) est chargée de contrôler l'utilisation des deniers publics. Mise en place au sein de la commission des finances (depuis 1999), elle est coprésidée par un député de la majorité et un député de l'opposition et sa composition est paritaire entre majorité et opposition. La MEC procède à des auditions (ouvertes au public et à la presse), peut convoquer des témoins et se faire communiquer tous documents (sous réserve des sujets à caractère secret). Ses propositions (formulées dans des rapports), tournées vers des mesures concrètes d'amélioration des politiques publiques, font parfois l'objet d'un suivi après un an : rapport ou communication en commission. Enfin, lorsque les travaux de la MEC donnent lieu à des observations notifiées au gouvernement, celui-ci est tenu d'y répondre dans un délai de deux mois.

La mission d'évaluation et de contrôle des lois de financement de la Sécurité sociale (MECSS) a pour but de vérifier l'application des lois de financement de la Sécurité sociale. Mise en place au sein de la commission des affaires culturelles, familiales et sociales (depuis 2004), son organisation et ses méthodes de travail sont similaires à celle de la MEC. En application de l'article 47-2 de la Constitution, qui prévoit que la Cour des comptes assiste le Parlement dans le contrôle de l'application des lois de financement de la Sécurité sociale, des membres de cette institution participent aux auditions de la MECSS et aux réunions préparatoires. Lorsque la MECSS notifie des observations au gouvernement ou à un organisme de Sécurité sociale, ceux-ci ont l'obligation d'y répondre dans un délai de deux mois.

5. Le Comité d'évaluation et de contrôle des politiques publiques (CECPP) de l'Assemblée nationale

480 Conséquence directe de la révision constitutionnelle du 23 juillet 2008, la création d'un organe spécifique en charge de l'évaluation des politiques publiques est apparue souhaitable pour dépasser les limites de compétences des commissions permanentes : certaines politiques publiques (politique de la ville, politique de soutien aux entreprises, etc.) ont une dimension transversale et doivent donc être appréhendées par un organe commun.

Le Comité comprend dix-sept membres de droit représentant les principales instances de l'Assemblée (le Président de l'Assemblée, les présidents des huit commissions permanentes et celui de la commission des affaires européennes, les présidents des groupes, etc.). Il comprend également quinze députés désignés par les groupes, de façon à reproduire la configuration politique de l'Assemblée (compte tenu de la prédominance de la majorité parmi les membres de droit, ces quinze députés émaneront pour dix d'entre eux de l'opposition, et pour cinq de la majorité).

Le CECPP est chargé de trois missions principales. D'abord, en matière d'évaluation, il peut, de sa propre initiative ou à la demande d'une commission permanente, réaliser des travaux portant sur des sujets transversaux. Son programme annuel fait une place renouvelée à l'opposition, puisque, d'une part, chaque groupe politique peut librement choisir une étude d'évaluation par an, et, d'autre part, chaque sujet est traité par deux corapporteurs, dont un de l'opposition. Des experts extérieurs à l'Assemblée peuvent également apporter leur concours, notamment la Cour des comptes (chargée par l'article 47-2 C d'une mission d'assistance au Parlement pour l'évaluation des politiques publiques).

Ensuite, le Comité peut être saisi pour donner son avis sur une étude d'impact accompagnant un projet de loi déposé par le gouvernement (sur les études d'impact, voy. *infra*, n° 541). De même, le Comité pourra être amené à préparer des évaluations préalables de certains amendements parlementaires.

Enfin, le Comité est appelé à jouer un rôle de « tour de contrôle » de l'évaluation et du contrôle à l'Assemblée. Il peut, en effet, faire toute proposition utile à la Conférence des présidents concernant l'ordre du jour de la semaine mensuelle (de la séance publique) consacrée en priorité au contrôle et à l'évaluation (semaine instituée par la révision constitutionnelle du 23 juillet 2008) : il peut, en particulier, proposer l'organisation, en séance publique, de débats sans vote ou de séances de questions portant sur les conclusions de ses rapports ou de ceux des missions d'information, ou de tout autre sujet de contrôle ou d'évaluation.

6. Les missions d'information

481 En vertu du règlement des assemblées, les commissions permanentes peuvent confier à un ou plusieurs de leurs membres une mission d'information temporaire, principalement chargée d'étudier **les conditions d'application d'une législation**. Pour tenir compte des nouveaux droits de l'opposition, le règlement de l'Assemblée nationale prévoit qu'une mission composée de deux membres doit comprendre un député appartenant à un groupe d'opposition et qu'une mission composée de plus de deux membres doit s'efforcer de reproduire la configuration politique de l'Assemblée. Toujours à l'AN, un rapport de mission d'information peut donner lieu, en séance publique, à un débat sans vote ou à une séance de questions.

Au Sénat, des missions d'information relatives au respect de la présomption d'innocence, à l'enseignement des langues vivantes à l'école ont été créées...

On observe une **tendance des assemblées à utiliser les missions d'information comme substitut à une commission d'enquête.** En effet, leur caractère moins « accusatoire » et moins spectaculaire permet d'éviter de donner trop d'ampleur à certaines « affaires », en particulier lorsque celles-ci pourraient se révéler « gênantes » pour les pouvoirs publics. À l'Assemblée nationale, ont été créées des missions d'information consacrées à la maladie de la « vache folle » (1996), au rôle joué par la France dans le génocide rwandais (1998), aux diverses formes de l'esclavage moderne (2001), à la question du port des signes religieux à l'école (2003).

7. Autres commissions

482 Le contrôle de l'exécution du budget relève de la Commission spéciale chargée de vérifier et d'apurer les comptes qui est composée de quinze députés désignés à la représentation proportionnelle des groupes politiques. Cette commission reçoit du Collège des Questeurs un rapport sur le règlement des comptes de l'exercice écoulé. Elle établit elle-même chaque année un rapport.

§ 3. Les réunions du Parlement

483 Le travail parlementaire se déroule dans un cadre temporel. D'abord, celui de la législature, pour l'Assemblée nationale (le Sénat étant renouvelé par moitié tous les trois ans – loi du 30 juillet 2003 – ; auparavant, par tiers tous les trois ans). Globalement, la législature correspond à la période de cinq ans pour laquelle les députés sont élus (en réalité, le délai court à compter du début des travaux de la nouvelle Assemblée jusqu'à leur cessation). Dans le langage courant, le terme de législature évoque le cadre de base de l'activité parlementaire.

Ensuite, le travail parlementaire se déroule dans le cadre des sessions. Pendant les sessions, le travail de chaque assemblée est réparti en séances successives. C'est aux sessions et aux séances que nous nous intéressons maintenant.

A) Les sessions parlementaires

484 Le constituant de 1958 a mis fin à une tradition remontant à la Révolution française, celle de la maîtrise par les assemblées de la durée de leurs réunions. En

pratique, un tel système permettait au Parlement de siéger en permanence mais présentait l'inconvénient de placer le gouvernement sous le contrôle constant des assemblées (ce qui réduisait d'autant sa liberté d'action).

En fixant un régime des sessions (inauguré par la monarchie britannique), c'est-à-dire en prévoyant la fréquence et la durée des périodes pendant lesquelles les assemblées se réunissent (simultanément), le constituant a entendu **organiser une meilleure régulation des rapports entre le gouvernement et le Parlement.** Il existe trois types de sessions : ordinaires, extraordinaires et de plein droit.

1. Les sessions ordinaires

485 **Jusqu'à la révision constitutionnelle du 4 août 1995**, l'article 28 de la Constitution prévoyait que les assemblées **se réunissent de plein droit deux fois par an.** La session de printemps s'ouvrant le 2 avril pour 90 jours, la session d'automne le 2 octobre pour 80 jours.

Cette limitation de la durée des sessions ordinaires nous permet de faire deux constatations :

- d'une part, la durée n'a cessé de décroître depuis la Quatrième République : de 8 mois en 1946 à 170 jours en 1958 (ancienne rédaction de l'article 28 de la Constitution) et 120 jours aujourd'hui, depuis la révision constitutionnelle du 4 août 1995 (nouvelle rédaction de l'article 28). **Cette réduction est un élément du déclin parlementaire.** En siégeant moins longtemps, les assemblées ont moins de prise sur le suivi et le contrôle des affaires de la nation ;
- d'autre part, cette limitation a entraîné une **modification dans l'organisation du travail parlementaire.** Les assemblées accomplissaient en 170 jours (et maintenant 120 !) le travail qu'elles effectuaient auparavant en deux fois plus de temps. Cette surcharge de travail s'est traduite par une surcharge de l'ordre du jour et par un accroissement considérable du nombre d'heures passées en séance (996 heures en 1994 à l'Assemblée nationale).

Ces difficultés d'organisation du travail parlementaire ont été à l'origine d'une réflexion sur la réorganisation des sessions. Suite aux propositions formulées par le comité Vedel, le président Mitterrand avait déposé un projet de révision constitutionnelle **tendant à l'instauration d'une session ordinaire unique** de 150 jours au plus (d'octobre à juin). Bien que l'idée fût partagée par de plus en plus de parlementaires, le projet n'avait pas abouti.

L'ancien Président de l'Assemblée nationale Philippe Séguin avait exprimé la même volonté d'établir une session ordinaire unique, toujours d'octobre à juin, notamment **pour permettre aux parlementaires de mieux répartir leur temps entre l'Assemblée et leur circonscription (pour les députés) et, de façon générale, pour donner plus de cohérence au travail et au contrôle parlementaires.**

Son initiative, reprise par le président Chirac, est à l'origine de la **révision constitutionnelle du 4 août 1995 qui, modifiant l'article 28 de la Constitution**, prévoit désormais que : **« Le Parlement se réunit de plein droit en une session ordinaire »** du premier jour ouvrable d'octobre au dernier jour ouvrable de juin.

Le deuxième alinéa précise que **« Le nombre de jours de séance que chaque assemblée peut tenir au cours de la session ordinaire ne peut excéder cent vingt. Les semaines de séance sont fixées par chaque assemblée »**. Enfin, le troisième alinéa prévoit que « Le Premier ministre, après consultation du président de l'assemblée concernée, ou la majorité des membres de chaque assemblée, **peut décider la tenue de jours supplémentaires de séance »**. Cette dernière disposition devrait permettre de faire face aux imprévus et aux suppléments de travail législatif.

La session unique, conformément au projet présidentiel de Jacques Chirac de restaurer le rôle de la représentation nationale, **permet un meilleur contrôle du Parlement sur le gouvernement (en continu pendant neuf mois). On ne peut parler pour autant d'un rééquilibrage entre l'exécutif et le législatif. Même si la limitation du nombre de jours de séance à 120** (au lieu de 150 dans le projet initial, cette limitation ayant été imposée par les parlementaires soucieux de continuer à exercer leurs mandats locaux) **risque d'être un frein au travail législatif effectif ou un danger pour sa qualité** (une nouvelle inflation législative ferait douter de la qualité des lois), **la session unique marque au moins un progrès dans l'organisation du travail parlementaire.**

Cependant, le Parlement ne retrouvera un véritable rôle que si la session unique s'accompagne d'une réforme en profondeur des méthodes de travail du Parlement et du gouvernement. Telle est l'ambition de la révision constitutionnelle du 23 juillet 2008 et des textes pris pour sa mise en œuvre.

2. Les sessions extraordinaires

486 Les sessions sont dites extraordinaires lorsque le Parlement est convoqué en dehors de ses sessions ordinaires. Aux termes de l'article 29 de la Constitution, les sessions extraordinaires ont lieu à la demande soit du Premier ministre, soit de la majorité des membres de l'Assemblée nationale. Pour justifier la demande de convocation et pour éviter une dispersion du travail parlementaire, un ordre du jour déterminé doit être fixé.

Leur objet est de permettre au Parlement de se réunir, soit pour examiner des textes qui réclament une certaine urgence, soit pour prolonger le travail parlementaire lorsque le temps a manqué lors des sessions ordinaires.

Lorsque la session extraordinaire a lieu à l'initiative du Premier ministre, ce qui est en général le cas, la Constitution ne prévoit pas de limite pour la durée ou le nombre de sessions.

En revanche, lorsqu'elle a lieu à l'initiative des députés, ce qui est exceptionnel, la Constitution pose deux limites. D'une part, la session est close dès que l'ordre du jour est épuisé et ne peut en tout état de cause excéder plus de douze jours. D'autre part, une nouvelle session extraordinaire ne peut être demandée par les députés avant l'expiration d'un délai d'un mois suivant la clôture de la précédente.

Les sessions extraordinaires sont ouvertes et closes par décret du Président de la République (art. 30 C). Mais comme il ne peut décider leur convocation que sur la demande du Premier ministre ou de l'Assemblée, il faut s'interroger sur la nature de la compétence présidentielle.

En réalité, la question s'est posée en 1960 lorsque le général de Gaulle, saisi par les députés, a refusé de décréter l'ouverture d'une session extraordinaire, arguant du fait que les députés agissaient sous la pression des organisations agricoles. Il a considéré que la décision de convoquer le Parlement relevait de **sa compétence discrétionnaire.**

En faveur de cette interprétation du général de Gaulle, il faut remarquer que la rédaction de l'article 30 semble laisser, ou du moins ne l'exclut pas, **une certaine marge d'appréciation au Président dans la décision de convoquer** ou non une session extraordinaire.

Contre cette interprétation, les termes de l'article 29 sont sans équivoque : « Le Parlement **est réuni (...) à la demande** du Premier ministre ou de la majorité des membres composant l'Assemblée nationale. » L'emploi de l'indicatif signifie que **la compétence présidentielle est liée**, c'est-à-dire qu'à partir du moment ou une demande de convocation lui parvient, il n'a pas à en estimer l'opportunité, il doit la prononcer. **Cette interprétation, qui est la plus justifiée**, est d'ailleurs conforme à la tradition parlementaire.

Pourtant, les successeurs du général de Gaulle ont considéré, comme lui, que la décision de convoquer le Parlement en session extraordinaire était une compétence discrétionnaire du Président. Nous retiendrons les propos de François Mitterrand qui déclarait en 1987 (en pleine cohabitation) que « le gouvernement ne peut, comme on a cru pouvoir l'indiquer, ni décider la convocation d'une session extraordinaire, ni en fixer l'ordre du jour. Ces compétences relèvent de la seule responsabilité et de la seule appréciation du Président de la République ».

Depuis le général de Gaulle, aucun Président n'a refusé de convoquer le Parlement. En revanche, le président Mitterrand a refusé, à l'occasion de la convocation d'une session le 30 juin 1993, d'inscrire à son ordre du jour l'un des textes proposés (celui qui concernait la révision de la loi Falloux sur l'enseignement privé). Là encore, la Constitution paraît établir que la compétence du Président est liée. Il ne pouvait donc se substituer au Premier ministre pour déterminer l'ordre du jour de la session.

Le Parlement s'est fréquemment réuni en session extraordinaire. Avec l'instauration de la session ordinaire unique sur 9 mois, les sessions extraordinaires auraient dû perdre une partie de leur raison d'être. En pratique, force est de constater que ce n'est pas le cas. Depuis 2002, la convocation du Parlement en session extraordinaire est même devenue systématique (avec une session qui couvre une partie du mois de juillet à laquelle s'ajoute de plus en plus souvent une session au mois de septembre).

3. Les sessions de plein droit

487 Ces sessions sont expressément prévues par la Constitution. En pratique, cela signifie que les assemblées se réunissent sans convocation formelle. Les circonstances qui motivent leur réunion sont exceptionnelles. Le Parlement se réunit en session de plein droit dans trois hypothèses :

- **après l'élection d'une nouvelle Assemblée nationale consécutive à une dissolution** (art. 12, al. 3 C). La nouvelle Assemblée se réunit à compter du deuxième jeudi suivant son élection, pour une durée de quinze jours si cette première réunion a lieu en dehors de la période prévue pour la session ordinaire. Ainsi, en prononçant la dissolution de l'Assemblée, le Président ne peut suspendre le contrôle parlementaire ;

- en période d'application de l'article 16 (art. 16 C). La réunion du Parlement se justifie par la nécessité de maintenir une « veille » face aux pouvoirs exceptionnels accordés au Président de la République ;
- pour entendre un message du Président de la République hors d'une session (art. 18 C). Soit le président a adressé à chaque assemblée un message qu'il fait lire, soit il s'adresse directement au Parlement réuni en Congrès à cet effet.

B) Les séances

488 Le régime des séances est fixé par l'article 33 de la Constitution. Il prévoit simplement qu'elles sont publiques et que chaque assemblée peut siéger en comité secret. Cela revient à laisser aux assemblées la liberté de fixer le régime de leurs séances.

Généralement, chaque semaine de la session ordinaire, une ou plusieurs matinées sont réservées aux travaux des commissions alors que les séances plénières (débats, votes, questions au gouvernement…) ont lieu le matin, l'après-midi voire en soirée de certains jours (jusqu'à 1 heure du matin à l'Assemblée nationale, le travail de nuit a été rétabli afin d'accélérer le rythme du travail législatif). Des séances supplémentaires peuvent être programmées à la demande du gouvernement ou à l'initiative de la Conférence des présidents.

Dans la chronologie des séances des assemblées, la première étape est celle de la fixation de **l'ordre du jour, c'est-à-dire de la détermination du calendrier du ou des sujets à traiter.** Après avoir été longtemps sous l'emprise quasi exclusive du gouvernement, l'ordre du jour est désormais qualifié de « partagé » (entre le gouvernement et le Parlement). S'agissant des textes législatifs inscrits à l'ordre du jour, ceux-ci sont ensuite débattus en séance où chaque groupe parlementaire peut exprimer son point de vue selon des règles partiellement renouvelées suite à la révision constitutionnelle du 23 juillet 2008. Enfin, à l'issue du débat, un vote intervient pour l'adoption du texte.

1. L'ordre du jour

a) Le gouvernement, maître de l'ordre du jour (1958-2008)

489 L'article 48 de la Constitution a toujours été considéré comme un révélateur de la faiblesse du Parlement sous la Cinquième République. En effet, initialement, cet article prévoyait que l'ordre du jour devait comporter par priorité, et dans l'ordre fixé par le gouvernement, la discussion des projets de loi déposés par le gouvernement et des propositions de loi acceptées par lui (ce qui revenait à attribuer au gouvernement le pouvoir de fixer l'ordre du jour du Parlement). Les choix du gouvernement déterminaient ce que l'on appelait l'ordre du jour prioritaire et, s'il restait du temps, l'ordre du jour dit « complémentaire » était déterminé dans chaque assemblée par la conférence des présidents. Non seulement le gouvernement choisissait les textes qu'il souhaitait voir examiner (projets de loi émanant du gouvernement ou propositions de loi émanant d'un parlementaire le plus souvent de la majorité) mais il déterminait également

l'ordre d'examen de ces textes et les jours de séances qui leur étaient consacrés. De plus, le gouvernement restait libre de modifier ses priorités au fur et à mesure de l'évolution des débats. Par ailleurs, il est apparu que le gouvernement ne jouait pas véritablement le jeu. En effet, au lieu d'étaler l'examen des textes retenus sur l'ensemble de la session, il a plutôt eu tendance à « charger » les fins de sessions, ce qui avait pour effet de laisser moins de temps aux parlementaires pour débattre.

Devant la raréfaction des périodes d'ordre du jour complémentaire, la révision constitutionnelle du 4 août 1995 a ajouté à l'article 48 C, pour tenter de redonner un minimum d'initiative aux parlementaires, qu'« une séance par mois est réservée par priorité à l'ordre du jour fixé par chaque assemblée » (ce que l'on appelle la « niche » parlementaire). Même limité à une séance par mois, ce mécanisme aurait pu permettre l'adoption de propositions de loi d'une certaine importance. En pratique, il n'en a rien été, et ce pour plusieurs raisons.

D'abord, les parlementaires ont eu du mal à alimenter cette « séance par mois réservée à l'initiative parlementaire » : ou le texte qu'ils proposaient était important et intéressait le gouvernement et celui-ci l'inscrivait à l'ordre du jour prioritaire ; ou le texte n'intéressait pas le gouvernement et la majorité parlementaire ne le votait pas, même s'il émanait de ses rangs (et plus encore de ceux de l'opposition). Par conséquent, seules des propositions de loi sans réelle portée ont pu trouver leur place dans cette procédure (loi sur les activités physiques et sportives ou sur l'acquisition de la nationalité française par les légionnaires). Il n'est donc guère surprenant que la séance réservée à l'initiative parlementaire ait servi à autre chose qu'à l'examen de propositions de loi, en l'occurrence à des débats sans portée législative (débat sur la reprise des essais nucléaires en 1995 ou sur la politique de santé en 2003).

Ensuite, le temps réservé à l'initiative parlementaire (une séance par mois, c'est-à-dire quelques heures) était extrêmement court. Ainsi, compte tenu de la répartition de ce temps entre les groupes politiques (la majorité ayant le plus grand nombre de séances), certains groupes, notamment ceux de l'opposition, ne disposaient que d'une séance par an. Dans ces conditions, il n'était pas possible d'inscrire à la séance mensuelle des textes d'envergure traitant de questions de fond.

Enfin, il est apparu que la séance mensuelle était difficilement compatible avec la procédure législative. En effet, même si un texte était adopté par l'assemblée qui en est à l'origine, il fallait encore l'inscrire à l'ordre du jour de l'autre assemblée. Or, les membres de la seconde assemblée n'étaient guère disposés à « gâcher » une partie de leur initiative législative pour inscrire les propositions adoptées par l'autre assemblée. Pour que le texte vienne en débat devant la seconde assemblée, la solution était donc que le gouvernement l'inscrive à l'ordre du jour prioritaire, ce qui supposait que le texte l'intéresse (ce qui nous ramène à notre première remarque). De plus, avec une séance mensuelle, il était quasiment impossible pour une assemblée d'apporter des modifications au texte adopté par l'autre assemblée puisqu'il aurait alors fallu une « navette » entre les assemblées. Par conséquent, pour que l'initiative parlementaire ait une chance d'aboutir, il fallait un texte qui risque le moins possible de susciter des divergences entre les assemblées et donc un texte sans réel intérêt.

b) L'ordre du jour « partagé » (à partir de 2009)

490 La révision constitutionnelle du 23 juillet 2008 a institué un ordre du jour « partagé » entre le gouvernement et le Parlement. **Sur un groupe de quatre semaines, une semaine est réservée au contrôle de l'action du gouvernement, les trois autres étant consacrées prioritairement ou exclusivement à l'examen des textes de loi. Sur ces trois semaines, deux sont réservées** par priorité, et dans l'ordre que le gouvernement a fixé, **à l'examen des textes mais aussi aux débats** dont il demande l'inscription à l'ordre du jour. **La troisième semaine voit son ordre du jour laissé à l'initiative de l'assemblée** (en pratique, l'initiative appartient aux parlementaires du groupe majoritaire). L'article 48 C prévoit néanmoins des dérogations à ce partage. Ainsi le gouvernement pourra dépasser le temps qui lui est imparti en ce qui concerne le budget, le projet de loi de financement de la Sécurité sociale et les textes en navette entre l'Assemblée et le Sénat « depuis six semaines ».

Le découpage de l'ordre du jour vise **à distinguer clairement le temps du « contrôle » de celui de la « législation »**. En prévoyant qu'une semaine de séance sur quatre est réservée par priorité et dans l'ordre fixé par chaque assemblée au contrôle de l'action du gouvernement, l'article 48 C consacre l'importance du contrôle parlementaire. D'autant qu'il est conçu en dehors des questions au gouvernement qui continuent d'exister à raison d'une séance par semaine au moins, et ce même durant les sessions extraordinaires (à la différence de ce qui se passait auparavant). Ajoutons que le contrôle est pris au sens large puisqu'il inclut **l'évaluation des politiques publiques**. La semaine de contrôle devrait porter sur des « exercices » tels que les questions orales sans débat, les déclarations du gouvernement suivies d'un débat, des séances de retour sur la mise en œuvre d'une loi, la présentation dans l'Hémicycle des rapports des commissions d'enquêtes…

L'initiative parlementaire en matière législative est très largement élargie puisqu'elle passe de « une séance par mois » à une semaine sur quatre. Les parlementaires sont libres de leur choix : ils peuvent y inscrire des propositions de loi mais aussi des projets s'ils le souhaitent. Mais ici, ce sont les parlementaires qui déterminent quels projets de loi ils ont envie d'étudier et non plus le gouvernement. Le fait de disposer d'une semaine sur quatre devrait laisser aux parlementaires le temps de débattre et d'avancer sur les propositions émanant d'eux ou sur les projets qu'ils jugent plus prioritaires, mais aussi leur permettre d'inscrire des textes déjà adoptés par l'autre assemblée. Le rôle du gouvernement dans ce cadre s'en trouve donc réduit. L'initiative parlementaire devrait aboutir à des propositions de loi plus nombreuses et plus intéressantes.

Par ailleurs, l'article 48 C prévoit qu'**un jour de séance par mois est réservé à un ordre du jour** arrêté par chaque assemblée **à l'initiative des groupes d'opposition** de l'assemblée **ainsi qu'à celle des groupes minoritaires**. Cette initiative peut s'exercer aussi bien à l'occasion d'une séance de « contrôle » que d'une séance « législative » d'initiative parlementaire. Elle pourrait permettre à l'opposition de contraindre le gouvernement à s'expliquer sur des questions sensibles que la majorité a plutôt tendance à passer sous silence pour ne pas mettre le gouvernement en difficulté (par ex., s'agissant du suivi de l'application des lois). Par ailleurs, si la probabilité de voir une proposition de loi de l'opposition être adoptée reste faible, l'existence de cette séance mensuelle peut permettre à l'opposition de contraindre la majorité à engager un véritable débat sur une question de fond.

On le constate, le « partage » de l'ordre du jour est double : d'une part, entre le gouvernement et le Parlement, d'autre part, au sein de chaque assemblée, entre la majorité et l'opposition (et les minoritaires). En théorie, l'ordre du jour, tel qu'il est organisé par la révision constitutionnelle du 23 juillet 2008, est un réel progrès. En pratique, la réalité de l'initiative parlementaire dépendra largement de la bonne volonté du gouvernement. Celui-ci ne sera-t-il pas tenté de faire pression sur sa majorité pour qu'elle inscrive essentiellement des projets de lois (du gouvernement) dans la semaine laissée à l'initiative parlementaire ?

2. Les débats consacrés aux textes législatifs

491 Ils ont lieu sous la direction du Président de chaque assemblée. Les textes inscrits à l'ordre du jour sont appelés en discussion. Rappelons que, désormais, la discussion des projets et des propositions de loi porte, en séance, sur le texte adopté par la commission permanente saisie (révision constitutionnelle du 23 juillet 2008, voy. *infra*, n° 509).

Tout d'abord, le ministre et/ou le secrétaire d'État concerné peuvent prendre la parole pour exposer le point de vue du gouvernement. Puis le rapport de la (ou des) commission(s) saisie(s) (au fond ou pour avis) est présenté à l'assemblée. **Les membres du gouvernement ainsi que les présidents et rapporteurs des commissions concernées ont le privilège de pouvoir obtenir la parole quand ils la demandent.**

Après la présentation du rapport ou l'audition du rapporteur, la discussion peut s'engager. Néanmoins, lorsque l'opposition n'approuve pas un texte et désire en retarder au maximum l'adoption, elle engage **une véritable « guérilla » législative.** Ainsi, un président de groupe parlementaire peut demander une suspension de séance qui lui est accordée de droit. Mais l'opposition fait surtout appel aux motions de procédure pour tenter d'écarter un texte (voy. *infra*, n° 512).

Si la motion est rejetée ou s'il n'en est pas présenté, la discussion des articles du projet ou de la proposition ou du texte de la commission peut s'engager. La parole est donnée aux orateurs qui se sont fait inscrire dans la discussion générale. Si le texte examiné est une proposition de loi, son auteur peut s'exprimer en priorité. Les orateurs sont issus des différents groupes parlementaires (ils sont désignés par le président de leur groupe) et le temps de parole dont chacun dispose dépend du type de procédure retenu pour l'examen du texte.

Avant l'ouverture de la discussion des articles, le président et le rapporteur de la commission saisie au fond sont consultés sur la tenue d'une réunion de celle-ci pour l'examen immédiat des amendements qui ne lui ont pas été soumis (car déposés après sa dernière réunion avant l'examen en séance). S'ils concluent qu'il n'y a pas lieu de tenir cette réunion, le débat se poursuit. Dans le cas contraire, il est suspendu et repris après la réunion de la commission.

Une fois que les différents orateurs sont intervenus, la discussion générale est close. Elle laisse la place à la discussion article par article. Les interventions des commissions et des parlementaires sur les articles du texte en discussion ou sur les articles nouveaux proposés par le gouvernement ou les commissions, par voie d'amendements, sont limitées (à deux minutes à l'AN). Sur chaque article, les amendements sont discutés puis votés. Chaque article est ensuite mis aux voix séparément. Après le vote sur le dernier article ou sur le dernier article additionnel proposé par voie d'amendement, il est procédé au vote sur l'ensemble du projet ou de la proposition.

Les nouvelles règles instaurées pour la discussion des textes de loi visent notamment à mettre fin ou à limiter les effets de l'obstruction menée par l'opposition afin de retarder le plus possible l'adoption des textes du gouvernement : temps de parole limité pour une intervention donnée ou temps global pour l'examen d'un texte (voy. encadré ci-dessous), nouvelles conditions de recevabilité et d'examen des amendements (voy. *infra*, n°s 514 et s.). Ainsi, un amendement déposé par un parlementaire appartenant à un groupe dont le temps de parole est épuisé est mis aux voix sans débat.

La procédure des débats que nous venons d'examiner est la procédure normale. Mais il existe aussi une procédure dite accélérée ou abrégée, mise en œuvre lorsque le temps manque pour adopter les textes prévus selon la procédure normale. Elle se traduit à l'Assemblée nationale par des votes sans débat ou avec débats restreints.

E25 **La possibilité de fixer un temps global pour l'examen d'un texte de loi**

En application de la loi organique du 15 avril 2009, le règlement de l'Assemblée nationale prévoit que la Conférence des présidents peut fixer la durée maximale de l'examen de l'ensemble d'un texte. Cette disposition a pour objectif de limiter les possibilités d'obstruction.

Lorsque la Conférence fixe un temps global pour l'examen d'un texte, un temps minimum de parole est attribué à chaque groupe, ce temps étant supérieur pour les groupes d'opposition. Le temps supplémentaire est attribué à 60 % aux groupes d'opposition et réparti entre eux en proportion de leur importance numérique. Le reste du temps supplémentaire est réparti entre les autres groupes en proportion de leur importance numérique. La conférence fixe également le temps de parole réservé aux députés non inscrits (un temps global au moins proportionnel à leur nombre).

Toutes les interventions des députés, à l'exception de celles des présidents des groupes, dans la limite d'une heure par président de groupe ou, lorsque le temps réparti entre les groupes est supérieur à quarante heures, dans la limite de deux heures par président de groupe, du président et du rapporteur de la commission saisie au fond, sont décomptées du temps réparti. Est également décompté le temps consacré aux rappels au règlement et aux demandes touchant au déroulement de la séance (qui ont pour effet de suspendre la discussion du texte), dès lors que le Président considère qu'elles n'ont manifestement aucun rapport avec le règlement ou le déroulement de la séance, ainsi que le temps consacré aux suspensions de séance demandées par le président d'un groupe. Une fois par session, un président de groupe peut obtenir un allongement de la durée globale programmée pour l'examen d'un texte.

Pour les opposants à cette réforme, la possibilité d'instaurer un temps limité pour l'examen d'un texte de loi risque d'entraîner l'arrêt des débats sur ce texte avant que toutes ses dispositions aient été examinées ou que des propositions de modification aient pu être présentées. Le règlement a donc prévu que si la Conférence des présidents constate que la durée maximale fixée pour l'examen d'un texte est insuffisante, elle peut décider de l'augmenter.

Enfin, chaque député peut prendre la parole, à l'issue du vote du dernier article du texte en discussion, pour une explication de vote personnelle de cinq minutes. Le temps consacré à ces explications de vote n'est pas décompté du temps global réparti entre les groupes.

---

3. Le vote

492 Selon l'article 27 alinéa 2 de la Constitution, **« le droit de vote des membres du Parlement est personnel »**. Cela signifie que **la délégation du droit de**

vote est interdite sauf dans de rares cas. Le constituant espérait ainsi **éviter l'absentéisme des parlementaires.**

Pourtant, **l'usage du vote électronique a permis de contourner cette interdiction.** Chaque parlementaire vote de sa place grâce à un boîtier électronique. Il suffit de confier les clés de ces boîtiers à un ou plusieurs collègues de groupe pour que ceux-ci votent pour l'ensemble du groupe. La présence des parlementaires pour les votes n'est donc plus indispensable.

L'explication de ce non-respect de la Constitution est simple. L'absentéisme n'est pas, comme l'opinion publique le croit trop souvent, une attitude de facilité de la part des parlementaires, mais plutôt la conséquence de **la surcharge de travail** à laquelle ils doivent faire face et du fait que nombre d'entre eux **cumulent des mandats**. La solution à ce problème passe certainement par un réaménagement des procédures de vote.

Le vote peut prendre diverses formes : le vote à main levée, le vote par assis et debout, le vote public ordinaire (avec utilisation du système électronique), le vote public à la tribune.

Le vote n'est véritablement personnel que s'il y a vote public à la tribune puisque les parlementaires sont appelés individuellement. Ce mode de votation est utilisé chaque fois que la majorité qualifiée est requise par la Constitution (pour les motions de censure, les engagements de responsabilité du gouvernement, les « derniers mots » donnés à l'Assemblée nationale en cas d'échec de la procédure de la navette).

Le règlement de l'Assemblée nationale a été modifié, notamment en 1994, pour lutter contre l'absentéisme des députés. Désormais, la Conférence des Présidents peut imposer qu'un scrutin soit public, avec une voix par député.

SECTION III
Les attributions du Parlement

493 Le Parlement dispose de compétences qui lui sont expressément conférées par la Constitution. Ainsi, il exerce des attributions en matière législative, en matière financière et de contrôle. La question de l'élaboration de la loi ainsi que celle du contrôle du Parlement sur le gouvernement (engagement de la responsabilité politique du gouvernement, questions au gouvernement…) sont généralement étudiées dans le chapitre consacré au Parlement.

Pourtant, le traitement de ces questions relève davantage d'une approche en terme de relations gouvernement-Parlement. Il peut s'agir de relations de collaboration (comme en matière législative y compris en ce qui concerne les attributions financières), de relations d'information du Parlement par le gouvernement (questions au gouvernement, information sur la politique européenne) mais aussi de rapports de force (engagement ou mise en cause de la responsabilité politique du gouvernement).

Pour cette raison, ces questions seront étudiées dans le chapitre suivant qui traite des relations du gouvernement et du Parlement.

Bibliographie et lectures pour approfondir

AVRIL P., « La rénovation du Parlement : mythes et réalités », *LPA*, 2007, n° 123 ; AVRIL P. et GICQUEL J., *Droit parlementaire*, Paris, Montchrestien, 2010 ; BOUDON J., « Sur le cumul des mandats : quelle originalité française ? », *RDP*, 2010, n° 6, p. 1691 ; BOYER V., « Le Sénat, contre-pouvoir au bloc majoritaire ? », *RFDC*, 2011, n° 85 ; CAMBY J.-P. et SERVENT P., *Le travail parlementaire sous la Ve République* ; CARTIER-MOLIN T., « La portée du nouveau rôle législatif des commissions parlementaires », *RDP*, 2010, n° 5, p. 1399 ; DENIZEAU C., « Le Parlement incarne-t-il la souveraineté nationale ? », *LPA*, 2008, n° 138, n° spécial, p. 33 ; DOUTEAUD S., « Un an de gestion parlementaire du nouvel article 48 de la Constitution », *RFDC*, 2011/3, n° 87, p. 515 ; FERCHICHE N., « La rationalisation du droit du financement des campagnes législatives et le renforcement de la transparence de la vie politique », *RFDC*, 2012/2, n° 90, p. 87 ; HOUCHARD B., *A quoi servent les députés ?*, Paris, Larousse, 2008 ; JOZEFOWICZ H., « La réforme des règlements des assemblées parlementaires : entre impératifs constitutionnels, amélioration du débat et ouverture au pluralisme », *RFDC*, 2010/2, n° 82 ; LAMOUROUX S., « La révision de l'article 25 de la Constitution ou la mise en place d'une incompatibilité à coquille vide », *RFDC*, 2009, n° 77, p. 135 ; MARCILLOUX-GIUMMARRA S., « Le financement des partis politiques », *RFDC*, 2011, n° 85 ; SOUSSE M., « Le bicamérisme : bilan et perspectives », *RDP*, 1997, p. 1323 ; VALLET E., « Les commissions d'enquête parlementaire sous la Ve République », *RFDC*, avril-juin 2003, n° 54 ; VIDAL-NAQUET A., « L'institutionnalisation de l'opposition, quel statut pour quelle opposition ? », *RFDC*, 2009, n° 77, p. 153 ; VIDELIN J.-C., « La mission d'information parlementaire », *RFDC*, 1999, p. 699.

CHAPITRE V
Les relations Gouvernement-Parlement : collaboration et subordination

494 La Constitution de 1958 a été conçue de façon à **mettre fin aux excès du parlementarisme** qui avaient miné les régimes précédents. Il s'agissait essentiellement de **rationaliser la procédure législative** (pour permettre au gouvernement de gouverner réellement) **et les procédures d'engagement de la responsabilité politique du gouvernement** (pour éviter l'instabilité gouvernementale chronique).

Par la suite, l'apparition du fait majoritaire a permis au gouvernement d'imposer sa volonté au Parlement. **Toutefois, la réforme introduite par la loi constitutionnelle du 23 juillet 2008 a pour ambition d'opérer un rééquilibrage des pouvoirs entre le gouvernement et le Parlement** en laissant davantage de place à l'initiative et au travail parlementaires en matière législative (y compris aux groupes d'opposition) et en renforçant les capacités de contrôle du Parlement sur l'action du gouvernement.

Analysons successivement la « maîtrise » du gouvernement sur la procédure législative, les rapports de force à travers l'engagement ou la mise en cause de la responsabilité politique du gouvernement et le contrôle du Parlement sur l'action du gouvernement.

SECTION I
Le gouvernement, maître du jeu législatif

495 L'initiative de la loi, son élaboration, son contenu, sa discussion, sont le résultat d'**une coopération inégale** entre le gouvernement et le Parlement. En effet, le gouvernement dispose d'attributions constitutionnelles et d'un pouvoir politique qui font de lui **le véritable maître du jeu législatif.** Même pour le vote de la loi, acte du Parlement par essence, le gouvernement a les moyens de contraindre le Parlement. Cependant, la révision constitutionnelle du 23 juillet 2008 a apporté quelques innovations qui devraient redonner des couleurs à la capacité législative des parlementaires : institution d'une semaine (sur quatre) dont l'ordre du jour est fixé par chaque assemblée, renforcement du rôle des commissions permanentes…

Nous allons montrer quelles sont les différentes étapes de la procédure législative ordinaire et quels sont les moyens dont dispose le gouvernement pour contraindre le Parlement. Pour être complet, nous évoquerons également les procédures législatives spéciales.

En préalable, nous nous proposons d'examiner le domaine de la loi, sa concurrence avec le domaine réglementaire et la protection dont chacun bénéficie.

§ 1. Le domaine de la loi

496 La Constitution de 1958 a mis fin à la souveraineté de la loi. Cela signifie, d'une part, qu'elle n'est plus la norme suprême (elle est soumise à la Constitution et aux normes internationales) et, d'autre part, que son domaine n'est plus illimité.

Désormais, la loi fait l'objet d'une définition matérielle selon les matières sur lesquelles elle porte. Celles-ci sont énumérées limitativement dans divers articles de la Constitution et surtout dans l'**article 34 qui énumère les domaines essentiels de la loi.**

Le domaine de la loi est défini par rapport à celui du règlement qui relève du pouvoir exécutif (défini à l'article 37 de la Constitution). Le Conseil constitutionnel et le Conseil d'État (de façon indirecte pour ce dernier) sont chargés de veiller au respect de la répartition des compétences.

A) La définition du domaine de la loi

497 L'article 34 énumère limitativement les domaines de la loi. Il établit une distinction entre les domaines où le législateur **fixe les règles** (en rentrant dans le détail) et ceux où il **détermine les principes fondamentaux** (en restant à un certain niveau de généralité). À cette énumération des domaines de la loi ordinaire, l'article 34 ajoute la définition des lois « spéciales » que sont les lois de finances (voy. *infra*, n°s 528 et s.), les lois de financement de la Sécurité sociale (voy. *infra*, n° 533) et les lois de programmation qui déterminent les objectifs de l'action de l'État. En outre, il prévoit que les orientations pluriannuelles des finances publiques sont définies par des lois de programmation et que ces orientations s'inscrivent dans l'objectif d'équilibre des comptes des administrations publiques (révision constitutionnelle du 23 juillet 2008).

La loi fixe les règles en matière d'exercice des libertés publiques, d'état des personnes, de droit pénal, de droit fiscal, d'élection, de fonction publique, de nationalisations et dénationalisations, de création de catégories d'établissements publics, de liberté, de pluralisme et d'indépendance des médias (révision constitutionnelle du 23 juillet 2008)... Schématiquement, ce domaine de la loi recouvre tout ce qui touche au **statut des personnes et à l'organisation économique et sociale.**

La compétence du législateur dans ces matières est donc quasi exclusive. L'intervention du pouvoir réglementaire ne peut être que résiduelle. Ce domaine d'intervention du législateur est considéré comme « noble » et composé des **matières les plus importantes.**

La loi détermine les principes fondamentaux en matière de Défense nationale, de libre administration des collectivités territoriales, d'enseignement, de propriété, de droit du travail et de droit social, et, depuis la révision constitutionnelle du 1er mars 2005, de préservation de l'environnement.

Dans ces matières où le législateur détermine les principes fondamentaux, c'est-à-dire où il se contente d'une formulation générale, la collaboration avec le gouvernement est indispensable. En effet, ce dernier doit préciser les modalités d'application des principes ainsi déterminés et les mettre en œuvre. Les matières concernées par ce domaine de la loi sont considérées comme moins importantes (en terme d'intérêt pour les citoyens et le pays) et plus techniques.

Pourtant, il faut bien constater l'absence de frontière entre les domaines de la loi. Le Parlement n'a jamais vraiment respecté la distinction entre règles et principes et le gouvernement ne l'a jamais imposée. Même le Conseil d'État et le Conseil constitutionnel (déc. du 27 novembre 1959) n'en ont pas tenu compte dans leurs décisions. On a donc assisté à l'**unification du domaine de la loi.**

Par ailleurs, le contenu des matières relevant du domaine de la loi n'est pas figé. En effet, celui-ci peut être précisé et complété par une loi organique (dernier alinéa de l'article 34 C). De là à y voir une possibilité d'élargissement du domaine de la loi...

B) L'extension du domaine de la loi

498 Comment se situe le domaine de la loi par rapport à celui du règlement ? L'article 37 de la Constitution précise que **les matières qui ne relèvent pas du domaine de la loi ont un caractère réglementaire** (et relèvent donc de la compétence du pouvoir exécutif). De plus, si dans les matières dont la loi fixe les règles ou détermine les principes fondamentaux, le pouvoir réglementaire ne peut qu'apporter des précisions, en revanche, en dehors des matières réservées à la loi, **le pouvoir réglementaire** est pleinement compétent et **s'exerce de façon « autonome »**, c'est-à-dire sans avoir à respecter de loi antérieure et supérieure. Le domaine du règlement apparaît alors illimité.

Une telle définition des domaines de la loi et du règlement **semble indiquer que la compétence du législateur est l'exception et celle du pouvoir réglementaire, la règle. En réalité, progressivement, le domaine de la loi s'est élargi à partir du noyau dur que constitue l'article 34** (mais aussi les articles 53, 66 et 72).

En premier lieu, l'élargissement du domaine de la loi est le résultat de la jurisprudence du Conseil constitutionnel. En effet, il a défini le domaine de la loi non seulement par référence à l'article 34, mais aussi par référence aux normes auxquelles renvoie le préambule de la Constitution et en particulier la Déclaration des droits de l'homme de 1789 (DDHC). Il a ainsi incorporé dans le domaine de la loi la détermination des contraventions punies de peines privatives de liberté.

En second lieu, le législateur a investi ou réinvesti des domaines avec l'accord implicite du gouvernement. En effet, lorsque le gouvernement estime que le législateur empiète sur le domaine réglementaire, il peut intervenir, en soulevant l'irrecevabilité du texte ou en saisissant le Conseil constitutionnel, pour faire respecter le partage des compétences (selon les procédures des art. 41 et 37, al. 2 ; depuis le 1er mars 2009, le Président de l'assemblée saisie est également habilité à opposer l'irrecevabilité d'un texte, voy. ci-après). S'il ne réagit pas, l'extension de la compétence législative est considérée comme acquise.

Cette extension implicite de la compétence législative a pu se réaliser grâce à la position adoptée par le Conseil constitutionnel. En effet, il a clairement posé que **l'intervention du législateur dans le domaine réglementaire n'est pas inconstitutionnelle en elle-même.** Ainsi en a-t-il décidé dans la décision du 30 juillet 1982 (sur la loi portant blocage des prix) : « la Constitution n'a pas entendu frapper d'inconstitutionnalité une disposition de nature réglementaire contenue dans une loi mais a voulu, à côté du domaine réservé à la loi, reconnaître à l'autorité réglementaire un domaine propre ».

Enfin, **l'extension du domaine de la loi est la conséquence mécanique de plusieurs révisions constitutionnelles**. Ainsi, de nouvelles matières y ont été introduites : « la préservation de l'environnement » (révision du 1er mars 2005), les lois de financement de la Sécurité sociale (révision du 22 février 1996), « la liberté, le pluralisme et l'indépendance des médias » et « le régime électoral des assemblées locales... » (révision du 23 juillet 2008). Par ailleurs, les lois de programme qui déterminaient les objectifs de l'action économique et sociale de l'État ont laissé la place à des lois de programmation qui déterminent les objectifs de l'action de l'État, ce qui constitue un élargissement notable de l'objet de ces lois (révision de 2008).

Il résulte de tout ce qui précède qu'**il n'y a pas une compétence de droit commun et une compétence d'exception. Nous dirions plutôt que le législateur et le gouvernement ont chacun leur domaine propre dont les frontières sont mouvantes au gré des infléchissements donnés par le Conseil constitutionnel.**

La définition matérielle de la loi, telle qu'on la trouve dans la Constitution, est dépassée. Elle laisse place à une définition organique et formelle : la loi est le texte adopté par une majorité parlementaire selon la procédure législative, quel que soit le domaine sur lequel elle porte.

Cela signifie qu'**aucun domaine n'est *a priori* interdit au législateur.** En témoigne la technique des validations législatives consistant, pour le Parlement, à adopter une loi qui valide un acte réglementaire précédemment annulé par le juge administratif. L'objet de la validation est de préserver des droits acquis du fait de la décision administrative et remis en cause par l'annulation de l'acte (ex.-type : validation d'un concours dont les résultats avaient été annulés).

Cependant, face aux empiètements de plus en plus systématiques de la loi sur le domaine réglementaire, le Conseil constitutionnel, sans remettre en cause la liberté d'intervention du législateur, l'a placé « sous surveillance ». Il se propose **désormais de déclarer de façon préventive le caractère réglementaire des dispositions en cause contenues dans une loi soumise au contrôle de constitutionnalité** (déc. du 21 avril 2005, *Loi d'orientation et de programme pour l'avenir de l'école*, voy. *infra*, n° 500).

Par ailleurs, **il faut émettre une réserve à cette liberté du législateur : celle des normes communautaires.** En effet, comme nous le verrons ultérieurement (voy. *infra*, nos 557 et s., le développement consacré à l'information sur la politique européenne), les instances communautaires édictent des actes, **les règlements et les directives, qui s'intègrent de plein droit dans l'ordre**

juridique français. Un certain nombre de ces actes, de plus en plus nombreux, **comportent des dispositions de nature législative qui échappent au Parlement et limitent donc son champ de compétence** (bien qu'il puisse voter des résolutions, sans force juridique, sur les propositions d'actes communautaires).

C) Le contrôle du respect de la délimitation

499 Il faut distinguer le respect du domaine réglementaire par le législateur et celui du domaine législatif par le gouvernement.

1. Le contrôle du respect du domaine réglementaire

500 **Il est assuré par le Conseil constitutionnel** à différents niveaux.

S'il apparaît au cours de la procédure législative qu'une proposition de loi ou un amendement n'est pas du domaine de la loi (c'est-à-dire empiète sur le domaine réglementaire), le gouvernement ou, depuis la révision constitutionnelle du 23 juillet 2008, le président de l'assemblée saisie, peut soulever l'irrecevabilité de la proposition ou de l'amendement (art. 41, al. 1er C).

Lorsque l'irrecevabilité est opposée par le gouvernement, le président de l'assemblée concernée peut admettre l'irrecevabilité. Lorsque l'irrecevabilité est opposée par le président de l'assemblée, il appartient au gouvernement de se prononcer. En cas de désaccord entre le gouvernement et le président de l'assemblée concernée, le Conseil constitutionnel est saisi, et doit se prononcer dans un délai de huit jours.

Ce contrôle préventif des irrecevabilités (afin d'éviter qu'elles ne deviennent effectives) est tombé en désuétude. Si les gouvernements successifs, au cours des douze premières années de la Cinquième République, ont montré beaucoup de fermeté pour faire respecter le domaine réglementaire, l'usage de l'article 41 est devenu exceptionnel par la suite. Il est vrai que cette procédure crée au sein des assemblées un climat de tension et qu'il vaut alors mieux pour le gouvernement laisser sa majorité repousser la proposition ou l'amendement en cause lors du vote normal (à l'issue des débats).

Il se peut également que, face à une proposition ou un amendement empiétant sur le domaine réglementaire, le gouvernement ne réagisse pas. Il donne alors implicitement son accord à l'extension du domaine de la loi au-delà de l'article 34. Cet accord est donné d'autant plus facilement que le texte en cause est un projet de loi, d'origine gouvernementale, incluant volontairement des dispositions de nature réglementaire.

Le Conseil constitutionnel peut également être saisi d'une loi déjà promulguée. Lorsque le gouvernement estime qu'une disposition contenue dans une loi empiète sur le domaine réglementaire, il peut **demander au Conseil de déclarer que cette disposition est de nature réglementaire** (art. 37, al. 2 C). La déclaration du Conseil permet au gouvernement de modifier la disposition par décret réglementaire.

Cependant, face aux empiétements de plus en plus systématiques de la loi sur le domaine réglementaire et compte tenu de la désuétude de la technique de l'irrecevabilité, le Conseil constitutionnel a **inauguré une forme nouvelle de contrôle du respect du domaine réglementaire à l'occasion du contrôle de la constitutionnalité des lois.** Saisi par des requérants qui mettent en doute le caractère législatif d'une loi ou de certaines de ses dispositions, il était de plus en plus difficile pour le Conseil de se borner à une simple application de sa jurisprudence de 1982 (blocage des prix) selon laquelle l'intervention du législateur dans le domaine réglementaire n'est pas inconstitutionnelle en elle-même. À l'inverse, il lui était tout aussi difficile de censurer des dispositions réglementaires figurant dans une loi, ne serait-ce que parce que la loi peut légitimement combler un vide de nature réglementaire pour permettre au dispositif (de la loi) d'être cohérent ou lorsque les éléments réglementaires d'une loi sont les plus importants du texte.

Empruntant une voie médiane, le Conseil constitutionnel se propose désormais de déclarer « préventivement » réglementaires les dispositions en cause (déc. du 21 avril 2005, *Loi d'orientation et de programme pour l'avenir de l'école*). Pour des raisons pratiques, le Conseil ne peut relever l'ensemble des empiétements d'une loi. Il doit se limiter aux dispositions qui sont expressément contestées ou, lorsque l'empiétement est « transversal », aux plus caractéristiques des dispositions réglementaires du texte. **Cette déclaration de la nature réglementaire de dispositions contenues dans une loi déférée**, si elle ne conduit pas à leur censure, **offre la possibilité au gouvernement de déclasser ces dispositions** (et donc de les modifier par voie réglementaire) **sans saisine nouvelle du Conseil constitutionnel.**

Enfin, il faut citer un cas particulier de protection du domaine réglementaire qui concerne les textes législatifs intervenus sur des matières non prévues à l'article 34 de la Constitution. Pour rétablir ces textes dans le domaine réglementaire, l'article 37, alinéa 2 autorise le gouvernement à les modifier par décrets pris après avis du Conseil d'État.

2. Le contrôle du respect du domaine législatif

501 **Il est assuré de façon indirecte par le Conseil d'État.** Il faut distinguer deux cas de figure.

Le premier, le plus classique, est celui dans lequel le gouvernement a pris un règlement qui empiète sur le domaine législatif. Le Conseil d'État ne peut se prononcer sur l'empiétement qu'**à l'occasion d'un recours pour excès de pouvoir intenté par un justiciable contre le règlement.** L'inconvénient de cette procédure est que le Conseil ne rend pas sa décision avant de nombreux mois.

Le deuxième cas de figure est celui dans lequel une loi, qui n'a pas été contrôlée par le Conseil constitutionnel, organise un transfert abusif de compétence, même temporaire, du domaine législatif vers le domaine réglementaire. La protection du domaine législatif est alors difficile à mettre en œuvre.

En effet, le Conseil d'État n'est pas juge de la constitutionnalité de la loi. Il doit la prendre en compte telle qu'elle a été promulguée. Par conséquent, si la loi est à l'origine de l'empiétement du gouvernement sur le domaine législatif, l'irrégularité constatée est couverte par la loi (théorie de la loi-écran). Ainsi, l'ordonnance du 23 décembre 1958 a autorisé le gouvernement à créer des peines privatives de liberté alors qu'il semblait que cette compétence relevait du législateur (la compétence exclusive du législateur sera reconnue par le Conseil constitutionnel en 1973). Le Conseil d'État n'a pu que valider les peines fixées par le gouvernement.

§ 2. La procédure législative ordinaire

502 La procédure législative est très structurée. Elle débute par une phase préparatoire au cours de laquelle les textes sont proposés et examinés en vue de leur discussion. Vient ensuite l'examen du texte en séance. À l'issue de cet examen et du vote de la première assemblée saisie, le texte fait l'objet d'une navette (c'est-à-dire d'une transmission) d'une assemblée à l'autre. La loi est adoptée lorsque les deux chambres la votent en termes identiques. Après son adoption, elle est transmise au Président de la République pour promulgation.

A) La phase préparatoire

503 On peut distinguer deux temps dans cette phase préparatoire : celui de l'initiative de la loi et celui de la préparation de la discussion.

1. L'initiative des lois

504 Aux termes de l'article 39 de la Constitution, l'initiative des lois appartient concurremment au Premier ministre et aux membres du Parlement. **Lorsqu'elle appartient au gouvernement, on parle de projet de loi.** Lorsqu'elle **appartient aux membres du Parlement, on parle de proposition de loi.** Mais la liberté d'initiative est limitée par des irrecevabilités.

a) Les projets et les propositions de loi

1) *Les projets de loi*

505 Le Premier ministre, au nom du gouvernement, doit **en premier lieu soumettre le projet à l'avis du Conseil d'État**, qui l'examine en Assemblée générale. Cet avis, purement consultatif, porte bien entendu sur la rédaction du texte (lisibilité, respect de certaines formes) mais surtout sur sa régularité juridique entendue au sens large.

Le Conseil vérifie d'abord que les dispositions du texte appartiennent au domaine législatif et qu'il n'y a pas d'empiétement sur le domaine réglementaire.

Il contrôle également la constitutionnalité des dispositions du texte. S'il décèle une ou plusieurs inconstitutionnalités, il en avertit le gouvernement afin que celui-ci apporte les modifications nécessaires. Le Conseil **contrôle la régularité des dispositions mais aussi leur cohérence. Il effectue un contrôle de leur opportunité.**

Si son avis n'est que consultatif, il a pourtant une portée qui va bien au-delà des simples arguments techniques.

Après l'avis du Conseil d'État, **le projet est délibéré en Conseil des ministres.** Le Premier ministre signe un décret qui permet le dépôt du projet gouvernemental. Le gouvernement peut éventuellement demander un avis consultatif au Conseil économique et social (organisme consultatif).

Le projet est ensuite déposé sur le bureau de l'une ou l'autre chambre (à l'exception des textes financiers – lois de finances et lois de financement de la Sécurité sociale – qui doivent obligatoirement être déposés devant l'Assemblée nationale et des « projets de loi ayant pour principal objet l'organisation des collectivités territoriales » pour lesquels le Sénat est saisi en premier).

La révision constitutionnelle du 23 juillet 2008 fait peser une nouvelle contrainte sur les projets de loi. L'article 39, al. 3 C prévoit que **la présentation des projets de loi** déposés devant l'Assemblée nationale ou le Sénat **répond à certaines conditions**. La loi organique du 15 avril 2009, prise pour sa mise en œuvre, impose que les projets de loi soient précédés de **l'exposé de leurs motifs** et qu'ils fassent **l'objet d'une étude préalable d'impact dont les documents sont joints au projet dès sa transmission au Conseil d'État** (voy. *infra*, n° 541).

Il arrive, lorsque le gouvernement veut agir en urgence et qu'il n'a pas le temps de suivre la procédure à laquelle sont astreints les projets, qu'il fasse déposer une proposition de loi par sa majorité parlementaire.

2) *Les propositions de loi*

506 Les propositions de loi à l'initiative des députés ou des sénateurs ne sont pas soumises aux mêmes contraintes de procédure que les projets. Le gain de temps qu'elles permettent explique, comme nous l'avons dit, que le gouvernement demande parfois à sa majorité de déposer un projet pour son compte (comme pour la révision de la loi Falloux en 1993).

Cependant, la loi constitutionnelle du 23 juillet 2008 a prévu **que le président d'une assemblée peut soumettre pour avis au Conseil d'État, avant son examen en commission, une proposition de loi** déposée par l'un des membres de cette assemblée, sauf si ce dernier s'y oppose (art. 39, al. 5 C). L'instauration de cette procédure consultative facultative pourrait contribuer à renforcer la « qualité » de la loi puisque le Conseil d'État se prononce sur la régularité juridique mais aussi sur l'opportunité des textes qui lui sont soumis.

Sous la Cinquième République, l'initiative parlementaire a décliné. Ceci s'explique tout autant par la prépondérance du gouvernement dans la procédure législative que par la signification de la loi.

Pendant longtemps, le gouvernement a eu les moyens d'empêcher qu'une proposition, *a fortiori* de l'opposition, n'arrive en discussion. Il lui suffisait de faire en sorte qu'elle ne soit pas inscrite à l'ordre du jour (puisque lui seul en décidait). La révision constitutionnelle de 1995, en prévoyant qu'une séance par mois est réservée par priorité à l'ordre du jour fixé par chaque assemblée, avait à peine entamé le monopole gouvernemental. **Avec l'ordre du jour « partagé », tel qu'il résulte de la révision constitutionnelle du 23 juillet 2008, l'initiative en matière législative est plus équilibrée** : deux semaines de séance sur quatre pour le gouvernement, une semaine laissée à l'initiative de chaque assemblée et un jour de séance par mois laissée à l'initiative des groupes d'opposition et des groupes minoritaires (voy. *supra*, n° 490).

Par ailleurs, **le Premier ministre peut présenter des amendements d'origine gouvernementale** afin d'apporter des modifications à des propositions de loi.

De façon générale, la perte d'initiative du Parlement tient au fait que **la majorité parlementaire n'est plus une force de proposition mais de soutien au**

gouvernement. La loi est avant tout l'œuvre du gouvernement, l'instrument pour mettre en application son programme.

Pour lutter contre ce déclin, les parlementaires de l'opposition comme de la majorité ont puisé une nouvelle arme dans la Constitution : **le droit d'amendement. Ils ont la possibilité de se faire entendre ou de mener une « guérilla législative » contre le gouvernement, en proposant des modifications au texte discuté.** Cependant, sous l'effet conjugué de la jurisprudence du Conseil constitutionnel et de la révision constitutionnelle de juillet 2008, l'exercice du droit d'amendement est de plus en plus encadré (voy. *infra*, n°s 514 et s.).

E26 **L'instauration d'un délai minimum avant la discussion en séance**

La loi constitutionnelle du 23 juillet 2008 a introduit un délai minimum entre le dépôt d'un texte devant une assemblée ou sa transmission et sa discussion en séance. Ainsi, la discussion en séance, en première lecture, d'un projet ou d'une proposition de loi ou de loi organique ne peut intervenir, devant la première assemblée saisie, qu'à l'expiration d'un délai de six semaines après son dépôt. Elle ne peut intervenir, devant la seconde assemblée saisie, qu'à l'expiration d'un délai de quatre semaines à compter de sa transmission (art. 42, al. 3 C).

Cette disposition, dont l'objet est de favoriser la qualité du travail législatif, en laissant du temps notamment pour le travail en commission, ne s'applique pas lorsque la procédure accélérée a été engagée. Elle ne s'applique pas non plus aux projets de loi de finances, aux projets de loi de financement de la Sécurité sociale et aux projets relatifs aux états de crise.

En guise de bilan, il faut constater le déséquilibre persistant (bien que se réduisant) dans l'adoption des textes de loi et des amendements selon leur origine.

Compte tenu des raisons expliquées ci-dessus, **la grande majorité des textes adoptés et promulgués sont des textes d'origine gouvernementale.** Ainsi, au cours de la XIIIe législature (2007-2012), sur un total de 501 lois promulguées, 176 étaient à l'origine des projets de loi (soit 35,2 %), 241 des projets de loi autorisant l'approbation des traités ou de conventions internationales (soit 48 %) et 84 des propositions de loi (soit 16,8 % contre 12,4 % au cours de la législature 2002-2007).

Ces chiffres doivent être appréciés au regard d'une autre réalité : **la difficulté qu'ont les propositions de loi à devenir des textes de loi.** En 2013-2014, 27 propositions de loi ont été adoptées sur un total de 934 textes pris en compte alors que 73 projets de loi sur 158 ont abouti.

Notons toutefois que sous l'effet de la révision constitutionnelle de 2008, **les groupes d'opposition**, à défaut de voir leurs propositions adoptées, **peuvent davantage se faire entendre**. Ainsi, pendant la législature 2007-2012, au cours de leurs journées réservées, ces groupes ont pu faire discuter 83 propositions de loi et de résolution, contre 23 au cours de la législature 2002-2007.

Par ailleurs, les amendements de l'opposition ont également très peu de chances d'aboutir alors que ceux de la majorité parlementaire sont plus facilement acceptés par le gouvernement (en contrepartie du soutien qu'elle lui apporte). En outre, ce dernier peut imposer ses amendements aux propositions de loi. Quoi qu'il en soit, les amendements sont avant tout pour l'opposition un moyen de se faire entendre.

b) Les irrecevabilités législatives

507 L'initiative parlementaire est limitée par deux types d'irrecevabilités.

Comme nous l'avons vu, si une proposition de loi ou un amendement semble empiéter sur le domaine réglementaire, le gouvernement ou le président de l'assemblée saisie peut soulever l'irrecevabilité du texte (art. 41).

Une irrecevabilité peut également être opposée aux propositions et aux amendements des parlementaires **lorsque leur adoption aurait pour conséquence soit une diminution des ressources publiques, soit la création ou l'aggravation d'une charge publique** (art. 40 de la Constitution). Les députés et les sénateurs perdent donc leur initiative au nom de la cohérence du budget préparé par le gouvernement.

Cette irrecevabilité financière, qui ne peut être opposée aux projets et aux amendements du gouvernement, est opposée par le gouvernement, par tout député, par le bureau de la Commission des finances, avant le dépôt du texte. À l'Assemblée nationale, la proposition ou l'amendement est examiné par la commission des finances qui donne son avis au Président de l'Assemblée, seul habilité à trancher. Si l'irrecevabilité est retenue, le texte est abandonné (de son côté, le gouvernement peut soulever l'irrecevabilité d'un texte à n'importe quel moment de la procédure législative).

Il est à noter que le Sénat n'applique une procédure de contrôle systématique et a priori de la recevabilité financière des amendements et des propositions de loi déposés par les sénateurs que depuis le 1er juillet 2007 (à la suite des critiques formulées par le Conseil constitutionnel dans sa décision du 14 décembre 2006).

Jusqu'ici, le gouvernement a fait usage de l'article 40 essentiellement contre les amendements puisqu'il pouvait empêcher l'inscription des propositions à l'ordre du jour.

2. La préparation de la discussion

508 On serait tenté de dire que l'essentiel se joue pendant cette phase qui se déroule en deux temps : le texte est examiné par la commission parlementaire compétente qui le prépare pour la discussion parlementaire, puis l'inscription à l'ordre du jour lui assure la venue en discussion. La durée de cette phase préparatoire est très variable d'un texte à l'autre (selon l'importance du texte et l'enjeu politique).

a) L'examen en commission

509 **L'essentiel du travail législatif est effectué dans le cadre des commissions.** Elles doivent examiner les textes avant leur discussion et établir un rapport qui permette aux parlementaires de comprendre la signification et le contenu de ces textes (le cas échéant, tels que modifiés par les commissions).

Après le dépôt de la proposition ou du projet, le président de l'assemblée saisie renvoie le texte à la commission parlementaire compétente.

La révision constitutionnelle du 23 juillet 2008 a **considérablement renforcé le rôle des commissions permanentes dans la préparation du travail législatif.**

Traditionnellement, selon qu'une commission était saisie d'un projet ou d'une proposition de loi, sa marge de manœuvre n'était pas la même. S'il s'agissait d'une proposition de loi, la commission était compétente pour apporter des modifications au texte avant l'ouverture du débat devant la chambre. En revanche, s'il s'agissait d'un projet de loi, la commission ne pouvait pas modifier le texte du gouvernement (elle pouvait suggérer des amendements mais leur examen ne se faisait qu'après l'ouverture de la discussion à la chambre sur le texte initial). L'objet d'une telle distinction était évidemment d'empêcher les commissions de s'immiscer dans l'activité gouvernementale.

L'article 42, al. 1er de la Constitution, modifié par la loi constitutionnelle du 23 juillet 2008, met fin à cette distinction. **Désormais, la discussion des projets et des propositions de loi (ordinaire) porte, en séance, sur le texte adopté par la commission saisie. Autrement dit, les commissions peuvent amender aussi bien les projets que les propositions de loi dont elles sont saisies.**

En revanche, elles ne peuvent modifier les projets de révision constitutionnelle, les projets de loi de finances et les projets de loi de financement de la Sécurité sociale dont la discussion en séance porte, en première lecture devant la première assemblée saisie, sur le texte présenté par le gouvernement (art. 42, al. 2 C).

Par ailleurs, des dispositions ont été adoptées afin d'**améliorer l'information des parlementaires.** Ainsi, à l'Assemblée nationale, il est prévu que les rapports faits sur un projet ou une proposition de loi portant sur les domaines couverts par l'activité de l'Union européenne comportent en annexe des éléments d'information sur le droit européen non seulement « applicable » mais aussi « en cours d'élaboration ». En outre, ces annexes doivent rappeler les positions déjà prises par l'Assemblée nationale, sur les mêmes sujets, par voie de résolution (résolution du 7 juin 2006 modifiant le règlement de l'Assemblée nationale).

Enfin, **afin d'alléger la séance publique**, la résolution de l'Assemblée nationale du 7 juin 2006 a introduit **la procédure des commissions élargies en matière budgétaire**. Cette disposition consacre une pratique consistant à procéder à l'examen de certaines « missions » du projet de loi de finances de l'année par des commissions dites élargies (réunion commune de la commission des finances et de la ou des commissions saisies pour avis), en présence du Gouvernement et dans des conditions de publicité analogues à celles de la séance publique. Cette pratique respecte les prérogatives des commissions permanentes, ces dernières procédant toujours à un examen et, surtout, au vote des missions.

b) L'inscription à l'ordre du jour

510 Le préalable à la venue du texte en discussion est son inscription à l'ordre du jour. La révision constitutionnelle du 23 juillet 2008 a institué un ordre du jour « partagé » : deux semaines de séance sur quatre sont réservées par priorité, et dans l'ordre que le gouvernement a fixé, à l'examen des textes mais aussi aux débats dont il demande l'inscription à l'ordre du jour ; une semaine de séance sur quatre est laissée à l'initiative de l'assemblée (en pratique, l'initiative appartient aux parlementaires du groupe majoritaire) ; enfin, un jour de séance par

mois est réservé à un ordre du jour arrêté à l'initiative des groupes d'opposition ainsi qu'à celle des groupes minoritaires. Bien que le redécoupage de l'ordre du jour ait permis de redonner de la vigueur à l'initiative parlementaire (et à celle de l'opposition) en matière législative, il n'implique pas pour autant que la majorité soit en mesure de s'affranchir de la tutelle gouvernementale ou que les propositions de l'opposition ont une chance d'aboutir. Il permet plutôt un meilleur équilibre entre le gouvernement et sa majorité et offre à l'opposition davantage de visibilité.

Par ailleurs, la loi organique du 15 avril 2009 prévoit que **les projets de loi ne peuvent pas être inscrits à l'ordre du jour si la Conférence des présidents de la première assemblée saisie constate que les règles fixées par la loi organique sont méconnues**. Les règles en question sont relatives aux **modalités de présentation** des projets de loi (exposé des motifs, étude d'impact ; voy. *infra*, n° 541). En cas de désaccord entre la Conférence des présidents et le gouvernement, le président de l'assemblée intéressée ou le Premier ministre peut saisir le Conseil constitutionnel qui statue dans un délai de huit jours.

À la suite de l'inscription à l'ordre du jour, la discussion générale peut s'ouvrir.

B) L'examen du texte en séance

511 Comme nous l'avons indiqué, la première étape de l'examen du texte est la discussion générale qui s'engage par l'audition éventuelle du gouvernement ou la présentation du rapport de la commission. À la fin de l'intervention du rapporteur, la procédure d'examen du texte peut débuter. Mais, il faut aussi tenir compte des possibles incidents de procédure.

1. Les motions de procédure

512 Avant la discussion générale d'un texte de loi, l'opposition peut tenter de faire écarter le texte par l'assemblée (désormais, la majorité pourrait aussi succomber à cette tentation vis-à-vis des propositions de loi à l'initiative des groupes d'opposition, voy. *infra*, n° 490). En réalité, son but est de gêner le déroulement du débat. Elle dispose notamment, pour cela, des motions de procédure :

- **l'exception d'irrecevabilité** tend à faire reconnaître par l'assemblée qu'un texte est contraire à la Constitution. Bien souvent, l'emploi de cette motion annonce la saisine future du Conseil constitutionnel par l'opposition après l'adoption du texte ;
- **la question préalable** tend à faire reconnaître un texte comme « inopportun » par l'assemblée (schématiquement, un texte est inopportun parce qu'il n'est pas approprié à la situation qui l'a commandé ou à celle sur laquelle il doit agir) et donc qu'il n'y a pas lieu à délibérer ;
- **la motion de renvoi en commission**, tendant au renvoi à la commission saisie au fond du texte en discussion, est motivée par une demande d'information ou d'analyse complémentaire.

Signalons qu'à l'Assemblée nationale, l'exception d'irrecevabilité et la question préalable ont été regroupées dans une motion unique dite de **rejet préalable** (résolution du 27 mai 2009).

Une seule motion de chaque type peut être soulevée à l'encontre d'un texte. Celle qui est choisie fait l'objet d'un débat à la suite duquel intervient un vote. L'opposition n'a que peu de chances de voir adopter sa motion (sauf si le texte mécontente également une partie de la majorité). En réalité, son objectif est le plus souvent de gêner le gouvernement en « parasitant » la procédure. Afin d'améliorer l'efficacité du travail législatif, la durée des interventions pouvant être prononcées au soutien d'une motion de procédure a été réduite (à l'Assemblée nationale, un seul des signataires de la motion peut intervenir pour une durée qui ne peut excéder en principe trente minutes ; par ailleurs, avant le vote, la parole est accordée, pour cinq minutes, à un orateur de chaque groupe).

Si une exception d'inconstitutionnalité ou une question préalable (ou une motion de rejet préalable) est néanmoins adoptée, le texte à l'encontre duquel elle a été soulevée est rejeté (en 1992, le Sénat a opposé la question préalable au projet de budget ; en octobre 1998, une exception d'irrecevabilité a été adoptée contre la proposition de loi instituant le PACS, en raison de l'absentéisme des députés socialistes ; en mai 2008, l'Assemblée a opposé la question préalable au projet de loi sur les OGM, l'opposition profitant de l'absentéisme des députés de la majorité UMP). En cas d'adoption d'une motion de renvoi, le débat sur le texte est suspendu jusqu'à la présentation par la commission d'un nouveau rapport.

Si la motion de procédure est rejetée ou s'il n'en est pas présenté, la discussion générale s'engage. Après sa clôture, une motion de chaque type peut encore être déposée à l'encontre d'un texte discuté dans le cadre d'une séance mensuelle à l'initiative des groupes d'opposition et des groupes minoritaires. Si la motion est rejetée ou s'il n'en est pas présenté, l'assemblée passe à la discussion du texte article par article.

2. La discussion et le vote des articles de loi

513 La discussion des articles porte successivement sur chacun d'eux. Sur chaque article, les amendements sont discutés puis votés. Chaque article est ensuite mis aux voix séparément. Les amendements et les articles sont adoptés à la majorité des suffrages exprimés.

3. Le droit d'amendement

514 Le droit d'amendement représente la possibilité pour les membres du Parlement et pour le gouvernement de proposer, en séance ou en commission, des modifications à un texte (projet ou proposition de loi ou de résolution) dont est saisie une assemblée (art. 44, al. 1er C). Il est possible d'amender les articles d'un projet ou d'une proposition, mais également les amendements qui s'y rapportent (par le biais de sous-amendements).

Pour éviter que ce droit ne devienne un instrument d'obstruction parlementaire et pour conserver une certaine qualité à cette technique législative, son usage est réglementé.

a) L'encadrement du droit d'amendement par la Constitution et par la loi

515 En premier lieu, la possibilité de déposer des amendements est **limitée par les irrecevabilités législatives** des articles 40 (irrecevabilité en matière financière ;

voy. *supra*, n° 507) et 41 (empiétement sur le domaine réglementaire ; voy. *supra*, n° 500).

En second lieu, la révision constitutionnelle du 23 juillet 2008 a prévu que **tout amendement est recevable en première lecture dès lors qu'il présente un lien, même indirect, avec le texte déposé ou transmis** (art. 45, al. 1er C). Cette disposition est une réponse directe au durcissement de la jurisprudence du Conseil constitutionnel sur la recevabilité des « cavaliers législatifs », c'est-à-dire les « dispositions étrangères au projet ou à la proposition introduites par voie d'amendement au cours de la discussion » (voy. *supra*, n° 516). En prévoyant que le lien puisse être indirect avec le texte déposé ou transmis, la révision réintroduit la validité des cavaliers législatifs en s'opposant à la jurisprudence du Conseil constitutionnel. Cette disposition devrait surtout profiter au gouvernement qui est souvent à l'origine des cavaliers législatifs.

En troisième lieu, **« le Gouvernement peut s'opposer à l'examen de tout amendement qui n'a pas été antérieurement soumis à la commission » compétente** (art. 44, al. 2 C). Ceci permet au gouvernement de **préserver l'intégrité du texte** en évitant le vote d'amendements tardifs qui viendraient bouleverser son économie (c'est-à-dire en changer le sens ou la nature).

En quatrième lieu, l'exercice du droit d'amendement fait l'objet d'**un encadrement dans le temps**. Ainsi, la loi organique du 15 avril 2009 prévoit que **les amendements** (mais pas les sous-amendements) **des membres du Parlement ne sont plus recevables après le début de l'examen du texte en séance publique**. Le règlement d'une assemblée peut même fixer une date antérieure (ainsi, à l'Assemblée nationale, les amendements des députés sur un texte doivent, sauf décision contraire de la Conférence des présidents, être présentés au plus tard le troisième jour ouvrable précédant la date de début de la discussion du texte à 17 heures). **Après l'expiration de ce délai, sont seuls recevables les amendements déposés par le gouvernement et par la commission saisie au fond.** Néanmoins, les délais peuvent être ouverts de nouveau pour les membres du Parlement dans les conditions prévues par les règlements des assemblées : par ex., à l'Assemblée nationale, les députés peuvent déposer des amendements portant sur des articles d'un texte sur lesquels le gouvernement ou la commission saisie au fond a déposé un ou plusieurs amendements après l'expiration du délai de dépôt imparti aux députés. En outre, lorsqu'un amendement est déposé par le gouvernement ou par la commission après l'expiration du délai de dépôt des amendements des parlementaires, les règlements des assemblées, s'ils instituent une procédure fixant des délais pour l'examen d'un texte, doivent prévoir d'accorder un temps supplémentaire de discussion, à la demande d'un président de groupe, aux membres du Parlement.

Enfin, le droit d'amendement peut faire l'objet **de limitations liées à certaines procédures utilisées par les assemblées**. Ainsi, selon la loi organique du 15 avril 2009, les règlements des assemblées peuvent prévoir, en cas de mise en œuvre d'une procédure d'examen simplifiée d'un texte, que seuls soient discutés les amendements (sur ce texte) de la commission saisie au fond. Par ailleurs, la loi organique prévoit que les règlements des assemblées peuvent, en décidant une procédure fixant un délai pour l'adoption d'un texte, déterminer des conditions permettant de mettre aux voix sans discussion les amendements déposés par les membres du Parlement. Dans ces deux cas, la limitation du droit d'amendement des parlementaires est motivée par la nature des procédures utilisées dont l'objet est de permettre un examen et une adoption rapides ou limités dans le temps d'un texte.

b) L'encadrement du droit d'amendement par la jurisprudence du Conseil constitutionnel

516 **Le Conseil constitutionnel a précisé les limites du droit d'amendement.** Dans deux décisions des 13 décembre 1985 et 23 janvier 1987 (décision du Conseil de la concurrence), il a posé la règle selon laquelle **l'amendement ne doit pas être dépourvu de tout lien avec le texte examiné et ne doit pas avoir une portée trop large.** Autrement dit, la modification demandée doit avoir un rapport avec l'objet du projet ou de la proposition de loi et sa portée ne doit pas excéder celle du texte.

La règle posée par le Conseil est venue en quelque sorte contrecarrer, condamner, une certaine pratique des amendements. En effet, il est arrivé que le gouvernement, par commodité, pour gagner du temps (en évitant la procédure normale pour les projets de loi), **introduise dans la loi un amendement qui se révèle être un projet de loi déguisé sans véritable rapport avec le texte de loi.** Une telle pratique dénature le droit d'amendement.

Dans une **décision du 25 juin 1998** relative à la loi portant diverses dispositions d'ordre économique et financier (DDOEF), le Conseil constitutionnel **a** durci sa jurisprudence sur le droit d'amendement : **« des adjonctions ne sauraient, en principe, être apportées au texte soumis à la délibération des Assemblées après la réunion » d'une commission mixte paritaire** (commission qui intervient en cas de désaccord entre l'Assemblée nationale et le Sénat sur un texte de loi ; voy. *infra*, n° 531). **Seuls sont acceptés les amendements « en relation directe avec une disposition du texte en discussion »** et ceux nécessaires pour assurer une coordination avec d'autres textes en cours d'examen au Parlement (cette jurisprudence a été confirmée par les décisions du 30 mai et du 29 juin 2000 ; sont également acceptés les amendements destinés à permettre le respect de la Constitution et ceux qui corrigent des erreurs matérielles). Il s'agit ici avant tout d'une **restriction au droit d'amendement du gouvernement** puisqu'au moment de la discussion du texte proposé par la commission mixte, seuls les amendements proposés ou acceptés par lui sont recevables (voy. *infra*, n° 523).

Enfin, dans une importante décision du 19 janvier 2006, **le Conseil constitutionnel a modifié son « considérant de principe »** relatif à l'exercice du droit d'amendement (CC, déc. n° 2005-532, *Loi relative à la lutte contre le terrorisme et portant dispositions diverses relatives à la sécurité et aux contrôles frontaliers*). Cette reformulation tire les conséquences des **années récentes** marquées par **la multiplication des dispositions nouvelles insérées par amendement en fin de navette parlementaire.** Ce phénomène a largement contribué à l'encombrement du Parlement et **à la dégradation de la qualité des textes.** Le droit d'amendement doit pouvoir s'exercer pleinement au cours de la première lecture, par chacune des deux assemblées parlementaires, des projets et des propositions de loi. À ce stade de la procédure législative, il ne saurait être limité que par les règles de recevabilité et la nécessité, pour un amendement, de ne pas être dépourvu de tout lien avec l'objet du projet ou de la proposition déposée sur le bureau de la première assemblée saisie. En revanche, **à partir de la deuxième lecture**, afin de satisfaire à l'économie générale de l'article 45 de la Constitution et notamment de son premier alinéa (« Tout projet ou proposition de loi est examiné successivement dans les deux assemblées du Parlement en vue de l'adoption d'un texte identique »), **les amendements parlementaires, comme ceux du Gouvernement, devront être en relation directe avec une disposition restant en discussion**, sauf à être dictés par la nécessité de respecter la Constitution, d'assurer une coordination avec d'autres textes ou de corriger une erreur matérielle.

Est ainsi constitutionnalisée, à l'issue de la première lecture, la règle dite de l'« entonnoir » selon laquelle les dispositions adoptées en termes identiques par les deux assemblées au cours d'une lecture ne peuvent être remises en cause lors de la lecture suivante : le texte discuté est donc de plus en plus court, jusqu'à l'adoption finale des dernières dispositions.

c) La pratique du droit d'amendement

517 Tout au long de la Cinquième République, **la pratique a révélé un double usage du droit d'amendement.**

D'une part, **il a permis aux parlementaires de prendre part à l'élaboration de la loi.** Il est vrai que les amendements adoptés viennent en grande partie de la majorité parlementaire et des commissions et que ceux de l'opposition le sont très rarement. De plus, il est intéressant de relever que le taux d'adoption des amendements n'est pas négligeable. Cela signifie que **la majorité collabore à l'œuvre législative du gouvernement.**

D'autre part, il s'est révélé être **un instrument d'obstruction.** Le dépôt massif d'amendements qui doivent être examinés retarde d'autant l'adoption des dispositions de la loi. L'accroissement considérable du nombre d'amendements déposés depuis une vingtaine d'années pose ainsi un vrai problème.

Ce n'est pas un hasard si cet accroissement **correspond à l'examen de textes portant sur des sujets particulièrement sensibles** comme lors des débats sur la loi « sécurité et liberté » en 1980 ou lors des débats sur les lois de nationalisations en 1982. Les premières années d'alternance après l'élection de François Mitterrand en 1981 ont été marquées par de fortes oppositions idéologiques entre la droite et la gauche et par un durcissement du débat parlementaire (pour la seule législature 1981-1986, on relève presque 39 000 amendements). En 1993, à l'occasion de l'examen des textes de loi de privatisation et d'abrogation de la loi Falloux, près de 4 000 amendements ont été déposés en première lecture à l'Assemblée nationale.

L'opposition a trouvé dans la pratique des amendements un **moyen de gêner le gouvernement dans la réalisation de son programme législatif.**

Face à la dérive du droit d'amendement, le Conseil constitutionnel a rappelé que « le bon déroulement du débat démocratique et, partant, le bon fonctionnement des pouvoirs publics constitutionnels suppose que soit pleinement respecté le droit d'amendement conféré aux parlementaires (...) et que parlementaires comme Gouvernement puissent utiliser sans entrave les procédures mises à leur disposition à ces fins (...) cette double exigence **implique qu'il ne soit pas fait un usage manifestement abusif de ces droits** » (déc. n° 95370 du 30 décembre 1995).

Cela n'a pourtant pas arrêter la machine à s'opposer. Ainsi, l'examen du projet de réforme des retraites a donné lieu au dépôt de plus de 11 000 amendements (juin 2003). Mais cela n'est rien au regard des 137 665 amendements enregistrés à l'occasion de l'examen du projet de loi relatif au secteur de l'énergie (ce texte, adopté en décembre 2006, prévoit notamment de réduire la participation de l'État dans le capital de la société GDF afin de permettre sa fusion éventuelle avec la société Suez).

Toutefois, **avec la réforme de la procédure législative** (révision constitutionnelle de 2008 et réforme du Règlement de l'Assemblée nationale de 2009), **on a pu constater une diminution massive du nombre d'amendements** : 75 858 amendements déposés au cours de la XIIIe législature (2007-2012) contre 243 808 au cours de la XIIe législature (2002-2007).

Pour la session 2013-2014, on dénombre 21 643 amendements (recevables) à l'Assemblée nationale pour 4 031 adoptés (contre 3 443 pour 31 484 recevables en 2012-2013).

4. Les procédures particulières d'adoption

518 L'assemblée doit se prononcer sur chaque article d'un texte ainsi que sur chaque amendement qui s'y rapporte (avant d'émettre un vote sur l'ensemble du texte). Cependant, la mise en œuvre de procédures particulières d'adoption permet de déroger à cette règle.

a) La procédure du vote bloqué

519 Lors du vote des articles et des amendements, le gouvernement peut demander un vote bloqué (art. 44, al. 3 C).

Cette procédure **permet au gouvernement de demander à l'assemblée saisie** (à l'Assemblée nationale comme au Sénat) **de se prononcer par un vote unique et non article par article « sur tout ou partie du texte en discussion en ne retenant que les amendements proposés ou acceptés » par lui**. Elle contribue donc, dans la logique de la Constitution, à la maîtrise gouvernementale sur la procédure législative.

Le gouvernement peut l'imposer avant le début ou en cours de discussion. Il est tenté d'y recourir en cas d'urgence (en effet, le vote bloqué assure un gain de temps puisqu'il n'y a plus qu'un seul vote, au lieu d'un vote pour chaque amendement), lorsque la discussion traîne, que les amendements à examiner sont nombreux et, pour tout dire, **lorsqu'il craint que son texte ne soit dénaturé ou « mal voté ».**

Pour autant, **le recours au vote bloqué ne suspend pas le débat.** En effet, l'ensemble du texte et des amendements y afférents est examiné et discuté par l'Assemblée. Ainsi, les amendements exclus par le vote bloqué peuvent être défendus par leurs auteurs, mais ne peuvent pas faire l'objet d'un vote.

Le vote bloqué oblige les parlementaires, surtout ceux de la majorité, à prendre leurs responsabilités. En effet, en imposant un vote d'ensemble (même si ce n'est que sur certaines dispositions du texte initial, celles auxquelles il tient particulièrement), le gouvernement les oblige à faire un choix net entre le « tout (l'adoption de l'ensemble du texte) ou rien (le rejet de l'ensemble) ». L'usage de l'article 44 alinéa 3 est alors un moyen de **rétablir la cohésion, qui semblait faire défaut sur le texte, de la majorité parlementaire.**

La procédure du vote bloqué équivaut alors pour le gouvernement à **poser la question de confiance aux parlementaires sans avoir à engager sa responsabilité**.

En définitive, la procédure du vote bloqué se traduit par **une restriction supplémentaire à l'initiative législative des parlementaires** (de la majorité comme de l'opposition) dans la mesure où ils ne peuvent faire aboutir leurs amendements (sauf ceux retenus par le gouvernement). Son usage qui est délicat et a souvent provoqué le mécontentement des parlementaires, implique que le gouvernement n'y ait recours que pour des textes importants. Cependant, il est d'autant plus tenté de le mettre en œuvre que sa majorité est restreinte.

De 1981 à 1986, période pendant laquelle les socialistes détenaient la majorité absolue à l'Assemblée nationale, le vote bloqué n'a été utilisé qu'à trois reprises. En revanche, pour la seule année 1987 (pendant la première cohabitation où la majorité de droite était relative), il a été utilisé 22 fois. Mais le gouvernement est également tenté de l'utiliser lorsque sa majorité « rechigne » à adopter un projet. Ainsi, le 18 juillet 1995, le gouvernement Juppé a eu recours à l'article 44 alinéa 3 à l'Assemblée nationale pour l'adoption de la loi de finances rectificative pour 1995 (pour la partie recettes) alors qu'il disposait d'une majorité absolue (mais traversée de courants dont les relations étaient tendues). Au cours de la session 2013-2014, le vote bloqué n'a été demandé qu'une seule fois (comme en 2012-2013).

b) La procédure d'examen simplifiée (PES)

520 L'objectif de cette procédure, qui connaît un fort développement, est d'alléger l'ordre du jour par un dispositif **permettant l'adoption de textes techniques dans des délais resserrés**, afin que la séance publique soit réservée aux projets importants (présentant un intérêt plus politique).

La demande de PES d'un texte doit être présentée avant son examen en commission ou, si elle est présentée par le président de la commission saisie au fond, après consultation de celle-ci. Lorsqu'un texte soumis à la PES **ne fait l'objet d'aucun amendement, l'assemblée procède directement au vote sur l'ensemble du texte** (sauf décision contraire de la Conférence des présidents). Autrement dit, la procédure permet de « sauter » les différentes étapes de l'examen d'un texte en séance (discussion générale, discussion et vote article par article). Lorsqu'un texte soumis à la PES **fait l'objet d'amendements, le Président appelle uniquement les articles auxquels ces amendements se rapportent**. Il n'y a pas d'intervention sur les articles. Et les interventions sur chaque amendement sont limitées : outre le gouvernement, peuvent seuls intervenir l'un des auteurs, le président ou le rapporteur de la commission saisie au fond et un orateur contre. Enfin, le vote ne porte que sur les amendements, les articles auxquels ils se rapportent puis sur l'ensemble du texte.

Malgré son caractère simplifié, la mise en œuvre de cette procédure ne se fait pas au détriment des droits d'expression des députés, notamment de l'opposition. En effet, les autorités qui peuvent demander l'engagement de la PES (Président de l'Assemblée, gouvernement, président de la commission saisie au fond ou président d'un groupe) disposent (à l'exception du Président de l'Assemblée), symétriquement, d'un droit d'opposition ouvert jusqu'à la veille de la discussion. Si ce droit est exercé, le texte concerné est examiné suivant la procédure de droit commun. Par ailleurs, si le gouvernement dépose un amendement postérieurement à l'expiration du délai d'opposition, le texte est automatiquement retiré de l'ordre du jour de l'Assemblée et sa discussion ultérieure suivra la procédure de droit commun.

Lors de la session 2013-2014, la PES a donné lieu à l'adoption de 30 textes.

c) L'engagement de responsabilité du gouvernement sur le vote d'un texte

521 Voy. *infra*, n° 547.

5. Le vote sur l'ensemble du texte

522 Après le vote des différents articles (voy. *supra*, n° 513) et en l'absence d'une demande de seconde délibération de tout ou partie des articles déjà votés (cette seconde délibération est de droit à la demande du Gouvernement ou de la commission permanente ayant examiné le projet), l'assemblée vote sur l'ensemble du texte qui est adopté (ou rejeté) à la majorité des suffrages exprimés. Ce dernier vote peut être précédé d'explications de vote, qui sont accordées à raison d'un orateur par groupe, pour une durée de cinq minutes.

C) La navette législative

523 Selon l'article 45 alinéa 1 de la Constitution, « Tout projet ou proposition de loi est examiné successivement dans les deux assemblées du Parlement en vue de l'adoption d'un texte identique ». Autrement dit, **lorsqu'une loi a été adoptée par l'une des assemblées**, le texte doit être transmis à l'autre assemblée en vue de son examen. Mais **son adoption définitive n'intervient que lorsque les deux assemblées tombent d'accord sur un texte identique.**

Cette disposition est intéressante dans la mesure où elle semble rétablir, en théorie, un semblant d'égalité entre les deux assemblées. **L'Assemblée nationale ne peut imposer un texte au Sénat, du moins pas sans l'intervention du gouvernement.** Il est fréquent et logique que l'assemblée saisie en second lieu veuille apporter des modifications au texte qui lui a été transmis. Dans ce cas, le texte fait la navette d'une assemblée à l'autre jusqu'à ce qu'elles se soient mises d'accord. Mais, si un désaccord persiste, la navette peut durer indéfiniment. C'est pourquoi **la Constitution prévoit des procédures permettant au gouvernement et, dans une moindre mesure, aux présidents des assemblées** (depuis la révision constitutionnelle du 23 juillet 2008), **de mettre fin au conflit.**

Selon l'article 45, al. 2 C, lorsque, par suite d'un désaccord entre les deux assemblées, un projet ou une proposition de loi n'a pu être adopté après deux lectures par chaque assemblée ou, si le gouvernement a décidé d'engager la procédure accélérée (sans que les Conférences des présidents s'y soient conjointement opposées), après une seule lecture par chacune d'entre elles, **le Premier ministre ou, pour une proposition de loi, les présidents des deux assemblées agissant conjointement, peuvent provoquer la réunion d'une commission mixte paritaire (CMP) chargée de proposer un texte sur les**

dispositions restant en discussion (notamment celles qui font l'objet d'un désaccord). Il est évident que la navette est interrompue lorsqu'il apparaît que le désaccord entre les deux assemblées est profond et que l'adoption du texte risque d'en être d'autant retardée (maintenant que les présidents des assemblées peuvent provoquer la réunion d'une CMP pour une proposition de loi, le gouvernement ne pourra plus laisser « pourrir » la situation comme il le faisait parfois en laissant la navette se poursuivre indéfiniment).

La commission mixte paritaire est composée de sept députés et de sept sénateurs. Le gouvernement n'y est pas représenté, ce qui n'est pas forcément défavorable à la recherche d'un accord. Précisément, dans la recherche d'un compromis, la commission mixte peut modifier le texte jusqu'à parfois en changer le sens lorsque les désaccords sont nombreux et profonds. Un projet de loi du gouvernement peut donc être remanié sans son accord, même si ce n'est que temporairement.

Si la commission parvient à un accord, le gouvernement a alors le choix entre deux attitudes. **Il peut choisir de soumettre le texte modifié aux deux assemblées pour adoption.** Dans ce cas, **aucun amendement** (au texte) **n'est recevable sauf accord du gouvernement**. Autrement dit, seuls les amendements proposés ou acceptés par lui sont recevables. Il peut ainsi modifier à nouveau le texte et revenir sur les modifications introduites par la commission mixte. Une telle prérogative offerte au seul gouvernement a entraîné des abus dans la mesure où celui-ci peut en profiter pour faire voter de nouveaux articles de loi et/ou pour remettre en cause des dispositions déjà adoptées (donc en principe intouchables). Curieusement, pendant longtemps, le Conseil constitutionnel ne s'est pas opposé à une telle pratique (décision du 22 juillet 1980 ou du 29 décembre 1986 par lesquelles il a accepté que des amendements du gouvernement affectent « des dispositions qui ont déjà été votées dans les mêmes termes par les deux assemblées »). Ce n'est que **par une décision du 25 juin 1998** que **le Conseil a posé des limites à cette prérogative gouvernementale : « des adjonctions ne sauraient, en principe, être apportées au texte soumis à la délibération des Assemblées après la réunion » d'une commission mixte.** Seuls sont acceptés les amendements « en relation directe avec une disposition du texte en discussion » et ceux nécessaires à une coordination législative.

Mais il peut aussi choisir, si le texte élaboré par la commission mixte ne lui convient pas, **de ne pas le soumettre aux assemblées.** Dans ce cas, la navette reprend.

Si la commission mixte paritaire ne parvient pas à trouver un accord, ou si les deux assemblées n'approuvent pas le texte qui leur est soumis (dans le cas contraire la procédure est terminée), **le gouvernement peut donner le « dernier mot » à l'Assemblée nationale, c'est-à-dire qu'il lui demande de statuer définitivement** (art. 45, al. 4 C). Néanmoins, il ne le fait qu'après une dernière lecture par les assemblées pour leur laisser la possibilité de tomber d'accord.

Si l'Assemblée a le dernier mot, elle statue sur la base du dernier texte voté par elle, modifié le cas échéant des amendements votés par le Sénat, ou sur la base du texte de la commission mixte paritaire. En définitive, **malgré l'égalité de principe entre les assemblées posée par l'article 45 alinéa 1 de la Constitution, l'arbitrage effectué par le gouvernement est la plupart du**

temps favorable à l'Assemblée nationale. D'ailleurs, le recours aux commissions mixtes paritaires et la proportion de « derniers mots » dont bénéficie l'Assemblée sont plus importants lorsque la majorité est différente d'une assemblée à l'autre. Le gouvernement s'appuie alors sur sa majorité à l'Assemblée nationale.

Pour la session 2013-2014, sur les trente-huit textes examinés selon la procédure de la commission mixte paritaire, vingt-sept ont été adoptés conformément au texte proposé par la commission mixte paritaire et dix en lecture définitive par l'Assemblée nationale.

D) La promulgation et la publication

524 Après son adoption, le texte est transmis au Président de la République en vue de sa promulgation. Celui-ci dispose d'un délai de quinze jours pour le promulguer. Dans ce délai, il peut demander au Parlement une nouvelle délibération de la loi (il demande au Parlement de réexaminer et de modifier son texte, comme pour la loi relative à la Nouvelle-Calédonie en 1985) et il peut saisir le Conseil constitutionnel sur la constitutionnalité de la loi (art. 61, al. 2 C).

La promulgation est l'acte par lequel le Président reconnaît l'existence d'une loi et ordonne aux autorités publiques de la respecter et de la faire respecter.

L'acte de promulgation rend donc la loi exécutoire. Cependant, la plupart du temps, le caractère abstrait et/ou général de la loi ne permet pas de l'appliquer directement. Le rôle du gouvernement est alors déterminant dans la mesure où c'est à lui qu'il revient de prendre les mesures d'application de la loi. Sa passivité ou la difficulté à élaborer certaines de ces mesures peuvent donc **retarder d'autant la mise en œuvre du texte** (sur le suivi de l'application des lois, voy. E27 ci-dessous).

L'objet de la publication au Journal officiel est de porter la loi à la connaissance des citoyens et de la leur rendre opposable.

Jusqu'ici, la date d'entrée en vigueur des lois et décrets était fixée, en l'absence de précision dans le texte lui-même, un jour franc après la publication du texte pour Paris et un jour franc après l'arrivée du *JO* au chef-lieu du département en province (décret du 5 novembre 1870). Depuis le 1er juin 2004, **à défaut de précision d'une date d'entrée en vigueur dans le corps du texte, les lois (et décrets) entrent en vigueur** de manière uniforme sur tout le territoire français **le lendemain de leur publication** (ordonnance du 20 février 2004). Toutefois, en cas d'urgence, l'entrée en vigueur peut avoir lieu le jour même.

Cependant, si certaines des dispositions du texte nécessitent pour leur exécution des mesures d'application, la date d'entrée en vigueur de ces dispositions est reportée à la date d'entrée en vigueur des mesures d'application.

Cette entrée en vigueur uniforme est possible car la publication des lois (et décrets) est assurée « le même jour, dans des conditions de nature à garantir leur authenticité, sur papier et sous forme électronique ». Le *JO* est mis à la disposition du public sous forme électronique de manière permanente et gratuite (l'obligation de permanence conduira à conserver une possibilité d'accès à tout numéro du *JO* publié). Ces dispositions consacrent **l'usage des nouvelles technologies pour l'accès des citoyens au droit et à l'information officielle**. Enfin, il est prévu que **le texte diffusé sur le site du JO a la même valeur juridique** que le texte figurant dans l'édition papier (principe de l'authenticité électronique). Cependant, s'il est imprimé, le texte n'a plus cette garantie d'authenticité.

E27 **Vers un meilleur contrôle de l'exécution des lois ?**

Par deux résolutions du 12 février 2004 et du 27 mai 2009, l'Assemblée nationale a introduit dans son règlement des dispositions visant à mieux contrôler l'application des lois. À l'issue d'un délai de six mois suivant l'entrée en vigueur d'une loi dont la mise en œuvre nécessite la publication de textes de nature réglementaire, deux députés, dont l'un appartient à un groupe d'opposition et parmi lesquels figure de droit le député qui en a été le rapporteur, présentent à la commission permanente compétente un rapport sur la mise en application de cette loi. Ce rapport fait état des textes réglementaires publiés et des circulaires édictées pour la mise en œuvre de ladite loi, ainsi que de ses dispositions qui n'auraient pas fait l'objet des textes d'application nécessaires. Dans ce cas, la commission entend ses rapporteurs à l'issue d'un nouveau délai de six mois. De plus, un rapport sur la mise en application d'une loi peut donner lieu, en séance publique, à un débat sans vote ou à une séance de questions.

Ces dispositions manifestent la volonté des parlementaires de mieux suivre l'application des lois qu'ils votent afin, notamment, d'éviter que la non-publication de textes réglementaires n'empêche leur mise en œuvre. En effet, on constate depuis un certain nombre d'années une dégradation de la qualité de la loi ainsi qu'un retard croissant dans son application : le pourcentage des lois rendues applicables dans l'année (de leur adoption) se situerait entre 10 % et 20 %.

---

§ 3. Les procédures législatives spéciales

525 Hormis la loi ordinaire, il existe d'autres types de lois qui ont un objet spécifique et comportent des particularités procédurales. Ces particularités révèlent également la maîtrise gouvernementale, en particulier pour les lois de finances, les lois de financement de la Sécurité sociale, les lois autorisant la ratification des engagements internationaux de la France et les lois autorisant la ratification d'un traité relatif à l'adhésion d'un État à l'Union européenne.

A) Les lois constitutionnelles (art. 89 C)

526 Une loi constitutionnelle est une **loi qui abroge, modifie ou complète des dispositions de la Constitution.** Elle est l'outil de la révision constitutionnelle (voy. *supra*, n°s 340 et s.).

B) Les lois organiques (art. 46 C)

527 Elles ont **pour objet de préciser l'organisation et le fonctionnement des pouvoirs publics** dans le cadre des principes posés par la Constitution. Elles sont donc en quelque sorte des lois d'application de la Constitution.

Dans la hiérarchie des normes, elles se situent entre la Constitution et les lois ordinaires (voy. *supra*, n°s 337, 496 et s.). Elles interviennent dans les cas prévus par la Constitution. La plupart des lois organiques ont été adoptées au début de la Cinquième République pour l'installation des pouvoirs publics.

La procédure d'adoption de la loi organique est la suivante :

- le projet ou la proposition ne peut, en première lecture, être discuté(e) en séance devant la première assemblée saisie qu'à l'expiration d'un délai de six semaines après son dépôt (quinze jours, si la procédure accélérée a été engagée) et, devant la seconde assemblée saisie, qu'à l'expiration d'un délai

de quatre semaines à compter de sa transmission (ce qui laisse du temps pour le travail en commission ; révision constitutionnelle du 23 juillet 2008). La procédure de l'article 45 C est applicable : navette entre les assemblées, possibilité de déclarer l'urgence et de provoquer la réunion d'une commission mixte paritaire (voy. *supra*, n° 523). Cependant, en cas de désaccord entre les deux assemblées, le gouvernement peut donner le dernier mot à l'Assemblée nationale qui doit statuer à la majorité absolue de ses membres ;
- en revanche, les LO relatives au Sénat (celles qui posent ou modifient les règles le concernant) doivent être adoptées en termes identiques par les deux assemblées. Il est normal que le Sénat ait son mot à dire sur les LO le concernant et puisse, le cas échéant, exercer son veto ;
- enfin, **le Conseil constitutionnel est obligatoirement saisi des lois organiques.** La déclaration de conformité à la Constitution est indispensable pour leur promulgation.

C) Les lois de finances (art. 34, 47 C)

528 L'adoption des lois de finances constitue un moment fort dans la vie des institutions. Il faut se souvenir que les attributions financières sont à l'origine de la création des Parlements occidentaux (nés d'une revendication financière, celle d'être consulté sur les moyens demandés par le souverain et donc sur leur emploi). Par ailleurs, la nécessité d'assurer la continuité de l'action de l'État justifie que l'adoption du budget fasse l'objet d'un traitement particulier dans la Constitution de 1958. Enfin, étant un acte politique majeur, le budget est un moment privilégié des relations entre le gouvernement et sa majorité.

L'article 34 de la Constitution prévoit que « les lois de finances déterminent les ressources et les charges de l'État dans les conditions et sous les réserves prévues par une loi organique ». En l'occurrence, il s'agit de la loi organique relative aux lois de finances (LOLF) n° 2001-692 du 1er août 2001, qui a succédé à l'ordonnance du 2 janvier 1959, et qui est en quelque sorte la « Constitution financière » de la France. Par ailleurs, l'article 47 de la Constitution précise les grandes lignes de la procédure d'adoption des lois de finances.

Le terme générique de lois de finances recouvre plusieurs catégories de lois. On trouve **d'abord la loi de finances de l'année** (c'est le fameux budget), **puis la loi de finances rectificative** (qui modifie en cours d'année les dispositions de la loi de finances initiale relatives aux prévisions de dépenses et de recettes), **et enfin la loi de règlement** (qui arrête les comptes de l'année à l'issue de l'exercice financier).

1. Les objectifs de la LOLF

529 L'ordonnance du 2 janvier 1959 relative aux lois de finances est restée inchangée pendant plus de quarante ans. Sa réforme a été décidée sur la base d'un double constat :
- d'une part, les conditions de discussion des lois de finances étaient largement insatisfaisantes, dans la mesure où le Parlement ne disposait pas d'une connaissance précise du coût des politiques publiques ou du nombre d'emplois dans la fonction publique. Ainsi, le Parlement votait de manière très

détaillée les moyens alloués aux différents ministères, sans que ces moyens soient mis en relation avec des objectifs et des résultats déterminés ;

- d'autre part, la gestion du budget de l'État était très déficiente. En effet, elle ne comportait aucune incitation à l'économie et à l'efficacité de la dépense. Par ailleurs, les gestionnaires de crédits publics étaient soumis à des règles très strictes d'emploi des deniers publics, qui nuisaient à l'efficacité de la dépense.

L'ordonnance du 2 janvier 1959 a été abrogée au 1er janvier 2005 et remplacée par la loi organique du 1er août 2001. Le premier budget concerné par l'intégralité de la réforme a été celui pour 2006.

La LOLF vise à moderniser la gestion publique et à renouveler les outils du contrôle parlementaire. Son principal objectif est de passer d'une culture de moyens à une culture de performance. La gestion publique sera donc orientée vers les résultats et la recherche de l'efficacité, tandis que la transparence des informations budgétaires et la portée de l'autorisation parlementaire seront renforcées. La LOLF vise donc essentiellement à :

- modifier en profondeur les règles de présentation et de vote des lois de finances ;
- renforcer les moyens d'information et de contrôle du Parlement sur les finances publiques.

2. Présentation et contenu des lois de finances

530 La loi de finances de l'année voit sa présentation et son contenu précisément définis par la LOLF.

La loi de finances de l'année comporte deux parties distinctes :

- la première partie autorise la perception des impôts, comporte les dispositions fiscales qui affectent l'équilibre budgétaire de l'année, évalue les ressources de l'État, fixe les plafonds des dépenses et arrête les données générales de l'équilibre budgétaire (présentées dans un tableau d'équilibre) ;
- la seconde partie fixe, pour chacune des missions du budget de l'État, le montant des crédits et, par ministère, le plafond des autorisations d'emplois ; elle peut également comporter des dispositions fiscales qui n'affectent pas l'équilibre budgétaire de l'année (articles dits « non rattachés »), des dispositions affectant directement les dépenses budgétaires de l'année (articles dits « rattachés » à une mission) et des dispositions relatives à l'information du Parlement et au contrôle de celui-ci sur la gestion des finances publiques.

Elle comprend également, depuis la loi organique du 17 décembre 2012, un article liminaire présentant un tableau de synthèse retraçant l'état des prévisions de solde structurel et de solde effectif de l'ensemble des administrations publiques.

Présenté avant la LOLF par ministère et par type de dépenses (fonctionnement, investissements, interventions...), **le budget est aujourd'hui structuré en trois niveaux :**

- **la mission**, ministérielle ou interministérielle, comprend un ensemble de programmes concourant à une politique publique définie relevant d'un ou plusieurs ministères ;

- **les programmes**. Un programme regroupe les crédits destinés à mettre en œuvre une action ou un ensemble cohérent d'actions relevant d'un même ministère et auquel sont associés des objectifs précis ainsi que des résultats attendus et faisant l'objet d'une évaluation ;
- **les actions** constituent le troisième niveau de présentation des dépenses, dont la LOLF ne donne aucune définition précise. Elles n'ont qu'un caractère informatif et visent à mieux identifier les composantes des politiques publiques et à en retracer les coûts.

Le budget général de l'État pour 2014 comprend ainsi 31 missions regroupant 138 programmes, auxquels il convient d'ajouter 20 budgets annexes et comptes spéciaux, qui sont assimilés à des missions, regroupant 58 programmes.

3. Élaboration et adoption des lois de finances

531 **Le processus d'élaboration de la loi de finances et du budget de l'État relève exclusivement du Gouvernement**, comme l'indique l'article 38 de la LOLF qui dispose que « sous l'autorité du Premier ministre, le ministre chargé des finances prépare les projets de loi de finances, qui sont délibérés en Conseil des ministres. » Il commence dès le début de l'année précédant l'exécution du budget et représente un travail considérable de prévision et de négociations entre le ministère chargé du budget et les autres ministères. Avant son adoption par le Conseil des ministres, le projet de loi de finances est soumis, comme tout projet de loi, à l'avis du Conseil d'État. Le projet de loi est ensuite délibéré en Conseil des ministres avant sa transmission à l'Assemblée nationale.

La loi de finances ne porte que sur une seule année en application du principe d'annualité budgétaire. Toutefois, sa préparation s'inscrit dans le cadre d'une **programmation pluriannuelle**. La loi constitutionnelle du 23 juillet 2008 a ainsi prévu des lois de programmation des finances publiques qui définissent « les orientations pluriannuelles des finances publiques », en s'inscrivant « dans l'objectif d'équilibre des comptes des administrations publiques ».

Enfin, les politiques budgétaires font l'objet d'une **surveillance renforcée.** Au niveau communautaire, par exemple, depuis 2011, les États membres transmettent aux autorités européennes leur programme de stabilité (ou de convergence pour les États non membres de la zone euro) ainsi que leur programme national de réforme, chaque année avant la fin du mois d'avril. Au niveau national, la loi organique du 17 décembre 2012 a institué le Haut Conseil des finances publiques chargé de rendre un avis sur les hypothèses macroéconomiques – notamment les prévisions de croissance – utilisées par le Gouvernement pour préparer les principaux textes qui régissent les finances publiques, avant leur présentation au Parlement. Le Haut Conseil veille à la cohérence de la trajectoire de retour à l'équilibre des finances publiques (État, collectivités territoriales, sécurité sociale) avec les engagements européens de la France.

La **procédure d'adoption des lois de finances** (nous parlons ici de la loi de finances de l'année) présente plusieurs particularités par rapport à la procédure législative ordinaire.

La première particularité, et non la moindre, est que **l'initiative parlementaire est écartée.** Elle appartient au gouvernement (on parle de projet de loi de finances).

La seconde particularité est que **le projet de loi de finances doit être soumis en premier lieu à l'Assemblée nationale**, son dépôt ayant lieu avant le premier mardi d'octobre de l'année précédant celle de l'exécution du budget. Cela s'explique par le fait que les députés sont les représentants des contribuables.

La troisième particularité tient aux **délais que doit respecter le Parlement pour adopter la loi de finances.** Il doit se prononcer **dans un délai de 70 jours. Si cette condition n'est pas respectée, le gouvernement peut mettre en œuvre les dispositions du projet par ordonnances.** À l'intérieur de ce délai, l'Assemblée nationale dispose de 40 jours pour se prononcer en première lecture (si elle ne respecte pas ce délai, le gouvernement saisit le Sénat de son texte initial, avec les seuls amendements votés par l'Assemblée et acceptés par lui ; le Sénat doit alors statuer dans un délai de 15 jours). Le texte est ensuite transmis au Sénat qui dispose de 20 jours pour se prononcer en première lecture. Puis se déclenche de droit la procédure d'urgence de l'article 45 C : réunion d'une commission mixte paritaire, adoption par chaque assemblée du texte issu de la commission ou, à défaut de texte ou d'accord entre les deux assemblées sur le texte, nouvelle lecture dans chaque chambre puis, le cas échéant, dernier mot donné à l'Assemblée nationale (voy. *supra*, n° 523).

La rigueur de ces délais s'explique par la nécessité de prendre, avant le début de l'année, les « mesures nécessaires à la continuité de la vie nationale » (décision du Conseil constitutionnel du 30 décembre 1979, Loi de finances pour 1980).

4. L'information et le contrôle du Parlement sur la loi de finances

532 Le projet de loi de finances est nécessairement accompagné, lors de son dépôt, **de nombreuses annexes destinées à assurer une bonne information des parlementaires** et notamment :

- les « bleus » budgétaires ou projets annuels de performances (PAP) présentent pour chaque mission les crédits de chacun de ses programmes, en précisant pour chaque action les objectifs et les indicateurs de performances qui leur sont associés ;
- les « jaunes » budgétaires sont des annexes informatives (par ex., rapport relatif à l'État actionnaire ; rapport relatif à la mise en œuvre et au suivi des investissements d'avenir) ;
- les documents de politique transversale, de couleur orange, présentent de façon détaillée certaines politiques relevant de plusieurs ministères (ex : sécurité civile, outre-mer, ville, tourisme) concernant des programmes relevant de différentes missions ;
- une annexe présentant l'ensemble des évaluations préalables des mesures qu'il propose, qui constituent l'équivalent des études d'impact des projets de loi non financiers.

Par ailleurs, une série de dispositions, notamment de procédure, a également permis de renforcer l'information et le contrôle du Parlement sur les finances publiques :

- l'organisation au printemps, dans chacune des assemblées, d'un débat d'orientation budgétaire (DOB), permet d'associer plus étroitement les parlementaires à l'élaboration du projet de budget ;
- la tenue d'un débat sur l'ensemble des prélèvements obligatoires avant l'examen du projet de loi de finances ;
- la transmission par le Gouvernement au Parlement, au moins deux semaines avant sa transmission à la Commission européenne, du projet de programme de stabilité. Le Parlement peut ainsi en débattre et se prononcer par un vote ;
- la mise en œuvre d'une comptabilité générale de l'État, dont les règles ne se distinguent de celles applicables aux entreprises « qu'en raison des spécificités de son action », améliore considérablement l'information disponible sur la situation financière et patrimoniale de l'État ;
- les comptes de l'État, qui doivent être « réguliers, sincères, et donner une image fidèle de son patrimoine et de sa situation financière », font l'objet d'une certification par la Cour des comptes ;
- le Parlement est mieux associé à l'exécution du budget, par le biais de procédures d'information ou d'avis concernant notamment les mouvements de crédits intervenant en cours d'année ;
- l'exigence d'un vote sur la variation de la dette de l'État ;
- les pouvoirs de contrôle des Commissions des finances des deux assemblées sont accrus, et le droit d'amendement est élargi, puisqu'un parlementaire peut modifier, au sein d'une mission, la répartition des crédits entre plusieurs programmes.

D) Les lois de financement de la Sécurité sociale (art. 34, 39, 47-1 C)

533 La révision constitutionnelle du 22 février 1996 a donné compétence au Parlement pour se prononcer, chaque année, sur les « lois de financement » de la Sécurité sociale.

Cette révision constitutionnelle s'inscrit dans le plan de **réforme de la protection sociale** voulu par l'ancien Premier ministre Alain Juppé. Face à la généralisation de la « Sécu » (son extension à la quasi-totalité de la population française), à l'ampleur, à la dérive inexorable de ses déficits et au poids qu'ils font peser sur la politique économique des gouvernements, **il est apparu indispensable et légitime de donner au gouvernement et à la représentation nationale les moyens de peser sur la gestion de la protection sociale.**

Avant la révision constitutionnelle, la Constitution limitait les pouvoirs du Parlement à des « généralités » certes importantes mais qui ne lui donnaient pas prise sur le fonctionnement de la « Sécu ». Aux termes de la révision constitutionnelle, **le Parlement a désormais la capacité de se prononcer sur des « lois de financement de la Sécurité sociale (qui) déterminent les conditions générales de son équilibre financier et, compte tenu de leurs prévisions de recettes, fixent ses objectifs de dépenses »** (alinéa inséré à l'article 34 de la Constitution).

L'article 47-1 C prévoit que le Parlement vote les projets de loi de financement de la Sécurité sociale (il s'agit donc de textes d'origine gouvernementale) dans les conditions prévues par une loi organique. En outre, il fixe les délais d'examen du projet de loi de financement. **Le Parlement dispose de 50 jours pour l'examiner** selon une procédure calquée sur celle des lois de finances : l'Assemblée nationale examine le texte en 20 jours au plus, puis le Sénat en 15 jours au plus (les 15 jours restants étant consacrés à la fin de la navette). Le texte est ensuite soumis à la procédure d'urgence de l'article 45 C (réunion d'une commission mixte paritaire..., voy. *supra*, n° 523). Si le Parlement ne respecte pas ce délai de 50 jours, les dispositions du projet peuvent être mises en œuvre par ordonnance.

La loi organique n° 96646 du 22 juillet 1996 prévoit que les lois de financement doivent approuver les orientations de la politique de santé et de Sécurité sociale ainsi que les objectifs déterminant les conditions générales de l'équilibre financier de la Sécurité sociale. Ainsi, le Parlement statue sur les prévisions de recettes et de dépenses par branche. Le projet de loi doit être déposé à l'Assemblée nationale 30 jours au plus tard après l'ouverture de la session. En raison du manque de visibilité offert par les lois de financement de la Sécurité sociale, la loi organique du 2 août 2005 s'est donnée comme objectif de permettre que ces lois deviennent des outils de pilotage plus performants. Dans ce but, chaque loi de financement devra intégrer un cadrage pluriannuel : des prévisions de dépenses et de recettes devront être établies pour 4 ans. Les équilibres prévisionnels devront être votés pour l'ensemble de la Sécurité sociale, mais aussi pour chacune de ses branches. Une démarche « objectifs-résultats » devra être mise en place.

E) Les lois autorisant la ratification des engagements internationaux (art. 53 C)

534 Dans le cadre de la conduite des relations internationales, le pouvoir exécutif négocie et signe des traités. L'article 53 de la Constitution dresse la liste des traités qui **« ne peuvent être ratifiés ou approuvés qu'en vertu d'une loi »** (citons par ex., les traités de paix, de commerce, ceux qui engagent les finances de l'État...).

Si la loi de ratification est indispensable, elle ne constitue pourtant qu'**une simple autorisation qui ne laisse pas de marge de manœuvre au Parlement.** Ainsi, le Premier ministre détient l'exclusivité de l'initiative et les parlementaires ne peuvent amender le texte.

En fin de compte, la seule « prise » que peuvent avoir les parlementaires sur les engagements internationaux de la France est celle que leur offre la saisine du Conseil constitutionnel (voy. *infra*, n° 585). Jusqu'en 1992, la seule possibilité qui leur était offerte était de déférer la loi d'autorisation au Conseil au titre du contrôle de constitutionnalité (art. 61, al. 2). Par ce biais, les traités pouvaient être examinés. **La loi constitutionnelle du 25 juin 1992 ouvre une nouvelle possibilité aux parlementaires : celle de saisir le Conseil constitutionnel pour lui demander de vérifier si « un engagement international comporte une clause contraire à la Constitution »** (art. 54 C). Ils peuvent donc lui déférer directement un traité et non plus seulement la loi d'autorisation.

F) Les lois autorisant la ratification d'un traité relatif à l'adhésion d'un État à l'Union européenne (art. 88-5 C)

535 La question de l'élargissement de l'Union européenne à de nouveaux États membres est particulièrement sensible (notamment auprès de l'opinion publique) : quelles sont les frontières de l'Europe ? l'Union peut-elle s'étendre indéfiniment ? certains États ont-ils vocation à intégrer l'Union ? Pour dire les choses clairement, le débat se focalise largement sur l'adhésion (ou non) de la Turquie à l'Union européenne.

La question est tellement sensible que la révision constitutionnelle de mars 2005 a prévu que **tout projet de loi autorisant la ratification d'un traité relatif à l'adhésion d'un État à l'Union européenne est soumis au référendum par le président de la République**. Face aux critiques soulevées par cette disposition, la révision constitutionnelle du 23 juillet 2008 a nuancé le caractère automatique du référendum en ajoutant un alinéa (à l'article 88-5) qui prévoit que **le Parlement peut autoriser** (par le vote d'une motion adoptée en termes identiques par chaque assemblée à la majorité des trois cinquièmes) **l'adoption du projet de loi selon la procédure utilisée pour les révisions constitutionnelles** (en l'occurrence, la procédure qui laisse le choix au président de la République entre le référendum et le vote du Parlement réuni en Congrès).

Autrement dit, si le Parlement l'autorise (par une motion), le chef de l'État est libre de choisir entre le vote du Congrès et le référendum. À défaut d'autorisation, le projet de loi est soumis au référendum. Même nuancée, cette procédure d'adoption ne semble pas dénuée d'arrière-pensées. L'adoption du projet de loi par le Parlement réuni en Congrès serait, en pratique, la procédure normale et l'adoption par référendum serait la procédure réservée aux adhésions sensibles (comme celle de la Turquie), la décision finale étant donc, dans ce dernier cas, laissée au peuple.

§ 4. La « qualité » de la loi

536 Depuis de nombreuses années, le Conseil constitutionnel et le Conseil d'État attirent régulièrement l'attention des pouvoirs publics sur le processus de dégradation de la « qualité » de la loi. Par qualité (au sens large), il faut entendre les caractéristiques vers lesquelles devrait naturellement tendre la loi : accessible et compréhensible, à portée normative... Face à cette dérive, le juge constitutionnel a été amené, d'une part à reconnaître l'objectif de valeur constitutionnelle d'accessibilité et d'intelligibilité de la loi, d'autre part à durcir sa jurisprudence sur la portée normative de la loi. Il a également entrepris d'imposer un respect plus strict des procédures d'examen et d'adoption des textes de loi.

La qualité de la loi réside également dans sa présentation, dans sa cohérence et dans son effectivité (éléments que l'on retrouve dans la jurisprudence du Conseil constitutionnel). Pour répondre à ces « objectifs », la loi organique du 15 avril 2009 (prise en application de la loi constitutionnelle du 23 juillet 2008) définit les nouvelles modalités de présentation des projets de loi.

A) La qualité de la loi dans la jurisprudence du Conseil constitutionnel

1. L' objectif de valeur constitutionnelle d'accessibilité et d'intelligibilité de la loi

537 « Considérant, en deuxième lieu, que l'urgence est au nombre des justifications que le Gouvernement peut invoquer pour recourir à l'article 38 de la Constitution ; qu'en l'espèce, le Gouvernement a apporté au Parlement les précisions nécessaires en rappelant l'intérêt général qui s'attache à l'achèvement des neuf codes mentionnés à l'article 1er, auquel faisait obstacle l'encombrement de l'ordre du jour parlementaire ; que cette finalité répond au demeurant à l'objectif de valeur constitutionnelle d'accessibilité et d'intelligibilité de la loi ; qu'en effet l'égalité devant la loi énoncée par l'article 6 de la Déclaration des droits de l'homme et du citoyen et "la garantie des droits" requise par son article 16 pourraient ne pas être effectives **si les citoyens ne disposaient pas d'une connaissance suffisante des normes qui leur sont applicables ; qu'une telle connaissance est en outre nécessaire à l'exercice des droits et libertés** garantis tant par l'article 4 de la Déclaration, en vertu duquel cet exercice n'a de bornes que celles déterminées par la loi, que par son article 5, aux termes duquel "tout ce qui n'est pas défendu par la loi ne peut être empêché, et nul ne peut être contraint à faire ce qu'elle n'ordonne pas" » (16 décembre 1999, déc. n° 99-421 DC, *Codification par ordonnances*).

Le Conseil a également fait application de cet objectif avec un fondement différent, celui de la complexité. Dans une décision du 29 décembre 2005 (n° 2005-530 DC, *Loi de finances pour 2006*), il a annulé certaines dispositions de la loi de finances pour 2006 et notamment l'article 78 qui instaurait un système de plafonnement de certains avantages fiscaux. Le Conseil affirme d'abord que la loi fiscale, **lorsqu'elle atteint un degré de complexité tel qu'elle devient inintelligible pour le citoyen** (ce qui lui semble être le cas, vu la longueur de l'article, ses imbrications et multiples renvois), **méconnaît en outre l'article 14 de la Déclaration de 1789** selon lequel : « **Tous les citoyens ont le droit de constater, par eux-mêmes ou par leurs représentants, la nécessité de la contribution publique**, de la consentir librement, d'en suivre l'emploi, et d'en déterminer la quotité, l'assiette, le recouvrement et la durée ». Le Conseil rappelle ensuite que seuls des motifs d'intérêt général suffisants peuvent justifier la complexité de la loi, ce qui n'est pas le cas en l'espèce. Plus largement, **la complexité injustifiée** d'un texte **est contraire aux objectifs de valeur constitutionnelle d'« intelligibilité et d'accessibilité du droit »**.

2. Le principe de clarté de la loi

538 « Considérant, de plus, qu'il incombe au législateur d'exercer pleinement la compétence que lui confie la Constitution et, en particulier, son article 34 ; qu'à cet égard, **le principe de clarté de la loi**, qui découle du même article de la Constitution, **et l'objectif de valeur constitutionnelle d'intelligibilité et d'accessibilité de la loi**, qui découle des articles 4, 5, 6 et 16 de la Déclaration de 1789, **lui imposent d'adopter des dispositions suffisamment précises et des formules non équivoques afin de prémunir les sujets de droit contre une interprétation contraire à la Constitution ou contre le risque d'arbi-**

traire, sans reporter sur des autorités administratives ou juridictionnelles le soin de fixer des règles dont la détermination n'a été confiée par la Constitution qu'à la loi » (CC, 29 juillet 2004, déc. n° 2004-500 DC, *Autonomie*).

Toutefois, le principe de clarté induisant une rigidité qui cadre mal avec la relativité de la notion de « qualité du droit », le Conseil constitutionnel l'a abandonné et a consacré **l'objectif d'intelligibilité comme la norme de référence unique** applicable à la qualité de la loi (déc. n° 2006-540 DC du 27 juillet 2006).

3. La portée normative de la loi

539 La critique adressée à la loi porte également sur les énoncés flous, les « neutrons législatifs », les lois d'orientation, les rapports annexés (à la loi)... dont la portée normative est incertaine ou nulle.

Dans sa décision du 29 juillet 2004 (loi organique relative à l'autonomie financière des collectivités territoriales), le Conseil constitutionnel a rappelé que **« la loi a pour vocation d'énoncer des règles et doit par suite être revêtue d'une portée normative » (elle prescrit, interdit, autorise...)**. Autrement dit, un énoncé sans portée normative n'est pas une loi et ne peut pas figurer dans une loi. Cette décision met fin à la tolérance dont faisait preuve le Conseil.

La solution retenue **condamne l'existence** même des lois d'orientation ou plus exactement, celles **des dispositions des lois d'orientation qui sont dépourvues de portée normative** (dispositions énonçant des évidences, décrivant un état idéal de la société, émettant de simples pétitions de principe...). Les lois d'orientation présentent des objectifs (dans un domaine) dont la réalisation est différée dans le temps. Mais elles sont rarement assorties d'engagements précis (notamment financiers) et, surtout, n'ont pas de définition juridique spécifique.

Ainsi, dans sa décision du 21 avril 2005 (loi d'orientation et de programme pour l'avenir de l'école), **le Conseil a censuré l'article 7** de la loi, aux termes duquel : « **L'objectif de l'école est la réussite de tous les élèves** (...). Compte tenu de la diversité des élèves, l'école doit reconnaître et promouvoir toutes les formes d'intelligence pour leur permettre de valoriser leurs talents ». Il a estimé que ces dispositions se bornaient à définir la mission de l'école **en énonçant des évidences et étaient donc dépourvues de caractère normatif.**

S'agissant des **dispositions législatives de portée normative incertaine**, c'est-à-dire qui énoncent une règle mais en termes confus ou équivoques, le Conseil constitutionnel a estimé qu'elles se heurtent à plusieurs exigences constitutionnelles. Elles se heurtent d'abord au principe constitutionnel de « clarté de la loi » et méconnaissent l'objectif de valeur constitutionnelle d'« intelligibilité et d'accessibilité de la loi », ce principe et cet objectif imposant au législateur, « afin de prémunir les sujets de droit contre une interprétation contraire à la Constitution ou contre le risque d'arbitraire, d'adopter des dispositions suffisamment précises et des formules non équivoques » (déc. du 12 janvier 2002). Les dispositions législatives de portée normative incertaine se heurtent ensuite à un droit fondamental : la liberté. Les limites à la liberté de chacun sont fixées par la loi. Or, la liberté ne serait plus garantie si la loi comportait trop de limites incertaines et de bornes floues.

Dans sa décision du 21 avril 2005, le Conseil a émis une réserve d'interprétation à propos de dispositions dont la lettre n'indique pas si elles posent des obligations de résultats ou de moyens et qui, dès lors, sont potentiellement dangereuses du point de vue de la sécurité juridique. Ainsi, deux articles de la loi imposent des actions appropriées pour les élèves présentant des difficultés spécifiques et les élèves non francophones. Mais **la généralité de leurs termes leur donne une portée incertaine** avec le risque de faire peser sur les établissements d'enseignement des obligations d'intensité très différente.

S'agissant des rapports annexés aux lois, le Conseil constitutionnel a estimé qu'ils ne peuvent être admis que dans certaines limites. Dans sa décision du 22 août 2002 relative à la loi d'orientation et de programmation pour la sécurité intérieure, le Conseil s'est contenté de dénier toute portée normative au rapport annexé, celui-ci étant un document comportant à la fois un bilan de la situation et un exposé programmatique des motifs et intentions des pouvoirs publics en matière de sécurité intérieure. Il est allé plus loin dans sa décision du 21 avril 2005 en censurant l'article de la loi approuvant le rapport annexé, **les dispositions du rapport étant rédigées en termes généraux et nombre d'entre elles relevant du souhait voire du simple constat.**

4. Le respect des procédures d'examen et d'adoption des textes de loi

540 Par une série de décisions, le Conseil constitutionnel a entrepris d'imposer un respect plus strict des procédures d'examen et d'adoption des lois. Il en est ainsi des décisions fixant la règle dite « de l'entonnoir » en matière de droit d'amendement (CC, 19 janvier 2006, voy. *supra*, n° 322). Ou encore des décisions posant le **principe de clarté et de sincérité des débats**, lequel a pour but principal de permettre à l'opposition de s'exprimer lors des débats (déc. n° 2005-526 du 13 octobre 2005). On se rattache ici à l'idée du pluralisme de l'expression des idées politiques, l'instauration d'un véritable débat étant propice à l'émergence de la volonté générale. Ainsi, dans la décision 2009-581 du 25 juin 2009 portant sur la résolution tendant à modifier le règlement de l'Assemblée, le Conseil censure un article de cette résolution au motif qu'il aurait pu avoir pour conséquence d'interdire aux groupes d'opposition de s'exprimer (l'article prévoyait la possibilité pour le Président de clore un débat après que quatre orateurs issus de groupe d'opposition ou minoritaire se soient exprimés).

Par ailleurs, le Conseil, dans sa décision du 14 décembre 2006 (loi de financement de la Sécurité sociale pour 2007), a procédé à un nouveau resserrement de sa jurisprudence relative à la qualité du travail législatif.

À l'occasion de cette décision, il a ainsi censuré sept articles comme étant contraires à la règle (résultant, pour les lois de financement de la sécurité sociale, des articles 39 et 47 alinéa 1 de la Constitution et, pour les lois de finances, de ses articles 39 et 47) selon laquelle le Gouvernement doit soumettre par priorité à l'Assemblée nationale les mesures contenues dans une loi financière. En l'occurrence, plusieurs dispositions importantes ont été déposées par voie d'amendement gouvernemental, lors du passage au Sénat, sans qu'elles aient été examinées par les députés. Elles ont été adoptées par le Sénat, puis validées en Commission mixte paritaire sans que les députés puissent en débattre.

En outre, deux articles de la loi ont été jugés contraires à l'article 40 de la Constitution comme issus d'amendements dépensiers présentés par des sénateurs.

Le Conseil a d'ailleurs implicitement critiqué l'absence au Sénat d'une procédure d'examen de la recevabilité financière des amendements (cette critique a incité le Sénat à rendre systématique une telle procédure en 2007, voy. *supra*, n° 507).

E28 **La qualité de la loi, une composante de la « sécurité juridique »**

Le principe de sécurité juridique est un principe général du droit communautaire depuis un arrêt Bosch du 6 avril 1962 de la CJCE. Il « implique que les citoyens soient... en mesure de déterminer ce qui est permis et ce qui est défendu par le droit applicable. Pour parvenir à ce résultat, les normes édictées doivent être claires et intelligibles, et ne pas être soumises, dans le temps, à des variations trop fréquentes, ni surtout imprévisibles » (Rapport public 2006 du Conseil d'*État*). Bien qu'il soit absent de notre corpus constitutionnel, le principe de sécurité juridique, fondé sur l'article 16 de la Déclaration de 1789, a été largement constitutionnalisé (par le Conseil constitutionnel) en ce qu'il implique tant une certaine qualité de la loi (accessibilité, intelligibilité...) que sa prévisibilité. Le Conseil justifie sur ce fondement les limites apportées à la rétroactivité des lois, en dehors du domaine répressif (CC, déc. n° 2010-4/17 QPC), la protection des situations résultant de contrats légalement conclus (CC, déc. n° 98-401 DC), et plus généralement la protection des situations légalement acquises. Ainsi, dans la décision 2007-550 DC, le Conseil précise que le législateur « méconnaîtrait la garantie des droits proclamée par l'article 16 de la Déclaration de 1789 s'il portait aux situations légalement acquises une atteinte qui ne soit justifiée par un motif d'intérêt général suffisant ».

Avec la décision relative à la loi de financement de la sécurité sociale pour 2014 (CC, déc. n° 2013-682 DC), le Conseil a achevé la constitutionnalisation des exigences relevant du principe de sécurité juridique, en y incluant celles qui peuvent être rattachées à la « confiance légitime ». Sans employer cette expression, pas plus qu'il ne se réfère expressément à la sécurité juridique, le Conseil censure cependant des dispositions législatives relatives à la modification des taux de prélèvement sociaux applicables à certains produits de contrats d'assurance vie. Il relève pour opérer cette censure que les contribuables, ayant respecté la durée de conservation prévue lors de leur conclusion, pouvaient légitimement attendre l'application d'un régime particulier lié au respect de cette durée légale.

Si l'exigence de sécurité juridique est d'abord un instrument de respect des droits des citoyens, elle présente aussi des enjeux économiques essentiels, les opérateurs économiques devant pouvoir agir et décider dans un cadre prédéfini et juridiquement sûr.

B) Les nouvelles modalités de présentation des projets de loi

541 Le pouvoir constituant, soucieux de **favoriser la qualité, la cohérence et l'effectivité des textes votés**, a imposé, dans l'article 39 de la Constitution, que la présentation des projets de loi déposés devant l'Assemblée nationale ou le Sénat par le gouvernement réponde aux conditions fixées par une loi organique.

La loi organique du 15 avril 2009 précise les conditions requises, lesquelles sont applicables aux projets de loi déposés à compter du 1er septembre 2009.

Il est précisé en premier lieu que les projets de loi devront dorénavant être précédés de **l'exposé de leurs motifs** (c'est-à-dire des raisons de fait et de droit qui justifient l'adoption du texte).

Ensuite, et c'est là que la loi organique innove, **les projets de loi devront faire l'objet d'une étude préalable d'impact**.

Les documents qui rendent compte de cette étude d'impact sont impérativement **joints au projet de loi dès sa transmission au Conseil d'État**. Ils sont ensuite déposés sur le bureau de la première assemblée saisie en même temps que le projet de loi auquel ils se rapportent. Ces documents doivent définir les objectifs poursuivis par le projet de loi, recenser les options possibles en dehors de l'intervention de règles de droit nouvelles, et exposer les motifs du recours à une nouvelle législation. Il s'agit pour le gouvernement de justifier de l'opportunité du recours à la norme législative. Il lui incombe un véritable travail de recherche et d'évaluation en amont.

Les documents qui rendent compte de l'étude d'impact doivent exposer avec précision les éléments suivants :

- l'articulation du projet de loi avec le droit européen en vigueur ou en cours d'élaboration, et son impact sur l'ordre juridique interne ;
- l'état d'application du droit sur le territoire national dans le ou les domaines visés par le projet de loi ;
- les modalités d'application dans le temps des dispositions envisagées dans les collectivités régies par les articles 73 et 74 de la Constitution, en Nouvelle-Calédonie et dans les Terres australes et antarctiques françaises, en justifiant, le cas échéant, les adaptations proposées et l'absence d'application des dispositions à certaines de ces collectivités ;
- **l'évaluation des conséquences économiques, financières, sociales et environnementales**, ainsi que des coûts et bénéfices financiers attendus des dispositions envisagées pour chaque catégorie d'administrations publiques et de personnes physiques et morales intéressées, en indiquant la méthode de calcul retenue ;
- l'évaluation des conséquences des dispositions envisagées sur l'emploi public ;
- les consultations qui ont été menées avant la saisine du Conseil d'État ;
- la liste prévisionnelle des textes d'application nécessaires.

Si la Conférence des présidents de la première assemblée saisie **constate que les règles fixées par la loi organique sont méconnues, les projets de loi ne peuvent pas être inscrits à l'ordre du jour**. La Conférence dispose d'un délai de 10 jours pour se prononcer (lorsque le Parlement n'est pas en session, ce délai est suspendu jusqu'au dixième jour qui précède la session suivante). En cas de désaccord entre la Conférence des présidents et le gouvernement, le président de l'assemblée intéressée ou le Premier ministre peut saisir le Conseil constitutionnel qui statue dans un délai de huit jours.

E29 **Le vote de résolutions**

Les résolutions sont un outil d'expression des prises de position politiques des parlementaires. Bannies de la Constitution de 1958 pour avoir été, avant 1958, un moyen détourné de mise en cause de la responsabilité du gouvernement, les résolutions y ont été réintroduites lors des révisions constitutionnelles des 25 juin 1992 et 25 janvier 1999 en ce qui concerne les questions européennes (art. 88-4 C). Mais l'interdiction des résolutions dans tous les autres domaines a eu des conséquences néfastes. Privés d'un outil leur permettant d'exprimer leurs prises de position politiques, les parlementaires ont utilisé la loi, en la détournant de sa vocation qui est de poser des normes de droit, pour en faire un instrument de la politique-spectacle, comme en témoignent les lois dites « mémorielles » (reconnaissance du génocide arménien, enseignement des aspects positifs de la colonisation...).

Le nouvel article 34-1 de la Constitution, issu de la loi constitutionnelle du 23 juillet 2008, prévoit que les assemblées peuvent voter des résolutions dans les conditions fixées par la loi organique. Il ajoute que sont irrecevables et ne peuvent être inscrites à l'ordre du jour les propositions de résolution dont le gouvernement estime que leur adoption ou leur rejet serait de nature à mettre en cause sa responsabilité ou qu'elles contiennent des injonctions à son égard.

La loi organique du 15 avril 2009 apporte les précisions nécessaires relatives aux modalités de vote et d'élaboration de ces résolutions.

Les dispositions de la loi organique précisent que le nombre de propositions de résolution déposées par un ou plusieurs membres d'une assemblée n'est pas limité. Ces propositions de résolution peuvent également être déposées au nom d'un groupe parlementaire par son président.

Il appartient ensuite au président de chaque assemblée de transmettre sans délai toute proposition de résolution au Premier ministre. Lorsque le Gouvernement estime qu'une proposition de résolution est irrecevable (car de nature à mettre en cause sa responsabilité ou contenant des injonctions à son égard), il informe de sa décision le président de l'assemblée intéressée avant que l'inscription à l'ordre du jour de cette proposition de résolution ne soit décidée. Aucune irrecevabilité ne peut plus être opposée après l'expiration de ce délai.

Afin de limiter les risques susceptibles d'être encourus par le gouvernement, lorsque le président d'un groupe envisage de demander l'inscription d'une proposition de résolution à l'ordre du jour d'une assemblée, il en informe le président de cette assemblée au plus tard 48 heures avant que l'inscription à l'ordre du jour ne soit décidée, lequel en informe sans délai le Premier ministre. Un autre garde-fou réside dans le fait qu'une proposition de résolution ne peut être inscrite à l'ordre du jour d'une assemblée moins de six jours francs après son dépôt. Pour éviter tout engorgement et toute tentative d'obstruction, une proposition de résolution ayant le même objet qu'une proposition de résolution antérieure ne peut être inscrite à l'ordre du jour de la même session ordinaire.

Les propositions de résolution sont examinées et votées en séances. Elles ne peuvent faire l'objet d'aucun amendement.

SECTION II
La responsabilité politique du gouvernement devant l'Assemblée nationale

542 L'article 49 de la Constitution définit les conditions d'engagement de la responsabilité politique du gouvernement devant l'Assemblée. Elle est tantôt offensive (question de confiance et responsabilité sur un texte) tantôt défensive (motion de censure).

L'article 50 de la Constitution énonce les conséquences de la mise en œuvre de la responsabilité gouvernementale : si le gouvernement a été censuré ou si son programme ou sa déclaration de politique générale n'a pas été approuvé, **le Premier ministre doit remettre au Président de la République la démission du gouvernement.**

§ 1. Le principe de la responsabilité devant l'Assemblée nationale

543 La responsabilité politique du gouvernement devant le Parlement est un élément caractéristique des rapports entre les pouvoirs en régime parlementaire. Or, comme les constituants ont conçu la Cinquième République comme un régime parlementaire (discours de Michel Debré du 27 août 1958), il n'est pas surprenant de trouver dans la Constitution de 1958 des dispositions relatives à la responsabilité du gouvernement (art. 49 et 50 C).

Somme toute, il était normal de prévoir que le gouvernement puisse demander à l'Assemblée nationale (détentrice de la légitimité démocratique) de lui accorder sa confiance et que, de son côté, celle-ci puisse voter une motion de défiance au gouvernement, soit qu'elle désapprouve la politique qu'il mène, soit qu'elle s'oppose à une mesure ou à un texte d'origine gouvernementale.

Notons que, comme dans les autres régimes parlementaires, la responsabilité du gouvernement ne peut être mise en cause devant la Chambre haute, c'est-à-dire le Sénat.

Schématiquement, disons que le Sénat, par son mode d'élection (suffrage indirect), par sa fonction (représentation des collectivités territoriales), ne peut prétendre demander des comptes au gouvernement. Inversement, le gouvernement ne peut tirer d'une quelconque approbation du Sénat sur un texte ou sur une déclaration, aucune légitimité démocratique et/ou aucune autorité juridique. La possibilité pour le Premier ministre de demander au Sénat l'approbation d'une déclaration de politique générale n'est qu'une mesure de courtoisie, de bons rapports, prévue par l'article 49 alinéa 4. En aucun cas un vote défavorable ne peut obliger le gouvernement à démissionner (art. 50 C).

Attachés au principe de responsabilité, les constituants étaient soucieux d'éviter que ne se reproduisent les excès du régime précédent, à savoir une mise en cause par trop aisée de la responsabilité du gouvernement (notamment par le biais de la question de confiance posée lors du vote d'un projet de loi) avec pour **conséquence une instabilité gouvernementale.**

La rationalisation de la procédure de mise en cause de la responsabilité gouvernementale a permis d'en faire d'abord un système équilibré puis un **instrument de la politique gouvernementale**. C'est précisément cette instrumentalisation de la procédure et les abus auxquels elle a donné lieu qui sont à l'origine de la **réforme de l'engagement de la responsabilité du gouvernement sur le vote d'un texte** (par la loi constitutionnelle du 23 juillet 2008).

§ 2. Les procédures de mise en jeu de la responsabilité gouvernementale

544 Ces procédures se distinguent selon l'origine de l'initiative et leur objet. On distingue ainsi la question de confiance à l'initiative du Premier ministre, la motion de censure à l'initiative des députés et l'engagement de responsabilité sur le vote d'un texte.

A) La question de confiance à l'initiative du Premier ministre

545 Selon l'article 49 alinéa 1 de la Constitution, **« Le Premier ministre, après délibération du Conseil des ministres, engage devant l'Assemblée nationale la responsabilité du Gouvernement sur son programme ou éventuellement sur une déclaration de politique générale ».**

Il est évident que si la décision d'engager la responsabilité du gouvernement appartient au Premier ministre, il doit néanmoins respecter certaines règles et procédures. D'abord, on imagine mal un Premier ministre ne pas consulter le chef de l'État auquel il est politiquement subordonné (du moins lorsqu'ils sont de même tendance politique). Ensuite, si l'article 49 alinéa 1 exige une délibération du Conseil des ministres avant l'engagement de responsabilité, c'est tout simplement parce que la décision du Premier ministre engage solidairement et collégialement le gouvernement.

Une fois la question de confiance posée, le vote des députés est comptabilisé de façon simple. On compte les votes pour le gouvernement, les votes contre et les abstentions. Le résultat favorable ou défavorable est acquis à la majorité des suffrages exprimés.

L'article 49 alinéa 1 semble faire de l'engagement de responsabilité sur le programme une obligation (« Le Premier ministre engage ») alors que l'engagement sur une déclaration de politique générale ne serait qu'une simple possibilité (le texte constitutionnel en fait une éventualité).

Si l'on suit la lettre de l'article 49 alinéa 1, le Premier ministre, une fois nommé, doit poser la question de confiance à l'Assemblée nationale sur le programme du gouvernement (le programme annonce l'action à venir du gouvernement) alors que la question de confiance sur une déclaration de politique générale intervient éventuellement en cours d'exercice des fonctions gouvernementales.

La pratique de l'article 49 alinéa 1 a largement démenti sa théorie.

Premièrement, **la venue devant l'Assemblée nationale** lors de l'entrée en fonction du gouvernement (mais aussi en cours d'exercice) **a été interprétée par les Premiers ministres successifs comme une simple faculté.** Plusieurs d'entre eux ont rappelé que le gouvernement procède uniquement du Président et Georges Pompidou déclarait en avril 1966 que « la lettre et l'esprit de la Constitution de 1958 veulent que le gouvernement soit entièrement libre de demander ou non un vote de confiance ». D'ailleurs, plusieurs gouvernements n'ont engagé leur responsabilité qu'après plusieurs mois et il est arrivé que des gouvernements ne se présentent pas du tout devant l'Assemblée (par ex., le premier gouvernement Barre formé en 1976 n'a jamais posé la question de confiance compte tenu des tensions qui existaient au sein de la majorité après la démission de Jacques Chirac).

En situation de cohabitation, le gouvernement ne tire plus sa légitimité du Président mais de la majorité parlementaire. Le soutien de cette majorité étant vital, **le gouvernement a tout intérêt à engager sa responsabilité devant elle, ne serait-ce que pour être légitimé et légitimer son action à venir.**

Deuxièmement, **la venue du Premier ministre devant l'Assemblée ne donne pas toujours lieu à un engagement de responsabilité.** Il arrive que le Premier ministre expose devant l'Assemblée le programme du gouvernement ou fasse une déclaration de politique générale **sans que l'exposé ou la déclaration soit suivi d'un vote.** Il n'engage donc pas la responsabilité du gouvernement. Il s'agit essentiellement d'un **geste de courtoisie et de bonne volonté** du Premier ministre envers la Chambre basse.

Troisièmement, l'engagement de la responsabilité du gouvernement sur son programme ou sur une déclaration de politique générale **n'a pas la même signification à l'entrée en fonction du gouvernement ou en cours d'exercice.**

Lorsque l'engagement de responsabilité intervient **à l'entrée en fonction, le Premier ministre vient s'assurer de la confiance, du soutien de l'Assemblée pour la conduite de la politique gouvernementale.** Il est vrai qu'il y a peu de suspense puisque, dans le fonctionnement normal du régime, le gouvernement est soutenu par une majorité de députés. Simplement, il peut mesurer l'ampleur du soutien dont il bénéficie : s'il n'obtient qu'une courte majorité, sa marge de manœuvre est d'emblée limitée et il est clair qu'il devra composer davantage avec sa majorité.

L'engagement de responsabilité **en cours d'exercice** des fonctions gouvernementales **traduit un besoin d'explication, un trouble**, voire un désaccord entre le gouvernement et l'Assemblée mais surtout entre le gouvernement et sa majorité. Ainsi, en avril 1984, le Premier ministre Pierre Mauroy a engagé la responsabilité de son gouvernement afin de mettre le parti communiste devant ses responsabilités (pour obtenir son soutien). De même, répondant à un besoin de clarification et d'explication, Michel Rocard a-t-il engagé la responsabilité du gouvernement le 16 janvier 1991 sur une déclaration de politique générale qui portait en fait sur un aspect particulier de cette politique, la politique française au Moyen-Orient.

La confiance de l'Assemblée est alors **la condition *sine qua non* de la poursuite de l'action gouvernementale.** Que cette confiance lui soit refusée et il doit démissionner, qu'elle soit mitigée et l'action du gouvernement s'en trouve fragilisée, qu'elle soit large et le gouvernement retrouve une marge de manœuvre confortable.

Enfin, quatrièmement, les Premiers ministres successifs n'ont pas tenu compte de la distinction établie par l'article 49 alinéa 1 entre le « programme » gouvernemental et la « déclaration » de politique générale. La pratique a d'ailleurs été confortée par une décision du Conseil constitutionnel du 12 janvier 1977 dans laquelle il considère que la Constitution « tend à conférer une acception analogue » aux deux expressions. Autrement dit, programme et déclaration auraient le même sens.

L'essentiel des engagements de responsabilité sur la base de l'article 49 alinéa 1 depuis 1958 a donné lieu à une déclaration de politique générale (seuls les gouvernements Debré, le premier gouvernement Pompidou et le deuxième gouvernement Barre ont demandé un vote de confiance sur leur programme).

L'article 49 alinéa 1 n'a jusqu'à aujourd'hui donné lieu qu'à 37 engagements de responsabilité. Le dernier en date est celui du Premier ministre M. Valls, le 16 septembre 2014, sur une déclaration de politique générale.

B) La motion de censure à l'initiative des députés

546 Selon l'article 49 alinéa 2 de la Constitution, **« l'Assemblée nationale met en cause la responsabilité du gouvernement par le vote d'une motion de censure »**. Autrement dit, l'initiative de la mise en cause appartient aux députés.

Si le principe reste le même que sous la Quatrième République, la procédure de la motion de censure est **rationalisée afin de rendre la censure du gouvernement par l'Assemblée plus difficile.**

L'article 49 alinéa 2 énumère avec précision les étapes de la procédure :

- **la motion de censure doit être signée par un dixième au moins des membres de l'Assemblée nationale** (soit 58 députés). On évite ainsi que la mise en cause du gouvernement ne soit rendue possible par quelques députés désireux de le gêner.
  Il existe également quelques restrictions tenant à la période du dépôt de la motion de censure : d'une part, une motion de censure ne peut être déposée dans la période pendant laquelle le Président du Sénat assure l'intérim de la Présidence de la République ; d'autre part, le dépôt est soumis à des conditions restrictives dans la période d'exercice des pouvoirs exceptionnels de l'article 16 de la Constitution (il ne peut intervenir que dans les sessions ordinaires et l'objet de la motion doit être sans rapport avec les mesures prises en vertu des pouvoirs exceptionnels) ;

- **le vote ne peut avoir lieu que 48 heures après le dépôt de la motion.** Ce délai permet aux députés de réfléchir et de prendre position mais **permet surtout au gouvernement de « battre le rappel » de sa majorité** pour s'assurer qu'aucune voix ne manquera le jour du vote (*a fortiori* s'il dispose d'une courte majorité). Si le vote s'annonce serré, des négociations ne sont pas à exclure entre le gouvernement et les membres récalcitrants de sa majorité (négociations qui vont de la promesse à la menace) ou même avec des membres d'autres groupes. Après sa mise en discussion, la motion ne peut plus être retirée ;
- **le mode de décompte des voix est** certainement **l'élément de la procédure le plus favorable au gouvernement** : pour qu'une motion de censure soit adoptée, la majorité exigée est de la moitié des membres composant l'Assemblée nationale. Mais, **seuls les votes favorables à la motion sont pris en considération.** Les voix des absents et des abstentionnistes sont comptabilisées avec les voix favorables au gouvernement.
  Dans ce système, **les abstentionnistes apportent implicitement leur soutien au gouvernement.** Ceci a le mérite de clarifier les positions des uns et des autres (en général). D'autre part, on peut considérer que les abstentions amplifient le résultat du vote : si la motion de censure est repoussée, les abstentions représentent autant de voix qui permettent au gouvernement de renforcer sa position ; si le gouvernement est censuré, les abstentions (qui constituent le « ventre mou » de la majorité) peuvent permettre de dégager les contours d'une future majorité ;
- enfin, **le dépôt de motions de censure est limité.** Un député ne peut pas être signataire de plus de trois motions de censure au cours d'une même session ordinaire et de plus d'une au cours d'une même session extraordinaire (nouvelle rédaction de l'article 49 al. 2 suite à la révision constitutionnelle du 4 août 1995).

Les conditions de mise en jeu de la responsabilité sont telles, qu'il est bien **difficile de renverser un gouvernement.** C'est précisément l'objectif de l'article 49 alinéa 2 qui rompt avec la pratique de la Quatrième République (ou une majorité simple suffisait *de facto* à renverser un gouvernement). Si la motion de censure est adoptée, le gouvernement doit démissionner. Il se contente alors d'« expédier les affaires courantes », c'est-à-dire celles qui sont nécessaires à la continuité de l'État.

Le dépôt d'une motion de censure est évidemment **le fait presque exclusif de l'opposition**, la plupart du temps, sans espoir de renverser le gouvernement (puisque celui-ci est soutenu par la majorité). Il s'agit pour elle d'exprimer son opposition à la politique gouvernementale et/ou d'attirer l'attention sur une question à laquelle elle est particulièrement sensible. De façon plus exceptionnelle, une motion de censure **peut être l'occasion pour certains membres de la majorité de manifester leur opposition frontale au gouvernement.** Ainsi, à l'occasion de la motion de censure du 10 mai 2006, le centriste F. Bayrou et une partie du groupe UDF (11 sur 30) exaspérés par la politique gouvernementale et les « affaires », ont voté la censure avec l'opposition de gauche, créant ainsi une fracture au sein de la majorité.

À travers la mise en cause du gouvernement, c'est le chef de l'État, qui définit les orientations de la politique gouvernementale et prend un certain nombre de décisions qui lui sont propres, que l'opposition cherche à atteindre.

Le Premier ministre doit s'expliquer non seulement sur les actes du gouvernement mais aussi sur ceux du Président.

Ce n'est pas un hasard si **la seule motion de censure adoptée depuis 1958 visait le Président** : l'Assemblée nationale a censuré le gouvernement Pompidou le 5 octobre 1962 pour protester contre le projet de révision constitutionnelle du général de Gaulle tendant à instaurer l'élection du chef de l'État au suffrage universel direct (la portée de cette censure a été limitée puisque le projet de révision a été adopté et que Georges Pompidou a été reconduit dans ses fonctions de Premier ministre).

Le fait que la procédure de la motion de censure soit plus favorable au gouvernement que celle de la question de confiance ne l'a pas incité à engager sa responsabilité mais plutôt à attendre que les parlementaires prennent l'initiative d'une motion de censure. Cela explique le nombre plus important d'engagements de la responsabilité du gouvernement sur le fondement de l'article 49 alinéa 2 plutôt que sur celui de l'article 49 alinéa 1. On en dénombre 55 depuis 1958. La dernière motion de censure en date, celle du 20 mars 2013, tendait à dénoncer la politique économique et sociale du gouvernement Ayrault (l'opposition espérant ainsi tirer profit de la mauvaise passe traversée par l'exécutif : mauvais chiffres de l'emploi, affaire Cahuzac, etc.).

C) L'engagement de responsabilité sur le vote d'« un texte »

547 Jusqu'à la révision constitutionnelle du 23 juillet 2008, le gouvernement pouvait engager sa responsabilité sur le vote d'« un texte », c'est-à-dire n'importe quel texte. Comme nous allons le montrer, c'est l'usage abusif qui a été fait de cette procédure par les gouvernements successifs qui a conduit à en restreindre le champ d'application.

L'engagement de la responsabilité du gouvernement sur le vote d'« un texte » (art. 49, al. 3) est **une procédure à la fois subtile et brutale, favorable au gouvernement**, qui combine la question de confiance et la motion de censure.

Lorsqu'il apparaît au gouvernement que l'adoption d'un texte auquel il est attaché va se heurter à des difficultés, le Premier ministre, après délibération du Conseil des ministres, peut engager la responsabilité politique du gouvernement devant l'Assemblée nationale sur le texte en question.

Une fois la décision du Premier ministre transmise à l'Assemblée, deux options sont ouvertes dans les vingt-quatre heures :

- **au bout de ce délai, aucune motion de censure n'a été déposée par les députés. Le texte est alors considéré comme adopté. Autrement dit, une loi peut être adoptée sans que le Parlement ne l'ait votée.**
  Le fait que les députés ne réagissent pas à un engagement de responsabilité signifie que l'opposition ne s'estime pas en position pour contester le texte et/ou que celui-ci fait l'objet d'un large consensus au sein de l'Assemblée ;
- les députés déposent une motion de censure dans les vingt-quatre heures pour contrer le gouvernement.

Comme nous l'avons vu, le décompte des voix lors du vote d'une motion de censure est très favorable au gouvernement. Les voix des abstentionnistes sont comptabilisées en sa faveur. Or, comme la motion de censure doit être adoptée à la majorité absolue, il est bien difficile de renverser le gouvernement. **Le rejet de la motion équivaut à l'adoption du texte.** L'adoption de la motion de censure a pour conséquence le rejet du texte et la démission du gouvernement.

Dans ces conditions, l'engagement de responsabilité sur un texte est **avant tout un instrument de pression du gouvernement sur sa majorité.** En particulier, lorsque le gouvernement ne dispose pas d'une majorité stable et fiable, l'utilisation du « 49.3 » a pour objet d'obliger cette majorité à resserrer les rangs autour de lui. Ainsi, Michel Rocard, en butte à la mauvaise volonté de plusieurs courants du parti socialiste mais aussi du parti communiste au sein de l'Assemblée, a dû recourir à vingt-huit reprises en seulement trois ans (1988-1991) à l'article 49 alinéa 3.

D'un autre côté, l'engagement de responsabilité sur un texte est aussi un **moyen de contraindre l'opposition**, en particulier sur des sujets sensibles. Nous avons vu comment celle-ci peut se lancer dans une « guérilla législative », faire de l'obstruction et en fin de compte retarder l'adoption d'un texte. L'usage du « 49.3 » est un moyen de mettre fin à ces « manœuvres ». Ainsi, les gouvernements socialistes de Pierre Mauroy et Laurent Fabius (1981-1986), qui disposaient pourtant d'une majorité absolue à l'Assemblée, y ont eu recours une dizaine de fois.

Après une longue période d'oubli de 1997 à 2002 (L. Jospin n'en a jamais fait usage), le « 49.3 » a fait un retour en force : il a été mis en œuvre le 12 février 2003 par J.-P. Raffarin pour le vote de la loi relative à l'élection des conseillers régionaux et de nouveau, le 23 juillet 2004, sur le vote de la loi relative aux responsabilités locales ; D. de Villepin y a eu recours le 9 février 2006 pour l'adoption du projet de loi relatif à l'égalité des chances. Depuis, seul le Premier ministre M. Valls en a fait usage, à trois reprises, le 17 février, le 16 juin et le 9 juillet 2015, pour le vote de la même loi pour la croissance et l'activité (dite « loi Macron »).

Plus spécifiquement, l'usage du « 49.3 » est un moyen pour le gouvernement de faire passer son texte mais aussi **de le préserver.** Dans la procédure législative classique, l'opposition et la majorité peuvent proposer des amendements qui seront discutés et votés. Il arrive ainsi que des textes gouvernementaux soient dénaturés. **Le recours au « 49.3 » permet d'éliminer toute discussion sur les amendements et ainsi de préserver le texte originel.**

En liant son sort à celui du texte, le gouvernement oblige les députés à prendre leurs responsabilités. S'ils rejettent le texte (en adoptant la motion de censure), ils privent le gouvernement des moyens de gouverner, celui-ci en tire les conséquences en démissionnant. Si le texte est adopté (par le rejet de la motion), le gouvernement peut poursuivre son action (cependant plus le vote est serré, plus la marge d'action du gouvernement pour la suite est limitée).

L'usage de l'article 49 alinéa 3 doit répondre à la nécessité de la poursuite de l'action gouvernementale. Autrement dit, l'engagement de responsabilité doit se faire sur un texte, sur des dispositions, qui sont indispensables au gouvernement pour mener à bien sa politique. **Pour rester crédible, l'article 49 alinéa 3 doit être utilisé avec parcimonie.** Or, force est de constater que son usage n'a jusqu'ici répondu à aucune de ces conditions (être limité aux textes essentiels et rester exceptionnel).

Afin de redonner de la crédibilité à cette procédure, la loi constitutionnelle du 23 juillet 2008 a modifié l'article 49 alinéa 3 de la Constitution.

Désormais, le Premier ministre peut engager la responsabilité du gouvernement devant l'Assemblée nationale sur le vote non plus « d'un texte » comme auparavant (c'est-à-dire n'importe quel texte), **mais d'un projet de loi de finances ou de financement de la Sécurité sociale**. Le Premier ministre peut, en outre, recourir à cette procédure pour **un autre projet ou une proposition de loi par session**.

Au total, la procédure de l'article 49.3 a été utilisée 85 fois depuis 1958. Aucune motion de censure déposée au titre de cet article n'a jamais été adoptée. Cela tient certainement à la méthode de décompte des voix, au fait majoritaire, mais aussi à la **pression qui s'exerce** sur les députés **du fait des risques de dissolution** après le renversement d'un gouvernement. En effet, le chef de l'État pourrait être tenté de dissoudre l'Assemblée nationale qui aurait censuré « son » gouvernement.

SECTION III

Le contrôle du Parlement sur l'action du gouvernement

548 La Constitution prévoit que le Parlement exerce une fonction de contrôle de l'action du gouvernement et d'évaluation des politiques publiques (révision constitutionnelle du 23 juillet 2008). En même temps, elle laisse aux assemblées une grande liberté pour organiser les modalités de ce contrôle et de cette évaluation.

Le contrôle et l'évaluation s'exercent en séance plénière (mise en jeu de la responsabilité politique du gouvernement, questions orales aux membres du gouvernement, débats organisés suite aux déclarations du gouvernement ou à l'initiative des parlementaires, suivi de l'application des lois, débats sur les conclusions des commissions d'enquête, questions européennes…) et dans le cadre des commissions et organes spécialisés des assemblées (commissions permanentes, commissions d'enquête, missions d'évaluation, Comité d'évaluation et de contrôle des politiques publiques de l'Assemblée nationale…). En application de la révision constitutionnelle du 23 juillet 2008, les actions de contrôle et d'évaluation en séance sont mises en œuvre dans le cadre de la semaine mensuelle qui leur est réservée, à l'exception des questions d'actualité au gouvernement qui conservent des séances qui leur sont propres. Par ailleurs, les assemblées se sont vues reconnaître par la Constitution (depuis 1992) un droit d'information et d'expression sur la politique européenne qui se transforme progressivement en un véritable contrôle.

L'article 47-2 C (issu de la révision constitutionnelle du 23 juillet 2008) prévoit que la Cour des comptes assiste le Parlement dans le contrôle de l'action du gouvernement. Elle assiste également le Parlement et le gouvernement dans l'évaluation des politiques publiques (notamment par la participation de ses membres aux travaux des organes en charge de l'évaluation).

Certains des moyens de contrôle et d'évaluation ayant déjà été étudiés, nous examinerons dans les développements qui suivent les questions au gouvernement, les débats sur les déclarations du gouvernement, l'information et le contrôle sur la politique européenne et l'évaluation des politiques publiques.

§ 1. Les questions au gouvernement

549 La procédure traditionnelle d'information et de contrôle est celle des questions au gouvernement dont **les parlementaires ont l'initiative**. Ils peuvent ainsi obtenir des explications, notamment grâce à la publicité faite à certaines questions et à certaines réponses, sur des sujets précis. Le procédé permet d'**assurer une certaine transparence dans l'activité gouvernementale**.

On distingue les questions écrites, les questions orales et les questions au gouvernement proprement dites.

A) Les questions orales

550 La révision constitutionnelle du 4 août 1995, en prévoyant qu'**« une séance par semaine, au moins, est réservée aux questions »** des membres du Parlement et aux réponses du gouvernement, a donné davantage de souplesse au système des questions orales. La révision constitutionnelle du 23 juillet 2008 a conservé ce dispositif tout en l'étendant dans le temps puisque, désormais, la ou les séances consacrées chaque semaine à ces questions ont lieu **y compris pendant les sessions extraordinaires**.

Le principe de la question orale est rendu possible par la présence des membres du gouvernement aux débats des assemblées. Les questions appelant des réponses, un dialogue, parfois un peu formel, s'établit.

Ajoutons que l'ordre du jour des assemblées, tel qu'il résulte de l'article 48 modifié de la Constitution (voy. *supra*, n° 490), distingue la ou les séances hebdomadaires réservées aux questions au gouvernement (proprement dites) de la semaine mensuelle réservée au contrôle de l'action du gouvernement, qui devrait comprendre les autres types de questions orales (sans débat, avec débat, questions cribles thématiques ou questions ciblées à un ministre).

1. Les questions orales sans débat

551 Le parlementaire pose sa question. Le ministre y répond, puis le parlementaire peut encore réagir brièvement. À l'Assemblée nationale, le temps disponible par question, réponse du ministre et droit de réplique compris, est de 6 minutes. Le temps de parole (pour les questions et les réactions aux réponses des ministres) est réparti entre les groupes parlementaires.

Paradoxalement, cette procédure qui offre une certaine liberté de parole aux parlementaires était plus ou moins tombée en désuétude faute d'un intérêt suffisant manifesté par ces mêmes parlementaires. Il est vrai que ce type de questions porte le plus souvent sur des sujets particuliers (qu'ils soient d'importance nationale ou locale), intéressant tel ou tel parlementaire, mais non l'ensemble de la représentation nationale (par ex., la question relative à la mobilité dans la gendarmerie nationale ou à la réglementation de la diffusion des tracts dans l'entreprise).

Cependant, grâce à l'assouplissement des règles de procédure et d'horaire, **la séance qui leur est réservée** (à l'AN, les séances sont concentrées pendant les semaines de contrôle, à raison d'une séance le mardi matin et d'une séance le jeudi matin ; au Sénat, le mardi matin tous les quinze jours) **a retrouvé un certain intérêt** (les parlementaires peuvent poser davantage de questions, 353 en 2013-2014 à l'Assemblée nationale ; la présence des ministres est plus importante qu'auparavant).

En réalité, les questions orales sans débat ont surtout survécu sous la forme des questions au gouvernement.

2. Les questions orales avec débat

552 Seul le Sénat y recourt de temps à autre (3 questions en 2012-2013). Chaque sénateur peut poser à un membre du gouvernement une question orale portant sur un sujet précis, accompagnée d'une demande de débat. Ces questions, lorsqu'elles sont inscrites à l'ordre du jour du Sénat, permettent tant à l'auteur de la question qu'aux autres intervenants d'obtenir des précisions sur l'action ou la gestion du gouvernement. Ces questions peuvent porter sur un sujet européen.

3. Les questions au gouvernement

553 Ces questions ont été restaurées en 1974, à l'initiative du président Giscard d'Estaing, pour pallier la désaffection dont souffraient les questions orales. Organisées à l'origine sur la base d'un simple accord entre le gouvernement et l'Assemblée nationale, **elles portent sur des problèmes et des questions d'actualité, d'où le nom de « questions d'actualité ».** À l'Assemblée nationale, les séances hebdomadaires de questions sont au nombre de deux, celle traditionnelle du mercredi après-midi, et celle plus récente du mardi après-midi. Cette seconde séance ne peut que contribuer à un meilleur contrôle du Parlement sur le gouvernement, ou du moins à une meilleure information. Au Sénat, la procédure des questions d'actualité existe depuis 1982 sous la forme de deux séances mensuelles le jeudi après-midi. Toutefois, soucieux de dynamiser sa fonction de contrôle de l'action du gouvernement, le Sénat, par la résolution du 13 mai 2015, a décidé d'instituer **une séance de questions d'actualité par semaine** (au lieu d'une fois toutes les deux semaines).

Le moment choisi pour ces questions est judicieux. Les séances hebdomadaires des mardi et mercredi après-midi à l'Assemblée nationale et celle bimensuelle (désormais hebdomadaire) du jeudi après-midi au Sénat permettent aux parlementaires d'être présents en grand nombre (avant de regagner leur circonscription le vendredi). De plus, le Conseil des ministres ayant lieu le mercredi matin, la seconde séance à l'Assemblée (et dans une moindre mesure, celle du Sénat) permet des explications et des réactions « à chaud » sur les décisions et les projets du gouvernement.

L'organisation de la séance est également favorable à une bonne information. La répartition du temps de parole entre les groupes parlementaires se fait proportionnellement à leur effectif (la durée de la séance consacrée aux questions étant d'une heure). Afin d'accroître le nombre de questions par séance, le temps disponible par intervenant est fixé, à l'Assemblée nationale, à 2 minutes (résolution du 27 mai 2009, contre 2 minutes 30 auparavant). Mais surtout, la nouvelle organisation des séances de questions au gouvernement fait davantage de place à l'opposition. Ainsi, à l'Assemblée nationale, **la majorité et l'opposition disposent du même temps de parole** lors des deux séances hebdomadaires. Sur les deux jours, l'opposition peut ainsi poser quinze questions aux ministres (contre dix auparavant), au même titre que la majorité, qui passe de quatorze à quinze questions. Par ailleurs, les ministres ne connaissent pas les questions à l'avance (en théorie). Le système y gagne en spontanéité mais y perd peut-être en clarté dans la mesure où les ministres disposent de moins de temps pour préparer leur réponse (toujours en théorie).

Aucun artifice ne peut être employé pour refuser ou repousser une question le plus longtemps possible. En effet, d'une part les parlementaires peuvent aborder les problèmes qu'ils désirent et, d'autre part, l'ordre de passage des questions fait l'objet d'un tirage au sort.

En théorie, le Premier ministre et tous les ministres doivent être présents pour répondre, le cas échéant, aux questions des parlementaires concernant leur domaine de compétence. En pratique, il est difficile d'obtenir la présence de tous pour la totalité de la séance. Certains ministres sont particulièrement sollicités par les questions : le Premier ministre évidemment, les ministres titulaires de portefeuilles clés comme l'intérieur, l'économie, les affaires étrangères mais aussi, par tradition, l'agriculture. Lorsqu'un ministre n'est pas présent pour répondre à une question, il peut être remplacé dans ce rôle par un ministre délégué ou un secrétaire d'État rattachés à son ministère (lorsqu'il y en a) ou, à défaut, par le ministre chargé des relations avec le Parlement.

Enfin, **la retransmission télévisée des séances** consacrées aux questions d'actualité assure une publicité non négligeable aux débats et permet à l'opinion publique d'être informée (du moins à une fraction de celle-ci). Elle garantit dans une certaine mesure la présence des parlementaires (qui ne sont pas mécontents de cette publicité gratuite) et une certaine tenue des débats. Incontestablement, **l'instauration de la session unique a permis d'accroître de façon significative le nombre de questions au gouvernement** (993 pour la session 2013-2014 à l'Assemblée nationale, contre 436 en 1993-1994).

4. Autres types de questions orales

554 Utilisant la liberté d'organisation qui leur est accordée, les assemblées ont recours à d'autres types de questions orales.

Ainsi, au Sénat, depuis 2009, l'ordre du jour comportait deux fois par mois des questions cribles thématiques (un thème par séance : services à la personne, rythmes scolaires, logement étudiant...). La Conférence des présidents arrêtait la répartition de ces questions entre les groupes de sorte que chaque groupe dispose au minimum d'une question à chaque séance. La résolution du 13 mai 2015 a supprimé ce type de questions au profit d'une séance de questions d'actualité au gouvernement par semaine (voy. *supra*, n° 553).

À l'Assemblée nationale, la Conférence des présidents organise des séances de **« questions ciblées » à un ministre qui permettent aux députés d'interroger longuement un seul ministre sur différents aspects de son action**. Par exemple, lors de la séance de questions à V. Pécresse, ministre de l'enseignement supérieur et de la recherche (le 25 mars 2009) : la durée de cette séance a été fixée à 1 h 30 ; la durée des questions comme celle des réponses a été limitée à 2 minutes ; l'auteur d'une question bénéficie d'un droit de réplique, dans la limite d'1 minute et la ministre a la possibilité d'y répondre pour 1 minute également.

B) Les questions écrites

555 Le recours à cette procédure écrite est justifié par un souci d'efficacité.

Les parlementaires sont demandeurs d'informations de toute nature et dans tous les domaines de l'activité gouvernementale, pour eux-mêmes ou pour leurs électeurs. Le système des questions écrites répond à cette attente en permettant aux parlementaires d'interroger les membres du gouvernement et le Premier ministre, sans perdre de temps en recherches parfois fastidieuses, sur des aspects parfois très techniques et/ou très précis (qui ne pourraient faire l'objet de questions orales).

Ces derniers disposent d'un mois pour répondre. Ce délai peut néanmoins être prorogé d'un mois (au maximum) en cas de difficultés rencontrées par le ministre ou ses services pour préparer la réponse (complexité de la question, information temporairement confidentielle...).

Les questions écrites ont une double finalité.

En premier lieu, elles sont un moyen pour les parlementaires de s'informer sur la politique gouvernementale et l'activité de l'administration. Ce n'est pas un hasard si la grande majorité des questions émanent des parlementaires de l'opposition (ceux-ci ont évidemment plus de difficulté à accéder à certaines informations que les membres de la majorité).

En second lieu, de nombreuses questions portent sur des points juridiques et administratifs sur lesquels les parlementaires ont besoin d'un éclairage pour leurs travaux ou plus généralement pour répondre à des questions de leurs électeurs. Dans ce cas, les services compétents des ministères sont mis à contribution pour apporter les réponses.

Les réponses gouvernementales peuvent évidemment être exploitées par les parlementaires pour étayer une argumentation ou pour porter la contradiction. De plus, ces réponses sont publiées au Journal officiel. Ceci explique le soin que mettent les ministères à préparer leurs réponses, du moins pour les questions d'une certaine importance (il n'est pas rare qu'un membre du cabinet du ministre prenne en charge les questions délicates).

L'utilité de la procédure n'est plus à démontrer. En 2013-2014, plus de 26 000 questions écrites ont été posées par les parlementaires avec un taux de réponse toujours élevé (83 %). Simplement, étant donné leur nombre et parfois leur complexité, il arrive assez fréquemment que les délais de réponse ne soient pas respectés. **Lorsqu'une réponse n'intervient pas dans les deux mois, la question peut être « signalée » au gouvernement** qui est alors tenu d'y répondre dans les dix jours.

§ 2. Les débats sur les déclarations du gouvernement

556 Le gouvernement est amené à prononcer diverses déclarations dont certaines sont suivies d'un débat. Ce débat permet aux parlementaires (chaque groupe peut s'exprimer) de s'informer et de contrôler l'action ou les perspectives d'action du gouvernement : débats d'orientation financiers et sociaux (chaque année, débat d'orientation budgétaire, débat sur les prélèvements obligatoires et débat d'orientation sur les finances sociales), débat préalable à un Conseil européen, débat sur les demandes du gouvernement d'autorisation de prolongation de l'intervention des forces armées (en vertu de l'art. 35, al. 3 C, lorsque la

durée de l'intervention des forces armées à l'étranger excède quatre mois, le gouvernement soumet sa prolongation à l'autorisation du Parlement, voy. *supra*, n° 438), débat sur une déclaration du gouvernement (à son initiative) portant sur un sujet d'actualité.

En outre, l'article 50-1 C, issu de la révision du 23 juillet 2008, prévoit que le gouvernement peut, de sa propre initiative ou à la demande d'un groupe, faire une déclaration sur un sujet déterminé. Cette déclaration est alors suivie d'un débat et, si le gouvernement le souhaite, d'un vote qui n'engage pas sa responsabilité.

§ 3. L'information et le contrôle sur la politique européenne

557 L'approfondissement de l'intégration européenne s'est réalisé au détriment de la souveraineté et de l'indépendance des États membres. Nombre de domaines relèvent aujourd'hui de la compétence des institutions communautaires, soit de façon exclusive (agriculture, commerce…), soit de façon partagée avec les États (environnement, politique sociale, recherche…). À ceci, il faut ajouter que les mécanismes de décision laissent de moins en moins de marge de manœuvre aux États (abandon progressif de la règle de l'unanimité au profit de la majorité qualifiée) (sur tous ces points, voy. E3, à la suite du 32).

Si les gouvernements des États membres sont étroitement associés à l'élaboration et à la préparation des décisions (travail en collaboration avec la Commission européenne qui prépare les propositions d'actes communautaires) et participent à la prise de décision (le Conseil de l'Union, qui pendant longtemps a pris seul les décisions avant de partager progressivement cette compétence avec le Parlement européen dans de nombreux domaines, est composé des représentants des États membres), il n'en est pas de même des représentants du peuple.

Ainsi, avec le transfert progressif du pouvoir de décision à Bruxelles, le risque se profilait d'une sous-information du Parlement. En effet, **de nombreux textes communautaires** (directives, règlements, décisions) **sont directement négociés par le gouvernement alors que leur contenu pourrait relever, selon le droit français, de la compétence du législateur** (le droit communautaire ne reprenant pas la distinction française entre domaine législatif et domaine réglementaire). Le risque était donc de voir des textes de « nature législative » applicables en France, sans examen ni contrôle préalable des assemblées.

C'est pourquoi des mesures ont été adoptées pour mieux associer le Parlement à ces décisions et lui permettre d'exprimer son point de vue. Le gouvernement, par son implication au sein de l'Union européenne, joue un rôle primordial dans l'information des assemblées.

A) La commission chargée des affaires européennes

558 La loi du 6 juillet 1979 avait institué dans chaque assemblée une délégation parlementaire pour les Communautés européennes (devenue délégation parlementaire pour l'Union européenne le 10 juin 1994). En vertu de la loi consti-

tutionnelle du 23 juillet 2008, la délégation est remplacée, dans chaque assemblée, par **une commission chargée des affaires européennes**.

Composée de 48 membres à l'Assemblée nationale et de 36 au Sénat (désignés de manière à assurer une représentation proportionnelle des groupes politiques et une représentation équilibrée des commissions permanentes), la commission a pour mission principale d'**assurer l'information des assemblées et des commissions permanentes sur « les travaux conduits par les institutions de l'Union européenne »**. Il s'agit pour l'Assemblée nationale et le Sénat d'être tenus informés des projets d'actes européens, notamment de règlements et de directives (qui s'intègrent de plein droit dans l'ordre juridique français) en cours d'élaboration et de discussion. Il s'agit également que les assemblées soient tenues informées des négociations en cours (loi du 10 mai 1990), que ce soit des négociations intérieures à l'Union européenne (questions agricoles, par ex.) ou extérieures (négociations commerciales).

Pour l'exercice de sa mission, chaque commission des affaires européennes doit elle-même détenir les informations nécessaires. Il appartient tout d'abord au gouvernement d'assurer l'information de la commission par la communication de tout « document nécessaire » établi par les différentes institutions européennes. La loi du 10 juin 1994 a étendu cette obligation de communication à tous les projets d'actes de « l'Union européenne », c'est-à-dire non seulement les projets d'actes communautaires, mais aussi ceux qui relèvent de la politique étrangère et de sécurité commune et de la coopération dans le domaine de la justice et des affaires intérieures. Par ailleurs, la commission est destinataire de l'ensemble des documents émanant des institutions européennes (projets et propositions d'actes communautaires, communications de la Commission, rapports...). Grâce au développement de l'Internet, le Parlement français est désormais informé en temps réel des projets de textes européens. Enfin, la commission procède à des auditions nombreuses et régulières, notamment de membres du gouvernement et de personnalités européennes, et organise des entretiens avec des membres des parlements des États membres ou des pays candidats à l'adhésion.

L'ensemble des informations réunies sur une question est adressé aux différentes commissions parlementaires compétentes. Généralement, les analyses et remarques de la commission y sont jointes.

L'information des parlementaires passe également par la publication de rapports d'information. Chacun d'eux peut conduire à l'adoption de conclusions exprimant la position de la commission sur un sujet, voire à celle d'une proposition de résolution fondée sur un texte soumis à l'assemblée en application de l'article 88-4 de la Constitution.

La commission chargée des affaires européennes n'intervient pas qu'en amont (au niveau des projets). Elle a également **un rôle de suivi des affaires européennes**. Ainsi, pour inciter le gouvernement à mieux transposer les directives européennes en droit interne, la délégation publie, chaque année, un rapport d'information faisant le point sur l'état effectif de la transposition des directives. Ce rapport recense les directives dont le délai de transposition est expiré et analyse les causes de ces retards.

Ajoutons que l'Assemblée nationale dispose depuis le mois de mars 2003 d'un **Bureau permanent auprès de l'Union européenne**. Son rôle est de renforcer l'information des parlementaires sur l'activité des institutions communautaires mais aussi de contribuer à améliorer la qualité du contrôle parlementaire sur les affaires européennes. Pour ce faire, le Bureau collecte des documents de travail auprès des institutions de l'Union et développe un réseau de relations avec les acteurs intervenant dans le processus décisionnel européen (par certains aspects, cette démarche peut s'assimiler à du *lobbying*).

Outre la mission d'information des parlementaires, la commission des affaires européennes est chargée de procéder à **l'instruction des textes soumis par le gouvernement à l'assemblée en application de l'article 88-4** de la Constitution (voy. le point B ci-dessous). La commission peut décider soit d'approuver la proposition ou le projet d'acte communautaire en adoptant, le cas échéant, des conclusions ou une proposition de résolution (voy. le point C ci-dessous) pour détailler sa position, soit de surseoir à statuer lorsqu'elle estime que des informations lui manquent pour apprécier la portée du texte, soit enfin de s'opposer à l'adoption de la proposition ou du projet d'acte communautaire. Les propositions de résolution élaborées par la commission sont renvoyées à l'examen de l'une des commissions permanentes de l'assemblée qui doit se prononcer dans le délai d'un mois.

B) Le principe constitutionnel de l'information des assemblées

559 Introduit dans la Constitution en 1992, à l'occasion de la révision constitutionnelle préalable à la ratification du Traité de Maastricht, puis modifié en 1999 dans le cadre du processus de ratification du Traité d'Amsterdam, l'article 88-4, al. 1er C a doté le Parlement français de moyens de contrôle spécifiques sur les affaires européennes : « Le Gouvernement soumet à l'Assemblée nationale et au Sénat, dès leur transmission au Conseil de l'Union européenne, les projets ou propositions d'actes des Communautés européennes et de l'Union européenne comportant des dispositions de nature législative. Il peut également soumettre les autres projets ou propositions d'actes ainsi que tout document émanant d'une institution de l'Union européenne. »

Autrement dit, les projets ou propositions d'actes, dès leur transmission au Conseil de l'Union européenne, doivent être soumis aux assemblées (*via* les commissions des affaires européennes) par le gouvernement lorsqu'ils sont susceptibles d'avoir une incidence sur la législation française. L'appréciation de cette incidence appartient au gouvernement (après avis du Conseil d'État) : s'il estime qu'une proposition ne comporte pas de dispositions de nature législative, il n'a pas à la transmettre. La pratique n'a pas révélé jusqu'à présent de « rétentions d'informations ».

La révision constitutionnelle du 25 janvier 1999 a élargi de deux manières le champ d'application de l'article 88-4 de la Constitution. D'une part, la notion d'actes devant être soumis aux assemblées s'est élargie aux propositions d'actes en matière de politique étrangère et de sécurité commune et en matière de justice et d'affaires intérieures (en particulier droit d'asile et immigration). D'autre part, le gouvernement a la faculté de soumettre aux assemblées des textes européens qui, bien que n'étant pas de nature législative, peuvent être considérés comme susceptibles de donner lieu à une prise de position parlementaire.

Enfin, la révision constitutionnelle du 23 juillet 2008 a modifié l'article 88-4. La nouvelle rédaction prend en compte les évolutions intervenues depuis 1999 en prévoyant que **sont soumis aux assemblées « les projets d'actes lé-**

gislatifs européens et les autres projets ou propositions d'actes de l'Union européenne ». Cette disposition n'est effective que depuis le 1er décembre 2009, date de l'entrée en vigueur du traité de Lisbonne.

L'objectif européen d'harmonisation d'un certain nombre de législations et de politiques des pays membres de l'Union européenne, mais surtout **la mise en œuvre de politiques communautaires couvrant de plus en plus de domaines expliquent le nombre important de textes soumis aux assemblées** (1 008 transmis à l'Assemblée nationale pour la session 2013-2014).

C) Le vote de résolutions

1. Dans le cadre de l'article 88-4 C : les assemblées prennent position sur les projets ou propositions d'actes de l'Union européenne

560 Introduit dans la Constitution par la révision constitutionnelle de 1992 et modifié à plusieurs reprises, l'article 88-4, al. 2 C prévoit que « … des résolutions européennes peuvent être adoptées, le cas échéant en dehors des sessions, sur les projets ou propositions mentionnés au premier alinéa, ainsi que sur tout document émanant d'une institution de l'Union européenne ».

Autrement dit, les assemblées peuvent voter des résolutions **par lesquelles elles approuvent, désapprouvent ou demandent une modification des projets d'actes législatifs européens ou des autres projets ou propositions d'actes de l'Union européenne.** Ainsi, si les parlementaires peuvent faire connaître leur opposition ou leur réticence à un projet ou à une proposition, ils disposent également d'un **pouvoir de proposition en matière de législation communautaire** (par ex., la proposition de résolution contenant une proposition de directive visant à réprimer à l'échelle européenne la pollution causée par les navires). L'exercice effectif du contrôle parlementaire sur les textes communautaires est assuré par le mécanisme dénommé **« réserve d'examen parlementaire »**. Ce mécanisme prévoit que le Sénat comme l'Assemblée nationale disposent d'un délai d'un mois (circulaire du Premier ministre en date du 22 novembre 2005) pour déposer et programmer l'examen d'une proposition de résolution et que, dès lors, le Gouvernement doit, dans la mesure du possible, s'opposer à ce qu'une décision définitive soit prise au niveau communautaire, de manière à ce que la résolution adoptée par le Sénat ou l'Assemblée puisse être prise en compte. Inversement, lorsque le Gouvernement ne souhaite pas retarder l'adoption par la Communauté d'un texte bien que le délai d'un mois garanti aux deux Assemblées ne se soit pas écoulé, il demande aux délégations pour l'Union européenne de « lever la réserve d'examen parlementaire », pour lui permettre de donner son accord au texte (par ex., pour les textes commerciaux intéressant des pays tiers, qui pourraient mal interpréter une demande de report de l'adoption de la part de la France).

La première résolution a été votée par le Sénat, le 27 mai 1993, en matière de défense commerciale. Mais quelle est la valeur de ces résolutions ? Peuvent-elles contraindre le gouvernement à s'opposer à une proposition ou à en demander la modification ?

La réponse est négative. Malgré la légitimité de ces résolutions, le gouvernement reste maître de sa conduite. N'oublions pas que c'est lui qui apprécie la nature législative ou non des dispositions contenues dans les propositions. Pourtant, en cas de désaccords majeurs, l'Assemblée nationale (qui en a seule les moyens) ne serait-elle pas tentée de faire pression sur le gouvernement en le menaçant d'une motion de censure à l'appui de sa résolution ?

Saisi de la question des droits reconnus au Parlement par la révision constitutionnelle, le Conseil constitutionnel s'est livré à une interprétation restrictive. Dans sa décision du 17 décembre 1992 (concernant l'Assemblée nationale), il a clairement indiqué que **la résolution n'a pas de force juridique. Elle ne constitue qu'« un avis,** qui ne saurait porter atteinte aux prérogatives du gouvernement, ni conduire à la mise en cause de sa responsabilité ». Même si la résolution n'a pas d'autorité, désormais, les assemblées ont leur mot à dire avant que les textes communautaires applicables en France n'entrent en vigueur. Mieux encore, **les résolutions votées ont été un atout** supplémentaire entre les mains des ministres **pour défendre la position de la France dans les négociations communautaires.**

2. Dans le cadre de l'article 88-6 C : les assemblées contrôlent la subsidiarité et la proportionnalité des projets d'actes législatifs européens

561 Depuis septembre 2006, la Commission européenne transmet directement, sans passer par les gouvernements, ses propositions législatives et documents de consultation aux parlements nationaux, en vue d'un contrôle de l'application des principes de subsidiarité et de proportionnalité. Ce contrôle a pour objet de s'assurer que les propositions de la Commission européenne n'empiètent pas sur les compétences des États et sont adaptées aux objectifs poursuivis.

Il revient à la commission chargée des affaires européennes, si elle le juge nécessaire, d'adopter des projets d'avis qui sont ensuite transmis à l'une des commissions permanentes de l'assemblée. La position, tacite ou expresse, de la commission permanente compétente devient l'avis définitif de l'Assemblée nationale, lequel est transmis directement à la Commission européenne.

L'article 88-6 C, issu de la révision constitutionnelle du 4 février 2008 et modifié par celle du 23 juillet 2008, consacre le contrôle de subsidiarité (cet article n'est effectif que depuis le 1er décembre 2009, date de l'entrée en vigueur du traité de Lisbonne). Il prévoit que chaque assemblée pourra adopter un avis motivé par lequel elle portera à la connaissance des institutions européennes les raisons pour lesquelles elle estime qu'un projet d'acte législatif européen est susceptible, s'il était adopté, de méconnaître le principe de subsidiarité. Elle pourra également, si un tel acte est adopté, demander son annulation à la Cour de justice de l'Union européenne (le recours sera transmis à la Cour par le gouvernement). À ces fins, chaque assemblée pourra voter des résolutions.

Au cours de la session 2013-2014, 14 résolutions ont été adoptées en séance publique ou considérées comme définitives à l'AN en application des articles 88-4 C et 88-6 C (sur la protection des marques, sur le projet d'accord de libre-échange entre l'UE et les *États*-Unis, sur la création du parquet européen, etc.).

D) Le renforcement du rôle des Parlements nationaux dans l'Union européenne

562 L'idée d'une Europe plus démocratique à laquelle les peuples de l'Union sont mieux associés s'est imposée comme une évidence. Elle se traduit en particulier par un renforcement du rôle des Parlements nationaux au sein de l'Union.

Ainsi, le traité d'Amsterdam a institutionnalisé la COSAC (Conférence des organismes spécialisés dans les affaires communautaires). La COSAC est une conférence interparlementaire qui réunit des représentants des commissions ou délégations chargées des affaires européennes des différents Parlements de l'Union et six représentants du Parlement européen. Les réunions sont l'occasion pour les parlementaires d'interroger la présidence en exercice de l'Union et d'adopter des contributions politiques sur les sujets européens. La COSAC peut également examiner toute proposition d'acte législatif en relation avec la mise en place d'un espace de liberté, de sécurité et de justice, susceptible d'avoir une incidence directe sur les droits et libertés des individus. Les contributions de la COSAC sont transmises aux institutions européennes.

Le renforcement du rôle des Parlements nationaux au sein de l'Union s'accompagne d'un renforcement de la coopération entre ces Parlements et le Parlement européen. Les députés sont fréquemment invités à Bruxelles pour débattre de divers sujets avec les membres de telle ou telle commission permanente du Parlement européen. Réciproquement, les délégations pour l'Union européenne de l'Assemblée nationale et du Sénat invitent régulièrement les députés français du Parlement européen à participer à des réunions conjointes (par ex., les débats consacrés à la création d'un procureur européen).

En conclusion, signalons que, outre les articles 88-4 C (al. 1er) et 88-6 C (voy. *supra*, n°s 560 et 561), l'article 88-7 C, issu de la révision constitutionnelle du 4 février 2008 et modifié par celle du 23 juillet 2008, contribue à renforcer le rôle du Parlement français dans l'Union européenne (il est effectif depuis le 1er décembre 2009). Cet article prévoit que le Parlement peut, par le vote d'une motion adoptée en termes identiques par les assemblées, s'opposer à une modification des règles d'adoption d'actes de l'Union européenne dans les cas prévus par les traités, au titre de la révision simplifiée des traités ou de la coopération judiciaire civile.

§ 4. L'évaluation des politiques publiques

563 L'évaluation d'une politique publique a pour objet d'apprécier l'efficacité de cette politique en comparant ses résultats aux objectifs assignés et aux moyens mis en œuvre. Plus précisément, l'évaluation vise à la fois à mieux connaître et comprendre son fonctionnement réel et ses résultats, à rendre compte à l'opinion publique et aux parties prenantes (bénéficiaires, acteurs...) de cette action publique en référence aux objectifs fixés par les autorités publiques, et à chercher en conséquence les moyens de l'améliorer par des recommandations. L'évaluation se fonde sur des instruments de mesure souvent quantitatifs, comme les résultats bruts ou nets de la politique considérée, le bilan coûts-avantages, l'impact sur des variables économiques (emploi, croissance...) ou sociales (inégalités, santé...). L'évaluation des politiques publiques constitue une démarche habituelle dans de nombreuses démocraties comme le Royaume-

Uni (avec la commission des comptes publics) ou les États-Unis. Depuis plusieurs années, au-delà du contrôle de l'action du gouvernement, le Parlement français a cherché à se doter d'outils d'évaluation des politiques publiques.

Tableau 5 **Composition de l'Assemblée nationale par groupe politique au 04/06/2015**

Groupe	Membres	Membres apparentés	Total
Socialiste, républicain et citoyen	274	14	288
Les Républicains -ex-Union pour un mouvement populaire	190	8	198
Union des démocrates et indépendants	30	0	30
Écologiste	18	0	18
Gauche démocrate et républicaine	15	0	15
Radical, républicain, démocrate et progressiste	18	0	18
Total groupes	545	22	567
Députés non inscrits			9
Total des sièges pourvus			576
Sièges vacants			1
Total des sièges			577

L'action des commissions permanentes, ainsi que celle des commissions d'enquête et des missions d'information, a souvent inclus implicitement cette orientation. La mise en place de l'Office parlementaire d'évaluation des politiques publiques, puis de la Mission d'évaluation et de contrôle (voy. *supra*, n° 479), et enfin de la Mission d'évaluation et de contrôle de la Sécurité sociale et de l'Office parlementaire d'évaluation des politiques de santé en matière de Sécurité sociale et de politiques de santé, ont visé à enrichir l'activité d'évaluation des commissions permanentes.

La révision constitutionnelle du 23 juillet 2008 a cependant exprimé la volonté d'aller plus loin, en précisant, dans l'article 24 C, que le Parlement évalue les politiques publiques. En application de cette disposition, l'Assemblée nationale s'est dotée d'**un nouvel organe transversal : le Comité d'évaluation et de contrôle des politiques publiques** (voy. *supra*, n° 480). En outre, dans le cadre de la semaine mensuelle réservée au contrôle de l'action du gouvernement et à l'évaluation des politiques publiques, les groupes parlementaires, y compris ceux de l'opposition, obtiennent l'inscription à l'ordre du jour de sujets d'évaluation.

Enfin, la loi du 3 février 2011, d'une part accorde aux instances parlementaires permanentes créées pour contrôler l'action du gouvernement ou évaluer des politiques publiques transversales la possibilité de demander à l'assemblée à laquelle elles appartiennent de leur conférer les prérogatives attribuées aux commissions d'enquête, d'autre part permet au Parlement de demander l'assistance de la Cour des comptes (art. 472 C), qui prend la forme d'un rapport, pour l'évaluation des politiques publiques transversales (sauf en matière de finances publiques ou de finances de la sécurité sociale).

Tableau 6 **Activité de l'Assemblée nationale du 1er octobre 2013 au 30 septembre 2014**

Nombre ou durée	
Projets de loi déposés et en instance	158
Projets de loi adoptés	73

Propositions de loi déposées et en instance	934
Propositions de loi adoptées	27

Amendements recevables	21 643
Amendements adoptés	4 031
Engagements de responsabilité :	
– sur la base de l'article 49 alinéa 1	2
– sur la base de l'article 49 alinéa 2 (motion de censure)	-
– sur la base de l'article 49 alinéa 3	–
Questions orales sans débat	353
Questions écrites publiées	26 906
Réponses publiées aux questions écrites	21 952
Questions au gouvernement	993
Commissions d'enquête	5 (Coûts de la filière nucléaire, Difficultés du monde associatif, Exil des forces vives de France etc)

Source : Source : Bulletin de l'Assemblée Nationale, statistiques 2013-2014.

Bibliographie et lectures pour approfondir

BAGHESTANI L., « À propos de la loi organique n° 2009-403 du 15 avril 2009 relative à l'application des articles 34-1, 39 et 44 de la Constitution », *LPA*, 26 juin 2009, p. 6 ; CAMBY J.-P., « Cinquante ans de droit d'amendement », *LPA*, 2008, n° 138, n° spécial, p. 88 ; CARCASSONNE G., « Penser la loi », *Rev. Pouvoirs*, 2005, n° 114, pp. 39-52 ; DENOLLE A.-S., « Les études d'impact : une révision manquée ? », *RFDC*, 2011/3, n° 87, p. 499 ; DORD O., « Vers un rééquilibrage des pouvoirs publics en faveur du Parlement », *RFDC*, 2009, n° 77, p. 99 ; DURAND P., « La complexité à la lanterne ! », *RA*, 2006, n° 350, pp. 152-155 ; FAVOREU L., « Le pouvoir normatif primaire du Gouvernement en droit français », *RFDC*, 1997, n° 32 ; GALLETTI F., « Existe-t-il une obligation de bien légiférer ? », *RFDC*, avril 2004, n° 58 ; LAGELLE A., « Le rôle des parlements nationaux dans le processus législatif européen à l'aune du traité de Lisbonne », *RFDC*, 2011/3, n° 87, p. 25 ; MATHIEU B., « La normativité de la loi : une exigence démocratique », *Cahiers du Conseil constitutionnel*, avril-septembre 2006, n° 21 ; MATHIEU B., « La part de la loi, la part du règlement », *Rev. Pouvoirs*, 2005, n° 114, pp. 73-87 ; MILANO L., « Contrôle de constitutionnalité et qualité de la loi », *RDP*, mai-juin 2006, n° 3, p. 637 ; NIQUÈGE S., « Les résolutions parlementaires de l'article 34-1 de la Constitution », *RFDC*, 2010, n° 84 ; PONTIER J.-M., « À quoi servent les lois ? », *D.*, 2000, chron., pp. 57-60 ; QUIRINY B., « La métamorphose de l'article 41 de la Constitution », *RFDC*, 2010/2, n° 82 ; ROQUES X., « Les irrecevabilités financières », *RFDC*, 1993, p. 741 ; SOMMACO V., « Les fonctions politiques de l'amendement », *LPA*, 16 juin 2003, n° 119, pp. 6-11 ; VERPEAUX M. (dir.), « Révision de la Constitution : la Ve République rénovée ? : à propos de la loi constitutionnelle du 23 juillet 2008 de modernisation des institutions de la Ve République », *La Semaine juridique*, 30 juillet 2008, n°s 31-35, pp. 15-68 ; *Bulletin de l'Assemblée nationale,* Statistiques 2010-2011 ; Secrétariat général de l'Assemblée nationale, *Les principales étapes de la procédure législative*, éd. de l'Assemblée nationale.

CHAPITRE VI
Le Conseil constitutionnel

564 Destiné à remplacer le Comité constitutionnel mis en place par la Constitution de 1946, le Conseil constitutionnel avait à l'origine comme mission principale de veiller à ce que le Parlement respecte les limites du domaine de la loi instaurées par l'article 34 de la Constitution. Pourtant, son rôle de régulateur de l'activité des pouvoirs publics mais aussi et surtout son rôle comme juge de la constitutionnalité des lois (à partir de 1971), lui ont progressivement permis de prendre **une place prépondérante au sein des institutions.**

Nous étudierons successivement la composition du Conseil constitutionnel, ses attributions et son fonctionnement en qualité de juge constitutionnel.

SECTION I
La composition du Conseil

565 L'indépendance des membres du Conseil est l'enjeu majeur de leur désignation et de leur statut.

§ 1. La désignation des membres du Conseil

566 Selon l'article 56 de la Constitution, le Conseil comprend deux catégories de membres : les membres de droit et les membres nommés.

Les membres de droit sont les anciens Présidents de la République qui siègent à vie (leur ancienne fonction de Président leur donne droit à être membre du Conseil). Ils font profiter le Conseil de leur expérience de « gardien de la Constitution » et de leur connaissance des mécanismes constitutionnels. Eux-mêmes trouvent au sein de cette institution influente une place importante qui leur permet de faire valoir leur point de vue, en particulier sur les questions les plus sensibles. Mais leur présence peut également poser un certain nombre de problèmes. En effet, ce sont avant tout des hommes politiques dont les convictions marquées sont connues de tous. **Leurs prises de position au sein du Conseil risquent alors d'être interprétées comme autant d'opinions partisanes.** Ceci explique en partie le fait que les anciens présidents de la Cinquième République n'aient jamais siégé au sein du Conseil, du moins jusqu'à V. Giscard d'Estaing et encore, seulement à compter de 2004, après que celui-ci ait perdu la présidence du Conseil régional d'Auvergne. Depuis, J. Chirac et à présent N. Sarkozy ont également décidé d'y siéger (à l'inverse, Vincent Auriol et René Coty, anciens Présidents de la Quatrième République, donc sans réel pouvoir, ont assisté aux séances du Conseil). Toutefois, avec l'affirmation progressive de la nature juridictionnelle du Conseil, renforcée par la mise en œuvre de la question prioritaire de constitutionnalité depuis 2010, la présence des membres de droit est de plus en plus contestée. Un projet de loi constitutionnelle (adopté en Conseil des ministres le 13 mars 2013) prévoit d'ailleurs de mettre fin à cette situation.

Les membres nommés sont au nombre de neuf. Trois sont nommés par le Président de la République, trois par le Président de l'Assemblée nationale, trois par le Président du Sénat. Le choix des membres est libre. Cependant, afin de « dépolitiser » ces nominations (voy. ci-dessous les critiques sur ce point), **le pouvoir de nomination est désormais encadré** (art. 56, al. 1er C, issu de la loi constitutionnelle du 23 juillet 2008, précisée par la loi ordinaire n° 2010-838 du 23 juillet 2010). Ainsi, le chef de l'État ne peut procéder aux nominations qui relèvent de sa compétence qu'**après avoir recueilli l'avis public de la commission permanente chargée des lois constitutionnelles** de chaque assemblée. En revanche, les nominations effectuées par le président de chaque assemblée sont soumises au seul avis préalable de la commission chargée des lois constitutionnelles de l'assemblée concernée. Une nomination ne peut avoir lieu si l'addition des votes négatifs (contre) dans chaque commission (ou dans la commission) représente au moins trois cinquièmes des suffrages exprimés au sein des deux commissions (ou de la commission).

Le mandat des membres nommés est d'une durée de neuf ans et ils sont renouvelés par tiers tous les trois ans (le mandat n'est pas renouvelable). Tous les trois ans, chaque autorité de nomination procède à une désignation. Ce système est équilibré dans la mesure où deux membres sont désignés par le pouvoir législatif et un par l'exécutif. Il a fallu attendre 1992 pour voir la première nomination d'une femme, Noëlle Lenoir, nommée par le Président de l'Assemblée nationale. Et pour la première fois, à l'occasion du renouvellement de février 2013, les trois autorités de nomination ont décidé de nommer trois femmes.

La présidence du Conseil est assurée par l'un des membres, désigné par le Président de la République. Depuis 1958, ce dernier a toujours choisi un membre qu'il avait lui-même nommé. Le Président du Conseil constitutionnel est en général, par ses fonctions passées, une personnalité de premier plan de la vie politique (souvent un ancien ministre). Il anime et coordonne les travaux du Conseil. Lors de la prise des décisions, son avis est prépondérant en cas de partage des voix. L'actuel Président du Conseil est Jean-Louis Debré, ancien ministre et Président de l'Assemblée nationale, nommé par J. Chirac en février 2007 (en remplacement de P. Mazeaud).

Signalons la situation particulière de Roland Dumas, ancien Président du Conseil constitutionnel, mis en examen dans le cadre de l'affaire « Elf » et qui, pendant des mois, a refusé de tirer les conséquences de cette situation avant de se mettre « en congé de participation » puis de démissionner le 1er mars 2000.

Le mode de désignation des membres du Conseil constitutionnel et ses conséquences sur le fonctionnement du Conseil font l'objet de critiques récurrentes de la part de la gauche comme de la droite. Le fait que les nominations soient prononcées par des autorités politiques suffit à leur donner une coloration partisane et politique. Les membres du Conseil seraient des « alliés objectifs » de l'autorité qui les a désignés et, compte tenu du fait que le Président de la République et le Président de l'Assemblée nationale appartiennent en principe au même camp politique (le fait majoritaire), **la majorité serait assurée de son emprise sur le Conseil.** En revanche, en cas de cohabitation ou d'alternance du pouvoir politique tout entier (Président et majorité), l'orientation du Conseil constitutionnel changerait progressivement, au fil des nominations par des autorités d'un autre bord politique (avec l'apparition d'oppositions ouvertes en son sein). Reste à savoir si l'encadrement du pouvoir de nomination du chef de l'État et des présidents des assemblées (évoqué ci-dessus) est de nature à atténuer, à l'avenir, ces critiques.

En pratique, **les craintes d'une politisation du Conseil constitutionnel se sont révélées en grande partie infondées.** En effet, **le Conseil censure régulièrement des textes importants et ce quelle que soit la coloration politique du gouvernement et de la majorité dont sont issus ces textes.**

Il a ainsi censuré plusieurs dispositions de la loi « Sécurité et Liberté » en 1981 (projet de loi du gouvernement de droite) et plusieurs dispositions de la loi sur les « Nationalisations » en 1982 (projet du nouveau gouvernement de gauche). Les gouvernements en place et leurs majorités, mécontents d'être censurés, ont souvent tendance à accuser le Conseil constitutionnel d'être un « gouvernement des juges » et de rendre des décisions politiques. En réalité, à travers ces décisions, **il a prouvé son indépendance vis-à-vis du pouvoir politique et a montré que sa jurisprudence repose bien sur des considérations de droit et non politiques.**

Malgré des critiques récurrentes de quelques-uns, **l'impartialité du Conseil n'est plus mise en doute aujourd'hui. La qualité de ses membres** (la plupart ont une formation de juriste, ce qui n'était pas le cas les premières années), **leur esprit d'indépendance et la conscience de l'importance de leur tâche expliquent en partie cette réussite.**

Cette indépendance est également favorisée par le statut des membres du Conseil.

E30 **Composition du Conseil constitutionnel**

Jean-Louis Debré, nommé par le Président de la République le 23 février 2007, nommé Président par le Président de la République par une décision du même jour.
Valéry Giscard d'Estaing, membre de droit.
Jacques Chirac, membre de droit.
Nicolas Sarkozy, membre de droit.
Renaud Denoix de Saint Marc, nommé par le Président du Sénat en février 2007.
Guy Canivet, nommé par le Président de l'Assemblée nationale en février 2007.
Michel Charasse (sénateur ex-PS, ancien ministre et conseiller de François Mitterrand), nommé par le président de la République en février 2010.
Hubert Haenel (sénateur UMP), nommé par le président du Sénat en février 2010.
Lionel Jospin (ancien Premier ministre socialiste), nommé par le président de l'Assemblée nationale en décembre 2014 (en remplacement de Jacques Barrot, personnalité centriste, ancien ministre UMP et ancien Commissaire européen, décédé).
Claire Bazy Malaurie, nommée par le Président de l'Assemblée nationale en août 2010 et reconduite en février 2013 par le nouveau Président de l'AN.
Nicole Maestracci (première présidente de la cour d'appel de Rouen), nommée par le Président de la République en février 2013.
Nicole Belloubet (ancienne rectrice de l'académie de Toulouse), nommée par le Président du Sénat en février 2013.

§ 2. Le statut des membres du Conseil

567 La philosophie de ce statut est d'assurer l'indépendance des membres du Conseil constitutionnel.

Comme nous l'avons indiqué, les conseillers sont **nommés pour neuf ans et renouvelés par tiers tous les trois ans.** Cette disposition **permet d'assurer la continuité de l'institution.**

Les membres du Conseil **ne peuvent pas être révoqués** (destitués) **et leurs fonctions ne peuvent pas être renouvelées** (en effet, pour garantir l'indépendance des membres de ce type d'institutions, soit la durée de leur mandat est limitée et le renouvellement des fonctions interdit, soit ils sont nommés à vie comme dans le système américain de Cour Suprême). Ceci **les met à l'abri des pressions de toutes natures.** Ils perçoivent de plus un traitement substantiel (aligné sur celui de la haute fonction publique) qui leur assure une indépendance financière. Il existe cependant une exception au principe de non-renouvellement des fonctions : il est arrivé en effet à plusieurs reprises, qu'un membre ayant succédé à un membre démissionnaire ou décédé soit renouvelé dans ses fonctions à l'expiration du mandat de celui qu'il remplaçait.

Les membres du Conseil sont **soumis à une obligation de réserve.** Lors de leur prestation de serment, ils s'engagent à remplir fidèlement leur mission, à garder le secret des délibérations et des votes. Ils doivent éviter de prendre position publiquement sur les dossiers examinés par le Conseil. La question des limites à l'obligation de réserve s'est posée à l'occasion de la campagne référendaire sur le traité établissant une Constitution pour l'Europe. En effet, Mme Simone Veil a fait connaître son intention de s'impliquer dans la campagne en faveur du « oui » au traité. Existait-il un risque de manquement au devoir de réserve sachant que le Conseil constitutionnel avait pris position au préalable sur la compatibilité entre le traité et la Constitution française et qu'il pourrait être amené à examiner des recours contre des actes liés au référendum ? Même si les décisions du Conseil sont de nature juridique alors que l'implication de Mme Veil dans la campagne résultait d'un choix politique, le risque était présent. C'est pourquoi, pour éviter toute interférence et pour prévenir d'éventuelles critiques, Mme Veil a décidé de suspendre ses fonctions de membre du Conseil constitutionnel pendant la durée de la campagne référendaire (et jusqu'à la proclamation des résultats du référendum du 29 mai 2005). Malgré cette précaution, son choix n'a pas manqué d'être contesté.

Les membres du Conseil sont **soumis à des incompatibilités de plus en plus nombreuses.** Ainsi, ils ne peuvent cumuler leurs fonctions avec celles de membre du gouvernement, de parlementaire (y compris Européen), de membre du Conseil économique et social. De plus, ils ne peuvent exercer des responsabilités dans un parti politique.

La loi organique du 19 janvier 1995 (n° 95-63) **a renforcé le régime des incompatibilités : « l'exercice de tout mandat électoral » est incompatible** avec la qualité de membre du Conseil constitutionnel. Il était en effet délicat qu'un membre du Conseil puisse être en même temps maire d'une grande ville ou Président d'un conseil régional ! Ceci dit, un conseiller peut être candidat à un mandat politique national. Dans ce cas, il est mis en congé du Conseil et, s'il est élu, il est remplacé.

Enfin, la loi organique du 11 octobre 2013 relative à la transparence de la vie politique est l'aboutissement logique de cette évolution : l'exercice des fonctions de membre du Conseil constitutionnel est (désormais) **incompatible avec l'exercice de toute fonction publique et de toute autre activité professionnelle ou salariée** (les membres peuvent toutefois se livrer à des travaux scientifiques, littéraires ou artistiques).

Rappelons que jusque-là **les membres du Conseil pouvaient exercer des activités professionnelles, sous réserve qu'elles ne remettent pas en cause leur indépendance. C'est à ce titre que des restrictions avaient été mises à l'exercice de la profession d'avocat** pour tous les actes qui pouvaient mettre les membres du Conseil en contradiction avec l'intérêt public (dans des affaires où des poursuites pénales sont engagées pour des crimes ou délits « contre la nation, l'État et la paix publique »), qu'**il était interdit** à un membre du Conseil **de commencer à exercer une fonction de conseil qui n'était pas la sienne avant le début de son mandat et que l'incompatibilité visait les fonctions de direction exercées dans des entreprises ayant des liens avec les personnes publiques.**

Ces évolutions prennent en compte la réalité de l'activité des membres du Conseil constitutionnel. Les fonctions de conseiller, compte tenu de leur importance, ne peuvent être que des fonctions à plein-temps.

Il revient au Conseil de tirer les conséquences (à la majorité simple et au scrutin secret) des manquements aux principes d'indépendance et de dignité de la fonction. Par ailleurs, le non-respect des incompatibilités provoque la démission d'office.

SECTION II
Les compétences du Conseil

568 Le Conseil constitutionnel **dispose de compétences d'attributions.** Il s'agit de compétences limitées à des cas précis définis par la Constitution et certaines lois organiques. Il ne dispose donc pas d'une compétence générale. Dans sa décision du 26 mars 2003 sur la révision constitutionnelle relative à l'organisation décentralisée de la République, le Conseil a confirmé « que la compétence du Conseil constitutionnel est strictement délimitée par la Constitution ; qu'elle n'est susceptible d'être précisée et complétée par voie de loi organique que dans le respect des principes posés par le texte constitutionnel ; que le Conseil constitutionnel ne saurait être appelé à se prononcer dans d'autres cas que ceux qui sont expressément prévus par ces textes » (en conséquence le Conseil ne s'estime pas compétent pour statuer sur une révision constitutionnelle).

Parmi les compétences du Conseil, on peut distinguer les compétences juridictionnelles (clairement définies) et celles qu'il exerce en tant qu'autorité constitutionnelle.

En tant qu'autorité constitutionnelle, les décisions prises par le Conseil prennent la forme d'avis (il doit par ex. être consulté sur la réunion des conditions requises pour la mise en œuvre de l'article 16 de la Constitution et sur les mesures d'application qui en découlent) **ou de décisions** (par ex., en vertu de l'article 7 de la Constitution, le Conseil, saisi par le gouvernement, constate l'empêchement du Président à exercer ses fonctions).

En tant que juge électoral et constitutionnel, il rend des décisions de nature juridictionnelle. Il est compétent pour connaître du contentieux de certaines opérations électorales, pour contrôler le respect de la répartition des pouvoirs entre le Parlement et le gouvernement et, surtout, pour assurer le contrôle de la constitutionnalité des lois. La nature juridictionnelle du Conseil s'est progressivement affirmée, encore renforcée par la mise en œuvre de la question prioritaire de constitutionnalité depuis 2010.

Pour mettre en œuvre ses compétences, le Conseil dispose d'une structure légère mais efficace. Il peut en particulier s'appuyer sur son secrétaire général (lequel est conseiller d'État) qui assure le suivi des travaux et joue le rôle de conseiller. Le secrétaire général dirige les services administratifs et le service juridique composé d'administrateurs des assemblées parlementaires, de magistrats de l'ordre judiciaire ou administratif, ou d'universitaires. Enfin, le Conseil constitutionnel jouit de l'autonomie financière (un budget propre) qui garantit ainsi la séparation des pouvoirs (en le mettant à l'abri des pressions d'ordre financier).

§ 1. Le Conseil, juge électoral

569 **La juridictionnalisation du contrôle des élections parlementaires, présidentielles et des opérations référendaires** (c'est-à-dire le fait qu'il s'agisse d'un contrôle de nature juridique assuré par un juge et aboutissant à un jugement) **est un progrès incontestable de l'État de droit**. Que l'on songe, en particulier, au contrôle des élections parlementaires qui relevait sous la Quatrième République des assemblées elles-mêmes (qui procédaient à la validation des mandats des parlementaires).

A) Le contrôle des élections parlementaires

570 Le Conseil constitutionnel examine le contentieux des inéligibilités et des incompatibilités prévues dans le Code électoral (sur les inéligibilités, voy. *supra*, n°s 449, 455 et s., sur les incompatibilités, voy. *supra*, n°s 460 et s.).

Par ailleurs, en vertu de l'article 59 de la Constitution, **« Le Conseil constitutionnel statue, en cas de contestation, sur la régularité de l'élection des députés et des sénateurs ».** Il contrôle la régularité du déroulement des opérations électorales (qui constitue l'essentiel du contentieux électoral) et, depuis 1981, accepte de vérifier la régularité des actes préliminaires aux opérations électorales (en l'espèce, il s'agissait du décret convoquant les électeurs ; décision du 11 juin 1981, Delmas). **Lorsque le Conseil relève une irrégularité flagrante dans le déroulement de la procédure et que l'écart de voix entre les candidats est réduit, il annule l'élection.** En cas d'erreur matérielle, **il peut réformer les résultats** et proclamer le candidat régulièrement élu. La loi organique du 14 avril 2011 a prévu que le Conseil peut également **prononcer l'inéligibilité** du candidat qui s'est rendu coupable de fraude électorale.

Enfin, le Conseil examine le contentieux du financement des dépenses électorales. Il intervient sur saisine de la Commission nationale des comptes de campagne en cas de non-respect du délai de dépôt du compte de campagne, de rejet du compte ou de dépassement du plafond des dépenses. Il peut alors annuler l'élection et prononcer l'inéligibilité de l'intéressé. Toutefois, le régime de l'inéligibilité en cas de rejet du compte de campagne a été « adouci » par la loi organique du 14 avril 2011. Elle institue une **présomption de « bonne foi »** en faveur des candidats (la mauvaise foi du candidat doit être prouvée). Elle prévoit en outre que l'inéligibilité du candidat n'est prononcée qu'en cas de volonté de fraude ou de manquement d'une particulière gravité aux règles relatives au financement des campagnes électorales (pour une première application de cette règle, voy. déc. n° 2012-4603 AN du 29 novembre 2012 ; rejet du compte de campagne d'un candidat aux élections législatives sans prononcer son inéligibilité).

De façon générale, la loi organique du 14 avril 2011 prévoit que le Conseil peut moduler la durée des inéligibilités en fonction de la gravité des fautes commises, dans la limite de 3 ans (contre une durée unique d'un an auparavant). L'inéligibilité s'applique à toutes les élections mais n'a pas d'effet sur les mandats acquis antérieurement à la date de la décision.

B) Le contrôle des élections présidentielles

571 Le Conseil intervient à deux étapes du processus de l'élection présidentielle.

D'une part, après avoir dressé et publié la liste des candidats, il examine les réclamations relatives à cette liste (décret du 8 mars 2001). Il reçoit les déclarations des candidats concernant l'état de leur patrimoine. En revanche, le contrôle des comptes de campagne des candidats qui était jusque-là assuré par le Conseil constitutionnel a été transféré (à compter de l'élection de 2007) à la Commission nationale des comptes de campagne et des financements politiques (loi organique n° 2006-404 du 5 avril 2006 relative à l'élection du Président de la République). Les candidats peuvent contester les décisions de la Commission par un recours devant le Conseil constitutionnel. Par ailleurs, la Commission ainsi que le Conseil ont la possibilité de moduler le remboursement des dépenses de campagne en fonction du nombre et de la gravité des manquements.

D'autre part, après avoir été consulté sur l'organisation des opérations électorales, **il examine les réclamations relatives à la régularité de ces opérations** (art. 58 C, loi du 6 novembre 1962 et décret du 8 mars 2001). Il peut annuler l'élection ou les résultats de certains bureaux de vote.

À l'occasion du second tour de l'élection présidentielle de 2002, le Conseil constitutionnel s'est livré à un contrôle d'un nouveau type, **le contrôle de l'atteinte à la dignité du scrutin.** Ainsi, il a jugé que le fait pour un maire de mettre à l'entrée du bureau de vote un dispositif de décontamination et d'organiser un simulacre de vote invitant les électeurs à désigner un candidat ne figurant pas au second tour de l'élection portait atteinte à la dignité du scrutin. En conséquence, le Conseil a annulé les élections dans la commune concernée (CC, 8 mai 2002, *Proclamation des résultats de l'élection du Président de la République*).

Notons que le Conseil n'a jamais eu à annuler une élection présidentielle !

Il proclame officiellement les résultats.

C) Le contrôle des opérations du référendum

572 Le Conseil constitutionnel veille à la régularité des opérations de référendum prévues aux articles 11, 89 (révision de la Constitution) et au titre XV (projet de loi autorisant la ratification d'un traité relatif à l'adhésion d'un État à l'Union européenne) de la Constitution. Il en proclame les résultats (art. 60 C).

Le Conseil est consulté sur l'organisation du référendum et peut désigner des représentants pour veiller au bon déroulement du scrutin. Il proclame officiellement les résultats.

Le Conseil constitutionnel s'est toujours **refusé à contrôler la conformité de la loi référendaire à la Constitution puisqu'elle est « l'expression directe de la souveraineté nationale »** (décision du 6 novembre 1962, confirmée par la décision du 23 septembre 1992 relative au référendum de ratification du traité de Maastrich). En revanche, il examine les réclamations relatives aux opérations référendaires proprement dites (ordonnance du 7 novembre 1958) et, par deux décisions des 25 juillet et 23 août 2000 (Hauchemaille et Larrouturou, à propos de l'organisation du référendum du 24 septembre 2000 relatif à la réduction de la durée du mandat présidentiel), **s'est reconnu une compétence juridictionnelle *a priori* pour les décrets préparatoires aux opérations référendaires** (compétence détenue jusque-là par le Conseil d'État).

Le Conseil constitutionnel s'est ainsi reconnu compétent pour connaître des recours dirigés contre le décret décidant de soumettre le projet de loi à référendum et contre les décrets relatifs à l'organisation du référendum et à la campagne en vue du scrutin, les autres actes préparatoires restant de la compétence du Conseil d'État (CE, 2 septembre 2000, *Meyet*).

§ 2. Le Conseil, juge constitutionnel

573 En tant que juge constitutionnel, le Conseil a une double mission : le contrôle du respect de la répartition des compétences entre le Parlement et le gouvernement et le contrôle de la constitutionnalité d'un certain nombre de normes – les règlements des assemblées parlementaires, les lois organiques, les propositions de loi référendaires (art. 61, al. 1er C) et les engagements internationaux (art. 54 C) –, notamment des lois ordinaires (art. 61, al. 2 C).

La tâche du Conseil juge constitutionnel est de contrôler les normes qui lui sont soumises en les confrontant aux normes constitutionnelles. L'ensemble de ces normes de référence, dont un certain nombre est le résultat d'un travail d'interprétation du Conseil, constitue le bloc de constitutionnalité.

A) Les normes de référence du contrôle : le bloc de constitutionnalité

1. Le contenu du bloc de constitutionnalité

574 Il existe en droit français une hiérarchie des normes. Au sommet de cette hiérarchie se trouve **l'ensemble des normes de valeur constitutionnelle, appelé bloc de constitutionnalité. Ce bloc constitue la référence sur laquelle s'appuie le Conseil, juge constitutionnel.**

De quoi se compose le bloc de constitutionnalité qui s'est formé progressivement sous l'impulsion de la jurisprudence du Conseil et de son travail d'interprétation des normes de référence ?

Jusqu'en 1970, on ne pouvait guère parler de bloc de constitutionnalité puisque, par définition, seule la Constitution, ou plus précisément ses articles, avait valeur constitutionnelle.

En 1970, le Conseil constitutionnel a reconnu la valeur constitutionnelle du préambule de la Constitution (déc. du 19 juin 1970).

Mais surtout, **en 1971, par une décision fondamentale** (16 juillet 1971, *liberté d'association*), **il a élargi considérablement la base sur laquelle il procède au contrôle de la constitutionnalité des actes qui lui sont soumis. En effet, il a reconnu la valeur constitutionnelle d'un certain nombre de textes et de principes.**

Désormais, le bloc de constitutionnalité est élargi :

- **au préambule de la Constitution du 4 octobre 1958 et à l'ensemble des dispositions qui y sont contenues** (le Conseil d'État avait reconnu dès 1960 la valeur constitutionnelle de ces dispositions : CE Sect., 12 février 1960, *Sté Eky*, *Rec.*, p. 101). Pourtant, jusqu'à la décision de 1971, on pouvait avoir un doute sur la valeur constitutionnelle de ces dispositions. En effet, le simple « attachement » du peuple français aux droits et principes proclamés dans le préambule semblait démontrer la volonté des constituants de ne pas lui attribuer une telle valeur. Les dispositions dont la valeur constitutionnelle est désormais reconnue sont fort nombreuses puisque le préambule renvoie à **la Déclaration des droits de l'homme et du citoyen du 26 août 1789** (DDHC), au **préambule de la Constitution du 27 octobre 1946** et, depuis le 1er mars 2005, à la **Charte de l'environnement** (voy. ci-après) ;
- **à la Déclaration des droits de l'homme et du citoyen du 26 août 1789 (DDHC).** Parmi les principes qui y figurent, le Conseil constitutionnel a consacré la valeur constitutionnelle des principes de liberté, d'égalité et de propriété (voy. *infra*, n° 579) ;
- **au préambule de la Constitution du 27 octobre 1946** ;
- **aux « principes fondamentaux reconnus par les lois de la République »** (visés par le préambule de la Constitution de 1946). Destinés à **combler les lacunes de la DDHC et du préambule de 1946,** les principes fondamentaux reconnus par les lois de la République (PFRLR) permettent de consacrer la valeur constitutionnelle de principes essentiellement coutumiers. Les PFRLR **donnent au Conseil constitutionnel une grande latitude** pour concilier entre elles les normes constitutionnelles. Pour reconnaître l'existence d'un PFRLR, le Conseil exige qu'il soit tiré d'une « législation républicaine » antérieure au préambule de 1946 et non contredite par une autre loi républicaine. **De plus en plus réticent pour élargir davantage la catégorie des PFRLR, le Conseil l'est également pour censurer des dispositions de loi sur le fondement de ces principes** fondamentaux (il préfère s'appuyer sur des normes écrites précises ; voy. *infra*, n° 579) ;
- **aux « principes particulièrement nécessaires à notre temps ». Il s'agit de principes politiques, économiques et sociaux** qui font l'objet d'une formulation générale dans le préambule de la Constitution de 1946 : droit

au travail, nationalisation des monopoles de fait et des services publics nationaux, droits de la famille, droit à la protection de la santé, droit à l'instruction…

Effectivement incorporés dans le bloc de constitutionnalité à compter de la décision du Conseil constitutionnel du 15 janvier 1975 relative à l'interruption volontaire de grossesse (droit à la santé), les principes politiques, économiques et sociaux ont longtemps semblé être les parents pauvres du bloc de constitutionnalité. En effet, non seulement le Conseil laissait au législateur une latitude importante pour les mettre en œuvre, mais encore la Haute juridiction constitutionnelle leur préférait régulièrement les principes de la DDHC et les PFRLR (du moins par rapport aux droits sociaux). **Depuis quelques années, le Conseil s'efforce d'assurer à ces principes politiques, économiques et sociaux une meilleure effectivité.** Ainsi, dans la décision du 13 août 1993 (CC, n° 93325), il a censuré des dispositions de loi qui méconnaissaient le droit d'asile (qui figure au préambule). Mieux encore, **le Conseil n'hésite pas, en fonction des besoins, à proclamer de nouveaux principes** politiques, économiques et sociaux (« sauvegarde de la dignité de la personne humaine », décision du 27 juillet 1994, Lois bioéthique).

Par la suite, le Conseil a encore élargi le bloc de constitutionnalité en y ajoutant :

- **des principes généraux du droit non rattachés à un texte** (la notion de PGD a été reprise de la jurisprudence du Conseil d'État). Soucieux d'éviter l'accusation de « gouvernement des juges », le Conseil constitutionnel (comme le Conseil d'État) s'est toujours efforcé de rattacher à un texte les principes qu'il a consacré ou « découverts ». Ce n'est donc que de façon exceptionnelle que sa jurisprudence s'est affranchie de tout fondement textuel pour consacrer la valeur constitutionnelle de certains principes. Ces principes non écrits incarnent la dernière génération des normes composant le bloc de constitutionnalité. Le Conseil constitutionnel a donc mis en évidence des principes généraux du droit non rattachés à un texte. Ainsi, dans une décision du 25 juillet 1979 (*Continuité du service public de la radiotélévision*, *Rec.*, p. 33), a-t-il **concilié le droit de grève** (qui figure dans le préambule de la Constitution de 1946) **avec le principe de la continuité du service public** « qui, tout comme le droit de grève, a le caractère d'un principe de valeur constitutionnelle » ;
- **des objectifs de valeur constitutionnelle.** En définissant de « simples » objectifs, le Conseil constitutionnel permet au législateur d'apporter aux droits fondamentaux certaines limitations et surtout de **les concilier entre eux.** Ainsi, dans la décision du 27 juillet 1982 concernant la loi sur la communication audiovisuelle, le Conseil constitutionnel a énoncé qu'il appartient au législateur de concilier l'exercice de la liberté de communication (art. 11 DDHC) avec les objectifs de valeur constitutionnelle que sont **« la sauvegarde de l'ordre public, le respect de la liberté d'autrui et la préservation du caractère pluraliste des courants d'expression socioculturels »** auxquels les modes de communication audiovisuelle, « sont susceptibles de porter atteinte ». De même, dans sa décision du 19 janvier 1995, le Conseil affirme que **« la possibilité pour toute personne de disposer d'un logement décent »** est un « objectif de valeur constitutionnelle » dont la mise en œuvre peut être préjudiciable au droit de propriété

(hypothèse de réquisition de logements vides). Enfin, dans une décision du 16 décembre 1999, il a proclamé l'existence des objectifs d'**« accessibilité et d'intelligibilité du droit »** (qui passent notamment par la simplification des textes et des procédures administratives ; voy. *supra*, n°s 536 et 538) ; par ailleurs, c'est notamment en se fondant sur ces objectifs que le Conseil constitutionnel peut être amené à censurer des dispositions législatives de portée normative incertaine, c'est-à-dire énonçant une règle en termes confus ou ambigus (voy. *supra*, n° 539) ;

– **plus récemment, les principes généraux du droit international** (déc. du 22 janvier 1999 sur le traité relatif à la Cour pénale internationale). Ainsi, dans sa décision de 1999, le Conseil s'est fondé sur le principe selon lequel interdiction est faite à un État partie à une convention multilatérale « de nature humanitaire » d'en suspendre les « dispositions relatives à la protection de la personne humaine » au motif de la violation de cette convention par un autre État partie. Autrement dit, s'agissant des conventions multilatérales « de nature humanitaire », la condition de réciprocité posée par l'article 55 de la Constitution (comme condition de la supériorité des traités ou accords sur les lois) n'a pas lieu de s'appliquer.

Enfin, la loi constitutionnelle du 1er mars 2005 a élargi le bloc de constitutionnalité à **« La Charte de l'environnement »**. La Charte **est adossée à la Constitution de 1958 de la même façon que la DDHC de 1789 et le préambule de la Constitution de 1946**. Les dix articles de cette Charte deviennent donc des **principes constitutionnels qui s'imposent à tous, législateur, particuliers et entreprises.** Les nouveaux droits énoncés dans ce texte seront mis en œuvre par la loi : l'article 34 de la Constitution a en effet été étendu à la « préservation de l'environnement ». Il appartient donc au Conseil constitutionnel de vérifier la conformité de ces lois à la Constitution et notamment à la Charte de l'environnement. La Charte précise les droits et les devoirs des citoyens en matière d'environnement. Au nombre des droits : le droit de vivre dans un environnement sain, d'accéder aux informations en matière environnementale et de participer à l'élaboration des décisions publiques. En ce qui concerne les devoirs, on trouve le devoir de toute personne de prendre part à la préservation et à l'amélioration de l'environnement, de prévenir ou limiter les atteintes environnementales et celui de contribuer à la réparation des dommages qu'elle cause. Très contesté, l'article 5 pose le principe de précaution qui contraint les autorités publiques (communes, départements, régions, État) à adopter des mesures provisoires et à engager des procédures d'évaluation des risques lorsqu'un dommage « grave et irréversible » pourrait être causé à l'environnement. Avec la Charte naît l'idée d'un « risque zéro » qui pourrait freiner la recherche scientifique et l'innovation des entreprises. Dans la décision du 19 juin 2008 relative à la loi sur les organismes génétiquement modifiés (déc. n° 2008-564 DC), **le Conseil constitutionnel a reconnu la pleine valeur constitutionnelle de la Charte de l'environnement**. Celle-ci s'impose donc au législateur. Cette reconnaissance est néanmoins tempérée par le fait que, selon le Conseil, le principe de précaution n'est pas absolu (c'est-à-dire qu'il ne suppose pas la certitude de l'absence de tout risque). En outre, si le Conseil reconnaît que **les alinéas qui forment le Préambule** de la Charte **« ont valeur constitutionnelle »**, il estime néanmoins qu'**« aucun d'eux n'institue un droit ou une liberté que la Constitution garantit** » et qu'en conséquence ils ne peuvent être invoqués à l'appui d'une question prioritaire de constitutionnalité (CC, 7 mai 2014, *Sté Casuca*).

En revanche, **un certain nombre d'actes ne font pas partie du bloc de constitutionnalité :**

- **les lois organiques, elles-mêmes soumises à la Constitution, n'en font pas partie à proprement parler**, même si le Conseil constitutionnel vérifie que les lois ordinaires ne modifient pas les dispositions d'une loi organique. En effet, seule une loi organique peut changer les dispositions d'une autre loi organique. L'utilisation d'une loi ordinaire à cette fin serait contraire à la Constitution ;
- **les normes internationales et communautaires : malgré la supériorité des traités sur les lois posée par l'article 55 de la Constitution, le Conseil constitutionnel, dans une décision fondamentale du 15 janvier 1975** (Interruption volontaire de grossesse), **a considéré qu'il ne lui appartenait pas** (lorsqu'il est saisi en application de l'art. 61 C) **« d'examiner la conformité d'une loi aux stipulations d'un traité ou d'un accord international ».** Le Conseil s'est notamment fondé sur le fait que la Constitution ne lui attribue pas cette compétence. Les normes internationales ne font donc pas partie des normes de référence du contrôle. D'ailleurs, ajoute-t-il, dans cette décision, « une loi contraire à un traité ne serait pas pour autant contraire à la Constitution ». Il n'existe qu'**une exception à cette non-inclusion dans le bloc de constitutionnalité** : il s'agit du **traité de Maastricht** que l'article 88-3 de la Constitution a incorporé expressément au bloc.Il est important de préciser que si le Conseil s'est déclaré incompétent pour assurer le contrôle de la conventionnalité des lois (c'est-à-dire le respect des conventions internationales par les lois), **il a implicitement délégué cette compétence aux autres juridictions** (si la Cour de cassation a accepté de faire prévaloir les traités sur la loi française depuis l'arrêt *Jacques Vabre* de 1975, en revanche, le Conseil d'État n'a accepté de le faire que depuis l'arrêt *Nicolo* de 1989).Cependant, **la jurisprudence** du Conseil constitutionnel **consistant à écarter les normes communautaires** au profit de la Constitution a connu **un important revirement.** Par une série de décisions rendues à l'été 2004, **le Conseil prend acte de la primauté du droit européen sur le droit national** et par là même **accepte que le droit communautaire puisse faire barrage au contrôle de constitutionnalité des lois de transposition des directives** (voy. encadré ci-dessous). Ces différentes décisions complètent une abondante jurisprudence (jusque-là judiciaire et administrative) mettant en œuvre les principes d'applicabilité des règles communautaires dans les États membres et de primauté du droit communautaire sur les normes juridiques nationales ;
- les règlements des assemblées parlementaires ;
- les lois référendaires intervenant dans le domaine de la loi ordinaire.

E31 **Le Conseil constitutionnel prend acte de la « primauté » (relative) du droit européen sur le droit national**

Dans sa décision du 10 juin 2004 *Loi pour la confiance dans l'économie numérique*, le Conseil a indiqué qu'il s'interdisait désormais de censurer une loi qui ne ferait que transposer une directive européenne en droit interne (les directives sont des actes qui définissent des objectifs à atteindre, à charge pour chaque État de prendre les mesures de transposition de ces directives, en l'occurrence une loi, dans leur droit interne). **Pour la première fois, le juge constitutionnel français prend en considération le droit communautaire dans son contrôle de constitutionnalité pour en reconnaître la « prévalence » sur le droit français.** Son raisonnement est le suivant :

- la transposition en droit interne d'une directive communautaire résulte d'une exigence constitutionnelle. La compétence du Conseil pour s'assurer de la transposition d'une directive a été affirmée encore plus clairement dans sa Décision du 27 juillet 2006 (Loi relative au droit d'auteur et aux droits voisins dans la société de l'information [DADVSI]) : « Considérant qu'il appartient par suite au Conseil constitutionnel, saisi dans les conditions prévues par l'article 61 de la Constitution d'une loi ayant pour objet de transposer en droit interne une directive communautaire, de veiller au respect de cette exigence... » ;
- les États de l'Union européenne ayant choisi « d'exercer en commun certaines de leurs compétences » (art. 88-1 de la Constitution), le Conseil constitutionnel estime « qu'il n'appartient qu'au juge communautaire... de contrôler le respect par une directive communautaire tant des compétences définies par les traités que des droits fondamentaux garantis par l'art. 6 du traité sur l'Union européenne » ;
- or, vérifier la constitutionnalité d'une loi qui ne serait que l'exacte transposition d'une directive européenne reviendrait pour le Conseil à statuer sur la directive elle-même ;
- autrement dit, le Conseil constitutionnel s'interdit de contrôler et donc le cas échéant de censurer la loi de transposition car celle-ci découle directement de la directive sur laquelle le juge constitutionnel ne peut exercer de contrôle de constitutionnalité.

Cette décision revêt une portée juridique et institutionnelle considérable.

L'absence de contrôle de constitutionnalité d'une directive, à l'occasion de l'examen de la loi qui la transpose, constitue une véritable rupture dans la jurisprudence du Conseil constitutionnel. Chaque fois que sera en cause une loi de transposition, la Constitution française (et le juge constitutionnel français) s'effacera au profit du droit européen (et du juge européen). Seule la conformité des directives aux principes européens pourra être soulevée lors d'un recours contre un acte administratif individuel devant les juges européens (Cour de Luxembourg ou Cour européenne des droits de l'homme).

En faisant prévaloir le droit européen sur la Constitution française, le Conseil constitutionnel restreint son propre champ de compétence (en en faisant sortir les lois de transposition). On comprend mieux l'ampleur de cette autodépossession lorsque l'on sait que la plupart des lois françaises ont pour objet la transposition en droit interne des actes de l'Union européenne (notamment des directives).

La décision du 10 juin 2004 constitue incontestablement une nouvelle étape dans l'intégration du système juridique français dans l'ordre juridique de l'Union européenne.

Pour autant, elle ne fait que prendre acte d'une réalité déjà bien établie. En effet, depuis longtemps déjà, les directives européennes s'imposent au législateur et au droit français. Ainsi, si une directive n'est pas transposée dans un délai déterminé, elle s'applique obligatoirement en droit interne. Si le Conseil constitutionnel avait maintenu sa jurisprudence antérieure et avait censuré la loi transposant la directive, il aurait pris le risque qu'un juge judiciaire ne le contredise en faisant prévaloir la directive (sur le droit français).

Tout en reconnaissant la « prévalence » du droit européen sur le droit français, la décision du Conseil constitutionnel a posé **quelques garde-fous**. Seules les lois françaises qui « se bornent à tirer les conséquences nécessaires de dispositions inconditionnelles et précises » d'une directive, sans modification ni ajout du législateur (autrement dit, celles qui sont la transposition exacte d'une directive), échappent au contrôle de constitutionnalité. Par ailleurs, le Conseil constitutionnel conserve toujours la possibilité de censurer une loi de transposition d'une directive dans le cas où une « disposition expresse de la Constitution » s'opposerait clairement à la transposition. Dans sa décision du 29 juillet 2004 relative à la loi sur la bioéthique, le Conseil a précisé le contenu de la notion de « disposition expresse de la Constitution » : il s'agit d'une norme propre à la France, spécifique à ses traditions juridiques, sans équivalent dans le « catalogue communautaire des droits fondamentaux et principes généraux du droit » (citons, à titre d'ex., la laïcité ou le principe d'égal accès aux emplois publics). Ainsi, ce pouvoir de censure pourrait jouer dans le cas d'une directive qui imposerait le principe d'une discrimination ethnique pour l'embauche dans la fonction publique alors que l'article 6 de la DDHC pose comme seuls critères les « vertus et les talents ».

Quelques mois plus tard, dans sa décision du 19 novembre 2004 (Traité établissant une Constitution pour l'Europe), le Conseil constitutionnel a

jugé que la primauté du droit de l'Union peut être écartée, dans l'ordre juridique interne, en cas d'atteinte à « l'identité nationale » des États membres « inhérente à leurs structures fondamentales politiques et constitutionnelles » (et non plus lorsqu'une « disposition expresse » de la Constitution s'oppose clairement à la transposition). Cependant, cette réserve de constitutionnalité ne touche qu'un petit nombre de matières : laïcité, égalité d'accès aux emplois publics... Par ailleurs, le Conseil a rappelé que **la norme constitutionnelle française demeure au sommet de l'ordre juridique.** C'est en effet la Constitution qui donne sa force aux traités européens et au droit dérivé.
Par la suite, dans la décision du Conseil du 27 juillet 2006 (*Loi relative au droit d'auteur et aux droits voisins dans la société de l'information*), la formule de l'atteinte à « l'identité nationale » des États membres « inhérente à leurs structures fondamentales... » est devenue l'atteinte à « une règle ou un principe inhérent à l'identité constitutionnelle de la France, sauf à ce que le constituant y ait consenti ». Il reste à savoir ce que recouvre cette notion « d'identité constitutionnelle ». Sans doute inclut-elle les principes propres à la tradition constitutionnelle française comme la forme républicaine, mais de façon moins certaine les droits et libertés communs aux pays membres de l'Union comme, par exemple, les droits reconnus par la Convention européenne de sauvegarde des droits de l'homme et des libertés fondamentales (dans le prolongement de cette jurisprudence, voy. également la décision du 30 novembre 2006, *Loi relative au secteur de l'énergie*).

2. Les contrariétés entre normes de valeur constitutionnelle

575 Enfin, il faut envisager l'hypothèse dans laquelle le contrôle de constitutionnalité d'une loi met en cause plusieurs normes à valeur constitutionnelle qui peuvent être opposées ou divergentes. Paradoxalement, ce risque de contrariété est né de l'enrichissement du bloc de constitutionnalité. Quelle norme le Conseil fait-il alors prévaloir ? Y a-t-il une hiérarchie entre normes de valeur constitutionnelle ?

Les contrariétés que l'on a pu observer jusqu'à aujourd'hui résultent essentiellement des différences de philosophie et d'inspiration entre la Déclaration des droits de 1789, davantage marquée par l'individualisme et le préambule de 1946, davantage marqué par le social.

En cas de divergence, comment le Conseil tranche-t-il ? Comme la Constitution n'établit pas de hiérarchie entre normes de valeur constitutionnelle, même si, de façon indicative, le préambule de 1958 proclame son « attachement aux Droits de l'homme et aux principes de la souveraineté nationale tels qu'ils ont été définis par la Déclaration de 1789 » et ne semble donner au préambule de 1946 qu'un caractère complémentaire (la Déclaration de 1789 a été « confirmée et complétée par le préambule de la Constitution de 1946 »), le Conseil décide au cas par cas.

De façon pragmatique, le Conseil s'oppose à ce qu'un principe ou une liberté se développe au détriment d'un autre principe ou d'une autre liberté ! Il se donne alors pour mission de les concilier dans le respect de la volonté du législateur. Ainsi, dans la décision du 16 janvier 1982 Nationalisations, le Conseil, tout en admettant la constitutionnalité des nationalisations (qui figurent au préambule de 1946), réaffirme l'importance du droit de propriété et de la liberté d'entreprendre (qui figurent dans la Déclaration de 1789).

B) Le contrôle du respect de la délimitation entre l'article 34 et l'article 37

576 Nous avons montré que le législateur et l'autorité réglementaire disposent chacun d'un domaine de compétence et que la frontière entre ces deux domaines

est mouvante même si, en théorie, l'article 37 C confère à l'autorité réglementaire la compétence de droit commun.

Pour faire respecter la répartition des domaines de compétence, le Conseil constitutionnel peut être saisi par le gouvernement ou par le président de l'assemblée concernée :

- au titre de l'article 37 alinéa 2, le gouvernement demande au Conseil de reconnaître le caractère réglementaire d'un texte de forme législative. Cette reconnaissance permet au gouvernement de modifier le texte par décret ;
- au titre de l'article 41 de la Constitution, le Conseil peut être saisi après que le gouvernement ou le président de l'assemblée intéressée a opposé une irrecevabilité à une proposition de loi ou à un amendement. En effet, en cas de désaccord entre le gouvernement et le président de l'assemblée concernée, le Conseil vérifie si l'irrecevabilité est justifiée.

Comment le Conseil apprécie-t-il le caractère justifié ou non d'une irrecevabilité ou d'une demande de délégalisation ? Simplement, comme son rôle de juge constitutionnel l'implique, en se référant à la Constitution. Toutefois, il ne se prononce pas sur la constitutionnalité de la disposition mais sur son appartenance au domaine législatif ou réglementaire (sur la délimitation des domaines de la loi et du règlement et le contrôle du respect de ces domaines, voy. *supra*, n°s 496 et s.).

Par ailleurs, face aux empiétements de plus en plus systématiques de la loi sur le domaine réglementaire, le Conseil constitutionnel a inauguré une forme nouvelle de contrôle du respect du domaine réglementaire à l'occasion du contrôle de la constitutionnalité des lois. **Le Conseil se propose désormais de déclarer « préventivement » réglementaires les dispositions en cause** (déc. du 21 avril 2005, *Loi d'orientation et de programme pour l'avenir de l'école*). **Cette déclaration de la nature réglementaire de dispositions contenues dans une loi déférée**, si elle ne conduit pas à leur censure, **offre la possibilité au gouvernement de déclasser ces dispositions** (et donc de les modifier par voie réglementaire) sans saisine nouvelle du Conseil constitutionnel (voy. *supra*, n° 500).

C) Le contrôle du règlement des assemblées

577 Comme nous l'avons indiqué, les règlements des assemblées sont obligatoirement soumis au Conseil constitutionnel. Ce dernier doit en particulier **veiller à ce que les règlements n'empiètent pas sur les prérogatives conférées** par la Constitution **au gouvernement** en matière de procédure législative (contenues, par ex., dans les articles 42, 44, 45 ou 48).

D) Le contrôle de la constitutionnalité des lois

578 À l'occasion du contrôle de lois portant sur des matières les plus diverses et donc sur les différentes branches du droit (travail, social, pénal, civil, fiscal, urbanisme…), le Conseil a dégagé des principes qui s'imposent au législateur. **Il a ainsi fait pénétrer sa jurisprudence dans les différentes branches du droit et contribué à leur constitutionnalisation.**

Plus important encore, à partir de 1971, grâce à son volontarisme et à sa « créativité », le Conseil s'est imposé progressivement comme le gardien incontournable des libertés fondamentales.

1. Le Conseil constitutionnel, gardien des libertés fondamentales

579 Le constituant de 1958 avait avant tout conçu le Conseil constitutionnel comme un organe chargé de veiller à la protection du domaine réglementaire contre les empiétements du législateur. Ce n'est que dans les années 1970 que le Conseil a acquis sa véritable dimension, celle de gardien des libertés fondamentales.

Cette évolution est le résultat de la combinaison de la décision du Conseil du 16 juillet 1971 (liberté d'association) **et de la révision constitutionnelle de 1974** (loi constitutionnelle du 29 octobre).

En effet, la décision de 1971 a donné au Conseil une large base pour effectuer le contrôle de la constitutionnalité des lois et la révision de 1974 a ouvert la saisine (prérogative, ouverte à un organe ou à une personne, de saisir un autre organe ou une autre personne afin de faire exercer ses droits ; définition du *Petit Robert*) du Conseil à 60 députés ou 60 sénateurs, donc à l'opposition, favorisant ainsi un contrôle effectif de la conformité des lois à la Constitution au stade de leur élaboration. Les conditions sont donc réunies pour que toute loi mettant en cause des libertés fondamentales soit déférée au Conseil et fasse l'objet d'un contrôle rigoureux.

Quelles sont les grandes libertés et les grands principes consacrés et défendus par le Conseil constitutionnel ? Essentiellement, **des libertés individuelles et des droits économiques et sociaux.** Mais, comme ces droits et libertés sont **souvent mentionnés de façon abstraite voire allusive par les textes, le Conseil a dû se livrer à un travail d'interprétation** plus ou moins poussé selon le degré d'abstraction. Cette liberté d'appréciation du Conseil a réveillé les craintes d'un « gouvernement des juges ». Mais la pratique a démenti ces craintes en révélant le caractère équilibré et raisonnable de la jurisprudence du Conseil.

En partant de la notion vague de « principes fondamentaux reconnus par les lois de la République » (le préambule de 1946 qui contient la formule ne détermine pas ces principes fondamentaux), **le Conseil a « découvert » des principes à valeur constitutionnelle. En réalité, il n'a pas créé ces principes, il les a constatés.** Ainsi, a-t-il « découvert », notamment, le principe de la libre communication des idées et des informations (déc. des 17-18 mars 1964), de la liberté d'association (déc. du 16 juillet 1971), de la liberté individuelle (déc. du 12 janvier 1977), de la liberté d'enseignement (déc. du 23 novembre 1977), de la continuité des services publics (déc. du 25 janvier 1979), de la liberté d'entreprendre (déc. du 16 janvier 1982), de l'indépendance des professeurs d'université (déc. du 20 janvier 1984), de l'exercice d'un libre choix en matière de presse (déc. du 29 juillet 1986), de l'autorité de la chose jugée (déc. du 15 juillet 1989).

Le travail d'interprétation « des principes fondamentaux reconnus par les lois de la République » (PFRLR) auquel s'est livré le Conseil n'est pas contestable. En effet, d'une part il a recouru à ce pouvoir d'interprétation avec une extrême modération, d'autre part les principes qu'il a dégagés font l'objet d'un large consensus.

Mais **aujourd'hui le Conseil constitutionnel est réticent à invoquer ces principes et à en proclamer de nouveaux.** Ainsi, dans une décision du 14 janvier 1999, il affirme qu'il n'y a pas lieu de rechercher si des lois ont institué un tel principe parce que, même s'il existait, il n'aurait « pas une importance telle » qu'il soit nécessaire d'en rechercher l'existence. Cependant, lorsqu'une disposition de loi porte **une atteinte manifestement non justifiée** à un principe à valeur constitutionnelle existant, le Conseil constitutionnel n'hésite pas à la censurer. Ainsi, dans sa décision du 12 janvier 2002 (loi de modernisation sociale), il déclare contraire à la Constitution une disposition de la loi comme portant à la liberté d'entreprendre une atteinte manifestement non justifiée par l'objectif de sauvegarde de l'emploi (cette disposition interdisait les licenciements économiques en dehors des trois hypothèses qu'elle mentionnait). Le Conseil constitutionnel **censure donc la disproportion excessive entre l'objectif d'une loi et l'atteinte qu'elle porte à une liberté fondamentale** (voy. *infra*, n° 582, la notion d'erreur manifeste d'appréciation).

Si l'on fait un rapide bilan des caractéristiques des PFRLR dégagés par le Conseil constitutionnel, on constate : qu'ils sont conçus comme devant s'appliquer dans la durée, qu'ils concernent des « droits fondamentaux » et que leur champ d'application est large. Cela n'a pourtant pas empêché le Conseil de dégager un PFRLR qui déroge à ces caractéristiques. Ainsi, il a fait de **l'existence même du droit local en Alsace-Moselle un PFRLR** (CC, 5 août 2011, *Société Somodia*, *AJ*, 2011, chron. M. Lombard ; en l'espèce, les requérants contestaient le statut local d'Alsace Moselle au regard de la liberté d'entreprendre). Pour le juge, « la législation républicaine antérieure à l'entrée en vigueur de la constitution de 1946 a consacré le principe selon lequel [...] des dispositions législatives et réglementaires particulières aux départements du Bas-Rhin, du Haut-Rhin et de la Moselle peuvent demeurer en vigueur ». Ce PFRLR est d'un type particulier dans la mesure où : il a vocation à être provisoire puisque les dispositions sur le fondement desquelles il est reconnu peuvent être remises en question par leur abrogation ou leur harmonisation avec le droit commun, il ne concerne pas un droit fondamental et son champ d'application est circonscrit à certains départements.

L'attitude réservée du Conseil constitutionnel, notamment quant à la création de nouveaux principes à valeur constitutionnelle, contraste fortement avec celle du Conseil d'État. Ainsi, dans un arrêt fondamental du 3 juillet 1996, **la Haute juridiction administrative**, pour la première fois sous la Cinquième 7République, **a créé un principe fondamental** reconnu par une loi de la République, **selon lequel « L'État doit refuser l'extradition d'un étranger lorsqu'elle est demandée dans un but politique »** (CE Ass., *Koné*, *AJDA*, janvier 1997, p. 76).

Cette décision constitue une innovation majeure à un double titre. En proclamant l'existence d'un nouveau PFRLR, **le Conseil d'État porte atteinte au monopole du Conseil constitutionnel en matière de proclamation des normes constitutionnelles.** Par ailleurs, la Haute juridiction administrative **décide, avec audace, de faire prévaloir ce nouveau principe fondamental de droit interne sur la norme internationale.**

L'arrêt *Koné*, approuvé par les uns (le Conseil d'État a agi dans le cadre de sa compétence d'interprétation de la Constitution), contesté par les autres (la Haute juridiction a empiété sur la compétence du Conseil constitutionnel), constitue un **apport majeur à l'édifice de la hiérarchie des normes.**

D'une façon plus générale, en s'appuyant sur les grands principes énoncés dans les différentes normes de référence (principes que nous qualifierions de transversaux car on les retrouve dans l'ensemble des textes), le Conseil constitutionnel a dégagé des droits et libertés selon une **méthode « déductive ». Il part d'un principe général de valeur constitutionnelle** (par ex., le droit de « parler, écrire, imprimer librement » contenu dans la Déclaration de 1789) **pour en déduire un autre, plus « pointu »** (par ex., l'objectif d'une pluralité de publications et de choix en matière de presse et d'information).

C'est ainsi qu'en partant du **principe d'égalité** des citoyens (qui a son fondement dans de nombreux textes de valeur constitutionnelle et, notamment, dans la DDHC), le Conseil a consacré de nombreuses applications. De tous les principes de valeur constitutionnelle, le principe d'égalité est celui qui est le plus souvent invoqué par les auteurs des requêtes. En particulier, partant du principe d'égalité devant la loi (art. 6 DDHC), le Conseil a « déduit » le principe de l'égalité devant la justice (déc. du 23 juillet 1975), celui d'égalité devant les charges publiques (déc. du 12 juillet 1979) ou celui d'égalité du suffrage (17 janvier 1979). Par ailleurs, d'un principe constitutionnellement reconnu, il peut faire des applications diverses. Ainsi, du principe d'égalité d'accès aux emplois publics (art. 6 de la Déclaration des droits), le Conseil a dégagé le principe d'égalité dans le déroulement de la carrière des fonctionnaires d'un même corps (CC, 15 juillet 1976).

De même, en partant du **principe de liberté** (contenu dans la DDHC), le Conseil a pu « déduire » la liberté d'aller et venir (CC, 12 juillet 1979, *Ponts à péage*, *Rec.*, p. 31) ou la liberté d'entreprendre (CC, 16 janvier 1982, *Loi de nationalisation*, *GDCC*).

Parmi les grands principes et les grandes libertés consacrés et protégés par le Conseil constitutionnel, citons encore :

- le droit de propriété (décision du 16 janvier 1982 dans laquelle le Conseil s'appuie sur les articles 2 et surtout 17 de la Déclaration des droits de 1789) ;
- certaines règles du droit pénal et de la procédure pénale : citons le principe de légalité des délits et des peines et le principe de proportionnalité des délits et des peines (même décision des 19 et 20 janvier 1981, Sécurité et liberté, dans laquelle il s'appuie sur l'article 8 de la Déclaration des droits) ;
- des principes politiques, économiques et sociaux « particulièrement nécessaires à notre temps » : citons le droit d'asile qui figure au préambule de la Constitution de 1946 (déc. du 9 janvier 1980), le droit de grève qui figure également au préambule de la Constitution de 1946 (déc. du 25 juillet 1979) ou le principe de « sauvegarde de la dignité de la personne humaine » (CC, 26-27 juillet 1994, *Lois bioéthique*).

2. L'approfondissement du contrôle et l'élargissement de sa portée

580 Pour répondre à la multiplication des lois et à leur complexité croissante, le Conseil s'est doté de nouvelles méthodes et de nouveaux instruments qui lui

permettent d'exercer un contrôle approfondi et de plus en plus directif des décisions du législateur.

a) L'évocation de moyens nouveaux

581 En se fondant sur l'article 61 de la Constitution, le Conseil constitutionnel **procède de sa propre initiative à l'examen de dispositions dont l'inconstitutionnalité n'avait pas été soulevée par les requérants** (voy. *infra*, n° 587). Mais il peut également **soulever des griefs d'inconstitutionnalité qui n'avaient pas été évoqués.** Il a donc les moyens de contrôler l'ensemble du texte et de soulever les griefs qui lui permettent de mettre en évidence les inconstitutionnalités.

b) Le recours à la notion d'erreur manifeste d'appréciation

582 Apparue en filigrane dans la décision *Sécurité et liberté* de 1981, l'erreur manifeste est utilisée explicitement pour la première fois dans la décision de 1982 sur les nationalisations. Il faut attendre la décision du 8 août 1985, *Évolution de la Nouvelle-Calédonie*, pour voir la première censure d'une disposition au titre de l'erreur manifeste (des écarts de représentation de 113 % entre certaines régions ont permis au Conseil de déceler une erreur manifeste d'appréciation en matière de découpage des circonscriptions électorales).

L'erreur manifeste d'appréciation (inspirée du droit administratif) est l'erreur grossière, évidente, qu'est susceptible de commettre le législateur. Elle permet d'exercer un contrôle minimum sur le pouvoir discrétionnaire du législateur (là où en principe il est entièrement libre de ses choix). Elle permet ainsi d'éviter ou d'éliminer les dispositions de loi arbitraires, en particulier celles qui sont susceptibles d'affecter les libertés fondamentales. Autrement dit, même si le pouvoir d'appréciation du législateur reste entier, il ne peut en faire n'importe quoi !

Plusieurs critiques ont été formulées à l'encontre du contrôle d'erreur manifeste. La première est liée à la signification d'un tel contrôle : comment des centaines de députés pourraient-ils en même temps commettre une erreur grossière ? Dire que le législateur commet une telle erreur a quelque chose de désobligeant. La seconde est liée au pouvoir qu'un tel contrôle confère au Conseil constitutionnel : **le caractère manifeste d'une erreur est laissé à l'appréciation du Conseil.** Comment être sûr alors qu'il ne censurera pas une disposition pour erreur manifeste alors que l'erreur ne semblait être que simple ?

De plus, alors que dans l'exercice de sa mission, le Conseil juge constitutionnel exerce un contrôle du rapport existant entre deux normes, la loi et la Constitution, avec le contrôle d'erreur manifeste, il peut être amené à apprécier des faits (en effet, une telle erreur est parfois révélée à partir de l'appréciation des faits portée par le législateur).

Ces critiques se sont révélées injustifiées. Le Conseil n'a jamais abusé du pouvoir de contrôle approfondi que lui permet l'erreur manifeste et il n'a que très rarement annulé des dispositions à ce titre. Il s'en est plutôt servi comme d'une arme préventive, une **« épée de Damoclès »** au-dessus de la tête du législateur. Ce dernier est prévenu qu'au-delà d'un certain degré de gravité, une erreur **pourra entraîner l'annulation d'une disposition de loi**. La menace de la censure a certainement permis d'éviter davantage d'annulations.

Le terme d'erreur manifeste tend à disparaître au profit de celui de « disproportion manifeste », terme moins « désobligeant » pour le législateur mais qui permet un contrôle de proportionnalité encore plus large. Sous une autre forme, le Conseil constitutionnel censure également les dispositions de loi qui portent « une atteinte manifestement non justifiée » à une liberté fondamentale (CC, 12 janvier 2002, *Loi de modernisation sociale* ; atteinte à la liberté d'entreprise, voy. *supra*, n° 579).

c) Le recours aux déclarations de conformité sous réserve d'interprétation

583 En théorie, à l'issue du contrôle, le Conseil doit se contenter de déclarer qu'une loi est conforme ou non à la Constitution. Depuis une vingtaine d'années, il a en quelque sorte « outrepassé » cette règle : **il n'hésite plus à donner sa propre interprétation d'une disposition de loi ou de la loi** (apparue discrètement dans la décision Sécurité et liberté des 19 et 20 janvier 1981, cette méthode s'est affirmée par la suite, par ex., décision du 25 et 26 juin 1986 ; décision du 14 janvier 1990 ; décision du 9 novembre 1999 relative au PACS ; décision du 17 janvier 2002 relative au statut de la Corse). Et **le respect de cette interprétation conditionne la constitutionnalité** de la disposition de loi ou de la loi et de sa mise en œuvre.

Cette méthode n'est évidemment pas neutre. Par ses interprétations, le Conseil ne se contente pas de « conseiller » le Parlement mais vise aussi et surtout le gouvernement. **Il lui indique comment il doit appliquer la loi et invite le Conseil d'État à faire respecter l'interprétation donnée** (en annulant les règlements d'application qui iraient à son encontre).

Par les réserves d'interprétation, le Conseil constitutionnel souhaite éviter des distorsions entre le sens d'une loi ou d'une disposition et l'application qui pourrait en être faite par le gouvernement. En particulier, lorsque la loi ou la disposition en question est floue, ambiguë ou trop large et qu'elle est susceptible de diverses interprétations, le Conseil s'efforce d'en préciser la portée ou de **définir la limite que le texte ne doit pas franchir** (dans son principe et dans ses modalités d'application) **pour conserver sa régularité.** L'objet d'une telle démarche est de **s'assurer que les autorités respecteront scrupuleusement l'État de droit.**

Le fait est que le **Conseil développe une jurisprudence de plus en plus directive** (apparition de « strictes réserves » qui fixent une interprétation obligatoire, décision Entreprises de presse des 10-11 octobre 1984) **et s'éloigne ainsi de sa mission traditionnelle.**

À l'occasion de la décision du 9 novembre 1999 *Pacte civil de solidarité*, le Conseil a fait une application particulièrement rigoureuse de la technique des « réserves d'interprétation ». Ainsi, il n'a déclaré la loi relative au pacte civil de solidarité conforme à la Constitution qu'au bénéfice de certaines précisions et de réserves d'interprétation destinées à mieux cerner la portée de ce texte. Concrètement, **ces réserves se sont imposées au gouvernement dans la rédaction du décret d'application de la loi** (décret prévu dans la loi).

Nombreux sont ceux qui s'interrogent sur l'évolution du rôle du Conseil. L'approfondissement du contrôle et l'élargissement de sa portée ne conduisent-ils pas le Conseil vers un contrôle d'opportunité ? En réalité, tant que sa jurisprudence restera, comme c'est le cas, équilibrée, respectueuse de la volonté populaire incarnée par le législateur et protectrice des libertés fondamentales, le risque d'un gouvernement des juges est écarté.

SECTION III

Le fonctionnement du Conseil dans son rôle de juge constitutionnel

584 On peut distinguer trois étapes dans le fonctionnement du Conseil juge constitutionnel : la première consiste dans la saisine du Conseil, la seconde dans le contrôle effectué par le Conseil et la troisième dans les effets des décisions rendues.

§ 1. La saisine

585 Le contrôle exercé par le Conseil constitutionnel est un contrôle sur saisine. Cela signifie qu'**il n'est pas obligatoire** (sauf pour les lois organiques, les règlements des assemblées et les propositions de loi référendaires ; art. 61, al. 1er C) **et n'intervient que si le Conseil est saisi par des autorités habilitées à cet effet.** Cette règle appelle deux remarques :

- **le Conseil ne peut pas s'auto-saisir.** Lui accorder cette possibilité reviendrait à le laisser décider de ce qui doit être contrôlé, de ce qui ne doit pas l'être, et du moment du contrôle ;
- **les particuliers peuvent désormais saisir, de façon indirecte, le Conseil constitutionnel**, dans le cadre d'une procédure dite d'exception d'inconstitutionnalité (art. 61-1 C institué par la loi constitutionnelle du 23 juillet 2008).

Quelles sont, par type de contrôle, les autorités habilitées à saisir le Conseil constitutionnel ?

Rappelons au préalable que le Conseil peut être saisi dans le cadre de la protection du domaine réglementaire contre les empiétements de la loi (voy. *supra*, n° 500).

Concernant le contrôle *a priori* **de la constitutionnalité des lois ordinaires** (c'est-à-dire après leur vote mais avant leur promulgation par le chef de l'État, art. 61, al. 2 C), la Constitution de 1958, dans sa rédaction d'origine, attribuait l'initiative du contrôle au Président de la République, au Premier ministre, au Président de l'Assemblée nationale et au Président du Sénat.

Le fait que ces autorités puissent appartenir au même camp politique a fait prendre conscience de l'éventualité d'une **connivence entre elles les amenant à ne pas saisir le Conseil sur des lois dont la constitutionnalité serait pourtant douteuse.** Le risque était donc de voir des lois inconstitutionnelles non soumises au contrôle. **La révision constitutionnelle du 29 octobre 1974** (à l'initiative du Président de la République Valéry Giscard d'Estaing) **a pris en compte ce risque en ajoutant une cinquième autorité de saisine : 60 députés ou 60 sénateurs.** L'effet majeur de la réforme a été d'**ouvrir la saisine du Conseil à l'opposition** (il est en effet facile de trouver 60 parlementaires désireux de saisir le Conseil) et de favoriser ainsi un développement considérable du contrôle de constitutionnalité des lois.

Il est d'ailleurs logique que l'opposition soit à l'origine de la grande majorité des saisines du Conseil puisque la grande majorité des lois est d'origine gouvernementale (ou parfois à l'initiative de la majorité parlementaire). La saisine parfois systématique du Conseil constitutionnel n'est pas seulement la garantie que des inconstitutionnalités vont pouvoir être évitées. Elle constitue également **une arme entre les mains de l'opposition pour faire valoir son point de vue sur tel ou tel sujet et/ou pour tenter de retarder la mise en œuvre d'une loi.** La gauche (jusqu'en 1981) puis la droite (après l'alternance de 1981) ont largement profité de cette possibilité. Mais il n'est pas exclu qu'une composante de la majorité saisisse le Conseil d'une loi votée par la majorité mais à laquelle elle n'adhère pas. C'est ce qui s'est produit en 1975 au moment du vote de la loi sur l'interruption volontaire de grossesse (le Conseil, dans sa décision du 15 janvier, a reconnu la constitutionnalité de la loi).

Cependant, en complément au contrôle *a priori* de la constitutionnalité des lois, la révision constitutionnelle du 23 juillet 2008 **a institué un contrôle *a posteriori*** (c'est-à-dire un contrôle des lois en vigueur) qui permet une **saisine du Conseil constitutionnel, à la demande de citoyens** (à l'occasion d'une instance devant une juridiction), **sur renvoi du Conseil d'État ou de la Cour de cassation** (voy. ci-après).

Le Conseil constitutionnel peut également être saisi pour **vérifier la conformité des traités internationaux à la Constitution** (art. 54 et 61, al. 2 C). Jusqu'en 1992, les seules autorités de saisine étaient le Président de la République, le Premier ministre ou le président de l'une des assemblées. La seule possibilité ouverte aux parlementaires était de saisir le Conseil sur la conformité de la loi d'autorisation de ratification d'un traité à la Constitution. Depuis la révision constitutionnelle du 25 juin 1992, 60 députés ou 60 sénateurs peuvent également saisir le Conseil pour lui demander de déclarer « qu'un engagement international comporte une clause contraire à la Constitution » (art. 54 C). Ils peuvent donc déférer directement un traité devant le Conseil constitutionnel et non plus seulement la loi d'autorisation. Cet élargissement de la saisine devrait favoriser un développement du contrôle des traités.

§ 2. Le contrôle

586 Examinons d'abord les différents éléments de la procédure devant le Conseil, avant d'analyser la nature du contrôle exercé.

A) La procédure devant le Conseil

587 Comme nous l'avons mentionné, dans le cadre du contrôle *a priori* de la constitutionnalité des lois, **le Conseil est saisi après le vote de la loi mais avant sa promulgation** par le Président de la République (et, pour un traité, avant la ratification). Les autorités de saisine doivent donc agir le plus rapidement possible puisque le chef de l'État dispose de quinze jours maximum pour promulguer.

À compter de sa saisine, **le Conseil dispose d'un délai d'un mois pour statuer.** Ce délai, relativement court au regard de la complexité de certaines lois déférées et des questions de constitutionnalité qui se posent, s'explique par le fait que **le recours est suspensif.** Cela signifie que **tant que le Conseil n'a pas rendu sa décision de conformité** (*a fortiori* s'il exige certaines modifications pour rendre la loi constitutionnelle ou s'il prononce des inconstitutionnalités qui obligent le législateur à revoir sa copie), **la loi ne peut être promulguée.**

Pour contourner le délai d'un mois, **le gouvernement peut invoquer l'urgence** qui est appréciée par le Conseil. Ce dernier doit alors se prononcer dans les huit jours. Fort heureusement, le recours à cette procédure d'urgence est rarissime.

S'agissant de la requête que doit examiner le Conseil, plusieurs règles doivent être observées. La première est que la requête doit être signée par son ou ses auteurs. La seconde est qu'elle doit mentionner les dispositions que les requérants estiment non conformes à la Constitution et si possible les moyens invoqués, c'est-à-dire la nature des inconstitutionnalités (par ex., l'erreur de droit ou l'erreur manifeste d'appréciation du législateur).

La requête est le moyen pour les requérants de développer leur argumentation juridique mais aussi, en filigrane, des arguments politiques. Les mémoires déposés par les différentes parties auprès du Conseil au moment de l'examen des lois de nationalisations sont exemplaires à cet égard : on y trouve entremêlées des considérations de droit, de fait, d'opportunité politique. Bien évidemment, le conseiller chargé d'établir un rapport sur chaque dossier puis le Conseil statuant en séance plénière ne retiennent que les questions de droit et n'apportent que des réponses juridiques (même si le contrôle est parfois un contrôle des faits).

Comment le Conseil apprécie-t-il les requêtes ? Autrement dit, est-il lié par leur contenu ? Bien qu'il réponde presque systématiquement aux arguments avancés par les requérants, **le Conseil a la possibilité de statuer *ultra petita*,** c'est-à-dire d'aller au-delà des moyens invoqués **en examinant des dispositions dont l'inconstitutionnalité n'avait pas été soulevée** par les requérants. Il estime donc que son contrôle porte sur l'ensemble du texte (en se fondant sur l'art. 61 C), ce qui se justifie par le fait qu'il ne s'agit pas de donner raison à l'une ou l'autre partie (comme le fait le juge judiciaire) mais de permettre un contrôle objectif de la loi. En pratique, cette possibilité offre une garantie supplémentaire de la constitutionnalité de la loi promulguée et, en conséquence, contribue à renforcer la sécurité juridique.

Enfin, notons que **la procédure suivie devant le Conseil se juridictionnalise.** Certes, les audiences ne sont pas publiques et le recours à des avocats n'est pas pris en compte ; néanmoins, **la procédure tend à devenir plus contradictoire** (en matière de contentieux électoral, depuis 1995, les parties peuvent « demander à être entendues » par le Conseil) **et moins secrète** (publication au *JO* depuis 1983 des lettres de saisine du Conseil, des mémoires en réponse du gouvernement et des réponses des auteurs des saisines ; publication depuis 1995 du nom des membres du Conseil ayant participé à une délibération). **Cette évolution est favorable à une plus grande transparence de la justice constitutionnelle.**

En ce qui concerne le contrôle *a posteriori* de la constitutionnalité des lois (c'est-à-dire le contrôle des lois en vigueur), la saisine du Conseil constitutionnel étant la dernière étape de la procédure, celle-ci doit être analysée globalement. Nous n'examinons ici que la procédure qui doit être suivie devant le Conseil constitutionnel (établie par sa décision du 4 février 2010). Celle-ci est caractérisée par l'échange électronique des actes et pièces pour garantir le caractère contradictoire de la procédure. Il s'agit du premier cas de procédure contentieuse imposant l'usage de la voie électronique.

Les parties peuvent demander la récusation d'un membre du Conseil. Toutefois, le seul fait qu'un membre du Conseil a participé à l'élaboration de la disposition législative faisant l'objet de la question de constitutionnalité ne constitue pas en lui-même une cause de récusation. Les audiences sont publiques, mais il y est interdit d'enregistrer les paroles ou les images. Toutefois, le président peut ordonner la diffusion de l'audience sur le site internet du Conseil. La délibération n'est pas publique.

B) La nature du contrôle

1. Un contrôle juridictionnel

588 Le contrôle exercé par le Conseil constitutionnel est **un contrôle juridictionnel.** Cela signifie qu'il est l'œuvre d'un juge qui se prononce exclusivement sur des considérations de droit et non d'opportunité.

En l'occurrence, les considérations de droit sont celles de la légalité constitutionnelle (même si on ne peut exclure que le Conseil procède à une certaine interprétation des normes constitutionnelles). **Le Conseil vérifie si le texte qui lui est soumis est conforme ou non à la Constitution** (lorsqu'il s'agit d'un contrôle de constitutionnalité des lois) ou a un caractère législatif ou réglementaire (lorsqu'il s'agit d'un contrôle de répartition des compétences).

2. Un contrôle a priori et par voie d'action et un contrôle *a posteriori* et par voie d'exception

589 **La Constitution organise un double contrôle de constitutionnalité.** Un contrôle *a priori* et par voie d'action (art. 61, al. 2 C) et un contrôle *a posteriori* et par voie d'exception (art. 61-1 C).

Depuis les débuts de la Ve République, le contrôle de la constitutionnalité des lois prend la forme d'un contrôle ***a priori*, c'est-à-dire avant promulgation de la loi** (avant qu'elle n'entre en vigueur). Il est également qualifié de contrôle **par voie d'action** dans la mesure où il permet au Président de la République, au Premier ministre, au président du Sénat, au président de l'Assemblée Nationale ou à soixante députés ou soixante sénateurs **d'attaquer directement la loi devant le Conseil constitutionnel afin d'en obtenir l'annulation**.

Ce type de contrôle, par son caractère préventif, présente évidemment l'avantage de garantir une grande sécurité juridique dans l'application des lois promulguées. Mais il comporte également **une faille majeure. Si le Conseil n'est pas saisi** d'une loi qui comporte une inconstitutionnalité, la ou les dispositions inconstitutionnelles peuvent entrer en vigueur après la promulgation (le problème se pose aussi pour les lois antérieures à 1958). Cependant, les « dommages » ne sont pas irréversibles. En effet, le Conseil a rappelé que **la**

constitutionnalité d'une loi déjà promulguée pouvait être contestée à l'occasion de l'examen de tout texte ultérieur la modifiant, la complétant ou affectant son domaine. Pour la première fois, dans sa décision du 15 mars 1999 relative à la Nouvelle-Calédonie, le Conseil constitutionnel a fait usage de ce « filet de sécurité » en censurant une disposition en vigueur depuis quatorze ans (celle-ci prévoyait l'inéligibilité automatique de ceux contre lesquels avait été prononcée une faillite personnelle ou une liquidation judiciaire ; le Conseil constitutionnel a censuré l'automaticité de la sanction, estimant que le juge doit pouvoir apprécier, au cas par cas, la nécessité de la peine).

Face aux limites et lacunes du contrôle *a priori* et par voie d'action, et après bien des réflexions et une tentative avortée de révision constitutionnelle (en 1990, à l'initiative de F. Mitterrand), **la loi constitutionnelle du 23 juillet 2008 a institué, en complément de ce premier contrôle, un contrôle de constitutionnalité *a posteriori* et par voie d'exception.**

Le contrôle est exercé ***a posteriori*, c'est-à-dire qu'il s'applique aux lois en vigueur** (déjà promulguées). Il s'agit également d'un contrôle **par voie d'exception** dans la mesure où il **permet aux citoyens, à l'occasion d'un procès devant les juridictions judiciaires ou administratives, de soulever eux-mêmes la question de la constitutionnalité d'une disposition de loi** (on parle d'exception d'inconstitutionnalité) **et d'obtenir la saisine du Conseil constitutionnel aux fins d'examen de cette disposition**.

L'article 61-1 C organise le nouveau contrôle de la façon suivante (en l'assortissant de conditions restrictives afin de ne pas alourdir ou allonger à l'excès les procédures juridictionnelles et ne pas encombrer inutilement le Conseil constitutionnel) :

- lorsque, à l'occasion d'une instance en cours devant une juridiction (judiciaire ou administrative), une partie à cette instance (un particulier notamment) soutient qu'une disposition législative **porte atteinte aux droits et libertés que la Constitution garantit**, le Conseil constitutionnel peut être saisi de cette question (le contrôle ne concerne que les lois promulguées postérieurement à l'entrée en vigueur de la Constitution) ; il faut noter que l'atteinte est limitée aux « droits fondamentaux », ce qui devrait restreindre le champ des questions susceptibles d'être portées devant le Conseil ;
- cependant, pour éviter un afflux de recours, il est prévu que le Conseil constitutionnel ne peut être saisi que sur renvoi du Conseil d'État ou de la Cour de cassation qui jouent donc un rôle de filtre.

Les conditions d'application de ces dispositions ont été précisées par la loi organique du 10 décembre 2009, entrée en vigueur le 1er mars 2010, qui parle de **question prioritaire de constitutionnalité (QPC)**. C'est uniquement à l'occasion d'un procès que l'inconstitutionnalité d'une disposition législative peut être soulevée à travers une question prioritaire de constitutionnalité, dès lors que cette disposition porte atteinte à un droit ou une liberté garantis par la Constitution, ce qui exclut toutes autres dispositions constitutionnelles et notamment celles de nature procédurale, relatives aux pouvoirs publics et à leurs rapports, ainsi que les dispositions relatives au partage des compétences entre la loi et le règlement, figurant dans la Constitution. Au cas où ce droit ou cette liberté est garanti(e) par un traité international, le contrôle de conventionnalité ne peut intervenir qu'après le contrôle de constitutionnalité. C'est pourquoi les parlementaires ont retenu l'expression : « Question prioritaire de constitutionnalité ».

La QPC peut être posée par le justiciable lors d'une instance judiciaire ou administrative, et même pour la première fois en appel. La juridiction elle-même ne peut pas soulever la question. Afin d'éviter que la mise en œuvre du mécanisme ne serve de prétexte à des manœuvres procédurales, il est prévu que la décision de transmettre n'est pas susceptible de recours, étant entendu que la partie qui s'oppose à ce que la question soit posée peut faire valoir son point de vue devant le Conseil d'État ou la Cour de cassation. La juridiction statue sans délai par une décision motivée sur la transmission de la question prioritaire de constitutionnalité au Conseil d'État ou à la Cour de cassation.

La transmission est faite si les conditions suivantes sont remplies :

- la disposition contestée est applicable au litige ou à la procédure, ou constitue le fondement des poursuites ;
- elle n'a pas déjà été déclarée conforme à la Constitution dans les motifs et le dispositif d'une décision du Conseil constitutionnel, sauf changement des circonstances (par sa décision *Section française de l'Observatoire international des prisons* du 2 juillet 2010, le Conseil Constitutionnel a indiqué que la notion de « disposition ayant déjà été déclarée conforme à la Constitution » n'exige pas dans les motifs d'une décision du Conseil une déclaration formelle de conformité de ladite disposition et n'exige pas non plus que les motifs conduisant à la déclaration de conformité porte sur ladite disposition, ce dernier point s'expliquant par le fait que le CC utilise dans la rédaction de ses décisions, à certaines périodes, un « considérant balai » et des dispositifs rédigés de manière générale) ;
- la question n'est pas dépourvue de caractère sérieux.

La décision de transmettre la question est adressée au Conseil d'État ou à la Cour de cassation dans les huit jours de son prononcé avec les mémoires ou les conclusions des parties. Dans ce cas, la juridiction sursoit à statuer sauf dans trois cas :

- lorsqu'une personne est privée de liberté à raison de l'instance ;
- lorsque l'instance a pour objet de mettre fin à une mesure privative de liberté ;
- si la loi ou le règlement prévoit que la juridiction statue dans un délai déterminé ou en urgence.

Si la juridiction refuse de transmettre la question, sa décision ne peut être contestée qu'à l'occasion d'un recours portant sur la décision au fond.

Les juridictions suprêmes disposent de trois mois pour examiner la requête et la transmettre, ou non, au Conseil constitutionnel si elles l'estiment nécessaire ; ce dernier dispose lui aussi d'un délai de trois mois pour se prononcer.

E32 **Le « cercle vertueux » de la question prioritaire de constitutionnalité**

Au cours des premières années d'application de la QPC, le Conseil a rendu plusieurs décisions importantes, notamment en censurant des dispositions législatives qui comportaient de graves méconnaissances des droits et libertés garantis par la Constitution (en matière de garde à vue ou d'hospitalisation d'office) ou en se prononçant sur des questions ponctuelles mais tout aussi importantes sur le plan de la garantie des droits (il a jugé contraire au principe d'individualisation des peines un texte qui entraînait automatiquement la perte du grade, et donc l'exclusion de l'armée, de tout militaire condamné à une peine d'emprisonnement égale ou supérieure à trois mois ; il a censuré la loi pour n'avoir pas suffisamment encadré la possibilité de limiter la liberté de la personne soupçonnée de choisir son avocat, même dans le cas d'une garde à vue pour actes terroristes). Toutefois, les sujets plus politiques n'ont pas été absents, comme l'a montré la QPC relative aux parrainages des candidats à l'élection présidentielle (voy. *supra*, n° 354).

Saluée comme une avancée démocratique de taille, la QPC n'en fait pas moins polémique. En cause : les conditions de nomination des membres du CC, aujourd'hui laissée aux autorités politiques. De l'avis de certains juristes, le Conseil ne pourrait pas être à la fois un organe politique et un organe juridictionnel.

Ceci étant dit, la QPC devrait avoir des répercussions, plutôt positives, sur le travail législatif et sur les rapports qu'entretiennent le législateur et le Conseil constitutionnel. Ainsi on sait que, en cas d'accord politique entre majorité et opposition sur une loi controversée, il arrive que les parlementaires évitent de saisir le Conseil et, ce, alors même qu'un doute existe sur la constitutionnalité du texte. Avec la QPC, cette stratégie d'évitement du Conseil a sans doute vécu. D'ailleurs, des justiciables ont réclamé l'examen de plusieurs lois très « sensibles » et pourtant jamais examinées par les sages comme la loi dite anti Perruche (2002) ou la loi Gayssot (1990). Côté Parlement, l'entrée en vigueur de la QPC n'est pas non plus sans conséquences. Sur le plan symbolique d'abord. En permettant l'abrogation, par un organe juridique, de lois votées par les représentants du peuple, la QPC remet en question la primauté du législateur sur le juge. Plus concrètement, la réforme à des conséquences sur l'agenda parlementaire. Lorsqu'ils censurent une loi, les sages donnent en effet un court laps de temps aux élus pour légiférer à nouveau. Les assemblées se sont donc attelées, en priorité, à plancher sur la garde à vue, sur les pensions des anciens combattants des anciennes colonies françaises, etc. Autre effet induit par la QPC : les parlementaires pourraient, à l'avenir, saisir plus fréquemment le CC avant même la promulgation des lois afin de s'assurer de leur constitutionnalité et d'éviter ainsi la multiplication des QPC (pa ex., la saisine du CC par le groupe UMP avant la promulgation de la loi sur l'interdiction du voile intégral).

Enfin, la mise en œuvre de la QPC n'est pas non plus sans conséquence sur le champ d'action du Conseil constitutionnel. Ainsi, pour la première fois, le Conseil a transmis une question préjudicielle à la Cour de justice de l'Union européenne (CJUE) avant de répondre à une QPC (CC, 4 avril 2013, n° 2013-314P QPC). La question renvoyée par la Cour de cassation porte sur la conformité de l'article 695-46 du Code de procédure pénale à la Constitution. Cette disposition relative au mandat d'arrêt européen, prévoit que la chambre de l'instruction statue dans un délai de trente jours sans recours, sur une demande aux fins, soit d'étendre les effets de ce mandat à d'autres *infra*ctions, soit d'autoriser la remise de la personne à un État tiers. Cette absence de recours porte-t-elle atteinte au droit à un recours juridictionnel effectif ? Le Conseil rappelle que « la loi fixe les règles relatives au mandat d'arrêt européen en application des actes pris par les institutions de l'Union européenne » (art. 88-2 C). Pour exercer son contrôle, le Conseil doit donc se référer à la décision-cadre n° 2002/ 584/JAI du Conseil de l'Europe du 13 juin 2002 relative au mandat d'arrêt européen. Or, il estime que pour répondre à la question qui lui est posée, les termes de cette décision-cadre nécessitent une interprétation, relevant du seul pouvoir de la CJUE. Traditionnellement, le Conseil ne pose jamais de question à la CJUE puisqu'il contrôle la loi par rapport à la Constitution et non par rapport au droit européen. Mais l'introduction de la QPC a changé la donne (il lui est en effet difficile d'examiner a posteriori la constitutionnalité d'une loi si le texte de base, en l'occurrence le droit européen, n'est pas clair). Contrairement à ce que certains ont cru, cette question préjudicielle ne constitue pas une reconnaissance par le Conseil constitutionnel de la supériorité du droit de l'Union européenne sur la Constitution. Elle témoigne plutôt d'un élargissement du domaine d'intervention du Conseil et de sa faculté d'adaptation. Ainsi, face à la contrainte du délai, puisque le Conseil doit statuer sur une QPC dans un délai de trois mois après sa saisine, il demande à la CJUE de statuer *« selon la procédure d'urgence »* (en invoquant également, à l'appui de cette demande, le fait que le requérant soit privé de sa liberté), sans avoir la certitude pour autant que la Cour répondra à sa demande. Mais surtout, avec cette décision, le Conseil constitutionnel affirme clairement sa nature juridictionnelle.

§ 3. La portée de la décision du Conseil

590 La déclaration d'inconstitutionnalité d'une disposition a pour principale conséquence, selon le cas, de bloquer sa mise en vigueur ou d'entraîner son abrogation. La déclaration du Conseil est insusceptible de recours et s'impose aux requérants et aux autorités.

A) Les conséquences de la déclaration d'inconstitutionnalité

1. Pour les engagements internationaux

591 **En ce qui concerne les engagements internationaux**, si le Conseil estime qu'un traité comporte des dispositions contraires à la Constitution, **« l'autorisation de [le] ratifier ou [de l'] approuver… »** donnée par le Parlement **« ne peut intervenir qu'après la révision de la Constitution »**, comme le prévoit l'article 54 de la Constitution (ce fut le cas à propos de la ratification du traité de Maastricht en 1992). Mais, de façon générale, la lourdeur et la longueur de la procédure de révision constitutionnelle, laissent augurer d'une mise en œuvre des traités relativement différée dans le temps.

2. Pour les lois contrôlées a priori

592 **Si une disposition de loi** contrôlée *a priori* est déclarée non conforme à la Constitution, elle **« ne peut être promulguée ni mise en application »** (art. 62, al. 1er C). Elle n'est pas annulée (puisqu'elle n'existe pas juridiquement, n'ayant pas été promulguée) mais elle disparaît (cela vaut également pour les dispositions des lois organiques et des règlements des assemblées).

Après la déclaration d'inconstitutionnalité, plusieurs hypothèses sont envisageables. Les deux premières sont liées à l'attitude du chef de l'État. La première, la plus fréquente, est celle dans laquelle le Président de la République **promulgue la loi à l'exception de la ou des dispositions inconstitutionnelles.** La seconde hypothèse est celle dans laquelle le Président demande aux assemblées de réexaminer leur position en procédant à une nouvelle délibération de la loi (art. 10 C), afin d'éliminer les inconstitutionnalités.

Dans une troisième hypothèse, **le texte de la loi est modifié par ses auteurs** pour tenir compte des remarques du Conseil. Cette hypothèse se réalise généralement lorsque les auteurs de la loi sont attachés à une ou à plusieurs dispositions déclarées non conformes. Dans ce cas, pour ne pas voir disparaître les dispositions en question, ils tentent de les modifier dans le sens préconisé par le Conseil. Une fois le texte modifié, il est soumis à nouveau au Parlement. Après son adoption, il peut être à nouveau déféré au Conseil. **Ce contrôle en deux temps d'une loi est appelé contrôle « à double détente »** (mis en œuvre, par ex., pour la loi de nationalisation en 1982 avec une première décision du 16 janvier puis une seconde du 11 février 1982).

Il se peut également que la ou **les dispositions inconstitutionnelles entraînent l'interdiction de promulguer d'autres dispositions de la loi**, voire la loi tout entière, lorsque les premières sont inséparables des secondes. Le fait qu'une disposition soit inséparable de tout ou partie d'une loi, signifie simplement que la disposition en question sert de fondement à la loi (c'est le Conseil qui apprécie le caractère inséparable des dispositions ; décision du Conseil du 16 janvier 1982, *Loi de nationalisation*).

Enfin, signalons que le Conseil constitutionnel a récemment admis **la modulation dans le temps de la censure de dispositions jugées inconstitutionnelles**. À l'occasion du contrôle de la Loi de financement de la Sécurité sociale pour 2006 (CC, 15 décembre 2005, n° 2005-528), le Conseil a relevé d'office que les articles 5 et 64 de la loi qui fixent l'un pour 2005, l'autre pour 2006, une contribution obligatoire des caisses d'assurance maladie à un fonds de concours créé en vue de prévenir et de lutter contre une menace sanitaire grave (attentat terroriste, grippe aviaire...), sont contraires à l'article 17 de la loi organique du 1er août 2001 relative aux lois de finances (LOLF). En effet, selon cet article, les versements aux fonds de concours ont un caractère volontaire. Les articles 5 et 64 de la loi auraient donc pu être censurés sur ce fondement. Le Conseil **a cependant décidé de ne pas les censurer, en se fondant sur l'intérêt général de valeur constitutionnelle que représente la protection sanitaire de la population**. Néanmoins, **il exige que le financement de ces actions soit, à compter de l'année 2007, mis en conformité avec la LOLF (sous peine de censure)**.

De même, dans la décision du 19 juin 2008 relative à la loi sur les organismes génétiquement modifiés (déc. n° 2008-564 DC), le Conseil a différé dans le temps les effets d'une déclaration d'inconstitutionnalité. Dans le texte qui lui était soumis, le Conseil a décelé une disposition inconstitutionnelle car renvoyant à un décret en Conseil d'État le soin d'établir des listes énumérant les informations fournies par les demandeurs d'agrément ou d'autorisation (pour l'exploitation d'OGM) qui doivent être accessibles au public, alors que l'établissement de ces listes est une compétence du législateur (grief d'incompétence négative). La difficulté tenait ici au fait que l'établissement des listes énumérant ces informations découle de l'exigence constitutionnelle de transposition en droit interne des directives communautaires. Dès lors, **pour éviter que la déclaration immédiate d'inconstitutionnalité** des dispositions contestées **conduise à méconnaître cette exigence** (pendant quelques mois) et entraîne des conséquences manifestement excessives, **le Conseil a reporté dans le temps** (au 1er janvier 2009) **les effets de la déclaration d'inconstitutionnalité**, ceci afin de permettre au législateur de procéder à la correction de l'incompétence négative constatée.

3. Pour les lois contrôlées a posteriori

593 Une disposition de loi contrôlée *a posteriori* et déclarée inconstitutionnelle est **abrogée** (disparaît) à compter de la publication de la décision du Conseil constitutionnel ou d'une date ultérieure fixée par cette décision (l'abrogation peut donc être immédiate ou différée).

Le Conseil constitutionnel détermine également dans quelle mesure les effets que la disposition de loi a produits sont susceptibles d'être remis en cause (art. 62, al. 2 C). En effet, **le principe de sécurité juridique implique que le Conseil puisse moduler les effets** (les conséquences) **de l'abrogation** notamment pour préserver d'éventuels droits acquis.

Cette solution tranche avec celle qui s'applique traditionnellement en cas d'exception d'inconstitutionnalité et notamment aux États-Unis, où le juge n'annule pas la loi, mais en écarte simplement l'application au cas qui lui est soumis. Cette différence de solution s'explique par le fait qu'aux États-Unis, le juge constitutionnel est un juge ordinaire, alors qu'en France il s'agit d'une juridiction spéciale.

Ainsi, à l'occasion de la première question prioritaire de constitutionnalité, le Conseil a abrogé, avec effet différé au 1er janvier 2011, des dispositions législatives relatives à la retraite des anciens combattants ressortissants de pays autrefois sous souveraineté française jugées contraires au principe d'égalité (CC, 28 mai 2010, *Consorts Labane*).

B) L'autorité des décisions

594 Selon l'article 62 alinéa 2 de la Constitution, « Les décisions du Conseil constitutionnel ne sont susceptibles d'aucun recours. Elles s'imposent aux pouvoirs publics et à toutes les autorités administratives et juridictionnelles ». C'est ce que l'on appelle **l'autorité de la chose jugée** (cette notion est issue du Code civil et précisée par la jurisprudence judiciaire).

Dire que les décisions du Conseil ne sont pas susceptibles de recours signifie d'une part qu'**il n'existe pas de possibilité d'appel devant une autre juridiction ou instance**, d'autre part que **le Conseil constitutionnel ne reviendra pas sur sa décision** (on ne peut pas lui demander de la reconsidérer). Le Conseil a apporté une précision importante en affirmant que, s'il est à nouveau saisi d'un problème de constitutionnalité d'un texte, **il ne peut examiner que les éléments nouveaux** (ainsi, il a été saisi trois fois sur une éventuelle contrariété entre le traité de Maastricht et la Constitution, mais à des titres différents). Ensuite, les décisions du Conseil **s'imposent aux pouvoirs publics**, c'est-à-dire au Parlement, au Président de la République, au gouvernement **et à toutes les autorités administratives et juridictionnelles**, c'est-à-dire aux différentes administrations (qu'elles soient nationales ou locales) et aux juges (tant administratifs que judiciaires). Elles s'imposent aussi évidemment **à tout auteur de saisine** (par ex., CC, 18 oct. 2013, *Sté Allianz IARD* ; l'autorité qui s'attache à ses décisions fait obstacle à ce qu'il soit de nouveau saisi, dans le cadre d'une QPC, afin d'examiner la conformité à la Constitution de dispositions déjà déclarées contraires à la Constitution).

Deux questions se posent immédiatement. Est-ce une partie seulement ou la décision tout entière du Conseil qui s'impose ? Quels sont les moyens dont dispose le Conseil pour imposer sa décision ?

À la première question, le Conseil a répondu sans ambiguïté. Il a estimé que l'autorité de ses décisions « s'attache non seulement à leur dispositif mais aussi aux motifs qui en sont le soutien nécessaire et en constituent le fondement même » (déc. du 16 janvier 1962, confirmée régulièrement). Autrement dit, **le Conseil affirme l'autorité, non seulement de la solution** (le dispositif), **mais aussi du raisonnement et des arguments juridiques employés** (les motifs).

À la deuxième question, il est plus complexe d'apporter une réponse. **À l'appui de l'autorité de la chose jugée, le Conseil constitutionnel n'a aucun moyen pour imposer ses décisions.** En effet, il n'est pas le supérieur, n'est pas « au-dessus » des deux ordres de juridictions. Il ne peut donc procéder de sa propre initiative à une harmonisation de la jurisprudence sur une question donnée. **Tout dépend donc de l'attitude des juridictions.** Or, dans ce domaine, les positions de la juridiction administrative et des juridictions de l'ordre judiciaire sont relativement proches.

Elles se conforment à la chose jugée par le Conseil constitutionnel, c'est-à-dire qu'elles procèdent d'elles-mêmes aux ajustements de jurisprudence nécessaires au respect des décisions du Conseil constitutionnel. **L'unité de la jurisprudence est alors préservée.** Ainsi, le Conseil d'État, dans plusieurs arrêts (1er juillet 1983, *Syndicat unifié de la radio et de la télévision* ; 20 décembre 1985, *SA des Établissements Outters*), fait explicitement référence et se conforme à la jurisprudence constitutionnelle. De la même façon, le juge judiciaire s'y réfère et s'en inspire (Soc., 9 novembre 1982 et Crim., 25 avril 1985).

Cependant, les juridictions ne s'estiment pas juridiquement liées par la jurisprudence de la Haute instance dans la mesure où elles estiment que le Conseil ne dispose pas (par ses décisions) d'un pouvoir normatif, c'est-à-dire créateur de règles de droit, mais simplement d'une autorité limitée au cas d'espèce. Il est arrivé dans le passé, et il arrive encore, qu'une juridiction ne respecte pas le sens des décisions du juge constitutionnel. On peut alors se retrouver devant une divergence de jurisprudence entre le Conseil constitutionnel et les juridictions (par ex., avec le Conseil d'État en matière de répartition des compétences entre la loi et le règlement et avec le juge judiciaire en matière de fouille des véhicules) et/ou d'une contrariété de jurisprudence entre la juridiction administrative et la juridiction judiciaire (comme cela s'est produit sur la question de la supériorité des traités sur les lois françaises).

Fort heureusement, dans l'ensemble, les juridictions tiennent très largement compte de la jurisprudence du Conseil constitutionnel.

Quant à **la majorité politique** qui verrait un texte de loi auquel elle est particulièrement attachée censuré pour inconstitutionnalité, elle **possède désormais une parade pour passer outre la décision du Conseil constitutionnel : la révision de la Constitution.** C'est ce qui s'est produit pour la première fois suite à la censure par le Conseil de la loi sur la maîtrise de l'immigration (CC, 13 août 1993) : la révision constitutionnelle du 25 novembre 1993 a rendu cette loi compatible avec la Constitution. Bien évidemment, **le recours à la révision constitutionnelle comme arme politique ne peut être qu'exceptionnel.**

Bibliographie et lectures pour approfondir

Toutes les décisions du Conseil constitutionnel sont regroupées dans le *Recueil des décisions du Conseil constitutionnel* (un volume par année) ; les décisions importantes du Conseil sont notamment commentées dans le recueil de Favoreu L. et Philip L., *Les grandes décisions du Conseil constitutionnel.*

« Le Conseil constitutionnel 49 ans après, dans Les 50 ans de la Ve République », *LPA*, 2008, n° 138, n° spécial ; « Contrôle des normes : année historique pour le Conseil constitutionnel », *La Semaine juridique (administration et coll. terr.)*, 2004, n° 4, pp. 53-54 ; Arsac R., « La fonction consultative du Conseil constitutionnel », *RFDC*, octobre 2006, n° 68, p. 781 ; Avril et Gicquel, *Le Conseil constitutionnel*, coll. Clefs, Paris, Montchrestien ; Blacher P., « Le Conseil constitutionnel en fait-il trop ? », *Rev. Pouvoirs*, 2003, n° 105, pp. 17-28 ; de Béchillon T., « Le gouvernement des juges : une question à dissoudre », *D.*, 2002, n° 12, pp. 973-978 ; Bousta R., « Contrôle constitutionnel de proportionnalité. La spécificité française à l'épreuve des évolutions récentes », *RFDC*, 2011/4, n° 88, p. 913 ; Capitani A., « La Charte de l'environnement, un leurre constitutionnel ? », *RFDC*, 2005, n° 63, pp. 493-516 ; Charpy C., « Le statut constitutionnel du droit communautaire dans la jurisprudence (récente) du Conseil constitutionnel et du Conseil d'État », *RFDC*, 2009, nos 79 et 80 ; Di Manno T., « Les revirements de jurisprudence du Conseil constitutionnel français », *Cahiers du Conseil constitutionnel*, octobre 2005-mars 2006, n° 20 ; Drago G., « Le nouveau visage du contentieux constitutionnel », *RFDC*, 2010, n° 84 ; Fatin-Rouge Stéfanini M., « Le Conseil constitutionnel dans la révision constitutionnelle du 23 juillet 2008 sur la modernisation des institutions : entre audace et modération », *RFDC*, 2009, n° 78 ; Favoreu L., *La politique saisie par le droit*, 1988 ; François B., « La perception du Conseil constitutionnel par la classe politique, les médias et l'opinion », *Rev. Pouvoirs*, 2003, n° 105, pp. 133-142 ; Hutier S., « Les cavaliers législatifs dans la ligne de mire du Conseil constitutionnel », *RFDC*, 2010, n° 84 ; Jan P., « Les réserves d'interprétation du Conseil constitutionnel », *Regards sur l'actualité*, décembre 2004, n° 306, pp. 82-90 ; Keller J.T.S., « Le Conseil constitutionnel face au gouvernement socialiste comparé à la Cour suprême face au *New Deal* », *Rev. Pouvoirs*, 1985, n° 35 ; Luchaire F., « Brèves remarques sur une création du Conseil constitutionnel : l'objectif de valeur constitutionnelle », *RFDC*, 2005, n° 64 ; Mélin-Soucramanien F., « Le Conseil constitutionnel, juge électoral », *Rev. Pouvoirs*, 2003, n° 105, pp. 117-131 ; Merley N., « La non-consécration par le Conseil constitutionnel de principes fondamentaux reconnus par les lois de la République », *RFDA*, 2005/3, pp. 621-639 ; Meunier J., « Les décisions du Conseil constitutionnel et le jeu politique », *Rev. Pouvoirs*, 2003, n° 105, pp. 29-40 ; Molfessis N., « L'irrigation du droit par les décisions du Conseil constitutionnel », *Rev. Pouvoirs*, 2003, n° 105, pp. 89-101 ; de la Mordière C., « Retour sur la valeur juridique de la Déclaration de 1789 », *RFDC*, 1999, p. 227 ; Philippe X., « La question prioritaire de constitutionnalité : à l'aube d'une nouvelle ère pour le contentieux constitutionnel français… », *RFDC*, 2010/2, n° 82 ; Yeng Seng W., « Le contrôle des lois promulguées dans la jurisprudence du Conseil constitutionnel, un mystère en voie de dissipation ? », *RFDC*, janvier 2005, n° 61.

ANNEXES

Annexe 1 **Constitution du 4 octobre 1958**
– après la loi constitutionnelle du 23 juillet 2008 415
Annexe 2 **Déclaration des droits de l'homme et du citoyen du 26 août 1789** 431
Annexe 3 **Préambule de la Constitution du 27 octobre 1946** 433
Annexe 4 **La Charte de l'environnement** 435

ANNEXE 1

Constitution du 4 octobre 1958

après la loi constitutionnelle du 23 juillet 2008

Nota : *Le texte ci-après tient compte des dernières révisions constitutionnelles : loi constitutionnelle n° 99-568 du 8 juillet 1999 insérant, au titre VI de la Constitution, un article 53-2 et relative à la Cour pénale internationale ; loi constitutionnelle n° 99-569 du 8 juillet 1999 relative à l'égalité entre les femmes et les hommes ; loi constitutionnelle n° 2000-964 du 2 octobre 2000 relative à la durée du mandat du Président de la République ; loi constitutionnelle n° 2003-276 du 28 mars 2003 relative à l'organisation décentralisée de la République ; loi constitutionnelle n° 2005-204 du 1er mars 2005 modifiant le titre XV de la Constitution ; loi constitutionnelle n° 2005-205 du 1er mars 2005 relative à la Charte de l'environnement ; lois constitutionnelles n° 2007-237, n° 2007-238 et n° 2007-239 du 23 février 2007 ; loi constitutionnelle n° 2008-103 du 4 février 2008 modifiant le titre XV de la Constitution ; loi constitutionnelle n° 2008-724 du 23 juillet 2008 de modernisation des institutions de la Ve République.*

Le Gouvernement de la République, conformément à la loi constitutionnelle du 3 juin 1958, a proposé,
Le peuple français a adopté,
Le Président de la République promulgue la loi constitutionnelle dont la teneur suit :

PRÉAMBULE

Le peuple français proclame solennellement son attachement aux Droits de l'homme et aux principes de la souveraineté nationale tels qu'ils ont été définis par la Déclaration de 1789, confirmée et complétée par le préambule de la Constitution de 1946, ainsi qu'aux droits et devoirs définis dans la Charte de l'environnement de 2004.
En vertu de ces principes et de celui de la libre détermination des peuples, la République offre aux territoires d'outre-mer qui manifestent la volonté d'y adhérer des institutions nouvelles fondées sur l'idéal commun de liberté, d'égalité et de fraternité et conçues en vue de leur évolution démocratique.

Article 1er

(nouvelle rédaction 4 août 1995, 28 mars 2003, 23 juillet 2008)

La France est une République indivisible, laïque, démocratique et sociale. Elle assure l'égalité devant la loi de tous les citoyens sans distinction d'origine, de race ou de religion. Elle respecte toutes les croyances. Son organisation est décentralisée.
La loi favorise l'égal accès des femmes et des hommes aux mandats électoraux et fonctions électives, ainsi qu'aux responsabilités professionnelles et sociales.

TITRE PREMIER

De la souveraineté

Article 2

La langue de la République est le français.
L'emblème national est le drapeau tricolore, bleu, blanc, rouge.
L'hymne national est La Marseillaise.
La devise de la République est « Liberté, Égalité, Fraternité ».
Son principe est : gouvernement du peuple, par le peuple et pour le peuple.

Article 3

(nouvelle rédaction 8 juillet 1999) (23 juillet 2008)

La souveraineté nationale appartient au peuple qui l'exerce par ses représentants et par la voie du référendum.
Aucune section du peuple ni aucun individu ne peut s'en attribuer l'exercice.
Le suffrage peut être direct ou indirect dans les conditions prévues par la Constitution. Il est toujours universel, égal et secret.

Sont électeurs, dans les conditions déterminées par la loi, tous les nationaux français majeurs des deux sexes, jouissant de leurs droits civils et politiques.

Article 4

(nouvelle rédaction 8 juillet 1999) (23 juillet 2008)

Les partis et groupements politiques concourent à l'expression du suffrage. Ils se forment et exercent leur activité librement. Ils doivent respecter les principes de la souveraineté nationale et de la démocratie.

Ils contribuent à la mise en œuvre du principe énoncé au second alinéa de l'article 1er dans les conditions déterminées par la loi.

La loi garantit les expressions pluralistes des opinions et la participation équitable des partis et groupements politiques à la vie démocratique de la nation.

TITRE II

Le Président de la République

Article 5

Le Président de la République veille au respect de la Constitution. Il assure, par son arbitrage, le fonctionnement régulier des pouvoirs publics ainsi que la continuité de l'État.

Il est le garant de l'indépendance nationale, de l'intégrité du territoire et du respect des traités.

Article 6

(2 octobre 2000) – (23 juillet 2008)

Le Président de la République est élu pour cinq ans au suffrage universel direct.

Nul ne peut exercer plus de deux mandats consécutifs.

Les modalités d'application du présent article sont fixées par une loi organique.

Article 7

(6 novembre 1962, nouvelle rédaction 28 mars 2003)

Le Président de la République est élu à la majorité absolue des suffrages exprimés. Si celle-ci n'est pas obtenue au premier tour de scrutin, il est procédé, le quatorzième jour suivant, à un second tour. Seuls peuvent s'y présenter les deux candidats qui, le cas échéant après retrait de candidats plus favorisés, se trouvent avoir recueilli le plus grand nombre de suffrages au premier tour.

Le scrutin est ouvert sur convocation du Gouvernement.

L'élection du nouveau Président a lieu vingt jours au moins et trente-cinq jours au plus avant l'expiration des pouvoirs du Président en exercice.

En cas de vacance de la Présidence de la République pour quelque cause que ce soit, ou d'empêchement constaté par le Conseil constitutionnel saisi par le Gouvernement et statuant à la majorité absolue de ses membres, les fonctions du Président de la République, à l'exception de celles prévues aux articles 11 et 12 ci-après, sont provisoirement exercées par le Président du Sénat et, si celui-ci est à son tour empêché d'exercer ces fonctions, par le Gouvernement.

En cas de vacance ou lorsque l'empêchement est déclaré définitif par le Conseil constitutionnel, le scrutin pour l'élection du nouveau Président a lieu, sauf cas de force majeure constaté par le Conseil constitutionnel, vingt jours au moins et trente-cinq jours au plus après l'ouverture de la vacance ou de la déclaration du caractère définitif de l'empêchement.

Si, dans les sept jours précédant la date limite du dépôt des présentations de candidatures, une des personnes ayant, moins de trente jours avant cette date, annoncé publiquement sa décision d'être candidate décède ou se trouve empêchée, le Conseil constitutionnel peut décider de reporter l'élection.

Si, avant le premier tour, un des candidats décède ou se trouve empêché, le Conseil constitutionnel prononce le report de l'élection.

En cas de décès ou d'empêchement de l'un des deux candidats les plus favorisés au premier tour avant les retraits éventuels, le Conseil constitutionnel déclare qu'il doit être procédé de nouveau à l'ensemble des opérations électorales ; il en est de même en cas de décès ou d'empêchement de l'un des deux candidats restés en présence en vue du second tour.

Dans tous les cas, le Conseil constitutionnel est saisi dans les conditions fixées au deuxième alinéa de l'article 61 ci-après ou dans celles déterminées pour la présentation d'un candidat par la loi organique prévue à l'article 6 ci-aval.

Le Conseil constitutionnel peut proroger les délais prévus aux troisième et cinquième alinéas sans que le scrutin puisse avoir lieu plus de trente-cinq jours après la date de la décision du Conseil constitutionnel. Si l'application des dispositions du présent alinéa a eu pour effet de reporter l'élection à une date postérieure à l'expiration des pouvoirs du Président en exercice, celui-ci demeure en fonctions jusqu'à la proclamation de son successeur.

Il ne peut être fait application ni des articles 49 et 50 ni de l'article 89 de la Constitution durant la vacance de la Présidence de la République ou durant la période qui s'écoule entre la déclaration du caractère définitif de l'empêchement du Président de la République et l'élection de son successeur.

Article 8

Le Président de la République nomme le Premier ministre. Il met fin à ses fonctions sur la présentation par celui-ci de la démission du Gouvernement.

Sur la proposition du Premier ministre, il nomme les autres membres du Gouvernement et met fin à leurs fonctions.

Article 9

Le Président de la République préside le Conseil des ministres.

Article 10

Le Président de la République promulgue les lois dans les quinze jours qui suivent la transmission au Gouvernement de la loi définitivement adoptée.

Il peut, avant l'expiration de ce délai, demander au Parlement une nouvelle délibération de la loi ou de certains de ses articles. Cette nouvelle délibération ne peut être refusée.

Article 11

(nouvelle rédaction 4 août 1995) (23 juillet 2008)

Le Président de la République, sur proposition du Gouvernement pendant la durée des sessions ou sur proposition conjointe des deux assemblées, publiées au *Journal officiel*, peut soumettre au référendum tout projet de loi portant sur l'organisation des pouvoirs publics, sur des réformes relatives à la politique économique, sociale ou environnementale de la nation et aux services publics qui y concourent, ou tendant à autoriser la ratification d'un traité qui, sans être contraire à la Constitution, aurait des incidences sur le fonctionnement des institutions.

Lorsque le référendum est organisé sur proposition du Gouvernement, celui-ci fait, devant chaque assemblée, une déclaration qui est suivie d'un débat.

Un référendum portant sur un objet mentionné au premier alinéa peut être organisé à l'initiative d'un cinquième des membres du Parlement, soutenue par un dixième des électeurs inscrits sur les listes électorales. Cette initiative prend la forme d'une proposition de loi et ne peut avoir pour objet l'abrogation d'une disposition législative promulguée depuis moins d'un an.

Les conditions de sa présentation et celles dans lesquelles le Conseil constitutionnel contrôle le respect des dispositions de l'alinéa précédent sont déterminées par une loi organique.

Si la proposition de loi n'a pas été examinée par les deux assemblées dans un délai fixé par la loi organique, le Président de la République la soumet au référendum.

Lorsque la proposition de loi n'est pas adoptée par le peuple français, aucune nouvelle proposition de référendum portant sur le même sujet ne peut être présentée avant l'expiration d'un délai de deux ans suivant la date du scrutin.

Lorsque le référendum a conclu à l'adoption du projet ou de la proposition de loi, le Président de la République promulgue la loi dans les quinze jours qui suivent la proclamation des résultats de la consultation.

Article 12

Le Président de la République peut, après consultation du Premier ministre et des présidents des assemblées, prononcer la dissolution de l'Assemblée nationale.

Les élections générales ont lieu vingt jours au moins et quarante jours au plus tard après la dissolution.

L'Assemblée nationale se réunit de plein droit le deuxième jeudi qui suit son élection. Si cette réunion a lieu en dehors de la période prévue pour la session ordinaire, une session est ouverte de droit pour une durée de quinze jours.

Il ne peut être procédé à une nouvelle dissolution dans l'année qui suit ces élections.

Article 13

(nouvelle rédaction 28 mars 2003) (23 juillet 2008)

Le Président de la République signe les ordonnances et les décrets délibérés en conseil des ministres.

Il nomme aux emplois civils et militaires de l'État.

Les conseillers d'État, le grand chancelier de la Légion d'honneur, les ambassadeurs et envoyés extraordinaires, les conseillers maîtres à la Cour des comptes, les préfets, les représentants de l'État dans les collectivités d'outre-mer régies par l'article 74 et en Nouvelle-Calédonie, les officiers généraux, les recteurs des académies, les directeurs des administrations centrales sont nommés en conseil des ministres.

Une loi organique détermine les autres emplois auxquels il est pourvu en conseil des ministres ainsi que les conditions dans lesquelles le pouvoir de nomination du Président de la République peut être par lui délégué pour être exercé en son nom.

Une loi organique détermine les emplois ou fonctions, autres que ceux mentionnés au troisième alinéa, pour lesquels, en raison de leur importance pour la garantie des droits et libertés ou la vie économique et sociale de la nation, le pouvoir de nomination du Président de la République s'exerce après avis public de la commission permanente compétente de chaque assemblée. Le Président de la République ne peut procéder à une nomination lorsque l'addition des votes négatifs dans chaque commission représente au moins trois cinquièmes des suffrages exprimés au sein des deux commissions. La loi détermine les commissions permanentes compétentes selon les emplois ou fonctions concernés.

Article 14

Le Président de la République accrédite les ambassadeurs et les envoyés extraordinaires auprès des puissances étrangères ; les ambassadeurs et les envoyés extraordinaires étrangers sont accrédités auprès de lui.

Article 15

Le Président de la République est le chef des armées. Il préside les conseils et comités supérieurs de la Défense nationale.

Article 16

(23 juillet 2008)

Lorsque les institutions de la République, l'indépendance de la nation, l'intégrité de son territoire ou l'exécution de ses engagements internationaux sont menacées d'une manière grave et immédiate et que le fonctionnement régulier des pouvoirs publics constitutionnels est interrompu, le Président de la République prend les mesures exigées par ces circonstances, après consultation officielle du Premier ministre, des présidents des assemblées ainsi que du Conseil constitutionnel.

Il en informe la nation par un message.

Ces mesures doivent être inspirées par la volonté d'assurer aux pouvoirs publics constitutionnels, dans les moindres délais, les moyens d'accomplir leur mission. Le Conseil constitutionnel est consulté à leur sujet.

Le Parlement se réunit de plein droit.

L'Assemblée nationale ne peut être dissoute pendant l'exercice des pouvoirs exceptionnels.
Après trente jours d'exercice des pouvoirs exceptionnels, le Conseil constitutionnel peut être saisi par le Président de l'Assemblée nationale, le Président du Sénat, soixante députés ou soixante sénateurs, aux fins d'examiner si les conditions énoncées au premier alinéa demeurent réunies. Il se prononce dans les délais les plus brefs par un avis public. Il procède de plein droit à cet examen et se prononce dans les mêmes conditions au terme de soixante jours d'exercice des pouvoirs exceptionnels et à tout moment au-delà de cette durée.

Article 17

(nouvelle rédaction 23 juillet 2008)

Le Président de la République a le droit de faire grâce à titre individuel.

Article 18

(23 juillet 2008)

Le Président de la République communique avec les deux assemblées du Parlement par des messages qu'il fait lire et qui ne donnent lieu à aucun débat.
Il peut prendre la parole devant le Parlement réuni à cet effet en Congrès. Sa déclaration peut donner lieu, hors sa présence, à un débat qui ne fait l'objet d'aucun vote.
Hors session, les assemblées parlementaires sont réunies spécialement à cet effet.

Article 19

Les actes du Président de la République autres que ceux prévus aux articles 8 (1er alinéa), 11, 12, 16, 18, 54, 56 et 61 sont contresignés par le Premier ministre et, le cas échéant, par les ministres responsables.

TITRE III

Le Gouvernement

Article 20

Le Gouvernement détermine et conduit la politique de la nation.
Il dispose de l'administration et de la force armée.
Il est responsable devant le Parlement dans les conditions et suivant les procédures prévues aux articles 49 et 50.

Article 21

Le Premier ministre dirige l'action du Gouvernement. Il est responsable de la Défense nationale. Il assure l'exécution des lois. Sous réserve des dispositions de l'article 13, il exerce le pouvoir réglementaire et nomme aux emplois civils et militaires.
Il peut déléguer certains de ses pouvoirs aux ministres.
Il supplée, le cas échéant, le Président de la République dans la présidence des conseils et comités prévus à l'article 15.
Il peut, à titre exceptionnel, le suppléer pour la présidence d'un conseil des ministres en vertu d'une délégation expresse et pour un ordre du jour déterminé.

Article 22

Les actes du Premier ministre sont contresignés, le cas échéant, par les ministres chargés de leur exécution.

Article 23

Les fonctions de membre du Gouvernement sont incompatibles avec l'exercice de tout mandat parlementaire, de toute fonction de représentation professionnelle à caractère national et de tout emploi public ou de toute activité professionnelle.
Une loi organique fixe les conditions dans lesquelles il est pourvu au remplacement des titulaires de tels mandats, fonctions ou emplois.
Le remplacement des membres du Parlement a lieu conformément aux dispositions de l'article 25.

TITRE IV

Le Parlement

Article 24

(nouvelle rédaction 23 juillet 2008)

Le Parlement vote la loi. Il contrôle l'action du Gouvernement. Il évalue les politiques publiques.
Il comprend l'Assemblée nationale et le Sénat.
Les députés à l'Assemblée nationale, dont le nombre ne peut excéder cinq cent soixante-dix-sept, sont élus au suffrage direct.
Le Sénat, dont le nombre de membres ne peut excéder trois cent quarante-huit, est élu au suffrage indirect. Il assure la représentation des collectivités territoriales de la République.
Les Français établis hors de France sont représentés à l'Assemblée nationale et au Sénat.

Article 25

(23 juillet 2008)

Une loi organique fixe la durée des pouvoirs de chaque assemblée, le nombre de ses membres, leur indemnité, les conditions d'éligibilité, le régime des inéligibilités et des incompatibilités.
Elle fixe également les conditions dans lesquelles sont élues les personnes appelées à assurer, en cas de vacance du siège, le remplacement des députés ou des sénateurs jusqu'au renouvellement général ou partiel de l'assemblée à laquelle ils appartenaient ou leur remplacement temporaire en cas d'acceptation par eux de fonctions gouvernementales.
Une commission indépendante, dont la loi fixe la composition et les règles d'organisation et de fonctionnement, se prononce par un avis public sur les projets de texte et propositions de loi délimitant les circonscriptions pour l'élection des députés ou modifiant la répartition des sièges de députés ou de sénateurs.

Article 26

(nouvelle rédaction 4 août 1995)

Aucun membre du Parlement ne peut être poursuivi, recherché, arrêté, détenu ou jugé à l'occasion des opinions ou votes émis par lui dans l'exercice de ses fonctions.

Aucun membre du Parlement ne peut faire l'objet, en matière criminelle ou correctionnelle, d'une arrestation ou de toute autre mesure privative de liberté qu'avec l'autorisation du Bureau de l'assemblée dont il fait partie. Cette autorisation n'est pas requise en cas de crime ou délit flagrant ou de condamnation définitive.

La détention, les mesures privatives ou restrictives de liberté ou la poursuite d'un membre du Parlement sont suspendues pour la durée de la session si l'assemblée dont il fait partie le requiert.

L'assemblée intéressée est réunie de plein droit pour des séances supplémentaires pour permettre, le cas échéant, l'application de l'alinéa ci-aval.

Article 27

Tout mandat impératif est nul.

Le droit de vote des membres du Parlement est personnel.

La loi organique peut autoriser exceptionnellement la délégation de vote. Dans ce cas, nul ne peut recevoir délégation de plus d'un mandat.

Article 28

(nouvelle rédaction 4 août 1995)

Le Parlement se réunit de plein droit en une session ordinaire qui commence le premier jour ouvrable d'octobre et prend fin le dernier jour ouvrable de juin.

Le nombre de jours de séance que chaque assemblée peut tenir au cours de la session ordinaire ne peut excéder cent vingt. Les semaines de séance sont fixées par chaque assemblée.

Le Premier ministre, après consultation du président de l'assemblée concernée, ou la majorité des membres de chaque assemblée peut décider la tenue de jours supplémentaires de séance.

Les jours et les horaires des séances sont déterminés par le règlement de chaque assemblée.

Article 29

Le Parlement est réuni en session extraordinaire à la demande du Premier ministre ou de la majorité des membres composant l'Assemblée nationale, sur un ordre du jour déterminé.

Lorsque la session extraordinaire est tenue à la demande des membres de l'Assemblée nationale, le décret de clôture intervient dès que le Parlement a épuisé l'ordre du jour pour lequel il a été convoqué et au plus tard douze jours à compter de sa réunion.

Le Premier ministre peut seul demander une nouvelle session avant l'expiration du mois qui suit le décret de clôture.

Article 30

Hors les cas dans lesquels le Parlement se réunit de plein droit, les sessions extraordinaires sont ouvertes et closes par décret du Président de la République.

Article 31

Les membres du Gouvernement ont accès aux deux assemblées. Ils sont entendus quand ils le demandent.

Ils peuvent se faire assister par des commissaires du Gouvernement.

Article 32

Le Président de l'Assemblée nationale est élu pour la durée de la législature. Le Président du Sénat est élu après chaque renouvellement partiel.

Article 33

Les séances des deux assemblées sont publiques. Le compte rendu intégral des débats est publié au *Journal officiel*.

Chaque assemblée peut siéger en comité secret à la demande du Premier ministre ou d'un dixième de ses membres.

TITRE V

DES RAPPORTS ENTRE LE PARLEMENT ET LE GOUVERNEMENT

Article 34

(nouvelle rédaction 22 février 1996,28 mars 2003, 1er mars 2005) (23 juillet 2008)

La loi fixe les règles concernant :

- les droits civiques et les garanties fondamentales accordées aux citoyens pour l'exercice des libertés publiques ; la liberté, le pluralisme et l'indépendance des médias ; les sujétions imposées par la Défense nationale aux citoyens en leur personne et en leurs biens ;
- la nationalité, l'état et la capacité des personnes, les régimes matrimoniaux, les successions et libéralités ;
- la détermination des crimes et délits ainsi que les peines qui leur sont applicables ; la procédure pénale ; l'amnistie ; la création de nouveaux ordres de juridiction et le statut des magistrats ;
- l'assiette, le taux et les modalités de recouvrement des impositions de toutes natures ; le régime d'émission de la monnaie.

La loi fixe également les règles concernant :

- le régime électoral des assemblées parlementaires, des assemblées locales et des instances représentatives des Français établis hors de France ainsi que les conditions d'exercice des mandats électoraux et des fonctions électives des membres des assemblées délibérantes des collectivités territoriales ;
- la création de catégories d'établissements publics ;
- les garanties fondamentales accordées aux fonctionnaires civils et militaires de l'État ;
- les nationalisations d'entreprises et les transferts de propriété d'entreprises du secteur public au secteur privé.

La loi détermine les principes fondamentaux :

- de l'organisation générale de la Défense nationale ;
- de la libre administration des collectivités territoriales, de leurs compétences et de leurs ressources ;
- de l'enseignement ;
- de la préservation de l'environnement ;

- du régime de la propriété, des droits réels et des obligations civiles et commerciales ;
- du droit du travail, du droit syndical et de la Sécurité sociale.

  Les lois de finances déterminent les ressources et les charges de l'État dans les conditions et sous les réserves prévues par une loi organique.

Les lois de financement de la Sécurité sociale déterminent les conditions générales de son équilibre financier et, compte tenu de leurs prévisions de recettes, fixent ses objectifs de dépenses, dans les conditions et sous les réserves prévues par une loi organique.

Des lois de programmation déterminent les objectifs de l'action de l'État.

Les orientations pluriannuelles des finances publiques sont définies par des lois de programmation. Elles s'inscrivent dans l'objectif d'équilibre des comptes des administrations publiques.

Les dispositions du présent article pourront être précisées et complétées par une loi organique.

Article 34-1

(NOUVEAU 23 juillet 2008)

Les assemblées peuvent voter des résolutions dans les conditions fixées par la loi organique.

Sont irrecevables et ne peuvent être inscrites à l'ordre du jour les propositions de résolution dont le Gouvernement estime que leur adoption ou leur rejet serait de nature à mettre en cause sa responsabilité ou qu'elles contiennent des injonctions à son égard.

Article 35

(23 juillet 2008)

La déclaration de guerre est autorisée par le Parlement.

Le Gouvernement informe le Parlement de sa décision de faire intervenir les forces armées à l'étranger, au plus tard trois jours après le début de l'intervention. Il précise les objectifs poursuivis. Cette information peut donner lieu à un débat qui n'est suivi d'aucun vote.

Lorsque la durée de l'intervention excède quatre mois, le Gouvernement soumet sa prolongation à l'autorisation du Parlement. Il peut demander à l'Assemblée nationale de décider en dernier ressort.

Si le Parlement n'est pas en session à l'expiration du délai de quatre mois, il se prononce à l'ouverture de la session suivante.

Article 36

L'état de siège est décrété en conseil des ministres. Sa prorogation au-delà de douze jours ne peut être autorisée que par le Parlement.

Article 37

Les matières autres que celles qui sont du domaine de la loi ont un caractère réglementaire.

Les textes de forme législative intervenus en ces matières peuvent être modifiés par décrets pris après avis du Conseil d'État. Ceux de ces textes qui interviendraient après l'entrée en vigueur de la présente Constitution ne pourront être modifiés par décret que si le Conseil constitutionnel a déclaré qu'ils ont un caractère réglementaire en vertu de l'alinéa précédent.

Article 37-1

(28 mars 2003)

La loi et le règlement peuvent comporter, pour un objet et une durée limités, des dispositions à caractère expérimental.

Article 38

(23 juillet 2008)

Le Gouvernement peut, pour l'exécution de son programme, demander au Parlement l'autorisation de prendre par ordonnances, pendant un délai limité, des mesures qui sont normalement du domaine de la loi.

Les ordonnances sont prises en conseil des ministres après avis du Conseil d'État. Elles entrent en vigueur dès leur publication mais deviennent caduques si le projet de loi de ratification n'est pas déposé devant le Parlement avant la date fixée par la loi d'habilitation. Elles ne peuvent être ratifiées que de manière expresse.

À l'expiration du délai mentionné au premier alinéa du présent article, les ordonnances ne peuvent plus être modifiées que par la loi dans les matières qui sont du domaine législatif.

Article 39

(nouvelle rédaction 22 février 1996, 28 mars 2003) (23 juillet 2008)

L'initiative des lois appartient concurremment au Premier ministre et aux membres du Parlement.

Les projets de loi sont délibérés en conseil des ministres après avis du Conseil d'État et déposés sur le bureau de l'une des deux assemblées. Les projets de loi de finances et de loi de financement de la Sécurité sociale sont soumis en premier lieu à l'Assemblée nationale. Sans préjudice du premier alinéa de l'article 44, les projets de loi ayant pour principal objet l'organisation des collectivités territoriales sont soumis en premier lieu au Sénat.

La présentation des projets de loi déposés devant l'Assemblée nationale ou le Sénat répond aux conditions fixées par une loi organique.

Les projets de loi ne peuvent être inscrits à l'ordre du jour si la Conférence des présidents de la première assemblée saisie constate que les règles fixées par la loi organique sont méconnues. En cas de désaccord entre la Conférence des présidents et le Gouvernement, le président de l'assemblée intéressée ou le Premier ministre peut saisir le Conseil constitutionnel qui statue dans un délai de huit jours.

Dans les conditions prévues par la loi, le président d'une assemblée peut soumettre pour avis au Conseil d'État, avant son examen en commission, une proposition de loi déposée par l'un des membres de cette assemblée, sauf si ce dernier s'y oppose.

Article 40

Les propositions et amendements formulés par les membres du Parlement ne sont pas recevables lorsque leur adoption aurait pour conséquence soit une diminution des ressources publiques, soit la création ou l'aggravation d'une charge publique.

Article 41

(23 juillet 2008)

S'il apparaît au cours de la procédure législative qu'une proposition ou un amendement n'est pas du domaine de la loi ou est contraire à une délégation accordée en vertu de l'article 38, le Gouvernement ou le président de l'assemblée saisie peut opposer l'irrecevabilité.

En cas de désaccord entre le Gouvernement et le président de l'assemblée intéressée, le Conseil constitutionnel, à la demande de l'un ou de l'autre, statue dans un délai de huit jours.

Article 42

(nouvelle rédaction 23 juillet 2008)

La discussion des projets et des propositions de loi porte, en séance, sur le texte adopté par la commission saisie en application de l'article 43 ou, à défaut, sur le texte dont l'assemblée a été saisie.

Toutefois, la discussion en séance des projets de révision constitutionnelle, des projets de loi de finances et des projets de loi de financement de la Sécurité sociale porte, en première lecture devant la première assemblée saisie, sur le texte présenté par le Gouvernement et, pour les autres lectures, sur le texte transmis par l'autre assemblée.

La discussion en séance, en première lecture, d'un projet ou d'une proposition de loi ne peut intervenir, devant la première assemblée saisie, qu'à l'expiration d'un délai de six semaines après son dépôt. Elle ne peut intervenir, devant la seconde assemblée saisie, qu'à l'expiration d'un délai de quatre semaines à compter de sa transmission.

L'alinéa précédent ne s'applique pas si la procédure accélérée a été engagée dans les conditions prévues à l'article 45. Il ne s'applique pas non plus aux projets de loi de finances, aux projets de loi de financement de la Sécurité sociale et aux projets relatifs aux états de crise.

Article 43

(nouvelle rédaction 23 juillet 2008)

Les projets et propositions de loi sont envoyés pour examen à l'une des commissions permanentes dont le nombre est limité à huit dans chaque assemblée.

À la demande du Gouvernement ou de l'assemblée qui en est saisie, les projets ou propositions de loi sont envoyés pour examen à une commission spécialement désignée à cet effet.

Article 44

(23 juillet 2008)

Les membres du Parlement et le Gouvernement ont le droit d'amendement. Ce droit s'exerce en séance ou en commission selon les conditions fixées par les règlements des assemblées, dans le cadre déterminé par une loi organique.

Après l'ouverture du débat, le Gouvernement peut s'opposer à l'examen de tout amendement qui n'a pas été antérieurement soumis à la commission.

Si le Gouvernement le demande, l'assemblée saisie se prononce par un seul vote sur tout ou partie du texte en discussion en ne retenant que les amendements proposés ou acceptés par le Gouvernement.

Article 45

(23 juillet 2008)

Tout projet ou proposition de loi est examiné successivement dans les deux assemblées du Parlement en vue de l'adoption d'un texte identique. Sans préjudice de l'application des articles 40 et 41, tout amendement est recevable en première lecture dès lors qu'il présente un lien, même indirect, avec le texte déposé ou transmis.

Lorsque, par suite d'un désaccord entre les deux assemblées, un projet ou une proposition de loi n'a pu être adopté après deux lectures par chaque assemblée ou, si le Gouvernement a décidé d'engager la procédure accélérée sans que les Conférences des présidents s'y soient conjointement opposées, après une seule lecture par chacune d'entre elles, le Premier ministre ou, pour une proposition de loi, les présidents des deux assemblées agissant conjointement, ont la faculté de provoquer la réunion d'une commission mixte paritaire chargée de proposer un texte sur les dispositions restant en discussion.

Le texte élaboré par la commission mixte peut être soumis par le Gouvernement pour approbation aux deux assemblées. Aucun amendement n'est recevable sauf accord du Gouvernement.

Si la commission mixte ne parvient pas à l'adoption d'un texte commun ou si ce texte n'est pas adopté dans les conditions prévues à l'alinéa précédent, le Gouvernement peut, après une nouvelle lecture par l'Assemblée nationale et par le Sénat, demander à l'Assemblée nationale de statuer définitivement. En ce cas, l'Assemblée nationale peut reprendre soit le texte élaboré par la commission mixte, soit le dernier texte voté par elle, modifié le cas échéant par un ou plusieurs des amendements adoptés par le Sénat.

Article 46

(23 juillet 2008)

Les lois auxquelles la Constitution confère le caractère de lois organiques sont votées et modifiées dans les conditions suivantes.

Le projet ou la proposition ne peut, en première lecture, être soumis à la délibération et au vote des assemblées qu'à l'expiration des délais fixés au troisième alinéa de l'article 42. Toutefois, si la procédure accélérée a été engagée dans les conditions prévues à l'article 45, le projet ou la proposition ne peut être soumis à la délibération de la première assemblée saisie avant l'expiration d'un délai de quinze jours après son dépôt.

La procédure de l'article 45 est applicable. Toutefois, faute d'accord entre les deux assemblées, le texte ne peut être adopté par l'Assemblée nationale en dernière lecture qu'à la majorité absolue de ses membres.

Les lois organiques relatives au Sénat doivent être votées dans les mêmes termes par les deux assemblées.

Les lois organiques ne peuvent être promulguées qu'après déclaration par le Conseil constitutionnel de leur conformité à la Constitution.

Article 47

(23 juillet 2008)

Le Parlement vote les projets de loi de finances dans les conditions prévues par une loi organique.

Si l'Assemblée nationale ne s'est pas prononcée en première lecture dans le délai de quarante jours après le dépôt d'un projet, le Gouvernement saisit le Sénat qui doit statuer dans un délai de quinze jours. Il est ensuite procédé dans les conditions prévues à l'article 45.
Si le Parlement ne s'est pas prononcé dans un délai de soixante-dix jours, les dispositions du projet peuvent être mises en vigueur par ordonnance.
Si la loi de finances fixant les ressources et les charges d'un exercice n'a pas été déposée en temps utile pour être promulguée avant le début de cet exercice, le Gouvernement demande d'urgence au Parlement l'autorisation de percevoir les impôts et ouvre par décret les crédits se rapportant aux services votés.
Les délais prévus au présent article sont suspendus lorsque le Parlement n'est pas en session.

Article 47-1

(22 février 1996) – (23 juillet 2008)

Le Parlement vote les projets de loi de financement de la Sécurité sociale dans les conditions prévues par une loi organique.
Si l'Assemblée nationale ne s'est pas prononcée en première lecture dans le délai de vingt jours après le dépôt d'un projet, le Gouvernement saisit le Sénat qui doit statuer dans un délai de quinze jours. Il est ensuite procédé dans les conditions prévues à l'article 45.
Si le Parlement ne s'est pas prononcé dans un délai de cinquante jours, les dispositions du projet peuvent être mises en œuvre par ordonnance.
Les délais prévus au présent article sont suspendus lorsque le Parlement n'est pas en session et, pour chaque assemblée, au cours des semaines où elle a décidé de ne pas tenir séance conformément au deuxième alinéa de l'article 28.

Article 47-2

(NOUVEAU 23 juillet 2008)

La Cour des comptes assiste le Parlement dans le contrôle de l'action du Gouvernement. Elle assiste le Parlement et le Gouvernement dans le contrôle de l'exécution des lois de finances et de l'application des lois de financement de la Sécurité sociale ainsi que dans l'évaluation des politiques publiques. Par ses rapports publics, elle contribue à l'information des citoyens.
Les comptes des administrations publiques sont réguliers et sincères. Ils donnent une image fidèle du résultat de leur gestion, de leur patrimoine et de leur situation financière.

Article 48

(nouvelle rédaction 4 août 1995) (nouvelle rédaction 23 juillet 2008)

Sans préjudice de l'application des trois derniers alinéas de l'article 28, l'ordre du jour est fixé par chaque assemblée.
Deux semaines de séance sur quatre sont réservées par priorité, et dans l'ordre que le Gouvernement a fixé, à l'examen des textes et aux débats dont il demande l'inscription à l'ordre du jour.
En outre, l'examen des projets de loi de finances, des projets de loi de financement de la Sécurité sociale et, sous réserve des dispositions de l'alinéa suivant, des textes transmis par l'autre assemblée depuis six semaines au moins, des projets relatifs aux états de crise et des demandes d'autorisation visées à l'article 35 est, à la demande du Gouvernement, inscrit à l'ordre du jour par priorité.
Une semaine de séance sur quatre est réservée par priorité et dans l'ordre fixé par chaque assemblée au contrôle de l'action du Gouvernement et à l'évaluation des politiques publiques.
Un jour de séance par mois est réservé à un ordre du jour arrêté par chaque assemblée à l'initiative des groupes d'opposition de l'assemblée intéressée ainsi qu'à celle des groupes minoritaires.
Une séance par semaine au moins, y compris pendant les sessions extraordinaires prévues à l'article 29, est réservée par priorité aux questions des membres du Parlement et aux réponses du Gouvernement.

Article 49

(nouvelle rédaction 4 août 1995) (23 juillet 2008)

Le Premier ministre, après délibération du conseil des ministres, engage devant l'Assemblée nationale la responsabilité du Gouvernement sur son programme ou éventuellement sur une déclaration de politique générale.
L'Assemblée nationale met en cause la responsabilité du Gouvernement par le vote d'une motion de censure. Une telle motion n'est recevable que si elle est signée par un dixième au moins des membres de l'Assemblée nationale. Le vote ne peut avoir lieu que quarante-huit heures après son dépôt. Seuls sont recensés les votes favorables à la motion de censure qui ne peut être adoptée qu'à la majorité des membres composant l'Assemblée. Sauf dans le cas prévu à l'alinéa ci-après, un député ne peut être signataire de plus de trois motions de censure au cours d'une même session ordinaire et de plus d'une au cours d'une même session extraordinaire.
Le Premier ministre peut, après délibération du conseil des ministres, engager la responsabilité du Gouvernement devant l'Assemblée nationale sur le vote d'un projet de loi de finances ou de financement de la Sécurité sociale. Dans ce cas, ce projet est considéré comme adopté, sauf si une motion de censure, déposée dans les vingt-quatre heures qui suivent, est votée dans les conditions prévues à l'alinéa précédent. Le Premier ministre peut, en outre, recourir à cette procédure pour un autre projet ou une proposition de loi par session.
Le Premier ministre a la faculté de demander au Sénat l'approbation d'une déclaration de politique générale.

Article 50

Lorsque l'Assemblée nationale adopte une motion de censure ou lorsqu'elle désapprouve le programme ou une déclaration de politique générale du Gouvernement, le Premier ministre doit remettre au Président de la République la démission du Gouvernement.

Article 50-1

(NOUVEAU 23 juillet 2008)

Devant l'une ou l'autre des assemblées, le Gouvernement peut, de sa propre initiative ou à la demande d'un groupe parlementaire au sens de l'article 51-1, faire, sur un sujet déterminé, une déclaration qui donne lieu à débat et peut, s'il le décide, faire l'objet d'un vote sans engager sa responsabilité.

Article 51

(nouvelle rédaction 4 août 1995)

La clôture de la session ordinaire ou des sessions extraordinaires est de droit retardée pour permettre, le cas échéant, l'application des dispositions de l'article 49. À cette même fin, des séances supplémentaires sont de droit.

Article 51-1

(NOUVEAU 23 juillet 2008)

Le règlement de chaque assemblée détermine les droits des groupes parlementaires constitués en son sein. Il reconnaît des droits spécifiques aux groupes d'opposition de l'assemblée intéressée ainsi qu'aux groupes minoritaires.

Article 51-2

(NOUVEAU 23 juillet 2008)

Pour l'exercice des missions de contrôle et d'évaluation définies au premier alinéa de l'article 24, des commissions d'enquête peuvent être créées au sein de chaque assemblée pour recueillir, dans les conditions prévues par la loi, des éléments d'information.
La loi détermine leurs règles d'organisation et de fonctionnement. Leurs conditions de création sont fixées par le règlement de chaque assemblée.

TITRE VI

DES TRAITÉS ET ACCORDS INTERNATIONAUX

Article 52

Le Président de la République négocie et ratifie les traités.
Il est informé de toute négociation tendant à la conclusion d'un accord international non soumis à ratification.

Article 53

Les traités de paix, les traités de commerce, les traités ou accords relatifs à l'organisation internationale, ceux qui engagent les finances de l'État, ceux qui modifient des dispositions de nature législative, ceux qui sont relatifs à l'état des personnes, ceux qui comportent cession, échange ou adjonction de territoire, ne peuvent être ratifiés ou approuvés qu'en vertu d'une loi.
Ils ne prennent effet qu'après avoir été ratifiés ou approuvés.
Nulle cession, nul échange, nulle adjonction de territoire n'est valable sans le consentement des populations intéressées.

Article 53-1

(25 novembre 1993)

La République peut conclure avec les États européens qui sont liés par des engagements identiques aux siens en matière d'asile et de protection des Droits de l'homme et des libertés fondamentales, des accords déterminant leurs compétences respectives pour l'examen des demandes d'asile qui leur sont présentées.
Toutefois, même si la demande n'entre pas dans leur compétence en vertu de ces accords, les autorités de la République ont toujours le droit de donner asile à tout étranger persécuté en raison de son action en faveur de la liberté ou qui sollicite la protection de la France pour un autre motif.

Article 53-2

(8 juillet 1999)

La République peut reconnaître la juridiction de la Cour pénale internationale dans les conditions prévues par le traité signé le 18 juillet 1998.

Article 54

(25 juin 1992)

Si le Conseil constitutionnel, saisi par le Président de la République, par le Premier ministre, par le président de l'une ou l'autre assemblée ou par soixante députés ou soixante sénateurs, a déclaré qu'un engagement international comporte une clause contraire à la Constitution, l'autorisation de ratifier ou d'approuver l'engagement international en cause ne peut intervenir qu'après la révision de la Constitution.

Article 55

Les traités ou accords régulièrement ratifiés ou approuvés ont, dès leur publication, une autorité supérieure à celle des lois, sous réserve, pour chaque accord ou traité, de son application par l'autre partie.

TITRE VII

LE CONSEIL CONSTITUTIONNEL

Article 56

(23 juillet 2008)

Le Conseil constitutionnel comprend neuf membres, dont le mandat dure neuf ans et n'est pas renouvelable. Le Conseil constitutionnel se renouvelle par tiers tous les trois ans. Trois des membres sont nommés par le Président de la République, trois par le Président de l'Assemblée nationale, trois par le Président du Sénat. La procédure prévue au dernier alinéa de l'article 13 est applicable à ces nominations. Les nominations effectuées par le président de chaque assemblée sont soumises au seul avis de la commission permanente compétente de l'assemblée concernée.
En sus des neuf membres prévus ci-aval, font de droit partie à vie du Conseil constitutionnel les anciens Présidents de la République.
Le président est nommé par le Président de la République. Il a voix prépondérante en cas de partage.

Article 57

Les fonctions de membre du Conseil constitutionnel sont incompatibles avec celles de ministre ou de membre du Parlement. Les autres incompatibilités sont fixées par une loi organique.

Article 58

Le Conseil constitutionnel veille à la régularité de l'élection du Président de la République.

Il examine les réclamations et proclame les résultats du scrutin.

Article 59

Le Conseil constitutionnel statue, en cas de contestation, sur la régularité de l'élection des députés et des sénateurs.

Article 60

(nouvelle rédaction 1er mars 2005)

Le Conseil constitutionnel veille à la régularité des opérations de référendum prévues aux articles 11 et 89 et au titre XV. Il en proclame les résultats.

Article 61

(23 juillet 2008)

Les lois organiques, avant leur promulgation, les propositions de loi mentionnées à l'article 11 avant qu'elles ne soient soumises au référendum, et les règlements des assemblées parlementaires, avant leur mise en application, doivent être soumis au Conseil constitutionnel, qui se prononce sur leur conformité à la Constitution.

Aux mêmes fins, les lois peuvent être déférées au Conseil constitutionnel avant leur promulgation, par le Président de la République, le Premier ministre, le Président de l'Assemblée nationale, le Président du Sénat ou soixante députés ou soixante sénateurs.

Dans les cas prévus aux deux alinéas précédents, le Conseil constitutionnel doit statuer dans le délai d'un mois. Toutefois, à la demande du Gouvernement, s'il y a urgence, ce délai est ramené à huit jours.

Dans ces mêmes cas, la saisine du Conseil constitutionnel suspend le délai de promulgation.

Article 61-1

(NOUVEAU 23 juillet 2008)

Lorsque, à l'occasion d'une instance en cours devant une juridiction, il est soutenu qu'une disposition législative porte atteinte aux droits et libertés que la Constitution garantit, le Conseil constitutionnel peut être saisi de cette question sur renvoi du Conseil d'État ou de la Cour de cassation qui se prononce dans un délai déterminé.

Une loi organique détermine les conditions d'application du présent article.

Article 62

(23 juillet 2008)

Une disposition déclarée inconstitutionnelle sur le fondement de l'article 61 ne peut être promulguée ni mise en application.

Une disposition déclarée inconstitutionnelle sur le fondement de l'article 61-1 est abrogée à compter de la publication de la décision du Conseil constitutionnel ou d'une date ultérieure fixée par cette décision. Le Conseil constitutionnel détermine les conditions et limites dans lesquelles les effets que la disposition a produits sont susceptibles d'être remis en cause.

Les décisions du Conseil constitutionnel ne sont susceptibles d'aucun recours. Elles s'imposent aux pouvoirs publics et à toutes les autorités administratives et juridictionnelles.

Article 63

Une loi organique détermine les règles d'organisation et de fonctionnement du Conseil constitutionnel, la procédure qui est suivie devant lui, et notamment les délais ouverts pour le saisir de contestations.

TITRE VIII

De l'autorité judiciaire

Article 64

Le Président de la République est garant de l'indépendance de l'autorité judiciaire.

Il est assisté par le Conseil supérieur de la magistrature.

Une loi organique porte statut des magistrats.

Les magistrats du siège sont inamovibles.

Article 65

(27 juillet 1993) (nouvelle rédaction 23 juillet 2008)

Le Conseil supérieur de la magistrature comprend une formation compétente à l'égard des magistrats du siège et une formation compétente à l'égard des magistrats du parquet.

La formation compétente à l'égard des magistrats du siège est présidée par le premier président de la Cour de cassation. Elle comprend, en outre, cinq magistrats du siège et un magistrat du parquet, un conseiller d'État désigné par le Conseil d'État, un avocat ainsi que six personnalités qualifiées qui n'appartiennent ni au Parlement, ni à l'ordre judiciaire, ni à l'ordre administratif. Le Président de la République, le Président de l'Assemblée nationale et le Président du Sénat désignent chacun deux personnalités qualifiées. La procédure prévue au dernier alinéa de l'article 13 est applicable aux nominations des personnalités qualifiées. Les nominations effectuées par le président de chaque assemblée du Parlement sont soumises au seul avis de la commission permanente compétente de l'assemblée intéressée.

La formation compétente à l'égard des magistrats du parquet est présidée par le procureur général près la Cour de cassation. Elle comprend, en outre, cinq magistrats du parquet et un magistrat du siège, ainsi que le conseiller d'État, l'avocat et les six personnalités qualifiées mentionnés au deuxième alinéa.

La formation du Conseil supérieur de la magistrature compétente à l'égard des magistrats du siège fait des propositions pour les nominations des magistrats du siège à la Cour de cassation, pour celles de premier président de cour d'appel et pour celles de président de tribunal de grande instance. Les autres magistrats du siège sont nommés sur son avis conforme.

La formation du Conseil supérieur de la magistrature compétente à l'égard des magistrats du parquet donne son avis sur les nominations qui concernent les magistrats du parquet.

La formation du Conseil supérieur de la magistrature compétente à l'égard des magistrats du siège statue comme conseil de discipline des magistrats du siège. Elle comprend alors, outre les membres visés au deuxième alinéa, le magistrat du siège appartenant à la formation compétente à l'égard des magistrats du parquet.
La formation du Conseil supérieur de la magistrature compétente à l'égard des magistrats du parquet donne son avis sur les sanctions disciplinaires qui les concernent. Elle comprend alors, outre les membres visés au troisième alinéa, le magistrat du parquet appartenant à la formation compétente à l'égard des magistrats du siège.
Le Conseil supérieur de la magistrature se réunit en formation plénière pour répondre aux demandes d'avis formulées par le Président de la République au titre de l'article 64. Il se prononce, dans la même formation, sur les questions relatives à la déontologie des magistrats ainsi que sur toute question relative au fonctionnement de la justice dont le saisit le ministre de la Justice. La formation plénière comprend trois des cinq magistrats du siège mentionnés au deuxième alinéa, trois des cinq magistrats du parquet mentionnés au troisième alinéa, ainsi que le conseiller d'État, l'avocat et les six personnalités qualifiées mentionnés au deuxième alinéa. Elle est présidée par le premier Président de la Cour de cassation, que peut suppléer le procureur général près cette cour.
Sauf en matière disciplinaire, le ministre de la Justice peut participer aux séances des formations du Conseil supérieur de la magistrature.
Le Conseil supérieur de la magistrature peut être saisi par un justiciable dans les conditions fixées par une loi organique.
La loi organique détermine les conditions d'application du présent article.

Article 66

Nul ne peut être arbitrairement détenu.
L'autorité judiciaire, gardienne de la liberté individuelle, assure le respect de ce principe dans les conditions prévues par la loi.

Article 66-1

(23 février 2007)

Nul ne peut être condamné à la peine de mort.

TITRE IX

La Haute Cour (nouvelle rédaction 23 février 2007)

Article 67

Le Président de la République n'est pas responsable des actes accomplis en cette qualité, sous réserve des dispositions des articles 53-2 et 68.
Il ne peut, durant son mandat et devant aucune juridiction ou autorité administrative française, être requis de témoigner non plus que faire l'objet d'une action, d'un acte d'information, d'instruction ou de poursuite. Tout délai de prescription ou de forclusion est suspendu.
Les instances et procédures auxquelles il est ainsi fait obstacle peuvent être reprises ou engagées contre lui à l'expiration d'un délai d'un mois suivant la cessation des fonctions.

Article 68

Le Président de la République ne peut être destitué qu'en cas de manquement à ses devoirs manifestement incompatible avec l'exercice de son mandat. La destitution est prononcée par le Parlement constitué en Haute Cour.
La proposition de réunion de la Haute Cour adoptée par une des assemblées du Parlement est aussitôt transmise à l'autre qui se prononce dans les quinze jours.
La Haute Cour est présidée par le Président de l'Assemblée nationale. Elle statue dans un délai d'un mois, à bulletins secrets, sur la destitution. Sa décision est d'effet immédiat.
Les décisions prises en application du présent article le sont à la majorité des deux tiers des membres composant l'assemblée concernée ou la Haute Cour. Toute délégation de vote est interdite. Seuls sont recensés les votes favorables à la proposition de réunion de la Haute Cour ou à la destitution.
Une loi organique fixe les conditions d'application du présent article.

TITRE X

(27 juillet 1993) De la responsabilité pénale des membres du Gouvernement

Article 68-1

Les membres du Gouvernement sont pénalement responsables des actes accomplis dans l'exercice de leurs fonctions et qualifiés crimes ou délits au moment où ils ont été commis.
Ils sont jugés par la Cour de justice de la République.
La Cour de justice de la République est liée par la définition des crimes et délits ainsi que par la détermination des peines telles qu'elles résultent de la loi.

Article 68-2

La Cour de justice de la République comprend quinze juges : douze parlementaires élus, en leur sein et en nombre égal, par l'Assemblée nationale et par le Sénat après chaque renouvellement général ou partiel de ces assemblées et trois magistrats du siège à la Cour de cassation, dont l'un préside la Cour de justice de la République.
Toute personne qui se prétend lésée par un crime ou un délit commis par un membre du Gouvernement dans l'exercice de ses fonctions peut porter plainte auprès d'une commission des requêtes.
Cette commission ordonne soit le classement de la procédure, soit sa transmission au procureur général près la Cour de cassation aux fins de saisine de la Cour de justice de la République.
Le procureur général près la Cour de cassation peut aussi saisir d'office la Cour de justice de la République sur avis conforme de la commission des requêtes.
Une loi organique détermine les conditions d'application du présent article.

Article 68-3

(4 août 1995)

Les dispositions du présent titre sont applicables aux faits commis avant son entrée en vigueur.

TITRE XI

(23 JUILLET 2008) LE CONSEIL ÉCONOMIQUE, SOCIAL ET ENVIRONNEMENTAL

Article 69

(23 juillet 2008)

Le Conseil économique, social et environnemental, saisi par le Gouvernement, donne son avis sur les projets de loi, d'ordonnance ou de décret ainsi que sur les propositions de loi qui lui sont soumis.
Un membre du Conseil économique, social et environnemental peut être désigné par celui-ci pour exposer devant les assemblées parlementaires l'avis du Conseil sur les projets ou propositions qui lui ont été soumis.
Le Conseil économique, social et environnemental peut être saisi par voie de pétition dans les conditions fixées par une loi organique. Après examen de la pétition, il fait connaître au Gouvernement et au Parlement les suites qu'il propose d'y donner.

Article 70

(nouvelle rédaction 23 juillet 2008)

Le Conseil économique, social et environnemental peut être consulté par le Gouvernement et le Parlement sur tout problème de caractère économique, social ou environnemental. Le Gouvernement peut également le consulter sur les projets de loi de programmation définissant les orientations pluriannuelles des finances publiques. Tout plan ou tout projet de loi de programmation à caractère économique, social ou environnemental lui est soumis pour avis.

Article 71

(23 juillet 2008)

La composition du Conseil économique, social et environnemental, dont le nombre de membres ne peut excéder deux cent trente-trois, et ses règles de fonctionnement sont fixées par une loi organique.

TITRE XI BIS

(NOUVEAU 23 JUILLET 2008) LE DÉFENSEUR DES DROITS

Article 71-1

(NOUVEAU 23 juillet 2008)

Le Défenseur des droits veille au respect des droits et libertés par les administrations de l'État, les collectivités territoriales, les établissements publics, ainsi que par tout organisme investi d'une mission de service public, ou à l'égard duquel la loi organique lui attribue des compétences.
Il peut être saisi, dans les conditions prévues par la loi organique, par toute personne s'estimant lésée par le fonctionnement d'un service public ou d'un organisme visé au premier alinéa. Il peut se saisir d'office.
La loi organique définit les attributions et les modalités d'intervention du Défenseur des droits. Elle détermine les conditions dans lesquelles il peut être assisté par un collège pour l'exercice de certaines de ses attributions.
Le Défenseur des droits est nommé par le Président de la République pour un mandat de six ans non renouvelable, après application de la procédure prévue au dernier alinéa de l'article 13. Ses fonctions sont incompatibles avec celles de membre du Gouvernement et de membre du Parlement. Les autres incompatibilités sont fixées par la loi organique.
Le Défenseur des droits rend compte de son activité au Président de la République et au Parlement.

TITRE XII

DES COLLECTIVITÉS TERRITORIALES

Article 72

(nouvelle rédaction 28 mars 2003)

Les collectivités territoriales de la République sont les communes, les départements, les régions, les collectivités à statut particulier et les collectivités d'outre-mer régies par l'article 74. Toute autre collectivité territoriale est créée par la loi, le cas échéant en lieu et place d'une ou de plusieurs collectivités mentionnées au présent alinéa.
Les collectivités territoriales ont vocation à prendre les décisions pour l'ensemble des compétences qui peuvent le mieux être mises en œuvre à leur échelon.
Dans les conditions prévues par la loi, ces collectivités s'administrent librement par des conseils élus et disposent d'un pouvoir réglementaire pour l'exercice de leurs compétences
Dans les conditions prévues par la loi organique, et sauf lorsque sont en cause les conditions essentielles d'exercice d'une liberté publique ou d'un droit constitutionnellement garanti, les collectivités territoriales ou leurs groupements peuvent, lorsque, selon le cas, la loi ou le règlement l'a prévu, déroger, à titre expérimental et pour un objet et une durée limités, aux dispositions législatives ou réglementaires qui régissent l'exercice de leurs compétences.
Aucune collectivité territoriale ne peut exercer une tutelle sur une autre. Cependant, lorsque l'exercice d'une compétence nécessite le concours de plusieurs collectivités territoriales, la loi peut autoriser l'une d'entre elles ou un de leurs groupements à organiser les modalités de leur action commune.
Dans les collectivités territoriales de la République, le représentant de l'État, représentant de chacun des membres du Gouvernement, a la charge des intérêts nationaux, du contrôle administratif et du respect des lois.

Article 72-1

(28 mars 2003)

La loi fixe les conditions dans lesquelles les électeurs de chaque collectivité territoriale peuvent, par l'exercice du droit de pétition, demander l'inscription à l'ordre du jour de l'assemblée délibérante de cette collectivité d'une question relevant de sa compétence.
Dans les conditions prévues par la loi organique, les projets de délibération ou d'acte relevant de la compétence d'une collectivité territoriale peuvent, à son initiative, être soumis, par la voie du référen-

dum, à la décision des électeurs de cette collectivité.
Lorsqu'il est envisagé de créer une collectivité territoriale dotée d'un statut particulier ou de modifier son organisation, il peut être décidé par la loi de consulter les électeurs inscrits dans les collectivités intéressées. La modification des limites des collectivités territoriales peut également donner lieu à la consultation des électeurs dans les conditions prévues par la loi.

Article 72-2

(28 mars 2003)

Les collectivités territoriales bénéficient de ressources dont elles peuvent disposer librement dans les conditions fixées par la loi.
Elles peuvent recevoir tout ou partie du produit des impositions de toutes natures. La loi peut les autoriser à en fixer l'assiette et le taux dans les limites qu'elle détermine.
Les recettes fiscales et les autres ressources propres des collectivités territoriales représentent, pour chaque catégorie de collectivités, une part déterminante de l'ensemble de leurs ressources. La loi organique fixe les conditions dans lesquelles cette règle est mise en œuvre.
Tout transfert de compétences entre l'État et les collectivités territoriales s'accompagne de l'attribution de ressources équivalentes à celles qui étaient consacrées à leur exercice. Toute création ou extension de compétences ayant pour conséquence d'augmenter les dépenses des collectivités territoriales est accompagnée de ressources déterminées par la loi.
La loi prévoit des dispositifs de péréquation destinés à favoriser l'égalité entre les collectivités territoriales.

Article 72-3

(28 mars 2003) – (23 juillet 2008)

La République reconnaît, au sein du peuple français, les populations d'outre-mer, dans un idéal commun de liberté, d'égalité et de fraternité.
La Guadeloupe, la Guyane, la Martinique, La Réunion, Mayotte, Saint-Barthélemy, Saint-Martin, Saint-Pierre-et-Miquelon, les îles Wallis et Futuna et la Polynésie française sont régis par l'article 73 pour les départements et les régions d'outre-mer et pour les collectivités territoriales créées en application du dernier alinéa de l'article 73, et par l'article 74 pour les autres collectivités.
Le statut de la Nouvelle-Calédonie est régi par le titre XIII.
La loi détermine le régime législatif et l'organisation particulière des Terres australes et antarctiques françaises et de Clipperton.

Article 72-4

(28 mars 2003)

Aucun changement, pour tout ou partie de l'une des collectivités mentionnées au deuxième alinéa de l'article 72-3, de l'un vers l'autre des régimes prévus par les articles 73 et 74, ne peut intervenir sans que le consentement des électeurs de la collectivité ou de la partie de collectivité intéressée ait été préalablement recueilli dans les conditions prévues à l'alinéa suivant. Ce changement de régime est décidé par une loi organique.
Le Président de la République, sur proposition du Gouvernement pendant la durée des sessions ou sur proposition conjointe des deux assemblées, publiées au *Journal officiel*, peut décider de consulter les électeurs d'une collectivité territoriale située outre-mer sur une question relative à son organisation, à ses compétences ou à son régime législatif. Lorsque la consultation porte sur un changement prévu à l'alinéa précédent et est organisée sur proposition du Gouvernement, celui-ci fait, devant chaque assemblée, une déclaration qui est suivie d'un débat.

Article 73

(nouvelle rédaction 28 mars 2003) (23 juillet 2008)

Dans les départements et les régions d'outre-mer, les lois et règlements sont applicables de plein droit. Ils peuvent faire l'objet d'adaptations tenant aux caractéristiques et contraintes particulières de ces collectivités.
Ces adaptations peuvent être décidées par ces collectivités dans les matières où s'exercent leurs compétences et si elles y ont été habilitées, selon le cas, par la loi ou par le règlement.
Par dérogation au premier alinéa et pour tenir compte de leurs spécificités, les collectivités régies par le présent article peuvent être habilitées, selon le cas, par la loi ou par le règlement, à fixer elles-mêmes les règles applicables sur leur territoire, dans un nombre limité de matières pouvant relever du domaine de la loi ou du règlement.
Ces règles ne peuvent porter sur la nationalité, les droits civiques, les garanties des libertés publiques, l'état et la capacité des personnes, l'organisation de la justice, le droit pénal, la procédure pénale, la politique étrangère, la défense, la sécurité et l'ordre publics, la monnaie, le crédit et les changes, ainsi que le droit électoral. Cette énumération pourra être précisée et complétée par une loi organique.
La disposition prévue aux deux précédents alinéas n'est pas applicable au département et à la région de La Réunion.
Les habilitations prévues aux deuxième et troisième alinéas sont décidées, à la demande de la collectivité concernée, dans les conditions et sous les réserves prévues par une loi organique. Elles ne peuvent intervenir lorsque sont en cause les conditions essentielles d'exercice d'une liberté publique ou d'un droit constitutionnellement garanti.
La création par la loi d'une collectivité se substituant à un département et une région d'outre-mer ou l'institution d'une assemblée délibérante unique pour ces deux collectivités ne peut intervenir sans qu'ait été recueilli, selon les formes prévues au second alinéa de l'article 72-4, le consentement des électeurs inscrits dans le ressort de ces collectivités.

Article 74

(nouvelle rédaction 28 mars 2003)

Les collectivités d'outre-mer régies par le présent article ont un statut qui tient compte des intérêts propres de chacune d'elles au sein de la République.

Ce statut est défini par une loi organique, adoptée après avis de l'assemblée délibérante, qui fixe :

- les conditions dans lesquelles les lois et règlements y sont applicables ;
- les compétences de cette collectivité ; sous réserve de celles déjà exercées par elle, le transfert de compétences de l'État ne peut porter sur les matières énumérées au quatrième alinéa de l'article 73, précisées et complétées, le cas échéant, par la loi organique ;
- les règles d'organisation et de fonctionnement des institutions de la collectivité et le régime électoral de son assemblée délibérante ;
- les conditions dans lesquelles ses institutions sont consultées sur les projets et propositions de loi et les projets d'ordonnance ou de décret comportant des dispositions particulières à la collectivité, ainsi que sur la ratification ou l'approbation d'engagements internationaux conclus dans les matières relevant de sa compétence.

  La loi organique peut également déterminer, pour celles de ces collectivités qui sont dotées de l'autonomie, les conditions dans lesquelles :

- le Conseil d'État exerce un contrôle juridictionnel spécifique sur certaines catégories d'actes de l'assemblée délibérante intervenant au titre des compétences qu'elle exerce dans le domaine de la loi ;
- l'assemblée délibérante peut modifier une loi promulguée postérieurement à l'entrée en vigueur du statut de la collectivité, lorsque le Conseil constitutionnel, saisi notamment par les autorités de la collectivité, a constaté que la loi était intervenue dans le domaine de compétence de cette collectivité ;
- des mesures justifiées par les nécessités locales peuvent être prises par la collectivité en faveur de sa population, en matière d'accès à l'emploi, de droit d'établissement pour l'exercice d'une activité professionnelle ou de protection du patrimoine foncier ;
- la collectivité peut participer, sous le contrôle de l'État, à l'exercice des compétences qu'il conserve, dans le respect des garanties accordées sur l'ensemble du territoire national pour l'exercice des libertés publiques.

Les autres modalités de l'organisation particulière des collectivités relevant du présent article sont définies et modifiées par la loi après consultation de leur assemblée délibérante.

Article 74-1

(28 mars 2003) – (23 juillet 2008)

Dans les collectivités d'outre-mer visées à l'article 74 et en Nouvelle-Calédonie, le Gouvernement peut, par ordonnances, dans les matières qui demeurent de la compétence de l'État, étendre, avec les adaptations nécessaires, les dispositions de nature législative en vigueur en métropole ou adapter les dispositions de nature législative en vigueur à l'organisation particulière de la collectivité concernée, sous réserve que la loi n'ait pas expressément exclu, pour les dispositions en cause, le recours à cette procédure.

Les ordonnances sont prises en conseil des ministres après avis des assemblées délibérantes intéressées et du Conseil d'État. Elles entrent en vigueur dès leur publication. Elles deviennent caduques en l'absence de ratification par le Parlement dans le délai de dix-huit mois suivant cette publication.

Article 75

Les citoyens de la République qui n'ont pas le statut civil de droit commun, seul visé à l'article 34, conservent leur statut personnel tant qu'ils n'y ont pas renoncé.

Article 75-1

(NOUVEAU 23 juillet 2008)

Les langues régionales appartiennent au patrimoine de la France.

TITRE XIII

DISPOSITIONS TRANSITOIRES RELATIVES À LA NOUVELLE-CALÉDONIE (NOUVELLE RÉDACTION 20 JUILLET 1998)

Article 76

Les populations de la Nouvelle-Calédonie sont appelées à se prononcer avant le 31 décembre 1998 sur les dispositions de l'accord signé à Nouméa le 5 mai 1998 et publié le 27 mai 1998 au Journal officiel de la République française.

Sont admises à participer au scrutin les personnes remplissant les conditions fixées à l'article 2 de la loi n° 88-1028 du 9 novembre 1988.

Les mesures nécessaires à l'organisation du scrutin sont prises par décret en Conseil d'État délibéré en conseil des ministres.

Article 77

(nouvelle rédaction 23 février 2007)

Après approbation de l'accord lors de la consultation prévue à l'article 76, la loi organique, prise après avis de l'assemblée délibérante de la Nouvelle-Calédonie, détermine, pour assurer l'évolution de la Nouvelle-Calédonie dans le respect des orientations définies par cet accord et selon les modalités nécessaires à sa mise en œuvre :

- les compétences de l'État qui seront transférées, de façon définitive, aux institutions de la Nouvelle-Calédonie, l'échelonnement et les modalités de ces transferts, ainsi que la répartition des charges résultant de ceux-ci ;
- les règles d'organisation et de fonctionnement des institutions de la Nouvelle-Calédonie et notamment les conditions dans lesquelles certaines catégories d'actes de l'assemblée délibérante pourront être soumises avant publication au contrôle du Conseil constitutionnel ;
- les règles relatives à la citoyenneté, au régime électoral, à l'emploi et au statut civil coutumier ;
- les conditions et les délais dans lesquels les populations intéressées de la Nouvelle-Calédonie seront amenées à se prononcer sur l'accession à la pleine souveraineté.

Les autres mesures nécessaires à la mise en œuvre de l'accord mentionné à l'article 76 sont définies par la loi.
Pour la définition du corps électoral appelé à élire les membres des assemblées délibérantes de la Nouvelle-Calédonie et des provinces, le tableau auquel se réfèrent l'accord mentionné à l'article 76 et les articles 188 et 189 de la loi organique n° 99-209 du 19 mars 1999 relative à la Nouvelle-Calédonie est le tableau dressé à l'occasion du scrutin prévu audit article 76 et comprenant les personnes non admises à y participer.

TITRE XIV

De la francophonie et des accords d'association (23 juillet 2008)

Article 87

(NOUVEAU 23 juillet 2008)

La République participe au développement de la solidarité et de la coopération entre les États et les peuples ayant le français en partage.

Article 88

La République peut conclure des accords avec des États qui désirent s'associer à elle pour développer leurs civilisations.

TITRE XV

(nouvelle rédaction 4 février 2008) De l'Union européenne

Article 88-1

(nouvelle rédaction 4 février 2008)

La République participe à l'Union européenne constituée d'États qui ont choisi librement d'exercer en commun certaines de leurs compétences, en vertu du traité sur l'Union européenne et du traité sur le fonctionnement de l'Union européenne, tels qu'ils résultent du traité signé à Lisbonne le 13 décembre 2007.

Article 88-2

(nouvelle rédaction 4 février 2008)

La loi fixe les règles relatives au mandat d'arrêt européen en application des actes pris par les institutions de l'Union européenne.

Article 88-3

Sous réserve de réciprocité et selon les modalités prévues par le traité sur l'Union européenne signé le 7 février 1992, le droit de vote et d'éligibilité aux élections municipales peut être accordé aux seuls citoyens de l'Union résidant en France. Ces citoyens ne peuvent exercer les fonctions de maire ou d'adjoint ni participer à la désignation des électeurs sénatoriaux et à l'élection des sénateurs. Une loi organique votée dans les mêmes termes par les deux assemblées détermine les conditions d'application du présent article.

Article 88-4

(nouvelle rédaction 23 juillet 2008)

Le Gouvernement soumet à l'Assemblée nationale et au Sénat, dès leur transmission au Conseil de l'Union européenne, les projets d'actes législatifs européens et les autres projets ou propositions d'actes de l'Union européenne.
Selon des modalités fixées par le règlement de chaque assemblée, des résolutions européennes peuvent être adoptées, le cas échéant en dehors des sessions, sur les projets ou propositions mentionnés au premier alinéa, ainsi que sur tout document émanant d'une institution de l'Union européenne.
Au sein de chaque assemblée parlementaire est instituée une commission chargée des affaires européennes.

Article 88-5

(1er mars 2005) (nouvelle rédaction 23 juillet 2008)

Tout projet de loi autorisant la ratification d'un traité relatif à l'adhésion d'un État à l'Union européenne est soumis au référendum par le Président de la République.
Toutefois, par le vote d'une motion adoptée en termes identiques par chaque assemblée à la majorité des trois cinquièmes, le Parlement peut autoriser l'adoption du projet de loi selon la procédure prévue au troisième alinéa de l'article 89.

Article 88-6

(NOUVEAU 4 février 2008) (nouvelle rédaction 23 juillet 2008)

L'Assemblée nationale ou le Sénat peuvent émettre un avis motivé sur la conformité d'un projet d'acte législatif européen au principe de subsidiarité. L'avis est adressé par le Président de l'assemblée concernée aux Présidents du Parlement européen, du Conseil et de la Commission européenne. Le Gouvernement en est informé.
Chaque assemblée peut former un recours devant la Cour de justice de l'Union européenne contre un acte législatif européen pour violation du principe de subsidiarité. Ce recours est transmis à la Cour de justice de l'Union européenne par le Gouvernement.
À cette fin, des résolutions peuvent être adoptées, le cas échéant en dehors des sessions, selon des modalités d'initiative et de discussion fixées par le règlement de chaque assemblée. À la demande de soixante députés ou de soixante sénateurs, le recours est de droit.
« L'article 88-5 de la Constitution, dans sa rédaction résultant tant de l'article 44 de la présente loi constitutionnelle que du 2° du I du présent article, n'est pas applicable aux adhésions faisant suite à une conférence intergouvernementale dont la convocation a été décidée par le Conseil européen avant le 1er juillet 2004 » (article 47 de la loi constitutionnelle du 23 juillet 2008).

Article 88-7

(NOUVEAU 4 février 2008)

Par le vote d'une motion adoptée en termes identiques par l'Assemblée nationale et le Sénat, le Parlement peut s'opposer à une modification des règles d'adoption d'actes de l'Union européenne dans les cas prévus, au titre de la révision simplifiée des traités ou de la coopération judiciaire civile, par le traité sur l'Union européenne et le traité sur le fonctionnement de l'Union européenne, tels qu'ils résultent du traité signé à Lisbonne le 13 décembre 2007.

TITRE XVI

DE LA RÉVISION

Article 89

(23 juillet 2008)

L'initiative de la révision de la Constitution appartient concurremment au Président de la République sur proposition du Premier ministre et aux membres du Parlement.

Le projet ou la proposition de révision doit être examiné dans les conditions de délai fixées au troisième alinéa de l'article 42 et voté par les deux assemblées en termes identiques. La révision est définitive après avoir été approuvée par référendum.

Toutefois, le projet de révision n'est pas présenté au référendum lorsque le Président de la République décide de le soumettre au Parlement convoqué en Congrès ; dans ce cas, le projet de révision n'est approuvé que s'il réunit la majorité des trois cinquièmes des suffrages exprimés. Le bureau du Congrès est celui de l'Assemblée nationale.

Aucune procédure de révision ne peut être engagée ou poursuivie lorsqu'il est porté atteinte à l'intégrité du territoire.

La forme républicaine du Gouvernement ne peut faire l'objet d'une révision.

TITRE XVII

ARTICLES 90 À 93 INCLUS ABROGÉS PAR LA LOI CONSTITUTIONNELLE N° 95-880 DU 4 AOÛT 1995.

ANNEXE 2

Déclaration des droits de l'homme et du citoyen du 26 août 1789

Les représentants du peuple français, constitués en Assemblée nationale, considérant que l'ignorance, l'oubli ou le mépris des droits de l'homme sont les seules causes des malheurs publics et de la corruption des gouvernements, ont résolu d'exposer, dans une déclaration solennelle, les droits naturels, inaliénables et sacrés de l'homme, afin que cette déclaration, constamment présente à tous les membres du corps social, leur rappelle sans cesse leurs droits et leurs devoirs ; afin que les actes du pouvoir législatif et ceux du pouvoir exécutif, pouvant être à chaque instant comparés avec le but de toute institution politique, en soient plus respectés ; afin que les réclamations des citoyens, fondées désormais sur des principes simples et incontestables, tournent toujours au maintien de la Constitution et au bonheur de tous. En conséquence, l'Assemblée nationale reconnaît et déclare, en présence et sous les auspices de l'Être suprême, les droits suivants de l'homme et du citoyen.

Article 1er Les hommes naissent et demeurent libres et égaux en droits. Les distinctions sociales ne peuvent être fondées que sur l'utilité commune.

Article 2 Le but de toute association politique est la conservation des droits naturels et imprescriptibles de l'homme. Ces droits sont la liberté, la propriété, la sûreté et la résistance à l'oppression.

Article 3 Le principe de toute souveraineté réside essentiellement dans la nation. Nul corps, nul individu ne peut exercer d'autorité qui n'en émane expressément.

Article 4 La liberté consiste à pouvoir faire tout ce qui ne nuit pas à autrui. Ainsi, l'exercice des droits naturels de chaque homme n'a de bornes que celles qui assurent aux autres membres de la société la jouissance de ces mêmes droits. Ces bornes ne peuvent être déterminées que par la loi.

Article 5 La loi n'a le droit de défendre que les actions nuisibles à la société. Tout ce qui n'est pas défendu par la loi ne peut être empêché, et nul ne peut être contraint à faire ce qu'elle n'ordonne pas.

Article 6 La loi est l'expression de la volonté générale. Tous les citoyens ont droit de concourir personnellement, ou par leurs représentants, à sa formation. Elle doit être la même pour tous, soit qu'elle protège, soit qu'elle punisse. Tous les citoyens étant égaux à ses yeux sont également admissibles à toutes dignités, places et emplois publics, selon leur capacité, et sans autre distinction que celle de leurs vertus et de leurs talents.

Article 7 Nul homme ne peut être accusé, arrêté ni détenu que dans les cas déterminés par la loi, et selon les formes qu'elle a prescrites. Ceux qui sollicitent, expédient, exécutent ou font exécuter des ordres arbitraires doivent être punis ; mais tout citoyen appelé ou saisi en vertu de la loi doit obéir à l'instant : il se rend coupable par la résistance.

Article 8 La loi ne doit établir que des peines strictement et évidemment nécessaires, et nul ne peut être puni qu'en vertu d'une loi établie et promulguée antérieurement au délit, et légalement appliquée.

Article 9 Tout homme étant présumé innocent jusqu'à ce qu'il ait été déclaré coupable, s'il est jugé indispensable de l'arrêter, toute rigueur qui ne serait pas nécessaire pour s'assurer de sa personne doit être sévèrement réprimée par la loi.

Article 10 Nul ne doit être inquiété pour ses opinions, même religieuses, pourvu que leur manifestation ne trouble pas l'ordre public établi par la loi.

Article 11 La libre communication des pensées et des opinions est un des droits les plus précieux de l'homme : tout citoyen peut donc parler, écrire, imprimer librement, sauf à répondre de l'abus de cette liberté dans les cas déterminés par la loi.

Article 12 La garantie des droits de l'homme et du citoyen nécessite une force publique : cette force est donc instituée pour l'avantage de tous, et non pour l'utilité particulière de ceux auxquels elle est confiée.

Article 13 Pour l'entretien de la force publique, et pour les dépenses d'administration, une contribution commune est indispensable : elle doit être également répartie entre tous les citoyens, en raison de leurs facultés.

Article 14 Tous les citoyens ont le droit de constater, par eux-mêmes ou par leurs représentants, la nécessité de la contribution publique, de la consentir librement, d'en suivre l'emploi, et d'en déterminer la quotité, l'assiette, le recouvrement et la durée.

Article 15 La société a le droit de demander compte à tout agent public de son administration.

Article 16 Toute société dans laquelle la garantie des droits n'est pas assurée, ni la séparation des pouvoirs déterminée, n'a point de constitution.

Article 17 La propriété étant un droit inviolable et sacré, nul ne peut en être privé, si ce n'est lorsque la nécessité publique, légalement constatée, l'exige évidemment, et sous la condition d'une juste et préalable indemnité.

ANNEXE 3

Préambule de la Constitution du 27 octobre 1946

PRÉAMBULE

Au lendemain de la victoire remportée par les peuples libres sur les régimes qui ont tenté d'asservir et de dégrader la personne humaine, le peuple français proclame à nouveau que tout être humain, sans distinction de race, de religion ni de croyance, possède des droits inaliénables et sacrés. Il réaffirme solennellement les droits et les libertés de l'homme et du citoyen consacrés par la Déclaration des droits de 1789 et les principes fondamentaux reconnus par les lois de la République.

Il proclame, en outre, comme particulièrement nécessaires à notre temps les principes politiques, économiques et sociaux ci-après :

La loi garantit à la femme, dans tous les domaines, des droits égaux à ceux de l'homme.

Tout homme persécuté en raison de son action en faveur de la liberté a droit d'asile sur les territoires de la République.

Chacun a le devoir de travailler et le droit d'obtenir un emploi. Nul ne peut être lésé, dans son travail ou son emploi, en raison de ses origines, de ses opinions ou de ses croyances.

Tout homme peut défendre ses droits et ses intérêts par l'action syndicale et adhérer au syndicat de son choix.

Le droit de grève s'exerce dans le cadre des lois qui le réglementent.

Tout travailleur participe, par l'intermédiaire de ses délégués, à la détermination collective des conditions de travail ainsi qu'à la gestion des entreprises.

Tout bien, toute entreprise, dont l'exploitation a ou acquiert les caractères d'un service public national ou d'un monopole de fait, doit devenir la propriété de la collectivité.

La nation assure à l'individu et à la famille les conditions nécessaires à leur développement.

Elle garantit à tous, notamment à l'enfant, à la mère et aux vieux travailleurs, la protection de la santé, la sécurité matérielle, le repos et les loisirs. Tout être humain qui, en raison de son âge, de son état physique ou mental, de la situation économique, se trouve dans l'incapacité de travailler a le droit d'obtenir de la collectivité des moyens convenables d'existence.

La nation proclame la solidarité et l'égalité de tous les Français devant les charges qui résultent des calamités nationales.

La nation garantit l'égal accès de l'enfant et de l'adulte à l'instruction, à la formation professionnelle et à la culture. L'organisation de l'enseignement public gratuit et laïque à tous les degrés est un devoir de l'État.

La République française, fidèle à ses traditions, se conforme aux règles du droit public international. Elle n'entreprendra aucune guerre dans des vues de conquête et n'emploiera jamais ses forces contre la liberté d'aucun peuple.

Sous réserve de réciprocité, la France consent aux limitations de souveraineté nécessaires à l'organisation et à la défense de la paix.

La France forme avec les peuples d'outre-mer une union fondée sur l'égalité des droits et des devoirs, sans distinction de race ni de religion.

L'Union française est composée de nations et de peuples qui mettent en commun ou coordonnent leurs ressources et leurs efforts pour développer leurs civilisations respectives, accroître leur bien-être et assurer leur sécurité.

Fidèle à sa mission traditionnelle, la France entend conduire les peuples dont elle a pris la charge à la liberté de s'administrer eux-mêmes et de gérer démocratiquement leurs propres affaires ; écartant tout système de colonisation fondé sur l'arbitraire, elle garantit à tous l'égal accès aux fonctions publiques et l'exercice individuel ou collectif des droits et libertés proclamés ou confirmés ci-aval.

ANNEXE 4

La Charte de l'environnement

Texte adopté le 28 février 2005 par le Parlement réuni en Congrès et promulgué le 1er mars 2005 par Jacques Chirac, Président de la République.

La Charte de l'environnement de 2004 est ainsi rédigée :

« Le peuple français,

« Considérant,

« Que les ressources et les équilibres naturels ont conditionné l'émergence de l'humanité ;

« Que l'avenir et l'existence même de l'humanité sont indissociables de son milieu naturel ;

« Que l'environnement est le patrimoine commun des êtres humains ;

« Que l'homme exerce une influence croissante sur les conditions de la vie et sur sa propre évolution ;

« Que la diversité biologique, l'épanouissement de la personne et le progrès des sociétés humaines sont affectés par certains modes de consommation ou de production et par l'exploitation excessive des ressources naturelles ;

« Que la préservation de l'environnement doit être recherchée au même titre que les autres intérêts fondamentaux de la Nation ;

« Qu'afin d'assurer un développement durable, les choix destinés à répondre aux besoins du présent ne doivent pas compromettre la capacité des générations futures et des autres peuples à satisfaire leurs propres besoins ;

« Proclame :

« *Art. 1er*. – Chacun a le droit de vivre dans un environnement équilibré et respectueux de la santé.

« *Art. 2*. – Toute personne a le devoir de prendre part à la préservation et à l'amélioration de l'environnement.

« *Art. 3*. – Toute personne doit, dans les conditions définies par la loi, prévenir les atteintes qu'elle est susceptible de porter à l'environnement ou, à défaut, en limiter les conséquences.

« *Art. 4*. – Toute personne doit contribuer à la réparation des dommages qu'elle cause à l'environnement, dans les conditions définies par la loi.

« *Art. 5*. – Lorsque la réalisation d'un dommage, bien qu'incertaine en l'état des connaissances scientifiques, pourrait affecter de manière grave et irréversible l'environnement, les autorités publiques veillent, par application du principe de précaution et dans leurs domaines d'attributions, à la mise en œuvre de procédures d'évaluation des risques et à l'adoption de mesures provisoires et proportionnées afin de parer à la réalisation du dommage.

« *Art. 6*. – Les politiques publiques doivent promouvoir un développement durable. À cet effet, elles concilient la protection et la mise en valeur de l'environnement, le développement économique et le progrès social.

« *Art. 7.* – Toute personne a le droit, dans les conditions et les limites définies par la loi, d'accéder aux informations relatives à l'environnement détenues par les autorités publiques et de participer à l'élaboration des décisions publiques ayant une incidence sur l'environnement.

« *Art. 8.* – L'éducation et la formation à l'environnement doivent contribuer à l'exercice des droits et devoirs définis par la présente Charte.

« *Art. 9.* – La recherche et l'innovation doivent apporter leur concours à la préservation et à la mise en valeur de l'environnement.

« *Art. 10.* – La présente Charte inspire l'action européenne et internationale de la France. »

INDEX

Les numéros indiqués sont ceux des paragraphes

A

Acte mixte : 444.
Administration : 135, 395, 436 et s.
Allemagne : 216 et s.
Alternance (au Royaume-Uni) : 198.
Amendement (droit d') : 514 et s.
Apparentements : 129.
Arbitrage (pouvoir d'- du Premier ministre) : 423.
Arbitraire : 132, 136, 453.
Article 16 de la Constitution de 1958 : 390 et s.
Asile (droit d') : 559, 574, 579.
Assemblée nationale sous la Quatrième République : 314.
Assemblée(s)
- bureau des : 472.
- constituante : 45.
- présidence des : 471.
- règlement des : 469.
Attributions du Premier ministre : 421 et s.
Autonomie (principe d') : 31.
Autorité
- de la chose jugée : 58, 594.
- étatique : 17 et s.
- Haute – pour la transparence de la vie publique : E18, 461.
- judiciaire : 136.
- judiciaire (indépendance de l') : 401.

B

Balladur, Édouard : 385, 413, 416.
Barre, Raymond : 413, 429.
Bayeux (discours de) : 331.
Bérégovoy, Pierre : 382, 415.
Bicamérisme : 132, 251, 445.
Bicéphalisme (de l'exécutif) : 339.
Bipartisme : 100, 118, 191 et s., 240.
Bipolarisation (de la vie politique) : 349, 360, 453.
Bloc de constitutionnalité : 55, 574 et s.
Budget : 177, 423, 482, 528 et s.
Bundesrat : 229.
Bundestag : 228.

C

Cabinet(s)
- au Royaume-Uni : 212 et s.
- du Président de la République : 371.
- du Président des États-Unis : 166.
- ministériels : 416, E18.
Campagne électorale : 104 et s.
- financement de la : 105.
Campagne législative : 451.
- financement de la : 451.
Campagne présidentielle : 355.
Candidature : 103 .
- aux élections législatives : 449.
- à l'élection présidentielle : 354.
- aux évlections sénatoriales : 455.
Capacité électorale : 87, 92.
Centralisation : 21 et s.
Centralisme démocratique : 96, 143.
Cessation des fonctions présidentielles (sous la Cinquième République) : 365 et s.
Chaban-Delmas, Jacques : 383, 413.
Chambre
- des communes : 203.
- des lords : 202.
- des pairs : 260.
- des représentants : 173.
Chambre des députés
- sous la Restauration : 260, 263.
- sous la Troisième République : 282, 284 et s.
Chancelier : 226.
Charles X : 260.
Charte
- constitutionnelle de 1814 : 258 et s.
- constitutionnelle de 1830 : 261 et s.
- négociée : 43.
- octroyée : 42, 190.
Chef des armées : 171, 399.
Chirac, Jacques : 349, 361, 362, 366, 383, 384, 385, 413.
Circonscriptions électorales (découpage des) : 90, 448, 453, 582.
Citoyens : 22, 45, 63 et s., 70 et s., 86 et s., 524, 537, 579, 585.
Cohabitation : 342, 349, 362, 385, 394, 397, 429.
Collaboration des pouvoirs : 132 et s., 144 et s., 151 .
Collectivités territoriales : 24, 456, 505.
Collège sénatorial : 456.
Comité
- de Salut public : 140, 249.
- interministériel : 411.
Commission(s)
- au Royaume-Uni : 208.
- chargée des affaires européennes : 558.

- d'enquête : 475.
- élargies (procédure des) : 509.
- mixte paritaire : 516, 523.
- parlementaire : 475.
- permanente : 475.
- spéciales : 475.
Commune de Paris : 271 et s.
Compétition électorale : 102 et s.
Compte de campagne : 451, 570 et s.
- d'un candidat : 355.
Confédération d'États : 26.
Conférence des Présidents : 473.
Conformité sous réserve d'interprétation : 583.
Congrès (des États-Unis) : 172 et s.
Conseil
- d'État (sous le Consulat) : 255.
- de cabinet : 410.
- de la République : 315.
- des Anciens : 251.
- des Cinq-Cents : 251.
- des ministres : 403, 409.
- exécutif : 248 et s.
- restreint : 412.
Conseil constitutionnel : 564 et s.
- désignation des membres du : 566.
- gardien des libertés fondamentales : 579.
- juge constitutionnel : 573 et s.
- juge électoral : 569 et s.
- membres de droit : 566.
- membres nommés : 566.
- procédure devant le : 587.
- saisine du : 585.
Conseil des ministres
- décret délibéré en : 397.
- délibérations en : 409.
- présidence du : 403.
Conseil supérieur
- de l'audiovisuel : 106, 355, 395, 418, 451, 471.
- de la Magistrature : 401, 462.
Constitution : 33 et s.
- coutumière : 36.
- de Broglie : 274.
- de l'An VIII : 253 et s.
- écrite : 36.
- élaboration de la : 38 et s.
- formelle : 35.
- matérielle : 35.
- notion de : 34 et s.
- révision de la : 47 et s.
- rigide : 50.
- Rivet : 273.
- souple : 50.
Constitution de 1791 : 244 et s.
Constitution de 1793 : 248.
Constitution de 1795 : 250 et s.
Constitution de 1799 : 253 et s.
Constitution de 1848 : 265 et s.
Constitution de 1852 : 268.
Constitution de 1875 : 276 .
Constitution de 1946 : 311 et s.
Constitution de 1958 : 328 et s.
- genèse de la : 329 et s.
- préambule de la : 574.
- révision de la : 340 et s.
Constitutionnalité des lois (contrôle de la) : 54 et s., 578 et s.
Consulat : 253 et s.
Contentieux électoral : 111, 452, 569 et s.
Continuité du service public : 574.
Contrainte
- armée : 19.
- juridique : 19.
Contrariété entre normes de valeur constitutionnelle : 575.
Contrat social : 8, 74.
Contrôle
- *a posteriori* : 61.
- *a priori* : 60.
- de la conformité des traités internationaux à la Constitution : 585.
- juridictionnel : 588.
Contrôle de constitutionnalité.
aux États-Unis : 188 et s.
des lois : 54 et s., 578 et s.
Contrôle de constitutionnalité des lois
- approfondissement du : 580 et s.
- conformité sous réserve d'interprétation : 583.
- erreur manifeste d'appréciation : 582.
- moyens nouveaux : 581.
Contrôle par un organe
- juridictionnel : 58.
- politique : 57.
Contrôle par voie
- d'action : 68, 219, 589.
- d'exception : 69, 188, 219, 589.
Convention : 53, 140, 161, 246 et s.
Corps législatif : 246, 248, 255, 268.
Corruption : 451, E18.
Cour
- constitutionnelle fédérale : 219.
- suprême : 186 et s.
Couronne : 200.
Couve de Murville, Maurice : 367.
Cresson, Édith : 382, 384.
Crise du 16 mai 1877 : 289 et s.
Cumul des mandats : 462, E23.
- de Gaulle (idées constitutionnelles de) : 331.
- de Gaulle, Charles : 303, 306, 310, 329 et s., 336, 339, 347, 349, 352, 367, 379, 383, 388, 390, 399, 486.

D

Débat parlementaire : 471, 491, 540, 552 et s., 556.
Debré, Michel : 332, 350, 383, 384, 545.
Décentralisation : 24.
Déclaration
- d'inconstitutionnalité : 590 et s.
- des droits de l'homme et du citoyen : 73, 132, 245, 537, 574, 579.
Décolonisation : 16.
Déconcentration : 23.
Découpage des circonscriptions électorales : 90, 453, 582.
Décret délibéré en Conseil des ministres : 397.
Défense nationale (responsabilité de la) : 433.
Délégation(s)
- parlementaires : 476, 478.
Délibérations en Conseil des ministres : 435.
Démission des membres du gouvernement : 384, 394, 459, 542.
Démocratie : 70 et s.
- directe : 76.
- pluraliste : 70.
- représentative : 77 et s.
- semi-directe : 80 et s.
Désignation
- des gouvernants : 85 et s.
- des membres du Conseil constitutionnel : 566.
Deuxième République : 264 et s.

Dictature du prolétariat : 11, 142 et s.
Diplomatie (conduite de la – par le Président de la République) : 400.
Directive européenne : E31.
Directoire : 252.
Discours de Bayeux : 331.
Discrimination positive : 189.
Discussion de la loi : 491, 513.
- préparation de la : 508 et s.
Disparition d'une disposition de loi : 61, 592, 593.
Dispositif des décisions du Conseil constitutionnel : 594.
Dissolution
- de l'Assemblée nationale : 388.
- droit de : 126, 147, 388.
- droit de – en Allemagne : 237.
- droit de – au Royaume-Uni : 211.
Domaine
- de la loi : 337, 496 et s.
- du règlement : 498.
- législatif (respect du) : 501.
- réglementaire (respect du) : 500.
- réservé du Président de la République : 425, 433.
Droit
- constitutionnel : 1.
- d'amendement : 514 et s.
- d'asile : 559, 579.
- de dissolution : 147, 241.
- de dissolution (en Allemagne) : 237.
- de dissolution (au Royaume-Uni) : 211.
- de grâce : 402.
- de grève : 574, 579.
- de message et de parole : 387.
- de propriété : 575, 579.
- de suffrage : 86 et s.
- de suffrage (conditions) : 91 et s.
- de veto : 182.
- des peuples à disposer d'eux-mêmes : 16.

E

Égalité (principe d') : 579.
Élaboration de la Constitution : 38 et s.
Élection : 85 et s.
- européenne : 92.
- législative : 448 et s.
- régionale : E5.
- sénatoriale : 454 et s.
Élection présidentielle
- américaine : 160 et s.
- campagne électorale pour l' : 355.
- candidatures à l' : 354.
- égalité des candidats à l' : 355.
- financement de la campagne : 355.
- scrutin : 356.
- sous la Cinquième République : 352 et s.
- suffrage universel direct : 352.
Éléments nouveaux : 594.
Éligibilité : 103.
Empêchement (du Président de la République) : 367.
Empire : 253 et s.
Équilibre des pouvoirs : 132 et s., 144 et s.
Erreur manifeste d'appréciation : 582.
État : 3 et s.
- conception pluraliste : 11.
- conception socialiste : 11.
- confédération d' : 26.
- d'urgence : 277.
- de droit : 27.
- de siège : 277.
- définition géographique : 10.
- définition juridique : 10.
- fédéral : 27 et s., 96.
- nation : 14 et s.
- personnalité morale de l' : 18.
- providence : 32.
- unitaire : 21 et s.
États-Unis : 153 et s.
Examen en commission : 509.
- en séance : 488 et s.
Exception
- d'inconstitutionnalité : 58, 65, 69, 589, 593.
- d'irrecevabilité : 512.
Exécution des lois : 432, E27.

F

Fabius, Laurent : 384, 419, 547.
Fait majoritaire : 349.
Fédéralisme : 27 et s., E3.
- américain : 154 et s.
Financement.
- de la campagne électorale : 105, 355, 451.
- des partis : 101, 451.
- public : 451, E20.
Fonction gouvernementale : 420 et s.
Force armée : 433, 438.
France libre (gouvernement de la) : 303.
Frontière : 13, 16.

G

Gambetta, Léon : 270, 290.
Giscard d'Estaing, Valéry : 344, 366, 383, 385, 409, 553, 566, 585.
Gouvernement
- attributions du : 434 et s.
- de coalition : 126, 240 (en Allemagne), 198 (au Royaume-Uni).
- de la France libre : 303.
- de Vichy : 302.
- des juges : 58, 189, 566.
- en Allemagne : 226.
- nomination des membres du : 394.
- organisation du : 406 et s.
- responsabilité politique du : 134, 148, 236 (en Allemagne), 542 et s.
Grande-Bretagne : 190 et s.
Grands électeurs (aux États-Unis) : 162.
Grève (droit de) : 574, 579.
Groupes parlementaires : 474.
- au Royaume-Uni : 206.

H

Habilitation parlementaire : 443.
Haut-commissaire : 415.
Hiérarchie gouvernementale : 415.
Hollande, François : E13, 364, 383, 394, 418, E21.

I

Immunité parlementaire : 464 et s.
Impeachment : 185.
Incompatibilité(s).
ministérielle : 418.
- parlementaires : 460 et s.
- des fonctions de membre du Conseil constitutionnel : 567.
Indépendance :
- des États : 16, 19, 27.
- de l'exécutif : 336.
- des membres du Conseil constitutionnel : 567.
Inéligibilités : 449, 455.
- contentieux des – : 570.

Information (du Parlement)
- sur la politique européenne : 557 et s.
Initiative
- des lois : 504.
- populaire : 82.
Inscription sur les listes électorales : 93.
Instabilité gouvernementale : 296 (sous la IIIe République), 324 (sous la IVe République).
Instructions (du Premier ministre) : 425, 426.
Intérim (de la présidence de la République) : 367.
Interruption volontaire de grossesse : 574, 585.
Irrecevabilité
- financière : 507.
- législative : 500, 507.

J

Jospin, Lionel : 360, 362, 364, 385, E16, 547.
Juppé, Alain : 383, 388, 444, 533.
Juridiction constitutionnelle : 58, 65.

L

Länder : 222 et s., 229, 233.
Laval, Pierre : 302.
Législation déléguée : 187, 325 (sous la IVe République).
Liberté
- d'association : 574, 579.
- de vote : 108.
- principe de : 579.
Limitation du domaine de la loi : 337.
Listes électorales (inscription sur les) : 93.
Lobbies : 175 (aux États-Unis), E24.
Loi
- anticorruption : 451.
- autorisant la ratification d'un engagement international : 534, 535.
- constitutionnelle : 340 et s., 526.
- constitutionnelle du 23 juillet 2008 : 343, 361, 376, 378, 387, 392, 395, 401, 402, 418, 438, 444, 447, 469, 474, 475, 490, 497, 500, 505, 509, 515, 527, 535, E29, 547, 550, 559, 561, 585 .
- contrôle de la constitutionnalité des : 54 et s., 186 et et s. (aux États-Unis), 578 et et s., 586
et s.
- de financement de la Sécurité sociale : 533.
- de finances : 528 et s.
- de finances rectificative : 528.
- de règlement : 528.
- discussion de la : 513.
- disparition d'une disposition de la : 61, 592, 593.
- domaine de la : 337, 496 et s.
- fondamentale : 216 et s.
- initiative des : 504.
- organique : 527, 574.
- portée normative de la : 539.
- préparation de la discussion de la : 508 et s.
- principe de clarté de la : 538.
- projet de : 505.
- promulgation de la : 250, 524.
- proposition de : 506.
- publication de la : 524.
- qualité de la : 536 et s.
- vote de la : 513, 522.
Louis XVIII : 257 et s.
Lutte des classes : 11, 142.

M

Mac-Mahon : 274 et s., 280, 290.
Majorité parlementaire.
leader de la : 429.
Majorité parlementaire : 118 et s., 146, 338, 349, 385, 388, 434, 475, 506, 517.
Mandat présidentiel (réduction du) : 361 et s.
Mauroy, Pierre : 384, 394, 545, 547.
Membre
- de droit du Conseil constitutionnel : 566.
- nommé du Conseil constitutionnel : 566.
Mendès France, Pierre : 320, 322, 326, 334.
Message et de parole (droits de) : 181 (aux États-Unis), 387.
Messmer, Pierre : 413.
Méthode « déductive » (du Conseil constitutionnel) : 579.
Ministre(s)
- d'État : 415.
- de plein exercice : 415.
- délégué : 415.
- responsabilité pénale des : 419.
- statut des : 417 et s.
Mitterrand, François : 326, 343, 349, 366, 383, 384, 385, 388, 394, 397, 399, 453, 486, 517, .
Modes de scrutin : 112 et s.
Modulation dans le temps (de la censure de dispositions jugées inconstitutionnelles) : 592.
Monarchie de Juillet : 261 et s.
Motifs
- des décisions du Conseil constitutionnel : 589, 594.
- des projets de loi : 541.
Motion
- de censure : 147, 197 (au Royaume-Uni), 236 (en Allemagne), 546, 547.
- de procédure : 512.
Moyens audiovisuels (accès des candidats aux) : 106, 355.
Multipartisme : 100, 126.

N

Napoléon Ier : 253 et s.
Napoléon III : 268.
Nation : 14 et s.
Nationalisation : 517, 566, 574, 575.
Nations Unies : 16, 19.
Navette législative : 523.
Nomination
- aux emplois supérieurs de l'État : 395.
- des membres du gouvernement : 394.
- pouvoir de – du Premier ministre : 382.
Norme internationale : 574.
Nouvelle lecture de la loi : 398.
Nouvelle-Calédonie : E1, 379, 441, 541, 582, 589.

O

Objectif de valeur constitutionnelle : 574.
- d'accessibilité et d'intelligibilité de la loi : 537.
Obligation de réserve : 567.
Obstruction parlementaire : 175 et 184 (aux États-Unis), 491, 514 et s., 547.

Offices parlementaires d'évaluation : 476 et 477.
Ordonnance(s) : 397, 442 et s.
Origine naturelle (théorie de l') : 7.

P

Parité hommes-femmes : E4, 456, E22, 478.
Parlement : 445 et s.
- au Royaume-Uni : 201 et s.
- en Allemagne : 227 et s.
Parlementaire(s)
- statut des : 458 et s.
Parlementarisme
- dualiste : 146.
- moniste : 146.
- rationalisé : 235 et et s. (en Allemagne), 338.
Parti
- communiste : 141 et s.
- conservateur (au Royaume-Uni) : 191 et s.
- de cadres : 96.
- de masse : 96.
- démocrate (aux États-Unis) : 159.
- dominant : 100.
- politique : 70, 94 et s.
- républicain (aux États-Unis) : 159.
- travailliste (au Royaume-Uni) : 191 et s.
- unique : 99.
Participation (principe de) : 32.
Participation du citoyen au pouvoir : 71 et s.
Partis
- financement des : 101.
- régime des : 148.
- systèmes de : 98 et s.
Partis politiques en France : 352, 360, 394, 418, 453, 474.
- statut des : E4.
- financement : 451, E20.
Patrimoine des élus (contrôle des déclarations du) : E18, 355.
Peine de mort : 189 (dans la jurisprudence de la Cour suprême américaine).
Pétain, Philippe : 301 et s.
Peuple constituant : 46.
Plébiscite : 46, 84, 254, 370, 379.
Poher, Alain : 367.
Pompidou, Georges : 348, 352, 367, 382, 383, 384, 388, 413, 545, 546 .
Population : 14.
Pouvoir(s)
- constituant dérivé : 48.
- constituant originaire : 39.
- d'arbitrage (du Premier ministre) : 411, 423.
- d'arbitrage (du chef de l'État) : 331, 336, 350, 388.
- de nomination : 169 (aux États-Unis), 394 et s., 423, 566 (encadrement du)
- de nomination (du Premier ministre) : 382.
- du Président de la République : 372 et s.
- exécutif : 132, 135, 146, 336.
- judiciaire (aux États-Unis) : 186 et s.
- législatif : 132, 134.
- normatif (participation du Président de la République au) : 396 et s.
- politique : 2, 3.
- réglementaire du Premier ministre : 432.
Préambule de la Constitution de 1958 : 498, 574.
Prééminence du Président sur le Premier ministre : 339, 380 et s.
Premier Consul : 255, 256.
Premier ministre : 413.
- attributions du : 421 et s.
- britannique : 210 et s.
- leader de la majorité parlementaire : 429.
- nomination du : 382.
- pouvoir d'arbitrage : 423.
- pouvoir de nomination : 394
et s.
- pouvoir réglementaire : 432.
- question de confiance à l'initiative du : 545.
- révocation du : 384.
- services du : 424 et s.
Première République : 247 et s.
Président
- de la (Quatrième) République : 317.
- des États-Unis : 164 et s.
- du Conseil des ministres : 280 et 298 (IIIe République), 318 et 320 (IVe République).
Président de la République : 350 et s.
- chef des armées : 399.
- domaine réservé du : 399, 400.
- durée des fonctions : 361 et s.
- élection : 352 et s.
- en Allemagne : 225.
- pouvoir de nomination : 382.
- pouvoirs du : 372 et s.
- pouvoirs exceptionnels de l'article 16 : 390 et s.
- pouvoirs partagés du : 393 et s.
- responsabilité du : 368 et s.
Président(s) de la République (liste des) : Tableau 4, 413.
Primaires (aux États-Unis) : 161.
Primaires citoyennes : E13.
Principe
- d'autonomie : 31 (dans l'État fédéral), 157 (aux États-Unis), 222 (en Allemagne).
- d'égalité : 579.
- de liberté : 579.
- de participation : 32 (dans l'État fédéral), .
- de superposition : 30 (dans l'État fédéral).
Principes
- fondamentaux reconnus par les lois de la République : 574, 579.
- généraux du droit : 574.
- particulièrement nécessaires à notre temps : 574.
Procédure
- contradictoire (devant le Conseil constitutionnel) : 587.
- d'examen simplifiée (PES) : 520.
- devant le Conseil constitutionnel : 587.
- législative ordinaire : 502 et s.
- législative spéciale : 525 et s.
Projets de loi : 505.
Promulgation de la loi : 398, 524.
Propagande électorale : 355, 451.
Propositions de loi : 506.
Propriété (droit de) : 574, 575, 579.
Publication de la loi : 524.

Q

Quatrième République : 304 et s.
Question prioritaire de constitutionnalité : 568, 589, E32.
Question(s)
- au gouvernement : 549 et s.

- au gouvernement (questions d'actualité) : 553.
- de confiance à l'initiative du Premier ministre : 545.
- écrites : 555.
- orales avec débat : 552.
- orales sans débat : 551.
- préalable : 512.
Quinquennat : 361 et s.
Quotient électoral : 122.

R

Radio : 106, 355.
Ratification
- d'un engagement international : 534.
- d'un traité relatif à l'adhésion d'un État à l'UE : 535.
- d'une révision de la Constitution de 1958 : 344.
Recours : 354, 378, 444, 501, 561, 571, 572, 589, 594.
- suspensif : 587 .
Réduction du mandat présidentiel : 361 et s.
Référendum : E2, 84.
- constituant : 46.
- de ratification : 46.
- initiative du – sous la Cinquième République : 375 et s.
- législatif : 84.
- objet du- sous la Cinquième République : 377.
- plébiscite : 46, 84.
- pratique du- sous la Cinquième République : 379.
- sous la Cinquième République : 344, 346 et et s., 374 et s.
Régime
- autoritaire : 138.
- d'assemblée : 139 et s.
- d'exception : 441.
- de confusion des pouvoirs : 138 et s.
- de séparation des pouvoirs : 144 et s.
- des partis : 148.
- étranger : 152 et s.
- marxiste : 141 et s.
- mixte : 151, 349.
- parlementaire : 145 et et s.
- présidentiel : 149 et et s.
- représentatif (dérives du) : 79.
Règlement
- des assemblées : 469.
- domaine du : 336, 498, 500.
Relations gouvernement-Parlement : 494 et et s.
Renvoi en commission : 512.
Répartition des restes : 123 et s.
Représentation proportionnelle : 120 et s., 127 et s.
- effets et signification : 126.
- sous la Cinquième : E5, 453.
Requête : 587.
Réserve d'examen parlementaire : 560.
Résolution : 369 (demande de réunion de la Haute Cour), 475 (création d'une commission d'enquête), E29, 560 et s. (sur les projets d'actes de l'UE).
Respect du domaine
- législatif : 501.
- réglementaire : 500.
Responsabilité.
- pénale des ministres : 419.
- politique du gouvernement : 147.
- politique du gouvernement (en Allemagne) : 236.
- sur le vote d'un texte : 547.
Responsabilité gouvernementale.
- procédures de mise en jeu de la : 544 et s.
Restauration : 257 et s.
Révision constitutionnelle (initiative d'une) : 342.
Révision de la Constitution : 47 et s.
- de 1958 : 340 et s., 591.
- de 1958 (approbation parlementaire d'une) : 343.
Révision de la Constitution de 1958.
- limites à l'exercice du pouvoir de : 345.
- recours au référendum : 346 et s.
Révocation
- du Premier ministre : 384.
- populaire : 83.
Révolution française : 242 et s.
Robespierre : 140, 248, 249.
Rocard, Michel : 409, 413, 429, 545, 547.
Royaume-Uni : 190 et s.

S

Saisine (de l'organe en charge du contrôle de constitutionnalité) : 63 et s.
- du Conseil constitutionnel : 585.
- par des autorités politiques : 66.
- par les citoyens : 64.
- par les juridictions ordinaires : 65.
Sarkozy, Nicolas : 348, 362, 363, E14, 383, 394, 418, E21, 566.
Scrutin : 65.
- à deux tours : 116.
- à un tour : 116.
- de liste : 115.
- déroulement du : 107 et s.
- direct : 114.
- élection présidentielle : 356.
- indirect : 114.
- modes de : 112 et s.
- sincérité du : 110.
Scrutin majoritaire
- à deux tours (élection présidentielle) : 356.
- sous la Cinquième République : 453.
Scrutin uninominal : 115.
- à deux tours : 119.
- à un tour : 118, 195 (au Royaume-Uni) .
Séance du Parlement : 488 et s.
Second Empire : 268 .
Secret du vote : 109.
Secrétaire d'État : 415.
Secrétariat général
- de la défense et de la sécurité nationale : 427.
- de la Présidence de la République : 371.
- des affaires européennes : 427.
- du gouvernement : 426.
Sénat
- des États-Unis : 174 et s.
- sous la Cinquième république : 454 et s., 468 et s., 483 et s.
- sous la Troisième République : 283 et s.
- sous le Consulat : 255 et s.
Séparation des pouvoirs : 131 et s.
- régime de : 144 et s.
Septennat : 361 et s.
- personnel (sous la IIIe République) : 275 .
Service(s)
- de la Présidence de la République : 371.
- du Premier ministre : 424 et s.
- public (continuité du) : 574.
Session
- de plein droit du Parlement : 487.
- extraordinaire du Parlement : 254, 486.

- ordinaire du Parlement : 485.
- ordinaire unique du Parlement : 485.
Solidarité gouvernementale : 409, 423.
Souveraineté : 19.
- dans un État fédéral : 28 et s.
- nationale : 16, 73.
- populaire : 74.
Speaker : 205.
Stabilité gouvernementale (au Royaume-Uni) : 197.
Statut
- des ministres : 417 et s.
- des parlementaires : 458 et s.
Subsidiarité : 28 (dans l'État fédéral), E3 (dans l'Union européenne), 561 (contrôle de – des projets d'actes législatifs européens).
Suffrage
- censitaire : 87.
- droit de : 86 et s.
- égal : 88 et s.
- inégal : 88 et s.
- restreint : 87.
- universel : 87, 329.
- universel direct : 339, 349, 352, 358 et s.
Superposition (principe de) : 30.
Suppléance
- des parlementaires : 459.
- du Président de la République : 367.
Suprématie du Président sur le Premier ministre : 339, 359, 380 et s., 399.
Système de partis : 98 et s.
- en Allemagne : 238 et s.

T

Télévision : 106, 355.
Temps global pour l'examen d'un texte de loi : E25.
Territoire : 13.
Terrorisme : 189, 371.
Thiers, Adolphe : 260, 272 et s.
Traité
- contrôle de la conformité d'un- à la Constitution : 585, 591.
- de Lisbonne : E3 .
Traité
- établissant une Constitution pour l'Europe : E15.
Traité : 400, 534 et s., 574, 585, 591.
Tribunat : 255.
Trois Glorieuses : 260.
Troisième République : 269 et s.

U

Union européenne : E3, 92, 427, 535, 557 et s., E31.
URSS : 11, 141 et s.

V

Vacance (du Président de la République) : 367.
Veto
- droit de : 182, 343.
- populaire : 81, 248.
Vice-président des États-Unis : 161, E6, 165.
Vichy (gouvernement de) : 300 et s.
Vote
- bloqué : 519.
- de la loi : 491, 492, 513, 522.
- liberté de : 108.
- sur l'ensemble du texte : 522

TABLE DES ENCADRÉS

E1	La « souveraineté partagée » accordée à la Nouvelle-Calédonie	23
E2	Un exemple d'approfondissement de la décentralisation en France : le référendum local décisionnel	26
E3	Union européenne : la marche vers le fédéralisme est-elle durablement compromise ?	31
E4	Le statut des partis politiques en France	66
E5	Les effets de la représentation proportionnelle sur les élections régionales et européennes en France	77
E6	Comment se construit un « ticket » pour l'élection présidentielle ?	102
E7	Obama II	103
E8	L'élection de novembre 2000 a mis en évidence l'ambiguïté du mode de désignation du Président américain	104
E9	Élections de mi-mandat de novembre 2014 : la vague républicaine	108
E10	Le Royaume-Uni va-t-il se doter d'une Constitution ?	126
E11	Les élections législatives de mai 2015 : triomphe de D . Cameron et recul du bipartisme	133
E12	Un troisième mandat pour Angela Merkel et une nouvelle « grande coalition »	149
E13	Les primaires citoyennes pour la désignation du candidat socialiste à l'élection présidentielle de 2012	221
E14	Le socialiste François Hollande, nouveau président de la République	225
E15	Le « non » des Français à la « Constitution » européenne : un nouvel avatar de la crise du système politique	238
E16	La cohabitation a-t-elle changé de nature ?	243
E17	La cohabitation pacifique	244
E18	La transparence de la vie publique : les lois du 11 octobre 2013	285
E19	Le mandataire financier	291
E20	Le financement public des partis politiques	292
E21	Les élections législatives de juin 2012	294
E22	L'inscription de la parité hommes-femmes dans la Constitution	297
E23	L'interdiction du cumul de fonctions exécutives locales avec le mandat de député ou de sénateur à compter de 2017	300
E24	Parlementaires et *lobbies*	304
E25	La possibilité de fixer un temps global pour l'examen d'un texte de loi	324
E26	L'instauration d'un délai minimum avant la discussion en séance	335
E27	Vers un meilleur contrôle de l'exécution des lois ?	348
E28	La qualité de la loi, une composante de la « sécurité juridique »	359
E29	Le vote de résolutions	360

E30 Composition du Conseil constitutionnel 383
E31 Le Conseil constitutionnel prend acte de la « primauté » (relative) du droit européen sur le droit national 392
E32 Le « cercle vertueux » de la question prioritaire de constitutionnalité 406

TABLE DES TABLEAUX

Tableau 1 : Les régimes français et les principaux actes constitutionnels depuis 1789 150
Tableau 2 : Liste des révisions constitutionnelles 203
Tableau 3 : Liste des référendums 237
Tableau 4 : Liste des Présidents de la République et de leurs gouvernements 265
Tableau 5 : Composition de l'Assemblée nationale par groupe politique au 04/06/2015 379
Tableau 6 : Activité de l'Assemblée nationale du 1er octobre 2013 au 30 septembre 2014 379

TABLE DES MATIÈRES

Sommaire 7

Introduction 9

PARTIE 1
LES BASES DU DROIT CONSTITUTIONNEL

CHAPITRE I
L'État 15

Section I La notion d'État 15
§ 1 Origine et définition de l'État 15
A L'origine de l'État 15
B Les définitions et les conceptions de l'État 16
§ 2 Les éléments constitutifs de l'État et leur signification 18
A Le territoire 18
B La population 18
C L'autorité étatique 21
Section II Les diverses formes d'État 23
§ 1 L'État unitaire 23
A Le principe de l'unité 23
B La déconcentration 24
C La décentralisation 25
§ 2 Les États composés 27
A La confédération d'États 27
B L'État fédéral 28

CHAPITRE II
La Constitution 35

Section I La notion de constitution 35
§ 1 Constitution matérielle et Constitution formelle 35
§ 2 Constitution écrite et Constitution coutumière 36
Section II L'élaboration et la révision des constitutions 36
§ 1 L'élaboration des Constitutions 36

A Le pouvoir constituant originaire 37
B Les modes d'élaboration de la Constitution 37
§ 2 La révision des Constitutions 39
A Le pouvoir constituant dérivé 39
B La mise en œuvre de la révision 39
Section III Le contrôle de la constitutionnalité des lois 42
§ 1 Le principe du contrôle 42
§ 2 Les organes du contrôle 42
A Le contrôle exercé par un organe politique 43
B Le contrôle exercé par un organe juridictionnel 43
§ 3 Le moment du contrôle 44
A Le contrôle *a priori* 44
B Le contrôle *a posteriori* 45
§ 4 La procédure de contrôle 45
A La saisine 45
B Les modes de contrôle 47

CHAPITRE III
La démocratie 51
Section I La participation du citoyen au pouvoir 52
§ 1 Souveraineté nationale et souveraineté populaire 52
A La souveraineté nationale 52
B La souveraineté populaire 53
§ 2 Les systèmes de participation 54
A La démocratie directe 54
B La démocratie représentative 55
C La démocratie semi-directe 57
Section II La désignation des gouvernants par l'élection 59
§ 1 Le droit de suffrage 59
A Suffrage restreint et suffrage universel 59
B Suffrage égal et suffrage inégal 60
C Les conditions au droit de suffrage 61
§ 2 Les partis politiques 63
A L'organisation, le fonctionnement et l'idéologie des partis 63
B Les systèmes de partis 64
C Le financement des partis 66
§ 3 L'organisation de la compétition électorale 67
A Éligibilités et candidatures 67
B La campagne électorale 67
C Le déroulement du scrutin 69
D Le contentieux électoral 70
§ 4 Les modes de scrutin 71
A Les choix de base 71
B Les systèmes majoritaires 72
C La représentation proportionnelle 74
D Les systèmes mixtes 78

CHAPITRE IV
Séparation des pouvoirs et régimes politiques 81
Section I La séparation des pouvoirs.................................. 81
§ 1 La théorie de la séparation des pouvoirs 81
§ 2 L'évolution des trois pouvoirs 83
A Le pouvoir législatif 83
B Le pouvoir exécutif 84
C L'autorité judiciaire 85
Section II La classification des régimes................................ 85
§ 1 Les régimes de confusion des pouvoirs 85
A Le régime d'assemblée 86
B Les régimes marxistes 87
§ 2 Les régimes de séparation des pouvoirs 89
A La séparation souple des pouvoirs : le régime parlementaire 89
B La séparation rigide des pouvoirs : le régime présidentiel 92

PARTIE 2
LES RÉGIMES ÉTRANGERS CONTEMPORAINS

CHAPITRE I
Le régime présidentiel américain 99
Section I L'environnement juridique et politique du régime 99
§ 1 Le fédéralisme 99
A Le statut des États fédérés 100
B La répartition des compétences entre l'État fédéral et les États fédérés 100
§ 2 La démocratie américaine 101
A Les partis politiques 101
B L'élection présidentielle 101
Section II L'organisation des pouvoirs : la séparation rigide des pouvoirs et ses aménagements.. 104
§ 1 Le Président 104
A Statut et fonctionnement de la présidence 105
B Les pouvoirs du Président 106
§ 2 Le Congrès 107
A Statut et fonctionnement du Congrès 108
§ 3 Les rapports du Président et du Congrès 111
A Les moyens d'action du Président sur le Congrès 111
B Les moyens d'action du Congrès sur le Président 113
§ 4 Le pouvoir judiciaire 114
A La composition de la Cour suprême 114
B L'organisation du contrôle de constitutionnalité 115
C La portée du contrôle de constitutionnalité 115

CHAPITRE II
Le régime parlementaire britannique 121
Section I Le bipartisme 122

§ 1 Les deux grands partis politiques 122
A Le parti conservateur 122
B Le parti travailliste 122
§ 2 L'influence déterminante du mode de scrutin 123
§ 3 Les effets du bipartisme 124
A La stabilité gouvernementale 124
B L'alternance 124
Section II Les institutions 125
§ 1 La Couronne 126
§ 2 Le Parlement 127
A La Chambre des Lords 127
B La Chambre des communes 128
§ 3 Le Premier ministre et le Cabinet 131
A Le Premier ministre 131
B Le Cabinet et le gouvernement 132
C Les pouvoirs du Cabinet 132

CHAPITRE III
Le régime parlementaire allemand 135
Section I L'État de droit.. 136
§ 1 Les droits fondamentaux 136
§ 2 La Cour constitutionnelle fédérale, garante de l'État de droit 136
Section II Le système institutionnel 137
§ 1 Le fédéralisme allemand 137
A Les relations institutionnelles 138
B La répartition des compétences entre État fédéral et États fédérés 138
§ 2 L'exécutif 140
A Le Président de la République 141
B Le Chancelier et le gouvernement 141
§ 3 Le Parlement 142
A Le Bundestag 142
B Le Bundesrat 142
C Les attributions du Parlement 143
§ 4 Les relations entre exécutif et législatif : le parlementarisme rationalisé 144
A La responsabilité politique du gouvernement 145
B Le droit de dissolution 146
Section III Le système des partis...................................... 146
§ 1 Le statut des partis 146
§ 2 Le fonctionnement du système des partis 147

PARTIE 3

LES INSTITUTIONS FRANÇAISES DE 1789 À 1958

CHAPITRE I

Les institutions françaises de 1789 à 1870 155

Section I La période révolutionnaire (1789-1799) 155

§ 1 La Constitution du 3 septembre 1791 155

A La Déclaration des droits de l'homme et du citoyen (DDHC) 155

B L'organisation des pouvoirs 156

§ 2 La Première République 157

A La Constitution du 24 juin 1793, An I de la République 157

B Le gouvernement révolutionnaire 157

§ 3 La Constitution du 5 Fructidor An III (22 août 1795) 158

A L'instauration du bicaméralisme : les Conseils 158

B Le Directoire 158

Section II Le Consulat et l'Empire (1799-1814) 159

§ 1 Les élections confisquées 159

§ 2 Un pouvoir législatif neutralisé 159

§ 3 La suprématie de l'exécutif 160

Section III La Restauration et la monarchie de Juillet (1814-1848)............ 160

§ 1 La Charte constitutionnelle du 4 juin 1814 : la première Restauration 161

A Le roi 161

B Le Parlement bicaméral 161

§ 2 La Charte constitutionnelle du 14 août 1830 : la monarchie de Juillet 162

A Des retouches institutionnelles 162

B Un régime parlementaire imparfait 163

Section IV La Deuxième République et le Second Empire.................. 164

§ 1 La Constitution du 4 novembre 1848 164

A Le suffrage universel direct 164

B Le fonctionnement du régime 164

§ 2 Le Second Empire 165

CHAPITRE II

La Troisième République (1870-1940) 167

Section I La préparation de la Constitution de 1875 167

§ 1 L'Assemblée constituante 167

A La résolution du 17 février 1871 : le gouvernement d'Adolphe Thiers 168

B La loi du 31 août 1871 ou « Constitution » Rivet 168

C La loi du 13 mars 1873 ou « Constitution » de Broglie 168

D Le septennat et la République 169

§ 2 Les trois lois constitutionnelles de 1875 169

Section II L'organisation des pouvoirs publics 170

§ 1 L'exécutif 170

A Le Président de la République 170

B Le gouvernement de cabinet 171

§ 2 Le Parlement 172

A L'élection de la Chambre des députés 172
B L'élection du Sénat 172
C L'égalité entre les assemblées 172
§ 3 **Les relations entre les pouvoirs** 173
A La responsabilité du gouvernement devant les assemblées 173
B Le droit de dissolution de la Chambre des députés 174
Section III **L'installation de la République** 174
§ 1 **La crise du 16 mai 1877** 174
A Les événements 174
B Les conséquences 175
§ 2 **Les révisions de la Constitution** 176
A La révision de 1879 176
B La révision de 1884 176
Section IV **Les caractéristiques du régime** 176
§ 1 **L'instabilité gouvernementale** 177
§ 2 **Les tentatives de renforcement de l'exécutif** 177
A La structuration de la présidence du Conseil 177
B Le recours aux lois de pleins pouvoirs et aux décrets-lois 178
Section V **La fin de la Troisième République et les gouvernements de 1940 à 1944** 178
§ 1 **La loi constitutionnelle du 10 juillet 1940** 178
§ 2 **Le gouvernement de Vichy** 179
§ 3 **Le gouvernement de la France libre** 179

CHAPITRE III
La Quatrième République (1946-1958) 181
Section I **L'élaboration de la Constitution du 27 octobre 1946** 181
§ 1 **Les consultations du 21 octobre 1945** 181
§ 2 **La loi constitutionnelle du 2 novembre 1945** 182
A Le pouvoir constituant de l'Assemblée 182
B L'organisation des pouvoirs publics 183
§ 3 **Le projet de Constitution du 19 avril 1946 et son rejet par le référendum du 5 mai 1946** 183
Section II **La Constitution du 27 octobre 1946 et le fonctionnement du régime** .. 184
§ 1 **L'organisation des pouvoirs** 184
A Le Parlement 185
B L'exécutif 186
C La tentative de rationalisation du parlementarisme 187
§ 2 **La dégradation du régime** 189
A L'instabilité gouvernementale 190
B Le retour à la législation déléguée 191

PARTIE 4

La Cinquième République

CHAPITRE I

Les caractères généraux de la Cinquième République 197

Section I La Constitution du 4 octobre 1958 197

§ 1 La genèse de la Constitution 197

A Les circonstances historiques et le déclenchement de la procédure de révision 197

B Les sources d'inspiration de la Constitution 198

C L'adoption de la Constitution 200

§ 2 Les caractères de la Constitution 200

A L'indépendance de l'exécutif 200

B La limitation du domaine de la loi 201

C Le parlementarisme rationalisé 201

D Le bicéphalisme de l'exécutif 202

§ 3 La révision de la Constitution 203

A La procédure normale de révision 203

B La procédure concurrente de révision 206

Section II Le fonctionnement régulier du régime : le fait majoritaire.......... 209

CHAPITRE II

Le Président de la République clé de voûte des institutions 213

Section I Le statut du Président de la République........................ 214

§ 1 L'élection présidentielle 214

A La modification fondamentale du mode de scrutin 214

B Les modalités de l'élection 215

C Les modifications institutionnelles et politiques induites par le suffrage universel direct 219

§ 2 La durée des fonctions : du septennat au quinquennat 222

A Les effets du quinquennat sur le système institutionnel français 223

B Les effets du quinquennat sur la nature de la Cinquième République 224

C Le rétablissement de l'« ordre naturel » des élections en 2002 225

§ 3 La cessation des fonctions 226

A Au terme du mandat 226

B En cours de mandat 226

§ 4 La responsabilité du Président 228

A Une irresponsabilité relative 228

B Une responsabilité politique de fait 230

§ 5 Les services et les organismes de la présidence 231

Section II Les pouvoirs du Président de la République..................... 232

§ 1 Les pouvoirs propres du Président 232

A Les pouvoirs à l'égard du peuple : le référendum 232

B Les pouvoirs à l'égard du gouvernement 238

C Les pouvoirs à l'égard du Parlement 244

D Les pouvoirs à l'égard du Conseil constitutionnel 247

E Les pouvoirs exceptionnels de l'article 16 247

§ 2 Les pouvoirs partagés avec le Premier ministre et le gouvernement 250

A Le pouvoir de nomination 251

B La participation au pouvoir normatif 253
C La responsabilité de l'armée et de la diplomatie 255
D Les pouvoirs dans le domaine judiciaire 256
E La présidence du Conseil des ministres 258
F L'ouverture et la clôture d'une session extraordinaire du Parlement 258

CHAPITRE III
L'organisation et le fonctionnement du Gouvernement 261
Section I **L'organisation du gouvernement** 261
§ 1 **La structure du gouvernement** 261
A Les formations collégiales 261
B Le Premier ministre 264
C Les membres du gouvernement 266
§ 2 **Le statut des ministres** 268
A Les incompatibilités 268
B La responsabilité pénale des ministres 271
Section II **La fonction gouvernementale** 272
§ 1 **Les attributions du Premier ministre** 273
A Les attributions à l'égard du gouvernement 273
B Les pouvoirs à l'égard du Parlement 276
C Les attributions « exécutives » du Premier ministre 277
§ 2 **Les attributions du gouvernement** 279
A Les moyens classiques dont dispose le gouvernement 279
B Les moyens exceptionnels dont dispose le gouvernement 281

CHAPITRE IV
Le Parlement 287
Section I **Les parlementaires** 287
§ 1 **Les élections parlementaires** 288
A Les élections législatives 288
B Les élections sénatoriales 295
§ 2 **Le statut des parlementaires** 297
A La suppléance 297
B Les incompatibilités 298
C Les immunités 301
D L'indemnité parlementaire et la situation matérielle des députés 303
Section II **L'organisation et le fonctionnement du Parlement** 304
§ 1 **Le règlement des assemblées** 304
§ 2 **Les organes des assemblées** 305
A Les organes de direction 305
B Les organes d'encadrement du travail parlementaire 307
§ 3 **Les réunions du Parlement** 316
A Les sessions parlementaires 316
B Les séances 320
Section III **Les attributions du Parlement** 325

CHAPITRE V
Les relations Gouvernement-Parlement : collaboration et subordination 327
Section I Le gouvernement, maître du jeu législatif 327
§ 1 Le domaine de la loi 328
A La définition du domaine de la loi 328
B L'extension du domaine de la loi 329
C Le contrôle du respect de la délimitation 331
§ 2 La procédure législative ordinaire 333
A La phase préparatoire 333
B L'examen du texte en séance 338
C La navette législative 345
D La promulgation et la publication 347
§ 3 Les procédures législatives spéciales 348
A Les lois constitutionnelles (art. 89 C) 348
B Les lois organiques (art. 46 C) 348
C Les lois de finances (art. 34, 47 C) 349
D Les lois de financement de la Sécurité sociale (art. 34, 39, 47-1 C) 353
E Les lois autorisant la ratification des engagements internationaux (art. 53 C) 354
F Les lois autorisant la ratification d'un traité relatif à l'adhésion d'un État à l'Union européenne (art. 88-5 C) 355
§ 4 La « qualité » de la loi 355
A La qualité de la loi dans la jurisprudence du Conseil constitutionnel 356
B Les nouvelles modalités de présentation des projets de loi 359
Section II La responsabilité politique du gouvernement devant l'Assemblée nationale 361
§ 1 Le principe de la responsabilité devant l'Assemblée nationale 361
§ 2 Les procédures de mise en jeu de la responsabilité gouvernementale 362
A La question de confiance à l'initiative du Premier ministre 362
B La motion de censure à l'initiative des députés 364
C L'engagement de responsabilité sur le vote d'« un texte » 366
Section III Le contrôle du Parlement sur l'action du gouvernement 368
§ 1 Les questions au gouvernement 369
A Les questions orales 369
B Les questions écrites 372
§ 2 Les débats sur les déclarations du gouvernement 372
§ 3 L'information et le contrôle sur la politique européenne 373
A La commission chargée des affaires européennes 373
B Le principe constitutionnel de l'information des assemblées 375
C Le vote de résolutions 376
D Le renforcement du rôle des Parlements nationaux dans l'Union européenne 378
§ 4 L'évaluation des politiques publiques 378

CHAPITRE VI
Le Conseil constitutionnel 381
Section I La composition du Conseil 381
§ 1 La désignation des membres du Conseil 381

§ 2 Le statut des membres du Conseil 384
Section II **Les compétences du Conseil** ... 385
§ 1 Le Conseil, juge électoral 386
A Le contrôle des élections parlementaires 386
B Le contrôle des élections présidentielles 387
C Le contrôle des opérations du référendum 388
§ 2 Le Conseil, juge constitutionnel 388
A Les normes de référence du contrôle : le bloc de constitutionnalité 388
B Le contrôle du respect de la délimitation entre l'article 34 et l'article 37 394
C Le contrôle du règlement des assemblées 395
D Le contrôle de la constitutionnalité des lois 395
Section III **Le fonctionnement du Conseil dans son rôle de juge constitutionnel** .. 401
§ 1 La saisine 401
§ 2 Le contrôle 402
A La procédure devant le Conseil 402
B La nature du contrôle 404
§ 3 La portée de la décision du Conseil 408
A Les conséquences de la déclaration d'inconstitutionnalité 408
B L'autorité des décisions 410

Annexes
Annexe 1 Constitution du 4 octobre 1958 – après la loi constitutionnelle du 23 juillet 2008 415
Annexe 2 Déclaration des droits de l'homme et du citoyen du 26 août 1789 431
Annexe 3 Préambule de la Constitution du 27 octobre 1946 433
Annexe 4 La Charte de l'environnement 435
Index 437
Table des encadrés 445
Table des tableaux 447